Thomas O. H. Kaiser

„Meister des Eigensinns“.

Über Hermann Hesse

(1877-1962)

FSC
www.fsc.org
MIX
Papier aus verantwortungsvollen Quellen
Paper from responsible sources
FSC® C105338

Frontispiz: Ruth Rüttinger, „Hermann Hesse", 2022

Herstellung und Verlag:
BoD – Books on Demand, Norderstedt 2023
ISBN: 9783756881420

„Eine Tugend gibt es, die liebe ich sehr, eine einzige. Sie heißt Eigensinn. (...) Wer eigensinnig ist, gehorcht einem andern Gesetz, einem einzigen, unbedingt heiligem, dem Gesetz in sich selbst, dem \`Sinn´ des \`Eigenen´."[1]

---

[1] Hermann Hesse, Eigensinn, zit. nach: Materialien zu Hermann Hesses \`Demian´. Erster Band: Die Entstehungsgeschichte in Selbstzeugnissen und Dokumenten, hg. v. Volker Michels (st 1947), FfM 1993, 315-320, Zitat auf 315f.

Vorwort

Es ist aufs Jahr genau zehn Jahre her, dass sich eine kleine, muntere Schar Literaturinteressierter aus den evangelischen Kirchengemeinden Kadelburg und Klettgau traf, um sich mit dem Leben und Werk Hermann Hesses zu beschäftigen und anlässlich der Wiederkehr seines 135. Geburtstages und seines 50. Todestages seiner zu gedenken. Die in regelmäßigen Abständen stattfindende Veranstaltungsreihe damals trug den Titel „`Und jedem Anfang wohnt ein Zauber inne…´. Hermann Hesse (1877-1962). Leben und Werk" und nahm damit ein Zitat aus Hesses vermutlich bekanntestem Gedicht auf: `Stufen´.
Die Teilnehmer:innen des Literaturzirkels widmeten sich Hesses literarischem Werk und damit unwillkürlich auch seinem Leben, weil Hesses Werk starke autobiografische Züge trägt. Für fast alle damals, genau wie für mich, war Hermann Hesse ein „Lebensabschnittsbegleiter"[2], einer, mit dem sie sich in ihrer Jugend, meist in der Schule, beschäftigt hatten und den sie dann im Alter wiederentdeckten. Jetzt lasen sie Hesse erneut, kursorisch, stellten bei jeder Sitzung einander ein- oder mehrere Bücher des schwäbisch-schweizerischen Dichters vor und tauschten sich darüber gedanklich aus. Immer wieder ging es dabei auch um religiöse Aspekte im Werk Hesses. Die Treffen fanden in der Mitarbeiter:innenbibliothek im Gemeindehaus der Evangelischen Kirchengemeinde Kadelburg, dem Dietrich-Bonhoeffer-Haus, in Küssaberg-Kadelburg statt, und zwar jeweils von 19.30 – 21.00 Uhr.

---

[2] So Fridtjof Küchemann, Der Lebensabschnittsbegleiter – Zum 125. Geburtstag von Hermann Hesse, in: FAZ v. 2.7.2002, online zugänglich über https://www.faz.net/aktuell/feuilleton/literatur-der-lebensabschnittsbegleiter-zum-125-geburtstag-von-hermann-hesse-173062.html (aufgerufen am 17.6.2022).

Folgende Themen standen damals auf der Agenda:

20. September 2012	Hermann Hesse – Leben und Werk
27. September 2012	\`Unterm Rad´
11. Oktober 2012	\`Narziß und Goldmund´
18. Oktober 2012	\`Peter Camenzind´ \`Demian´ \`Kurgast´
07. November 2012	\`Der Steppenwolf´
14. November 2012	\`Das Glasperlenspiel´

Am Freitag, den 19. Oktober 2012 um 20.00 Uhr gab das Musiker-Duo Anselm König und Beat Riggenbach[3] in der Kadelburger Bergkirche ein Konzert zu Hermann Hesse: „Stufen – Gedichtvertonungen".

Am Donnerstag, den 25. Oktober 2012 um 19.30 Uhr gewährte der in Zürich lebende Enkel, Erbe und Verwalter der Rechte Hermann Hesses, Silver Hesse, Einblicke ins Leben seines Großvaters. Er eröffnete biografische Zugänge zu seiner Familie und trat mit den Anwesenden in ein spannendes, abendfüllendes Gespräch.[4]

Für den 17. November 2012 wurde allen Hesse-Interessierten eine Exkursion zum Internationalen Hermann-Hesse-Zentrum und -Museum nach Calw angeboten.

Alle Veranstaltungen waren öffentlich, der Eintritt war stets frei. Organisiert wurde die Veranstaltung vom Ökumenischen

---

[3] Das Duo hatte schon am 27.1.2002 ein Hermann-Hesse-Konzert in der Kadelburger Bergkirche gegeben, veranstaltet von der Evangelischen Kirchengemeinde Kadelburg als Auftakt zum Hermann-Hesse-Jahr 2002. In diesem Jahr kam auch das Album mit vertonten Hesse-Texten heraus, vgl. Anselm König Band, Hermann Hesse. Stufen und andere Vertonungen von Hermann-Hesse-Gedichten, Anselm König und Beat Riggenbach, Random House 2002. Anselm König (geb. 1957) ist ein deutscher Komponist. Beat Riggenbach (geb. 1961) ist ein Schweizer Saxofonist und Bluesharp-Spieler. Zum Programm der beiden gehört auch die Vertonung der Gedichte von Erich Kästner, Else Lasker-Schüler und Kurt Tucholsky: https://www.anselm-koenig.de (aufgerufen am 14.6.2022). Zur Kritik des gut besuchten Hesse-Abends in der Bergkirche vgl. SÜDKURIER v. 22.10.2012.

[4] Vgl. SÜDKURIER v. 14.11.2012.

Bildungswerk Kadelburg und der Evangelischen Arbeitsgemeinschaft für Bildung Klettgau. Ich freue mich, dass einige der Erkenntnisse, zu denen ich im Gedankenaustausch mit Hesse-Interessierten und auch mit Silver Hesse damals gelangt bin, in dieses Buch mit einfließen konnten.
Ein Wort vorab zu meiner Zitierweise: Zitate werden so wiedergegeben, wie sie in der jeweiligen Quelle angegeben sind. Befindet sich der Schlusspunkt des Satzes vor dem Anführungszeichen, so heißt das, dass der Satz vollständig zitiert wurde; wird nur ein Teil des Satzes zitiert, steht der Punkt nach dem Anführungszeichen. Zitate erscheinen in doppelten Anführungszeichen; wörtliche Rede innerhalb eines Zitates wird mit einfachen Anführungszeichen gekennzeichnet. Fußnoten verweisen auf verwendete Zitate, nehmen weiterführende Literatur auf oder gehen auf die Fachdiskussion ein. Der Haupttext ist jedoch auch ohne ihre Berücksichtigung verständlich.
Mein Dank geht an Barbara Dammenhayn-Scott, seit Jahren ehrenamtlich engagiertes Mitglied im Kirchengemeinderat der Evangelischen Kirchengemeinde Kadelburg. Barbara ist dankenswerterweise auch für mich ehrenamtlich tätig: Sie ist die erste Leserin meiner Bücher, weil sie sehr genau ist. Sie hat auch diesmal dafür gesorgt, dass die Druckfehlerquote in diesem Manuskript gegen Null geht. Liebe Barbara, ganz herzlichen Dank!
Seit vielen Jahren bin ich mit Ruth Rüttinger, Künstlerin aus Dogern, freundschaftlich verbunden. Ich schätze ihre Malerei und ihre Kunst. Für dieses Buch hat sie extra ein Bild gemalt, das auf dem Frontispiz zu sehen ist. Es ist nicht das erste Buchcover, das sie für mich angefertigt hat, und es wird bestimmt auch nicht das letzte sein. Herzlichen Dank, liebe Ruth!

Kadelburg, am 4. Advent 2022 Thomas O. H. Kaiser

Inhalt

Einleitung

„Im August 2022 jährt sich zum 60. Mal Hermann Hesses Todestag. Im deutschen Sprachraum steht er in seiner Bekanntheit Goethe und Thomas Mann nicht nach. Weltweit wurden bislang 150 Millionen Bücher von ihm verkauft, rund 400000 Exemplare kommen jedes Jahr hinzu. Hesse ist nach wie vor gesetzt im bürgerlichen Bücherregal. Worten diesen Mit [5]“ beginnt eine der neueren Biografien[6] über den berühmten deutsch-schweizerischen Schriftsteller, Dichter und Literaturnobelpreisträger, der Generationen von Leser:innen mit seinen

---

[5] André Uzulis, Hermann Hesse. Biografie, Friedland-Berlin-Usedom 2021, 7. Hermann Hesses Werke sind zugänglich in den zahlreichen Hesse-Einzelausgaben, die vor allem im Suhrkamp Verlag erschienen sind, ferner in Sammelausgaben wie Hermann Hesse, Gesammelte Schriften in sieben Bänden, FfM 1957 (Neuausgabe FfM 1978); ders., Gesammelte Werke (GW) in 12 Bänden, werkausgabe edition suhrkamp, hg. von Volker Michels, FfM 1970, 1987 und 2000, sowie ders., Sämtliche Werke (SW), 20 Bände und 1 Register-Band, hg. v. Volker Michels, FfM 2001-2007.

[6] Zu Hermann Hesses Leben und Werk gibt es zahlreiche Veröffentlichungen, von denen einige an dieser Stelle genannt seien: Zunächst sei die erste Hesse-Biografie aus dem Jahr 1927 von Hugo Ball, Hermann Hesse. Sein Leben und sein Werk (st 385), FfM 1977, ^{2}1978, erwähnt; sodann Bernhard Zeller, Hermann Hesse in Selbstzeugnissen und Bilddokumenten (rm 50085), Reinbek 1963, ^{34}2000; Joseph Mileck, Hermann Hesse. Biography and Bibliography, vol. 1+2, Berkeley-Los Angeles-London 1977; Joseph Mileck, Hermann Hesse. Dichter, Sucher, Bekenner. Eine Biographie (st 1357), München 1978, FfM 1987; Christian Immo Schneider, Hermann Hesse, München 1991; Ralph Freedman, Hermann Hesse. Autor der Krisis, FfM 1982, 1999; Volker Michels (Hg.), Hermann Hesse. Sein Leben in Bildern und Texten, FfM 1979, 1987; Uli Rothfuss, Hermann Hesse privat. In Texten, Bildern und Dokumenten, Berlin 1992, ^{2}1997; Alois Prinz, „Und jedem Anfang wohnt ein Zauber inne“. Die Lebensgeschichte des Hermann Hesse, Weilheim-Basel 2000; Birgit Lahann, Hermann Hesse. Dichter für die Jugend der Welt. Ein Lebensbild, mit farbigen Fotografien von Ute Mahler (st 3478), FfM 2002; Klaus Walther, Hermann Hesse (= dtv portrait 31062), hg. v. Martin Sulzer-Reichel, München 2002; Gunnar Decker, Hermann Hesse. Der Wanderer und sein Schatten. Biographie, München 2012; Hans-Jürgen Schmelzer, Auf der Fährte des Steppenwolfs. Hermann Hesses Herkunft, Leben und Werk, Stuttgart-Leipzig 2002, 2012; Heimo Schwilk, Das Leben des Glasperlenspielers, München-Zürich 2012; André Uzulis, Hermann Hesse. Biografie, Berlin 2021, und schließlich Andreas Solbach, Hermann Hesse. Ein Schriftsteller auf der Suche nach sich selbst, Darmstadt 2022. Die Darstellung meines Lebensbildes von Hermann Hesse basiert vorwiegend auf diesen Veröffentlichungen, ferner auf Literatur- und Internet-Recherchen.

Romanen, Erzählungen und Gedichten in seinen Bann gezogen hat und immer noch zieht. Hesses Werk erreichte bis heute (2022) eine Millionenauflage.[7] Es ist schier nicht zu glauben: Kaum ein deutschsprachiger Autor des zwanzigsten Jahrhunderts wurde mehr gelesen als Hermann Hesse. Seine Werke[8] wurden in über siebzig Sprachen übersetzt, die Sekundärliteratur über ihn ist inzwischen ins Unermessliche angewachsen, Versuche, sein Werk zu interpretieren, sind Legion.[9] Hesse liest

---

[7] Seit ihrer ersten Veröffentlichung erzielten Hesses vierzig Bücher in den ca. sechzig Jahren bis 1962 eine Gesamtauflage von ca. vier Millionen Exemplaren. Nach seinem Tod stiegen seine Auflagenzahlen um ein Vielfaches: Etwa 150 Millionen seiner Bücher wurden verkauft, Tendenz steigend. Online sind Leben und Werk Hesses zugänglich über: Hermann-Hesse.de, über hhesse.de und über die Hesse-Sonderseite des Suhrkamp Verlages: https://www.suhrkamp.de/person/hermann-hesse-p-1947 (aufgerufen am 27.1.2022).

[8] Einige von Hesses frühen Veröffentlichungen liegen in digitalisierter Form in jenen Medien vor, in denen sie zuerst erschienen sind, etwa die Novelle \`Robert Aghion´ aus dem Jahr 1913: https://www.e-periodica.ch/digbib/view?pid=dis-001:1913:17#11 (aufgerufen am 28.1.2022).

[9] Vgl. dazu Jürgen Below, Hermann-Hesse-Bibliographie. Sekundär-Literatur 1899-2007, 5 Bde., Berlin 2007. Jürgen Below (1935-2019) war Mitglied der \`Internationalen Hermann Hesse Gesellschaft´ (IHHG) und erwarb sich bleibende Verdienste bei der Erforschung von Leben und Werk Hermann Hesses. Nach seiner Pensionierung 1999 erstellte er innerhalb von acht Jahren eine umfangreiche Hermann-Hesse-Bibliografie. So entstand ein über 4000 Seiten umfassendes Werk, das sämtliche Hesse-Sekundärliteratur von 1899 bis 2007 verzeichnet. Vgl. dazu ders., Hermann-Hesse-Handbuch. Quellentexte zu Leben, Werk und Wirkung, FfM 2012; Michael Limberg, Hermann-Hesse-Bibliographie, in: Hermann-Hesse-Jahrbuch 1-5ff., hg. von Mauro Ponzi, Internationale Hermann Hesse Gesellschaft, Tübingen 2003-2012. Im weltweiten Netz ist Hermann Hesse gut greifbar unter: https://hesse.projects.gss.ucsb.edu (aufgerufen am 7.2.2022). Dort werden nicht nur Hesses Werke und Veranstaltungen zu Hermann Hesse aufgeführt, sondern es wird auch die Hesse-Sekundärliteratur umfassend bibliografisch genannt: https://hesse.projects.gss.ucsb.edu/publications/limberg.html (aufgerufen am 7.2.2022). Ein Blick in den Katalog der Deutschen Nationalbibliothek zeigt unter dem Namen des Autors 8343 Veröffentlichungen an. Zur Interpretation von Hesses Werk vgl. (bisher unübertroffen) Martin Pfeifer, Hesse-Kommentar zu sämtlichen Werken (st 1740). Überarbeitete und erweiterte Ausgabe des 1980 im Winkler Verlag (München) erschienenen Werkes, FfM 1990; ferner Jürgen Below, Hermann-Hesse-Handbuch. Quellentexte zu Leben, Werk und Wirkung, FfM 2012. In diesem Handbuch geht es u. a. um die Publikationsgeschichte des Hesse-Werkes und Hesses Lebensstationen (Rezensionen, Selbstzeugnisse, Briefzitate) sowie um Sekundärliteratur zu Forschung, Komparatistik, Beziehungsstrukturen, Medien und Institutionen samt bibliographischer Annotationen.

man meistens in jungen Jahren oder im Alter.[10] Auch ich bin in meiner Jugend seinem Bann erlegen. Hesse war ein Suchender, der für Suchende wie mich, die in ihrer Jugend tief über das Leben nachdachten, schrieb und in dessen Geschichten und Figuren ich mich wiederfinden konnte. Nicht zuletzt war Hesse für mich interessant, weil er sich in seiner Jugend wie seinerzeit ich mich gegen einengende Normen und Konventionen aufgelehnt und die Individualität und die Freiheit des Geistes hochgehalten hatte.[11] Um so mehr freute es mich, im vergangenen Jahr genügend Zeit zu finden, um mich Hesses Leben und Werk noch einmal jetzt im Alter, gegen Ende meines fünften Lebensjahrzehnts, ausführlich widmen zu können.[12] Nach den ersten literarischen Begegnungen mit Hesse in meiner Jugend waren

---

[10] So wie mir damals scheint es einigen gegangen zu sein, vgl. dazu Manfred Züfle, Noch einmal Steppenwolf? Bericht von einer fragmentierten persönlichen Rezeption Hermann Hesses, in: „Höllenreise durch mich selbst." Hermann Hesse: Siddhartha – Steppenwolf, hg. v. Regina Bucher, Andres Furger und Felix Graf. Eine Publikation des Schweizerischen Landesmuseums Zürich in Zusammenarbeit mit dem Museo Hermann Hesse Montagnola, Zürich 2002, 177-188, bes. 177, oder Marc Reichwein, Hermann Hesse: Mein Lieblingshippie, in: Die Welt v. 05.08.2012, online zugänglich unter: https://www.welt.de/print/wams/kultur/article108481765/Mein-Lieblingshippie.html (aufgerufen am 9.6.2022).

[11] Meine Beschäftigung mit Hermann Hesse reicht in meine Jugend im Weserbergland zurück. Ich erinnere mich, dass ich seine indische Heiligenlegende `Siddhartha´ in einer Nacht durchlas. In zwei Büchern vermerkte ich handschriftlich im Einband als Kaufdatum den 9.6.1980. Hesses `Steppenwolf´ erhielt ich im selben Jahr als Geschenk zu Weihnachten: Meine Freundin aus Schulzeiten, A. G. aus L., teilte mein Interesse für Hermann Hesse. Die grünen, braunen und blauen Suhrkamp-Taschenbücher, die die damals Siebzehnjährige mir, dem damals Sechzehnjährigen, schenkte, stehen, etwas aus der Zeit gefallen, noch heute in meinem Bücherregal. Auch anderen ging es so wir mir, dass sie Hesse-Bücher geschenkt bekamen, wodurch ihnen ein erster Zugang zu Hesses Werk eröffnet wurde, vgl. Barbara Traber, Eine weiße Wolke, in: Uli Rothfuss (Hg.), Mein Hermann Hesse. Eine Hommage, Berlin 2002, 188-192, bes. 188.

[12] Hilfreich im Blick auf eine erste Orientierung ist der Artikel über Hermann Hesse im Internet-Lexikon `Wikipedia´: https://de.wikipedia.org/wiki/Hermann_Hesse (aufgerufen am 26.9.2021). Dort findet man nicht nur Informationen zu seinem Leben, sondern auch zahlreiche Links zu seinem Werk, wie z. B. hier an der FU Berlin: https://web.archive.org/web/20160427230552/http://ub.fu-berlin.de/internetquellen/fachinforma-

nämlich einige Fragen offen geblieben, beispielsweise die nach Hesses Verhältnis zu Frauen: Hermann Hesse war dreimal verheiratet gewesen, insgesamt 53 Jahre. Frauen nahmen in seinem Werk eine besondere Rolle ein – was steckte dahinter? Eine andere offen gebliebene Frage betraf Hesses Rezeption im Nationalsozialismus. Denn obwohl die Bücher des erklärten Pazifisten, Antimilitaristen und Antinationalisten im nationalsozialistischen Deutschland nicht erwünscht waren, waren sie doch nicht verboten. Sie waren bei der Bücherverbrennung *nicht* öffentlich verbrannt[13] worden und durften im Unterschied zu vielen anderen Autor:innen lange im `Dritten Reich´ gelesen werden.[14] War Hesse ein Opportunist, der vom NS-System profitierte?

---

tion/germanistik/autoren/multi_fgh/hesse.html (aufgerufen am 27.9.2021). Empfehlenswert für eine erste Annäherung an Hesse sind auch diverse Lexikonartikel, vgl. beispielsweise Thomas Feitknecht, Hermann Hesse, in: Historisches Lexikon der Schweiz, online zugänglich unter: https://hls-dhs-dss.ch/de/articles/011946/2007-12-13/, oder Ernst Rose, Hesse, Hermann, in: Neue Deutsche Biographie (NDB), Bd. 9, Berlin 1972, online zugänglich unter: https://www.deutsche-biographie.de/gnd11855042X.html#ndbcontent (beide Links aufgerufen am 28.9.2021).

[13] „Hesses Bücher wurden im Deutschland des Dritten Reiches weder verboten noch verbrannt" (Bernhard Zeller, Hermann Hesse, a. a. O., 118). Hermann Hesse gehörte also nicht zu den `verbrannten Dichtern´, vgl. dazu Jürgen Serke, Die verbrannten Dichter. Lebensgeschichten und Dokumente. Mit einem Nachwort des Autors, Weinheim und Basel 1992. Die Sammlung des Journalisten Jürgen Serke (geb. 1938), der 1977 mit seinem genannten Werk eine Renaissance der 1933 von den Nazis verbrannten Literatur einleitete, wurde 2007 von der Else-Lasker-Schüler-Gesellschaft erworben und ist inzwischen in einer Dauerausstellung im Kunstmuseum Solingen öffentlich zu sehen, vgl. dazu: Himmel und Hölle zwischen 1918 und 1989. Die verbrannten Dichter, Sammlung Jürgen Serke, Berlin 2008, bes. 6-13 und 449-545, 456-468, sowie online: http://www.kaumkoetter.de/himmel-und-holle.html (aufgerufen am 15.6.2022).

[14] Der französische Schriftsteller, Musikkritiker, Pazifist, Tierschützer und Literaturnobelpreisträger Romain Rolland (1866-1944) hält in seinem Tagebuch fest, dass Hermann Hesse im Jahr der Machtübernahme der Nazis „persönlich nicht zu leiden [hatte]. Gegen ihn sind noch keinerlei Maßnahmen ergriffen worden: er veröffentlicht weiterhin in Deutschland…" (Aus dem Tagebuch Romain Rollands vom 17. September 1933, in: Volker Michels [Hg.], Hermann Hesse in Augenzeugenberichten, FfM 1987, 1991, 167-169, Zitat auf 167).

Beide Fragen konnte ich nach der erneuten Beschäftigung mit Hermann Hesse für mich beantworten. So hatte ich die Gelegenheit, auch die übrigen Werke und die Briefe[15], die ich in jungen Jahren nicht kennen konnte, weil sie noch nicht ediert waren, zu studieren. Ich fand dadurch nach über vierzig Jahren einen neuen, anderen Zugang zu dem Autor der Individualist:innen. Zudem konnte ich mir persönlich ein Bild von den zentralen Orten machen, an denen Hermann Hesse gelebt hat, auch von den Häusern bzw. den Hotels: Arosa, Baden, Basel, Calw, Maulbronn, Montagnola, Sils Maria, Zürich. Hesse war, ist und bleibt faszinierend – auch, weil er sensibel wichtige Entwicklungen der neuesten Zeit früh aufnahm. Nicht umsonst befindet sich \`Der Steppenwolf´[16], „dieses unbarmherzige und seelenaufwühlende Bekenntnisbuch"[17], als Pflichtlektüre im Bildungskanon der weiterführenden Schulen und ist Bestandteil des Curriculums im Deutsch-Abitur in Baden-Württemberg.

Angesichts der 145. Wiederkehr von Hesses Geburtstag am 2. Juli 2022 und der Wiederkehr seines 60. Todestages am 9. August 2022 gilt es im Folgenden, ein Bild vom *Leben* und vom *Werk* dieses Dichters zu zeichnen

[15] Hesses Briefe sind von Volker Michels herausgegeben worden unter dem Titel: Volker Michels (Hg.), „Ich gehorche nicht und werde nicht gehorchen!" Hermann Hesse: Die Briefe, 1881-1904, Berlin 2012; ders. (Hg.), „Aus dem Traurigen etwas Schönes machen." Hermann Hesse: Die Briefe 1905-1915, Berlin 2013; ders. (Hg.), „Eine Bresche ins Dunkel der Zeit!" Hermann Hesse: Die Briefe 1916-1923, Berlin 2015; ders. (Hg.), „In den Niederungen des Aktuellen." Hermann Hesse: Die Briefe 1933-1939, Berlin 2018, und ders., (Hg.), „\`Große Zeiten´ hinterlassen große Schutthaufen". Die Briefe 1940-1946, Berlin 2020. Andreas Solbach (geb. 1954) ist zuzustimmen, wenn er in seiner Hesse-Biografie über den Dichter schreibt: „Der *genius loci* seiner Kunst ist für alle in seinen Werken und Briefen offen sichtbar" (Andreas Solbach, Hermann Hesse. Ein Schriftsteller auf der Suche, a. a. O., 205).

[16] Vgl. Hermann Hesse, Der Steppenwolf (st 175), FfM [14]1980.

[17] Florian Illies, Liebe in Zeiten des Hasses. Chronik eines Gefühls 1929-1939, FfM 2021, [3]2021, 107.

1. Kindheit und Jugend

Fangen wir mit dem Anfang an, mit Hermann Hesses Geburt: Das Licht der Welt erblickte Hermann Karl Hesse in der schwäbischen Kleinstadt Calw[18], und zwar am 2. Juli 1877 am Marktplatz 6 in einer im zweiten Stock gelegenen Mietwohnung um halb sieben Uhr abends.[19] Er war der Sohn des baltendeutschen Missionars Johannes Hesse[20] und seiner fünf Jahre älteren

[18] Ein Stadtplan mit Erläuterungen von Calw zur Zeit von Hesses Geburt, der auch Querverbindungen zum Werk Hesses zieht, befindet sich bei Ulrich Ott (Hg.), Hermann Hesse 1877-1962. Bearbeitet von Volker Michels, Paul Rathgeber, Eugen Würzbach (Sonderheft Marbacher Magazin 54/1990 für die Ausstellung im Hermann-Hesse-Museum der Stadt Calw), Marbach ²1999, 90-95. Heute wirbt Calw, „die schönste Stadt von allen aber, die ich kenne", wie Hesse 1918 in `Heimat´ über seine Geburtsstadt schrieb, mit dem berühmten Dichter, vgl. Edi Graf, Der Schwarzwald. Täler, Tannen, Traditionen, Messkirch 2011, 15,

[19] Seine Geburt wurde im `Calwer Wochenblatt´ v. 10.7.1877 öffentlich angezeigt. Drei Häuser wird die Familie Hesse in Calw bewohnen: Zur Wohnung im Haus am Marktplatz 6 kommen die Wohnung im Gebäude des `Calwer Verlagsvereins´ in der Bischofstraße 4 (1886), die Wohnung in der Ledergasse (1889) und wieder die Wohnung im Gebäude des Verlages (1893). Vgl. dazu Joseph Mileck, Hermann Hesse. Dichter, Sucher, Bekenner, a. a. O., 15-22.

[20] Johannes Hesse (1847-1916) hatte im Alter von vier Jahren seine Mutter verloren. Nach dem Besuch des Gymnasiums in Reval (heute Tallinn) wurde er in Basel bei der Basler Mission zum Missionar ausgebildet und dann nach Indien entsandt. Über ihn ist bekannt, dass er als Kind jähzornig und depressiv war und als Erwachsener an heftigen Kopfschmerzen litt. Das Selbstverständnis des späteren Leiters des Calwer Missionsverlages war das eines Wissenschaftlers und Autors. Er wurde auch schriftstellerisch tätig; so verfasste er eine Biografie seines Schwiegervaters Hermann Gundert. Hermann Hesse zufolge sprach sein Vater, den er als zerbrechlich und zart beschrieb, ein reines Hochdeutsch und blieb daher in Süddeutschland und in der Schweiz zeitlebens ein Fremder, vgl. Hermann Hesse 1877-1977. Stationen seines Lebens, des Werkes und seiner Wirkung. Gedenkausstellung zum 100. Geburtstag im Schiller-Nationalmuseum, Marbach am Neckar 1977, 22ff. Das Grab von Johannes Hesse ist erhalten; es befindet sich in Korntal/Landkreis Ludwigsburg: https://de.findagrave.com/memorial/178769696/johannes-hesse (aufgerufen am 20.3.2022). In diesen Ort, damals mit der Basler Mission eng verbunden, war Johannes Hesse 1905 zusammen mit seiner Tochter Marulla gezogen. Nach dem Tod ihres Vaters blieb sie in Korntal und arbeitete dort als Erzieherin. Dank des Engagements von Korntaler Bürger:innen konnte der Grabstein von Johannes und Marulla Hesse auf dem Alten Korntaler Friedhof restauriert werden, vgl. Stuttgarter Zeitung v. 20.11.2020.

Frau Marie Hesse, geb. Gundert, verw. Isenberg[21]. Johannes Hesse, fünftes Kind des Kreisarztes und Staatsrates Carl Hermann Hesse[22], dessen Vorfahren als Kaufleute nach Estland ausgewandert waren, war in Weissenstein (heute: Paide), damals zum russischen Kaiserreich gehörend, geboren worden und besaß daher von Geburt an die russische Staatsbürgerschaft.[23] Vom Pietismus[24] geprägt, war der hochgebildete, sensible, stille und feingliedrige Mann von 1869 bis 1873 im Auftrag

---

[21] Marie Isenberg, geb. Gundert, verw. Isenberg (1842-1902) wurde in Thalassery, an der Westküste Indiens, geboren. Sie war die älteste Tochter des Indologen Hermann Gundert, der dort eine evangelische Missionsstation betrieb, und der Schweizerin Julie Dubois (1809-1885). Sie wuchs bei Pflegeeltern in Basel auf und reiste erst 1857 zu ihren Eltern nach Indien; dort arbeitete sie als Hilfslehrerin und Sekretärin, bis sie mit ihren Eltern 1862 nach Europa zurückkehrte. Nachdem sie den britischen Missionar Karl \`Charles´ Wilhelm Heinrich Isenberg (1840-1870) kennengelernt und geheiratet hatte, zog sie nach Heiderabad. Weil ihr Ehemann schwer an Ruhr erkrankte, fuhr sie mit ihm und ihren beiden Söhnen nach Deutschland zurück. Dort starb Charles Isenberg im Alter von 29 Jahren. Die zu diesem Zeitpunkt 28jährige Witwe bekam nach ihrer zweiten Heirat mit Johannes Hesse weitere Kinder – insgesamt neun –, von denen drei jedoch das Erwachsenenalter nicht erreichten. Das zweite gemeinsame Kind war Hermann Hesse. Zeitgenössische Fotos zeigen die streng pietistische Frau, deren zuversichtlicher Glaube an Gott jeder Erschütterung standhielt und für die Selbstbeherrschung und Selbstaufopferung Programm waren, mit zusammengepressten Lippen und nach hinten gekämmten Haaren. 1871/72 unterrichtete sie als erste Lehrerin an einer württembergischen Realschule Englisch in der Oberstufe. Sie starb 1902 an einem qualvollen Nierenleiden. Ihr Grab befindet sich, zusammen mit dem anderer Familienmitglieder, in Calw.

[22] Dr. med. Carl Hermann Hesse wurde am 16. Februar 1802 in Tartu, Estland, geboren. Er führte in Weissenstein ein christliches Waisenhaus. Erst 1876 reiste Johannes Hesse mit seiner neugegründeten Familie über Lübeck per Schiff zu seinem Vater. Im hohen Alter von 94 Jahren starb Carl Hesse am 8. November 1896 in Paide. Zu Hermann Hesses Vorfahren vgl. André Uzulis, Hermann Hesse, a. a. O., 11-26, und Volker Michels (Hg.), Hermann Hesse. Sein Leben in Bildern und Texten. Mit einem Vorwort von Hans Mayer (it 1111), FfM 1979, 1987, 26-30.

[23] Zur Stammtafel der Familie Hesse-Gundert und der Familie Hesse vgl. Hermann Hesse 1877-1977, a. a. O., 16f. und 26f.

[24] Der Pietismus war ursprünglich eine Reformbewegung innerhalb des deutschen Protestantismus: Das Priestertum aller Gläubigen stand im Vordergrund; die Kirche und ihre Sakramente waren sekundär, auch die Rolle des Pfarrers; Gruppen, die keinen Pfarrer benötigten, wurden favorisiert. Christus, so die Idee, greife direkt in das Leben der Gläubigen ein – durch die persönliche Bekehrung des Einzelnen, nicht durch die

der Basler Mission in der Indienmission tätig gewesen. Es waren harte, entbehrungsreiche Jahre: Die Basler Mission hatte zum Ziel, das Evangelium in aller Welt auszubreiten – insbesondere unter denen, die es nicht kannten, unter den sog. \`Heiden´.[25] Sie zu bekehren, war ihr primäres Ziel.[26] Johannes Hesse hatte als Sprachlehrer am Predigerseminar im indischen

---

Lehre oder durchs Amt – und schaffe so einen neuen Menschen. Der Pietismus widmete sich besonders der Mission, der Bibelverbreitung und der Erziehung der Jugend. Weil Pietist:innen von der Sündhaftigkeit des Menschen ausgingen – der Mensch war von Natur aus böse, deshalb musste sein Wille gebrochen werden, um ihn für Christi Liebe empfänglich zu machen (vgl. Michael Limberg, Hermann Hesse und seine Mutter, in: Hermann Hesse Jahrbuch Bd. 4, hg. v. Mauro Ponzi, Berlin-New York 2009, 77-96, bes. 77), vertraten sie in der Pädagogik, dass Kinder – wie der Mensch allgemein – grundsätzlich schlecht, sündig und schuldig waren und ausschließlich auf dem Wege strenger Erziehung unter der Brechung ihrer Individualität und ihres Willens auf den rechten Pfad der Tugend geführt werden konnten. Oft wurde dazu das Evangelium als Zuchtrute missbraucht. Kindliche Vergehen zogen daher peinliche Verhöre von Erwachsenen nach sich und hatten die Reue des Missetäters zum Ziel. Verbunden damit war eine rigide, zwanghafte Sexualmoral. Das übliche kulturelle und gesellschaftliche Leben wurde für gewöhnlich als zügellose Begierde abgelehnt, desgleichen Theater, Oper, Tanz und schöngeistige Literatur. Pietist:innen waren ausschließlich danach bestrebt, dem Teufel zu widerstehen, oftmals unter der Negierung der eigenen Individualität ihr Leben Gott zu widmen, sich Gott unterzuordnen und ihm unbedingt zu dienen. Hermann Hesse erlebte diese religiöse Lebensweise und die aus ihr resultierende Erziehung als äußerst einengend; sein Freiheitsdrang wurde aus dieser Enge gespeist. Vgl. dazu Barry Stephenson, Veneration and Revolt. Hermann Hesse and Swabian Pietism, Waterloo/ON 2009, und Christoph Gellner, Zwischen Ehrfurcht und Revolte: Hesse und die Doppelgesichtigkeit der Religion, online zugänglich unter: https://www.hermann-hesse.de/media/christoph_gellner_-_zwischen_ehrfurcht_und_revolte.pdf (aufgerufen am 20.10.2022).

[25] Die europäischen, mit reichlich Standesdünkel ausgestatteten Missionare waren überwiegend der Meinung, „dass Nichtchristen Heiden, ihre Götter Götzen, ihre Geister Teufel und ihre Religionen Aberglauben" (Volker Michels, Wege zu Hermann Hesse. Im Widerstand gegen den Zeitgeist. Essays & Reden, Band 1, FfM 2021, 47) waren.

[26] Hermann Hesse schrieb 1955, seiner Zeit weit voraus, in einem Vorwort für das japanische Lesepublikum eines seiner Bücher: „Es geht heute nicht mehr darum, Andersgläubige zum Christentum… zu bekehren. Wir sollen und wollen nicht bekehren und bekehrt werden, sondern uns öffnen und weiten. Wir erkennen östliche und westliche Weisheit nicht mehr als feindlich sich bekämpfende Mächte, sondern als Pole, zwischen denen fruchtbares Leben schwingt" (Volker Michels, Wege zu Hermann Hesse, a. a. O., 51).

Mangalore gearbeitet.[27] Für ihn galt, wie es der pietistische Glaube verlangte, Gott zu dienen, den Kampf mit dem Satan aufzunehmen und die Sinnlichkeit und Lebensfreude mit starkem Willen und eiserner Disziplin zu bezwingen. Gesundheitliche Gründe – er erkrankte an der Ruhr – zwangen ihn jedoch, nach Europa zurückzukehren. In Calw wurde er im Dezember 1873 Assistent im `Calwer Verlagsverein´[28], dessen Vorstand sein späterer Schwiegervater war; genau zwanzig Jahre später sollte er diesem in der Verlagsleitung folgen.

Hermann Gundert[29], der insgesamt dreiundzwanzig Jahre lang in Südindien gelebt hatte, war nicht nur Verleger, sondern auch Historiker, Theologe, Lehrer, Sprachwissenschaftler und Schriftsteller. Noch heute wird er in Indien verehrt: In Thalassery, wo er die längste Zeit seines Indienaufenthaltes verbrachte, wurde ihm zu Ehren im Jahr 2000 ein ca. zehn Meter

---

[27] Missionseinsätze waren in pietistischen Kreisen im 18. Jahrhundert und auch danach nichts Ungewöhnliches, vgl. dazu den Katalog: Durch die Welt im Auftrag des Herrn. Reisen von Pietisten im 18. Jahrhundert, hg. v. Anne Schröder-Kahnt und Claus Veltmann, Halle 2018, bes. 13-27 und 49-65.

[28] Heute beherbergt das Gebäude des Calwer Verlagsvereins einen Einkaufsmarkt und Büros, vgl. Uli Rothfuss, Hermann Hesse privat, a. a. O., 19. Hesse-Biograf Rothfuss beleuchtet die entscheidenden Orte zur Zeit Hesses und vergleicht sie mit der Gegenwart. Letztmalig hatte Hermann Hesse mit seinem Sohn Bruno 1931 Calw einen Besuch abgestattet, vgl. Uli Rothfuss, Hermann Hesse privat, a. a. O., 39f.

[29] Hermann Gundert (1814-1893) wurde nach seinem Theologiestudium in Tübingen 1835 zum Dr. phil. promoviert. Er lernte Sanskrit und in England dann Bengali, Telugu, Marathi und Urdu. Im Auftrag der Basler Mission ging er 1838 nach Nettur, wo man Malayalam sprach, was er ebenfalls lernte. In Malabar im heutigen Kerala in Südindien gründete er eine Missionsstation und Schulen, entwickelte Lehrpläne, verfasste mehrere volkskundliche und historische Bücher, darunter das erste Malayalam-English-Dictionary (Malayalam war die von den Keralesen verwendete Sprache), und lebte den interkulturellen Dialog. Ferner übertrug er die Bibel und zahlreiche Kirchenlieder ins Malayalam. 1857 wurde er von der britischen Kolonialregierung zum Schulinspektor der Provinzen Malabar und Kanara eingesetzt. Zu Hermann Gundert in nuce vgl. Momente. Beiträge zur Landeskunde von Baden-Württemberg 2/02, 4-13, und ausführlich Hermann Gundert, Schriften und Berichte aus Malabar mit Meditationen und Studien. Und: Tagebuch aus Malabar 1837-1859, hg. v. Albrecht Frenz, Ulm-Stuttgart 1983. Der promovierte Herausgeber Albrecht Frenz (geb. 1937), evangelischer Pfarrer und Gundert-Spezialist, ist u. a. der Gründer der Hermann-Gundert-Gesellschaft.

hohes Denkmal errichtet.[30] 1859 verließ er ebenfalls aus gesundheitlichen Gründen den Subkontinent und zog zusammen mit seiner Ehefrau[31] nach Calw, wo er die folgenden dreißig Jahre den Calwer Verlagsverein[32] leitete und damit zuständig für die Herstellung und weltweite Verbreitung christlicher Erweckungs- und Erbauungsliteratur (Missionsblätter, Traktate und Jugendschriften) war. Schon drei Jahre später wurde Gundert Chef des Verlagshauses. 1873 lernte seine Tochter, die verwitwete Marie Isenberg, in Calw Johannes Hesse kennen. Am 22. November 1874 heiratete die 31jährige den fünf Jahre Jün-

[30] Auch in Deutschland erfuhr Hermann Gundert Ehrungen: Die Stadt Calw erklärte anlässlich Gunderts 200. Geburtstages das Jahr 2014 zum Gundert-Jahr. Im Oktober 2015 wurde an der Universität Tübingen der \`Gundert Chair´ eingerichtet, an dem Dozenten aus Indien lehren. Dort wurde auch der Nachlass Gunderts mit Hilfe der Deutschen Forschungsgemeinschaft digitalisiert und im November 2018 über das \`Gundert Portal´ im Netz veröffentlicht: https://www.gundert-portal.de (aufgerufen am 25.2.2022). In Stuttgart gibt es seit 1993 die \`Hermann-Gundert-Gesellschaft e. V.´, die im Mai 1993 anlässlich Gunderts 100jährigen Todestages in Stuttgart gegründet worden war: Ihr Ziel ist Völkerverständigung, insbesondere die Förderung des interkulturellen Dialogs, vor allem zwischen Indien und Deutschland. Zu diesem Zweck fanden und finden Tagungen, Seminare, Konferenzen, Ausstellungen und Austauschprogramme statt. Außerdem organisiert die Gesellschaft geführte Studienreisen nach Südindien. Zur Website geht es hier: https://www.gundert.org (aufgerufen am 25.2.2022).

[31] Julie Dubois (1809-1885), eine aus der französischen Schweiz stammenden Lehrerin, und Hermann Gundert hatten am 23. Juli 1838 geheiratet. Sie war die erste Missionarsfrau der Basler Mission in Ostindien und gründete dort Mädchenschulen. Sie sprach kaum Deutsch, sondern Französisch und Englisch; Aufzeichnungen von ihr über den neugeborenen Hermann Hesse auf Englisch sind erhalten geblieben.

[32] Den Verlag hatte Christian Gottlob Barth (1799-1862) 1836 in Möttlingen bei Calw gegründet, um mit seinen Publikationen rationalistische Tendenzen in der zeitgenössischen Theologie zu bekämpfen, vgl. Hermann Hesse 1877-1977, a. a. O., 39ff. Als Theologiestudent hatte Gundert ein Erweckungserlebnis gehabt, nachdem er anscheinend durch sein Gebet einen Kommilitonen vom Suizid abgehalten hatte – der Auslöser, 1835 in die Mission nach Indien zu gehen. Zurück in Calw, edierte er in seinem Verlagshaus indisch-englische Grammatiken, Wörterbücher, Lexika und Bibelübersetzungen. Von 1862 bis 1905 dienten Hesses Großvater und seine Eltern dem Verlag.

geren, den sie `Johnny´ nannte, und brachte zwei Söhne, nämlich Theodor Isenberg[33] und Karl Isenberg[34], aus ihrer ersten Ehe in ihre neue Verbindung mit. Gemeinsam bekam das Ehepaar Hesse dann noch vier weitere Kinder, zwei Töchter und

[33] Theodor Isenberg (1866-1941) wurde in Haiderabad (im heutigen Pakistan) als erster Sohn des Missionars Karl Isenberg geboren. In Basel und Schopfheim absolvierte er eine Lehre zum Apothekergehilfen. Von 1885 bis 1887 besuchte er das Musik-Konservatorium in Stuttgart, von 1887 bis 1889 das Konservatorium in Sondershausen und wurde Opernsänger, zunächst in der Oper in Groningen. 1890, inzwischen zum Atheisten geworden, kehrte er in seinen alten Beruf zurück und übernahm nach dem dreisemestrigen Studium der Pharmazie, das er mit dem Apothekerexamen abschloss, die Verwaltung der Apotheke in Aidlingen. 1911 erhielt er eine Konzession für die Apotheke in Haiterbach. 1896 hatte er in Calw die Jüdin Martha Cohen (1870-1944) geheiratet, die zum Protestantismus konvertierte und mit der zusammen er sechs Kinder aufzog. Gunhilde Bühler, geb. Isenberg, gen. Gundel, Hesses Nichte, wanderte 1952 nach Australien aus. Hermann Hesse wurde durch Theodor Isenberg vermutlich zum Schreiben angeregt, weil sein Stiefbruder ihm gezeigt hatte, „dass Kunst etwas mit Aufbegehren, mit Freiheit und dem Ausleben des wahren Seins zu tun hatte“ (André Uzulis, Hermann Hesse, a. a. O., 32).

[34] Karl Isenberg (1869-1937), der wie sein älterer Bruder in Haiderabad geboren wurde und dadurch bis zu seinem Eintritt ins Maulbronner Seminar 1883 britischer Staatsbürger war, war der Sohn von Hesses Mutter Marie aus erster Ehe. Er wurde nach dem Studium der Alt- und Neuphilologie und der Mathematik (1888-1893) Gymnasiallehrer in Ellwangen und Ludwigsburg. Mit dessen Sohn, seinem Neffen Karl Isenberg, jun. (gen. Carlo, 1901-1944) – er hatte nach der Schulzeit in Maulbronn und Blaubeuren Philologie in Tübingen und München und danach Musik in Stuttgart studiert, wurde Musiklehrer und dann Organist und gilt als im Zweiten Weltkrieg verschollen –, gab Hesse von 1925-1927 einige Bände in der Reihe `Merkwürdige Geschichten und Menschen´ im S. Fischer Verlag heraus (vgl. Hermann Hesse 1877-1977, a. a. O., 293), und setzte ihm im `Glasperlenspiel´ in der Figur des `Carlo Ferromonte´ ein literarisches Denkmal, denn Hesse verdankte seine Kenntnisse in Musiktheorie und -geschichte weitgehend dem Gedankenaustausch mit `Carlo´ Isenberg. Seine Schwester Marie beging im Februar 1945 Suizid, nachdem sie ihre drei Kinder getötet hatte: Ihr Ehemann war als Mitglied der SS im Umkreis von Heinrich Himmler (1900-1945) im Zuge der sog. `Endlösung´ an der technischen Massenvernichtung der europäischen Juden in Gaskammern persönlich beteiligt gewesen, vgl. Gunnar Decker, Hesse, a. a. O., 569f. Hermann Hesse hielt zu seinen beiden älteren Brüdern sein Leben lang Kontakt. Karl Isenberg starb am 29. März 1937 in Tübingen, wo er seinen Ruhestand verlebte; auf dem Lustnauer Friedhof fand er seine letzte Ruhestätte.

zwei Söhne: Adele[35], Marulla[36], Hermann, gen. „Hermännle“[37], und Hans Hermann.[38]

Ihr zweites gemeinsames Kind, ihr erster Sohn Hermann, kam in jenem bereits erwähnten Fachwerkhaus in Calw zur Welt, in das die Familie zweieinhalb Jahre zuvor eingezogen war.[39] Hesses Mutter, „eine Gefangene der Routine und der Ängste ihrer Religiosität, nie wirklich fröhlich, nie wirklich frei in ihrem Tun“[40], hielt in ihrem Tagebuch das besondere Ereignis fest: „... nach schwerem Tag schenkt Gott in seiner Gnade abends halb 7

---

[35] Adele Gundert (1875-1949) heiratete ihren Cousin, den Pfarrer Hermann Gundert (1876-1956), Mitglied der `Bekennenden Kirche´, und lebte mit ihm viele Jahre in E-ckenweiler, einem heutigen Stadtteil von Rottenburg am Neckar im Landkreis Tübingen. Die älteste Schwester Hesses war oft in Montagnola bei ihrem Bruder zu Gast, wenn ihre Schwägerin auf Reisen war. Hermann Hesse hatte zeitlebens eine intensive emotionale Bindung zu seiner älteren Schwester. Über 1700 Briefe, die sich Bruder und Schwester im Laufe ihres Lebens schrieben, sind erhalten geblieben. Aus ihnen geht u. a. hervor, dass Adele Gundert ihren `kleinen Bruder´ mütterlich umsorgte und ihm in schweren Zeiten bedingungslos den Rücken stärkte. Nachdem Hesse sie zehn Jahre lang nicht gesehen hatte, gelang es ihm schließlich, im Juli 1946 eine Ausreisegenehmigung aus der französischen Besatzungszone für sie zu erwirken.

[36] Marie `Marulla´ Hesse (1880-1953), die jüngere Schwester Hermann Hesses, wurde in der Wohnung am Marktplatz in Calw geboren. Sie war später Hauslehrerin bei einem baltischen Baron und assistierte nach dem Tod ihrer Mutter 1902 ihrem Vater. Nach dessen Tod 1916 wurde sie Lehrerin an einem evangelischen Töchterinstitut, gab Privatunterricht und wurde schließlich Erzieherin in Korntal/Landkreis Ludwigsburg. Auf dem dortigen Friedhof befindet sich ihr Grab: https://de.findagrave.com/memorial/178115673/marie-hesse (aufgerufen am 20.3.2022). Es gibt Fotos von ihr und ihrem Bruder, als sie diesen 1939, 1946 und 1950 jeweils einige Wochen im Tessin besuchte. Seine zwei Jahre ältere Schwester Adele stand Hesse näher als die jüngere Schwester Marulla.

[37] Adele Gundert, Marie Hesse. Die Mutter von Hermann Hesse, FfM-Leipzig 2018, 172.

[38] Zwei weitere Kinder, Paul (1878) und Gertrud (1879-1880), waren als Säuglinge gestorben. Die Geschwister, zu denen Hermann Hesse zeitlebens eine enge Beziehung hatte, sind abgebildet bei: http://www.martinhesse-fotoarchiv.ch/hermann-hesse-mit-adele-und-marulla/ (aufgerufen am 18.2.2022). Ein Bild der Familie aus der Kindheit ist zu sehen in: Volker Michels (Hg.), Hermann Hesse. Sein Leben in Bildern und Texten, a. a. O., 34.

[39] Zum Hintergrund der Kleinstadt im Schwarzwald vgl. ausführlich Herbert Schnierle-Lutz, Hermann Hesse. Schauplätze seines Lebens (it 1964), FfM und Leipzig 1997, 11-109. Inzwischen gibt es von diesem Buch eine überarbeitete und aktualisierte Neuauflage, vgl. Herbert Schnierle-Lutz, Auf den Spuren von Hermann Hesse. Calw, Maulbronn, Tübingen, Basel, Gaienhofen, Bern und Montagnola, Berlin 2017.

[40] André Uzulis, Hermann Hesse, a. a. O., 28.

Uhr das heißersehnte Kind, unsern Hermann, ein sehr großes, schweres, schönes Kind, das gleich Hunger hat, die hellen blauen Augen nach der Helle dreht und den Kopf selbständig dem Licht zu wendet, ein Prachtexemplar von einem gesunden, kräftigen Burschen."[41] Qua Geburt war das Kind über seinen deutsch-baltischen Vater Staatsbürger des russischen Zarenreichs.[42] Von seinem Großvater Hermann Gundert wurde er in die evangelische Kirchengemeinde Calw hinein getauft.[43]
So wuchs Hermann Hesse mit fünf Geschwistern im wilhelminischen Zeitalter[44] zwar in einer bürgerlich-gebildeten, aber doch recht engen Familienatmosphäre mit rigiden christlichen

---

[41] Kindheit und Jugend vor Neunzehnhundert. Hermann Hesse in Briefen und Lebenszeugnissen. Erster Band 1877-1895, hg. v. Ninon Hesse, FfM 1966, Zitat auf 8. Ninon Hesse hatte Briefe Hesses, oft ohne dessen Wissen, abgeschrieben und aufbewahrt. Kurz vor ihrem Tod hatte sie den ersten Band von Hesses Jugendbriefen fertigstellen können. Er enthielt 157 Briefe Hesses.

[42] Hermann Hesse, der zwar über seine Großmutter mütterlicherseits schweizerische Wurzeln hatte, aber zeitlebens Deutschland als seine geistige Heimat begriff, war also nicht als Deutscher, sondern als Russe geboren worden. Von 1883 bis 1890 und ab 1924 war er Staatsbürger der Schweiz, dazwischen besaß er die württembergische Staatsbürgerschaft, vgl. dazu weiterführend Siegfried Unseld, Hermann Hesse und die Schweiz, in: Hermann Hesse, Beschreibung einer Landschaft. Schweizer Miniaturen. Herausgegeben und mit einem Vorwort versehen von Siegfried Unseld (st 1970), FfM 1992, 9-28. Hesse verstand sich als Teil des alemannischen Lebens- und Kulturkreises, der den nördlichen Schwarzwald, Zürich, Basel, den Bodensee und die Vogesen umschließt und bis nach Bern reicht. Er hat sich dazu einmal in seinem `Alemannenbuch´, einer 1919 veröffentlichten Anthologie, geäußert, vgl. dazu Volker Michels, Wege zu Hermann Hesse, a. a. O., 353-375, und Gunnar Decker, Hesse-ABC, Leipzig 2002, 18, sowie Hermann Hesse, Alemannisches Bekenntnis, in: Hermann Hesse, Beschreibung einer Landschaft, a. a. O., 29-33.

[43] Hermann Hesse erhielt seinen Vornamen nach seinen beiden Großvätern. Das Calwer Taufbuch, in dem die Taufe am 3. August 1877 unter der Nr. 89 vermerkt wurde, ist zu sehen in: Volker Michels (Hg.), Hermann Hesse. Sein Leben in Bildern und Texten, a. a. O., 18. Nachdem Hermann Hesse selbst Vater geworden war und ein konfessionsübergreifendes Christentum vertrat, ließ er keinen seiner drei Söhne taufen; sie sollten, sobald sie mündig waren, selbst entscheiden, ob und welcher Kirche sie angehören wollten (wobei sich einer dagegen und zwei dafür entschieden).

[44] Am 9. März 1888 war Kaiser Wilhelm I. (1797-1888) und 99 Tage später sein Sohn Friedrich III. (1831-1888) an Kehlkopfkrebs gestorben. Deshalb gelangte sein junger Enkel, Wilhelm II. (1859-1941), auf den Thron - körperbehindert zur Welt gekommen, wurde er später auch psychisch auffällig.

Moralvorstellungen und einer klaren Einteilung der Welt in Gut und Böse, in fromm und ungläubig, beherrscht von vielen Ängsten und dem Glauben an den Teufel, heran.[45] Bis 1881 verbrachte er seine Kindheit in dem Schwarzwaldstädtchen mit seinen Handwerkern, Kaufleuten, Handwerkern, Gerbern, und Flößern in einem ländlichen Ambiente.[46] Ein im Fotografenstudio aufgenommenes gestelltes Foto zeigt den Vierjährigen mit seiner Botanisier-Trommel.[47] Das fantasie- und temperamentvolle Kind liebte besonders die Geschichten vom Herrn Jesus, die seine Mutter ihm weitergab.[48] Die Eltern erkannten mit der Zeit, dass sie mit der Erziehung dieses Kindes heillos überfordert waren.[49] Als Johannes Hesse im Frühjahr einen Lehrauftrag für die Geschichte der Mission in der `Basler Mission´[50] erhielt und zum Herausgeber des Missionsmagazins berufen wurde, zog die Familie in die Schweiz. Am 6. April 1881 fand der Umzug nach Basel statt, und zwar in ein großes Haus im Müllerweg 126, dem heutigen Spalenring. Es befand sich ganz in der

---

[45] Ein Hesse-Biograf formulierte es so: Hesse wuchs in einer Familie „romantischer Ausstrahlung, geheimnisvoller indischer Geistigkeit und pietistischer Frömmigkeit“ (Klaus Walther, Hermann Hesse, München 2002, 19) auf.

[46] Hesse nahm immer wieder einmal literarisch auf seine Kindheit Bezug, vgl. beispielsweise Hermann Hesse, „Jedem Anfang wohnt ein Zauber inne.“ Lebensstufen. Ein Hermann Hesse Lesebuch im Suhrkamp Verlag, zusammengestellt von Volker Michels, FfM 1986, [7]1998, 10-68.

[47] Vgl. Bernhard Zeller, Hermann Hesse, a. a. O., 17; Gunnar Decker, Hesse, a. a. O., 53; Eva Zimmermann, „... auf der Höllenreise durch mich selbst...“, in: „Höllenreise durch mich selbst“, a. a. O. 9, und Klaus Walther, Hermann Hesse, München 2002, 15, wo es auf Juli 1880 datiert wird. Die Gelehrten streiten darüber, ob das Foto Hesse als Drei- oder Vierjährigen zeigt, vgl. André Uzulis, Hermann Hesse, a. a. O., 30. Er meint, es zeige Hesse als Dreijährigen, ebenso Volker Michels (Hg.), Hermann Hesse. Sein Leben in Bildern und Texten, a. a. O., 15, und Andreas Solbach, Hermann Hesse. Ein Schriftsteller auf der Suche, a. a. O., 48.

[48] Vgl. Birgit Lahann, Hermann Hesse, a. a. O., 17.

[49] Vgl. Kindheit und Jugend vor Neunzehnhundert, 1. Bd., hg. v. Ninon Hesse, FfM 1966, 13, und Bernhard Zeller, Hermann Hesse, a. a. O., 15.

[50] Die `Basler Mission´ wurde 1815 gegründet und bestand als solche bis 2001. Seitdem ist sie der größte von drei Trägervereinen des internationalen ökumenischen Missionswerkes `Mission 21´. Evangelisches Missionswerk Basel´ mit Sitz in Basel. Nähere Infos unter: https://www.mission-21.org/ (aufgerufen am 20.2.2022).

Nähe der Schützenmatte.[51] Dadurch, dass sein Vater 1882 das Basler Bürgerrecht erwarb, wurde die gesamte Familie automatisch zu Schweizer Staatsbürger:innen.[52] 1885 besuchte Hermann Hesse, inzwischen Baseldeutsch redend, die Internatsschule der Basler Mission, das sog. `Knabenhaus´, das in unmittelbarer Nähe zu seinem Elternhaus lag. Dort wurden all diejenigen Kinder beschult, deren Eltern im Ausland als Missionare eingesetzt waren. Es herrschten strenge pietistische Anstandsregeln. Hermann Hesse musste die ganze Woche über bleiben; nur am Sonntag war es ihm gestattet, seine Familie zu besuchen. Seine Eltern hatten in Sachen Erziehung des „abnormen Buben wie unseren Hermann“[53] kapituliert und hatten sie deshalb in andere Hände abgegeben.[54] Für Hermann Hesse war diese Zeit in Basel von 1881 bis 1886, das heißt, vom vierten bis

---

[51] Hesse erinnerte sich später daran zurück, vgl. Hermann Hesse, Basler Erinnerungen, in: ders., Beschreibung einer Landschaft, a. a. O., 168-172.

[52] Zu Basel hatte Hermann Hesse zeitlebens eine Affinität, denn u. a. lehrten hier Hesses Idole der Jugend, der Schweizer Kunst- und Kulturhistoriker Jacob Burckhardt (1818-1897), Experte auf dem Gebiet der Renaissance, und der Philosoph Friedrich Nietzsche (1844-1900). Besonders Nietzsche hatte es Hesse angetan: Stammte auch er aus einem protestantischen Pfarrhaus, aus dem er sich besonders mit seinem Buch `Jenseits von Gut und Böse´ zu lösen versucht hatte; das Christentum war Nietzsche zufolge eine schwächliche Religion, die es zu bekämpfen galt; ihm setzte er den `Willen zur Macht´, Stärke, Leidenschaft und Kampfbereitschaft entgegen. Hesse setzte Burckhardt später in seinem `Glasperlenspiel´ in der Gestalt des Paters Jakobus, der die `Unabhängigkeit und Nichtkäuflichkeit des Gewissens´ personifizierte, ein literarisches Denkmal.

[53] Birgit Lahann, Hermann Hesse, a. a. O., 23.

[54] „Ihr Beispiel illustriert das verbreitete Bedürfnis bürgerlicher Familien nach Anstalten, in denen Kinder beschult werden konnten, die weder als geistig krank noch als gesund galten. (...) Das Beispiel Hesse zeigt, dass es keine überzeugenden pädagogischen Hilfsangebote für Kinder aus begüterten Familien gab“ (Nina Balcar, Kinderseelenforscher. „Psychopathische“ Schuljugend zwischen Pädagogik und Psychiatrie, Köln-Weimar 2018, 55-78, Zitat auf 78).

zum neunten Lebensjahr, zum einen vom Spielen mit Schulfreunden und Schmetterlingsjagden[55], zum anderen von Kindheitsängsten und Zwangsvorstellungen geprägt.[56] Im Internat stieg in ihm erstmals das Gefühl von Isolation und Anderssein hoch. Er fühlte sich von seinen Eltern abgeschoben. Aus dem Abstand vieler Jahre heraus interpretierte er jedoch rückblickend sein Leben in Basel als „glückliche Kinderjahre"[57]. Seinen Teil dazu bei trug vermutlich der Leiter des Internats, Pfarrer Jakob Pfisterer[58], bei dem der junge Hesse menschliche Wärme und Angenommensein erfuhr; auch über seine Schulzeit hinaus hielt er mit Pfisterer Kontakt.

---

[55] Als Hermann Hesse etwa zwölf Jahre alt war, in einer Zeit, in der das Schmetterlingssammeln und -präparieren nichts Ungewöhnliches war (die akademische Bezeichnung für einen Schmetterlings- und Insektensammler war Entomologe) und das große Artensterben noch nicht eingesetzt hatte, hatte sein Interesse für Schmetterlinge ihren Höhepunkt erreicht. Als Hesses Kinder klein waren, aktivierte er diese überwunden geglaubte Leidenschaft noch einmal. Auf seiner `Indienreise´ dann verzeichnete sein Reisetagebuch „mindestens 55 Stunden, die Hesse auf der Malayischen Halbinsel, in Sumatra und Ceylon nach exotischen Faltern jagte, und von einem Museumsbesuch in Singapur werden einzig die dort ausgestellten Schmetterlinge erwähnt" (Volker Michels, Wege zu Hermann Hesse, a. a. O., 161). Hesses besondere Affinität zu Schmetterlingen blieb ihm sein ganzes Leben lang erhalten, vgl. Hermann Hesse, Schmetterlinge. Betrachtungen, Erzählungen, Gedichte. Mit farbigen Abbildungen. Zusammengestellt und herausgegeben von Volker Michels (it 2424), FfM und Leipzig 2002. Schmetterlinge standen bei ihm symbolisch für „Kurzlebigkeit und Vergänglichkeit des Schönen, aber auch für die Metamorphosen einer stufenweisen Entwicklung…" (Volker Michels, Wege zu Hermann Hesse, a. a. O., 153). 1911 war ein Schmetterling der Protagonist einer Erzählung Hesses über den ersten Diebstahl eines zehnjährigen Kindes aus Faszination an einem Schmetterling heraus und die daraus resultierenden Schuldgefühle, vgl. Hermann Hesse, Das Nachtpfauenauge, in: ders., Das Nachtpfauenauge, a. a. O., 72-80.

[56] Hesse verarbeitete seine Kindheitserinnerungen aus dieser Zeit in fiktiven oder biografisch verankerten Erzählungen, wie z. B. in der 1903 entstandenen und 1907 veröffentlichten Erzählung `Aus Kinderzeiten´, in der sich Hesse an ein einschneidendes Ereignis in seiner Kindheit, nämlich den Tod seines fünfjährigen Freundes Brosi, erinnert, vgl. Hermann Hesse, Aus Kinderzeiten, in: ders., Das Nachtpfauenauge. Ausgewählte Erzählungen, Stuttgart 1976, 3-24.

[57] Hermann Hesse, Autobiographische Schriften II, in: ders., Das essayistische Werk, Bd. 2, hg. von Volker Michels, Berlin 2012, 11.

[58] Über Johann Jakob Pfisterer (1836-1915) gibt die `Württembergische Kirchengeschichte online´ Auskunft: https://www.wkgo.de/personen/suchedetail?sw=gnd:1019345748 (aufgerufen am 19.2.2022).

Im Juli 1886 zog die Familie auf Wunsch Hermann Gunderts, dessen Frau im Jahr zuvor gestorben war und der mit 70 Jahren spürte, dass seine Kräfte langsam schwanden, wieder zurück nach Calw, zunächst ins Haus des Großvaters in der Bischofstraße 4.[59] Das Komitee des Missionshauses hatte die Versetzung angeordnet und Johannes Hesse hatte sich gefügt, obwohl er sich in Basel sehr wohl gefühlt hatte.[60] Hermann Gundert, von Hermann Hesse gleichermaßen geliebt wie respektiert, hatte einen prägenden Einfluss auf den kleinen Jungen.[61] Vermutlich brachte der Großvater noch am meisten Verständnis für

---

59 1889 zog die Familie, da die Wohnung im Haus Gunderts zu klein geworden war, in die Lederstraße 24 und dann, 1893, nachdem der Großvater Hesses gestorben war, wieder zurück in die Bischofstraße 4, diesmal in die Dienstwohnung des Verlagsleiters.

60 Vgl. weiterführend Gunnar Decker, Hesse, a. a. O., 56ff. Gunnar Decker (geb. 1965) ist promovierter Philosoph (1994) und arbeitet seit 1995 als freiberuflicher Film- und Theaterkritiker, seit 1997 als Buchautor. Neben seiner Hesse-Biografie hat er u. a. Lebensbeschreibungen zu Ernst Jünger und Gottfried Benn vorgelegt. 2016 wurde er mit dem Heinrich-Mann-Preis ausgezeichnet. Eine positive Rezension seiner Hesse-Biografie, die den Schriftsteller von innen aus seinen Antrieben, Hemmungen und Affinitäten in unsicheren Zeiten, mit Vor- und Rückverweisen beschreibt, stammt von Dieter Kaltwasser, Die Welt des Glasperlenspielers, und ist online zugänglich unter: https://literaturkritik.de/id/17007 (aufgerufen am 18.6.2022).

61 Hesse-Kenner Volker Michel mutmaßt: „Als einer von insgesamt 32 Enkeln ist er [Hermann Hesse] neben seinem Vetter, dem künftigen Japan-Forscher Wilhelm Gundert, wohl derjenige seiner Nachkommen, über dessen Wirken der Großvater am glücklichsten gewesen wäre. Denn auf eine säkularisierte und überkonfessionellere Weise haben diese beiden Enkel fortgesetzt, was der Großvater begonnen hatte: die Überwindung des Eurozentrismus, die Öffnung nach Asien, doch nicht wie die Kolonialherren durch Nehmen, sondern durch Geben“ (Volker Michels, Wege zu Hermann Hesse, a. a. O., 32). Der Universitätsprofessor Wilhelm Gundert (1880-1971) ging nach seinem Theologiestudium als Missionar 1906 nach Japan. lebte von 1909-1920 in Japan, hielt sich dann zwei Jahre in Deutschland auf, um zu promovieren, und kehrte dann nach Japan zurück, um von 1927 bis 1936 das neugegründete Japanisch-Deutsche Kulturinstitut in Tokio zu leiten. 1934 war er der NSDAP beigetreten und als Leiter des Kulturinstituts in offizieller Funktion für den NS-Staat tätig gewesen. Von 1936-1945 war Gundert Lehrstuhlinhaber für Sprache und Kultur Japans an der Universität Hamburg. Gunderts Antrittsvorlesung (1936) ist online zugänglich unter: https://menadoc.bibliothek.uni-halle.de/dmg/periodical/titleinfo/93327 (aufgerufen am 25.10.2022). Von 1938 bis 1941 amtierte der Nationalsozialist als Rektor der Universität, wo er den Ausschluss jüdischer Professoren und Studierender anordnete. 1945 wurde er entlassen, doch 1952 im Rahmen der Entnazifizierung als `entlastet´ bewertet. Erst 1954 nahm Hesse wieder den Kontakt zu seinem Cousin auf.

seinen problematischen Enkel auf.[62] In der riesigen Bibliothek des hünenhaften, gebildeten, polyglotten Patriarchen mit dem weißen langen Bart fand Hesse neben alten verstaubten Folianten auch Literatur, die Jugendliche ansprach.[63] In gläsernen Vitrinen lagen exotische, aus Indien stammende Exponate, gesammelte Erinnerungsstücke an die Zeit, in der Hermann Gundert im Einsatz der Mission unterwegs war: metallene indische Götter, Schildkröten aus Speckstein, gestickte Decken, Messingbecher und Schalen aus Holz. Sein Reich war sein Studierzimmer: Dort, inmitten von Kaffeegeruch und Pfeifenrauch, saß Hermann Gundert auf einem Kanapee an einem mit Büchern und Zeitschriften bedeckten Tisch und arbeitete an seinen Manuskripten. Die Welt in diesem Haus war geprägt von schwäbischer Heimatverbundenheit und enger Frömmigkeit sowie von der missionarisch-internationalen Weite. Zur strengen protestantischen Erziehung gehörten selbstverständlich Morgen- und Abendandachten, sonntäglicher Kirchgang, Bibelstunden und Missionsfeste. Bildung wurde großgeschrieben: Die Kinder sangen zusammen, jedes Kind lernte ein Instrument und man musizierte miteinander. Zum traditionellen Programm am Sonntag konnten ausgedehnte Spaziergänge nicht weggedacht werden, etwa auf dem Wiesenweg an der Nagold nach Hirsau. Alles

---

[62] Als er sich nach seiner Flucht aus Maulbronn dem Großvater stellen musste, sah ihn dieser freundlich an und sagte nachsichtig: „I han ghört, Hermann, du habest ein Geniereisle gemacht?“ (Volker Michels, Wege zu Hermann Hesse. a. a. O., 43)

[63] Hesse schrieb später über seinen Großvater: „Dieser Mann, der Vater meiner Mutter, stak in einem Wald von Geheimnissen, wie sein Gesicht in einem weißen Bartwalde stak, aus seinen Augen floß Welttrauer und floß heitere Weisheit, je nachdem, einsames Wissen und göttliche Schelmerei, Menschen aus vielen Ländern kannten, verehrten und besuchten ihn, sprachen mit ihm englisch, französisch, indisch, italienisch, malaiisch, und reisten nach langen Gesprächen wieder spurlos hinweg, vielleicht seine Freunde, vielleicht seine Gesandten, vielleicht seine Diener und Beauftragten“ (Hermann Hesse, Kindheit des Zauberers, in: ders., GW, Bd. 6, 371-390, Zitat auf 377).

ruhte auf den Pfeilern der pietistischen Frömmigkeitstradition.[64]

Der neunjährige Hesse kam in die zweite Klasse der Calwer Lateinschule, das sog. `Real-Lyceum´.[65] Ihr Besuch „geriet für Hesse zum Schrecken. Die Lehrer waren gefürchtet, das Regiment war streng. Der Sadismus drückte sich beispielsweise in sogenannten `Tatzen´ aus – gemeint sind damit Ohrfeigen –, im `Hosenspannen´ und in Schlägen auf den Kopf."[66] Hesse erlebte die Schule als feindlichen Ort, an dem es ums Überleben ging. Seine Noten bewegten sich im Rahmen von `befriedigend´ und `genügend´; `gut´ blieb eine Ausnahme.[67] Depressive Phasen wechselten sich ab mit Selbstzweifeln. Der Junge galt als eigenwillig, hochsensibel, energiegeladen, impulsiv, unaufmerksam und `schwer erziehbar´; er testete Grenzen aus, er gab Widerworte, der Umgang mit ihm war anstrengend. Nach heutigen Maßstäben erfüllte er alle Kriterien für ein Kind, das an einem „Aufmerksamkeitsdefizit-Syndrom mit Hyperaktivität" [68] litt. Medikamente wie Ritalin, Methylphenidat oder

---

[64] Vgl. dazu ausführlich Matthias Hilbert, Hermann Hesse und sein Elternhaus – Zwischen Rebellion und Liebe. Eine biographische Spurensuche, Stuttgart 2005.

[65] Die Lateinschule war 1459 gegründet worden. Das noch heute bestehende Gebäude beherbergte 1992 die Volkshochschule, vgl. Uli Rothfuss, Hermann Hesse privat, a. a. O., 35. Noch der 70jährige Hesse widmete dieser Lateinschule eine eigene Erzählung, vgl. Hermann Hesse, Unterbrochene Schulstunde, in: ders., Drei Erzählungen, FfM 1961, 37-49. Mit Schule verband er primär Gefangenschaft und Langeweile. Weder verklärte er diese Zeit nachträglich noch harmonisierte er sie.

[66] André Uzulis, Hermann Hesse, a. a. O., 34. Nachdem Hesses Großvater gegen die körperliche Züchtigung seines Enkels persönlich protestiert und dem Lateinlehrer ins Gewissen geredet hatte, verzichtete dieser fortan auf körperliche Bestrafungen, quälte Hesse stattdessen aber weiter psychisch. Vgl. dazu auch Uli Rothfuss, Hermann Hesse privat, a. a. O., 36, wo sich eine Schilderung von Hesses Mitschüler befindet.

[67] Vgl. Uli Rothfuss, Hermann Hesse privat, a. a. O., 36.

[68] So Detmar Roloff, ADHS: Hermann Hesse, ein beispielhafter Fall?, in: Kinder- und Jugendarzt, 33. Jg., 5/2002, 431-435, online zugänglich unter: https://silo.tips/download/adsh-aufmerksamkeitsdefizit-syndrom-mit-hyperaktivitt-hermann-hesse-ein-beispiel (aufgerufen am 16.6.2022). Online ist auch der zweite Teil des Aufsatzes zu fin-

Lisdexamfetamin, mit denen der Leidensdruck von Kindern heute gelindert werden kann, gab es damals noch nicht. In Calw war der Sohn des Missionars bekannt wie ein bunter Hund.[69] Er hatte dafür auch alles getan: „Einmal hatte er eine Waldwiese

---

den, der später publiziert wurde. Detmar Roloff belegt seine These mit zahlreichen treffenden Zitaten aus der umfangreichen Literatur zu Leben und Werk Hermann Hesses, u. a. mit verzweifelten, schriftlich festgehaltenen Äußerungen seiner Eltern. Auch die Brüche in Hesses Lebenslauf, seine Trennungen und seine Affinität für Sucht weisen in diese Richtung, denn ADHS tritt entgegen weitläufigen Annahmen nicht nur im Kindesalter auf; auch im Erwachsenenalter zeigen sich häufig noch Symptome – freilich anders ausgeprägt. Das Kind Hermann Hesse erinnert zudem an den von dem St. Galler Philosophen Dieter Thomä beschriebenen „puer robustus" (Dieter Thomä, Puer robustus. Eine Philosophie des Störenfrieds. Mit einem neuen Nachwort über Donald Trump und den Populismus [stw 2275], Berlin 2018, 11): an einen Störenfried, an einen, der angeeckt ist und aufbegehrt hat, an einen, der gegen Regeln verstieß, der „unartig, unverschämt, unbequem, unbehaust, unbekümmert" (11) war, der zu den „Außenseitern und Randfiguren, Querulanten und Quertreibern" (12) in einer sehr stark auf Ruhe und Ordnung bedachten Welt gehörte, an einen, der quer schoss und dazwischen grätschte (vgl. 16). Andere Forscher stellten die These auf, dass Hesse Züge von Autismus aufwies.

[69] Calw taucht im Werk Hermann Hesses vielfach auf: Die Stadt, in der Hesse zwölf Jahre seiner Kindheit und Jugend verbrachte, wird von ihm u. a. als \`Gerbersau´ bezeichnet, weil sie als eine der wohlhabendsten Städte Württembergs u. a. durch die Ledergerberei, das Tuchmachergewerbe, den Salzhandel, den Holzhandel und die Flößerei (Hesse war selbst oft mit Flößen auf der Nagold unterwegs gewesen) geprägt wurde. Hesse schilderte Begebenheiten aus seiner Zeit in Calw, beschrieb ihre versteckten Winkel und verewigte, ähnlich wie Wilhelm Busch (1832-1908) seinerzeit in Lüthorst oder Wilhelm Raabe (1831-1910) in Eschershausen, die Bewohner:innen der Schwarzwaldstadt mit all ihren Ecken und Kanten. Der Kunstname \`Gerbersau´ nimmt Anleihen aus dem benachbarten Ort Hirsau und verknüpft den Namen mit der Stadt der Gerber (vgl. Siegfried Greiner, Hermann Hesse. Jugend in Calw. Berichte, Bild- und Textdokumente und Kommentar zu Hesses Gerbersau-Erzählungen, Sigmaringen 1981). 1947 wurde Hesse die Ehrenbürger:innenwürde der Stadt Calw verliehen und ein Platz wurde nach ihm benannt. 1952 ließ die Stadt eine Tafel am Geburtshaus Hesses anbringen. 1964, zwei Jahre nach Hesses Tod, richtete die Stadt in der Bischofstraße 48 über dem Stadtarchiv eine erste Hesse-Gedenkstätte ein. 1973 wurde sie ausgebaut, nachdem die Stadt 1973 in Köln \`Hessiana´ aus dem Besitz H. C. Bodmers ersteigert hatte. Am 8. Juni 2002 wurde am Lieblingsort Hesses, der Nikolausbrücke über der Nagold, eine lebensgroße Bronzeskulptur des Dichters, die diesen im Alter von 55 Jahren bei seinem letzten Calw-Besuch darstellt, von dem Bildhauer Kurt Tassotti (geb. 1948) aus Mühlacker errichtet. Sie trägt den Titel \`Zwischen Verweilen und Aufbruch´: https://de.wikipedia.org/wiki/Kurt_Tassotti#/media/Datei:Calw_Hessestandbild.jpg (aufgerufen am 20.3.2022). Für einen Eindruck vgl. die Sendung des Bayrischen Rundfunks \`Hermann Hesse – Lebensstationen. Der Weg zu sich selbst´ (2016), online zugänglich über: https://www.youtube.com/watch?v=M2YLuqh7WfQ (aufgerufen am 17.6.2022). Heute nennt sich Calw \`Die Hermann-Hesse-Stadt´.

abgefackelt und seine Familie wegen der drohenden Strafe in größte Nöte gebracht. (...) Er setzte das Bett seines Vaters mit einer Petroleumlampe in Brand und brachte bei einem Bootsausflug den Kahn zum Kentern."[70] Ein andermal hatte er sich Salpeter für ein Feuerwerk gekauft und mit Schwarzpulver gemischt.[71] Nachdem es nicht gleich losgegangen war, wollte er nachschauen und beugte sich darüber. Die Folge waren großflächige Verbrennungen im Gesicht, so dass es verbunden werden und eine Woche lang das Bett hüten musste. Strafen waren an der Tagesordnung, die Tränen des Kindes ebenso. Es schien so, als würde sich der schulische Druck ein Ventil suchen.[72]
Im Alter von dreizehn Jahren wusste der `Tagträumer´, dass er seine Zukunft selbst gestalten musste und „Dichter oder gar nichts werden"[73] wollte. Die Eltern wollten für ihren Sohn hin-

---

[70] Heimo Schwilk, Hermann Hesse, a. a. O., 63. Vgl. dazu auch Uli Rothfuss, Hermann Hesse privat, a. a. O., 30.

[71] Die Anleitung dafür hatte er sich aus dem damals verbreiteten Kinderbuch von Hermann Wagner, Der gelehrte Spielkamerad oder der kleine Naturforscher, Thierfreund und Sammler, Leipzig 1865, geholt.

[72] Zu weiteren `Streichen´ des jungen Hermann Hesse vgl. Alois Prinz, „Und jedem Anfang wohnt ein Zauber inne", a. a. O., 46ff.; André Uzulis, Hermann Hesse, a. a. O., 35, und Gunnar Decker, Hesse, a. a. O., 62ff.

[73] Hermann Hesse, Kurzgefaßter Lebenslauf, in: Hermann Hesse, SW, Bd. 12: Autobiographische Schriften II. Selbstzeugnisse, Erinnerungen, Gedenkblätter und Rundbriefe, hg. v. Volker Michels, FfM 2003, 48. Der Erstdruck erschien in der Berliner `Neuen Rundschau´ im August 1925. Zu hören ist die zitierte Stelle, in einer Interpretation von Gert Westphal, auf YouTube hier: https://www.youtube.com/watch?v=PyMjr5U6fi8 (aufgerufen am 28.1.2022). Hesse hat in seinem Leben mehr als 1400 Gedichte geschrieben, davon den Großteil vor seinem 26. Lebensjahr. Zu seinen Lebzeiten erschienen 16 Gedichtbände – meist zu romantischen Themen (Nacht, Sterne, Liebe, Heimweh, Einsamkeit usw.), denn die lyrische Avantgarde à la Dadaismus blieb ihm fremd. Manchmal sind Lyrik und Prosa eng miteinander verwoben, wie z. B. im `Glasperlenspiel´, das 13 Gedichte enthält. Obwohl Hesse als Lyriker nie so erfolgreich war wie als Prosaist, zählt er zu den meistgelesenen Lyrikern des zwanzigsten Jahrhunderts. Das Motiv der Vergänglichkeit zieht sich konstant durch Hesses Oeuvre, vgl. dazu weiterführend Pawel Moskata, Facetten der Vergänglichkeit

gegen, dass er wie viele Mitglieder der Familie einmal das geistliche Amt ausüben sollte, und dazu gehörte eine entsprechende Vorbereitung.[74] Diese erhielten die Kandidaten durch das sog.

---

in der Lyrik Hermann Hesses, Krakau 2012. Als früheste Prosaarbeit, die von ihm bekannt ist, gilt Hesses Märchen `Die beiden Brüder´, das er als Zehnjähriger geschrieben hatte und das erst am 6. Januar 1951 in der NZZ veröffentlicht wurde (Titel und Handlung erinnern an das Grimmsche `Zweibrüdermärchen´); später wurde es in Hermann Hesse, Späte Prosa, Berlin und FfM 1951, aufgenommen, vgl. Hermann Hesse, Die beiden Brüder, in: ders., Die Märchen (st 291), FfM 1975, 1979, 270f. Darin geht es um zwei Brüder: Der Ältere behandelt seinen jüngeren behinderten Bruder schlecht. Dieser zieht deswegen zu Hause aus und versucht, sein Glück in der Fremde zu finden. Mit Diamantenbergbau macht er sein Glück bei den Zwergen am Glasberg. Der ältere Bruder wird im Krieg am Arm verwundet, muss betteln, kommt am Glasberg vorbei und will auch ein paar Diamanten abbauen – was ihm aber mit einem Arm nicht gelingen will. Seinen jüngeren Bruder erkennt er nicht. Im Gespräch bereut der Ankömmling seine frühere Schlechtigkeit. Der Jüngere gibt sich zu erkennen und behält den Bruder bei sich.– Das Märchen befindet sich auch in: Hermann Hesse, SW Bd. 1: Jugendschriften, hg. v. Volker Michels, a. a. O., 687. Hesse publizierte erstmals seine Märchensammlung im Jahr 1920 unter dem Titel `Märchen´ (zu den bibliografischen Nachweisen vgl. Hermann Hesse, Die Märchen, a. a. O., 272-274). Ich erwarb Hesses `Märchen´ am 9.6.1980. Der Text ist heute leicht zugänglich unter: https://www.gutenberg.org/files/64522/64522-h/64522-h.htm (aufgerufen am 21.3.2022).

[74] Später schrieb Hermann Hesse an den mit ihm befreundeten britisch-österreichischen Schriftsteller Stefan Zweig (1881-1942), „dass das Erfüllen dieses elterlichen Wunsches für ihn gleichbedeutend mit dem Verlust seiner eigenen Persönlichkeit gewesen wäre" (Volker Michels [Hg.], Materialien zu Hermann Hesses `Siddhartha´, Bd. 1, FfM 1975, 43). Dr. Stefan Zweig, Sohn eines jüdischen Textilunternehmers, war einer der populärsten Schriftsteller seiner Zeit und ein bedeutender Erzähler. Zu seinen bekanntesten Werken zählen die `Schachnovelle´, die `Sternstunden der Menschheit´ und `Die Welt von Gestern´. Wie Hermann Hesse, so war Stefan Zweig Pazifist, und wie Hesse und Thomas Mann (1875-1955) gehörte er zu den ersten deutschsprachigen Schriftstellern, die der Psychoanalyse offen gegenüberstanden, Freuds Lehren literarisch verarbeiteten und selbst bei ihm die Sprechstunde besuchten. Zweig freundete sich mit Freud an und hielt ihm nach dessen Tod bei der Trauerfeier am 26. September 1939 im Krematorium in London die Abschiedsrede. 1935 wurde er in Deutschland auf den Index der verbotenen Autoren gesetzt. Vor der Gewaltherrschaft der Nazis floh er zunächst nach Großbritannien und dann über New York, Argentinien und Paraguay nach Brasilien. Zwei Jahre nach seiner Ankunft dort nahm er sich im Februar 1942 durch eine Überdosis Veronal das Leben. Sein Wohnhaus in Petrópolis, die Casa Stefan Zweig, bewahrt als Museum heute sein Andenken. Viele Dokumente zu Leben und Werk Stefan Zweigs befinden sich im Literaturarchiv Salzburg: http://stefanzweig.digital (aufgerufen am 7.7.2022). Dort befindet sich u. a. ein Notizbuch vom Mai 1940 mit Vorarbeiten zu Zweigs Erinnerungsbuch `Die Welt von Gestern´: https://www.projekt-gutenberg.org/zweig/weltgest/weltgest.html, aufgerufen am 7.7.2022).

`württembergische Landexamen´[75]. Wer zum Landexamen den Einlass geschafft hatte, für den übernahm der Staat nicht nur sämtliche Kosten für die schulische Internatsausbildung, sondern auch für das darauf folgende Theologiestudium am `Tübinger Stift´[76], und dessen Lebensweg stand fest: entweder Katheder oder Kanzel.[77] Deshalb schickten die Eltern Hermann Hesse 1890/91 auf die Lateinschule nach Göppingen.[78] An der Pädagogik hatte sich mit der Versetzung wenig geändert.[79] Es

---

[75] Das `Landexamen´, für das sich jährlich Hunderte bewarben, aber nur fünfundvierzig hochbegabte Schüler:innen aus Württemberg genommen wurden, hatten bereits Hesses Großvater, sein Onkel und sein Bruder erfolgreich bestanden. Wie zu Hesses Zeiten ist noch heute das `Landexamen´ das Entrée-Billet für einen privilegierten Bildungsweg. Der Besuch des Seminars gilt nach wie vor als Vorstufe für das Theologiestudium am `Tübinger Stift´ und das obligatorisch darauffolgende evangelische Pfarramt.

[76] Das `Tübinger Stift´ beherbergte einst David Friedrich Strauß (1808-1874), Johann Albrecht Bengel (1687-1752), Friedrich Christoph Oetinger (1702-1782), Ludwig Hofacker (1798-1828), Friedrich Theodor Fischer (1803-1867) oder Ferdinand Christian Baur (1792-1860), den Begründer der historisch-kritischen Schule. Viele Zöglinge verließen vorzeitig das Stift oder wurden relegiert, beispielsweise Hermann Kurz (1813-1873) oder Georg Herwegh (1817-1875). Eduard Mörike (1804-1875) wurde Schriftsteller und Wilhelm Hauff (1802-1827) trat das Pfarramt gar nicht erst an. Andere begründeten den Ruf des Stifts über Tübingen und die Landesgrenzen Württembergs hinaus, wie das berühmte `Dreigestirn´ Hegel, Hölderlin und Schelling, die zeitweise die gleiche Stube bewohnten.

[77] Aus Maulbronn, der württembergischen Kaderschmiede, kommt bis heute ein Teil der protestantischen württembergischen Geistes-Elite – Pfarrer:innen, Lehrer:innen, Jurist:innen und andere höhere Beamt:innen. Natürlich ist der pädagogische Stil heute in Maulbronn im Unterschied zu Hesses Zeiten längst ein anderer geworden – zeitgemäßer und natürlich viel liberaler. Vgl. dazu Angelika Ohland, Zucht, Ordnung und göttliche Pracht, in: chrismon. Das evangelische Magazin 6/2002, 64-69, wo eine Internatsschülerin des Jahres 2002 bestätigt, dass der heutige Geist in Maulbronn von Aufklärung und Toleranz geprägt ist.

[78] Über seinen Vater hatte Hermann Hesse automatisch das Basler Bürgerrecht erhalten. Damit er die Schule in Württemberg besuchen durfte, war nun aber wiederum die württembergische Staatsangehörigkeit erforderlich. Johannes Hesse organisierte sie für seinen Sohn im November 1890. Dadurch verlor Hermann Hesse das Basler Bürgerrecht bzw. die schweizerische Staatsangehörigkeit. Auf diesem Hintergrund ist zu verstehen, dass Hermann Hesse 1924 – in Distanz zu Deutschland – die deutsche Staatsbürgerschaft wieder abgab, die schweizerische wieder annahm und zurück in die Schweiz zog.

[79] Die Schule wurde von Otto Bauer (1830-1899) geleitet. Der Rektor lobte in Briefen an Hesses Eltern ihren Sohn und Hesse wiederum gefiel dieser Lehrer – so sehr, dass

herrschte Drill, sechs Tage die Woche, von acht bis zwölf und von vierzehn bis neunzehn Uhr. Sonntags fanden zwei Stunden zusätzlicher Unterricht statt. Zu den Unterrichtsfächern zählten Latein, Griechisch, Französisch, Deutsch, Religion, Mathematik, Geometrie, Geografie und Geschichte. Hesse beschrieb in einem Brief an seine Mutter bzw. an seine Eltern die Atmosphäre, die in der Lateinschule herrschte und von der harten körperlichen Züchtigung der Schüler mit dem Rohrstock durch die Lehrer geprägt war. Gewalt gehörte zum herrschenden Konzept der `schwarzen Pädagogik´ in der wilhelminischen Ära.[80] Zu dieser Zeit stellten sich bei Hermann Hesse körperliche Molesten ein, die ihn zeitlebens plagen sollten: Kopf- und Augenschmerzen sowie Atemnot – vielleicht auch ein Resultat jener Art von Schulstress, dem er ausgesetzt war.[81]

---

er zur Vorlage einer Figur in Hesses `Glasperlenspiel´ wurde, vgl. Uli Rothfuss, Hermann Hesse privat, a. a. O., 55, und Gunnar Decker, Hesse, 60ff. Parallel dazu nahm Hesse am Konfirmandenunterricht teil, vgl. dazu Hermann Hesse, „Jedem Anfang wohnt ein Zauber inne", a. a. O., 69-80. 1905 verarbeitete er die Zeit in seiner Erzählung `Der Lateinschüler´, vgl. Hermann Hesse, Die schönsten Erzählungen, zusammengestellt von Volker Michels, FfM 2002, 70-100.

[80] Die Schule wurde zur Metapher der Untertanen-Gesellschaft, was sich in verschiedenen Veröffentlichungen aus der Zeit nachweisen lässt, beispielsweise in dem Bestseller von Heinrich Mann, Der Untertan. Vollständige Neuausgabe (Erstdruck Leipzig 1918), Göttingen 2021. Es ist u. a. dem Buch Heinrich Manns mit zu verdanken, dass das 1871 gegründete Kaiserreich als ein Hort der Obrigkeitshörigkeit, des Chauvinismus und des Militarismus entlarvt wurde. Auch in anderen Büchern aus dieser Zeit wurde die Schule und damit das preußische Erziehungsideal der Jahrhundertwende, für das die körperliche Züchtigung wie selbstverständlich dazu gehört, kritisiert, vgl. beispielsweise Thomas Mann, Buddenbrooks. Verfall einer Familie, Roman. In der Fassung der Großen kommentierten Frankfurter Ausgabe (FISCHER TaschenBibliothek), FfM 2002, [3]2021, oder Robert Musil, Die Verwirrungen des Zöglings Törleß. Textausgabe mit Kommentar und Materialien: Reclam XL – Text und Kontext, hg. v. Mario Leis/Volker Ladenthin, Stuttgart 2016. Vgl. dazu weiterführend Hyeseon Shin, Bildungs- und Kulturkritik und Adoleszenzproblematik in Schulgeschichten um die Jahrhundertwende (diss phil.), Bonn 2013, bes. 32ff., 81ff. und 131ff. Zum Hintergrund der Körperstrafe in Schule und Erziehung vgl. Winfried Speitkamp, Ohrfeige, Duell und Ehrenmord. Eine Geschichte der Ehre, Stuttgart 2010, bes. 43ff.

[81] Später ergänzten Zahnprobleme den Kanon von Hesses Krankheiten, vgl. Andreas Solbach, Hermann Hesse. Ein Schriftsteller auf der Suche, a. a. O., 122. Seit frühester

Im Juli 1891 bestand Hermann Hesse das `Landexamen´.[82] Seine Mutter hatte ihn zu den Prüfungen, vor denen er so viel Angst gehabt hatte und die sich bei sengender Sommerhitze in Stuttgart über drei Tage erstreckten, begleitet. Sie bestanden aus einem schriftlichen und einen mündlichen Teil. Geprüft wurden die Fächer Latein, Griechisch, Deutsch, Mathematik und Religion. Die Zeit zwischen dem `Landexamen´ und dem Schulbeginn verbrachte Hesse in Calw und erholte sich. Er hatte gezeigt, was in ihm steckte, und seine Eltern schienen zum ersten Mal zufrieden mit ihm zu sein. Doch es wurde ihm jetzt auf

---

Jugend war Hesse extrem kurzsichtig. Zugleich litt er an der ungleichen Brechkraft beider Augen, die die Ursache für seine Binokularitätsprobleme war. Sei 1901 plagten ihn neben der Anisometropie, die ursächlich für eine Amblyopie links war, rezidivierende Tränenkanal- und Tränensackentzündungen, ein Leiden, das ihn in seiner Arbeit stark einschränkte. Die Beschwerden hatten zugenommen, nachdem eine Operation der Tränenkanäle 1901 nicht geklappt hatte und schwere Neuralgien der oberen Gesichtshälfte die Folge gewesen waren. Im März 1929 unterzog er sich in Zürich einer erneuten Augenoperation, die für ihn monatelange Aufenthalte in verdunkelten Räumen zur Folge hatte. Nach Hesses Tod 1962 fand man ca. hundert Brillen in seinem Schreibtisch – immer wieder hatten die Ärzte versucht, mit der Verschreibung von neuen Brillen Hesses Augenleiden zu lindern, vgl. Gunnar Decker, Hesse-ABC, a. a. O., 45. Hesse selbst schrieb darüber verfremdet, vgl. Hermann Hesse, In der Augenklinik, in: ders., Die Kunst des Müßiggangs. Kurze Prosa aus dem Nachlaß. Herausgegeben und mit einem Nachwort von Volker Michels (st 100), FfM 1973, 64-66. Ein Augenarztbesuch vom 26.8.-10.9.1936 bei dem weltberühmten Geheimen Medizinalrat Dr. Maximilian Graf von Wiser (1861-1938) in Bad Eilsen war der Grund dafür, dass Hesse ein letztes Mal ins nationalsozialistische Deutschland reiste.

[82] Im Unterschied zu seinem Protagonisten Hans Giebenrath in `Unterm Rad´ schloss Hermann Hesse nicht als Zweitbester seines Jahrgangs ab, sondern als Achtundzwanzigster von 36 (vgl. André Uzulis, Hermann Hesse, a. a. O., 38) bzw. als Achtundzwanzigster von 79 Kandidaten (vgl. Uli Rothfuss, Hermann Hesse privat, a. a. O., 56 und Volker Michels, Wege zu Hermann Hesse, a. a. O., 63). Der spätere Bundespräsident der Bundesrepublik Deutschland, der Schriftsteller und Journalist Theodor Heuss (1884-1963), der 1905 Hesses `Unterm Rad´ positiv rezensiert hatte, hielt zu Recht fest, dass durch Hesse das württembergische `Landexamen´ auch außerhalb Schwabens bekannt wurde, vgl. Theodor Heuss, Von Ort zu Ort. Wanderungen mit Stift und Feder, hg. v. Friedrich Kaufmann und Hermann Leins, Tübingen 1959, 41959, 25.

einmal bewusst: Nun war seine Kindheit, „erfüllt von Jenseitsblumenduft und bitteren Todesengeln“[83], endgültig vorbei. Am 15. September 1891 trat Hermann Hesse, wiederum in Begleitung seiner Mutter, ins Klosterseminar in Maulbronn ein.[84]

---

[83] Hugo Ball, Hermann Hesse. Sein Leben und sein Werk, a. a. O., 27. Hugo Ball (1886-1927), Mitbegründer des Dadaismus und Pionier des Lautgedichts, war der erste Biograf Herman Hesses. Er hatte diesen im Hause des abgefallenen Rudolf-Steiner-Jünger, Architekten, Astrologen und Okkultisten Josef Englert (1874-1957) kennengelernt (vgl. dazu Eveline Hasler, „Und werde immer Ihr Freund sein.“ Hermann Hesse, Emmy Hennings und Hugo Ball, Zürich 2010, 7f.) und in ihm einen geistigen Nachkommen der Romantiker, einen wahren Erben Joseph von Eichendorffs (1788-1857), gesehen. Seit Hugo Ball und seine Frau Emmy Ball-Hennings (1885-1948), die eine schillernde Biografie hatte, mit ihrer Tochter, der Teppichweberin und Grafikerin Annemarie Schütt-Hennings (1906-1987), von Zürich ins Tessin umgezogen waren, verband eine enge Freundschaft mit Hermann Hesse und seiner Frau, vgl. dazu Emmy Ball-Hennings, Begegnung mit Hermann Hesse, in: Volker Michels (Hg.), Hermann Hesse in Augenzeugenberichten, a. a. O., 85-89, und weiterführend Ulrike Voswinckel, Freie Liebe und Anarchie. Schwabing – Monte Verità. Entwürfe gegen das etablierte Leben, München 2009, 104-117+130-133 (Lit. auf 174-177), sowie Andreas Solbach, Hermann Hesse. Ein Schriftsteller auf der Suche, a. a. O., 100ff. Balls Hesse-Darstellung, an der er von Oktober 1926 bis Anfang März 1927 gearbeitet hatte und die aus Anlass von Hesses 50. Geburtstag erschien, endete im Jahr 1927; in Samuel Fischer Verlag war es eine gute Sitte, einem verdienten Autor eine Biografie zu widmen. Für Ball war der Auftrag eine willkommene Aufgabe, die ihn in den nächsten Monaten auch finanziell entlastete. Balls Hesse-Biografie ist online zugänglich unter https://www.projekt-gutenberg.org/ball/hhesse/titlepage.html (aufgerufen am 12.4.2022). Hugo Ball konvertierte kurz vor seinem Tod zum Katholizismus; er starb im selben Jahr des Erscheinens seines Hesse-Buches an den Folgen eines Magenkarzinoms. Noch am Tag des Begräbnisses verfasste Hermann Hesse einen Nachruf auf seinen Freund, vgl. Hermann Hesse/Emmy Ball-Hennings/Hugo Ball, Briefwechsel 1921-1927, hg. und kommentiert v. Bärbel Reetz, FfM 2003, 529f. In diesem Buch befindet sich die umfangreiche Korrespondenz von Hermann Hesse mit dem Ehepaar Ball, die allerdings in Teilen schon zuvor ediert worden war, vgl. Briefe an Hermann Hesse, von Emmy Ball-Hennings, hg. v. Annemarie Schütt-Hennings, FfM 1985. Als Emmy Ball-Hennings verarmt starb, übernahm Hesse die Bestattungskosten für sie, vgl. dazu auch Alois Prinz, „Und jedem Anfang wohnt ein Zauber inne“, a. a. O., 347, und Irmgard M. Wirtz, Aus Emmy Hennings ’ Briefen, in: Barbara Mahlmann/Paul Michael Lützeler (Hg.), Aussteigen um 1900. Imaginationen in der Literatur der Moderne, Göttingen 2021, 309-330. Die zahlreichen Briefe und Karten, die Emmy Ball-Hennings an Hesse geschrieben hat, werden im Schweizerischen Literaturarchiv in Bern aufbewahrt.

[84] Vgl. Hugo Ball, Hermann Hesse, a. a. O., 39-57. Kloster Maulbronn taucht in Hesses Büchern immer wieder auf, beispielsweise in `Unterm Rad´ (bes. 53ff.), in `Narziß und Goldmund´ (als `Mariabronn´) oder im `Glasperlenspiel´ (als `Waldzell´), Hesses letztem Roman. Zur Internetpräsenz geht es hier: www.schloesser-und-gaerten.de (aufgerufen am 28.10.2021).

Zunächst gefiel dem Vierzehnjährigen das Seminar, die im Kraichgau zwischen Schwarzwald und Odenwald gelegene vollständig erhaltene mittelalterliche Klosteranlage – trotz der einundvierzig Stunden wöchentlichen Unterrichts, den er erhielt.[85] Zu seinen Schulfächern gehörten Mathematik, Deutsch, Französisch, Geografie, Geschichte, Turnen, Gesang und – gemäß dem klassischen Bildungskanon dieser Zeit – Latein, Griechisch und Hebräisch.[86] Hesse wurde außerdem in den schönen Künsten, in Klavier und Geige, unterrichtet.[87] Wie alle Heranwachsenden

---

[85] Das um 1147 gegründete ehemalige Zisterzienserkloster war im Zuge der Reformation zur Schule bzw. zum evangelisch-theologischen Seminar umgewandelt worden. Ab 1534 wurde die Reformation mit Auflösung der Klöster in Württemberg eingeführt; dreizehn Klöster wurden, den Impetus Luthers aufgreifend, in Schulen umgewandelt. Zwei dieser Klosterschulen bestehen heute noch: Maulbronn und Blaubeuren. Seit 1993 steht Maulbronn auf der Liste des UNESCO-Weltkulturerbes (vgl. Herbert Schnierle-Lutz, Hermann Hesse. Schauplätze seines Lebens, a. a. O., 110-147). Im Kloster Maulbronn sollen die `Maultaschen´ erfunden worden sein, jenes schwäbische Nationalgericht, das seinen Entstehungsort im Namen trägt: Ein Mönch soll während der Fastenzeit ein Stück Fleisch in Nudelteig eingewickelt haben, um es zu verbergen (`Hergottsbscheißerle´). Maulbronn brachte einst bedeutende Schüler wie beispielsweise Johannes Kepler (1571-1630) hervor.

[86] Pflichtlektüre waren die Werke von Cicero (106-43 v. Chr.), Homer (Lebensdaten unbekannt), Livius (um 59 v. Chr.-um 17 n. Chr.), Ovid (43 v. Chr.-um 17 n. Chr.) und Xenophon (zwischen 430/425 v. Chr.-ca. 354 v. Chr).

[87] Musik spielte im Leben Hermann Hesses eine große Rolle, was sich in vielen seiner Werke niedergeschlagen hat, vgl. dazu ausführlich Werner Pfister, „Und alle Zeit ward Gegenwart." Hermann Hesses Verhältnis zur Musik, gespiegelt in seinen Zürcher Winterjahren 1925-1932, in: „Höllenreise durch mich selbst", a. a. O., 97-112. Im Alter von elf Jahren – also verhältnismäßig spät – hatte Hesse in Calw das Geigenspiel erlernt, vgl. Elke Heidenreich, Hermann Hesse und die Musik, in: Inspiration Hermann Hesse. Eine Hommage in Geschichten, hg. von Helga Esselborn-Krumbiegel, Berlin 2022, 97-104, bes. 97. In einem Brief v. 25.10.1891 berichtet er seinen Eltern von der `Qual´ des Unterrichts bei seinem Geigenlehrer. In einem weiteren Brief vom 4. März 1892 bittet Hesse sie, ihm seine eigene Geige zu schicken, da er bisher die Seminargeige spielte, vgl. Kindheit und Jugend vor Neunzehnhundert, hg. v. Ninon Hesse, 1. Bd., a. a. O., 178. Nur fünf Tage später, am 9. März 1892, fragte Hesse in einem Brief seinen Vater, ob er den Geigenunterricht aufgeben dürfte. Die Liebe zur klassischen bzw. zur barocken Musik behielt Hesse sein ganzes Leben bei; bedeutende Komponisten waren für ihn W. A. Mozart (1756-1791), G. F. Händel (1685-1759), J. S. Bach (1685-1750), Frédéric Chopin (1810-1849) und Gustav Mahler (1860-1911), vgl. Volker Wehdeking, Hermann Hesse, a. a. O., 65-68; Gunnar Decker, Hesse-ABC, a. a. O., 159ff., und

seines Alters diskutierte er – mit einigen Mitschülern in der Schlafstube `Hellas´ untergebracht und deren gewählter Sprecher – gern und leidenschaftlich mit seinen Altersgenossen, u. a. über Freiheit, Freundschaft und Demokratie.[88] Er erfreute sich am Seminaristenleben, lobte den guten Kaffee und die Mahlzeiten – dreimal pro Woche war Bier erlaubt, der Genuss von Wein und Tabak war jedoch verboten – und zeigte sich von der schönen Umgebung begeistert.[89] Doch mit der Zeit machte es der pubertierende Jugendliche auch hier seinen Lehrern nicht leicht.[90] Er galt zwar als begabt, aber auch als äußerst schwierig, war noch immer aufbrausend, jähzornig, aggressiv, impulsiv, verletzlich, verletzend, launisch, depressiv und stur.[91] Diesem Verhalten begegnete man damals mit der größten pädagogischen Selbstverständlichkeit durch Strafen: Mehr als ein-

---

Gunnar Decker, Hesse, a. a. O., 169f. Richard Wagner (1813-1883) konnte er im Unterschied zu seinem Freund Thomas Mann „nicht ausstehen" (Hermann Hesse, zitiert nach Gunnar Decker, Hesse, a. a. O., 567).

[88] Seinen persönlichen Stil schulte er über die Schule hinaus, indem er sich an den Werken von Johann Wolfgang von Goethe (1749-1832), Friedrich von Schiller (1759-1805), Friedrich Hölderlin (1770-1843) und William Shakespeare (1564-1616) orientierte. In seiner kleinen Bibliothek aus dieser Zeit befanden sich unter anderem Werke von Joseph von Eichendorff, Friedrich Gottlieb Klopstock (1724-1803), Ferdinand Freiligrath (1810-1876), Eduard Mörike (1804-1875), Theodor Körner (1791-1813), Nikolaus Lenau (1802-1850) und Ludwig Uhland (1787-1862).

[89] Noch im Februar teilte er seinen Eltern brieflich mit, dass er „froh, vergnügt, zufrieden" (Hermann Hesse, Brief v. 14. Februar 1892, in: Volker Michels [Hg.], „Ich gehorche nicht und werde nicht gehorchen!", a. a. O., 81) war. Es herrsche im Seminar, so Hermann Hesse, ein ihn ansprechender Ton, das Verhältnis Schüler/Lehrer sei eng und offen und unter den Schülern sei es nett. Meines Wissens gibt es kein Foto aus der Zeit, in der Hermann Hesse das Kloster Maulbronn besuchte.

[90] Einen Eindruck aus dieser Zeit vermitteln die Essays seiner damaligen Mit-Seminaristen, vgl. exemplarisch Otto Mörike, Der junge Hesse. Persönliche Erinnerungen an Schul- und Jugendzeit, in: Volker Michels (Hg.), Hermann Hesse in Augenzeugenberichten, a. a. O., 17-26, und Otto Hartmann, Zum Hermann-Hesse-Abend, in: Volker Michels (Hg.), Hermann Hesse in Augenzeugenberichten, a. a. O., 27-30.

[91] Hesse-Biograf Heimo Schwilk schreibt: „Die Rücksichtslosigkeit und Sturheit, mit der er seinen Eigen-Sinn durchsetzt, ist für alle, die mit ihm zu tun haben, eine ständige Herausforderung" (Heimo Schwilk, Hermann Hesse, a. a. O., 20).

mal erhielt Hermann Hesse Arrest oder wurde von seinen Mitschülern längere Zeit isoliert.[92] Die Zeit des deutschen Kaiserreichs, dessen pädagogische Ideale eher an Gleichschritt und Gehorsam orientiert waren als an dem der Freiheit des Einzelnen, machte es Jugendlichen wie Hesse schwer. Die Schulzeit wurde für den heranreifenden Einzelgänger und Individualisten zur Qual. Er sah sich auf eine Laufbahn zusteuern, die er auf keinen Fall wollte, weil sie seiner Neigung in keiner Weise entsprach und die er mit einer Einschränkung seiner persönlichen Freiheit verband. Sein Ziel war es, wie gesagt, Dichter zu werden und sonst nichts.[93] In einer Schule aufgenommen worden zu sein, die auch der von ihm verehrte Friedrich Hölderlin[94] schon besucht hatte, schien ihm dafür eine gute Ausgangsposition zu sein. Doch Hesse, immer schon zugleich renitent *und* genial, hatte nicht nur mit ungerechten, autoritären Lehrern, sondern auch mit ihn mobbenden Mitschülern zu tun, die ihm – neidisch auf die ihm zufallenden Leistungen – Häme und

---

[92] Vgl. Hermann Hesse, Kindheit und Jugend vor Neunzehnhundert, 1. Bd., hg. v. Ninon Hesse, a. a. O., 194f., und Alois Prinz, „Und jedem Anfang wohnt ein Zauber inne", a. a. O., 45f.

[93] Für die Eltern Hermann Hesses, die das Talent ihres Sohnes nicht erkannten, kam eine künstlerische Laufbahn unter keinen Umständen infrage. Besonders sein Vater anerkannte ihn in keiner Weise; die Ambitionen seines Sohnes zur Schriftstellerei hielt er für eine Form der Selbstherrlichkeit, einen um das eigene Ich statt um Christus kreisenden Götzendienst. Dessen Gedichte waren für ihn moralische Entgleisungen, zumal ihn der Eindruck beschlichen hatte, dass sein Sohn mehr und mehr zum Freigeist und Skeptiker geworden war. Infolgedessen wandte sich Hermann Hesse im Lauf der Jahre immer mehr von seiner Herkunftsfamilie ab.

[94] Johann Christian Friedrich Hölderlin zählt zu den bedeutendsten Lyrikern seiner Zeit und darüber hinaus. Sein Werk ist weder der Weimarer Klassik noch der Romantik zuzuordnen. Friedrich Hölderlin, Georg Wilhelm Friedrich Hegel (1770-1831) und Friedrich Wilhelm Joseph Schelling (1775-1854) waren Studienfreunde. Nicht zuletzt ist Hölderlins Schicksal bewegend: In seiner zweiten Lebenshälfte verbrachte er viele Jahre geistig umnachtet, apathisch und pflegebedürftig im `Hölderlinturm´ in Tübingen.

Spott entgegenbrachten. Suiziddrohungen[95] und ein Nervenzusammenbruch waren die Folge, die in Morddrohungen gegenüber seinem Mitschüler Otto Hartmann[96] eskalierten.
Nach sieben Monaten im Seminar, am 7. März 1892, verschwand der `rebellische´ Junge aus der Schule. Er lief einfach weg – vermutlich eine Impulshandlung, ohne erkennbare Warnzeichen vorab.[97] Lehrer und Schüler bemerkten plötzlich, dass er am Nachmittag fehlte. Die Eltern wurden von der Schulleitung telegrafisch benachrichtigt, dass ihr Sohn plötzlich verschwunden war.[98] Die umliegenden Wälder wurden in Gruppen abgesucht. Abends kam ein weiteres Telegramm, dass die bisherige Suche erfolglos gewesen war. Erst einen Tag später wurde der Ausreißer von der Polizei aufgegriffen.[99] Er war ohne Geld unterwegs gewesen und hatte mit durchnässter Kleidung die kalte Nacht ohne Mantel in einem Heuschober verbracht.

---

[95] Für den jungen Hermann Hesse war der Suizid ein legitimes Freiheitsrecht und nicht die schwere Tat eines sündigen Menschen, eines Geschöpfes Gottes, gegenüber Gott, vgl. dazu weiterführend die Dissertationen von Jan Ehlenberger, Adoleszenz und Suizid in Schulromanen von Emil Strauss, Hermann Hesse, Bruno Wille und Friedrich Torberg, FfM 2006, und Joachim Noob, Der Schülerselbstmord in der deutschen Literatur um die Jahrhundertwende, Heidelberg 1998, sowie Rüdiger Haas, Über das Wesen des Todes. Eine tiefenphänomenologische Betrachtung konkret dargestellt am dichterischen Werk Hermann Hesses, Baden-Baden 1998.

[96] Otto Hartmann (1877-1952), mit dem Hesse eine lebenslange Freundschaft verband und der ihn u. a. auch im Tessin besuchte, war von 1919 bis zur Machtübernahme der Nazis 1933 Oberbürgermeister von Göppingen. Hesse und Hartmann sahen sich zum letzten Mal kurz vor Hartmanns Tod 1952 in Montagnola.

[97] Marie Hesse nannte es einen „plötzliche(n) Rappel" (Adele Gundert, Marie Hesse, a. a. O., 208), der ihren Hermann zur plötzlichen Flucht bewogen hatte – weder Sünde noch Schande.

[98] Vgl. Alois Prinz, „Und jedem Anfang wohnt ein Zauber inne", a. a. O., 53-69, und Gunnar Decker, Hesse, a. a. O., 71ff. Hesses Mutter hielt in ihrem Tagebuch fest: „Die Professoren nehmen's sehr ernst, sie befürchten partielle Geistesverwirrung, etwas Krankhaftes. Das ist's ja auch und wir sind sehr in Sorge. Da er bisher so gerne in Maulbronn war, ist's uns unerklärlich, daß er fortlief. Ein Stuß und Ärger mit dem Musiklehrer etliche Tage zuvor hatte wohl mitgewirkt" (Kindheit und Jugend vor Neunzehnhundert, hg. v. Ninon Hesse, 1. Bd, a. a. O., 183).

[99] Vgl. dazu die Beschreibung dieser `Flucht´ von Maulbronn über Sternenfels nach Kürnbach von Heimo Schwilk, Hermann Hesse, a. a. O., 15-27.

Erschöpft und hungrig kehrte er, von einem Gendarmen, einem sog. \`Landjäger´, begleitet, nach Maulbronn zurück.[100] Zu Hause in Calw fühlten sich seine Eltern in die schlimmsten Zeiten mit Sohn Hermann zurückversetzt. Die Angst, dass er gesündigt haben könnte, war besonders für Marie Hesse ein unerträglicher Gedanke.[101] Sie hatte schon der Gedanke beschlichen, dass ihr Hermann vielleicht gestorben war. Groß war ihre Erleichterung, als sie erfuhr, dass er unversehrt wieder nach Maulbronn zurückgebracht worden war. Warum *genau* Hesse damals aus dem Seminar floh, ist bis heute ein Rätsel geblieben. Sicherlich waren schwere innere seelische Konflikte, eine innere Zerrissenheit, die auch für die kommenden Jahren prägend war, die schwerwiegenden Probleme des Jugendlichen mit einer autoritären Erziehung und eine völlige Überforderung die Ursache für seine Rebellion, zugleich „der Beginn der Loslösung vom pietistischen Milieu seines Elternhauses und rückblickend Hesses Selbstausrufung als eigenständige Persönlichkeit."[102] Der Lehrerkonvent befand Hesse als nicht mehr länger tragbar für das renommierte Internat; u. a. gefährdete er den Seelenfrieden seiner Mitschüler, so hieß es.[103] Seine Schulerfahrungen

---

[100] Dort warteten Verhöre und Zurechtweisungen auf ihn. Sein Vater hatte der Internatsleitung 27,70 Mark für Telegramme und den Einsatz des Landjägers zu erstatten – ein halbes Vermögen damals! Hermann Hesse wurde für seine Flucht mit acht Stunden Karzer bei Wasser und Brot bestraft. Er verfasste in dieser Zeit das Gedicht \`Der Karzer´, das er an die illustrierte deutsche Wochenschrift \`Fliegende Blätter´ nach München zur Veröffentlichung schickte. Es war eine Parodie auf Goethes Mignon-Lied: „Kennst du das Land, wo keine Blumen blühen,/Den finstern Kerker, den kein Gott besucht?/O wehe dem, der dahin musste ziehen,/O Hundeloch, sei tausendmal verflucht!" (Hermann Hesse, Unterm Rad. Entstehungsgeschichte in Selbstzeugnissen des Autors, hg. v. Volker Michels, FfM 2008, 169).

[101] Vgl. Ralph Freedman, Hermann Hesse, a. a. O., 63.

[102] André Uzulis, Hermann Hesse, a. a. O., 44.

[103] Der Lehrerkonvent urteilte über ihn: Hermann Hesse würde „in hohem Maße die Fähigkeit fehle(n), sich selbst in Zucht zu halten und seinen Geist und sein Gemüt in die Schranken einzufügen, welche für sein Alter und für eine erfolgreiche Erziehung im Seminar notwendig seien. Ferner glaube man, dass sein weiterer Aufenthalt in Maulbronn

und seine depressiven Seelenzustände in dieser Zeit sollte Hesse später literarisch erfolgreich verarbeiten.
Am 7. Mai 1892, genau zwei Monate nach seiner Flucht, nach Wochen der physischen und psychischen Schwäche, wurde Hermann Hesse endgültig aus dem Seminar in Maulbronn entlassen – ein Abschied für immer. Marie Hesse holte ihren Sohn, der inzwischen in der Schulgemeinschaft sozial isoliert und teils für geisteskrank gehalten worden war, in Maulbronn ab.[104] Nun begann für den pubertierenden Jugendlichen eine Odyssee durch einige Institutionen. Sie wurde begleitet von heftigen Konflikten Hesses mit seinen Eltern. Die sich um ihren Sohn sorgende Marie Hesse reiste mit ihrem Sohn zunächst zu Pfarrer Christoph Blumhardt[105], einem charismatischen Glaubensbruder und Freund der Familie, in das am Nordrand der Schwäbischen Alb gelegene Bad Boll.[106] Diesem Geistlichen eilte damals, ähnlich wie seinem Vater, der Ruf als Exorzist, als Teufelsaustreiber, und magischer Gebetsheiler voraus, der psychische

eine Gefahr für die Mitschüler darstelle" (Kindheit und Jugend vor Neunzehnhundert, hg. v. Ninon Hesse, 1. Bd., a. a. O., Zitat auf 189).

[104] Sie hatte Ähnliches erlebt, als sie Schülerin im Internat in Korntal gewesen war: Sie schrieb Gedichte, las heimlich Schiller und geriet mit der Schulleitung wegen einer Mitschülerin in Konflikt, weshalb sie das Internat verlassen musste.

[105] Der württembergische Pfarrer Christoph Friedrich Blumhardt (1842-1919) zählt zu den Begründern der religiös-sozialen Bewegung in Deutschland und in der Schweiz. Der inspirierende Prediger – er predigte die Botschaft vom Reich Gottes –, Pazifist und Sozialist trat später als einer der ersten Theologen der Sozialdemokratischen Partei Deutschlands bei und wurde Landtagsabgeordneter. Er setzte sich für die Industriearbeiter:innen ein und kämpfte für die Verbesserungen von deren Arbeitsbedingungen und -löhnen. Er übte einen nicht geringen Einfluss auf Karl Barth (1886-1968) und auf die Religiösen Sozialisten Hermann Kutter (1863-1931), Leonhard Ragaz (1868-1945) und Eduard Thurneysen (1888-1974) aus. Vgl. dazu weiterführend Jörg Hübner, Christoph Blumhardt. Prediger, Politiker, Pazifist. Eine Biographie, Leipzig 2019. Der Autor (geb. 1962) ist Geschäftsführender Direktor der Evangelischen Akademie Bad Boll.

[106] Der Vater Christoph Friedrich Blumhardts, der württembergische pietistische Pfarrer, Kirchenlieddichter und Erweckungsprediger Johann Christoph Blumhardt (1805-1880), hatte dort, wo sich heute die Evangelische Akademie Bad Boll befindet, 1852 das Kurhaus erworben und danach ein religiöses Erweckungs-, Heilungs- und Seelsorgezentrum errichtet. Seine Erben schenkten das Haus mitsamt dem Kirchsaal 1920 der Herrnhuter Brüdergemeine.

Störungen durch Gebete und Zucht, d. h. strenge Exerzitien, zu heilen in der Lage war.[107] Christoph Blumhardt war bereit, den Jungen in seiner privaten Heilanstalt, seinem christlichen Erholungshaus, aufzunehmen und die Gründe für sein Verhalten genauer zu eruieren.[108] Zu diesem Zeitpunkt hatte es den Anschein, als hätte Hesses Vorhaben, ein Dichter wie sein Vorbild Hölderlin zu werden, im Wahnsinn geendet und der Dichtertraum schien ausgeträumt. Er bekam ein eigenes Zimmer und durfte seine Zeit u. a. mit Lesen verbringen, aber natürlich gehörten auch das Gebet und ausgedehnte Spaziergänge zu seinem speziellen Rekonvaleszenz-Programm. Hesse verhielt sich zunächst konform; doch mit der Zeit regte sich auch hier sein Widerstandsgeist und er rebellierte gegen ähnlich religiöse Strukturen und Inhalte, gegen die er sich auch schon zu Hause aufgelehnt hatte. Am 20. Juni 1892 unternahm Hesse einen Suizidversuch: Kurz vor seinem fünfzehnten Geburtstag wollte er sich aus Liebeskummer – eine nicht erwiderte Liebe zu einer zwanzig Jahre älteren Bekannten seines älteren Stiefbruders Theo, die er bei einem Besuch in Cannstatt kennengelernt hatte, war die Ursache – mit einem gebrauchten Revolver, den er sich mit geborgtem Geld bei einem Altwarenhändler besorgt hatte, erschießen; der Suizid klappte nicht, weil die Pistole, eher ein Museumsstück als eine Waffe, eine Ladehemmung hatte. Daraufhin empfahl Blumhardt – völlig außer sich, weil Hermann Hesse sein Vertrauen missbraucht hatte und zudem ein Suizid eines seiner Patienten das Ende seines guten Rufes und ein Fi-

[107] „Warum sollte er nicht Mittel wissen, dem aus der Art geschlagenen Zögling des befreundeten Missionars Hesse den Teufel des Eigensinns auszutreiben?“ (Volker Michels, Wege zu Hermann Hesse, a. a. O., 71).

[108] Blumhardt beschäftigte ihn zunächst einmal durch manuelle Tätigkeiten; er erhielt auch Französischunterricht, den er überhaupt nicht mochte. Er regte seine naturwissenschaftliche Neugier dadurch an, dass er ihn einen Katzenschädel präparieren ließ.

asko für sein gesamtes Unternehmen bedeutet hätte – der Familie nur vierzehn Tage später, ihn in eine `Irrenanstalt´, wie es damals hieß, in eine `Anstalt für Schwachsinnige und Epileptische´, einweisen zu lassen. Blumhardt war davon überzeugt, dass Hesse von `Bosheit und Teufelei´ besessen war.[109]
Und so geschah es. Der Hausarzt der Familie veranlasste die Einweisung des Jungen gegen dessen Willen. Erneut war es Hesses Mutter, die den inzwischen Fünfzehnjährigen Ende Juni 1892 in Begleitung ihres Bruders David Gundert[110] aus Bad Boll abholte und ihn in die `Heil- & Pflegeanstalt´ des Pfarrers Gottlob Adam Schall[111] nach Stetten im Remstal bei Stuttgart brachte.[112] Als Hesse sich seiner Situation bewusst wurde, schrie er: „In dieses Gefängnis wollt ihr mich sperren? Lieber springe ich in den Brunnen dort!"[113] Von der Gesamtsituation völlig frustriert, reiste Hesses Mutter nach Calw zurück. Er arbeitete indes in Stetten u. a. im Garten der Anstalt – zeitlebens würde

[109] Vgl. Gunnar Decker, Hesse, a. a. O., 76ff.
[110] David Gundert (1850-1945), geboren im indischen Tschirakal, war der Sohn von Dr. Hermann Gundert (1814-1893) und Julie Justine Gundert (1809-1885). Er war das achte und jüngste Kind Hermann Gunderts und Onkel Hermann Hesses, der Vater des Landwirts und Teepflanzers Heinrich Gundert (1891-1942) und des Psychologen und Neurologen Hermann Gundert (1894-1964).
[111] Gottlob Adam Schall (1841-1903) berichtete nach einem Monat Hesses Eltern über ihren Sohn: „Ob zu seinen Verirrungen nicht auch das Romanlesen beigetragen hat, wobei er in eine ganz andere Welt versetzt wurde? Er hat eine ziemliche Lesewut" (G. A. Schall, zit. nach Werner Huber, Hermann Hesse: Die Sache mit dem Revolver, in: Stuttgarter Zeitung v. 5.8.2012, online zugänglich unter: https://www.stuttgarter-zeitung.de/inhalt.hermann-hesse-eine-seele-revoltiert-page2.3eaeff3d-083e-457b-bd8d-ae096195020f.html, aufgerufen am 19.6.2022).
[112] Die Institution besteht noch heute, und zwar unter dem Namen `Diakonie Stetten e. V.´ in Kernen im Remstal: https://www.diakonie-stetten.de/fileadmin/diakonie-stetten/Ueber_uns/Geschichte/Geschichtsbroschuere_Bilder_-_Wege_-_Spuren_2013_fuer_Internet.pdf (aufgerufen am 2.8.2022).
[113] Hermann Hesse, zit. nach Volker Michels (Hg.), „Ich gehorche nicht und werde nicht gehorchen!", a. a. O., 94f.

der Garten für ihn eine Art Gegenwelt bedeuten, „ein spiritueller Ort“[114], und er würde in der Gartenarbeit Ablenkung, inneren seelischen Halt und einen Ausgleich zur geistigen Arbeit finden[115] – und half beim Elementarunterricht geistig behinderter Kinder mit. Bis spät in die Nacht las er in seinem Zimmer. Seinen Eltern berichtete er minutiös seinen Tagesablauf und beschrieb auch sein gutes Verhältnis zum Anstaltsdirektor. Er schien sich vermutlich der großen Gefahr, in der er sich befand, bewusst zu sein: Denn in der damaligen Gesellschaft offiziell als `Irrer´ abgestempelt zu werden, konnte mitunter lebensbedrohlich sein. In einem Gedicht hielt Hermann Hesse seine Gefühle aus dieser Zeit fest: „Leb wohl, du altes Elternhaus,/Ihr werft mit Schande mich hinaus,.../Leb wohl, du Gott der ganzen Welt,/Dem man den Bügel dienend hält,/Vom Dienen bin ich dumpf und matt,/Das Dienen hab ich lange satt./ Zum Teufel geht die Freiheit auch,/Sie war ja immer höchstens Rauch,/Ich werd’ ins Irrenhaus geschickt,/Wer weiß – ich bin wohl gar verrückt.“[116]

Hesse blieb zunächst sechs Wochen: Seine Strategie zu kooperieren, keinesfalls aufzufallen und möglichst schnell wieder in

---

114 Gunnar Decker, Hesse, a. a. O., 438.

115 Vgl. dazu Hermann Hesse, Stunden im Garten – eine Idylle: https://www.youtube.com/watch?v=rwwQKgq8Mzc (aufgerufen am 17.6.2022). Die Gartenarbeit diente dem naturverbundenen Hermann Hesse zur Entspannung, er verstand Graben, Jäten, Pflanzen und Ernten als meditative Tätigkeit. In `Stunden im Garten´ beschreibt und reflektiert Hesse diese Gartenarbeit, vgl. dazu Gunter Böhmer, Zu Hermann Hesses „Stunden im Garten“, in: Volker Michels (Hg.), Hermann Hesse in Augenzeugenberichten, a. a. O., 190-197. Viele Fotos zeigen Hesse bei der Gartenarbeit, wie beim Verbrennen von Gartenabfällen, Laub und Reisig, meist gekleidet mit Gartenoverall und Strohhut, vgl. etwa Hermann Hesse 1877-1977, a. a. O., 108.

116 Hermann Hesse, Gedicht aus Stetten v. 21.8.1892, zit. nach Volker Michels (Hg.), Hermann Hesse. Sein Leben in Bildern und Texten, a. a. O., 54. Einen Protestbrief vom 11.9.1892, in dem der Fünfzehnjährige festhielt, dass er `nicht gehorche und auch nicht gehorchen werde´, unterzeichnete er mit `H. Hesse, Nihilist (Haha!)´. In einem Brief an Maulbronner Mitschüler Otto Hartmann v. 18.1.1893 hielt er ebenfalls fest, dass er das Christentum abgelegt hatte und jetzt Nihilist war.

die Freiheit zu gelangen, ging auf. Er verbrachte die Sommerferien in Calw. Zwar hatte Johannes Hesse inzwischen erkannt, dass es besser war, seinen Sohn, der offensichtlich seine Nervenschwäche von ihm geerbt hatte, in ärztliche Behandlung zu geben und ihm zu helfen, statt ihn in einer Anstalt weiterhin wegzusperren. Aber kaum war Hermann Hesse zu Hause angekommen, da verwandelte er sich wieder in den schwer erziehbaren Sohn. Da das Zusammenleben mit seinen Eltern nicht funktionierte und das Verhältnis nach wie vor konfliktbeladen war, ließen diese ihn zwei Wochen später erneut in Stetten einweisen. Im September 1892 schrieb der pubertierende Hermann Hesse seinem Vater von dort einen anklagenden Brief.[117] Im Unterschied zu früheren Schreiben, die sehr offengehalten waren, redete Hesse darin seinen Vater mit `Sie´ und `Sehr geehrter Herr´ an.[118] Er beschuldigte ihn, ihm die Freude am Leben genommen zu haben und hielt ihm gegenüber fest, dass aus ihm ein anderer, ein `Welthasser´, geworden war, der seinem Leben gerne ein Ende bereiten würde. Unterschrieben war der in aggressiv-ironisierendem Ton gehaltene Brief mit „H. Hesse, Gefangener im Zuchthaus zu Stetten…“[119].

Sich von seinen Eltern und darüber hinaus von Gott und der Welt verlassen fühlend, brach er mit den starren pietistischen Traditionen seiner Familie, die er nur noch als scheinheilig

---

[117] Zu Hesses Briefen aus dieser Zeit vgl. den bereits erwähnten Briefband von Volker Michels (Hg.), „Ich gehorche nicht und werde nicht gehorchen!“, a. a. O., 41ff.

[118] Vgl. Heimo Schwilk, Hermann Hesse, a. a. O., 43.

[119] Brief Hermann Hesses an seinen Vater Johannes Hesse vom 14.9.1892, vgl. Kindheit und Jugend vor Neunzehnhundert, 1. Bd., hg. v. Ninon Hesse, a. a. O., 268f. Der gesamte Brief Hermann Hesses an seinen Vater vom 14. September 1892 aus Stetten ist online hier zu sehen: https://www.hermann-hesse.de/biografie/lebenskrise (aufgerufen am 19.2.2022). „Die Revolte der Söhne gegen die Väter war das beherrschende Thema des beginnenden 20. Jahrhunderts auf allen Ebenen“ (Ulrike Voswinckel, Freie Liebe und Anarchie, a. a. O., 58, wo die Autorin Beispiele anführt).

empfand. Nach vier Monaten wurde Hermann Hesse am 5. Oktober 1892 aus der Nervenheilanstalt Stetten entlassen. Diagnostiziert worden waren bei ihm neben Größenwahn – er würde von großen dichterischen Erfolgen träumen –, `moralischer Schwachsinn´, `primäre Verrücktheit´ und `Melancholie´[120]. „Das Aufbegehren gegen jede Form der Nötigung, Fremdbestimmung und Domestizierung wird fortan eines der Leitmotive seines gesamten späteren Werkes werden.“[121]
Hermann Hesse – inzwischen hatte er sich bei seinen Eltern entschuldigt und Pfarrer Schall war nun der festen Überzeugung, dass sich der Verdacht auf `primäre Verrücktheit´ nicht bewahrheitete und dass sein junger Patient nicht geisteskrank war – begab sich vorübergehend zu Pfarrer Pfisterer nach Basel. Dieser war, wie bereits erwähnt, sein Lehrer an der Knabenschule der Basler Mission gewesen. Hesse tauchte wieder ein in das Fluidum seiner Kindheit in Basel und wohnte wieder, wie seinerzeit als Sechsjähriger, im Knabenhaus der Mission. Einen Monat lang blieb er in Basel: Er erkundete die Stadt mit Pfisterers gleichaltrigem Sohn und erholte sich. Seine Schlafstörungen ließen nach, sein Appetit kehrte zurück. Pfisterer kümmerte sich um Hesse und behandelte ihn nicht als Kranken. Er hielt den Fünfzehnjährigen vielmehr – ganz im Gegenteil – für sein Alter für geistig sehr entwickelt. Und er wirkte auf Johannes Hesse ein, seinem Sohn eine weiterführende Schule zu ermöglichen. Dieser zweifelte stark daran, dass eine neue Schule und

---

[120] Es wird in der Hesse-Forschung davon ausgegangen, dass Hesses Mutter depressiv war und diese Depressionen auch das Familienleben bestimmten. Auch über Hesses Vater Johannes ist bekannt, dass er unter einer schweren Depression litt und sich deshalb 1889 in Bern in stationäre Behandlung begab, vgl. Ralph Freedman, Hermann Hesse, a. a. O., 54.
[121] Volker Michels (Hg.), „Ich gehorche nicht und werde nicht gehorchen!“, a. a. O., 18.

ihr geregelter Betrieb mit dem unbändigen Freiheitsdrang seines Sohnes zu vereinbaren war. Aber er ließ sich auf das Experiment ein.
Anfang November 1892 verließ er die Schweiz wieder, um das städtische Gymnasium in Cannstatt zu besuchen.[122] Dort kam er in einer bescheidenen Unterkunft unter.[123] In den darauffolgenden Monaten trieb sich der Sechzehnjährige in Kneipen herum, fing an zu rauchen und machte nach dem ersten Bier in Maulbronn nun seine Erfahrungen mit härteren alkoholischen Getränken – was zur Folge hatte, dass er nicht einzuschätzen in der Lage war, wieviel er vertragen konnte, und des Öfteren betrunken nach Hause kam. Er machte Schulden in den Wirtshäusern, schwänzte tagelang die Schule und sah sich gezwungen, einen Teil seiner Bücher zu verkaufen, um seine Trinkschulden zu begleichen.[124] Mit der Religiosität seines Elternhauses hatte er zu diesem Zeitpunkt ganz gebrochen. Großvater Hermann Gundert schrieb über ihn: „Entschieden sagt er sich von allem Glauben los, verachtet alle unsere Bücher und trachtet denen nach, die nach Heines Art spotten."[125] Er drohte wieder mit Suizid, so dass ihm sein Vater seinerseits drohte, ihn erneut in die

---

[122] Das Gymnasium in Reutlingen hatte die Aufnahme des problembehafteten Schülers verweigert. Das Cannstatter Schulgebäude wurde 1912 errichtet. 1937 wurde das in der Stuttgarter Daimlerstraße gelegene Gymnasium, das aus der Lateinschule hervorgegangen war, in `Johannes-Kepler-Gymnasium´ umbenannt. Als solches besteht es noch heute: http://www.jkg-stuttgart.de (aufgerufen am 21.3.2022).
[123] Zu Hesses Zeit dort vgl. Günter Bachmann, Hermann Hesse in Cannstatt, online zugänglich unter: https://docplayer.org/21363344-Hermann-hesse-in-cannstatt.html und https://silo.tips/download/hermann-hesse-in-cannstatt (beide Links aufgerufen am 20.3.2022).
[124] Vgl. Gunnar Decker, Hesse, a. a. O., 107, der Hesses Diktum zitiert und es als Zusammenfassung von Hesses Zeit in Cannstatt interpretiert: „Werde Sozialdemokrat und laufe ins Wirtshaus. Bier und Raisonieren. Lese fast nur Heine, den ich sehr nachahme."
[125] Hermann Gundert, zit. nach Volker Michels, Wege zu Hermann Hesse, a. a. O., 47. Es war der letzte Eintrag des bedeutenden Sanskritisten über seinen Enkel, getätigt am 14. April 1893, vierzehn Tage vor seinem Tod.

Psychiatrie einweisen zu lassen.[126] Nach einem halben Jahr bestand er das `Einjährigen-Examen´[127], brach dann jedoch im Oktober 1893 wegen `unaufhörlicher Kopfschmerzen´, Zahnschmerzen, Rheumatismus und Schlaflosigkeit – das beherrschende Thema seiner Briefe aus dieser Zeit – die Schule ab bzw. verließ sie mit der Obersekundarreife. Noch immer überlegten die Eltern, ob ihr Sohn nicht doch das Abitur machen und danach studieren sollte, gaben dann aber nach kurzer Zeit auf. Am 15. Oktober 1893 holten sie ihren Sohn nach Calw zurück. Hesses Onkel David Gundert verschaffte ihm zum 25. Oktober 1893 eine Lehrstelle in der Buchhandlung Mayer[128] in Esslingen am Neckar. Die Lehre war auf drei Jahre angelegt; doch schon nach drei Tagen hielt es Hermann Hesse nicht mehr aus und lief davon. In Stuttgart wurde er aufgegriffen und nach Hause zurück gebracht. Johannes Hesse konsultierte daraufhin erneut einen Nervenarzt für seinen Sohn, um dessen Gemütszustand untersuchen zu lassen.[129] Der Vater-Sohn-Konflikt war jetzt unübersehbar geworden.[130] Der Anstaltsarzt empfahl Johannes

[126] Vgl. Kindheit und Jugend vor Neunzehnhundert, hg. v. Ninon Hesse, 1. Bd., a. a. O., 357f.

[127] Darunter verstand man damals den Realschulabschluss (`mittlere Reife´) in Preußen, der als Zulassungsbescheinigung den Zugang zu mittleren Laufbahnen ermöglichte. Junge Männer mit diesem Bildungsabschluss mussten statt des obligatorischen dreijährigen Militärdienstes nur ein Jahr dienen. Die mittlere Reife wurde deshalb auch `wissenschaftliche Befähigung für den Einjährig-Freiwilligen Militärdienst´ genannt.

[128] Eine Abbildung des Lehrvertrages zwischen Johannes Hesse und S. Mayer, datiert auf den 25.10.1893, über die Ausbildung von Hermann Hesse als Buchhändler befindet sich in Uli Rothfuss, Hermann Hesse privat, a. a. O., 59.

[129] Vgl. dazu weiterführend https://www.pangloss.de/cms/index.php?page=hermannhesse (aufgerufen am 2.8.2022).

[130] Das Wort `Vater´ war bei dem jungen Hesse gleichbedeutend mit Würde und Macht, Strafe, schlechtem Gewissen und Gott. Hesse fürchtete sich vor seinem Vater, schätzte aber gleichzeitig dessen Zuwendung und Trost. Er schilderte diesen Vater-Sohn-Konflikt in mehreren seiner Bücher. Die Mutterfigur spielt demgegenüber in Hesses Werk nur eine untergeordnete Rolle: In `Peter Camenzind´ stirbt sie früh, im `Demian´ wird sie mystisch verklärt und im `Glasperlenspiel´ fehlt sie völlig, vgl. dazu die erhellenden Ausführungen von Eva Minkus, Mutterspuren in Hermann Hesses Werk (2017), online

Hesse am 3. November 1893, dass sich sein pubertierender, zartbesaiteter Sohn eine Zeit lang in Calw aufhalten sollte. Er riet ihm, äußerst behutsam mit dem jungen Mann umzugehen, damit nicht seine Seele langfristig Schaden nahm. Über ein halbes Jahr lang lebte Hesse nun wieder in der nervösen Enge bei seinen Eltern, ging tagsüber leichter Bürotätigkeit im Calwer Missionsverlag nach, erledigte Handlangerdienste und Botengänge und verbrachte die Abende in der reichlich bestückten Bibliothek seines inzwischen verstorbenen Großvaters.[131] Er erholte sich bei ausgedehnten Spaziergängen und Wanderungen und ging im Winter Schlittschuhlaufen auf der zugefrorenen Nagold.

Im Juni 1894 dann begann Hesse auf seinen eigenen Wunsch hin eine 14-monatige Schlosserlehre in der Turmuhrenfabrik

---

zugänglich unter: https://hesse.projects.gss.ucsb.edu/papers/documents/Mutterspuren-Freitag-20170302.pdf (aufgerufen am 14.6.2022). Hesses Therapeut Johannes Nohl war der Ansicht, dass Hesses ambivalente Mutterbeziehung die Ursache für Hesses Konflikt, später auch in der Ehe, war. Doch letztlich führten die Sitzungen zu keinem Ergebnis. Der Konflikt eskalierte und Nohl reiste schließlich angesäuert ab, vgl. Stefan Bollmann, Monte Verità, a. a. O., 216, und Peter Michalzik, 1900, a. a. O., 378f. Hesse-Biograf Gunnar Decker sieht Jahre später Hesses Mutterbeziehung ähnlich kritisch: Er beschreibt ihr Verhalten ihrem Sohn gegenüber als streng, diszipliniert, gefühlskalt, unsensibel und respektlos, vgl. Gunnar Decker, Hesse, a. a. O., 129, 133f. u. ö.

[131] Hermann Gundert war am 24. April 1893 im Alter von 79 Jahren an den Folgen von Wassersucht gestorben. In seiner Bibliothek fand Hesse u. a. die Werke von Friedrich von Hardenberg, gen. Novalis (= `der Neuland Bebauende´, der sich als Erneuerer der Poesie verstand, 1772-1801), Christian Fürchtegott Gellert (1715-1769), Johann Georg Hamann (1730-1788), Nikolaus Graf von Zinzendorf und Pottendorf (1700-1760), Friedrich Christoph Oetinger (1702-1782) und Johann Albrecht Bengel (1687-1752); zudem indische und chinesische Philosophen, die Upanishaden (ca. 250 theologisch-philosophische Abhandlungen aus brahmanischer Zeit, deren Grundgedanke der Pantheismus ist; sie behandeln die Verschmelzung der einzelnen Seele Atman mit der Allseele Brahma), das Daodejing, Werke von Konfuzius und von Buddha. Werke von Heinrich Heine (1797-1856) befanden sich allerdings nicht in diesem Buchbestand; als Hermann Hesse sie bei der örtlichen Buchhandlung bestellte, informierte der Händler Hesses Vater und dieser nahm ihm daraufhin alle Bücher des Pariser Dichters weg.

des Heinrich Perrot in Calw.[132] Die Arbeit war monoton, aber der Tag bekam dadurch eine Struktur. Außerdem wurde Hesse in Ruhe gelassen, niemand wollte etwas von ihm, niemand erteilte ihm gut gemeinte Ratschläge.[133] Bei dieser handwerklichen Tätigkeit fand er allmählich zu seiner inneren Ruhe und auch zu seiner Heiterkeit zurück. Erstmals kam der intellektuelle, wenig praktisch veranlagte Hesse in diesem Handwerksbetrieb mit der werktätigen Bevölkerung zusammen. Er war häufig mit seinen Kollegen zusammen, die sich an den Umgang mit dem ehemaligen Stipendiaten erst gewöhnen mussten, trank mit ihnen nach Feierabend ein Bier und rauchte. Abends fiel er erschöpft ins Bett. Im September 1895 hielt er dann ein Zeugnis von Heinrich Perrot in Händen, der ihm trotz vieler Fehlzeiten wohlwollend bescheinigte, die Lehre erfolgreich abgeschlossen zu haben.[134] Pläne seines Cannstatter Deutschlehrers Dr. Ernst

---

[132] Vgl. Klaus Walther, Hermann Hesse, a. a. O., 26. Die Werkstatt von Heinrich Perrot (1864-1949), dem Sohn von Immanuel Perrot (1835-1898), Hesses Lehrwerkstätte zwischen Juni 1894 und Mitte September 1895, befand sich in der Bahnhofstraße 20 in Calw. In einigen Erzählungen nimmt Hesse darauf Bezug, wie z. B. `Aus der Werkstatt´, Hans Dierlamms Lehrzeit´, `Das erste Abenteuer´ oder `Schön ist die Jugend´. Er setzte Heinrich Perrot, den er auch später noch, bis ins Alter, in Calw besuchte, in seinem `Glasperlenspiel´ ein literarisches Denkmal, indem er den Erfinder der Mechanik des Glasperlenspiels nach ihm benannte, vgl. Ralph Freedman, Hermann Hesse, a. a. O., 75. Die Firma Perrot besteht noch heute.

[133] Hesse las in dieser Zeit, in der er täglich an der Drehbank stand, wieder mehr und schrieb einige Gedichte. Besonders beschäftigte er sich mit dem Werk des antiautoritären russischen Schriftstellers Iwan Sergejewitsch Turgenjew (1818-1883), des Spötters Heinrich Heine und des Nihilisten Friedrich Nietzsche. Hesses lyrisches Werk wird in drei Perioden unterteilt: 1895 bis 1916 (romantisch), 1916 bis 1926 (expressionistisch) und in eine formal ruhigere Phase danach, die, beeinflusst von fernöstlichem Gedankengut, durch die Suche nach dem Erhabenen gekennzeichnet werden kann, vgl. Volker Wehdeking, Hermann Hesse, a. a. O., 147-152. Volker Christian Wehdeking (geb. 1941) war Professor für Literaturwissenschaft und Medien an der Hochschule der Medien Stuttgart.

[134] Vgl. Uli Rothfuss, Hermann Hesse privat, a. a. O., 23, wo sich eine Abbildung des Zeugnisses befindet.

Kapff[135] für ihn, danach per Schiff nach Brasilien auszuwandern, scheiterten an der mangelnden Unterstützung durch seinen Vater.[136] Nach all den Irrungen und Wirrungen der vergangenen drei Jahre hatte Hesse an seinem Plan festgehalten, ein Dichter zu werden, und sah sich im Buchhandel einen wichtigen Schritt auf diesem Weg gehen: Bis er selbst Bücher schreiben würde, wollte er das Geschäft mit Büchern kennenlernen. In einem Brief an Ernst Kapff klang diese Entscheidung so: „Jetzt erst habe ich allmählich wieder Ruhe und Heiterkeit gefunden, bin geistig gesund geworden – von jener bösen Zeit voll Zorn und Haß und Selbstmordgedanken will ich nimmer sprechen. (...) Jetzt ist diese Zeit vorbei. Immerhin hat sie mein dichterisches Ich ausgebildet; die tollste Sturm- und Drangzeit ist glücklich überstanden."[137]

---

[135] Sixt Ernst Kapff (1863-1944) war sozialdemokratischer Reformpädagoge, Schriftsteller und Archäologe (gegen Heimo Schwilk, Hermann Hesse, a. a. O., 68 und 81f., der Ernst Kapff fälschlicherweise Wilhelm Kapff nennt). Er war der Deutschlehrer am Cannstatter Gymnasium und der Mentor Hermann Hesses, welcher ihn als `jüngsten und nettesten Lehrer´ bezeichnete. Auf die Anregung des Reformpädagogen geht die `Reformschule Heidehof´ 1908 zurück, die als `Freiluft-, Garten- und Waldschule´ konzipiert worden war. Als Archäologe entdeckte er 1894 das Cannstatter Römerkastell, ein Römerlager aus domitianischer Zeit aus dem 1. Jahrhundert n. Chr. Von Hermann Hesse und Ernst Kapff existiert u. a. ein Briefwechsel, der das freundschaftliche Verhältnis zwischen den beiden dokumentiert, und im Deutschen Literaturarchiv in Marbach/Neckar verwahrt wird.

[136] Vgl. Alois Prinz, „Und jedem Anfang wohnt ein Zauber inne", a. a. O., 98f.

[137] Hermann Hesse, zit. nach Volker Michels (Hg.), „Ich gehorche nicht und werde nicht gehorchen!", a. a. O., 168.

2. Auf dem Weg zum Schriftsteller

So war Hermann Hesse bereit, erneut eine Buchhändlerlehre zu beginnen.[138] Am 3. Oktober 1895 gab er in der Stuttgarter Zeitung `Schwäbischer Merkur´ ein Inserat auf. Von einer „alten soliden Buchhandlung..."[139] in Tübingen erhielt er kurz darauf eine Antwort. Und schon am 17. Oktober 1895 trat der Achtzehnjährige die Stelle in der Buchhandlung und dem Antiquariat an.[140] Die am Holzmarkt 5 gegenüber der Stiftskirche gelegene renommierte Buch- und Antiquariatshandlung `Heckenhauer´, deren Inhaber Hesse geantwortet hatte, war auf Theologie, Philologie und Rechtswissenschaft spezialisiert.[141] Carl August Sonnewald[142] hatte sich bereits einen Tag, nachdem die

---

138 Vgl. Joseph Mileck, Hermann Hesse. Dichter, Sucher, Bekenner, a. a. O., 23-27.

139 Hermann Hesse, Biographische Notizen, zit. nach Wilfried Setzler, Hesse in Tübingen, Tübingen 2002, 7-8, Zitat auf 8. Hesse arbeitete insgesamt, die Lehrzeit mitgerechnet, acht Jahre als Buchhändler bzw. Antiquar. 1903 hängte er diesen Beruf an den Nagel.

140 „... Tübingen hat das Leben des späteren Dichters mitbestimmt und mitgeformt und ihn nie mehr ganz losgelassen" (Wilfried Setzler, Hesse in Tübingen, a. a. O., 22). Hesse lebte in der Universitätsstadt von Oktober 1895 bis Juli 1899.

141 1954 beschloss der Gemeinderat der Stadt Tübingen, eine Gedenkplakette am `Heckenhauer´ anzubringen – ein Vorhaben, das erst am 9.8.1963, Hesses Todestag, realisiert wurde. Seit 2013 gibt es in der heute noch bestehenden Tübinger Buchhandlung ein `Hesse-Kabinett´: Die ca. 80 Quadratmeter große, komplett renovierte Lehrwerkstatt Hesses wurde zu einem literarischen Gedenkort umgestaltet. Die Räumlichkeiten sind in fast unverändertem Zustand und atmen den Geist der Hesse-Zeit. 2011 hatten die Inhaber des Antiquariats der Stadt Tübingen den Kauf einer Teilfläche im ersten Obergeschoss angeboten, um den einmaligen kulturhistorischen Gedenkort für Tübingen zu erhalten. Die Adresse lautet: J. J. Heckenhauer e. K., Inhaber: Roger Sonnewald, Antiquariat seit 1823, Holzmarkt 5, 72070 Tübingen: https://www.museum.de/museen/hesse-kabinett-tubingen (aufgerufen am 2.12.2022).

142 Carl August Sonnewald (1852-1932), aus einer Stuttgarter Antiquariats-, Buchhändler- und Verlegerfamilie stammend, war erst 1883 von einem Aufenthalt in London nach Deutschland zurückgekehrt und hatte in Tübingen die von Johann Immanuel Heckenhauer im Jahr 1823 gegründete Buchhandlung, zu der ein Antiquariat, d. h. ein Laden für gebrauchte Bücher, Grafiken und Noten, eine Versandabteilung und ein Verlag gehörten, übernommen. Er hatte das Geschäft erweitert und durch Fleiß zu Ansehen ge-

Annonce durch Hesse aufgegeben worden war, bei der Familie Hesse gemeldet: „Auf Ihr Gesuch [...] biete ich dem jungen Mann Lehrstelle in meinem Hause unter Zusicherung gewissenhaftester Ausbildung im Sortiment, Antiquariat und Verlag. Lehrzeit ist 3 Jahre. Kost und Wohnung kann im Hause *nicht* gegeben werden, ich bin aber bereit, einen Beitrag dazu zu geben und die außergeschäftliche Führung des jungen Mannes zu überwachen, wenn es gewünscht wird. Eventuell bitte ich um Zusendung von Zeugnissen, wenn möglich Vorstellung des jungen Mannes."[143] Hesses Lohn betrug 80 Mark im Monat. Kost und Logis fand Hesse in der Herrenberger Straße 28 bei einer Dekanswitwe. Sie versorgte den jungen Mann morgens, mittags und abends mit kräftigen Mahlzeiten, hielt sich mit Bevormundungen zurück, half ihm hin und wieder auch finanziell aus und ließ ihm die erforderlichen Freiräume. Hesse meldete seinen Eltern zurück, dass er sich bei ihr ausgesprochen wohl fühlte. In den Jahren, in denen Hesse dort relativ günstig wohnte, entwickelte sich eine Freundschaft zu ihr, so dass sie ihn beispielsweise noch später, als er längst in Basel lebte, zu Weihnachten einlud.[144] Das Zimmer dort wurde vier Jahre lang zu seinem Lebensmittelpunkt, und wann immer er von der Arbeit in der

---

bracht; den Namen des Gründers hatte er beibehalten, vgl. weiterführend Wilfried Setzler, Hesse in Tübingen, a. a. O., 41-54. Sonnewald, der mit einer Engländerin verheiratet war und mit ihr mehrere Kinder hatte, engagierte sich auch politisch; so war er beispielsweise von 1904 bis 1909 für die 'Deutsche Partei' Mitglied im Tübinger Gemeinderat. Von 1899 bis 1924 stand er dem Tübinger Bürger- und Verkehrsverein vor. Noch heute befindet sich 'J. J. Heckenhauer' in Familienbesitz. Es zählt zu den ältesten Antiquariaten Deutschlands. In einem Teil des Gebäudes befindet sich das 'Hesse Kabinett Tübingen': https://www.heckenhauer.de (aufgerufen am 20.11.2021). Hermann Hesse respektierte seinen Chef, auch wenn es hin und wieder zu Konflikten mit ihm kam, etwa dadurch, dass er Hesse in einen Schönschreibkurs schickte.

[143] Wilfried Setzler, Hesse in Tübingen, a. a. O., 23.

[144] Freundschaftliche Verbindungen blieben auch zu den Sonnewalds bestehen: 1905, inzwischen durch seinen 'Peter Camenzind' gewissermaßen über Nacht berühmt geworden, verheiratet und finanziell unabhängig, lud Hesse seinen ehemaligen geschätzten Brotherrn zu sich nach Gaienhofen ein.

Buchhandlung kam, fand er hier den geeigneten Ort zur Erholung.[145]

Hesse gefiel die Tübinger Altstadt mit ihren schmalen Gässchen, ihren engen Winkeln und ihrem mittelalterlichen Ambiente.[146] Die renommierte Stadt Hölderlins[147], in der um 1895 viel gebaut wurde, war mehrheitlich evangelisch und hatte damals knapp 14000 Einwohner:innen[148], „eine Universitätsstadt im Auf- und Umbruch, auf dem Weg in ein neues Zeitalter."[149] Sie war also dreimal so groß wie Calw. Das ländliche Umfeld, in dem Tübingen lag, besonders die vielen Baum-Alleen und die blühenden Gärten, beeindruckten Hesse. Kutscher und Fuhrleute bevölkerten die Stadt, Schneider, Schuster, Einzelhändler, Kaufleute, Bierbrauer, Winzer, Gastwirte, Vermieter, Souvenierhändler, Buchhändler, Gewerbetreibende, kleine Handwerker, Tagelöhner und, nicht zu vergessen, das zahlreiche Personal der Universität. Das öffentliche Leben wurde beherrscht von den vielen Studenten, von denen die meisten korporiert waren

---

145 Hesse hat später sein Zimmer skizziert und es auch mit Worten beschrieben. Von daher weiß man heute, wie es möbliert war. An den Wänden hatte er neben Landschaftsbildern über hundert Porträts von Musikern, Literaten und Philosophen hängen, die ihm gefielen oder die er bewunderte, u. a. von Chopin, Beethoven, Mozart, Schumann und Friedrich Nietzsche. Er hatte sie aus Illustrierten und Verlagskatalogen ausgeschnitten. Bekannt ist auch, dass er sich von seinem erstverdienten Geld eine Hermesbüste des antiken griechischen Bildhauers Praxiteles (um 390-um 320 v. Chr.) aus Gips kaufte. Zum Grundriss von Hesses Zimmer vgl. seine Zeichnung in: Wilfried Setzler, Hesse in Tübingen, a. a. O., 34f.

146 Vgl. dazu Herbert Schnierle-Lutz, Hermann Hesse. Schauplätze seines Lebens, a. a. O., 148-172, und Ralph Freedman, Hermann Hesse, a. a. O., 78-135.

147 Tübingen war einst das Zentrum der schwäbischen Romantik gewesen. Hier hatten neben Friedrich Hölderlin u. a. auch Ludwig Uhland, Wilhelm Hauff, Eduard Mörike und Gustav Schwab (1792-1850) gelebt.

148 1899 gab es in Tübingen ca. 1500 Studenten. Noch waren Studentinnen die absolute Ausnahme: 1891 hatte der Senat erstmals eine Frau, Maria Gräfin von Linden (1869-1936), zum Studium zugelassen (erst 1904 wurde Frauen generell die Zulassung zum Studium gewährt). 1895 promovierte Maria Gräfin von Linden (1869-1936) zur Doktorin der Naturwissenschaften und erhielt 1910 als erste Frau in Deutschland an der Universität Bonn den Professorentitel. 1999 wurde in Calw eine Dependance des Hermann-Hesse-Gymnasiums nach ihr benannt: das heutige Maria-von-Linden-Gymnasium.

149 Wilfried Setzler, Hesse in Tübingen, a. a. O., 19.

und sich in farbentragenden Verbindungen organisiert hatten. 1477 gegründet, war sie eine der ältesten Universitäten Europas. Soziale Unterschiede, etwa zwischen der Oberen Stadt, in der die betuchteren Bürger:innen und die Professoren in herrschaftlichen Häusern wohnten, und der Unteren Stadt, in der die Häuser bescheidener waren und die Berufe ihrer Bewohner:innen alltäglicher, waren unverkennbar. Geselligkeit pflegten alle die Kreise in zahlreichen Kultur-, Sozial- und Sportvereinen, darunter viele Liederkränze, die in dieser Zeit gegründet wurden. Die Gassen wurden noch mit Gaslaternen beleuchtet Bücher waren damals die Quelle des Wissens. Während Hesse zufrieden war, nun an dieser Quelle zu sitzen, war für Hesses Eltern damit nachhaltig eine Enttäuschung verbunden – hatten *ihre Pläne* für ihren Sohn doch eigentlich ganz anders ausgesehen. Denn wäre es nach ihnen gegangen, so hätte ihr Hermann die klassische württembergische geistliche Laufbahn eingeschlagen: württembergisches Landexamen, württembergischer Besuch der Klosterschulen, württembergisches Theologiestudium, württembergisches Evangelisches Stift in Tübingen, württembergisches Pfarramt. Stattdessen war Hesse nun als Buchhändlerlehrling in die Universitätsstadt am Neckar gekommen. In den Augen der Eltern war ihr Sohn ein Gescheiterter – ein Versager. Es war ihnen nun klar geworden, dass er für die beruflichen Pläne, die sie mit ihm vorhatten, nicht mehr zur Verfügung stand, auch nicht für eine Nachfolge im Calwer Missionsverlag, die sie ebenfalls einmal in Erwägung gezogen hatten. Ersten literarischen Publikationen Hesses standen sie folglich reserviert gegenüber. In den Augen ihres Sohnes war sein neues, selbstbestimmtes Leben ein glatter „Sieg über das Elternhaus“[150]. Aus dieser Zeit haben viele Briefe Hesses an seine

---

150 André Uzulis, Hermann Hesse, a. a. O., 58.

Eltern und an Freunde[151] die Zeiten überdauert. Aus ihnen geht genau hervor, wie der junge Dichter damals lebte, wie er wohnte, was seine Arbeit war und wie er seine Freizeit verbrachte, auch, mit wem er Umgang hatte, was er damals las, fühlte, dachte und dichtete.[152] So ist bekannt, dass sich Hesse in seine eigene Welt zurückzog, sich in Büchern vergrub, sich intensiv mit Literatur beschäftigte[153] und autodidaktisch Literatur studierte, vor allem die Werke von Johann Wolfgang von Goethe.[154] Zeitgleich gelang es ihm, eigene Texte zu verfassen und

---

[151] Noch später pflegte Hesse eine ausführliche Korrespondenz mit seinen Freund:innen, meist in Form von sog. `Rundbriefen´, vgl. Hermann Hesse, Briefe an Freunde. Rundbriefe 1946-1962, zusammengestellt von Volker Michels (st 380), FfM 1977, bes. 66, 117ff., 163-177, 181-193, 221-227. Hesses Freund Otto Basler (1902-1984), ein bekannter Schweizer Literaturkritiker, erwähnt allein sechs- bis siebenhundert Briefe, die er von Hermann Hesse erhielt, vgl. Otto Basler, Hermann Hesse, der Freund – Erinnerungen und Begegnungen, in: Volker Michels (Hg.), Hermann Hesse in Augenzeugenberichten, a. a. O., 170-176, bes. 170. Hesses Briefe lagern heute u. a. im Hesse-Archiv im Schweizerischen Literaturarchiv in Bern, dessen Grundstock die Schenkung von Helene Welti-Kammerer aus dem Jahr 1942 bildet. Zwischen 1949 bis 1962 schickte Hesse an die Schweizerische Landesbibliothek in Bern ca. 17000 an ihn geschriebene Briefe. Andere Briefe Hesses werden im Deutschen Literaturarchiv in Marbach aufbewahrt. Zum Bestand: https://www.dla-marbach.de/find/opac/id/PE00002037/?tx_find_find%5Baction%5D=index&tx_find_find%5Bcontroller%5D=Search&tx_find_find%5BqParam%5D=1&cHash=632a93825806dc1917b037a0cb12fa99 (aufgerufen am 22.11.2022).

[152] Von seinem Vater sind die `Zehn Gebote´ an seinen Sohn erhalten geblieben – den Alltag betreffende Dinge (Verpflegung, Taschengeld usw.) sowie Verhaltensmaßregeln; unter anderem ermahnt er ihn, auf keinen Fall Schulden zu machen, das Rauchen zu beschränken und das Kartenspiel um Geld zu lassen, vgl. Wilfried Setzler, Hesse in Tübingen, a. a. O., 26ff.

[153] Zu dem literarischen Repertoire, das Hesse in dieser Zeit bewältigte, gehörten neben Goethe die Werke der alten Griechen, Dante Alighieri (1265-1321), William Shakespeare, Gottfried Keller (1819-1890), Theodor Storm (1817-1888), Friedrich Schiller, Heinrich Heine und die deutschen Romantiker: Achim von Arnim (1781-1831), Clemens Brentano (1778-1842), Joseph von Eichendorff, Novalis, Friedrich Schlegel (1772-1829), Ludwig Tieck (1773-1853) und Wilhelm Heinrich Wackenroder (1773-1798), später auch Gotthold Ephraim Lessing (1729-1781) und Conrad Ferdinand Meyer (1825-1898).

[154] Vgl. dazu Hesse – Dank an Goethe. Betrachtungen, Rezensionen, Briefe. Mit einem Essay von Reso Karalaschwili (it 2250), FfM-Leipzig 1999, 9-19 und 128-136: „Unter allen deutschen Dichtern ist Goethe derjenige, dem ich am meisten verdanke…“ (Zitat

auch zu veröffentlichen. Das war damals gar nicht so leicht, denn die Zeit dafür war knapp bemessen: Von 7.30 Uhr bis 19.30 Uhr musste Hesse arbeiten – zwölf Stunden lang.[155] Er musste alle Tätigkeiten verrichten, die damals zu den Aufgaben eines Buchhandelsgehilfen gehörten. Vor allem musste er Bücher überprüfen (kollationieren), sie ein- und auspacken, sie sortieren, sie auszeichnen, damit sie den Professoren zugestellt werden konnten, sie archivieren; Rechnungen ausstellen und nachprüfen, Verlagskataloge sichten, die Kasse zählen, die Geschäftsräume fegen, Lagerbestände entstauben, das Schaufenster dekorieren, Plakate hängen, Botengänge unternehmen und die Kund:innen betreuen. [156] Unterbrochen wurde sein Arbeitsalltag in der Regel nur durch eine eineinviertelstündige Mittagspause. In dieser Zeit ging Hesse meist spazieren oder ruhte sich einfach aus. Gerne ging er auf den Schlossberg oder besuchte den Botanischen Garten. Urlaub gab es fast nie in diesen drei Jahren, mit Ausnahme der Weihnachtsfeiertage oder besonderer Anlässe. Kam er aus der Heckenhauerschen Buchhandlung dann nach Hause, wollte er nur noch für sich sein,

---

auf 9). Goethe begleitete Hesse sein Leben lang: So nahm er 1926 in seinen \`Steppenwolf´ den \`Traum von einer Audienz bei Goethe´ auf (vgl. Hesse, Dank an Goethe, a. a. O., 20-27) und veröffentlichte anlässlich der Wiederkehr von Goethes hundertstem Todestag am 22. März 1932 \`Dreissig Gedichte´ (vgl. Hesse, Dank an Goethe, a. a. O., 28-80). Auch später noch beschäftigte ihn das Thema Goethe, „eine Chiffre, ...eine poetisch verdichtete und von dem geschichtlichen Phänomen Goethe abgehobene Figur..., Symbol und Träger bestimmter, Hesses Schaffen immanenter Inhalte..." (Reso Karalaschwili, Das Goethe-Bild in Hermann Hesses Schaffen, in: Hesse, Dank an Goethe, a. a. O., 183-204, Zitat auf 183).

[155] Hesses Ausbilder, d. h. sein direkter Vorgesetzter, wurde 1897 Heinrich Hermes (1835-1931), über vierzig Jahre im Antiquariat Heckenhauer beschäftigt und Stellvertreter Carl August Sonnewalds. Er war ehrenamtlich in der Turnbewegung aktiv und war durch sie über die Grenzen Tübingens hinaus bekannt. Die Familie Hermes lud Hermann Hesse mehrfach zu sich nach Hause ein.

[156] Gunnar Decker hat die Mitarbeiter der Buchhandlung in dieser Zeit als Sammlung skurriler Figuren nach Art E. T. A. Hoffmanns beschrieben, „Sonderlinge, die Staub schlucken und sich anhand von magischen Gegenständen in pedantischer Buchhaltung üben" (Gunnar Decker, Hesse, a. a. O., 117).

sehnte sich nach Alleinsein, Freiheit und Zeit fürs Studium ausgewählter literarischer Werke oder Muße eigener literarischer Arbeit. Selten verließ er dann das Haus – höchstens, um Billard zu spielen, im Sommer im Neckar zu baden oder im Winter Schlittschuh zu laufen. Hesse berichtet über diese Zeit von sich selbst, dass er ein eigenbrötlerischer Außenseiter war – was nicht ganz stimmt, denn es gab zahlreiche gute persönliche Verbindungen zwischen seiner Familie in Calw und Verwandten und Freund:innen[157] und auch zu ehemaligen Schulfreunden[158],

---

[157] Exemplarisch sei Sophie von Reutern (1829-1892 [?]) genannt, die in Tübingen ein Mädchenpensionat führte und bei der Hesses Eltern ihre Tochter Marulla (1880-1953) untergebracht hatten. Schon Hesses ältere Schwester Adele (1875-1949) war von der livländischen Adligen erzogen worden. Sofie von Reutern unterrichtete Religion und Anstandslehre. 1892 veröffentlichte sie ein Buch in der Calwer Verlagsbuchhandlung, das den Titel trug: `Der Jungfrau Leben im Lichte von Zeit und Ewigkeit´ und eine streng religiöse, pflichtbewusste, pietistische Lebenshaltung vermittelte. Hesse besuchte Marulla, spielte dort Karten oder musizierte: Während er auf der Geige spielte, begleitete ihn Marulla auf dem Klavier. Auch nachdem seine Schwester das Pensionat verlassen hatte, war er gelegentlich zu Gast bei Frau von Reutern.

[158] Zu ihnen gehörten Wilhelm Lang (1876-1938), Hesse einstiger Mitschüler, später Professor an der Landwirtschaftlichen Hochschule in Hohenheim; Theodor Rümelin (1877-1920), Hermann Kieser (1877-1957), Paul Eberhardt (1877-1898), ein Mitschüler Hesses in Maulbronn, der Suizid beging (vgl. dazu Martin Pfeifer, Freitod in Tübingen, in: Heinz Ludwig Arnold [Hg.], text+kritik. Zeitschrift für Literatur, Bd. 10/11: Hermann Hesse, München 1977, 78-85), oder der Kirchenhistoriker Heinrich Hermelink (1877-1958). Zu Hesses Bekannten aus der Tübinger Zeit zählt auch Eberhard Goes (1874-1958), Vater des Schriftstellers Albrecht Goes (1908-2000). Ab Sommer 1897 gelang es Hesse, einen Kreis zu finden, mit dessen Mitgliedern er beim Bier gesellige, fröhliche Stunden verbrachte und sich intellektuell auseinandersetzte (wobei er der einzige Nicht-Student war). Dazu gehörten u. a. die angehenden Juristen Otto Erich Faber (1877-1959) und Oskar Rupp (1876-1963) sowie der Theologe Wilhelm Schönig (1876-1909). Im Zentrum des Kreises, `Le petit cénacle´ genannt, stand jedoch der Jurastudent Ludwig Finckh (1876-1964), den Hesse im Herbst 1897 in der Buchhandlung Heckenhauer kennengelernt hatte (er nannte ihn `Ugel´). Der Kreis hatte sich nach einer 1828 in Paris gegründeten Vereinigung französischer Dichter benannt und spielte auf das sie verbindende `Abendessen´ (lat. `cenaculum´) an, vgl. Heimo Schwilk, Hermann Hesse, a. a. O., 87. In diesem Freundeskreis begegnete Hesse 1899 bei einem Kurzurlaub in Kirchheim unter Teck seiner ersten Liebe: Julie Hellmann (1878-1972), einundzwanzigjährige Tochter eines Büchsenmachers, die in der Wirtschaft, in der Hesses Freundesclique eingekehrt war, zusammen mit ihrer Schwester bediente. Diese unerwiderte Liebe verarbeitete Hesse in seiner Erzählung `Lulu. Ein Jugenderlebnis´. Vgl. dazu weiterführend Martin Pfeifer, Julie Hellmann. Hermann Hesses Lulu: verzaubert ein Leben lang,

die nun in Tübingen studierten. So stattete Hesse nicht nur seiner Schwester Marulla, sondern auch seiner Tante Elisabeth (1846-1923), die mit Samuel Gundert (1840-1880), einem Bruder von Hesses Mutter, verheiratet gewesen und zu ihrem Sohn nach Tübingen gezogen war, regelmäßig sonntägliche Besuche ab. Auch Theodor Haering (1848-1928), ein Freund der Eltern, der von 1876 bis 1881 Pfarrer in Calw gewesen war, Hermann Hesse seit dessen Kindheit kannte und nun einem Ruf als Professor für Systematische Theologie gefolgt war, lud den jungen Buchhändlersgehilfen öfters ein. Legendär waren die \`Offenen Abende´ des weltoffen-aufgeschlossenen Haering, zu denen er Freitagabends seine Studenten zu Geselligkeit und Gedankenaustausch einlud und an denen auch Hermann Hesse teilnahm. Sonntags hörte er hin und wieder Haerings Predigten in der Tübinger Stiftskirche. Auch später noch, als er bereits nicht mehr in Tübingen lebte, hielt er den Kontakt zur Familie Haering.[159]
Am 30. September 1898 schließlich brachte Hermann Hesse seine Lehre erfolgreich zum Abschluss. Zunächst blieb er als Sortimentsgehilfe bei Heckenhauer. Kost und Logis konnte er von nun an selbst bezahlen. Doch die Arbeit erfüllte ihn nicht, ganz im Gegenteil, sie enthielt zu viel Alltägliches und zu viel Kaufmännisches. In Briefen aus dieser Zeit klagte er zudem über Müdigkeit, vor allem über Kopfschmerzen. Unter diesen

Kirchheim 1991; Volker Michels, Hermann Hesses \`Lulu´ in Kirchheim/Teck. Vom Überdauern einer abgewiesenen Liebe, Marbach am Neckar 2004, und Volker Michels, Wege zu Hermann Hesse, a. a. O., 83-104. Julie Hellmann, die zeitlebens mit Hermann Hesse Kontakt hielt, überlebte ihn um zehn Jahre und starb in einem Heilbronner Seniorenstift: in ihrem Eigentum, noch im Altersheim wie ein kostbarer Schatz von ihr gehütet, 77 Briefe, Gedichthandschriften, Aquarelle und Fotos Hesses.

[159] Hesses Essay \`Wilhelm Meisters Lehrjahre´ von 1911 in der von Hans Voelter (1877-1972) im Jahre 1918 edierten \`Schwäbischen Heimatgabe für Theodor Haering´ ist dem Freund seiner Eltern gewidmet.

Umständen fiel ihm das Schreiben schwer.[160] Und doch konnte er, noch als Buchhändler, in diesem Jahr sein erstes Buch, eine Gedichtsammlung, beenden. Sie trug den Titel `Romantische Lieder´[161]. Im Sommer 1899 veröffentlichte er dann seine fantastischen Erzählungen unter dem Titel `Eine Stunde hinter Mitternacht´[162]: Das Prosabändchen, in dem Hesse in neun Stücken eine romantisch-traumpoetische Gegenwelt zu seinem

---

[160] Hesse-Biograf André Uzulis zufolge legte Hesse 1896 den Grundstein für seine schriftstellerische Existenz. Er hält Hesses Gedicht `Madonna´, das am 1. März 1896 im `Deutschen Dichterheim´, einem in Wien erscheinenden `Organ für Dichtkunst und Kritik´, abgedruckt wurde, für Hesses erste Veröffentlichung, vgl. André Uzulis, Hermann Hesse, a. a. O., 60.

[161] Vgl. Hesse, Hermann, Romantische Lieder, Dresden 1899, online zugänglich unter: https://www.gutenberg.org/files/46135/46135-h/46135-h.htm (aufgerufen am 13.2.2022). Der 44 Seiten starke Lyrikband, der `Maria und Frau Gertrud´ gewidmet war, enthielt 56 melancholische Gedichte Hesses, die von Liebe und Heimweh handelten und innerhalb von zwei Jahren in Tübingen entstanden waren. Er wurde bei E. Pierson in Dresden gedruckt. Hesse lehnte sich in ihnen stilistisch an die Romantiker an; seiner düster-traurigen Anthologie hatte er zudem einen Vers aus Novalis' Gedicht `Der Fremdling´ vorangestellt. Hesses Halbbruder, den Gymnasiallehrer Karl Isenberg (1869-1937), inspirierte diese Sammlung zum Komponieren: Am 3. Dezember 1898 teilte er Hermann Hesse mit, dass er dessen Gedicht `Königskind´ aus der Sammlung vertont hatte. Doch ansonsten war Hesse mit seinem Erstling wenig literarischer Erfolg beschieden: Von den 600 gedruckten Büchern, an deren Herstellungskosten er mit selbst verdienten 175 Mark beteiligt war, waren bis Januar 1900 elf gebundene und dreiundvierzig broschierte Exemplare verkauft, fünfundzwanzig Freistücke abgegeben und dreiundvierzig Besprechungsexemplare verschickt worden. Für die Erstauflage des Buches, das lange ein Ladenhüter blieb, aber heute als antiquarische Rarität gehandelt wird, werden inzwischen astronomische Preise gezahlt. Der Text von 1899 ist online zugänglich unter: https://www.gutenberg.org/files/46135/46135-h/46135-h.htm (aufgerufen am 21.3.2022). Zu seiner Interpretation vgl. Martin Pfeifer, Hesse-Kommentar, a. a. O., 73ff. Hesse hatte mit Gedichten begonnen und auch seine letzte schriftstellerische Äußerung war ein Gedicht, vgl. Klaus Walther, Hermann Hesse, a. a. O., 133-138.

[162] Vgl. Hermann Hesse, Eine Stunde hinter Mitternacht. Neun Prosastudien, Leipzig 1899, online zugänglich unter: https://www.gutenberg.org/files/42311/42311-h/42311-h.htm (aufgerufen am 21.3.2022). Der Leipziger Verleger Eugen Diederichs (1867-1930), führend auf dem Gebiet der Neoromantik, nahm das Buch – der Titel spielte darauf an, dass viele der Texte als Folge nächtlicher Schlaflosigkeit des Autors entstanden waren – in sein Verlagsprogramm auf. Den Kontakt hergestellt hatte Hesses Verehrerin, die norddeutsche Dichterin Helene Voigt (1875-1961), die seit dem 4. Juni 1898 mit Diederichs verheiratet war (ein Foto von ihr, das sie 1898 an Hesse schickte, ist bei Gunnar Decker, Hesse, a. a. O., 132, abgedruckt). Unter den – wenigen – Rezensenten

eher eintönigen Geschäftsalltag entwarf, hatte seinen Titel nach einem der Gedichte aus Hesses `Romantischen Liedern´ erhalten. Die Texte – Fantasien und Monologe, in denen es um geheimnisvolle Wälder und verzauberte Parks ging – waren im Winter 1898/99 in Tübingen entstanden. Die Erstausgabe erschien in einer Auflagenhöhe von 600 Exemplaren. Der Verleger teilte Hesse mit, dass er nicht an einen geschäftlichen Erfolg des Buches glaubte, sondern vielmehr von seinem literarischen Wert überzeugt war. Gedruckt wurde so schnell, dass Hesse seinem Vater zum 52. Geburtstag ein Vorausexemplar schenkte – was bewirkte, dass der Jubilar, von der Lektüre völlig entsetzt, den ganzen Tag bestürzt krank im Bett lag. Auch Hesses Mutter zeigte sich von dem Buch ihres Sohnes wenig begeistert. Am 15. Juni 1899 schrieb sie ihm: „Bete um große Gedanken und ein reines Herz. Halte dich keusch! (...) Es gibt eine Welt der Lüge, wo das Niedre, Tierische, Unreine für schön gilt. (...) Herzenskind, Gott helfe Dir und segne dich und rette dich heraus."[163] Hesse fühlte sich von seiner Mutter wieder einmal nicht verstanden und forderte das Freiexemplar, das er ihr geschickt hatte, enttäuscht und verletzt zurück. Der Fakt, dass sie „den erwachenden Autor in ihm bekämpfte, hat sie zu seinem Feind gemacht"[164] – einen Feind, mit dem auch später keine Aussöhnung möglich war. Sein ehemaliger Chef Carl Sonnewald teilte ihm mit, dass er sich gefälligst mehr ums Geschäft kümmern sollte: Die Aufgabe eines Buchhändlers sei nicht das Bücher*schreiben*, sondern das Bücher*verkaufen*!

---

befand sich der junge Rainer Maria Rilke (1875-1926), der das Buch wohlwollend kritisierte. Während Hesse 1926 zu seinem Prosa-Debüt auf Distanz ging, stellte er es 1941 – in diesem Jahr erschien eine zweite, vom Autor mit einem Geleitwort versehene Auflage – auf eine Ebene mit seinem `Hermann Lauscher´ und seinem `Peter Camenzind´: https://hhesse.de/werk/eine-stunde-hinter-mitternacht/ (aufgerufen am 18.2.2022).

[163] Marie Hesse, Brief v. 15. Juni 1899, zit. nach Joseph Mileck, Hermann Hesse. Dichter, Sucher Bekenner, a. a. O., 405.

[164] Gunnar Decker, Hermann Hesse, a. a. O., 588.

Zusammenfassend kann man sagen, dass die literarischen Gesellenstücke aus Hesses Tübinger Zeit, die in Hesses Werk so manche Spuren hinterlassen haben, rein finanziell betrachtet beides Misserfolge waren.[165]
Zur Realisierung seiner Pläne galt es nun, eine neue Stelle zu finden. Zum 31. August 1899, kündigte Hermann Hesse bei Heckenhauer und verließ Tübingen.[166] Zunächst ging er als ausgebildeter Buchhändler zurück nach Calw, wo die Bürger:innen der Kleinstadt das tradierte Bild von ihm als Taugenichts korrigieren mussten. Mitte September 1899 nahm er ein Stellenangebot bei der Buchhandlung Reich, einem reputierlichen Antiquariat, in der Freien Straße in Basel an.[167] Carl Sonnewald hatte dem jungen Mann, verbunden mit den besten Wünschen für die Zukunft, ein tadelloses Zeugnis ausgestellt.[168]

---

[165] Ganz ähnlich wie dem ihm verbundenen Thomas Mann chiffrierte Hermann Hesse Personen, Erlebnisse und Orte: So wird etwa aus dem Tübinger Studenten Wilhelm Schönig, Mitglied einer Studentenverbindung, kurzerhand Wilhelm Wingolf, aus dem Tübinger Professor Thudichum wird der Professor Drehdichum oder aus seinem Freund, dem Juristen Oskar Rupp, nach 1945 erster Präsident des Verwaltungsgerichtshofs Württemberg-Baden, wird in Hesses \`Hermann Lauscher´ \`Oscar Ripplein´. Die Stadt Tübingen mit ihren Straßen und Gassen, Wirtshäusern und Studentenwohnheimen findet man direkt als Schauplatz und Handlungsort in Hesses Erzählungen \`Die Novembernacht. Eine Tübinger Erinnerung´, aufgenommen in seinen \`Hermann Lauscher´ und die Novelle \`Im Presselschen Gartenhaus´ von 1914. Auch in weiteren Werken Hesses findet die Studentenstadt reichlich Erwähnung; noch in Hesses \`Glasperlenspiel´ lassen sich Bezüge zu Tübingen herstellen.

[166] Über den Wegzug hinaus blieben Hesses Kontakte nach Tübingen zu Verwandten und Freund:innen bestehen. Erstmals besuchte er die Stadt wieder im Jahre 1906, als er von Freunden eingeladen worden war, um als Mitherausgeber für die Zeitschrift \`Süddeutschland. Halbmonatsschrift für deutsche Kultur´ (später in \`März´ umbenannt) mitzuwirken. Ludwig Thoma (1867-1921), Reinhold Geheeb (1872-1939), Rudolf Sieck (1877-1957) und Albert Langen (1869-1909) trafen sich in Tübingen am 1. Mai 1906. Ein weiterer, letzter Besuch Hesses in Tübingen fand erst dreiundzwanzig Jahre später, im November 1929, statt.

[167] Ein zeitgenössisches Foto zeigt, wie die Buchhandlung Reich um 1903 aussah, vgl. Klaus Walther, Hermann Hesse, a. a. O., 34.

[168] Der genaue Wortlaut ist abgedruckt in: Kindheit und Jugend vor Neunzehnhundert, hg. v. Ninon Hesse, 1. Bd., a. a. O., 370f.

3. Krisenjahre

Von 1899 bis 1903 lebte Hesse also wieder in Basel.[169] In der schweizerischen Großstadt, im Dreiländereck Deutschland/Frankreich/Schweiz gelegen, herrschte ein weltoffenes Klima.[170] Politisch von einem konservativen Patriziat geprägt, war Basel mit der beginnenden Industrialisierung zu einem der bedeutenden Industriestandorte der Schweiz geworden.[171] Dort verdiente Hermann Hesse in den folgenden Jahren seinen Lebensunterhalt als Buchhändler und Antiquar.[172] Die neue Arbeitsstelle war kleiner als die alte; die Arbeit war ähnlich, aber anstrengender: Als Buchhändler hatte er hinter dem Ladentisch zu stehen, Kund:innen zu beraten, Journale zu expedieren, Buchlager zu ordnen, Karteien zu sichten, die Post zu frankieren und die Ladenkasse zu führen. Zusammen mit fünf Kollegen und einem Lehrling bewältigte er das tägliche Geschäft. Sonntags genoss er die Freizeit. Der bei seiner Ankunft im September 22jährige schloss neue Freundschaften[173], tauchte ein in den

---

[169] Vgl. Herbert Schnierle-Lutz, Hermann Hesse. Schauplätze seines Lebens, a. a. O., 173-228, und Volker Michels, Wege zu Hermann Hesse, a. a. O., 134-144.

[170] Schon zur Zeit der Reformation war Basel eine Hochburg des Humanismus. Die 1460 gegründete Universität war dafür berühmt, dass sie die neue europäische Geistesströmung mit offenen Armen empfangen hatte. Hier wirkten Gelehrte wie der Arzt Theophrastus Bombastus von Hohenheim, genannt Paracelsus (1493-1541). In Basel wurde außerdem religiöse Toleranz großgeschrieben: So fand der große römisch-katholische Gelehrte und Humanist Erasmus von Rotterdam (ca. 1466-1536) sein Grab im reformierten Basler Münster. Auch später noch war Basel berühmt für seine intellektuelle Beweglichkeit und Modernität: Theodor Herzl (1860-1904) beispielsweise hatte zwei Jahre vor Hesses Übersiedlung nach Basel hier den Zionistischen Weltkongress organisiert und erstmals politisch eine Heimat für das jüdische Volk in Israel gefordert.

[171] Vgl. Heimo Schwilk, Hermann Hesse, a. a. O., 95ff.

[172] Vgl. Joseph Mileck, Hermann Hesse. Dichter, Sucher, Bekenner, a. a. O., 28-44.

[173] Hesse freundete sich beispielsweise mit dem Basler Juristen, Archivar und Historiker Friedrich Rudolf Wackernagel (1855-1925) sowie dessen Frau Elisabeth, gen. Bethli (1859-1931) an, die in Riehen bei Basel wohnten, vgl. dazu Dominik Heitz, Autoren in Riehen. Der Schriftsteller Hermann Hesse, online zugänglich über: https://www.zrieche.ch/jahrbuch/autoren-in-riehen-der-schriftsteller-hermann-hesse/ (aufgerufen am

geistigen und künstlerischen Kosmos der Stadt, verkehrte bald in Kreisen Intellektueller, besuchte Konzerte und Kunstausstellungen, badete wie andere im Rhein, unternahm sonntags Ausflüge zur Chrischona[174], hörte mit Vorliebe Chopin und Mozart[175]. Außerdem, um sich zu seinem monatlichen Salär etwas hinzuzuverdienen, verfasste er Zeitungsartikel für die `Basler Nachrichten´[176] und verkaufte seinen Freunden und Bekannten kleine, in geringer Auflage erschienene und von ihm mit einer persönlichen Widmung versehene Manuskriptheftchen. Sie enthielten 8-15 Gedichte und wurden von ihm `Notturni´ genannt. Hesse wohnte in dieser Zeit bis zu seinem Umzug Ende

---

29.11.2021). In ihrem Salon, in dem man sich zu Soupers traf und in dem musiziert wurde, traf Hesse auf den Mediävisten Johannes von Haller (1865-1947), den Kunsthistoriker Heinrich Wölfflin (1864-1945), den Philosophen Karl Joël (1863-1934) und den Theologen Carl Albrecht Bernoulli (1868-1937). Hier unterhielt man sich angeregt über Geschichte, Kunst und Literatur. Rudolf Wackernagel empfahl Hesse weiter an seinen Bruder, den Sprachwissenschaftler Jacob Wackernagel (1853-1938). Heiligabend 1899 verbrachte Hermann Hesse nicht wie sonst zu Hause in Calw, sondern bei der Familie Wackernagel in Basel. Auf den Kontakt im Hause Wackernagel lässt sich auch Hesses nun einsetzende Begeisterung für die bildenden Künste, die Architektur und die Malerei zurückführen. Besonders die Werke von Alfred Böcklin (1827-1901), einem schweizerischen Maler, der für seine frivolen Motive bekannt war, hatten es ihm angetan – sehr zum Leide seiner Mutter, die darüber nicht sehr erfreut war. Hesse-Experten sehen in Böcklins Bild `Vita somnium breve´ (1888), einer Allegorie auf die menschlichen Lebensalter, den Ursprung für Hesses berühmte `Stufen´ (1941).

[174] St. Chrischona heißt der Hausberg in der Nähe Basels. Er war der Namensgeber für die 1840 von Christian Friedrich Spittler (1782-1867) gegründete Pilgermission St. Chrischona, die bis 2018 als `Chrischona International´, ein internationaler pietistischer Gemeindeverband, der die Positionen der evangelikalen `Evangelischen Allianz´ und der `Lausanner Verpflichtung´ vertrat, bestand.

[175] Hesses Lieblingssinfonie von Mozart war die Sinfonie Nr. 40 g-moll (KV 550).

[176] Die `Basler Nachrichten´ waren eine konservativ-liberale Tageszeitung, deren Gründung auf das Jahr 1844 zurückging. Für die `Allgemeine Schweizer Zeitung´ rezensierte Hesse ab Januar 1900 Neuerscheinungen. Den Redakteur dieser Zeitung, Hans Trog (1864-1928), und Hermann Hesse verband eine gemeinsame Begeisterung für Jacob Burckhardt. Hier erschien auch die legendäre Besprechung, in der Hesse ein Werk von sich selbst rezensierte, nämlich seinen `Hermann Lauscher´: Zu dem Zeitpunkt war der eigentliche Verfasser allerdings unbekannt. Die Buchrezensionen, die Hesse bis 1935 schrieb, umfassen in der zwanzigbändigen Werkausgabe ein Viertel der Bände. Seine Artikel unterzeichnete Hesse in der Regel mit dem Kürzel `H. H.´.

März 1900 in die Mostackerstraße 10 in Basel mit dem Architekten Heinrich Jennen[177] in der Holbeinstraße 21 in einer Art WG zusammen. Nächtelang wurde dort bei Wein und Zigarren über Gott und die Welt diskutiert und man interessierte sich für die kreative Arbeit des anderen. Mit dem fünf Jahre älteren Jennen ging Hesse auf Erkundungstour durch die elsässischen und badischen Weinwirtschaften.[178] In dieser Zeit wurde der Künstler für Hesse zum Leitbild: „Ob Architektur, Bildende Kunst oder Musik – der Künstler an sich, seine Kreativität und Originalität, sein sich nicht in Konventionen einfügendes Wesen und seine Unabhängigkeit: Das wurde für Hesse zum Rollenmodell!“[179] In dieser Zeit entdeckte er auch die Natur für sich: Er unternahm ausgedehnte Wanderungen in den Schwarzwald, nach Luzern oder bis nach Bern. Gerne ruderte er auf dem Vierwaldstätter See, wo er die Ruhe und die Bergwelt auf sich wirken ließ. Er fasste einmal einen solchen Bootsausflug in Worte: „Nach Mittag, in der herrlichen Sonnenglut, mitten auf dem breiten See, Weggis gegenüber. Ich lag über die Rudersitze hingestreckt und blickte über die Seefläche. Eine Flut von Rotblau und Gold schwoll vor meinem Blick breit und rastlos hin. Alle meine Sinne schliefen und träumten; ein warmes schwärmerisches Wohlsein hielt mich gebannt. Mein Auge vermochte keine Kontur, keinen Strahl, keine Lichtgrenze zu unterscheiden, mein Blick verlor allen Willen und taumelte wie ein Freigelassener durch ein Meer von unverstandener Schönheit, von Rot,

---

[177] Heinrich Jennen (1872-1920), ein fröhlicher Rheinländer, war maßgeblich an der Umgestaltung des Basler Rathauses 1898-1901 beteiligt und gewann in diesem Kontext einen ersten Preis. Hesse wurde durch ihn zu seiner frühen Erzählung `Das Rathaus´ inspiriert und verewigte den Freund in der Figur des `Niklas´.

[178] Hesse eignete sich in dieser Zeit eine detaillierte Wein-Kenntnis an. Seine önologischen Kenntnisse fanden ihren literarischen Niederschlag in den Lobreden auf den Wein in seinem `Peter Camenzind´.

[179] André Uzulis, Hermann Hesse, a. a. O., 70.

Blau und Gold, ungleich und ziellos wie der Flatterling eines Falters.[180]"

Im November 1900 kam der Band `Hinterlassene Schriften und Gedichte von Hermann Lauscher´[181] heraus, der bedrückende Kindheits- und Jugenderinnerungen Hesses enthielt, und von ihm von 1896 bis 1899 geschrieben worden war. Im Vorwort des Bandes gab sich der junge Schriftsteller allerdings lediglich als Herausgeber der hinterlassenen Schriften und Gedichte seines verstorbenen Freundes Hermann Lauscher aus.[182] So ließ er,

---

180 Hermann Hesse, Jugendschriften, in: ders., Das erzählerische Werk, hg. von Volker Michels, Berlin 2017, 325.

181 Vgl. Hermann Hesse, Hinterlassene Schriften und Gedichte von Hermann Lauscher, hg. von Hermann Hesse, Basel 1901. Wie damals nicht unüblich, war das Buch auf das folgende Jahr datiert. Hesse hatte sich in einem Brief aus seiner Tübinger Zeit an Richard Dehmel (1863-1920) selbst als `junger Lauscher´ bezeichnet. Das Buch enthielt neun Gedichte und drei Prosastücke Hesses (`Meine Kindheit´, `Die Novembernacht´ und `Tagebuch 1900´). Ab der zweiten Ausgabe wurden diese Prosastücke um zwei weitere ergänzt: `Ein Kranz für die schöne Lulu´ und `Schlaflose Nächte´). Wie in vielen Publikationen Hesses wimmelt auch dieses Buch von autobiografischen Bezügen, beispielsweise in `Meine Kindheit´. In diesem Text nimmt Hesse auf Ereignisse in seiner Kindheit in Basel 1895 bis 1899 Bezug. In `Die Novembernacht´ findet man Begebenheiten aus Hesses Lehrzeit in Tübingen 1895 bis 1899. In `Das Tagebuch 1900´ nimmt Hesse Eindrücke der Jahre in Basel ab 1899 auf und in der Erzählung `Lulu´ verewigte er Julie Hellmann (1878-1972) aus Kirchheim/Teck, die er im Februar 1900 bei einem Musikabend im Haus des Historikers, Juristen und Staatsarchivars Rudolf Wackernagel (1855-1925) kennengelernt hatte. Auch Hesses Jugendliebe, die von ihm verehrte Elisabeth La Roche (1876-1965), später Musiklehrerin, Tänzerin und Choreografin, die seine Verehrung nicht bemerkt hatte, tauchte auf; ihr widmete Hesse ein Gedicht und einen Abschnitt in seinem `Peter Camenzind´. Das Buch, das Hesse zuerst in einer Auflage von 600 Exemplaren selbst herausgegeben hatte, erlebte mehrere Auflagen. Sein Text ist hier online zugänglich: https://www.gutenberg.org/files/41818/41818-h/41818-h.htm (aufgerufen am 21.3.2022). Zu seiner Interpretation vgl. Martin Pfeifer, Hesse-Kommentar, a. a. O., 78-88.

182 Vermutlich wandte er diesen Kunstgriff an, um der Öffentlichkeit nicht zu sehr Einblicke in seine Seele zu geben, wobei aber klar ist, dass Autor und Protagonist der Handlung nie ganz klar voneinander zu trennen waren. Das gleiche Stilmittel wandte Hesse 1919 beim `Demian´ an, den er unter dem Pseudonym `Emil Sinclair´ herausgebracht hatte; desgleichen 1927 auch beim `Steppenwolf´, indem er vorgegeben hatte, dass ihm das Manuskript von Harry Haller überlassen worden war; auch beim `Glasperlenspiel´ 1943 gab er an, nur der Herausgeber, nicht aber der Autor zu sein. Vgl. dazu Volker Michels, Wege zu Hermann Hesse, a. a. O., 441-452: „Am liebsten gäbe ich

seine Leser:innen verwirrend, Hermann Lauscher erzählen (`Meine Kindheit´, `Tagebuch 1900´), schrieb manchmal aber auch *über* ihn (`Die Novembernacht´, `Lulu´). Für Leser:innen war deshalb nicht ganz klar, wer nun eigentlich erzählte – Lauscher oder Hesse (z. B. bei `Schlaflose Nächte´)? Es war ein Verwirrspiel. Der Titel des Buches hatte wieder einmal Hermann Hesse zum Thema: Er war der sich selbst Bespiegelnde, in sich und die Welt Hineinlauschende, der die Welt Beobachtende und Reflektierende.
Am 2. Dezember 1900 verfasste Hesse selbst eine Rezension über sein Buch in der `Allgemeinen Schweizer Zeitung´[183]. Erst zwei Jahre später gelang es dem mit dem Dichter in Verbindung stehenden österreichischen Schriftsteller Richard von Schaukal[184] öffentlich zu machen, dass Hermann Hesse *nicht* der *Herausgeber* des Buches, das von der Kritik schon kurz nach seinem Erscheinen mit Goethes `Werther´ verglichen wurde, sondern sein *Autor* war, und lüftete dessen wahre Identität.
In Basel wohnte Hesse jetzt in der Stiftsgasse 5, mitten im dicht besiedelten Zentrum.[185] Insgesamt zog er sechsmal innerhalb

---

jedes neue Werk unter einem neuen Pseudonym heraus" (441). Schriftsteller:innen veröffentlichen bis heute unter Pseudonym – prominentestes Beispiel aus dem Jahr 2013 ist Joanne K. Rowling (geb. 1965), die unter dem Pseudonym Robert Galbraith den Kriminalroman `Der Ruf des Kuckucks´ veröffentlichte; auch sie wurde wenig später aufgrund einer stilometrischen Analyse enttarnt.

[183] Die `Allgemeine Schweizer Zeitung´ war eine Tageszeitung protestantisch-konservativen Profils, die von 1873-1902 in Basel erschien. Vgl. weiterführend Ernst Bollinger, `Allgemeine Schweizer Zeitung´, in: Historisches Lexikon der Schweiz (HLS), Version vom 04.05.2001, online zugänglich unter: https://hls-dhs-dss.ch/de/articles/043032/2001-05-04/ (aufgerufen am 17.7.2022)

[184] Richard (von) Schaukal (1874-1942) hatte 1898 in Jura promoviert und anschließend als Staatsbeamter Karriere gemacht (1911 Ministerialrat). 1918 wurde er durch den letzten österreichischen Kaiser, Karl I. (1887-1922), nobilitiert. Nachdem er aus dem Dienst ausgeschieden war, lebte er als freier Schriftsteller.

[185] Zu Hermann Hesse in Basel geben zwei sehenswerte Produktionen auf YouTube Auskunft, die Dokumentation `Hermann Hesse in Basel I+II´ (auf Schwyzerdütsch): https://www.youtube.com/watch?v=AlcJ0lZdiAY&t=10s und https://www.youtube.com/watch?v=4LTOCteFAL0 (aufgerufen am 17.6.2022).

der nächsten fünf Jahre in der Stadt um.[186] Ende Januar 1901 kündigte er in der Buchhandlung Reich. Er erfüllte sich einen großen Traum und reiste, angeregt durch Studien zur italienischen Kunst und Kultur und durch den Verkauf seiner `Notturni´, mit voller, wenn auch bescheidener Reisekasse erstmals nach Italien.[187] Vom 25. März bis zum 19. Mai 1901 – da war er fast 24 Jahre alt und sog alles Neue, das er kennenlernte, in vollen Zügen auf – hielt sich Hesse in Oberitalien zwischen Mailand, Genua, Pisa, Livorno, Florenz, Pistoia, Prato, Bologna, Ravenna und Padua auf. Erstmals besuchte er Venedig, wobei ihn vor allem die Museen und die Kirchen mit ihren Kunstschätzen interessierten.[188] Er lebte in den Tag hinein, improvisierte, reiste in Eisenbahnwaggons dritter Klasse, stieg in einfachen Schenken und Privatpensionen ab – dass er leidlich Italienisch sprach, das er sich autodidaktisch angeeignet hatte, half ihm da-

---

[186] Im Rahmen des Hermann-Hesse-Festivals Basel vom 9.-11. Dezember 2021, in dem ein buntes Kulturprogramm (u. a. mit Lesungen an Originalorten wie dem Missionshaus, dem Hotel Krafft oder der Bäumleingasse 14, dem ehemaligen Atelier von Mia Bernoulli) rund um Hermann Hesse stattfand, wurde am 10. Dezember 2021 ein bis dato namenloser Platz in `Hermann Hesse-Platz´ an der Rheingasse öffentlich eingeweiht: https://www.hermann-hesse-basel.com/programm.html (aufgerufen am 12.12.2021).

[187] Italien war von 1901 bis 1914 *das* bevorzugte Reiseland Hermann Hesses, das er, in der Regel zusammen mit Freunden, sieben Mal bereiste, vgl. Volker Michels, Nachwort, in: Hermann Hesse, Bilder aus der Toskana. Von Florenz bis Siena. Ausgewählt und mit einem Nachwort versehen von Volker Michels (it 3482), Berlin 2010, ^{2}2019, 133-145. Die Italien-Aufenthalte, meist im Frühjahr und abseits festgefahrener Tourist:innenpfade, beflügelten Hesses Phantasie und gaben seiner Kreativität Nahrung. Mehrere Texte entstanden auf dem Hintergrund dieser Reisen (u. a. `Boccaccio´, `Franz von Assisi´ und `Novellino´). Zu den Eindrücken einer solchen Italienreise vgl. Fritz Brun, Eine Umbrienreise mit Hesse und Othmar Schoeck, in: Volker Michels (Hg.), Hermann Hesse in Augenzeugenberichten, a. a. O., 63-65. Der Erste Weltkrieg und die beginnende Herrschaft des faschistischen Diktators Benito Mussolini (1883-1945) setzten diesen Reisen ein Ende.

[188] Vgl. dazu Hermann Hesse, Lagunenzauber. Aufzeichnungen aus Venedig, hg. v. Volker Michels. Mit zahlreichen Abbildungen, Berlin 2016. Venedig faszinierte Hesse so sehr, dass er die Lagunenstadt zwei Jahre später, im Jahre 1903, zum zweiten Mal besuchte. Seine Eindrücke hielt er in Tagebüchern, Gedichten und in einem Märchen fest.

bei, den italienischen Alltag zu meistern und die italienische Lebensart zu genießen – und er führte Reisetagebuch.[189] Er glaubte, durch diese Art des Reisens Italien authentisch und unmittelbar erfahren zu können. Seither reiste er in den folgenden Jahren, einmal auf den Geschmack gekommen, fast jährlich ins `Land, wo die Zitronen blüh'n´, „mit einem Minimum an Komfort"[190] und einem „Maximum an Erlebnis"[191]. Sieben Wochen später kehrte er zurück nach Basel. Er hatte die Reise vorzeitig abbrechen müssen, da er sich zur Musterung melden musste, und zwar beim badischen Bezirksamt Lörrach.[192] Dort wurde er jedoch wegen seiner starken Kurzsichtigkeit[193] vom Militärdienst befreit. Im August nahm er einen neuen Job an, und zwar im Basler Antiquariat Wattenwyl am Pfluggässlein, das zur Reich'schen Buchhandlung gehörte, erneut „für das schmale Salär von 100 Franken..."[194] Insgesamt gesehen war seine Stimmung gut in dieser Zeit; obwohl Ängste und Depressionen verschwunden waren, blieben Schlaflosigkeit, chronische Verdauungsstörungen und Kopfschmerzen, wie er seinen Eltern, an die er regelmäßig schrieb, brieflich mitteilte. Er hatte aber genügend Zeit zum Lesen und zum Schreiben, und so veröffentlichte er zunehmend Gedichte[195] und kleinere literarische Arbeiten in

---

[189] Vgl. Hermann Hesse, Italien. Schilderungen, Tagebücher, Gedichte, Aufsätze, Buchbesprechungen und Erzählungen. Herausgegeben und mit einem Nachwort versehen von Volker Michels (st 689), FfM 1983, 60-156.

[190] Volker Michels, Wege zu Hermann Hesse, a. a. O., 117-133, Zitat auf 122.

[191] Volker Michels, Wege zu Hermann Hesse, a. a. O., ebda.

[192] Sein Musterungsbescheid vom 16. Mai 1901 war ihm von den deutschen Militärbehörden nachgeschickt worden.

[193] Die offizielle Diagnose lautete „beidseitiger Bügelmuskelkrampf, linkes Auge geschwächt..." (Bernhard Zeller, Hermann Hesse, a. a. O., 52).

[194] Klaus Walther, Hermann Hesse, a. a. O., 37.

[195] Von den insgesamt etwa 1400 Gedichten, die Hesse schrieb, erschienen – von ihm in den Druck gegeben – zu seinen Lebzeiten nur etwa zwei Drittel. Die Gedichte gehörten wie Hesses andere Dichtungen zu einer Art Autotherapie und zielten auf Selbstheilung. Hesse war der Ansicht, dass man Lyrik eigentlich nur für sich selbst schrieb, vgl. Hermann Hesse, Die Gedichte, hg. v. Volker Michels, FfM 1977, 795.

Zeitschriften. 1902 kam in der Grot'schen Verlagsbuchhandlung in Berlin ein erster Sammelband mit Gedichten, die teilweise in Zeitschriften und Zeitungen vorabgedruckt worden waren, heraus, der im Laufe der Jahre eine Auflage von über 20000 Exemplaren erreichte. Hesse widmete den Gedichtband seiner Mutter; diese erlebte sein Erscheinen jedoch nicht mehr, denn sie war am 24. April 1902 im Alter von 59 Jahren in Calw gestorben.[196] Hesse nahm nicht an ihrer Beerdigung teil.[197]
In diesem Jahr lernte er in Basel Maria Bernoulli[198], genannt \`Mia´, kennen und lieben. Die Basler Fotografin war neun

---

[196] Zum Nachruf auf sie, den er den Gedichten voranstellte, vgl. Volker Michels (Hg.), „Ich gehorche nicht und werde nicht gehorchen!", a. a. O., 28. Hesses Mutter starb an den Folgen von Osteomalazie (Knochenerweichung), zu der noch ein chronisches schmerzhaftes Nierenleiden gekommen war, so dass sie am Ende ihres Lebens viel liegen musste.

[197] Mit größerer Unabhängigkeit und mehr räumlicher Distanz hatte sich Hesses Verhältnis zu seinen Eltern entspannt. Es gibt Briefe von Hesse, in denen er sich bei ihnen entschuldigte (Brief v. 11.8.1896) und auch gegenüber Dritten (wie an Helene Voigt, in einem Brief v. 30.4.1899) seine Eltern lobte: Niemand hätte \`vollkommenere, gütigere, edlere Eltern´ gehabt als er. Die Tatsache, dass Hesse der Beerdigung seiner Mutter fernblieb, versuchen sich Hesse-Exegeten u. a. dadurch zu erklären, dass sie Hesses Verhältnis zu Tod und Sterben mit Goethes Verhältnis zu den vorletzten Dingen vergleichen. Was Hesse in \`Peter Camenzind´ literarisch verarbeitete, konnte er im realen Leben für sich persönlich nicht umsetzen. Andere gehen davon aus, dass ihn das Moralisieren seiner Mutter an seinen ersten Büchern nachhaltig verletzt hatten, so dass er ihrer Beerdigung fernblieb, vgl. Hermann Hesse, Gesammelte Briefe. Vier Bände, Erster Band: 1895-1921, in Zusammenarbeit mit Heiner Hesse hg. von Ursula und Volker Michels, FfM 1973, 88. Die Briefe, die er anlässlich des Todes seiner Mutter an die Familie schrieb, waren allerdings emotional, vgl. Gunnar Decker, Hesse, a. a. O., 190.

[198] Maria \`Mia´ Hesse-Bernoulli (1868-1963) stammte aus einer alteingesessenen Basler Gelehrtenfamilie. Sie war das fünfte von acht Kindern des Notars, Gerichtschreibers und Musikaliensammlers Friedrich \`Fritz´ Bernoulli (1824-1913) und seiner Frau Emilie Barbara Gengenbach (1831-1911), vgl. den online zugänglichen Stammbaum unter: https://www.stroux.org/patriz_f/stQV_f/BnN_f.pdf (aufgerufen am 14.12.2021). Mia Bernoulli hatte zusammen mit ihrer zehn Jahre jüngeren Schwester Mathilde, gen. Tuccia, eine fotografische Ausbildung in München und Hamburg absolviert und gehörte nach ihrer Rückkehr nach Basel zu den ersten Berufsfotografinnen der Schweiz, vgl. dazu Eva Eberwein/Monika Leister, Lichtwerke. Mia Hesse geborene Bernoulli als Photographin. Versuch einer Nahaufnahme, hg. v. Hegau-Geschichtsverein (Bd. 159), Singen 2013. Bis sie Hermann Hesse kennenlernte, lebte sie ein Leben als Bohèmienne: Ihr Fotoatelier in der Bäumleingasse 14 in der Basler Altstadt, das die selbstständige

Jahre älter als er, eine Frau Mitte Dreißig, die von Zeitgenoss:innen als lebenslustig, couragiert und unabhängig beschrieben wurde, aber auf vielen Fotos aus dieser Zeit eher traurig und gedankenverloren aussieht. Gemeinsam mit ihr unternahm Hesse eine zweite Italienreise im April 1903.[199] Sie begleiteten eine Bekannte, die nach Italien umziehen wollte.[200] Auf dieser Reise kamen sich Hesse und seine spätere Frau, die Mutter seiner drei Söhne, näher.[201] Hesse fuhr also mit zwei Frauen, einer Malerin und einer Fotografin – beide hatten ein Auge fürs Schöne, für Farben und Formen – nach Italien, wobei er sich für die eine Frau nicht erwärmen konnte, doch für die andere schwärmte. Nachdem sich nach einiger Zeit Maria Gundrum abgesetzt hatte, reiste Hesse mit Maria Bernoulli allein weiter,

---

Fotografenmeisterin gemeinsam mit ihrer Schwester betrieb, war ein beliebter Treffpunkt junger Künstler:innen. Mit Hermann Hesse verband die sportliche Frau – sie unternahm ausgedehnte Bergtouren, ging gern schwimmen, rodelte und fuhr gern Ski – nicht nur die Liebe zur Musik, sondern vor allem die Liebe zur Natur und der Wunsch nach einem einfachen Leben auf dem Lande. Maria Bernoulli, die später `Mutti Mia´ genannt wurde, sah ähnlich aus wie Hesses 1902 verstorbene Mutter und trug auch einen ähnlichen Vornamen. Hugo Ball sah deshalb in ihr eine `Platzhalterin´ für Marie Hesse, und Hesse hat dieser Interpretation seines ersten Biografen nie widersprochen, vgl. Gunnar Decker, Hesse, a. a. O., 222.

199 In einem Brief an einen Freund schreibt Hesse am 4. Juni 1903 aus Basel: „Seit Jahren war ich nicht mehr verliebt und hatte keine Liaison mehr. [...] Seit kurzem aber halte ich allabendlich einen entzückenden, kleinen, schwarzen, wilden Schatz im Arm [...] meine ganze Freizeit gehört dem kleinen Mädchen, das mir nur bis an den Bart reicht und so gewaltsam küssen kann, daß ich fast ersticke. Nach mehr mußt Du nicht fragen“ (Hermann Hesse, Gesammelte Briefe I, a. a. O., 104).

200 Gemeint ist die Schweizer Malerin, Lehrerin, Kunsthistorikerin und Kunstvermittlerin Maria Gundrum (1868-1941). Die Antisemitin wandte sich später dem Nationalsozialismus zu.

201 Es wird in der Hesse-Forschung vermutet, dass Hesse bis zu diesem Zeitpunkt noch keinerlei sexuelle Erfahrungen gemacht hatte. Die Initiative zu der Liaison mit dem jüngeren Mann ging von der fast zehn Jahre Älteren aus. Hesse selbst meinte gegenüber einem Freund, dass er eine Heirat ausschloss, da er dafür kein Talent hätte (Brief an Cesco Como v. 4.6.1903), vgl. Michael Limberg, Hermann Hesse, FfM 2005, 21. Seinem Vater gegenüber schrieb er in einem Brief, er hätte „vor dem Heiraten ein unbestimmtes Grauen“ (Hermann Hesse, Brief an Johannes Hesse v. Juni 1903, zitiert nach Kindheit und Jugend vor Neunzehnhundert, 1. Bd., hg. v. Ninon Hesse, a. a. O., 221).

nach Genua und nach Venedig. Obwohl die Reise durch Unstimmigkeiten geprägt war, entschlossen sich beide dazu, sich bald heimlich zu verloben und zu heiraten.

Die Veröffentlichung seines zivilisationskritischen Entwicklungsromans `Peter Camenzind´[202], an dem Hesse – noch als Buchhändler – im Frühjahr 1900 rauschartig in Basel zu schreiben begonnen hatte und der 1903 als Vorabdruck in der `Deutschen Rundschau´[203] sowie dann im Frühjahr 1904, nach Hesses zweiter Italienreise, in Buchform erschienen war, brachte einen unerwarteten literarischen Durchbruch des bis dato unbekannten Autors. Das Buch „war ein Hymnus auf die von der fortschreitenden Urbanisierung und Industrialisierung bedrohte Natur..., ein Aufbegehren gegen die Einäugigkeit des Fortschritts, gegen das Diktat maschineller Fremdbestimmung, gegen die Beschleunigung, Monotonisierung und Versklavung

---

[202] Hesses `Peter Camenzind´ war „Meinem Freund Ludwig Finckh" gewidmet, so noch in der 58. Auflage von 1911, online hier zugänglich: https://www.gutenberg.org/files/41051/41051-h/41051-h.htm (aufgerufen am 21.3.2022). In dem Buch sind Strömungen von Romantik und Idealismus genauso zu finden wie Einflüsse von Friedrich Nietzsche; außerdem ist das Buch voller italienischer Motive. Vor seinem Umzug nach Bern schenkte Hesse seinem Freund Finckh sein Manuskript von `Unterm Rad´, während dieser ihm das Manuskript seines Romans `Der Rosendoktor´ überließ. Vierzehn Tage nach seinem Erscheinen war die erste Auflage des von der Kritik als Protest gegen die Nivellierung des Individuums im industriellen Zeitalter verstandenen Buches vergriffen und eine neue Auflage wurde gedruckt (noch dreimal musste im selben Jahr nachgedruckt werden). Zum philosophischen Hintergrund der Zeit, in der heftig über `das Selbst´ debattiert wurde, vgl. Eberhard Rathgeb, Die Entdeckung des Selbst. Wie Schopenhauer, Nietzsche und Kierkegaard die Philosophie revolutionierten, München 2022.

[203] Die 1890 gegründete deutsche, monatlich erscheinende Literaturzeitschrift, die 1904 in `Neue Rundschau´ umbenannt wurde, erschien im S. Fischer Verlag. Sie war eines der wichtigsten Foren für moderne Literatur im wilhelminischen Deutschland und in der Weimarer Republik und gehört zu den ältesten Kulturzeitschriften Europas. Schriftsteller des Fischer Verlages hatten hier die Möglichkeit, Erstabdrucke zu veröffentlichen, die dann von Kollegen rezensiert wurden. Unter den Rezensenten befanden sich so renommierte Literaturkritiker wie Alfred Kerr (1867-1948). 1944 verboten, wurde die Zeitschrift bereits ein Jahr später in Stockholm wiedergegründet. Sie besteht bis heute. Schon das Echo, das der Vorabdruck von `Peter Camenzind´ fand, ließ einen internationalen Erfolg der Buchausgabe erwarten: Bereits 1905 wurde sie ins Norwegische, Russische und Schwedische übersetzt.

des Lebens durch Stechkarte und Stoppuhr. Auch die vielgerühmten Vorteile der Mechanisierung, die Erleichterung der Arbeit und der Gewinn an Zeit, den die Rationalisierungstechnologie brachte, waren Hesse nicht geheuer."[204] Der berühmte Berliner Verleger Samuel Fischer[205] und sein Cheflektor Moritz Heimann[206] hatten Hesse zuvor ermuntert, ihm in Zukunft neue Arbeiten von sich einzusenden, nachdem der Schriftsteller Paul Ilg[207] den Kontakt zwischen Hesse und dem Verlag in Berlin hergestellt hatte. Diese Aufforderung kam einer Nobilitierung gleich: Denn im S. Fischer Verlag, der seinen Schwerpunkt

---

[204] Volker Michels, Wege zu Hermann Hesse, a. a. O., 245. Hesse hatte große Vorbehalte gegenüber moderner Technik. Schaut man sich seine Bedenken auf dem Hintergrund des gegenwärtigen Klimawandels und der daraus resultierten Klimaschutzbewegung an, kann man sagen, dass Hesse mit seiner Technikkritik seiner Zeit um etwa hundert Jahre voraus war.

[205] Samuel Fischer (1859-1934), aus einer ungarischen Familie stammend, war der Gründer des S. Fischer Verlages, den er erfolgreich in der Kaiserzeit und in der Weimarer Republik fast fünfzig Jahre lang leitete. Wie sein Konkurrent, der deutsche Verleger Leopold Ullstein (1826-1899), war Samuel Fischer Jude. 1886 hatte er in Berlin den nach ihm benannten Verlag, der heute seinen Sitz in Frankfurt am Main hat, gegründet. In Absprache mit dessen Cheflektor Moritz Heimann (1868-1925), Förderer von Thomas Mann, wurde der 25jährige Hermann Hesse im Januar 1903 eingeladen, künftige Manuskripte dem Fischer Verlag einzusenden. Ab 1928 leitete Fischers Schwiegersohn Gottfried Bermann Fischer als Geschäftsführer den Verlag. Nach der Machtübernahme der Nazis, der damit verbundenen Einschränkung der Pressefreiheit und Fischers Tod wurde der Verlag geteilt. Bermann Fischer erhielt eine Entschädigung von 24000 Reichsmark, konnte Deutschland mitsamt den Rechten unerwünschter Autoren verlassen und emigrierte über Wien und Stockholm nach New York, während der übrige Teil in Deutschland blieb. Die Verlagsrechte an Hesses Werk, so der Deal, mussten jedoch in Deutschland bleiben, vgl. dazu grundsätzlich Barbara Hoffmeister, S. Fischer, der Verleger. Eine Lebensbeschreibung, FfM 2009, und im Blick auf Hermann Hesse detailliert André Uzulis, Hermann Hesse, a. a. O., 217ff.

[206] Der deutsche Schriftsteller und Kritiker Moritz Heimann (1868-1925), Sohn eines Gemischtwarenhändlers, trat nach einem Philosophie- und Literaturstudium 1895 in den S. Fischer Verlag ein, arbeitete in ihm fast dreißig Jahre lang und prägte dessen Verlagsprogramm. Er war verheiratet mit Gertrud Heimann (1872-1951), der Schwester des Schriftstellers Gerhart Hauptmanns. Heimanns Grab befindet sich auf dem Jüdischen Friedhof in Berlin-Weißensee.

[207] Das Werk des Schweizers Paul Ilg (1875-1957) ist gekennzeichnet von Sozialkritik. Sein Nachlass befindet sich im Schweizerischen Literaturarchiv in Bern: https://www.nb.admin.ch/snl/de/home/ueber-uns/sla.html (aufgerufen am 15.6.2022).

auf dem Naturalismus und der klassischen Moderne hatte, veröffentlichten deutschsprachige Autoren der Gegenwart, Meister deutscher Prosa wie Thomas Mann[208], Hugo von Hoffmannsthal[209] oder Jakob Wassermann[210]. Am 9. Mai 1903 hatte Hesse das Manuskript nach Berlin geschickt und wenig später den

---

208 Thomas Mann und Hermann Hesse lernten sich 1904 in München kennen. Zwar intensivierten sie im Laufe der Jahre ihre Beziehung, wovon zahlreiche Briefe Auskunft geben, pflegten aber ein eher distanziertes Verhältnis – was die begeisterten Wintersportler nicht davon abhielt, gemeinsam in St. Moritz oder in Arosa Skiurlaub zu machen, vgl. Volker Michels, „Spitzbübischer Spötter" und „Treuherzige Nachtigall". Zur Genese der Freundschaft von Hermann Hesse und Thomas Mann, FfM 2014. Thomas Mann bezeichnete Hesse einst als den ihm `liebsten und nächsten´ Schriftstellerkollegen seiner Generation. Im Unterschied zu Mann war Hesse kein ironischer Zeitkritiker, was schon einige zeitgenössische Kritiker bemerkt hatten (wie Kurt Tucholsky alias Ignaz Wrobel, Der deutsche Mensch [Weltbühne v. 30.8.1927, 332], in: ders., Gesammelte Werke in zehn Bänden, Bd. 5, Reinbek 1975, 293-300). Andere schlossen sich an und behaupteten, dass Hesse grundsätzlich Ironie und Humor fremd waren, vgl. dazu ausführlich Ulrich Tietze, „Die Welt ist mir ein Lachen". Betrachtungen zum Thema Glaube und Humor, in: DtPfrBl 10/2019, 544-547, bes. 544. Michael Kleeberg (geb. 1958), preisgekrönter deutscher Schriftsteller, Essayist und Übersetzer, hält dies für ein Klischee: Unter Berufung auf Hesses langjährigen Freund Gunter Böhmer (1911-1986), der seit den 1930er-Jahren in der Casa Camuzzi wohnte, betont er, dass Hesse nicht nur „viel gelacht hat, sondern auch, dass er offenbar über einen auf seine Umgebung urkomisch wirkenden Deadpan-Humor verfügte, die Gabe, mit unbewegtem Gesicht plötzlich die irrwitzigsten Sätze loszulassen" (Michael Kleeberg, Ist das Zen oder Zauberei?, in: Frankfurter Allgemeine Sonntagszeitung Nr. 11 v. 18.3.2012, 28). Vgl. dazu Gunter Böhmer/Hermann Hesse, Dokumente einer Freundschaft, hg. v. Große Kreisstadt Calw, Calw 1987, und weiterführend Hermann Hesse, Wir nehmen die Welt nur zu ernst. Heitere Texte und Scherzgedichte, FfM 2019.

209 Hugo Laurenz August Hofmann, Edler von Hofmannsthal, genannt Hugo von Hoffmannsthal (1874-1929) war österreichischer Schriftsteller, Dramatiker, Lyriker, Librettist, Mitbegründer der Salzburger Festspiele und einer der führenden Vertreter der Wiener Moderne. Der konservativ-katholische Monarchist starb an den Folgen eines Schlaganfalls, als er sich zur Beerdigung seines Sohnes aufmachen wollte, der zwei Tage zuvor Suizid begangen hatte. Seit 1920 wird sein `Jedermann. Das Spiel vom Sterben des reichen Mannes´ (1911 uraufgeführt) jährlich bei den Salzburger Festspielen aufgeführt.

210 Jakob Wassermann (1873-1934) war ein deutscher Erzähler jüdischer Herkunft und einer der populärsten Autoren seiner Zeit. 1933 wurden seine Werke in Nazi-Deutschland verboten. Er starb ein Jahr später im Alter von 60 Jahren, verarmt und gebrochen. Seine 2800 Bücher umfassende Bibliothek ist erhalten und befindet sich heute in der Stadtbibliothek Nürnberg. Im österreichischen Altaussee liegt er begraben. Sei 1993 erinnert seine Geburtsstadt Fürth mit dem `Jakob Wassermann-Preis´ an ihn.

Vertrag unterzeichnet. Und Samuel Fischer, dessen Verlag damals *der* Verlag für zeitgenössische Literatur war, verlegte Hesses Erstling, diesen „Taugenichtsroman, der als Modernitätsverweigerungserklärung so außerordentlich erfolgreich werden wird“[211]. Für Hermann Hesse bedeutete diese Publikation, sein erster Roman, in vielerlei Hinsicht eine Veränderung seines bisherigen Lebens. Worum ging es darin?

„Im Anfang war der Mythus.“[212] Mit diesem kurzen Satz, zwar angelehnt an den Anfang des Johannesevangeliums, aber sprachlich verfremdet, beginnt `Peter Camenzind´. Der Roman ist geschlossen und die äußere Handlung in acht bezifferten Kapiteln klar strukturiert.[213] Geschrieben aus der Ich-Perspektive[214], die einigen Kritikern zufolge in der Tradition von Gottfried Kellers `Der grüne Heinrich´[215] steht, geht es um einen in

---

[211] Gunnar Decker, Hesse, a. a. O., 68. Hesse erhielt einen „Verlagsvertrag (immerhin das Doppelte von dem heute Üblichen: 20% vom Nettoverkaufspreis) und einen Vorschuss auf die Hälfte der ersten 500 Exemplare“ (Gunnar Decker, Hesse, a. a. O., 206).

[212] Hermann Hesse, Peter Camenzind. Erzählung (st 161), FfM [8]1979, 7. Diese Buchausgabe trug nun nicht mehr die ursprüngliche Widmung der Erstausgabe, sondern war „Fritz und Alice Leuthold gewidmet“ (6). Ich zitiere im Folgenden nach der Taschenbuchausgabe, die ich am 21.5.1980 geschenkt bekam.

[213] Vgl. weiterführend Martin Pfeifer, Hesse-Kommentar, a. a. O., 88-102.

[214] „Aber ich sah die blaugrüne glatte Seebreite...“ (Hermann Hesse, Peter Camenzind, a. a. O., 7). Neben Peter Camenzind kommen in dem Roman folgende Personen vor: Konrad Camenzind, sein Onkel; Vater und Mutter, wobei der Vater den Sohn in der Kindheit schlägt und damit seinen Beitrag zu einem distanzierten Verhältnis Vater/Sohn leistet, und seine Mutter früh stirbt; Kaspar Hauri, ein Mitschüler; Rösi Girtanner, die erste heimliche Liebe Camenzinds; Richard, ein talentierter Pianist, der in Zürich im selben Haus wohnt wie der Protagonist und mit dem ihn bis zu dessen Tod eine enge Freundschaft verbindet; Erminia Aglietti, eine erfolgreiche Malerin, der Peter Camenzind seine Liebe offenbaren will, die aber vergeben ist; Elisabeth, in die sich Peter Camenzind verliebt, die sich jedoch wegen seines zu langen Zögerns mit einem anderen Mann verlobt; Annunziata Nardini, die 34jährige verwitwete, temperamentvolle, fröhliche Hauswirtin Peter Camenzinds in Assisi; der Schreiner und seine Familie, in die Peter Camenzind aufgenommen wird, und der Behinderte Boppi, ein Bruder der Schreinersgattin, mit dem Peter eine Freundschaft schließt, die bis zum Tod Boppis besteht.

[215] Auf den teilweise autobiografischen Roman von Gottfried Keller (1819-1890), einen der bedeutendsten Bildungsromane der deutschsprachigen Literatur des 19. Jahrhunderts, wird in Hesses Peter Camenzind selbst mehrfach Bezug genommen, vgl. etwa

dem schweizerischen alpinen Bergdorf Nimikon in ärmlichen Verhältnissen geborenen Bauernjungen namens Peter Camenzind[216], das `Alter ego´ des Autors: Camenzind wächst in großer Nähe zur Natur auf, löst sich von dem ihm von seinem Vater vorgegebenen Lebensweg, sucht seine Befreiung in geistiger Tätigkeit und kehrt am Ende in sein Dorf zurück.[217] Der Stammbaum des Protagonisten verläuft anscheinend kreisförmig: Drei Viertel des Ortes tragen den Namen des Erzählers: Camenzind.[218] Der kleine Peter wird von seinen Eltern vernachlässigt und auch geschlagen[219] und erblickt deshalb in der Natur („Berge, See, Sturm und Sonne"[220]) seine Erzieherin sowie seine

---

Hermann Hesse, Peter Camenzind, a. a. O., 130. Einige Kritiker bemängelten später, Hesse hätte die Handlung seines Buches einfach von Kellers `Grünem Heinrich´ übernommen; andere hielten den Roman für maßlos überschätzt und kritisierten vor allem den in ihm zum Vorschein kommenden Personenkult und die Selbstverliebtheit Hesses. Auf jeden Fall gibt es einige Parallelen zwischen beiden Romanen, vgl. Heimo Schwilk, Hermann Hesse, a. a. O., 124f. Im Jahre 1936 wurde Hermann Hesse mit dem Gottfried-Keller-Preis ausgezeichnet. Er wurde damit für seinen Einsatz für Geistes- und Völkerfreiheit und für ein Europa des Friedens, das das Verbindende und nicht das Trennende betonte, ausgezeichnet.

[216] Vgl. Ursula Apel (Hg.), Hermann Hesse: Personen und Schlüsselfiguren in seinem Leben. Ein alphabetisches annotiertes Namensverzeichnis mit sämtlichen Fundstellen in seinen Werken und Briefen, 2 Bde. und ein Supplement, München 1989, 1993. Die deutsche Hesse-Forscherin Ursula Apel (geb. 1938) legte 1993 ein (mit Supplement) dreibändiges Nachschlagewerk zum literarischen Wirken Hermann Hesses vor. In den drei vorliegenden Bänden, die von ihr permanent ergänzt wurden, hat die Herausgeberin ca. 7000 Namen aufgeführt. Für ihr Lebenswerk erhielt sie am 3. Dezember 2000 die `Hermann-Hesse-Medaille der Stadt Calw´. Ihr Archiv übergab sie in Form einer Schenkung Hesses Geburtsstadt.

[217] Vgl. dazu Volker Wehdeking, Hermann Hesse, Marburg 2014, 73-81, der darauf hinweist (vgl. 75), dass sich der Name des Dorfes aus `Nimbus´ und `Ikon´ zusammensetzt. Dahinter verbergen sich in Wirklichkeit die Orte Sisikon bzw. Vitznau am Vierwaldstätter See.

[218] Vgl. Hermann Hesse, Peter Camenzind, a. a. O., 9 und 86.

[219] Vgl. Hermann Hesse, Peter Camenzind, a. a. O., 15: „Ungefähr alle paar Wochen aber nahm er mich abends, ehe er ausging, bei der Hand und verschwand stillschweigend mit mir auf dem über dem Stall gelegenen Heuboden. Dort vollzog sich alsdann ein seltsamer Straf- und Sühneakt: ich bekam eine Tracht Prügel, ohne daß der Vater oder ich selbst genauer gewußt hätte, wofür. Es waren stille Opfer am Altar der Nemesis, und sie wurden ohne Schelten seinerseits oder Geschrei meinerseits dargebracht als schuldiger Tribut an eine geheimnisvolle Macht."

[220] Hermann Hesse, Peter Camenzind, a. a. O., 16.

Freundin, die ihm treu zur Seite steht. Viel Zeit verbringt der Naturliebhaber mit Bergsteigen und Naturbeobachtung: Er liebt die Berge, den See, den Sturm, die Sonne und besonders die Wolken, die vorüberziehen.[221] Er erkennt dadurch die Enge seines Tales, in dem er lebt, und die Weite der Welt, die ihm offensteht.[222] Als Schüler kommt Camenzind zum ersten Mal aus Nimikon heraus, und als er den Sennalpstock besteigt, ist er von dieser Weite der Welt überrascht. Ein Pater erkennt die Begabung des Jungen und erwirkt es, dass er die Klosterschule besuchen darf.[223] Dort entdeckt er die Welt der Literatur. Er schreibt Gedichte und Erzählungen, die er jedoch vernichtet. Über der gesamten Schulzeit liegt der undurchdringliche Nebel der Depression, ein „grundloser Schwermut“[224], der der Familie eigen ist. Hinzu kommt, dass er sich zum ersten Mal verliebt, und zwar in Rosi Girtanner, die ihn vom Kind zum Jüngling macht.[225] Zwischen Schulabschluss und Studienbeginn verbringt Peter Camenzind seine Ferien in seinem Heimatdorf.[226] Plötzlich stirbt seine Mutter, er ist bei ihrem Sterben dabei und macht auf diese Weise erstmals die Bekanntschaft von Tod und

---

[221] André Uzulis schreibt: „Diese stimmungsvollen und sensiblen Schilderungen gehören zum Schönsten, was die deutsche Literatur an Naturbeschreibung hervorgebracht hat“ (André Uzulis, Hermann Hesse, a. a. O., 72).

[222] Vgl. Hermann Hesse, Peter Camenzind, a. a. O., 94: „Nachts, wenn ich zu Bett gehen wollte, fiel mir etwa plötzlich ein Hügel, ein Waldrand, ein einzelner Lieblingsbaum ein, den ich lange nicht mehr besucht hatte. Nun stand er in der Nacht im Wind, träumte, schlummerte vielleicht, stöhnte und regte die Zweige. Wie mochte er aussehen? Und ich verließ das Haus, suchte ihn auf und sah seine undeutliche Gestalt im Finstern stehen, betrachtete ihn mit erstaunter Zärtlichkeit und trug sein dämmerndes Bild in mir davon.“

[223] Vgl. Hermann Hesse, Peter Camenzind, a. a. O., 20.

[224] Hermann Hesse, Peter Camenzind, a. a. O., 22; vgl. auch 52 und 78.

[225] Vgl. Hermann Hesse, Peter Camenzind, a. a. O., 25 und 28ff.

[226] \`Heimat´ ist in diesem Werk Hesses nicht ohne Bedeutung, vgl. weiterführend Ulrich Breuer, Melancholie der Heimatferne. Figuren der Erlösung in Hermann Hesses \`Peter Camenzind´, in: Hermann Hesse und die literarische Moderne. Kulturwissenschaftliche Facetten einer literarischen Konstante. Aufsätze und Materialien, hg. v. Andreas Solbach, FfM 2004, 155-174.

Sterben.[227] Da er seinen Vater nicht weckt, als seine Mutter stirbt, ist dieser auf seinen Sohn schlecht zu sprechen. Camenzind flieht in den Alkohol und begibt sich nach Zürich, um dort das Studium der Philologie aufzunehmen.[228] Ständig auf der Suche nach einem höheren Sinn im Leben, nach der wahren Erfüllung seines Wesens, ist es sein Ziel, Schriftsteller zu werden. In Zürich ist er zunächst mutterseelenallein, bis er Richard, einen heiteren, kindlich-naiven Pianisten kennenlernt, der zufällig im selben Haus wohnt und mit dem ihn bald eine innige Freundschaft verbindet.[229] Dieser führt Camenzind, der inzwischen kleine erste Erfolge als Feuilleton-Autor feiern kann, in die Künstlerszene der Stadt ein. Er macht ihn u. a. mit der Malerin Erminia Aglietti bekannt, in die sich Peter verliebt; sie indes liebt schon jemand anders.[230] Erneut sucht er Trost im Alkohol. Heimlich tippt Richard Camenzinds Manuskripte ab und bietet sie mit dem Ziel, ihn als Schriftsteller einzuführen,

---

[227] Vgl. Hermann Hesse, Peter Camenzind, a. a. O., 34f.
[228] Vgl. Hermann Hesse, Peter Camenzind, 40.
[229] Vgl. Hermann Hesse, Peter Camenzind, a. a. O., 41.
[230] Die Liebe spielt in dem Roman, wie ohnehin im Werk Hesses, eine wichtige Rolle. Jede fünfte Erzählung Hesses handelt von der Liebe und ca. jedes zehnte Gedicht ist ein Liebesgedicht, vgl. Volker Michels, Wege zu Hermann Hesse, a. a. O., 595-615. Der Hauptteil folgt den drei unerwiderten Lieben des Protagonisten (die Advokatentochter Rösi Girtanner, in die sich Peter Camenzind mit 17 Jahren verliebt; in Zürich lernt er die Malerin Erminia [`Hermine´] Aglietti kennen und in der Basler Gelehrtenfamilie die aufgeschlossene, attraktive Elisabeth). Wie so oft, lässt Hesse Figuren aus seinem Leben einfließen: So hat die Figur der Elisabeth in `Peter Camenzind´ Elisabeth La Roche zur Vorlage, die die Liebe des jungen Hesse unerwidert ließ (sie erfuhr erst 1927 aus der Biografie Hesses von Hugo Ball von ihrer Identität mit der Elisabeth im `Peter Camenzind´ und empfand es als Indiskretion). Allerdings wurden die Frauengestalten von Hesse idealisiert: Kritiker fanden sie konturenlos und auf die Funktion eines unerreichbaren Ideals reduziert. Einer der ersten, die Hesse dafür kritisierten, dass Frauen in Hesses Werk nur Randfiguren blieben, war der Schweizer Germanist Hans Rudolf Schmid (1902-1992) in seiner Dissertation zu Hesse, vgl. Hans Rudolf Schmid, Hermann Hesse, Frauenfeld und Leipzig 1928. Er stellte die These auf, dass Hesse die weibliche Psyche verschlossen blieb, seine Erotik homosexuell war – wie er an den vielen, Küsse austauschenden Freundespaares festmachte – und die Männer in Hesses Werk unreif und voller Sehnsucht nach ihrer Mutter waren. Hesse selbst reagierte auf diese Dissertation unwirsch, vgl. Ralph Freedman, Hermann Hesse, a. a. O., 414.

verschiedenen Redaktionen zur Veröffentlichung an. Richards Studienzeit schließen die beiden Freunde mit einer Tour nach Oberitalien auf den Spuren von Franz von Assisi ab.[231] Am Zürcher Bahnhof trennen sich dann ihre Wege. Wenig später ertrinkt Richard beim Baden, was Camenzind in eine tiefe, auch religiöse, Krise stürzt.[232] Er begibt sich in ärztliche Behandlung, der ihm als Therapie mehr Kontakt zu seinen Mitmenschen verordnet und ihn in ein Künstlerhaus einführt.

Peter Camenzind wird Zeitungsredakteur. Er wird für seine freiheitliche Berichterstattung gegängelt, wird Alkoholiker, quittiert den Dienst und geht als Korrespondent nach Paris. Dort führt er zeitweise ein ausschweifendes Leben; Suizidgedanken quälen ihn. Er ändert erneut sein Leben, sucht erneut Zuflucht in der Natur, wandert durch Südfrankreich und kommt zwei Monate später „abgerissen, braungebrannt und im Innern verändert"[233] in Basel an, wo er sich niederlässt. Schon bald wird er wiederum von Depressionen geplagt, so dass er sich in ärztliche Behandlung begibt. Dazu kommt, wie früher, ein übermäßiger

---

[231] Vgl. Hermann Hesse, Peter Camenzind, a. a. O., 72. Der Ordensstifter Franz von Assisi (1181/82-1226), Sohn eines wohlhabenden Kaufmanns, entsagte der Welt des Reichtums, setzte sich für die Armen ein, zog als Wanderprediger umher und sammelte seine Anhänger in franziskanischen Bruderschaften. Der \`Poverello´ lebte mit den Ärmsten, um nah bei Christus zu sein. Das gefiel Hermann Hesse. So wird heute von vielen Interpreten Hesses \`Peter Camenzind´ als eine Hommage an seinen Lieblingsheiligen gelesen: Für Franz von Assisi offenbarte sich Gott nicht nur in den gotischen Kathedralen, sondern auch im Kleinsten und Geringsten, auch in der Natur. Gott war für Franziskus nicht auf der Seite der Reichen und Mächtigen und wollte auch keine Kirche gründen – so Hermann Hesse. Er widmete ihm ein biografisches Essay, vgl. Hermann Hesse, Franz von Assisi, Berlin 1904. Zu einer neueren Biografie über Franz von Assisi vgl. Volker Leppin, Franziskus von Assisi, Darmstadt 2018. Der evangelische Kirchenhistoriker Leppin (geb. 1966), Professor in Yale, versucht, mit einer historisch-kritischen Methodik ein authentisches Bild von Franziskus zu entwerfen und hinter den legendenhaften Übertünchungen eines Heiligenbildes den tief in seiner Zeit verorteten mittelalterlichen Menschen erkennbar werden.

[232] Vgl. Hermann Hesse, Peter Camenzind, a. a. O., 74.

[233] Hermann Hesse, Peter Camenzind, a. a. O., 77.

Alkoholkonsum.[234] Zudem verliebt er sich unglücklich in Elisabeth, die Tochter eines Gelehrten, die er heiraten möchte; allerdings ist auch sie schon vergeben.[235]
Peter Camenzind kehrt in seine Heimatgemeinde zurück. Nach Annäherungen an seinen Vater, mit dem er das ihm verhasste örtliche Wirtshaus besucht, überfallen ihn Depressionen. Er unternimmt eine weitere Reise nach Italien. Dort findet „Signor Pietro“[236], vom italienischen Savoir-vivre angetan, seine Lebensfreude wieder. Seine italienische Hauswirtin, eine 34jährige Witwe, verliebt sich in ihn; er aber kann ihre Liebe nicht erwidern.[237] Beide gehen jedoch im Guten auseinander. Peter kehrt zurück nach Basel, wo Elisabeth zwischenzeitlich verheiratet ist.[238] Dort findet er zufällig Anschluss an eine Schreinerfamilie[239] und lernt den seit seiner Geburt körperbehinderten Boppi kennen, den Schwager des Handwerkers. Er kann den „Krüppel“[240] nicht ertragen und überlegt, wie man sich seiner entledigen könnte, etwa, indem man ihn in einem Krankenhaus unterbrächte. Doch Camenzind, ein Anhänger des Franziskus[241], ein „Schüler des Umbriers“[242], gerät in Gewissenskonflikte. Als er den Behinderten dann näher kennenlernt, ändert sich – auch mittels des Eingreifens Gottes – seine Sichtweise: Peter Camenzind nimmt den Behinderten bei sich auf, hilft ihm

---

234 Vgl. Hermann Hesse, Peter Camenzind, a. a. O., 62ff. und 92. Vom „Fluch des Alkoholismus“ (79) ist jetzt die Rede.
235 Vgl. Hermann Hesse, Peter Camenzind, a. a. O., 96.
236 Hermann Hesse, Peter Camenzind, a. a. O., 101.
237 Vgl. Hermann Hesse, Peter Camenzind, a. a. O., 104f.
238 Vgl. Hermann Hesse, Peter Camenzind, a. a. O., 106.
239 Vgl. Hermann Hesse, Peter Camenzind, a. a. O., 113f.
240 Hermann Hesse, Peter Camenzind, a. a. O., 122.
241 Hesse, der sich zuvor eingehend mit der Figur des Franz von Assisi beschäftigt hatte, schildert in seinem `Peter Camenzind´ nicht nur seine Liebe zur Natur, sondern auch, in dem römisch-katholischen Heiligen ein Vorbild erblickend, seine eigene Entwicklung hin zur Nächsten- und Menschenliebe. Es gibt Interpreten, für die das Buch deshalb eine Heiligenlegende ist.
242 Hermann Hesse, Peter Camenzind, a. a. O., 124.

und lebt mit ihm zusammen.[243] Dabei gelangt er mehr und mehr zu der Erkenntnis, dass Boppi viel intensiver lebt als er, die von ihm geliebte Natur viel genauer beobachten kann und auch lebenserfahrener ist. Beide erfreuen sich gegenseitiger Nähe und Zuneigung und unternehmen, in der Nachfolge des Heiligen Franz, Ausflüge zu den Tieren im Basler Zoologischen Garten. Schließlich stirbt Boppi in Peter Camenzinds Anwesenheit.[244] Dieser wendet sich nun endgültig von den Städtern und ihrer intellektuellen Scheinwelt ab und kehrt über einen Umweg in Italien in sein Heimatdorf zurück, um dort seinen Vater zu pflegen. Freundlich wird er aufgenommen.[245] Ihm wird angeboten, im Dorf das Wirtshaus zu betreiben – was er jedoch ablehnt, solange sein trinkfreudiger Vater noch lebt.[246] Ihm wird offenbar, dass er seinem Jugendtraum gefolgt war und dass er jetzt wieder zurück in der Natur ist. „Der Ring hat sich geschlossen, das Heimweh siegt über das Fernweh."[247] Er ist sich jedoch nicht sicher, ob er ein Dichter ist oder einer wird. Zum Schluss gelangt er zu der Einsicht, dass alle Dichtung die realen Begegnungen mit denjenigen, denen er auf seinen Reisen begegnet ist, und die Erinnerung an sie, nicht aufwiegen kann.[248] Er verabschiedet sich von großen Idealen, findet seine Lebensfreude wieder und wendet sich seiner kleinen Idylle zu.

Hesses Leser:innen erleben den Wandel des Protagonisten bäuerlicher Herkunft mit, dem zwar von seinen Eltern der Beruf vorgegeben worden war, der sich aber, geführt von seiner Liebe zu geistiger Tätigkeit und Bildung, zu einem freien Schriftsteller

---

243 Vgl. Hermann Hesse, Peter Camenzind, a. a. O., 125f. Durch die Pflege und Annahme Boppis beantwortet Hesse hier eindeutig die Sinnfrage zugunsten des Menschlichen.

244 Hermann Hesse, Peter Camenzind, a. a. O., 141.

245 Vgl. Hermann Hesse, Peter Camenzind, a. a. O., 141f. und 146.

246 Vgl. Hermann Hesse, Peter Camenzind, a. a. O., 149.

247 Volker Wehdeking, Hermann Hesse, a. a. O., 76.

248 Vgl. Hermann Hesse, Peter Camenzind, a. a. O., 150.

entwickelt, welcher gerne in Städten lebt und dort Kontakt zu gebildeten Kreisen pflegt. Am Ende gelangt er jedoch zu der Einsicht, dass er trotz seiner Bildung und seines weltmännischen Auftretens doch immer dem ländlichen Leben verhaftet sein wird: „Wenn ich nun meine Fahrten und Lebensversuche beschaue und überdenke, freut und ärgert es mich, die alte Erfahrung auch an mir erlebt zu haben, daß die Fische ins Wasser und die Bauern aufs Land gehören und daß aus einem Nimikoner Camenzind trotz aller Künste kein Stadt- und Weltmensch zu machen ist.“[249]
Unzweifelhaft sind autobiografische Parallelen zum Leben Hesses, der nach diesem Roman als Senkrechtstarter in der deutschsprachigen Literaturszene galt, erkennbar: Wie sein Protagonist, so war Hesse ein Einzelgänger, ein Individualist, jemand, der versuchte, seine eigene Isolation zu überwinden. Wie die Hauptfigur der Erzählung, so fühlte sich auch Hermann Hesse von der Schönheit der Natur und vom einfachen, schlichten Leben angezogen, war naturverbunden und verbrachte viel Zeit in den Bergen.[250] Wie der auktoriale Erzähler, so war auch Hermann Hesse als Kind von seinem Vater körperlich gezüchtigt worden und hatte zeitlebens ein eher distanziertes Verhältnis zu ihm.[251] Wie Peter Camenzind, so verlor auch der Autor

---

249 Hermann Hesse, Peter Camenzind, a. a. O., 147.
250 Bis heute ist dieser Gedanke populär. Davon zeugt beispielsweise der Kino-Hit `Into the Wild´ aus dem Jahr 2007: Er zeigt das Leben des jungen Abenteurers und Aussteigers Christopher McCandless (1968-1992), der mit minimaler Ausrüstung durch die USA bis Alaska zog, 113 Tage allein in der Wildnis lebte und zum Schluss, krank und schwach, abseits der Zivilisation verhungerte. McCandless, der ein großes Gerechtigkeitsbewusstsein hatte, war u. a. beeinflusst von Henry David Thoreau (1817-1862) und Jack London (1876-1916).
251 Vgl. Hermann Hesse, Autobiographische Schriften II, in: Das essayistische Werk, Bd. 2, hg. v. Volker Michels, Berlin 2002, 343. Zur gängigen pietistischen Pädagogik gehörte es damals, den Willen des Kindes zu brechen. Vgl. dazu auch den Brief der Mutter v. 28.1.1879 an eine Freundin, in: Volker Michels (Hg.), Hermann Hesse. Sein

seine Mutter früh. Wie Peter Camenzind, so unternahm auch Hermann Hesse einige Reisen nach Italien. Wie Peter Camenzind, so wünschte auch Hesse sich mehrmals den Tod und überlegte, Suizid zu begehen. Wie Peter Camenzind, so wollte auch Hesse von Kindheit an Schriftsteller und Dichter werden, wurde jedoch von seinen Eltern, die ihm die Selbstbestimmung verweigerten, davon abgehalten, bis er selbst darüber entscheiden konnte.[252] Hesses Buch, in pathetisch-schwelgerischem Stil geschrieben, ist ein Buch, nach dem sich die Leser:innen um die Jahrhundertwende sehnten: nämlich nach Beschreibungen ländlichen Lebens inmitten einer intakten Natur, nach philosophischen Reflexionen über das Leben des Individuums in der Großstadt, nach den Irrnissen und Wirrnissen des Lebens. Hesse war es gelungen, mit der Darstellung eines schier unbedeutenden Einzelschicksals das Lebensgefühl einer ganzen Generation anzusprechen: Viele junge Leute suchten damals ihr Glück in der Großstadt, und wie für Peter Camenzind, so wurde dieses Großstadtleben für viele zur Enttäuschung, weil es sie krank machte. Dafür standen auch die Themen Liebe und Ekel, Behinderung und Krankheit, Depression und Verantwortung, Alkohol und Selbstsucht sowie Italien und die Kunst. \`Peter Camenzind´ war neben aller Zivilisationskritik[253] zugleich ein

Leben in Bildern und Texten, a. a. O., 15, in dem sie schrieb, dass sie ihren Sohn „in spezielle Zucht" genommen und das kleine Kind vor der Rute hohen Respekt hatte. In einem Brief v. 27.3.1882 schrieb sie, dass sie das \`Hermännle´ ins Gästezimmer einsperrte, nachdem er heimlich die Kinderschule geschwänzt hatte.

[252] Zur Interpretation vgl. ausführlich Martin Pfeifer (Hg.), Materialien Hermann Hesse – „Peter Camenzind", Stuttgart 1980, und Reiner Poppe, Peter Camenzind. Unterm Rad. Knulp (Königs Erläuterungen und Materialien, Bd. 17), 8., überarbeitete Auflage, Hollfeld 1999. Vgl. dazu auch die Interpretationsversuche auf YouTube: https://www.youtube.com/watch?v=V0NSEdN9fPw (aufgerufen am 26.6.2022).

[253] Hesse übte auch in anderen Werken Kritik am Fortschrittsgedanken, wie z. B. in seiner Erzählung \`Die Stadt´, die 1910, also in seiner Zeit in Gaienhofen, entstand, vgl.

trostvolles Buch, ein hoffnungsvolles Buch mit durchaus religiösen Zügen: So tauchen christliche religiöse Vokabeln wie Gott, Sünde oder Erlösung mehrfach auf. Es ließ die Sehnsucht nach dem Natürlichen, nach dem Einfachen und dem Authentischen wachsen: jenseits aller durch die Industrialisierung verursachten Hektik, jenseits allen Lärms, jenseits allen Modernisierungsdrucks – in der Stille und in der Natur.
In den meisten von Hesses Werken wird es auch nach `Peter Camenzind´ immer um das gleiche Thema gehen: um „die Erlebnisse, Gedanken, Probleme des Autors, vorgeführt an einer mythischen Person, daher die Ähnlichkeit dieser Personen, ihre Ähnlichkeit untereinander und mit ihrem Autor, denn sie entstanden aus dessen Selbstbeobachtung, Selbstkritik, Selbstsuche. Diese Personen sind Doppelgänger Hesses. Sie erfüllen ihre Funktion für eine Erzählung, dann können sie zurückbleiben. Viele dieser Personen sterben [...] am Ende der Geschichte. [...] Sie haben ihre Funktion erfüllt, nicht nur innerhalb der Erzählung, sondern auch innerhalb der Biographie ihres Autors: in ihnen hat er eine abgelebte Phase seines Lebens noch einmal verkörpert [...] oder an ihnen und mit ihnen hat er eine solche Phase hinter sich gebracht.[254]“

Hermann Hesse, Die Stadt, in: ders., Das Nachtpfauenauge. Ausgewählte Erzählungen, Stuttgart 1976, 30-36. Der Text ist als Lesung zu hören unter https://www.youtube.com/watch?v=V8qMFq7v-ag (aufgerufen am 6.3.2022). Zivilisationskritik übte Hesse auch mit seiner Erzählung `Der Wolf´, die 1903 entstand und 1915 publiziert wurde. Sie handelt von einem einsamen, hungrigen jungen Wolf, der im Schweizer Jura von Bauern zu Tode gejagt wird, vgl. Hermann Hesse, Der Wolf, in: ders., Das Nachtpfauenauge, a. a. O., 25-29.

[254] Hans Dieter Zimmermann, Hermann Hesses Doppelgänger, in: Heinz Ludwig Arnold (Hg.), text+kritik. Zeitschrift für Literatur, Bd. 10/11: Hermann Hesse, a. a. O., 33-42, Zitat auf 34f.

Dieser Erstling Hermann Hesses, für den er mit dem renommierten \`Bauernfeldpreis´[255] ausgezeichnet wurde, fand im wilhelminischen Zeitalter eine große Resonanz[256] und traf vor allem durch Hesses Naturschilderungen voll den Nerv der Zeit.[257] Er stand konträr zur zunehmenden Industrialisierung, zur Entfremdung der Arbeit und der Ausbeutung des Industrieproletariats, zum Materialismus der Gründerjahre, zum Jugendstil und zur Décadence und hob auf ein prä-ökologisches Bewusstsein sowie auf die Renaissance von Religion ab. Hesse interessierten dabei weniger die politischen oder sozialen Entwicklungen – er las nicht regelmäßig Zeitung –, sondern vielmehr die menschlichen Befindlichkeiten, wobei bei ihm in einer Zeit, die durch Massenbewegungen gekennzeichnet war, stets das Individuum und nie die Masse im Fokus seines literarischen Interesses

---

[255] Der österreichische Literaturpreis, dotiert mit mehreren tausend Kronen, wurde von 1894 bis 1923 zu Ehren des österreichischen Schriftstellers Eduard von Bauernfeld (1802-1890), dem Hausdichter des Wiener Burgtheaters, vergeben. Zu den Preisträgern gehörten u. a. Arthur Schnitzler (1862-1931), Thomas Mann, Frank Wedekind (1864-1918) und Joseph Roth (1894-1939).

[256] Dabei war die Kritik zwiespältig: Für einige Rezensenten kamen Hesses \`Selbstliebe und Personenkult´ in dieser Novelle mit autobiografischen Zügen zu sehr zum Vorschein; andere meinten in Hesses Erstling die Grundlagen seines weiteren Werkes, wie beispielsweise für dessen Protagonisten, sowie die Suche des Einzelnen nach geistiger und körperlicher Identität unter den Bedingungen der modernen Zivilisation (\`Siddhartha´, \`Goldmund´, \`Der Steppenwolf´) zu erkennen. AEG-Chef Walther Rathenau (1867-1922), Schriftsteller, liberaler Politiker (DDP) und Reichsaußenminister, war hingerissen von der Liebe zur Natur des jungen Verfassers und brachte seine Euphorie in der einzigen Buchbesprechung, die er jemals schrieb, zum Ausdruck.

[257] Man denke an all die alternativen Bewegungen, die damals im Entstehen begriffen waren, wie die \`Wandervogel´- bzw. Jugendbewegung, die vegetarische Bewegung (bereits 1867 war es in Nordhausen im Harz zur Gründung der ersten deutschen \`Vegetarischen Vereinigung´ gekommen), die Freikörperkultur (1898 war in Essen der erste FKK-Verein entstanden), die Naturheilkunde oder die Reformpädagogik. All diese Bewegungen kritisierten die Industrialisierung, die Urbanisierung sowie den Materialismus und rückten die Natur und ihre Bedeutung für den Menschen ins Zentrum ihrer Überlegungen. Vgl. dazu ausführlich Christoph Wagner, Lichtwärts! Lebensreform, Jugendbewegung und Wandervogel – die ersten Ökos im Südwesten (1880-1940), Ubstadt-Weiher 2022.

stand.[258] Bis 1909, nur fünf Jahre nach seinem Erscheinen, hatte `Peter Camenzind´ eine Auflage von 50000 Exemplaren erreicht und war zum Kultbuch in Deutschland geworden.[259] Man glaubte dem Autor das, was er schrieb; seine Leser:innen konnten sich gut in ihn hineinversetzen und mochten die Frische und das Authentische des Erzählten.[260]

---

258 In einem Brief schrieb Hesse: „Peter Camenzinds Unzufriedenheit und Sehnsucht richtet sich nicht auf die politischen Verhältnisse, sondern teils auf die eigene Person, ... teils auf die Gesellschaft, an der er auf jugendliche Weise Kritik übt. Die Welt und Menschheit... ist ihm zu satt, zu selbstzufrieden, zu glatt und normiert, er möchte freier, heftiger, schöner, edler leben als sie... Ich bin zwar nicht bei der etwas kauzigen Eremitenhaltung Camenzinds geblieben, ich habe mich im Lauf meiner Entwicklung den Problemen der Zeit nicht entzogen und nie, wie meine politischen Kritiker meinen, im elfenbeinernen Turme gelebt – aber das erste und brennende meiner Probleme war nie der Staat, die Gesellschaft oder die Kirche, sondern der einzelne Mensch, die Persönlichkeit, das einmalige, nicht normierte Individuum“ (Hermann Hesse, Brief an französische Studenten, 1951, zit. n. Volker Michels [Hg.], Hermann Hesse. Sein Leben in Bildern und Texten, a. a. O., 82).

259 Weitere Auflagen des Buches auf Deutsch erschienen 1950, 1974, 2001 und 2007. Bis 1977 war das Buch 600000-mal verkauft worden, bis 2001 die deutschsprachige Auflage 1,6 Millionen Mal. Viele Leser:innen lasen „diesen Roman als Manifest des Traditionalismus...“ (Peter Huber, Alte Mythen – neuer Sinn. Zur Codierung von Moderne und Modernisierung im Werk Hermann Hesses, in: Hermann Hesse und die literarische Moderne, a. a. O., 175-201, bes. 187).

260 Nach Anklängen ans moderne ökologische Bewusstsein steht das Buch heute vor allem für die künstlerische Vielseitigkeit Hermann Hesses, vgl. weiterführend Andreas Solbach, Kontrolliertes Risiko: Die poetologische Problematik in Hesses Frühwerk, in: Hermann Hesse und die literarische Moderne, a. a. O., 134-154.

4. Am Bodensee

Durch diesen kommerziellen Erfolg war Hermann Hesse finanziell unabhängig geworden.[261] 26 Jahre alt, kündigte er jetzt bei Wattenwyl, hängte er seinen Brotberuf als Antiquar an den Nagel und war das, was er seit frühester Jugend immer hatte sein wollen: ein freier Schriftsteller.[262] Er zog sich nach Calw zurück und begann dort mit der Arbeit an einem neuen Roman. Hesse blieb länger als gedacht – fast ein Jahr. Am 2. August 1904 heiratete er seine 35jährige Verlobte standesamtlich in Basel – gegen den Willen ihres Vaters, der der Hochzeit demonstrativ fernblieb.[263] Auf eine kirchliche Trauung legte das Ehepaar keinen Wert. Hesse, durch seinen Erfolg des \`Camenzind´ gewissermaßen über Nacht berühmt geworden, verließ Basel[264] und

---

261 Hesse hatte für sein Buch zwanzig Prozent vom Nettoverkaufserlös und einen Vorschuss auf die Hälfte der ersten 500 Exemplare erhalten – wovon er in Gaienhofen zwei Jahre lang leben konnte. Im ersten Jahr verdiente er über 9000 Mark – ein Vielfaches von dem, was er durch seine Arbeit als Buchhändler als Lohn erhielt. 1904 erschien ein weiteres autobiografisch gefärbtes Buch von ihm, das von dem florentinischen Schriftsteller Giovanni Boccaccio (1313-1375) handelte. In ihm wertet Hesse Boccaccio auf, indem er sich selbst klein macht; zwei Drittel seines Essays nehmen die Besprechung des \`Dekameron´ ein, vgl. Hermann Hesse, Boccaccio, Berlin 1904, online zugänglich unter: https://www.gutenberg.org/files/42213/42213-h/42213-h.html (aufgerufen am 21.3.2022).

262 Vgl. Bernhard Zeller, Hermann Hesse, a. a. O., 49ff.

263 Maria Bernoulli schrieb dazu am 19. September 1903 aus Basel: „... jetzt hat Papa plötzlich wieder ganz andere Bedenken. Er hat den Camenzind zu Ende gelesen u(nd) da sagte er mir neulich, er habe da durch solch schlechten Eindruck von Dir bekommen, dass er seine Einwilligung zu unserer Verbindung nicht geben würde. [...] Ich kann nur zuwarten u(nd) hoffe im Stillen, irgendwo zeige sich doch ein Weg für uns“ (Maria Bernoulli, zit. nach Bärbel Reetz, Hesses Frauen, Berlin 2012, 18). Der fast 80jährige Friedrich Bernoulli hatte Hesse geschrieben: „... zu einer Verbindung mit meiner Tochter kann ich meine Zustimmung nicht erteilen“ (Kindheit und Jugend vor 1900, hg. v. Gerhard Kirchhoff, a. a. O., 2. Bd., 168). In einem Brief an Stefan Zweig vom 11. Oktober 1903 bezeichnete Hesse seinen künftigen Schwiegervater als \`alten Dummkopf´.

264 Noch später erinnerte er sich gerne an Basel zurück, vgl. seinen am 22. März 1951 erschienenen Artikel mit dem Titel \`Ein paar Basler Erinnerungen´, online zugänglich unter: https://www.hermann-hesse-basel.com/uploads/1/3/6/6/136624663/-_die_weltwoche_l_weltwoche_online_-_www.weltwoche.ch__herman_hesse__ein_paar_basler_erinnerungen_l_die_weltwoche_22._märz_1951.pdf (aufgerufen am 18.6.2022).

zog mit seiner Frau nach Gaienhofen am Bodensee.[265] Mia Hesse hatte den Ort gewählt, nachdem sie nicht auf die schwäbische Alb hatte ziehen wollen, sondern ihr die Nähe zum Schwarzwald und zur Schweiz mehr zugesagt hatte.[266] Die Entscheidung, ein einfaches Leben auf dem Lande zu führen, war für damalige junge Künstler:innen und Intellektuelle nichts Außergewöhnliches.[267] Auf der verkehrsmäßig kaum erschlossenen Halbinsel Höri ließ sich Hesse, zusammen mit einigen anderen Künstlern, nun als freier Schriftsteller nieder.[268] Die Städterin und der Städter nahmen sich vor, dort ein einfaches, naturnahes, zurückgezogenes und selbstbestimmtes Leben auf

---

[265] Gaienhofen hatte damals kaum 300 Einwohner:innen. Zur Internetpräsenz der heutigen Gemeinde geht es hier: https://www.gaienhofen.de (aufgerufen am 17.6.2022). Dort wird mit Hermann Hesse, Otto Dix (1891-1969) und anderen bedeutenden Persönlichkeiten, die einst in dem Dorf gelebt haben, geworben. Vgl. Joseph Mileck, Hermann Hesse. Dichter, Sucher, Bekenner, a. a. O., 45-69.

[266] Mia Hesse hatte ein Zeitungsinserat aufgegeben, in dem sie eine Wohnung irgendwo am Bodensee suchte. Daraufhin erreichten sie Angebote von Überlingen, Unteruhldingen, Wangen, Hemmenhofen und Gaienhofen. Das 300-Seelen-Dorf Gaienhofen machte schließlich das Rennen. Vgl. dazu Uli Rothfuss, Hermann Hesse privat, a. a. O., 71-81, und Volker Michels, Wege zu Hermann Hesse, a. a. O., 182-210, bes. 182.

[267] „In diesen Jahren riefen Lebens- und Bodenreformer... zum Siedeln jenseits der Städte auf. [...] ... viele Zeitungen priesen ein `naturgemäßes´ und `unverbildetes´ Leben an der frischen Luft" (André Uzulis, Hermann Hesse, a. a. O., 89).

[268] Obwohl der Ort abgeschieden lag, hielt Hesse von hier aus brieflich Kontakt zu Autoren, Verlegern und Redakteuren, wie z. B. zu seinem Schriftstellerkollegen Stefan Zweig, dem `Simplicissimus´-Karikaturisten Olaf Gulbransson (1873-1958), dem linksliberalen DDP-Reichstagsabgeordneten und Privatsekretär des Reichskanzlers Prinz Max von Baden (1867-1929), Conrad Haußmann (1857-1922), dem Bildhauer Hermann Hubacher (1885-1976) oder dem schwäbischen Lyriker Christian Wagner (1835-1918). Zudem unternahm er aus dieser Abgeschiedenheit heraus Lesereisen quer durch Deutschland, die Schweiz und Österreich, vgl. dazu Michael Limberg (Hg.), Autorenabende mit Hermann Hesse. Eine Dokumentation (Reihe Kritische Wälder Nr. 4, ediert von Klaus Isele, Bd. 741), Norderstedt 2016. Hesse machte keinen Hehl aus seiner Abneigung gegen öffentliche Lesungen seiner Werke durch ihn selbst; dennoch hat er zwischen 1903 und 1930 über einhundert Mal aus seinen Werken vorgelesen. Hesses launig geschriebenes Buch `Die Nürnberger Reise´ handelt von Erinnerungen an eine 1925 unternommene Reise durch Süddeutschland und erschien 1927 im Berliner S. Fischer Verlag. Darin kritisiert er u. a. den zunehmenden Autoverkehr und die Rastlosigkeit der Städte, vgl. Hermann Hesse, Die Nürnberger Reise. Nachwort von Siegfried Unseld. Mit Farbfotografien von Pieter Jos van Limbergen, FfM 1994, und Gunnar Decker, Hesse, a. a. O., 468ff.

dem Lande, fernab der industriellen Ballungszentren, ganz nach dem Vorbild Peter Camenzinds oder getreu den Idealen Leo Tolstois[269] und anderer zu führen.[270] Zunächst lebte Hesse mit seiner Ehefrau, die nach der Heirat ihren Beruf aufgegeben hatte, drei Jahre lang in einer bescheidenden Wohnung zur Miete[271] – in einem schlichten, alten, für die Gegend typischen Bauernhaus, mit einem Brunnen vor der Tür, „an einem kleinen stillen Platz gegenüber der Dorfkapelle“[272]. In ihm befanden sich auch noch Stall und Scheune, es gab kein fließendes Wasser, kein Gas und keine Elektrizität – dafür jede Menge Stechmücken und Mäuse. Ein grüner Kachelofen sorgte für Wärme in dem Haus und tatsächlich gab es auch ein Klavier. Alles, was zum alltäglichen Leben in diesem kargen Ambiente benötigt wurde – Lebensmittel, Petroleum für die Lampen, Baumaterial für Renovierungsarbeiten, die Hesse vom Dach bis zum Estrich selbst besorgte –, musste von den beiden Aussteiger:innen herangeschafft werden. Mit dem Ruderboot, das sie gekauft hatten,

---

269 Der russische Schriftsteller Lew Nikolajewitsch Graf Tolstoi, der mit seinen Hauptwerken `Krieg und Frieden´ sowie `Anna Karenina´ zu den Repräsentanten des Realismus zählt, hatte sich von der orthodoxen Kirche losgesagt, wandte sich gegen jede Art von Dogma und vertrat ein an der Bergpredigt Jesu orientiertes Christentum, in dessen Zentrum die Nächstenliebe, verbunden mit radikaler Gewaltlosigkeit (er hatte Briefkontakt mit Mahatma Gandhi [1869-1948]), stand. Der Mann im russischen Bauerngewand mit dem langen weißen Bart des Propheten ernährte sich vegetarisch (ab 50 Jahren ernährte er sich vorwiegend von Getreidemus sowie von Kartoffel- und Getreidesuppen), lehnte Rauchen, Alkohol und die Jagd ab, setzte sich für politisch und religiös Verfolgte ein und besuchte Kriegsdienstverweigerer im Gefängnis. Sozialistischen Bestrebungen (`Diktatur des Proletariats´) stand er ablehnend gegenüber: Auf die Herrschaft der Kapitalisten würde die Herrschaft von Arbeiterfunktionären folgen.

270 Vgl. dazu die Hör-MC `Hermann Hesse am Bodensee´ von Volker Michels, die in Zusammenarbeit mit SWR 2 Kultur Baden-Baden, SWR 2 vor Mitternacht und der Arbeitsstelle für literarische Museen, Marbach, produziert wurde.

271 Hesse schrieb in einem Brief an Stefan Zweig (v. 11.9.1904), dass er für das gemietete Bauernhaus im Jahr 150 Mark Miete bezahlte, vgl. Herbert Schnierle-Lutz, Hermann Hesse. Schauplätze seines Lebens, a. a. O., 229. „Die Hesses mieten dieses Haus für einen lächerlichen Betrag, 150 Mark im Jahr. Dem zur Sparsamkeit neigenden Hesse wird es recht gewesen sein“ (Peter Michalzik, 1900, a. a. O., 157).

272 Hermann Hesse, „Jedem Anfang wohnt ein Zauber inne“, a. a. O., 155.

setzten sie über den See und schafften aus dem gegenüberliegenden schweizerischen Städtchen Steckborn alles Notwendige heran; denn in Gaienhofen selbst gab es nur einen Bäcker. Mit dem Boot konnte man allerdings auch Ausflüge auf die Insel Reichenau ganz in der Nähe, in den Thurgau oder nach Schaffhausen machen.[273] Wollte man allerdings weiter weg fahren, musste man den Pferdepostwagen nehmen oder den Dampfer, der einmal wöchentlich anlegte. Drei Jahre lebte Hermann Hesse, das Gegenteil von einem „lackierten Zivilisationsliteraten"[274], mit seiner Frau in diesem Haus inmitten einer landschaftlich reizvollen Gegend ein alternatives, bedürfnisloses Künstlerleben.[275] Hesse hatte in dieser idyllischen Abgeschiedenheit genügend Zeit und Ruhe, um nachzudenken und zu schreiben. „Eine Lust am Sprengen von Konventionen, etwas Frisches, Übermütiges, ja nicht selten Drastisches blitzt aus den meisten seiner in Gaienhofen geschriebenen Briefe. Es ist das Vergnügen, dem aufwändigen Standesbewusstsein der wilhelminischen Gesellschaft einen Lebensstil von provozierender Einfachheit und dem gestelzten Gehabe der intellektuellen Kollegen eine lakonische Praxisbezogenheit entgegenzusetzen. Etwas von dieser Aversion gegen alles Feierliche und Hochtrabende spricht auch aus seinen damals entstandenen Geschichten von Handwerkern, Landstreichern und Sonderlingen."[276]

---

[273] Einen Eindruck von Hesses Zeit in Gaienhofen zwischen 1904 und 1912 bietet die Filmdokumentation von Hardy Seer (1958-2012): `Hermann Hesse – Sein erstes Paradies´, Füssen 2012. Zu Wort kommen Simon Hesse, Alois Prinz, Eva Eberwein, Dr. Rüdiger Dahlke, Dr. Ute Hübner und Dr. h. c. Volker Michels. Der Film kann bestellt werden unter: https://www.hesse-film.de/ und ist online zugänglich unter: https://www.youtube.com/watch?v=uvnG2mfK4Xo (beide Links aufgerufen am 18.6.2022).

[274] Volker Michels, Wege zu Hermann Hesse, a. a. O., 189.

[275] Seiner Frau Mia bekam die Umstellung auf dieses Leben nicht so gut: Kurz nach dem Umzug musste sie wegen schmerzhafter Rheuma-Attacken zurück nach Basel zur Behandlung ins Krankenhaus gebracht werden. Hesse indes gefiel es: In den Sommermonaten gab er sich am See der Freikörperkultur hin.

[276] Volker Michels, Wege zu Hermann Hesse, a. a. O., 205.

Besuch verirrte sich selten hierher. Als Stefan Zweig eines Tages in dem Bauernhaus zu Gast war, stieß er sich den Kopf an der niedrigen Zimmertür so heftig an, dass er in die Knie ging und sich erstmal hinlegen musste, um sich von dem Schlag zu erholen.[277]

Weil ihnen die braun getäfelte baufällige Bauernstube auf Dauer zu eng wurde, entschlossen sich Mia und Hermann Hesse dann 1907 zum Bau eines Landhauses, auf einer westlich des Dorfes gelegenen Anhöhe mit Blick auf den Bodensee. Finanziert wurde das imposante Haus im schweizerischen Landhaus-Reformstil \`Am Erlenloh´ mit den Tantiemen, die Hermann Hesse für seinen \`Peter Camenzind´ erhalten hatte, und durch ein zinsloses Darlehen von Hesses Schwiegervater, der sich zwischenzeitlich mit der Entscheidung seiner Tochter, einen Dichter zu heiraten, abgefunden zu haben schien. Mit dem Entwurf bzw. dem Bau beauftragt wurde ein Verwandter Mia Hesses, nämlich der schweizerische Architekt Hans Hindermann.[278] Dieser hatte in Gaienhofen u. a. schon das Haus von Ludwig Finckh[279], Hesses Jugendfreund aus Tübinger Tagen, geplant

---

[277] In den folgenden Jahren erhielt Hermann Hesse u. a. Besuch von Schriftstellerkollegen und Verlegern wie Emanuel von Bodman (1874-1946), Wilhelm von Scholz (1874-1969), Jakob Schaffner (1875-1944), Max Bucherer (1883-1974), Albert Langen (1869-1909), Georg Müller (1877-1917), Ludwig Thoma, Jakob Wassermann (1873-1934), Carl Hauptmann (1858-1921) und Wilhelm Schäfer (1868-1952).

[278] Bauland war damals günstig. Die von Hans Hindermann (1877-1963) geplante und 1907 im Stil der Reformarchitektur errichtete Landhaus-Villa – Licht und Luft sollten herrschen – kostete seinerzeit 30000 Reichsmark; 20000 Reichsmark steuerte dazu der Vater Mia Bernoullis bei. Mia Hesse kümmerte sich um den Bau und plante die Details, während Hermann Hesse im Tessin weilte. Die Adresse des Hauses \`Am Erlenloh´ ist heute: Hermann-Hesse-Weg 2. Es befindet sich in Privateigentum, ist allerdings zeitweise der Öffentlichkeit zugänglich. Zur \`utopisch-alternativen Architektur im Südwesten´ vgl. weiterführend Christoph Wagner, Lichtwärts!, a. a. O., 205-211.

[279] In Gaienhofen hatte sich Ludwig Finckh ein Haus bauen lassen, das jedoch, während er sich auf Hochzeitsreise befand, abgebrannt war, vgl. Ralph Freedman, Hermann Hesse, a. a. O., 178. Sieben Jahre lang pflegten die beiden Schriftsteller freundschaft-

und gebaut. In seinem Landhaus, das im Herbst 1907 bezogen werden konnte, das wesentlich größer und komfortabler als das vorherige war, und Strom, fließendes Wasser aus eigener Quelle sowie ein Badezimmer hatte, konnte Hesse nun seine Vorstellungen von einem selbstbestimmten, freien Leben auf dem Lande realisieren. [280] Beispielsweise legte er auf dem über 10000 Quadratmeter großen Grundstück mit Hilfe seiner Frau einen Garten an, der – ganz im Sinne der Lebensreformbewegung – primär der Selbstversorgung diente, aber in dem Hesse

---

liche nachbarschaftliche Kontakte, bis die unterschiedliche Haltung zum Nationalsozialismus und Finckhs Antisemitismus die Freundschaft zerstörte und sich die beiden voneinander entfremdeten: Finckh war von 1933 bis 1945 aktives Mitglied der NSDAP und entwickelte sich zum völkischen, antisemitischen \`Blut-und-Boden-Dichter´, der sich u. a. auch für die sog. \`Euthanasie´ aussprach. Im Oktober 1933 gehörte er zu jenen 88 Schriftstellern, die das \`Gelöbnis treuester Gefolgschaft für Adolf Hitler´ unterzeichneten. Die Nazis in Konstanz widmeten den \`Hermann-Hesse-Weg´ in \`Ludwig-Finckh-Weg´ um. Während Finckh nach der Befreiung Deutschlands von der Nazi-Diktatur 1945 nicht müde wurde, die Freundschaft mit dem Nobelpreisträger Hesse öffentlich zu betonen, ging Hesse zu Finckh auf Distanz. Seine Bitte, ihn beim Spruchkammerverfahren zu entlasten, lehnte Hesse ab. Er gestattete ihm jedoch, einen Brief von ihm an ihn vorzulegen. Darin schrieb Hesse: „Mir ist deine Art von Patriotismus stets zuwider gewesen, und Du hast mit Deinem Namen, Deiner Begabung und Deiner Autorität als Autor stets auf der anderen Seite gestanden wie ich. [...] Daß Du auch an Hitler selbst und an seine Partei als eine reine, patriotisch-idealistische Sache geglaubt hast, ist traurig und ist nicht zu verzeihen, es ist die Sünde von 90% der deutschen Intellektuellen“ (Hermann Hesse, zit. n. Gunnar Decker, Hesse-ABC, a. a. O., 72). Finckhs rechtfertigende Autobiografie von 1961 – sie trug den Titel \`Himmel und Erde´ – bezeichnete Hesse als „das Buch eines alten vernagelten Nazis, der 12 Jahre lang \`Heil Hitler´ geschrieen hat und es am liebsten wieder täte“ (Hermann Hesse, zit. n. Gerald Kronberger, Hesse und Ludwig Finckh. Der fremde „Freund“ aus Gaienhofen, in: Reutlinger General-Anzeiger v. 2. Juli 2002, online zugänglich unter: https://hesse.projects.gss.ucsb.edu/people/finckh-hesse.pdf, aufgerufen am 26.10.2021).

[280] Das Wasser musste nun nicht mehr vom Brunnen herangeschleppt werden. Es gab ein Gästezimmer und Zimmer für Bedienstete, einen Raum für eine Bibliothek, einen Obst- und einen Weinkeller. Mia Hesse richtete sich eine Dunkelkammer ein, in der sie ihre Fotos entwickelte, und für die Kinder gab es Kinderzimmer, die einen höher gelegten Fußboden hatten, damit die Kinder den gleichen Blick nach draußen wie die Erwachsenen hatten – ein damals noch freier Blick über den Bodensee bis nach Konstanz, über den Thurgau bis hin zum Alpenmassiv des Säntis.

auch Dahlien und Rosen züchtete.[281] Er beschäftigte sich ausgiebig mit der geliebten Gartenarbeit, die er als nötigen Ausgleich für seine dichterische Arbeit verstand.[282] Bis zum Jahre 1912 hatte Hesse diesen Garten mit Beeren, Gemüse und Obstbäumen und zahlreichen Blumen angelegt.[283] Daneben bewältigte er, einer „der aktivsten Briefeschreiber des 20. Jahrhunderts“[284], die Korrespondenz seiner wachsenden Leser:innenschaft. Ende 1904 beantragte er zu deren Bewältigung beim Bezirksamt eine eigene Poststelle [!] für Gaienhofen.[285]

---

[281] Vgl. dazu Eva Eberwein, Der Garten von Hermann Hesse. Von der Wiederentdeckung einer verlorenen Welt, München 2016. Der sandbestreute Hauptweg des Gartens hatte als Fundament zahlreiche Bücher und Zeitschriften, die Hesse als Rezensionsexemplare zugeschickt bekommen hatte und von denen er die ungeeigneten auf diese Weise entsorgt hatte.

[282] Während der Zeit in Gaienhofen ernährte sich Hesse zunehmend vegetarisch, trank aber auch Wein und rauchte gerne, mit Vorliebe Zigarre. Die erlesenen Zutaten für Hesses Mahlzeiten – wie Feigen fürs morgendliche Müsli oder Orangen für den Salat – besorgte Mia Hesse in Konstanz in Reformhäusern und Kolonialwarengeschäften.

[283] Im September 1912 verkaufte Hermann Hesse das Haus an Clara Auffermann aus Hameln und zog mit seiner Familie nach Bern. 1920 kaufte der Dresdner Kunstmaler Walter Waentig (1881-1962) das Haus. Nach seinem Tod führte seine Witwe bis ca. 1990 eine kleine Ferienpension. Nach ihrem Tod wird das Grundstück halbiert und weite Teile des Gartens durch ihre Erben verkauft; dort entstehen vier Doppelhäuser. Im Dezember 2003 kaufte das Ehepaar Eva und Dr. Bernd Eberwein aus Rhoendorf/Rhein das Haus und verhinderte einen drohenden Abriss. Nach der fachgerechten Sanierung erhielten die Eigentümer:innen im September 2005 dafür den Denkmalpreis des Landes Baden-Württemberg. 2019 wurde das Haus in Gaienhofen in `Mia- und Hermann-Hesse-Haus´ umbenannt.

[284] Klaus Walther, Hermann Hesse, a. a. O., 157-162, Zitat auf 159. Hesse schrieb in dieser Zeit ca. 3000 (von insgesamt ca. 35000 [!]) Briefe. Schon hier ist erkennbar, dass er gegenüber denen, die sich an ihn wandten, zu einer Art Seelsorger wurde. Die Briefeschreiber:innen traten an ihn mit existentiellen Fragen heran. Ihre Themen waren Liebe, Ehe, Zusammenleben, Tod, Trauer oder Religion ganz allgemein – Themen, die auch in Hesses Büchern eine Rolle spielten, die aber in dieser Zeit eher unüblich waren.

[285] In Gaienhofen lernte Hermann Hesse den bedeutenden Liederkomponisten und Dirigenten Othmar Schoeck (1886-1957) kennen. Mit ihm sollte Hesse nicht nur eine künstlerische Gemeinsamkeit, sondern darüber hinaus eine langjährige Freundschaft verbinden, vgl. dazu näher Uli Rothfuss, Hermann Hesse privat, a. a. O., 125-136, und detailliert Georg Schoeck, Die Welt des jungen Othmar Schoeck, Zürich 1986, sowie Chris Walton/Martin Germann (Hg.), Hermann Hesse und Othmar Schoeck. Der Briefwechsel (Schwyzer Hefte, Bd. 105; Kulturkommission Kanton Schwyz), Schwyz 2016.

Mia Hesse-Bernoulli widmete sich unterdessen der Erziehung ihrer gemeinsamen drei Kinder: Bruno Hesse (1905-1999), Heiner Hesse (1909-2003) und Martin Hesse (1911-1968).[286] Die eheliche Verbindung hielt bis 1923. Bereits nach der Trennung der Eltern 1919 wurden die Söhne in Pflegefamilien untergebracht.[287] So wurde der 15jährige Bruno Hesse in die Familie

Schoeck vertonte 23 Gedichte von Hesse, das erste im Alter von 20 Jahren. Eine Kostprobe dieser Hesse-Gedicht-Vertonungen findet man online hier: https://www.youtube.com/watch?v=2GrT5Y55bhg (aufgerufen am 28.5.2022). In Gaienhofen lernte Hesse ferner den Pianisten Alfred Schlenker (1876-1950), im Brotberuf Zahnarzt, kennen, sowie dessen Freunde, den Dirigenten, Komponisten, Leiter des Tonhalle-Orchesters und Direktor des Zürcher Konservatoriums, Volkmar Andreae (1879-1962), und den Komponisten, Pianisten und Dirigenten Fritz Brun (1878-1959). 1906 schuf der Bildhauer Eduard Zimmermann (1872-1949) eine Hesse-Büste. In Gaienhofen erinnert heute eine in Bronze gegossene Hesse-Skulptur von Friedhelm Zilly (geb. 1944) an den Literaturnobelpreisträger.

286 Unterstützt wurde Mia Hesse im Haushalt von einer Magd namens Guste. Nachdem diese die Familie im April 1908 verlassen hatte, stellte sie Luise Wagner (1887-1950), die Tochter des mit Hermann Hesse befreundeten Lyrikers Christian Wagner (1835-1918), von der sie wusste, dass sie eine Lehre zur Haushälterin absolviert hatte, bei sich ein. Diese gab daraufhin ihre Stelle in Mannheim auf und zog ins Hesse-Haus ein. Sie konnte allerdings nur bis zum September 1908 bleiben, weil sie ab dann ihrem Vater den Haushalt führen musste. Erst 2002 tauchten sechs ihrer Postkarten bei ihren Nachkommen in Winterthur auf. Schon lange war Hermann Hesse mit Christian Wagner bekannt: 1913 gab er einen Auswahlband der Gedichte Wagners heraus und später sorgte er dafür, dass der mit seiner Familie in ärmlichen Verhältnissen lebende Poet die mit 2000 Goldmark dotierte Ehrengabe des Rheinischen Frauenbundes erhielt. Hesse veröffentlichte nach dem Tod Wagners einen Nachruf auf ihn in der NZZ (v. 14.1.1919).

287 Vgl. dazu kenntnisreich Michael Limberg, Vorwort, in: Hermann Hesse, „Mit dem Vertrauen, daß wir einander nicht verloren gehen können." Briefwechsel mit seinen Söhnen Bruno und Heiner, hg. v. Michael Limberg in Zusammenarbeit mit Silver und Simon Hesse, Berlin 2019, 7-13. Der Briefwechsel stellt das Verhältnis Hermann Hesses zu seinen Söhnen ins Zentrum. Es existieren 680 Briefe Brunos – des mutmaßlichen \`Lieblingssohnes´ Hermann Hesses – an seinen Vater, von Hesse an Bruno 500; von dem rebellischen Heiner gibt es 567 Briefe, von Hesse an Heiner 363. Briefe von Martin Hesse standen nach Angaben der Herausgeber für die Ausgabe nicht zur Verfügung. Nur ein kleiner Teil konnte wiedergegeben werden. Die Briefe sind meist in Sütterlinschrift gehalten, ab 1920 auch als Typoskripte; einigen ist im Briefkopf ein Aquarell Hesses mitgegeben worden, vgl. dazu online: https://www.deutschlandfunkkultur.de/briefwechsel-des-schriftstellers-hermann-hesses-inniges-100.html (aufgerufen am 16.6.2022). Der Briefwechsel gibt Einblicke in die komplizierten Familienverhältnisse, auch wird Tacheles geschrieben.

des Malers Cuno Amiet[288] in Oschwand bei Herzogenbuchsee in der Nähe von Bern in Pflege gegeben.[289] Er besuchte die `École des Beaux Arts´ in Genf und die `Académie Julian´ in Paris und wurde selbst Maler und Grafiker. Mit seinem Vater unternahm er Malausflüge[290] und malte wie dieser vorzugsweise Aquarelle. Bereits 1929 stellte er in Zürich aus. Seine Motive waren vorzugsweise Landschaften, Wälder, Häuser, Blumen, Wasser, Wolken und den Blick auf das Schweizer Jura. 1936 heiratete er die Näherin Kläri Friedli (1910-1966) und lebte im Oberaargau im Dorf Spych; aus der Ehe gingen zwei Kinder hervor, Christine Hesse-Widmer (geb. 1938) und Simon Hesse (geb. 1941).

---

[288] Der Solothurner Staatsschreibersohn Cuno Amiet (1868-1961), eine der führenden Künstlerpersönlichkeiten der Schweiz, lebte nach seinem Studium in München und Paris als Kunstmaler in Oschwand, oberhalb von Riedtwil. Später wurde er, beeinflusst von dem französischen Maler Paul Gauguin (1848-1903), Mitglied der revolutionären, international bekannten expressionistischen Künstlergruppe `Die Brücke´. Amiet malte im Laufe seines langen Lebens über 4000 Bilder. Seit 1905 waren er, seine Frau Anna (1874-1953) und Hesse miteinander befreundet, Amiet hatte Hesse auch porträtiert. 1920 nahmen die beiden den ältesten Sohn Hesses bei sich auf, der sie Onkel und Tante nannte, und förderten ihn auch künstlerisch, vgl. weiterführend https://www.amiet-hesse-weg.ch/de/das-aktuelle (aufgerufen am 14.5.2022). Die Amiets hatten zwei Adoptivtöchter, Greti Adam (1900-1979) und Lydia Friedli (1896-1976) sowie eine Pflegetochter, Hermine von Ballmoos (1905-1990). Wann immer Bruno seinen Vater im Tessin besuchte, unternahmen beide gemeinsame Malausflüge in die Umgebung.

[289] Zur Beziehung Hesses zu seinen Kindern vgl. Hilmar Klute, Familienbande, in: SZ v. 23.3.2020. In dem Artikel geht es auf dem Hintergrund des Briefwechsels von Hermann Hesse mit seinen Söhnen um das bisweilen verständnisvolle, bisweilen reizbare Verhältnis des Dichters zu seinen drei Söhnen. Dabei wird die Diskrepanz von Hesses humanistischem Anspruch, der in seinen Werken zum Ausdruck kommt, und seinem privaten Leben thematisiert. Der Autor bezeichnet dies als „moralische Nachschelte".

[290] Zum Bericht über Ausflüge mit seinem Vater vgl. Bruno Hesse, Ein paar Erinnerungen an Vater, in: Volker Michels (Hg.), Hermann Hesse in Augenzeugenberichten, a. a. O., 305-312. Von einem solchen `Malausflug´ berichtet auch eindrücklich Gunter Böhmer, Malausflug mit Hermann Hesse, in: Volker Michels (Hg.), Hermann Hesse in Augenzeugenberichten, a. a. O., 186-189, und in: Uli Rothfuss, Hermann Hesse privat, a. a. O., 174-178. Bei Rothfuss, dessen Buch im Zuge des 125. Geburtstages des Dichters entstand – Schriftsteller:innen äußern sich darin zu ihrer Beziehung zu Hermann Hesse –, befinden sich auch Abbildungen von 32 Zeichnungen, Aquarellen und Gemälden Böhmers zu Hermann Hesse, vgl. Uli Rothfuss (Hg.), Mein Hermann Hesse, a. a. O., 97-130.

1974 heiratete Bruno Hesse seine damalige Haushälterin. Er starb, nahezu erblindet, im hohen Alter von 94 Jahren, am 22. Juli 1999 in der Nähe von Bern.

Hans Heinrich Hesse, genannt `Heiner´, zweiter Sohn Hermann Hesses, der wie sein Bruder Martin im Haus `Am Erlenloh´ zur Welt gekommen war, blieb nach der Trennung seiner Eltern zunächst bei seiner Mutter. Dann wurde der Zehnjährige im Januar 1920 zusammen mit seinem Bruder Bruno in einem Kinderheim in Rütte bei Herrischried im Südschwarzwald untergebracht. Nach Klagen der Jungen über die Verhältnisse dort nahm ihre Mutter die beiden in einer Nacht- und Nebelaktion zu sich ins schweizerische Ascona[291]; dort erlitt Mia Hesse einen erneuten Nervenzusammenbruch und wurde zusammen mit ihrem Sohn Heiner in die psychiatrische Klinik in Mendrisio verbracht. Danach lebte Heiner Hesse bei dem Kinderarzt Dr. Fritz Rutishauser[292] und im Landerziehungsheim Schloss Kefikon bei Frauenfeld im Kanton Thurgau.[293] Nach seiner Schulzeit

---

291 Ascona wurde später zum Ort des Exils von zahlreichen Deutschen, die vor den Nazis geflüchtet waren. In den 1950er-Jahren versammelte sich hier infolge der Italiensehnsucht in Europa die internationale Schickeria von Filmstars und Millionären. 1970 benannte der Automobilhersteller Opel sein familientaugliches Mittelklassemodell nach dem Ort. In den 1980ern wurde das Dorf vom Massentourismus heimgesucht, Ascona wurde zu einem beliebten Kur- und Erholungsort. Bis heute hält der Boom an, vgl. Aylie Lonmon, Lago Maggiore (Dumont Direkt), Ostfildern ³2022, 33f. Hermann Hesse hatte schon 1925 in einer satirischen Erzählung den Tourismusbetrieb ironisch betrachtet und darin den einsetzenden Massentourismus und die Zerstörung der Natur beklagt, vgl. Hermann Hesse, Die Fremdenstadt im Süden, in: ders., Das Nachtpfauenauge. a. a. O., 90-104.

292 Dr. Fritz Rutishauser (1875-1953) leitete das Ärztliche Landerziehungsheim in Ermatingen.

293 Finanziell ermöglicht wurde dieser Aufenthalt durch Hesses Freund und Mäzen Georg Reinhart (1877-1955). Der Unternehmer und Kunstsammler heiratete 1904 in die Familie des Textilunternehmers Robert Schwarzenbach (1839-1904) ein, die zu der Zeit mit 28000 Angestellten und einem Umsatz von 267 Millionen Schweizer Franken jährlich der größte Schweizer Konzern und das größte Textilunternehmen der Welt, mit eigenem Hochhaus in Manhattan, war. 1919 wurde er Seniorchef. Von 1907 bis 19939 war er Vizepräsident des Kulturvereins Winterthur und förderte Kulturschaffende. Georg

(Matura 1926) besuchte er, immer finanziell unterstützt durch Hermann Hesse, die Kunstgewerbeschule Zürich und arbeitete bis in die 1960er-Jahre als Dekorateur bzw. Schaufenstergestalter und Buchillustrator in Zürich.[294] 1929 bekam er von seiner Freundin, mit der er zusammenlebte, eine Tochter: Hellen Geerling-Hesse.[295] 1941 heiratete er die schweizerische Grafikerin, Fotografin und Filmemacherin Isa Rabinovitch[296]. Aus dieser Verbindung gingen drei Kinder hervor: Silver Hesse (geb. 1942), Eva Hesse (geb. 1943) und David Hesse (geb. 1954), der jüngste Hesse-Enkel. 1976 trennte sich das Ehepaar. Heiner Hesses Herz schlug links: Er war Mitglied der kommunistischen \`Roten Hilfe´, die sich während des Zweiten Weltkrieges für Emigrant:innen und politisch Verfolgte einsetzte. Seinen Vater forderte er immer wieder auf, konkreter und deutlicher gegen das Nazi-System Stellung zu beziehen und sich mit seiner ganzen Macht als Autor für die Emigrant:innen einzusetzen, was zu Konflikten zwischen Vater und Sohn führte.[297] Viele Jahre lang

Reinharts Kunstsammlung des französischen Impressionismus und des deutschen Expressionismus (Karl Hofer, Ernst Ludwig Kirchner, ostasiatische Kunst) befindet sich heute im Kunst Museum Winterthur, im Kunstmuseum Basel und im Museum Rietberg Zürich.

[294] Hesses Briefe und Postkarten werden heute zu hohen Preisen gehandelt: https://www.kotte-autographs.com/de/autograph/hesse-hermann/ (aufgerufen am 31.5.2022).

[295] Mit Hellen Guggenbühl (1909-1981) lebte Heiner Hesse zeitweise zusammen. Ihre gemeinsame Tochter Hellen Geerling-Hesse (geb. am 17.9.1929), gen. Bimba, lebt heute in einem Altersheim in Landshut. 2011 war sie zusammen mit ihrem jüngsten Bruder David zu Gast im Museo Hermann Hesse Montagnola und erzählte von ihrem Großvater.

[296] Isa Hesse-Rabinovitch (1917-2003) war eine Schweizer Grafikerin, Fotografin, Journalistin und Filmemacherin, Tochter des demokratisch-antifaschistischen-antistalinistischen jüdisch-russischen-schweizerischen Grafikers und Karikaturisten Gregor Rabinovitch (1884-1958), der ab 1914 in der Schweiz lebte.

[297] Vgl. Paul Jandl, Hermann Hesse in politisch schwierigen Zeiten, in: NZZ v. 19.12.2017, online zugänglich über: https://www.nzz.ch/feuilleton/hermann-hesse-in-politisch-schwierigen-zeiten-ld.1340618 (aufgerufen am 24.9.2022). Jandl nimmt auf eine Hesse-Ausstellung \`Zwischen den Fronten. Der Glasperlenspieler Hermann

blieb ihre Beziehung wegen der politischen Hintergründe konfliktbeladen, legte sich jedoch später.[298] Heiner Hesse war dann bei `Greenpeace´ [299] und `Amnesty international´ [300] aktiv. Nach dem Tode von Hesses dritter Ehefrau übernahm Heiner Hesse, der im Alter seinem Vater immer ähnlicher *sah* und ihm auch immer ähnlicher *wurde*, die Verwaltung von dessen literarischem und künstlerischem Nachlass.[301] Er setzte sich dafür

---

Hesse´ (2017) im Berliner Literaturhaus Bezug und meint resümierend: „Es ist kein großer Makel, dass sie allzu deutliche Antworten schuldig bleibt." Die Ausstellung, in der `Hesse und der Nationalsozialismus´ das Thema war, ist online zugänglich unter: https://www.literaturhaus.net/aktuelles/zwischen-den-fronten-der-glasperlenspieler-hermann-hesse (aufgerufen am 5.6.2022). Vgl. dazu kritisch Tilman Krause, Die dunklen Seiten der Lichtgestalt Hermann Hesse, in: Die Welt v. 20.12.2017, online zugänglich unter: https://www.welt.de/kultur/article171761452/Hermann-Hesse-die-Nazis-und-der-Sohn-Was-seine-Briefe-verraten.html (aufgerufen am 25.10.2022).

[298] Vgl. dazu Heiner Hesse, Es ist nicht leicht, der Sohn eines berühmten Vaters zu sein, in: Volker Michels (Hg.), Hermann Hesse in Augenzeugenberichten, a. a. O., 313-319, bes. 313: „... obwohl mein Vater mir jederzeit mit viel Teilnahme und Verständnis begegnete, fand ich doch Jahrzehnte keine freie und unabhängige Beziehung zu ihm."

[299] Die 1971 in Vancouver gegründete transnationale Nonprofit-Organisation (von engl. `grüner Frieden´) setzt sich mit gewaltfreien Mitteln für Umwelt-, Klima- und Naturschutz ein. Sie protestiert gegen Atomwaffentests und Atomenergie, Walfang, Überfischung, globale Erwärmung, Zerstörung der Urwälder sowie Gentechnik: www.greenpeace.org (aufgerufen am 23.5.2022).

[300] Amnesty International (von engl.: Begnadigung, Straferlass, Amnestie) wurde 1961 in London gegründet und setzt sich als Non-Profit-Organisation weltweit für Menschenrechte ein.

[301] Hesses Nachlass befindet sich in folgenden Bibliotheken und Archiven: in Deutschland in der Stiftung Archiv der Akademie der Künste in Berlin, im Hessischen Staatsarchiv (Darmstadt), im Heinrich-Heine-Institut in Düsseldorf und in der Universitätsbibliothek Johann Christian Senckenberg in Frankfurt am Main. Der Großteil des Hesse-Nachlasses wird jedoch, seit Ninon Hesse es so verfügte (vgl. Ninon Hesse, Lieber, lieber Vogel. Briefe an Hermann Hesse, ausgewählt, erläutert und mit einem Essay eingeleitet von Gisela Kleine [st 3373], FfM 2000, 2002, 586ff.), im Deutschen Literaturarchiv in Marbach am Neckar aufbewahrt (u. a. Manuskripte resp. Typoskripte zu `Demian´, `Der Steppenwolf´, `Narziß und Goldmund´ und `Gertrud´). In der Schweiz liegt Hesses Nachlass in der Öffentlichen Bibliothek der Universität Basel (https://ub.unibas.ch/de), im Schweizerischen Literaturarchiv in Bern (https://www.nb.admin.ch/snl/de/home/ueber-uns/sla.html), in der Kantonsbibliothek St. Gallen (https://www.sg.ch/kultur/kantonsbibliothek-vadiana.html), in der Zentralbibliothek Solothurn (http://www.zbsolothurn.ch/) und in der ETH-Bibliothek Zürich (https://library.ethz.ch/). In Österreich befindet sich eine Hermann-Hesse-Sammlung im

ein, das Vermächtnis seines Vaters weiterzutragen, indem er etwa Zehntausende in alle Welt verstreute Briefe seines Vaters ausfindig machte, Tausende von in Zeitungen und Zeitschriften veröffentlichte Buchbesprechungen ausfindig machte und ca. 2000 von Hermann Hesses Aquarellen[302] sammelte. Darüber hinaus setzte er sich für das Hesse-Museum in Montagnola ein und wurde „ein unverzichtbarer Helfer und Mitarbeiter bei der Erhaltung und Publikation der Werke und Briefe Hesses im Suhrkamp Verlag...“[303] Von 1977 bis zu seinem Tod 2003 führte er in dem zwischen Arcegno und Ronco gelegenen `Mulino del Brumo´, einer idyllisch gelegenen Mühle, ein Einsiedlerleben und wurde dort von Familienmitgliedern betreut. Wie sein Bruder Bruno, so starb auch Heiner Hesse im hohen Alter von 94 Jahren: am 7. April 2003 in Arcegno in den Armen seines Sohnes David.[304]

Literaturarchiv der Österreichischen Nationalbibliothek (https://www.onb.ac.at/bibliothek/sammlungen/literatur/ueber-das-literaturarchiv). Ein von Hesse-Herausgeber Volker Michels aufgebautes `Hermann-Hesse-Editionsarchiv´ (https://hesse.projects.gss.ucsb.edu/archives/Editionsarchiv.html) befindet sich in Offenbach/M., das eine erschlossene und funktionell umfassende Dokumentation zu Leben und Werk Hermann Hesses enthält.

[302] Vgl. dazu Georg A. Weth, Hermann Hesse in der Schweiz. Mit 108 Abbildungen, Freiburg i. Brsg. 1997, ergänzte Auflage 2004, 9-11. 26. 34f. 54ff. u. ö., wo diese Aquarelle zu sehen sind. Georg A. Weth (1936-2015) war ein deutscher Autor und Theaterintendant. Zu den Aquarellen vgl. auch: Die vielen Gesichter Hermann Hesses, a. a. O., 91-112; Ulrich Ott (Hg.), Hermann Hesse 1877-1962, a. a. O., 80-88, und zu einer ausführlichen Interpretation vgl. Giuseppe Curonici, „Denn ohne diese Malerei wäre ich schon lange nicht mehr da.“ Der Maler Hermann Hesse, in: „Höllenreise durch mich selbst“, a. a. O., 27-42. Zu Hesse als Maler vgl. Klaus Walther, Hermann Hesse, a. a. O., 97-102; `Die Grenzen überfliegen – Der Maler Hermann Hesse´, hg. v. Kunstmuseum Bern, Museum Hermann Hesse, Montagnola (Ausstellungskatalog), Bern 2012 (in diesem Ausstellungskatalog gibt es einführende Aufsätze zu allen wichtigen Malperioden Hesses), und online: https://www.hermann-hesse.de/malerei/von-der-therapie-zur-leidenschaft (aufgerufen am 8.2.2022).

[303] Andreas Solbach, Hermann Hesse. Ein Schriftsteller auf der Suche, a. a. O., 192.

[304] Vgl. Thomas Blubacher, Gebrauchsanweisung für das Tessin, München 2019, 139. Es gibt kein Grab von Heiner Hesse, da er seinen Körper der Anatomie vermachte, vgl. Gunnar Decker, Hesse, a. a. O., 650.

Martin Hesse, gen. `Brüdi´[305], der jüngste Sohn Hermann Hesses, nach einer Hirnhautentzündung verhaltensauffällig und von seinem Vater als Kind abgelehnt, kam als Pflegekind zur Familie eines mit Hesse einst befreundeten Landarztes in Kirchdorf an der Aare bei Bern; zum Teil lebte er auch bei seiner Mutter in Ascona. Er hielt den Kontakt zu Hermann Hesse – allein etwa eintausend Briefe umfasst die Korrespondenz von beiden. Nach einer Lehre als Hochbauzeichner in Thun, die er 1931 abschloss, und einem kurzzeitigen Studium an der Hochschule für Bau und Gestaltung in Dessau (Bauhaus), wo er erstmals mit der Fotografie in Kontakt kam, verlegte er sich – auf den Spuren seiner Mutter – beruflich aufs Fotografieren und zog 1934 nach Bern. Dort ließ er sich als freier Fotograf nieder. 1938 wurde er damit beauftragt, eine Fotodokumentation aller Kunst- und Baudenkmäler des Kantons Bern anzufertigen; später zählten zu seinen Auftraggeber:innen die Werbebranche, Museen, Bibliotheken und Künstler. 1944 heiratete er Isabelle von Wurstemberger (1906-1990), eine Bibliothekarin, und bekam von ihr eine Tochter, Sibylle Siegenthaler-Hesse (1945-2019).[306] Dem kreativen Berufsfotografen und seiner Leica und seiner Hasselblad hat die Nachwelt vermutlich die meisten authentischen Hesse-Fotografien zu verdanken.[307] Im Alter von 57 Jahren beging Martin Hesse, zeitlebens melancholisch, depressiv

---

305 2016 veranstaltete das Hesse-Museum in Gaienhofen eine Ausstellung mit dem Titel `Mein lieber Brüdi´, in der der Briefwechsel von Hermann Hesse und seinem Sohn Martin, aber auch Fotos und Aquarelle Hesses, gezeigt wurde, vgl. SÜDKURIER v. 27.8.2016, 13.

306 Sibylle Siegenthaler-Hesse betreute bis zu ihrem Tod zusammen mit ihrem Ehemann, Hanspeter Siegenthaler, den Nachlass ihres Vaters, darunter eine umfangreiche Korrespondenz Martin Hesses mit Hermann Hesse. Noch sind weite Teile dieses Nachlasses von der Familie mit einer Sperrfrist belegt und nicht freigegeben.

307 Vgl. online: https://www.martinhesse-fotoarchiv.ch (aufgerufen am 8.2.2022). Auf der Seite wird darauf hingewiesen, dass die Fotos urheberrechtlich geschützt sind. Hermann Hesse mochte die Poträtfotografie nicht besonders – mit Ausnahme der Fotos

und den Tod seines Vaters schwer verwindend, am 14. Oktober 1968 nach einer schweren Depression Suizid. Seine Werke befinden sich im Bestand der Fotostiftung Schweiz.[308]
Hesses Ehe ging unterdessen in die Brüche, zwar langsam, aber sicher: Während er selbst immer öfters längere Reisen unternommen hatte, war Mia Hesse-Bernoulli im Oktober 1904 krank geworden – der Ischias-Nerv. Sie musste eine Kur in Basel antreten, wo sie bis Weihnachten behandelt wurde. Hesse besuchte sie in dieser Zeit nicht. Auch dem 80. Geburtstag seines Schwiegervaters blieb er fern. Am 17. Dezember 1904 kehrte Mia Hesse nach Gaienhofen zurück. Während ihr Mann von Jahr zu Jahr erfolgreicher wurde, vermisste sie immer mehr ihre Berufstätigkeit und das kulturelle Angebot der Großstadt. Die Erziehung ihrer drei Söhne überforderte sie. Zudem verschlechterte sich neben ihrem physischen ihr psychischer Zustand zusehends: Sie wurde manisch-depressiv und Hesse fand immer weniger einen Zugang zu ihr.[309] Auch ein Neuanfang in Ostermundingen bei Bern nach Hermann Hesses Rückkehr von seiner Indienreise im Jahre 1912 konnte die Ehe nicht mehr retten. Schließlich trennte sich das Paar; nach etwa zwanzig Jahren

---

seines Sohnes. Durch die besondere Nähe von Vater und Sohn wurden von Martin Hesse der Alltag Hermann Hesses, aber auch festliche Augenblicke von Martin Hesse auf Zelluloid festgehalten.

308 Vgl. online: http://www.martinhesse-fotoarchiv.ch/alte-fotos-der-grosseltern-eltern-geschwister-und-freunden-von-hermann-hesse/ (aufgerufen am 16.2.2022).

309 Unter dem Eindruck seiner Ehekrise entstand Hesses berühmtes Gedicht `Im Nebel´ (an einem Novembertag 1905 geschrieben): „Seltsam, im Nebel zu wandern!/Einsam ist jeder Busch und Stein,/Kein Baum sieht den andern,/Jeder ist allein.//Voll von Freunden war mir die Welt,/Als noch mein Leben licht war;/Nun, da der Nebel fällt,/Ist keiner mehr sichtbar.//Wahrlich, keiner ist weise,/Der nicht das Dunkel kennt,/Das unentrinnbar und leise/Von allen ihn trennt.//Seltsam, im Nebel zu wandern!/Leben ist Einsamsein./Kein Mensch kennt den andern,/Jeder ist allein" (Hermann Hesse, Im Nebel, zit. nach Volker Michels [Hg.], „Aus dem Traurigen etwas Schönes machen", a. a. O., 66). Dabei ist Hesses Spaziergang durch den herbstlichen Nebel am Bodensee auf sein Verhältnis zu seiner Frau Mia bezogen, wobei es sich bei `Nebel´ um ein Palindrom handelt, das rückwärts gelesen `Leben´ ergibt.

gemeinsamen Lebens, davon acht Jahre in Gaienhofen, wurde die Ehe, wie bereits erwähnt, 1923 geschieden. Die Kinder wurden in Pflegefamilien untergebracht; zeitweise lebten sie später auch wieder bei ihrer Mutter. Als Mia Hesse-Bernoulli wieder gesund war, zog sie nach Ascona. Bis 1942 betrieb sie dort eine Pension: Im November jenes Jahres wurde ihr Haus samt ihrer gesamten Habe und aller Briefe, die Hermann Hesse einst an sie gerichtet hatte, ferner seine frühen Manuskripte, darunter die Anfangskapitel des `Peter Camenzind´-Manuskripts[310], ein Raub der Flammen.[311] Ihren Verlust konnte Hesse verschmerzen: Ihn dauerte vielmehr das Schicksal seiner Ex; einen Monat nach dem Brand schrieb er an seinen Freund Kuno Fiedler[312], dass ihn der Verlust seiner Manuskripte weniger berührte, als dass Mia Hesse zusammen mit ihrem Bruder, der ebenfalls von dem Brand betroffen war, im Winter obdachlos geworden war und mittellos da stand. Im Alter zog Mia Hesse nach Bern, zunächst zu ihrem Sohn Martin, dann in ein Berner Altersheim,

---

[310] Von Hesses Bestseller überlebten nur die Kapitel des Manuskripts, die er seiner Schwester Adele geschenkt hatte – etwa vier Kapitel. Es verbrannten damals Hesses Geige, das Klavier, die alten Möbel, Briefe, Zeichnungen und Andenken, vgl. Ralph Freedman, Hermann Hesse, a. a. O., 475.

[311] Hermann Hesse machte sich in der Regel in der damaligen Zeit von seinen Briefen keine Kopien bzw. Durchschläge auf der Schreibmaschine für sich persönlich. Dies änderte sich erst 1931, nachdem er Ninon Dolbin geheiratet hatte. Sie fertigte hin und wieder Abschriften von Briefen Hesses an – je nachdem, ob sie sie für wichtig hielt oder nicht. Die bis 1951 gesammelten 198 Briefe wurden im selben Jahr als erste Ausgabe von Hermann Hesses Briefen veröffentlicht und erlebte bis 1966 zwei, um 181 Schreiben erweiterte Auflagen. Das Buch hatte damals eine Auflage von 65000 Stück; die 1974 erscheinende Taschenbuchausgabe der `Ausgewählten Briefe´ Hesses wurde in einer Höhe von 35000 Exemplaren gedruckt. Bis heute sind die Briefe Hesses nicht vollständig erfasst; immer wieder tauchen in den führenden internationalen Auktionshäusern bei Auktionen Schreiben Hesses aus Privatbesitz auf. Etwa 18000 Antworten Hesses auf ca. 40000 an ihn gerichtete Schreiben konnten bis heute erfasst werden.

[312] Der Theologe und Pfarrer Kuno Fiedler (1895-1973) war 1936 aus Gestapohaft in Würzburg freigekommen und danach in die Schweiz geflohen; von Oktober 1936 bis 1955 lebte und arbeitete er als reformierter Pfarrer in Graubünden. Er blieb als Weggefährte Thomas Manns in Erinnerung, vgl. dazu online: https://www.e-periodica.ch/cntmng?pid=bjb-002%3A1999%3A41%3A%3A215 (aufgerufen am 23.5.2022).

wo sie 1963, ein Jahr nach Hermann Hesse, als Folge eines grippalen Infekts im hohen Alter von 95 Jahren starb.[313]
Doch diese Entwicklung war 1904 noch nicht absehbar. Der bis dato unstete Autor verband mit dem neu errichteten Haus die Hoffnung auf Stabilität und Beheimatung. Allein in Basel war Hesse sieben Mal umgezogen; nun war er – vorerst – sesshaft geworden. Die Zeit am Bodensee zwischen 1904 und 1912 gehörte vermutlich zu den produktivsten und kreativsten Lebensabschnitten Hesses. Hier gelang es ihm, der pietistischen Enge seiner Kindheit und den Moralvorstellungen seiner Eltern zu entkommen und ein eigenständiges Leben zu führen. Er konnte nun sagen, dass er das Ziel seines Lebens erreicht hatte und von seiner Schriftstellerei leben konnte.[314] Hatte er zuvor wie so mancher Schriftsteller vor ihm erfahren, dass Manuskripte von

[313] Bis ins hohe Alter hatten Mia Hesse-Bernoulli und Hermann Hesse brieflichen und auch persönlichen Kontakt. Hesse unterstützte sie auch finanziell. Hesses erste Ehefrau wurde auf dem Schlosshaldenfriedhof in Bern bestattet; das Grab wurde nach 25 Jahren im Jahr 1988 aufgelöst. Ihr fotografisches Werk war lange Zeit in der Öffentlichkeit nicht bekannt und wurde erst knapp fünfzig Jahre nach ihrem Tod, u. a. durch mehrere Ausstellungen, gewürdigt. Anlässlich ihres 50. Todestages wurden im `Mia- und Hermann-Hesse-Haus´ seltene Fotoaufnahmen aus ihrer Atelierzeit in Basel erstmals öffentlich gezeigt.

[314] Hesse schrieb seine Texte per Hand, mit Bleistift, Stahlfeder und Kolbenfüller (`Osmia Supra´), den er bereits vor 1920 besaß, weil er sein Manuskript `Klingsors letzter Sommer´ 1919 damit zu Papier gebracht hatte. Er besaß auch eine abgenutzte Gänsekielfeder, die Eduard Mörike gehört haben sollte. 1908 nannte Hermann Hesse dann eine Schreibmaschine, eine `Smith Premier No. 4´, hergestellt in den USA, sein eigen. Er hatte sie gebraucht für 420 Mark gekauft, was damals zwar ein halbes Vermögen war, aber ihm – inklusive Durchschlägen – die Produktion seiner Texte erheblich erleichterte und beschleunigte, zudem er das Zehnfingersystem erlernt hatte (vgl. Hermann Hesse an Otto Kimmig v. 11.3.1908, in: Hermann Hesse, Gesammelte Briefe I, a. a. O., 149): „Denn wie kaum ein Dichter wußte sich Hesse einen weiteren, neben Schreibgeschwindigkeit und Lesbarkeit ganz entscheidenden Vorteil der Schreibmaschine, ihre multiplizierende, ihre im wahrsten Sinne des Wortes durchschlagende Kraft zunutze zu machen“ (Ulrich Ott [Hg.], Vom Schreiben 2: Der Gänsekiel oder Womit schreiben?, Marbach am Neckar 1994, 57-74, Zitat auf 69). Bis in die frühen dreißiger Jahre gibt es kaum Darstellungen Hesses, die ihn mit dem Füllfeder schreibend, mit der Stahlfeder zeichnend oder vor der Schreibmaschine sitzend zeigen. Die Schreibmaschine ist zu sehen in: Volker Michels (Hg.), Hermann Hesse. Sein Leben in Bildern und Texten, a. a. O., 300f.

ihm auch abgelehnt wurden, so hatte sich jetzt das Blatt gedreht: Er spottete darüber, dass er nun hofiert und umworben werden würde und irgendwie jeden Beitrag von sich in den Redaktionen und Verlagen unterbringen konnte.[315]
Zunächst lief es gut in dem neuen Haus. Hesse war fleißig: Nur zwei Jahre nach seinem \`Peter Camenzind´ kam 1906 sein zweiter Roman \`Unterm Rad´[316] heraus, den er in Calw begonnen und in Gaienhofen beendet hatte. Im April und Mai 1904

---

[315] Zeitungs- und Zeitschriftenredaktionen, darunter die \`Münchener Zeitung´, die \`Württemberger Zeitung´, die Düsseldorfer \`Rheinlande´, die Wiener \`Neue Freie Presse´ und der Augsburger \`Schwabenspiegel´, baten Hesse um Rezensionen. Zwischen 1904 und 1912 veröffentlichte Hermann Hesse etwa 250 Rezensionen, vor allem positiv-wertschätzend und nur wenige Verrisse. Insgesamt gesehen geht die Hesse-Forschung heute davon aus, dass Hesse in ca. sechzig Jahren über 3300 Bücher in deutschsprachigen Zeitungen und Zeitschriften rezensierte – eine enorme Lese- und Schreibleistung, die ihn zum produktivsten Rezensenten aller Zeiten machen könnte, vgl. dazu Hermann Hesse, Die Welt im Buch. Leseerfahrungen III: Rezensionen und Aufsätze 1917-1925, hg. v. Volker Michels, Marco Schickling und Heiner Hesse, FfM 2002, und umfassend Marco Schickling, Hermann Hesse als Literaturkritiker, Heidelberg 2005, sowie ders., Hermann Hesse als Literaturkritiker, in: Hermann Hesse und die literarische Moderne, a. a. O., 56-68. Marco Schicklings These, dass Hesse sich selbst den Zwang der Rezension auferlegte und dies unabhängig von einer finanziellen Notwendigkeit war, ist allerdings wenig überzeugend: Bot die Rezensententätigkeit doch nicht nicht nur die Möglichkeit, mit Autoren, Literaten und Verlegern im Gespräch zu bleiben, sondern auch ein verlässliches, regelmäßiges Einkommen – was umso wichtiger wurde, als Hesses Bücher in Deutschland boykottiert oder ihre Erlöse von der Inflation aufgefressen wurden.

[316] Vgl. Hermann Hesse, Unterm Rad (st 52), FfM 1970, [14]1980. Ich zitiere im Folgenden \`Unterm Rad´ nach dieser Ausgabe, die sich seit dem 7. Oktober 1980, als ich es in Hannover für 5 DM gekauft und mit Begeisterung gelesen habe, weil ich mich, obwohl mich Jahrzehnte von Hesse trennten und auch die Staatsform inzwischen eine andere war, in den autoritären schulischen Strukturen selbst wiederfand, in meinem Eigentum befindet – „ein billiges, an sich wertloses und dazu auch noch unangenehm kotbraunes Suhrkamp Taschenbuch" (Andreas Maier, Hinterm Tor, in: Inspiration Hermann Hesse, a. a. O., 28-38, Zitat auf 30). Weitere Ausgaben des Buches folgten 1909, 1951 (vom Autor leicht verändert, aber nun als \`Erzählung´ bezeichnet), 1963 (erste Taschenbuchausgabe in der DDR), 1972, 1977 (Urfassung von 1903, 1984 ergänzt um Zeichnungen von Gunter Böhmer [1911-1986]), 1986, 1988, 2002 und 2007. 14 Auflagen erlebte \`Unterm Rad´ im Erscheinungsjahr; die Übersetzung in 26 Sprachen liegt bei über zwei Millionen Gesamtauflage. Der Text ist online zugänglich über das \`Projekt Gutenberg´: https://www.gutenberg.org/files/49908/49908-h/49908-h.htm (aufgerufen am 21.3.2022). Anlässlich von Hesses 125. Geburtstag erschien eine vollständige Lesung

wurde das Werk als Fortsetzungsroman in der `Neuen Zürcher Zeitung´[317] und im `Kunstwart´[318], einer Zeitschrift für Dichtung, Theater, Musik, Bildende Kunst und Angewandte Kunst, vorabgedruckt. Die Erstausgabe erschien – etwas entschärft – 1906 im S. Fischer Verlag.[319] In diesem Buch in der Tradition des Bildungs- und Entwicklungsromans[320] übte Hesse eine fundamentale Kritik an der Institution Schule und an seinen Lehrern, wie er sie selbst erlebt hatte. Inhaltlich ging es um die persönliche Entwicklung eines begabten Jugendlichen, der an der herrschenden autoritären und unterdrückenden Pädagogik im

---

von `Unterm Rad´, gesprochen von Samuel Weis. Mehr Infos unter: http://www.hoerverlag.de (aufgerufen am 17.7.2022). Die Gelehrten sind sich heute darüber einig, dass Hesse in seinen Maulbronner Jahren 1891/92 nachhaltig traumatisiert worden war, was u. a. auch in nuce in seinem Gedicht `Im Maulbronner Kreuzgang´ (1914) zum Ausdruck kommt. Zur Interpretation von `Unterm Rad´ vgl. Martin Pfeifer, Hesse-Kommentar, a. a. O., 105-121.

[317] Samuel Fischer hatte es wegen Hesses überzogenen Honorarvorstellungen abgelehnt, den Roman in der `Neuen Rundschau´ zu veröffentlichen. Die traditionsreiche überregionale Schweizer Tageszeitung `Neue Zürcher Zeitung´ (NZZ), gegründet 1780, wird heute zu den Leitmedien im deutschsprachigen Raum gezählt. Sie ist freisinnig-demokratisch ausgerichtet und steht der FDP Schweiz nahe. Im Feuilleton der NZZ erschien Hesses Werk vom 5. April bis zum 19. Mai 1904 in 35 Folgen. Die Feuilleton-Redakteure Fritz Marti (1866-1914) und Dr. Hans Trog (1864-1928) hatten sich nicht von dem Ruf der Langeweile, der Hesses Buch vorauseilte, abschrecken lassen.

[318] Der `Kunstwart´, von Ferdinand Avenarius (1856-1923), Wolfgang Schumann (1887-1964) und Hermann Rinn (1895-1974) herausgegeben, beschäftigte sich mit Fragen der damaligen Gegenwartskunst, wobei eine bürgerlich-konservative Grundhaltung zum Ausdruck kam. Zu den Autor:innen der Zeitschrift gehörten u. a. Hugo von Hofmannsthal (1874-1929), Ernst Troeltsch (1865-1923), Christian Morgenstern (1871-1914) und Marie von Ebner-Eschenbach (1830-1916).

[319] Das Buch ist in sieben Kapitel gegliedert. Die Handlung setzt einige Tage vor dem Landexamen von Hans Giebenrath ein und endet mit dessen Tod und Beerdigung – insgesamt also ca. anderthalb Jahre. Der Ort der Handlung ist Giebenraths Heimatstadt (Kapitel 1 und 2), Maulbronn (Kapitel 3 und 4) und zum Schluss wieder zu Hause (die letzten drei Kapitel). Berichtet wird aus der Perspektive des Protagonisten und von Hermann Heilner. Hin und wieder gibt es Rückblenden aus Giebenraths Kindheit, auch Naturschilderungen, in poetischer Sprache als Kontrast zum bedrückenden Schulalltag in Maulbronn gefasst, sowie Reflexionen zum Schulsystem der Zeit.

[320] Manchmal wird `Unterm Rad´ auch als Novelle bezeichnet, vgl. Waltraud W. Wende, „Die Schule ist die einzige moderne Kulturfrage, die ich ernst nehme“, in: Hermann Hesse und die literarische Moderne, a. a. O., 211, Anm. 30.

wilhelminischen Deutschland, aber auch an sich selbst scheiterte.[321] Die autobiografischen Parallelen zu Hesse waren auch in diesem Werk evident – kein Wunder, denn Hermann Hesse vertrat die Überzeugung, dass man nur über Dinge schreiben konnte, die man auch selbst erlebt hatte. So verarbeitete er hierin seine traumatischen Schulerfahrungen im Kloster Maulbronn.[322] Unschwer ist die Ähnlichkeit der Heimatstadt des Protagonisten des Romans mit Calw zu erkennen. Auch die Namen der Hauptfiguren, `Hans´ und `Heilner´, tragen die Initialen ihres Autors und weisen auf einen autobiografischen Kontext hin.[323] Begonnen hatte er mit seinem Buch bereits drei Jahre zuvor, im Oktober 1903. Zum Schreiben hatte er sich nach Calw zurückgezogen, wo er den Winter über die nötige Ruhe und Konzentration fand.

---

[321] Das Buch ist von Gegensätzen bestimmt: Beispielsweise stehen sich Bildung und Natur oder die idyllische Welt von Hans Giebenraths Kindheit und das lebensfeindliche Internatsleben konträr gegenüber. Zu einer weiterführenden Interpretation des Werkes vgl. Helga Esselborn-Krumbiegel, Erläuterungen und Dokumente. Hermann Hesse, Unterm Rad, Stuttgart 1995; Volker Michels (Hg.), Hermann Hesse, `Unterm Rad. Entstehungsgeschichte in Selbstzeugnissen des Autors´, FfM 2008; Klaus Johann, Grenze und Halt. Der Einzelne im `Haus der Regeln´. Zur deutschsprachigen Internatsliteratur (Beiträge zur neueren Literaturgeschichte, Bd. 201), Heidelberg 2003 (diss. phil. Münster 2002); Georg Patzer, Lektüreschlüssel Hermann Hesse `Unterm Rad´ (Reclams Universal-Bibliothek, Bd. 15340), Ditzingen 2004, und Maria-Felicitas Herforth, Erläuterungen zu Hermann Hesse, Unterm Rad (Königs Erläuterungen und Materialien, Bd. 17), Hollfeld 2011.

[322] Das Manuskript von `Unterm Rad´ liegt seit 1996 im Stadtarchiv Reutlingen. Dort wird der umfangreiche Nachlass des Schriftstellers und Arztes Ludwig Finckh (1876-1964) verwahrt. Finckh hatte sich während seines Medizinstudiums 1897 mit Hesse angefreundet, der damals in Tübingen eine Buchhändlerlehre absolvierte. Nach seiner Promotion zog er 1905 nach Gaienhofen, wohin Hesse mit seiner Frau bereits im Jahr zuvor übergesiedelt war.

[323] Hinter Hermann Heilners und Hans Giebenraths Schulkameraden in `Unterm Rad´ namens Otto Hartner, Karl Hamel, Otto Kapp und Emil Lucius verbergen sich Hesses Mitschüler Otto Hartmann, Karl Hammelehle, Otto Knapp und Gotthilf Lutz. Der Mitschüler Hindu, der in `Unterm Rad´ beim Schlittschuhlaufen ertrinkt, hieß in Wirklichkeit August Hinderer.

Worum geht es in `Unterm Rad´? Der vierzehnjährige Hans Giebenrath[324] ist der Protagonist in Hesses Werk. Er wächst in einem Schwarzwaldstädtchen auf und ist außerordentlich begabt der beste Schüler des Ortes. Sein verwitweter Vater Joseph Giebenrath (die Mutter ist bereits vor Jahren verstorben), mit dem Hans Giebenrath zusammenlebt, ist ein „Zwischenhändler und Agent und erzieht Hand´ harter `mit Sohn seinen der ‚[325]" mit ihm angeben will. Früher war Hans Giebenrath naturverbunden, wird aber jetzt von seinem Vater, dem Rektor der Schule und dem Stadtpfarrer unter Leistungsdruck gesetzt.[326] Denn er soll das `Landexamen´ in Stuttgart bestehen, das es ihm ermöglicht, eine höhere Beamtenlaufbahn einzuschlagen. Der ganze Tagesablauf des Hochbegabten besteht bald nur aus Lernen, bis in die Nacht sitzt er über seinen Hausaufgaben, und schon lange ist es ihm wegen seiner eingeschränkten Zeit nicht mehr erlaubt, genügend Freizeit zu haben, um seinen Hobbys nachzugehen. Lediglich der `Schustermeister Flaig´, der als Pietist dem Stadtpfarrer konträr gegenübersteht und mit ihm im Dauerclinch liegt – er meint, dass der Pfarrer nicht an Gott glauben und die Wissenschaften höher als die Frömmigkeit erachten würde –, ist in der Lage, sich in den Jungen hineinzuversetzen. Flaig ist der Ansicht, dass es Wichtigeres im Leben gibt als

[324] Es wird in der Hesse-Forschung vermutet, dass die Namensgebung eine Hommage Hermann Hesses an seinen jüngeren Bruder Hans war, der unter der Schule noch mehr gelitten hatte als Hesse selbst, vgl. Uli Rothfuss, Hermann Hesse privat, a. a. O., 34. Giebenrath war der Name einer bekannten Bäckerei in Calw. Der Bäcker und Gastwirt Heinrich Giebenrath (1853-1939) war der unmittelbare Nachbar des Gundert'schen Hauses in der Bahnhofstr. 4. „Den Namen `Giebenrath´ verwendet Hesse gleich in mehreren Werken: In seinen Erzählungen `Garibaldi´, `Der Hausierer oder in dem Roman `Unterm Rad´..." (Uli Rothfuss, Hermann Hesse privat, a. a. O., 25).

[325] Hermann Hesse, Unterm Rad, a. a. O., 7.

[326] Der Rektor lernt viel mit Hans; er ist von seiner Intelligenz und seinem Talent ganz begeistert. Er setzt ihn unter Druck und motiviert ihn dazu, als Vorbereitung auf die neue Schule auch in den Sommerferien zu lernen. Der Stadtpfarrer hält Hans wie sein Vater und der Rektor zum Lernen an, weil er glaubt, dass er ansonsten den Anforderungen, die das Internat an ihn stellt, nicht gewachsen sein würde.

Leistung und Erfolg und rät dem Jungen zu mehr „Luft und Bewegung“[327]. Doch der Pfarrer legt Hans nochmal wärmstens ans Herz, dass er das Examen unbedingt zu bestehen hat, da alle so große Hoffnungen in ihn setzen. Seinen Druck und seine Aggressionen baut Hans ab, indem er einen alten Kaninchenstall zerschlägt: Ihn hatte er mit seinem Freund August gebaut, der die Schule verlassen und eine Mechanikerlehre begonnen hatte. Das Kaninchen, das in dem Stall gelebt hatte, hatte man Hans weggenommen, damit er mehr Zeit zum Lernen hatte.[328]
Mit seinem Vater reist der Schüler am nächsten Tag nach Stuttgart. Die große, fremde Stadt ist für ihn ungewohnt. Das \`Landexamen´ dauert drei Tage. Hans hat die Befürchtung, nicht bestanden zu haben, was zur Folge gehabt hätte, dass er in seiner Heimatstadt ein Handwerk lernen müsste, was er auf keinen Fall wollte. Der lerneifrige Schüler legt, wie zu erwarten, erfolgreich die Prüfungen ab und erreicht einen überzeugenden landesweiten zweiten Platz.[329] Diese Leistung berechtigt ihn, ins evangelische Seminar des Klosters Maulbronn aufgenommen zu werden. Hans freut sich über das Ergebnis, aber vor allem darüber, dass die großen Ferien nun vor ihm liegen. In ihnen würde er sich noch einmal richtig erholen – er würde angeln und schwimmen gehen und all das tun, wozu ihm wegen der ganzen Lernerei keine Zeit mehr geblieben war. Als er am ersten Ferientag dem Pfarrer ein paar frisch gefangene Fische als Dank für seine Unterstützung vorbeibringt, bietet dieser ihm an, jeden Tag mit ihm Griechisch zu lernen, damit ihm der Einstieg

[327] Hermann Hesse, Unterm Rad, a. a. O., 51. Flaig ist der Einzige, der später als Todesursache von Hans Giebenrath Suizid in Erwägung zieht und nicht den Alkohol, sondern den Ehrgeiz des Vaters sowie die Lehrer und die Schule für den Verlust der Freiheit und schließlich für seinen Tod verantwortlich macht.
[328] Vgl. Hermann Hesse, Unterm Rad, a. a. O., 15.
[329] Vgl. Hermann Hesse, Unterm Rad, a. a. O., 29+30.

in Maulbronn leichter fällt. Obwohl Hans sich seine Ferien anders vorgestellt hatte, wagt er nicht, das Angebot auszuschlagen. Kurz danach sucht ihn der Rektor auf, denn auch dieser ist der Meinung, dass Hans angesichts der zu erwartenden Konkurrenz seiner Mitschüler die Ferien dazu nutzen sollte, um bei ihm zusätzliche Stunden zu nehmen. Auf diese Weise ist der Stundenplan von Hans plötzlich wieder so gefüllt wie vor dem Examen. Nur der Schuster Flaig steht, als er hört, dass Hans in den Ferien weiterlernen soll, diesem Unterfangen skeptisch gegenüber: Er bezeichnet das Vorhaben als Sünde und sorgt sich um den zusehends blassen und schwächlicher aussehenden Jungen.[330]

Es ist September, als Hans ins theologische Seminar im Kloster Maulbronn eintritt. Die Schüler kommen aus ganz Württemberg. Der fleißige, aber stille Hans bleibt vorerst allein. Erst nach einiger Zeit lernt er seinen Mitschüler Hermann Heilner, einen Schwarzwälder wie er, kennen.[331] Auch er ist ein Einzelgänger, jedoch nicht ruhig und strebsam, sondern exzentrisch und rebellisch. Die beiden freunden sich an, was so weit geht, dass es Giebenrath „mit wunderlichem Schreck“[332] über sich ergehen lässt, dass Heilner ihn auf den Mund küsst. Hans ist stolz darauf, einen Freund wie ihn gefunden zu haben. Er hört sich geduldig dessen Gedichte an und reagiert gelassen auf seine

---

[330] Vgl. Hermann Hesse, Unterm Rad, a. a. O., 13f. Trotz aller Distanz zu seiner pietistischen Erziehung stellt Hermann Hesse den Pietismus in der Person des Schusters Flaig in seinem Buch positiv dar: Er ist der Einzige, der sich für Hans Giebenrath interessiert und sich Sorgen um ihn macht.

[331] Vgl. Hermann Hesse, Unterm Rad, a. a. O., 61.

[332] Hermann Hesse, Unterm Rad, a. a. O., 72. Auch von Hermann Hesse ist bekannt, dass er eine homosexuelle Phase in seinem Leben hatte und die Homosexualität bzw. die bisexuelle Androgynität in seinem Werk deutliche Spuren hinterlassen hat (z. B. in `Narziß und Goldmund´). Auffällig ist zudem, dass Hesse anscheinend mit Frauen nicht so recht viel anfangen konnte – er war für seine Partnerinnen unzugänglich, selbstherrlich, abweisend. Eine tiefe und lange Freundschaft verband ihn mit dem latent homosexuellen Thomas Mann.

Melancholie und seine Stimmungsschwankungen. Heilner verachtet den Schulbetrieb. Als er eines Tages einen Streit mit seinem Mitschüler Emil Lucius beginnt und dieser damit droht, die Sache beim Schulleiter anzuzeigen, verfolgt ihn Heilner bis vor dessen Tür und versetzt ihm einen Tritt, so dass Lucius ins Zimmer stürzt. Die Strafe folgt auf dem Fuße: Karzer! Hans entsolidarisiert sich daraufhin mit Heilner, und dieser wird zum verbitterten Einzelgänger[333]. Nachdem an einem Wintertag ein verschwundener Schüler ertrunken in einem Teich aufgefunden wird, begegnen sich Hans und Heilner zufällig auf dem Rückweg von der Suche nach dem Vermissten wieder. Als Hans Heilner an der Hand fassen will, wendet er sich ab und geht. Daraufhin bekommt Hans starke Schuldgefühle, weil er damals nicht zu Heilner gehalten hatte. Er entschuldigt sich bei diesem und Heilner nimmt seine Entschuldigung an. Die Freundschaft ist nun enger als zuvor. Ganz von ihr in Beschlag genommen, lassen die Leistungen von Hans rapide nach und auch seine Haltung zur Schule ändert sich. Für die Lehrer ist Klar: Heilner übt einen schlechten Einfluss auf den ehemals strebsamen Giebenrath aus. Beide gelten bald als Außenseiter und werden von Lehrern und Mitschülern dementsprechend behandelt.

Als auch Hans bei seinen Lehrern in Misskredit gerät und er sich im Unterricht Tagträumereien[334] hingibt, wird er zum Rektor bestellt, der ihn auffordert, die Freundschaft mit Heilner aufzugeben. Doch dazu ist er nicht bereit. Als er im Unterricht weiterhin geistig abwesend ist, wird ein Arzt konsultiert, der bei

[333] In Hesses Werken gibt es viele Einzelgänger, die Sympathieträger sind. Erinnert sei an den Straßenfeger Garibaldi, an den körperbehinderten Boppi, an den Landstreicher Knulp, an den Musiker Kuhn, an den Friseurgehilfen Ladidel, an den Kaufmannslehrling Emil Kolb, an Pater Matthias und viele andere.

[334] So sieht Hans beispielsweise, von starkem Kopfweh geplagt, plötzlich Jesus vor sich, der ihm von einem Boot aus zuwinkt, als er gerade eine Stelle aus dem Markusevangelium übersetzt, vgl. Hermann Hesse, Unterm Rad, a. a. O., 94.

Hans eine Nervenschwäche konstatiert und seinem Patienten tägliche Spaziergänge verordnet. Jeder weitere Kontakt zu Heilner wird Giebenrath untersagt.[335] Doch dieser setzt sich über das Kontaktverbot hinweg. Natürlich wird der Verstoß bemerkt, so dass auch Hans Giebenrath nun Karzer erhält. Als er wieder frei ist, ist Heilner spurlos verschwunden. Er hat aus der Klosterschule Reißaus genommen, wird aber nach drei Tagen aufgegriffen, wieder zurückgebracht und unehrenhaft der Schule verwiesen.[336] Hans hält seinem Freund die Treue und schreibt ihm, bekommt aber keine Antwort. Nun ist er wieder völlig allein. Von den Lehrern wird er verdächtigt, etwas von den Fluchtplänen Heilners gewusst zu haben. Seine Mitschüler schneiden ihn noch mehr als früher. Giebenrath gelangt an seine psychischen Grenzen, fühlt sich müde und ausgebrannt, leidet zunehmend unter Kopfschmerzen und gehört inzwischen zu den Schlechtesten seiner Klasse.[337] Als er im Unterricht einen Zusammenbruch erleidet, wird ein Arzt herangezogen, der eine Nervenkrankheit diagnostiziert. So wird schließlich auch Hans Giebenrath nach Hause geschickt, in den „Erholungsurlaub“[338], wie es heißt. Doch jedem ist klar, dass auch er nicht mehr nach Maulbronn zurückkehren wird.
Vater Joseph Giebenrath weiß nicht, was er mit seinem Sohn nun daheim anfangen soll. Dieser weist Symptome von Burnout auf: Er ist lustlos, schnell erschöpft, träumt von seiner Kindheit

[335] Vgl. Hermann Hesse, Unterm Rad, a. a. O., 108.
[336] Vgl. Hermann Hesse, Unterm Rad, a. a. O., 105. Hier sind die autobiografischen Züge unverkennbar: Auch Hermann Hesse floh aus dem Internat und musste es daraufhin verlassen (März 1892). Wie Hans Giebenrath begann er danach mit einer Mechanikerlehre und wie dieser versuchte auch er, selbst seinem Leben ein Ende zu setzen.
[337] Vgl. Hermann Hesse, Unterm Rad, a. a. O., 108. Das Wort `Kopfweh´ taucht in `Unterm Rad´ dreiundzwanzig Mal auf. Hermann Hesse litt seit Jugendtagen unter Kopfschmerzen.
[338] Hermann Hesse, Unterm Rad, a. a. O., 110.

und irrt ziellos umher. Nervlich überfordert, trägt er sich bald mit Suizidgedanken.[339] Er verfasst Abschiedsbriefe an seinen Vater und an Heilner, führt seinen Plan aber doch nicht aus. Zu alledem hat er sich auch noch unglücklich verliebt: Emma heißt die Angebetete. Sie ist die Nichte des Schuhmachers Flaig aus Heilbronn[340] und ist gerade zu Besuch bei ihrem Onkel. Hans lernt sie kennen, als er Flaig im Herbst beim Apfelmosten hilft. Die temperamentvolle junge Frau ist ein paar Jahre älter als Hans und in Liebesdingen nicht ganz unerfahren.[341] Die beiden kommen sich näher und Hans ist von seinen zuvor nicht gekannten Liebesgefühlen hin- und hergerissen. Nach Heilbronn kehrt Emma schließlich wieder zurück, ohne sich jedoch zuvor von Hans verabschiedet zu haben.[342] Hans ist tief enttäuscht. Auf Vermittlung seines Vaters beginnt der unter seinem vermeintlichen Versagen Leidende nun eine Mechanikerlehre – aus dem, der sich zu Höherem berufen fühlte, ist trotz all seiner Bemühungen nichts geworden.[343] Er schämt sich in seinem Mechaniker-Blaumann, um so mehr, als ihn zwei seiner früheren Mitschüler als „Landexamensschlosser“[344] öffentlich verspotten. Doch die körperliche Arbeit in der Schlosserwerkstatt gefällt ihm. Sie ist so anstrengend, dass er abends erschöpft ins Bett fällt. Eines Sonntagnachmittags lädt ihn sein Kollege August ein, zusammen mit ein paar Kollegen in einen Nachbarort zu wandern und dort in einen Gasthof einzukehren. Er willigt ein, fühlt sich in der Gruppe wohl, trinkt mit, ist jedoch den Alkohol überhaupt nicht gewöhnt. Bei dem einen Wirtshof

---

339 Vgl. Hermann Hesse, Unterm Rad, a. a. O., 114. Er erwägt, sich eine „Schußwaffe“ (114) zu besorgen oder sich im Wald aufzuhängen. Auch hier gibt es Parallelen in Hesses Biografie.
340 Vgl. Hermann Hesse, Unterm Rad, a. a. O., 130.
341 Vgl. Hermann Hesse, Unterm Rad, a. a. O., 144.
342 Vgl. Hermann Hesse, Unterm Rad, a. a. O., 146.
343 Hermann Hesse, Unterm Rad, a. a. O., 147.
344 Hermann Hesse, Unterm Rad, a. a. O., 152.

bleibt es nicht, und so ist Hans abends bald so betrunken, dass er nur noch nach Hause möchte. Allein macht er sich auf den Nachhauseweg und denkt im Rausch über sein Leben nach und auch darüber, in welchem Zustand er gleich seinem Vater gegenübertreten würde. Er schämt sich dafür und wird traurig. Am nächsten Morgen findet man die Leiche von Hans Giebenrath in einem Fluss.[345] Die Todesursache – ob Suizid oder Unfall – bleibt offen: „Niemand wußte auch, wie er ins Wasser geraten sei."[346] Die ganze Stadt nimmt an der Beerdigung teil, auch der Lehrer und der Pfarrer. Als Joseph Giebenrath darüber klagt, welches Unglück seinen begabten Sohn getroffen hat, mutmaßt Schuhmacher Flaig, dass daran einige der Anwesenden vermutlich nicht ganz unschuldig sind.

Hermann Hesses Roman war eine flammende Anklage gegen die autoritären schulischen Strukturen im Deutschland der Kaiserzeit – gegen ein Bildungssystem, das nur auf stures Lernen setzte, dafür körperliche Züchtigungen einsetzte und andere Bedürfnisse von Kindern und Jugendlichen unberücksichtigt ließ.[347] Hesse hinterfragte in diesem Buch rigide autoritäre Strukturen in der Erziehung *grundsätzlich*. Er kritisierte, dass dieses Schulsystem auf die Individualität der Schüler:innen zu

---

[345] Dabei wird von Hesse völlig offen gelassen, ob es sich um einen gezielten Suizid (hatte sich Giebenrath vorher Mut angetrunken?) oder einfach nur um einen Unfall handelte. Es hat für die Aussage des Werks auch nur eine untergeordnete Bedeutung.

[346] Hermann Hesse, Unterm Rad, a. a.O., 154. Das Motiv des Ertrinkens wird von Hesse schon vor dem Ende der Geschichte in die Handlung eingeführt, etwa, als `Hindu´, ein Mitschüler Giebenraths, ins Eis eines dem Kloster benachbarten Sees einbricht, oder als Hans Giebenrath im Unterricht von Jesus träumt, der ihm vom Schiff aus zuwinkt, so dass dieser übers Wasser zu ihm hinlaufen will.

[347] Schon 1906 schrieb Arthur Eloesser: „Der Roman enthält ungefähr eine Anleitung für Eltern, Vormünder und Lehrer, wie man einen gesunden begabten jungen Menschen am zweckmäßigsten zugrunde richtet" (Arthur Eloesser, zit. nach https://www.deutschlandfunk.de/ich-war-ein-suchender-und-bin-es-noch-102.html, aufgerufen am 20.4.2022). Arthur Eloesser (1870-1938) war ein promovierter deutscher Literaturwissenschaftler und Journalist, der u. a. für die `Weltbühne´ und das Feuilleton der `Vossischen Zeitung´ schrieb.

wenig einging. Zudem war das Buch eine Abrechnung Hesses mit seinen eigenen Lehrern.[348] Noch heute sind seine kritischen Worte in der Leistungsgesellschaft, in der Ehrgeiz und Erfolg mehr zählen als ein zufriedenes Leben, aktuell, wenn er Hans Giebenrath wie folgt charakterisiert: „Es war etwas in ihm, etwas Wildes, Regelloses, Kulturloses, das mußte erst zerbrochen werden, eine gefährliche Flamme, die mußte erst gelöscht und ausgetreten werden. Der Mensch, wie ihn die Natur erschafft, ist etwas Unberechenbares, Undurchsichtiges, Feindliches. Er ist ein von unbekanntem Berge herbrechender Strom und ist ein Urwald ohne Weg und Ordnung. Und wie ein Urwald gelichtet und gereinigt und gewaltsam eingeschränkt werden muß, so muß die Schule den natürlichen Menschen zerbrechen, besiegen und gewaltsam einschränken; ihre Aufgabe ist es, ihn nach obrigkeitlicherseits gebilligten Grundsätzen zu einem nützlichen Gliede der Gesellschaft zu machen und die Eigenschaften in ihm zu wecken, deren völlige Ausbildung alsdann die sorgfältige Zucht der Kaserne krönend beendigt.“[349] Es wurde hier außerdem schon ein Thema angedeutet, das auch andere Bücher Hesses durchzieht. Der zum Zeitpunkt der Veröffentlichung 28jährige Autor wagte einen literarischen Kunstgriff: Er verteilte Züge seiner Persönlichkeit, unterschiedliche Wesenszüge von ihm, auf zwei Personen, nämlich auf *beide* die Klosterschule besuchenden Jungen; sie verkörpern nicht zwei verschiedene Personen, sondern die konträren Anlagen des Autors.[350] Damit

---

[348] Prompt zog das Buch nach seinem Erscheinen Protestreaktionen der württembergischen Lehrerschaft nach sich. Noch 1947, ein Jahr nachdem Hesse den Literaturnobelpreis erhalten hatte, wurde der Antrag, Hesse die Ehrendoktorwürde der Tübinger Fakultät zu verleihen, mit der Begründung einer angeblichen Verunglimpfung der württembergischen Seminare in \`Unterm Rad´ abgelehnt.

[349] Hermann Hesse, Unterm Rad, a. a. O., 46f.

[350] Diese Spannung zwischen Anpassung und Freiheit kommt noch in weiteren Figuren im Werk Hermann Hesses zum Ausdruck, wie z. B. bei Sinclair und Demian, Klein und

gelang es ihm, auch eigene innere Widersprüche zu verarbeiten.[351] Auf der einen Seite gab es den Seminaristen Hans Giebenrath, den Hesse als strebsamen Schüler dargestellte; ihm gegenüber stand Hermann Heilner, den Hesse als Dichter, Träumer und Rebellen zeichnete und der die Schule auf die leichte Schulter nahm. Heilner wollte sein Denken nicht in Schablonen pressen lassen und entfloh deshalb dem schulischen, ihn einengenden Druck. Ein anderes Thema von `Unterm Rad´ war der Übergang von der Kindheit zur Jugend und die Krise, die für manchen diese Jahre der Pubertät und der Persönlichkeitsentwicklung mit sich brachte. Die Metapher des Rades spielte in dem Buch eine zentrale Rolle. Das Rad hatte eine pejorative Konnotation, es war ein Synonym für Unterdrückung. Der Titel des Buches wies die Leser:innen darauf hin, das hier jemand in einem System, das auf den Einzelnen keine Rücksicht nahm, infolge eines immensen gesellschaftlichen Drucks `unter die Räder´ kam: Dem Räderwerk der Klosterschule entronnen, musste Hans selbst noch in der Mechanikerwerkstatt Zahnräder bearbeiten. Er spielte auf ein Zitat des Rektors an, der Hans mit den Worten ermahnte: „Nur nicht matt werden, sonst kommt man unters Rad."[352] Hesses Buch führte nach seiner

---

Wagner, Siddhartha und Govinda, Harry Haller und Hermine, Narziß und Goldmund oder Josef Knecht und Plinio Designori.

[351] Auf der einen Seite steht der strebsame Hans Giebenrath und auf der anderen Seite der innerlich unabhängige, künstlerisch veranlagte Hermann Heilner: „Giebenrath ist das, was Hesse war und Heilner ist das, was er werden musste, wenn er etwas aus seinem Leben machen wollte" (Joseph Mileck, Hermann Hesse. Dichter, Sucher, Bekenner, a. a. O., 39). Dabei zeichnet Hesse Hermann Heilner als ein Vorbild für innere Unabhängigkeit.

[352] Hermann Hesse, Unterm Rad, a. a. O., 93.

Publikation zu heftigen Reaktionen in der deutschen Pädagogen- und Theologenlandschaft.[353] Es fand aber auch Fürsprecher:innen, die Hesses Einsatz und Verständnis für die Jugend würdigten.[354] Viele Leser:innen erkannten sich in dem Werk wieder, da der Leistungsdruck besonders für die Schüler:innen aus bürgerlichem Hause groß war.[355] Für Hermann Hesse persönlich trug `Unterm Rad´ einen wichtigen Teil dazu bei, dass er sich aus seiner Jugenddepression befreite. Im Jahr 1907, kurz nachdem `Unterm Rad´ herausgekommen war, gründete Hermann Hesse mit seinen Freunden Albert Langen[356], Ludwig

---

[353] Noch andere Werke kritisierten damals das Bildungssystem und die Zerrissenheit von Jugendlichen, wie beispielsweise Frank Wedekind (1864-1918), `Frühlings Erwachen´ (1891); Heinrich Mann (1871-1950), `Professor Unrat´ (1905); Robert Musil (1880-1942), `Die Verwirrungen des Zöglings Törless´ (1906); oder Robert Walser (1878-1956), `Jakob von Gunten. Ein Tagebuch´ (1908).

[354] Zu ihnen gehörte beispielsweise der spätere Bundespräsident Theodor Heuss, der Hesses Buch 1905 positiv rezensiert hatte, vgl. weiter Waltraud W. Wende, „Die Schule ist die einzige moderne Kulturfrage, die ich ernst nehme", in: Hermann Hesse und die literarische Moderne, a. a. O., 202-223.

[355] Jugendromane, die tragisch endeten, waren damals sehr in Mode. Als Beispiele seien genannt: `Freund Hein´ von Emil Strauß (1866-1960), `Mao´ von Friedrich Huch (1873-1913), `Der junge Goedeschal´ von Hans Fallada (1893-1947) und die `Verwirrungen des Zöglings Törleß´ von Robert Musil (1880-1942). Über Emil Strauß, der sich der NSDAP angeschlossen hatte und unter den Nazis Karriere machte (so stand er auf der `Gottbegnadetenliste´ des Reichspropagandaministeriums), schrieb Hesse 1960: „Seine Neigung zum Rassenhass, vielmehr seine aus Brasilien mitgebrachte arische Verachtung andrer Rassen, habe ich teils spät bemerkt, teils nicht ganz ernst genommen. Bald darauf ging er zu Hitler. Es war nicht so, wie Sie es sehen, dass die Nazis sich ihn geholt hätten, er ging gute zehn Jahre vor 33 ganz aus eigenem Antrieb begeistert mit" (Brief an Werner Weber 14. August 1960). Strauß' Werke wurden nach 1945 in der sowjetischen Besatzungszone auf die Liste der auszusondernden Literatur gesetzt.

[356] Albert Langen (1869-1909) war ein deutscher Verleger und Gründer der satirischen Zeitschrift `Simplicissimus´, der Hesse u. a. auch wegen seiner Weltoffenheit und Zivilcourage imponierte. Wegen seiner Angriffe auf Kaiser Wilhelm II. ging er nach Frankreich ins Exil. Der Autonarr starb schon im Alter von 40 Jahren an den Folgen einer verschleppten Mittelohrentzündung, nachdem er am 1. April 1909 im offenen Kabriolett dem Zeppelin-Luftschiff Z 1 bei starkem Wind bis zu dessen Landeort hinterhergefahren war. Zu Hesses Beziehungen zu diesem und anderen Verlegern vgl. weiterführend Barbara Hess, Hermann Hesse und seine Verleger. Die Beziehungen des Autors zu den

Thoma [357] und Kurt Aram [358] die linksliberale Zeitschrift \`März´[359]. Sie gehörte mit einer Auflage von 15000 Exemplaren zu den meistgelesenen Zeitschriften im wilhelminischen Deutschland. In dieser fortschrittlichen \`Halbmonatsschrift für deutsche Kultur´, die Assoziationen zur 1848-Bewegung weckte und in München bis 1917 zuerst zweiwöchentlich, dann wöchentlich herauskam, betreute Hesse den belletristischen Teil. Während sich seine Herausgeberkollegen dezidiert gegen den preußischen Militarismus, die Aufrüstung und die Großmachtpolitik des selbstherrlichen Kaiser Wilhelms II. ausrichteten, widmete sich Hesse dem Feuilleton, denn die politischen, sozialen und gesellschaftlichen Probleme im kaiserlichen Deutschland interessierten ihn wenig.[360] In regelmäßigen Abständen tauschte Hesse nun sein abgelegenes dörfliches, beschauliches, naturnahes Leben am Bodensee gegen das hektische Leben eines umtriebigen Publizisten in der bayrischen Landeshauptstadt. Er nahm an Redaktionskonferenzen teil oder führte im

---

Verlagen E. Diederichs, S. Fischer, A. Langen und Suhrkamp, Wiesbaden 2000, zugänglich unter: https://books.google.de/books?id=xNBJBAEPrdoC&printsec=frontcover&hl=de&source=gbs_ge_summary_r&cad=0#v=onepage&q&f=false (aufgerufen am 22.3.2022).

[357] Der bayrische Schriftsteller und Satiriker Ludwig Thoma (1867-1921) wird heute wegen seiner reaktionären, pränationalsozialistischen und antisemitischen Alterspublikationen kritisch betrachtet.

[358] Kurt Aram war das Pseudonym für den deutschen Journalisten, Schriftsteller und ehemaligen Pfarrer (Amtsniederlegung 1900) Hans Fischer (1869-1934), dessen Werke der Unterhaltungsliteratur zugerechnet werden.

[359] Ihren Namen erhielt die Zeitschrift in Erinnerung an den demokratischen Aufbruch in Deutschland von 1848. 1998 kam im Rahmen der \`Marbacher Mikrofiche Editionen´ in Erlangen eine Neuedition aller 120 Hefte auf Mikrofiche heraus, vgl. März. Halbmonatsschrift für deutsche Kultur: München 1907-1911, München-Berlin-Stuttgart 1912-1917 (Marbacher Mikrofiche-Editionen), Marbach am Neckar 1998.

[360] Vgl. dazu Paul Noack, Die politische Landkarte Hermann Hesses, online zugänglich in: https://www.hermann-hesse.de/media/paul_noack_-_die_politische_landkarte_hermann_hesses.pdf (aufgerufen am 23.10.2022).

Auftrag des S. Fischer Verlages Autorenlesungen durch.[361] 1912 stieg er aus dem Herausgeberkreis aus, nachdem Albert Langen gestorben, die Zeitschrift in eine finanzielle Schieflage geraten und Hesse nahegelegt worden war, auf sein Honorar zu verzichten. Der Schriftleiter des `März´ wurde sieben Jahre später, im Jahr 1913, kein anderer als der spätere erste Bundespräsident der Bundesrepublik Deutschland, Theodor Heuss[362]. „Damals

---

[361] In München traf er sich mit Schriftstellerkolleg:innen wie Ricarda Huch (1864-1947), Karl Wolfskehl (1869-1948), Alexander von Bernus (1880-1965), Wilhelm Weigand (1862-1949, Josef Hofmiller (1872-1933), Annette Kolb (1870-1967), Joachim Ringelnatz (1883-1934), Hans Carossa (1878-1956), Ernst Penzoldt (1892-1955), Erich Kästner (1899-1974) oder Otto Julius Bierbaum (1865-1910), der als erster Deutscher den Gotthardpass mit einem Auto überquerte; oder mit Malerfreunden wie Max Bucherer (1883-1974), Albert Welti (1862-1912), Ernst Kreidolf (1863-1956), Otto Blümel (1881-1973) und Alfred Kubin (1877-1959); oder mit dem Bildhauer Eduard Zimmermann (1872-1949), der 1906 die erste Hesse-Büste schuf. Von 1899 bis 1934 hielt er sich mindestens fünfzehnmal in München auf und lebte dort vermutlich insgesamt mehr als fünfzig Tage. Er genoss das Leben in der bayerischen Hauptstadt, der der Ruf von Toleranz vorauseilte, in vollen Zügen und nahm u. a. bei den Kammerspielen an den Vorstellungen von Karl Valentin (1892-1948) teil (in seiner `Nürnberger Reise´ erwähnt er einen Besuch einer solchen Aufführung). Insgesamt blieb sein Verhältnis zur `Hauptstadt der Bewegung´ allerdings kritisch, vgl. dazu genauer Volker Michels, Wege zu Hermann Hesse, a. a. O., 263-271.

[362] In seinen Memoiren ging Theodor Heuss (1884-1963), der 1913 den `März´ ganz übernahm, darauf ein: „... der Titel sollte ein Doppeltes besagen, Erinnerung an die März-Bewegung des Jahres 1848, dann doch auch reinigendes Frühlingswehen. Das war nett und frisch, politisch wie literarisch..." (Heuss, Theodor, Erinnerungen 1905-1933, Tübingen 1963, 188). Heuss berichtet, dass er auf ein Redaktionsgehalt verzichtete und wie alle Mitarbeitenden auf Honorarbasis arbeitete. Zum Verhältnis der beiden vgl. Regina Bucher (Hg.), Hermann Hesse und Theodor Heuss. Eine freundschaftliche Beziehung in wechselhaften Zeiten, Basel 2019. In dem Buch geht es um die langjährige, wenig bekannte Verbindung von Hermann Hesse und Theodor Heuss; sie reicht von den beruflichen Anfängen der beiden jungen `Wortarbeiter´ bis zu den späten Begegnungen zwischen dem Nobelpreisträger und dem ersten deutschen Bundespräsidenten Ende der 1950er-/Anfang der 1960er-Jahre. Heuss hatte 1933 als Reichstagsabgeordneter der Deutschen Demokratischen Partei (DDP) für das sog. `Ermächtigungsgesetz´ gestimmt, obwohl er Hitler ablehnte. Er verlor daraufhin sein Reichstagsmandat und wenig später seine Stellung als Herausgeber der `Hilfe´, einer `Zeitschrift für Politik, Wirtschaft und geistige Bewegung´, die von Friedrich Naumann (1860-1919) gegründet worden war und einen sozialen Liberalismus propagierte. In der `Hilfe´ hatte Theodor Heuss 1905 Hesses `Unterm Rad´ positiv rezensiert – der Beginn einer lebenslangen Freundschaft. Durch Briefe wurde diese Freundschaft auch in der Zeit des Nationalsozialismus aufrechterhalten.

konnte noch niemand voraussehen, daß patriotische Leidenschaft Ludwig Thoma, den urbajuwarischen Satiriker der Filser-Briefe und des Stadelheimer Tagebuches, noch auf die äußerste Rechte treiben würde. Hesse andererseits wurde bald als `pazifistischer Landesverräter´ verunglimpft. Heuss hatte für ihn das Recht auf die eigene Gesinnung zu verteidigen. Wie dankbares Gedenken kam dann mitten im Kriege ein Vers von Hesse aus der Schweiz: `Wenn auch die Zeit in Krieg und Angst erstickt,/An manchem Ort/Brennt heimlich doch, ob niemand sie erblickt/Die Liebe fort´."[363] Die Mitarbeit Hesses im `März´ bildete den Auftakt zu zahlreichen Rezensionen[364] – u. a. rezensierte Hesse Werke von Jean Paul[365] – und zu seiner Herausgebertätigkeit: Zwischen 1910 und 1932 gab Hesse über fünfzig Bücher allein oder zusammen mit anderen heraus; für weitere zwanzig Bücher verfasste er Einleitungen oder Vor- und Nachworte. Am Ende des Kriegsjahres 1917 wurden Produktion und Auslieferung des `März´ eingestellt.

---

363 Hermann Proebst, Heuss. Eine Bildbiographie (Kindlers Klassische Bildbiographien), München 1959, 44.

364 Insgesamt erschienen von Hermann Hesse in fünfzig Jahren über 3000 Buchrezensionen, die u. a. von Kurt Tucholsky öffentlich gelobt wurden, der zu Hesse ein positives Verhältnis hatte (vgl. Michael Hepp, Kurt Tucholsky. Biographische Annäherungen, Reinbek bei Hamburg 1999, 11f.), ihm schon früh auch Arbeiten von sich geschickt hatte (vgl. „Entlaufene Bürger". Kurt Tucholsky und die Seinen. Eine Ausstellung des Deutschen Literaturarchivs im Schiller-Nationalmuseum Marbach am Neckar [Marbacher Kataloge 45, hg. v. Ulrich Ott und Friedrich Pfäfflin], Marbach am Neckar 1990, 16) und bis kurz vor seinem Verstummen im Oktober 1932 mit Hermann Hesse noch in Kontakt stand, vgl. Klaus-Peter Schulz, Tucholsky in Selbstzeugnissen und Bilddokumenten (rm 31), Hamburg 1959, 134. Tucholsky hatte schon früher wertschätzend über Hermann Hesse geschrieben: „Er kann, was nur wenige können. Er kann einen Sommerabend und ein erfrischendes Schwimmbad und die schlaffe Müdigkeit nach körperlicher Anstrengung nicht nur schildern – das wäre nicht schwer. Aber er kann machen, daß uns heiß und kühl und müde ums Herz wird" (Kurt Tucholsky, zit. n.: Die vielen Gesichter Hermann Hesses, a. a. O., 13).

365 Das Werk des deutschen Schriftsteller Jean Paul (eigentlich Johann Paul Friedrich Richter, 1763-1825), ein Bewunderer Jean-Jacques Rousseaus (1712-1778) steht literaturgeschichtlich zwischen Klassik und Romantik.

5. Die Lebensreformbewegung

Im April 1907 trat Hermann Hesse, inzwischen arrivierter Schriftsteller, eine Kur in Locarno an. Der Auslöser dafür war die Begegnung mit vier wunderlichen langhaarigen Gestalten mit langen Bärten, die mit wallenden Gewändern aus Sackleinen bekleidet waren und Jesuslatschen trugen: `Sonnenbrüder´[366] aus Ascona statteten eines schönen Tages Gaienhofen einen Besuch ab und predigten ein freies Leben „an der frischen Luft bei fleischloser Kost und dem Verzicht auf alle Annehmlichkeiten…"[367] Während um die Jahrhundertwende herum einige in Endzeitstimmung verfielen und von Zukunftsängsten geplagt wurden sowie vom `Fin de siècle´ sprachen, befanden sich andere in Aufbruchsstimmung, setzten euphorisch auf die Zukunft und versuchten es mit einer Reform des Lebens. Dies ist die Geburtsstunde der Sanatorien. Sie entstanden damals an vielen Orten in Europa und versprachen, die maßgeblich „im Bürgertum grassierende Jahrhundertwende-Depression mithilfe der Natur, mit Sonne, Licht und Luft zu heilen"[368]. Eine Vorreiterrolle in dieser Bewegung übernahm der Schweizer

---

[366] So ihre Selbstbezeichnung, vgl. dazu kritisch und weiterführend Steffen Greiner, Die Diktatur der Wahrheit. Eine Zeitreise zu den ersten Querdenkern, Stuttgart 2022, bes. 94ff. Die Aufsätze dokumentieren eine internationale interdisziplinäre Tagung auf dem Monte Verità, die Spuren von alternativen Lebensentwürfen der Aussteiger Hermann Broch (1886-1951), Robert Musil (1880-1942) und Max Frisch (1911-1991) nachging. Der Kulturwissenschaftler, Journalist und Dozent Steffen Greiner (geb. 1985) stellt Bezüge her zwischen esoterischen Wanderpredigern, Naturaposteln und `Inflationsheiligen´ des Monte Verità und der heutigen irrationalen `Querdenker´-Bewegung.

[367] André Uzulis, Hermann Hesse, a. a. O., 105.

[368] Stefan Bollmann, Monte Verità. 1900. Der Traum vom alternativen Leben beginnt, München 2017, 2019, 14. Stefan Bollmann (geb. 1958), deutscher Verleger, Lektor und Autor, entwirft in seinem kurzweiligen Buch ein Panorama der ersten modernen Gegenkultur (Lit.: 307-316).

Hydro- und Heliopath Arnold Rikli[369], Gründer und Leiter der Heilanstalt Mallnerbrunn in Veldes (damals zu Österreich gehörend). Er wurde von seinen Anhänger:innen kurz `Sonnendoktor´ genannt. Rikli wurde der Begründer der `Atmosphärischen Kur´, bei der Licht- und Luftbäder eine Rolle spielten, und gilt als Erfinder der `Lichtlufthütte´, in deren Zentrum die heilende Wirkung des Sonnenlichtes und das damit im Zusammenhang stehende Sonnenbaden zu therapeutischen Zwecken (`Heliotherapie´) stand.[370] Gegen die Autointoxikation von

---

[369] Der Schweizer Arnold Rikli (1823-1906), Sohn eines Politikers und Färberei-Eigentümers, interessierte sich schon früh für Naturheilkunde. Zusammen mit seinen Brüdern gründete er im Alter von 22 Jahren selbst eine Färberei. Er schloss sich der Lebensreform-Bewegung an und errichtete in Veldes/Oberkrain (im heutigen Slowenien) eine Heilanstalt. Der `Sonnendoktor´, wie er genannt wurde, wollte mit seiner Therapie nicht nur die Symptome bekämpfen, sondern ganzheitlich den Gesamtorganismus heilen. Er war ein erbitterter Impfgegner und lehnte Operationen ab, weshalb er häufig mit Ärzten aneinandergeriet und sich vor Gericht verantworten musste. Zu seinen Schülern gehörte Karl Wilhelm Diefenbach (1851-1913). Auch sein Kollege, der Arzt Oscar Bernhard (1861-1939), zählte zu den Begründern der Heliotherapie: Er begründete 1899 die Privatklinik in St. Moritz, die vor allem die Sonnenlichtbehandlung bei Gelenk- und Knochentuberkulose zum Einsatz brachte. Vorzugsweise wurde nach der Nacht an der frischen Luft mit einem Fitness- und Wellnessprogramm in der freien Natur, so wenig bekleidet wie möglich, der Tag begonnen. Auf die Idee, mittels Sonnenlicht Wundheilungsprozesse zu beschleunigen und Tuberkulosen zu behandeln, hatte ihn die Herstellung des Bündnerfleisches, deren Herstellung der antiseptischen und trocknenden Wirkung der Bergluft zu verdanken ist, gebracht. Seit 1989 wird der Arnold-Rikli-Preis von der Light Foundation in Atlanta/USA vergeben, die damit Arbeiten auszeichnet, die sich mit der Wirkung des Lichtes auf den Menschen beschäftigen. Seit 2016 vergibt die Jörg-Wolff-Stiftung unter der Schirmherrschaft der Europäischen Gesellschaft für Photobiologie (ESP) einen entsprechenden Preis für die den menschlichen Körper betreffende photo-biologische Forschung.

[370] Im Zuge der Wiederentdeckung des Waldes als Refugium einer industrialisierten Gesellschaft erfreut sich heute bis in römisch-katholische Kreise hinein das `Waldbaden´, vgl. online: https://www.bildungszentrum-waldshut.de/detail/termin/id/2882972-waldbaden/?cb-id=12184451 (aufgerufen am 8.4.2022). Zur Erklärung heißt es dort: „Zusammen wollen wir durch den Wald schlendern, dabei tief in die wohltuende Waldatmosphäre eintauchen, über die vielfältigen Wunder des Waldes staunen, dem geheimnisvollen Baumgeflüster lauschen, den großartigen Wald mit allen Sinnen erfahren und unsere Seelen baumeln lassen. Auf unserem Weg werden Sie immer wieder eingeladen, kleine Achtsamkeitsübungen auszuprobieren. Das Waldbaden kommt aus Japan, wo es Shinrin-yoku heißt. Seine Erholungswirkung ist dort seit vielen Jahren bekannt, und es wird sogar von Ärzten verschrieben."

Körper und Geist, so seine ärztliche Meinung, half vor allem frische Luft – nichts war schlimmer als abgestandene Raumluft [!] – und die Rückkehr zur einfachen Behausung.[371] Hermann Hesse meldete sich – gutbürgerlich – im Kurhaus Monti in Locarno an. Dort vertrug er jedoch das Essen nicht, und so setzte er kurzerhand seine Kur in der Künstlerkommune auf dem Monte Verità am Lago Maggiore. fort.[372] Schon lange hatte Hesse mit alternativen Lebensformen geliebäugelt.[373]
Der schweizerische `Berg der Wahrheit´, eine oberhalb von Ascona gelegene Anhöhe im italienisch geprägten schweizerischen Kanton Tessin (Ticino)[374], galt damals als `Mekka für Alternative um 1900´.[375] Die Kolonie dieser Bewegung der Aussteiger:innen war zu einem bekannten internationalen Treffpunkt

---

[371] Der dänische Arzt und Dermatologe Niels Ryberg Finsen (1860-1904) erhielt 1903 für seine Arbeit über Phototherapie von Hautkrankheiten den Nobelpreis für Medizin für die Therapie von Kranken mit Licht. Heute wird vor der Gefahr der UV-Strahlung gewarnt, die mit dem ungeschützten Sonnenbaden verbunden ist und für die Entstehung zahlreicher Hautkrebserkrankungen verantwortlich ist. Daher sind Mediziner:innen im Blick auf unkontrolliertes Sonnenbaden heute eher zurückhaltend, vgl. dazu weiterführend Simone Tavenrath, So wundervoll sonnengebräunt. Kleine Kulturgeschichte des Sonnenbadens, Marburg 2000.

[372] Vgl. dazu Curt Riess, Ascona. Geschichte des seltsamsten Dorfes der Welt, Zürich ^{3}1977, 21-24.

[373] Vgl. dazu Regina Bucher, Mit Hermann Hesse durchs Tessin. Ein Reisebegleiter (it 3609), Berlin 2010, ^{5}2017, 251-261. Hesses erster Biograf Hugo Ball erwähnt Hesses Aufenthalt auf dem Monte Verità übrigens nicht.

[374] Ferdinand Hodler (1853-1918), ein Vertreter des Symbolismus und des Jugendstils und heute einer der berühmtesten Maler der Schweiz, malte 1893 den Berg am See.

[375] Bereits im 19. Jahrhundert war die Gegend um den Lago Maggiore ein Zufluchtsort politisch Verfolgter, u. a. russischer Anarchisten wie Michail Bakunin (1814-1876), gewesen. Der deutsche Naturphilosoph und Wanderapostel Johannes Friedrich Guttzeit (1853-1935), das lange Haar mit einem Stirnband zusammenhaltend und die bloßen Füße in Sandalen steckend, betrieb dort eine vegetarische Pension. Guttzeit bezog Stellung gegen die Prügelstrafe, setzte sich für die Gleichheit von Frau und Mann ein, hielt u. a. Vorträge über die Liebe, den Frieden, und die Zärtlichkeit, vgl. dazu weiterführend Robert Landmann, Ascona – Monte Verità. Auf der Suche nach dem Paradies, Frauenfeld-Stuttgart-Wien 2000; Peter Michalzik, 1900. Vegetarier, Künstler und Visionäre suchen nach dem neuen Paradies, Köln 2018; Anna S. Brasch, Moderne – Regeneration – Erlösung: Der Begriff der `Kolonie´ und die weltanschauliche Literatur der Jahrhundertwende (Literatur- und Mediengeschichte der Moderne), Göttingen 2017, und Hajo Steinert, Blumenspiel. Roman, München 2019.

von Künstler:innen, Schriftsteller:innen, Revolutionär:innen[376], Sozialist:innen[377], Anarchist:innen[378], Philosoph:innen[379], Soziolog:innen[380], Pazifist:innen, Psychoanalytiker:innen[381], Theosoph:innen[382] und den Anhänger:innen weiterer alternativer Richtungen geworden.[383] Hier versammelten sich

---

[376] Hier sei exemplarisch Kurt Eisner (1867-1919) erwähnt, sozialdemokratischer Politiker, Journalist und Schriftsteller und der erste Ministerpräsident des Freistaats Bayern.

[377] Exemplarisch sei der Anarchist, Pazifist und Sozialist Gustav Landauer (1870-1919, von Freikorps-Soldaten in der Haft ermordet) genannt.

[378] Von den Anarchist:innen seien der russische Schriftsteller Fürst Pjotr Alexejewitsch Kropotkin (1842-1921), der deutsche Arzt Raphael Friedeberg (1863-1940) und der deutsche Schriftsteller Erich Mühsam (1878-1934) besonders erwähnt.

[379] Zu nennen ist exemplarisch Ernst Bloch (1885-1977): Er hatte den Auftrag, über die pazifistischen Bewegungen in der Schweiz zu schreiben. Im Frühjahr 1917 war er zusammen mit seiner Frau Else Bloch-von Stritzky (1883-1921) nach Monti della Trinità oberhalb von Locarno gereist und hatte in der `Villa Neugeboren´ sein Quartier bezogen. Hesse war zu dem Zeitpunkt in Begleitung seiner kranken Frau Mia auch dort. Diese freundete sich mit Elisabeth Gräser an, vgl. weiterführend Peter Michalzik, 1900, a. a. O., 345ff.

[380] Max Weber (1864-1920), der als Kind an Meningitis erkrankt war und als Erwachsener an Schlaflosigkeit, Impotenz und anhaltender Arbeitsunfähigkeit (Neurasthenie) litt, reiste im Frühjahr 1913 und 1914 nach Ascona, um sich bei einer Diät zu erholen. Der gewichtige liberale Soziologe und Nationalökonom war zwar fasziniert von der Vegetarier-Kolonie und der bunten Welt der Lebensreformer, nahm aber keinen weiteren Kontakt zu ihren Bewohner:innen auf, sondern hielt viele von ihnen für Scharlatane.

[381] Exemplarisch zu nennen ist der österreichische Psychiater, Psychoanalytiker und Anarchist Otto Gross (1877-1920). Der habilitierte Privatdozent wurde arsenikabhängig, dann morphium- und später kokainsüchtig. Er versuchte, in der Naturheilanstalt auf dem Monte Verità von den Drogen loszukommen, vgl. Peter Michalzik. 1900, a. a. O., 240f., und genauer Andreas Schwab, Zeit der Aussteiger. Eine Reise zu den Künstlerkolonien von Barbizon bis Monte Verità, München 2021, 257-288, bes. 270ff. Mit Sigmund Freud (1856-1939) geriet er 1908 in einen Konflikt, nachdem er anarchistische Folgerungen aus Freuds Psychoanalyse ziehen wollte, aber Freud der Meinung war, dass es nicht Aufgabe eines Arztes war, sich politisch zu betätigen. Auf Freuds Bestreben wurde er ähnlich wie Wilhelm Reich (1897-1957) von der Internationalen Psychoanalytischen Vereinigung ausgeschlossen. Gross wurde aus politischen Gründen verhaftet, des Landes verwiesen, in eine Nervenheilanstalt zwangseingewiesen und entmündigt. 1916 wurde eine weitere nichteheliche Tochter geboren. Im Ersten Weltkrieg wurde er wegen seiner Drogensucht nicht zum Militärdienst eingezogen. Er starb in Berlin an den Folgen seiner Sucht. Vgl. dazu Stefan Bollmann, Monte Verità, a. a. O., 187-200, und Ulrike Voswinckel, Freie Liebe und Anarchie, a. a. O., 47-58+128-130.

[382] Unter Theosophie (von griech. θεοσοφία = göttliche Weisheit) versteht man mystisch-religiöse und spekulativ-naturphilosophisch-pantheistische Denkansätze im Allgemeinen und die Geheimlehre der Okkultistin Helena Petrovna Blavatsky (1831-1891)

Freiheitssuchende und politisch Andersdenkende, die ihren Visionen von einer klassenlosen Gesellschaft nachgingen, sich für die Rechte von Arbeiter:innen stark machten sowie natürlich alle, die ein naturnahes Leben fernab von der Hektik der Großstädte suchten.[384] Die zunächst kleine Gruppe, die sich in aller Abgeschiedenheit versammelte, verfolgte das Ziel, der bürgerlichen Gesellschaft Lebewohl zu sagen, auszusteigen und andere Lebensformen zu favorisieren.[385] Sie verband „der Glaube an

---

im Besonderen. Letztere zielt darauf ab, einen gemeinsamen Kern in allen Religionen auszumachen. Für ihre Lehre „waren insbesondere jene Frauen empfänglich, die sich am Patriarchalismus und der Frauenfeindlichkeit der christlichen Kirchen stießen, ohne dass damit auch gleich ihr spirituelles Bedürfnis versiegt wäre“ (Stefan Bollmann, Monte Verità, a. a. O., 44). Vgl. dazu weiterführend die Untersuchungen des römisch-katholischen Theologen Helmut Zander (geb. 1957), der sich 2002 an der Berliner Humboldt-Universität mit einer Arbeit zur Geschichte der Theosophie und der Anthroposophie habilitierte und seit 2011 als Professor für vergleichende Religionsgeschichte und interreligiösen Dialog an der Theologischen Fakultät der Universität Fribourg/Schweiz lehrt: Rudolf Steiner. Die Biografie, München-Zürich 2011; ders., Reinkarnation und Christentum. Rudolf Steiners Theorie der Wiederverkörperung im Dialog mit der Theologie, Paderborn 1995, und ders., Anthroposophie in Deutschland. Theosophische Weltanschauung und gesellschaftliche Praxis 1884-1945, 2. Bde, Göttingen 2007.

383 Ende der 1970er-Jahre wurde diese Tradition alternativer Lebensformen wieder aufgegriffen, hatte allerdings nur mäßigen Erfolg.

384 Treffend den Geist der Zeit beschreibend, hielt Erich Mühsam, der sich im Mai 1905 am Lago Maggiore vom Leben in der Großstadt erholte, fest: „Berlin lag mir schon wieder derart im Magen, dass ich ehrlich froh war, als es mir auch im Rücken lag“ (Erich Mühsam, Ascona. Eine Broschüre, Berlin [2]1905, 1982, 7).

385 Es gab auch noch an anderen Orten auf der Welt zu jener Zeit alternative Wohnungsbau-Experimente, wie z. B. die Siedlung \`Hellerau´ oder die Obstbaugenossenschaft \`Eden´ bei Oranienburg, die 1893 von achtzehn Berliner Vegetarier:innen gegründet wurde. Sie hatte den Auftrag, Berliner Großküchen mit vegetarischen Produkten zu versorgen und besteht noch heute. Als aktuell bestehende Siedlungen wären darüber hinaus zu nennen: der \`Lebensgarten Steyerberg´ bei Nienburg (1986 gegründet), das \`Ökodorf Sieben Linden´ in Beetzendorf/Sachsen-Anhalt (1997 gegründet) oder die basisdemokratische \`Ökosiedlung Tempelhof´ in Kreßberg/Baden-Württemberg (2010 gegründet). In der Lebensreform-Bewegung dominierten ursprünglich Angehörige des Bürgertums, darunter auffallend viele Frauen. Vgl. dazu weiterführend Helmut Kreuzer, Die Boheme. Analyse und Dokumentation der intellektuellen Subkultur vom 19. Jahrhundert bis zur Gegenwart, Stuttgart 2000; Barbara Mahlmann-Bauer/Paul Michael Lützeler (Hg.), Aussteigen um 1900. Imaginationen in der Literatur der Moderne, Göttingen 2021 (der Aufsatz-Sammelband vereinigt Beiträge, die in einer inter-

die Natur, an die Heilkraft von Luft und Licht, an die Gesundheit und das Sanatorium, an die verwirklichte Utopie, an den Eigensinn in seinem allereigentlichsten Begriff, als der Besinnung auf sich selbst, dazu der Anarchismus, das schöne Leben, der Vegetarismus und der Veganismus, die Gleichberechtigung von Mann und Frau[386], das Mutterrecht, ungezählte Arten von Esoterik, die Theosophie, verschiedenste Psychotechniken bis hin zu einer wilden Form der Psychoanalyse, die freie Liebe, die Nacktkultur, der Erotismus, die natürliche, erotikfreie Nacktheit, überhaupt die Natürlichkeit, Nietzscheanismus und Tolstoianismus..., Nächstenliebe, der Expressionismus, der Dadaismus, die Sehnsucht nach dem Süden, die Kommune, die Liebe zum Bunten, zu den Farben, die Abstraktion, die Einfachheit, der Tanz, der Ausdruckstanz, die Puppe, der Primitivismus und der Katholizismus, das Prophetentum, die Einsiedelei und das Aussteigertum, Naturholzmöbel, Reformkleidung, Drogen und Weinseligkeit."[387] Unter den zivilisationsmüden Aussteiger:innen, die nichtkonformen Lebensentwürfen nachgingen,

---

nationalen und interdisziplinären Tagung im August 2018 in den Räumen des ehemaligen Sanatoriums vorgestellt wurden), und Felix Linzner (Hg.), Gelebte Utopien – Siedlungsprojekte der Lebensreform (Würzburger Studien zur Europäischen Ethnologie, Bd. 10), Würzburg 2021 (Lit. auf 40ff.).

386 Das zielte nicht auf etwas Abstraktes, sondern auf etwas ganz Konkretes, beispielsweise Vergewaltigung in der Ehe, was damals nicht strafbar war.

387 Peter Michalzik, 1900, a. a. O., 7f. Michalzik zufolge standen Ascona und der Monte Verità „für jene andere Seite der Moderne, einer nicht technischen, nicht naturwissenschaftlichen, nicht merkantilen oder ökonomischen Bewegung..." (7). Michalzik geht später in seinem Buch auf die Frage nach der Religion ein: Es gab keinen Kult, keine Kirche und keinen Tempel auf dem Monte Verità: „Peter Sloterdijk würde es wohl einen Ort der Anthropotechnik nennen, Harald Szeemann... sakrale Topografie, der schreibende Luftikus und Bergbesucher Emil Szittya sprach vom Dorf der religiösen Abnormitäten und Fritz Buppacher, der seriöse Arzt und aufrechte Anarchist, nannte Ascona die Hauptstadt der psychopathischen Internationale" (Peter Michalzik, 1900, a. a. O., 158).

befanden sich „vegetarische Sexualasketen, nackte Sonnenanbeter, okkultistische Scharlatane und Edelanarchisten“[388], die, angelockt vom „Geist der Utopie“[389] und voller „Sehnsucht nach Bekenntnis, Transzendenz, Erlösung und Mythos“[390], mit alternativen Lebensentwürfen experimentierten.
Bereits seit Mitte des 19. Jahrhunderts hatten sich unter dem Oberbegriff `Lebensreform´ verschiedene soziale Reformbewegungen gesammelt. Sie waren von Deutschland und der Schweiz ausgegangen und hatten sich in Vereinen organisiert. Gemeinsam war ihnen eine Kritik an der Industrialisierung, am Materialismus, an der Militarisierung und an der Urbanisierung.[391] Ihre Anhänger:innen propagierten auf dem Hintergrund all der Schattenseiten der industriellen Verstädterung eine naturnahe Lebensweise mit gesunder Ernährung und viel frischer Luft.[392]

---

388 Vgl. weiterführend Thomas Blubacher, Frei und inspiriert, Sehnsuchtsorte der Dichter, Denker und Aussteiger (Ascona, Attersee, Capri, Bali, St. Moritz, Hiddensee), München 2013, 10-33, Zitat auf 10 (Lit. auf 140).

389 `Geist der Utopie´ lautete der Titel des Buches des damals noch jungen Ernst Bloch, das dieser im April 1915 begonnen hatte und im Mai 1917 beendete. Bloch bezeichnete es als ein „Sturm- und Drang-Buch, contra Krieg in Nächten hineingewühlt und durchgesetzt“ (Ernst Bloch, Geist der Utopie. Zweite Fassung [GA 3], FfM 1977, 347). Bloch beendete sein erstes großes Buch, in dem es um eine neue Religion ging (er setzte darin auf den heiligen Geist, den Parakleten, als Fürsprecher), in der Villa Neugeboren, in der er mit seiner kranken Frau wohnte. Kritisch distanzierte sich Bloch vom Monte Verità und seiner Umgebung. Vier Jahre nach diesem Aufenthalt starb seine Frau. Die erste und die leicht veränderte zweite Fassung seines Buches sind ihr „zum immerwährenden Gedenken“ gewidmet, vgl. Ernst Bloch, Geist der Utopie. Erste Fassung (GA 16), FfM 1977, Zitat auf 5. Der Text ist online hier zugänglich: https://archive.org/details/geistderutopi00bloc/page/n5/mode/2up (aufgerufen am 24.10.2022).

390 Peter Michalzik, 1900, a. a. O., 21. Auf dem Monte Verità war bereits erkennbar, was später zu größeren Auseinandersetzungen führte: Darwin gegen Jesus oder Biologismus gegen Spiritualismus. Theosophisch-spirituelle Denkrichtungen wiesen später eine besondere Affinität zum Nationalsozialismus auf.

391 Für all das stand symbolisch Berlin. Die deutsche Hauptstadt war die am schnellsten wachsende Stadt Europas, vgl. dazu Peter Michalzik, 1900, a. a. O., 53.

392 Das noch heute populäre `Reformhaus´, das erstmals im Jahr 1900 eröffnet wurde und das es in dieser Form nur in Deutschland und Österreich gibt, hat seine historischen Wurzeln in der Lebensreform-Bewegung. Es ist weit verbreitet und führt Naturkost, Körperpflegeprodukte und rezeptfreie Naturarzneimittel; sein Umsatz betrug im Jahr 2019

Sie verzichteten freiwillig auf alkoholische Getränke, Fleischkonsum und Tabakgenuss und trugen sog. `Reformkleidung´, bei der Bewegungsfreiheit und Bequemlichkeit im Vordergrund standen.[393] Unter dem Slogan `Zurück zur Natur´[394] forderten die Anhänger:innen der Lebensreform-Bewegung auf der Suche nach einem ursprünglichen Leben eine Hinwendung zu einem von ihnen idealisierten Naturzustand.[395] Diese spätromantischen Vorstellungen gingen mit einer Verklärung eines `einfachen Lebens auf dem Lande´ einher. Die Vorläufer:innen der

---

ca. 690 Millionen Euro. Produkte, die vor Jahren nur dort zu beziehen waren, wie Vollkornbrot, Pflanzenmargarine, alkoholfreie Fruchtsäfte oder Naturkosmetik sind inzwischen auch andernorts erhältlich und normaler Bestandteil des täglichen Konsums geworden.

[393] Die Frauen der Reformbewegung lehnten beispielsweise das Damenkorsett, das damals die Norm war und in das sie sich mehrheitlich zwängten, obwohl es ihnen die Luft abschnürte, ab. Auch Männer, die Teil dieser Bewegung waren, trugen Kleider bzw. schottenrockartige Schurze.

[394] Bei `Retour à la nature´ oder `Back to nature´ handelt es sich um eine Redewendung, die sich gegen eine als negativ empfundene technisch-zivilisatorische Entwicklung richtete und gerne Jean-Jacques Rousseau (1712-1778) zugeschrieben wird. Die Formel beinhaltet zwar den Kern von Rousseaus politisch-theoretischer Schrift `Vom Gesellschaftsvertrag oder Prinzipien des Staatsrechtes´ (= `Du contrat social ou principes du droit politique´) und seines Romans `Emile oder über die Erziehung´ (franz. `Émile, ou De l'éducation´), ist im Werk des französischen Philosophen allerdings nicht verifizierbar. Friedrich Nietzsche hatte seinerseits in `Jenseits von Gut und Böse´ (1886) den `homo natura´ zum Vorbild proklamiert und damit Einfluss auf die deutsche Avantgarde genommen, die sich in der Lebensreform-Bewegung sammelte. 1883 wurde der `Deutsche Verein für Naturheilkunde und für volksverständliche Gesundheitspflege´ gegründet und kurz darauf ein Dachverband geschaffen, in dem bereits 1913 ca. 885 Vereine mit 148000 Mitgliedern registriert waren.

[395] Damit in engem Zusammenhang stand der Aufenthalt in Sanatorien. Thomas Mann setzte mit seinem 1924 erschienenen, 1000 Druckseiten starken Bildungsroman `Der Zauberberg´, an dem er zehn Jahre lang gearbeitet hatte, der Sanatorien-Bewegung ein literarisches Denkmal, vgl. Thomas Mann, Der Zauberberg, FfM [18]1991. Anregungen dazu hatte der Schriftsteller 1912 bei einem Aufenthalt bei seiner lungenkranken Frau Katja im sog. `Waldsanatorium´ des Dr. Friedrich Jessen (1865-1935) in Davos erhalten. Das Wort, das dem Buch den Titel gab, war zuvor schon von Nietzsche verwendet worden. Heute heißt das einstige Sanatorium `Waldhotel Davos´, vgl. dazu Thomas Sprecher, Davos im Zauberberg, München 1996, und – jüngeren Datums – Claudia Diemar, Davos: Winter am Zauberberg, in Dt. Ärzteblatt 2009, online zugänglich unter: https://www.aerzteblatt.de/archiv/66947/Davos-Winter-am-Zauberberg (aufgerufen am 24.4.2022).

Hippies – Hippies ante literam sozusagen – lehnten die staatlichen, sozialen und religiösen Gegebenheiten ab, glaubten an den Individualismus und an die Freiheit sowie an die uneingeschränkte Entfaltung des Selbst; viele neigten dem Anarchismus[396] zu, auch fernöstlichen Religionen wie dem Konfuzianismus[397], dem Hinduismus[398] und vor allem dem Buddhismus[399].

---

396 Unter Anarchismus (von griech. `ἀναρχία´ = Herrschaftslosigkeit) versteht man eine politische Ideenlehre, die jede Art von Hierarchie als Form der Unterdrückung von Freiheit ablehnt. Dies geht bis zur Auflösung des Staates. Freiheit, Selbstbestimmung, Gleichberechtigung, Selbstverwirklichung und kollektive Selbstverwaltung stehen im Zentrum dieser Philosophie, die von ihren Vertreter:innen als Synthese zwischen individueller Freiheit (Liberalismus) und sozialer Verantwortung (Sozialismus) verstanden wird.

397 Der Konfuzianismus kommt als Religion vor allem in China vor. Sie geht zurück auf Konfuzius (551-479 v. Chr.), einen Weisheitslehrer. Viele sehen im Konfuzianismus eher eine Morallehre als eine Religion. Die Familie wird als Grundlage des Staates angesehen; Grundtugenden sind Nächstenliebe, Gerechtigkeit, Weisheit und Pietät, besonders in Form der Treue gegenüber den Eltern. Damit verbunden sind die Wertschätzung der Tradition und der Ahnenkult. Bis heute ist das Gedankengut des Konfuzianismus für die asiatische Kultur prägend. Kennzeichnend dafür ist das Zeichen von Yin und Yang, die zwei gegensätzliche Naturprinzipien symbolisieren, vgl. dazu Karl Jaspers, Die maßgebenden Menschen. Sokrates – Buddha – Konfuzius – Jesus (sp 126), München-Zürich [3]1983, 133-164.

398 Der Hinduismus (Sanskrit: `Sanatana Dharma´ = das ewige Gesetz), hat weltweit ca. eine Milliarde Anhänger:innen, obwohl er zum Großteil nur auf dem indischen Subkontinent zu Hause ist. Er ist nach dem Christentum (ca. 32 Prozent) und dem Islam (ca. 23 Prozent) die drittgrößte Religion der Erde. Er lässt sich nicht auf einen Religionsstifter zurückführen, sondern entstand aus mehreren kulturellen Strömungen. Verehrt werden eine Vielzahl von Göttern und Gottheiten; unter ihnen ragt die Dreiheit Brahma, Shiva und Vishnu heraus, wobei unter den Inkarnationen Vishnus besonders Krishna verehrt wird. Aber auch Naturgottheiten wie der Elefantengott Ganesha oder lebende Tiere zählen zum religiösen Spektrum frommer Hindus. Dazu kommt eine Menge an Glaubensformen: Die Religiosität von Yogis und Fakiren ist von strenger Askese und Meditation geprägt. Traditionelle Hindus befürworten das Kastenwesen und glauben an die Wiedergeburt (Reinkarnation).

399 Der Buddhismus lässt sich auf Buddha (um 560-um 480 v. Chr.) zurückführen. Er entstand ca. im 5. Jahrhundert v. Chr. in Indien als Protest gegen die Kastenherrschaft der Brahmanen (der Buddhismus lehnt die Kastenherrschaft ab). Er vertritt die Lehre von der Wiedergeburt, vom achtfachen Weg zur Aufhebung des Leidens und vom Aufgehen im Nirwana. Religiöses Ziel des Buddhismus ist es, das Rad des Lebens, den ewigen Kreislauf von Schicksal und Leid, zu durchbrechen, was durch Erkenntnis und eigenes richtiges Handeln erreicht werden kann. Der historische Buddha schaffte es, diesen Kreislauf zu durchbrechen: Er wurde erleuchtet und erreichte das Nirwana. Für

Sie praktizierten Yoga und fernöstliche Meditationstechniken und wandten sich in ihrem Bestreben vor allem gegen die festgezurrte, starre wilhelminische Obrigkeitsgesellschaft.[400] Sie wollten neue Lebensformen ausprobieren, die frei von gesellschaftlichen Zwängen und Konventionen sein sollten.[401] Es wird bis heute in der Forschung kontrovers diskutiert, ob die Lebensreform-Bewegung eher als modern oder als antimodern einzuschätzen ist. Denn häufig war sie mit völkisch-nationalistischen Tönen verbunden.[402] Einer der Vorkämpfer dieser Bewegung

---

Hermann Hesse war Buddha das Symbol des vollkommenen menschlichen Wesens, das mit dem göttlichen Funken beseelt ist und ihn in sich spürt. Der Buddhismus breitete sich in ganz Asien aus (weiträumige Tempelanlagen), wurde aber in Indien durch den Hinduismus verdrängt. Buddhistische Mönche missionieren nicht; die Meditation ist ihre religiöse Haupthandlung. Ihr Leben ist bestimmt durch Friedfertigkeit und Kontemplation. Der Buddhismus zählt heute zu den großen Weltreligionen. Vgl. dazu Wilhelm Gundert, Der Buddhismus, in: Die grossen nichtchristlichen Religionen unserer Zeit in Einzeldarstellungen (Körners Taschenausgabe, Bd. 228), Stuttgart 1954, a. a. O., 39-55, und Karl Jaspers, Die massgebenden Menschen, a. a. O., bes. 105-131.

[400] „Das beginnende 20. Jahrhundert ist von einer ausufernden Asien- und Buddhismusmode geprägt" (Angelika Jacobs, Fragile Idole der Moderne. Die Buddha-Figur bei Victor Segalen, Fritz Mauthner und Hermann Hesse, in: Hermann Hesse und die literarische Moderne, a. a. O., 322-354, Zitat auf 322).

[401] So z. B. bei Johannes Guttzeit, der wegen der \`Beschimpfung der jüdischen Religion´ – gemeint war sein religionskritisches Buch \`Unsinn und Unmoral in biblischen Geschichten´ – zu einer dreimonatigen Gefängnisstrafe verurteilt wurde (welche er auch verbüßte). \`Heimland´ – sie sei exemplarisch genannt – hieß die bis 1926 bestehende völkische Siedlung des antisemitischen Publizisten Theodor Fritsch (1852-1933), einem der Wegbereiter des Nationalsozialismus, auf einem 117 Hektar großen Gelände bei Rheinsberg. Heute haben das Erbe der Lebensreformbewegung nicht nur die Reformhäuser, sondern auch rechtsradikale und neovölkische Aktivist:innen, vor allem in Ostdeutschland, angetreten: Sie haben leerstehende Bauernhöfe gekauft und produzieren Kleidung aus Wolle und Filz oder ökologische Baustoffe. Sie singen die alten deutsche Volkslieder und kämpfen gegen Gentechnik. Ideologisch schließen sie an den Bund \`Artam´ an, indem sie sich selbst \`Neo-Artamanen´ nennen. Dieser reaktionäre Bund, dessen Name für die \`Erneuerung aus den Urkräften des Volkstums, aus Blut, Boden, Sonne und Wahrheit´ bestand, war die einzige aus der bündischen Jugend hervorgegangene Organisation, die nach 1933 nicht auf dem Index der Nazis stand. Heinrich Himmler (1900-1945) oder der Kommandant von Auschwitz, Rudolf Höß (1901-1947) waren dort Mitglieder. Nach 1933 ging die \`Deutsche Lebensreform-Bewegung´ in der NSDAP auf.

[402] Vgl. dazu ausführlich Christoph Wagner, Lichtwärts!, a. a. O., 10-19.

war der deutsche Maler und Sozialreformer Karl Wilhelm Diefenbach.[403] Der friedensbewegte Sohn eines Zeichenlehrers aus Hadamar predigte barfuß und in Mönchskutte die Liebe zur Natur. Seine Kommune `Himmelhof´[404] in Wien wurde zum Vorbild für die Reformsiedlung Monte Verità. Diefenbach scharte illustre Persönlichkeiten um sich, wie den wandernden Prediger Gustav Nagel, den deutschen Maler Fidus, mit dem Hermann Hesse, der zu seinen frühen Bewunderern zählte, in Kontakt stand[405], und den Schweizer Arzt und Ernährungsreformer Max Bircher-Benner. Wer waren diese Personen? Es lohnt sich, kurz näher einen Blick auf sie zu werfen.

Gustav Nagel (1874-1952), der als Schreibreformer eine vereinfachte Orthographie nach Gehör propagierte, die beispielsweise auf Majuskel verzichtete, und der sich deshalb selbst `gustaf nagel´ schrieb, war ein Naturmensch. Der Wanderprediger, Heiler, Musiker und Gartenbaukünstler wurde bekannt durch Wanderungen und Vortragsreisen, die er stets leicht bekleidet

---

[403] Karl Wilhelm Diefenbach (1851-1913) gilt als der `Urvater´ der alternativen Bewegungen in Deutschland, vgl. Christoph Wagner, Lichtwärts!, a. a. O., 56ff. Der Vorkämpfer der Freikörperkultur (1888 kam es zum ersten Nudistenprozess der Geschichte gegen ihn) und der Friedensbewegung gründete die Landkommune `Himmelhof´ bei Wien, die zum Vorbild für die Reformsiedlung Monte Verità wurde. 1881 trat er aus der Kirche aus und wandte sich der `Freireligiösen Bewegung´ zu. Ab 1882 verkündete er in Kutte und Sandalen seine Lehre (ein Leben im Einklang mit der Natur, Ablehnung der Monogamie, Negierung von Religion jedweder Art, viel Bewegung an der frischen Luft, Ausübung von Freikörperkultur, vegane Ernährung). Diefenbach, der selbst in einer Ménage à trois mit seiner Ehefrau Mina (1865-1940) und deren Schwester Marie Vogler (1861-1941) lebte sowie zahlreiche außereheliche Beziehungen hatte, wohnte von 1899 bis 1913 auf Capri. Dort starb er im Alter von 62 Jahren an den Folgen eines Darmverschlusses, vgl. die Abbildung von ihm mit seinen Kindern Helios, Stella und Lucidus, in: Thomas Blubacher, Frei und inspiriert, a. a. O., 133. Diefenbachs Enkel Fridolin von Spaun (1901-2004) – ein deutscher Rechtsextremist – sorgte dafür, dass das Werk seines Großvaters nicht in Vergessenheit geriet. Diefenbachs 68 Meter langer Fries mit dem Titel `Per aspera ad astra´ (Wien 1893) ist heute im Stadtmuseum im Schloss Hadamar zu sehen. Sein schriftlicher Nachlass befindet sich im Archiv der deutschen Jugendbewegung auf Burg Ludwigstein/Hessen.

[404] Zu näheren Informationen siehe online: https://hietzing.at/Bezirk/geschichte2.php?id=398 (aufgerufen am 3.4.2022).

[405] Vgl. Peter Michalzik, 1900, a. a. O., 56.

und barfuß unternahm. Sie führten den `praktischen fertreter der naturheilkunde´, der Hilfe bei Kopfschmerzen, Verstopfung, Trunk- und Fallsucht, Veitstanz, Stottern, Bettnässen und Onanismus[406] versprach, 1903 bis nach Jerusalem. nagel, der es ablehnte, Schuhe zu tragen, seine Haare wachsen ließ und einen knappen Lendenschurz trug, war ein Vertreter der Naturheilkunde und der Hydrotherapie Sebastian Kneipps[407]; er härtete sich mit eiskaltem Wasser ab und ernährte sich ab 1890 rein vegetarisch. Anfangs lebte er in einer Erdhöhle. Sein Vater vermutete eine mögliche Geisteskrankheit, strebte ein Entmündigungsverfahren gegen ihn an und enterbte ihn. Unzählige Anzeigen wegen der Erregung öffentlichen Ärgernisses aufgrund seiner spärlichen Bekleidung wurden gegen nagel erstattet. Nach Aussagen, er spräche mit „mit Gott und den Engeln [408]" und folgte Sternen, die ihm den Weg wiesen, wurde er schließlich im August 1900 als geistig verwirrt gerichtlich entmündigt. Später wurde er rehabilitiert und war wieder voll geschäftsfähig. nagel wirkte – finanziell erfolgreich – als Vortragsredner (vor bis zu 1000 Zuhörer:innen) und verkaufte mit großem Gewinn

---

[406] Die männliche Form der Selbstbefriedigung leitet sich sprachlich von der biblischen Gestalt des Onan (Gen 38, 1-11) her. Obwohl es sich dabei genau genommen um einen Coitus interruptus zur Vermeidung eines unerwünschten Kindes handelt, wurden danach masturbierende Frauen und Männer `Onanisten´ genannt. Im 19. Jahrhundert war dieses Thema mit Angst und Krankheit verbunden.

[407] Der aus Oberschwaben stammende römisch-katholische Priester Sebastian Kneipp (1821-1897) wurde durch seine Kaltwassertherapie als Hydrotherapeut und Naturheilkundler bekannt (`Die Natur ist die beste Apotheke´). Er ist der Namensgeber der Wasserkur mit Wassertreten. Der 1883 zum Päpstlichen Geheimkämmerer ernannte Kneipp behandelte u. a. auch Papst Leo XIII. in Rom. Anfang des 20. Jahrhunderts zählte er nach Otto von Bismarck (1815-1898) zu den populärsten Deutschen in den USA. 1897 wurde der Kneipp-Verein gegründet, der in den 1960er-Jahren ca. 65000 Mitgliedern hatte. Heute existieren ca. 600 Kneippvereine mit ungefähr 160000 Mitgliedern, Kneipps millionenfach aufgelegte Bücher werden noch immer verlegt. Seit 2010 gibt es einen Sebastian-Kneipp-Tag bei der Bundeszentrale für gesundheitliche Aufklärung; 2015 wurde das `Kneippen´ ins Verzeichnis des immateriellen Kulturerbes aufgenommen.

[408] Claudia Becker, Naturmensch von Beruf, in: DIE ZEIT 19/1996, 59.

eigene Schriften und Bildkarten. Er war dreimal verheiratet, hatte mehrere Kinder und noch mehr außereheliche Beziehungen, da auch er ein Anhänger der `freien Liebe´ war.[409] Der Individualist überlebte das KZ Dachau, in das ihn die Nazis 1943 wegen `staatsfeindlicher Betätigung´ verschleppten, nachdem sie sein Areal[410] mit seinen Kunstwerken in Arendsee geschlossen, dann zerstört und schließlich ein Redeverbot über ihn verhängt hatten. Später jedoch wurde er von den DDR-Behörden in die Nervenheilanstalt Uchtspringe zwangsweise eingewiesen; dort starb er vereinsamt und seelisch gebrochen.[411] Die Ideen nagels, der einst sogar für den Reichstag kandidiert hatte, aber in seiner Zeit für `verrückt´ erklärt worden war, leben weiter bei den GRÜNEN, in der vegetarischen Bewegung, bei den Naturfreunden, den Tierschützern, Naturheilkundlern und in der alternativen Medizin.[412]

Die zweite Person, die betrachtet werden soll, nannte sich `Fidus´. Mit bürgerlichem Namen hieß er Hugo Reinhold Karl Johann Höppener (1868-1948). Er hatte seinen lateinischen Künstlernamen (= der Getreue) von seinem Lehrer Diefenbach erhalten. Fidus wurde ein Anhänger des Vegetarismus, der

---

409 Davon zeugte der auf dem von ihm gepachteten Seegrundstück um 1920 errichtete `Seetempel´, der auf sieben Phallussäulen ruhte: https://www.ejz.de/img_10487461L_28_als-barfuessiger-prophet-vom-arendsee.jpg (aufgerufen am 3.4.2022).

410 Vgl. online: https://commons.wikimedia.org/wiki/Category:Gustaf-Nagel-Areal_(Arendsee)?uselang=de (aufgerufen am 3.4.2022).

411 Zur unseligen Geschichte der Psychiatrie, besonders im Blick auf ihre Verstrickung in die NS-Verbrechen im Rahmen der `Aktion T4´, vgl. online: https://stgs.sachsen-anhalt.de/fileadmin/Bibliothek/STGS/Bernburg/Psychiatrie_des_Todes_-_Teil_1.pdf (aufgerufen am 3.4.2022).

412 Heute befindet sich in Arendsee/Sachsen-Anhalt, seiner langjährigen Wirkungsstätte, das `gustaf-nagel-areal´: https://commons.wikimedia.org/wiki/Category:Gustaf-Nagel-Areal_(Arendsee)?uselang=de (aufgerufen am 3.4.2022). Anlässlich der Wiederkehr seines 60. Todestages veranstaltete die Stadt Arendsee am 1. April 2012 eine Gedenkfeier: Immerhin war er doch im Jahr 1929 der bedeutendste Steuerzahler der Stadt!

Lichtgläubigkeit und der Freikörperkultur. Später vertrat der bisexuell lebende Künstler eine mystische Naturreligion und trat der Theosophischen Gesellschaft bei. Sein berühmtestes Bild war sein 1908 entstandenes `Lichtgebet´: Ein junger, nackter, androgyn aussehender Mann betet auf einem Berggipfel, die Arme in Form einer Lebensrune spreizend, die Sonne an.[413] Dieses Bild wurde zum Kultbild der Jugendbewegung und zählte zu den am verbreitetsten Bildpostkarten im Deutschen Reich.[414]

Maximilian Oskar Bircher-Benner (1867-1939), der Dritte im Bunde, erfand das später nach ihm benannte `Bircher-Müsli´ und prägte den Begriff `Vollwertkost´. Der Sohn eines Aarauer Notars hatte sich schon während seines Medizinstudiums in Zürich mit Naturheilkunde, Hydrotherapie und Diätetik beschäftigt. Er heiratete 1893 die wohlhabende, aus dem Elsass stammende Elisabeth Benner (1872-1945) und bekam mit ihr sieben Kinder (von denen drei Ärzte wurden). Nach der Eröffnung mehrerer privater Praxen in Zürich und der Betreibung des `Centralbads´ im Zürcher Stadtzentrum eröffnete er 1904 am Zürichberg das Sanatorium `Lebendige Kraft´.[415] Er experimentierte mit Rohkost-Diäten und veganer bzw. lactovegetarischer Vollwertkost. Seine Apfeldiätspeise ist bis heute unter

---

[413] Online zu sehen unter: https://www.gnm.de/objekte/lichtgebet/ (aufgerufen am 24.4.2022).

[414] 1932 trat Fidus in die NSDAP ein. Nach 1945 arbeitete er in Berlin für die SED, schloss sich einer freireligiösen Gemeinde an und wurde CDU-Anhänger. Ein Teil seines Nachlasses befindet sich heute im `Archiv der deutschen Jugendbewegung´, in der `Berlinischen Galerie´ und in der `Berliner Akademie der Künste´; ein anderer Teil ist in Privatbesitz oder wurde versteigert.

[415] Berühmte Patienten Bircher-Benners waren neben Hermann Hesse und Thomas Mann beispielsweise die berühmten Dirigenten Wilhelm Furtwängler (1886-1954), Bruno Walter (1876-1962), Otto Klemperer (1885-1973) sowie die Schriftsteller Romain Rolland und Rainer Maria Rilke (1875-1926).

dem Namen `Birchermüesli´ bekannt.[416] Nach Bircher-Benners Tod 1939 – er starb an den Folgen eines Herzinfarktes – wurde das Sanatorium von den Söhnen des Gründers übernommen und in `Bircher-Benner-Privatklinik´ umbenannt. Erst 1994 wurde die Klinik geschlossen und das Gebäude vier Jahre später verkauft. Bircher-Benners Theorie der eingefangenen Sonnenstrahlen gilt heute als widerlegt. Auch seine Überlegungen zur Rohkosternährung werden heute in der wissenschaftlichen Forschung kritisch betrachtet, ebenso die Verbindungen Bircher-Benners zu völkischem und faschistischem resp. nationalsozialistischem Gedankengut.[417]

Zu den eigentlichen Gründer:innen der Monte-Verità-Bewegung aber gehörten sechs Personen, die im Folgenden entsprechend gewürdigt werden: Von München kommend, hatten die Prototypen künftiger Hippies und Ökos mehr oder weniger

---

[416] Zum Originalrezept des Müslis gehörten geriebener Apfel, Nüsse, eingeweichte Haferflocken, Zitronensaft und Kondensmilch, vgl. Stefan Bollmann, Monte Verità, a. a. O., 134ff.

[417] Die Tatsache, dass die Naturkost-Bewegung international war, beweist das Werk des US-Amerikaners John Harvey Kellog (1852-1943), das bis heute seine Spuren hinterlassen hat: Der US-amerikanische Arzt aus Michigan ist der Erfinder der Erdnussbutter und zusammen mit seinem Bruder Will Keith Kellog (1860-1951) der Erfinder der Cornflakes. 1897 gründeten die beiden die `Sanitas Food Company´, die Cornflakes herstellte. Er gehörte der protestantischen Freikirche der Siebenten-Tags-Adventisten an, die die zeitgenössische akademische Medizin ablehnte (1907 wurde er wegen inhaltlicher Glaubensdifferenzen ausgeschlossen). 1875 promovierte er und übernahm die Leitung des 1866 gegründeten `Health Reform Institute´ in Battle Creek. Mit Erfolg: Um 1900 herum verfügte das Hospital über 700 Betten; um 1920 nahm es ca. 1200 Patienten jährlich auf, von denen die meisten an Übergewicht und Verstopfung litten. Kellogs propagierte in seinen Veröffentlichungen eine vegetarische Ernährung und klärte über Sexualität auf, wobei er – obwohl seit 1879 verheiratet – grundsätzlich sexuelle Enthaltsamkeit vertrat. Die Ehe blieb folglich kinderlos; allerdings nahm das Paar über vierzig Kinder bei sich auf und adoptierte sieben davon. Kellogs, der bald einen Ruf als Vorkämpfer für Gesundheit hatte, vertrat eine ganzheitliche Medizin unter besonderer Berücksichtigung von vegetarischer Ernährung, Hydrotherapie, Einläufen und Sport. Er war überzeugt, dass neunzig Prozent aller Krankheiten vom Magen-Darm-Trakt ausgingen und auf ungesunde Ernährung zurückzuführen waren. Dazu zählte er den Konsum von Fleisch, Alkohol und Kaffee, ferner Rauchen, Gewürze und das Ausleben der Sexualität. 1938 musste er sein Sanatorium hochverschuldet schließen. Er starb fünf Jahre später im hohen Alter von 91 Jahren.

durch Zufall die kleine Anhöhe für sich entdeckt, um dort, „irgendwie abseits, ... wo es viel Sonne, Früchte und Schönheit gab“[418], ihre ganz persönliche Lebensreform umzusetzen: die Schwestern Ida und Jenny Hofmann, die Brüder Karl und Gustav, gen. `Gusto´ Gräser; ferner der spirituell interessierte Sohn eines begüterten Industriellen aus Antwerpen, Henri Oedenkoven, sowie Lotte Hattemer.[419] Auch hier lohnt es sich, die Figuren, die auf Hermann Hesse damals im weitesten Sinn Einfluss ausübten, einmal näher zu betrachten.

Ida Hofmann (1864-1926), Tochter eines musikalisch interessierten sächsischen Bergbauingenieurs, war eine deutsche diplomierte Klavierlehrerin, Pianistin und Autorin. Sie wuchs in Wien auf. Hofmann, die als Sprachgenie galt, weil sie anscheinend sieben Sprachen fließend sprach, zählte zu den Mitbegründer:innen des alternativen Siedlungsprojektes `Monte Verità´. Sie beschäftigte sich mit der `Lebensreform´ und dem Vegetarismus, der dort `Vegetabilismus´ genannt wurde, und wandte sich darüber hinaus thematisch dem Frauenrecht und der Esoterik zu. In der Naturheilanstalt von Arnold Rikli lernte sie den 25jährigen belgischen Industriellensohn Henri Oedenkoven (1875-1935) und den demissionierten habsburgischen Offizier Karl Gräser (1875-1920) kennen. Sie lebte zunächst mit dem elf Jahre jüngeren Oedenkoven, der sich von einem Aufenthalt auf dem Berg die Heilung von der Syphilis versprach, in `freier Ehe´ zusammen. 1903 wurde die sich bis dato vegetarisch ernährende Ida Hofmann unter dem Einfluss des niederländischen Lebensreformers und ehemaligen Konsuls und Direktors von Kultur- und Handelsunternehmen Joseph

418 Jonny Rieger, Ein Balkon über dem Lago Maggiore. Tessiner Reise-Verführbuch, Bern-München-Wien 2000, 44.

419 Vgl. dazu ausführlich Ulrike Voswinckel, Freie Liebe und Anarchie, a. a. O., 13-29.

Salomonson (1853-unbekannt) radikalisiert und zur Veganerin.[420] Mit Oedenkoven, seiner Frau Isabelle Adderley und den gemeinsamen Kindern Verus (1914-2008) und Giusto Helios (1918-2014) verließ sie 1920 den Monte Verità. Sie wanderte nach Brasilien aus, erkrankte dort schwer und starb im Alter von 62 Jahren in São Paulo.[421]
Ihre Schwester Eugenia Ida Antonia Luise Hofmann (1863-unbekannt), Jenny genannt, war eine in Berlin und Frankfurt ausgebildete Opernsängerin, die ebenfalls als Musiklehrerin arbeitete. Wie Ida, so lebte auch sie in `freier Ehe´. Mit Karl Gräser wohnte sie zusammen auf einem eigenen Grundstück in der Nähe des Monte Verità in einer abgängigen Weinberghütte. Beide vertraten das Konzept eines Lebens ohne Geld: Nur das, was sich der Mensch durch eigene Kraft und seiner Hände Arbeit – nicht einmal unter Zuhilfenahme von Tieren oder Maschinen – erschaffen konnte, war ihm gemäß und gut.[422] Beide litten mit der Zeit unter schweren neurologischen und psychischen Störungen. Jenny hatte sich vermutlich bei ihrem Mann mit Syphilis angesteckt und litt im Endstadium an progressiver Paralyse: Der vollkommenen Lähmung voraus ging eine fortschreitende Demenz, verbunden mit Sprachstörungen und der Unfähigkeit, Bewegungen zu koordinieren. Sie starb vermutlich in der Psychiatrie in Mendrisio.[423]

---

[420] Von Ida Hofmann-Oedenkoven stammen einige programmatische Veröffentlichungen, vgl. Ida Hofmann, Vegetabilismus! Vegetarismus! Blätter zur Verbreitung vegetarischer Lebensweise, Ascona 1905; dies., Wie gelangen wir Frauen zu harmonischen und gesunden Lebensbedingungen?, Ascona 1902; dies., Monte Verità. Wahrheit ohne Dichtung, Lorch 1906. Alle Schriften erschienen im Selbstverlag; eine ist beispielsweise heute online zugänglich unter: https://archive.org/details/MonteVeritaWahrheitOD/page/n1/mode/2up (aufgerufen am 30.3.2022).
[421] Vgl. dazu den SPIEGEL-Artikel `Monte Verità: Unter Urwaldmenschen´, online zugänglich unter: https://www.spiegel.de/fotostrecke/aussteiger-kolonie-monte-verita-fotostrecke-145837.html (aufgerufen am 30.3.2022).
[422] Vgl. dazu Jonny Rieger, Ein Balkon über dem Lago Maggiore, a. a. O., 56f.
[423] Vgl. Peter Michalzik, 1900, a. a. O., 404.

Karl Gräser (1875-1920) stammte aus Siebenbürgen aus einer erzfrommen Familie und war österreichisch-ungarischer Offizier, bevor er als Aussteiger, Anarchist, Naturmensch und Begründer der Reformsiedlung Monte Verità bekannt wurde. Seine spätere `Reformehe´ mit Jenny Hofmann lag voll im Trend des Antibürgerlichen und Antikirchlichen.[424]
Gustav `Gusto´ Gräser (1879-1958) aus Kronstadt/Siebenbürgen, Sohn eines Bezirksrichters und Senators, hatte in Wien Kunst studiert und sich zunächst 1898 der Künstlergemeinschaft `Humanitas´ von Karl Wilhelm Diefenbach auf dem `Himmelhof´ bei Wien angeschlossen, sich dann aber wegen dessen autoritärem Gehabe wieder von ihr getrennt.[425] Ab 1899 tourte er als Wanderdichter, Naturheiler und Einsiedler in ganz Europa und wurde zu einem Magneten für Suchende und Reformer.[426] Er wurde auch zu einer Gestalt der Dichtung.[427] Grä-

---

424 Erich Mühsam zufolge gehörte Karl Gräser zu den „interessantesten, tiefsten und bedeutendsten Persönlichkeit[en] unter allen Colonisten…" (Erich Mühsam, Ascona. Eine Broschüre, a. a. O., 40).

425 Vgl. dazu online: https://www.gusto-graeser.de/ (aufgerufen am 12.7.2022).

426 Gusto Gräser stand in Kontakt mit maßgeblichen Persönlichkeiten seiner Zeit, wie Gustav Landauer und Friedrich Naumann. Eine besondere Gestalt war dabei der Begründer der Anthroposophie, Rudolf Steiner (1861-1925): Steiner war weder Menschenfreund noch Wissenschaftler, sondern ein größenwahnsinniger Okkultist, Antisemit und Rassist (er unterschied beispielsweise zwischen der `weißen´, der `mongolischen´ und der `Neger-Rasse´, die in einem hierarchischen Verhältnis zueinanderstanden). Jüdinnen und Juden sah er als kulturell und biologisch rückständig an und beklagte den Einfluss des Judentums in der `arischen Epoche´, wobei er unmissverständlich die kulturelle Auslöschung des Judentums forderte. Vgl. dazu weiterführend Helmut Zander, Die Anthroposophie. Rudolf Steiners Ideen zwischen Esoterik, Weleda, Demeter und Waldorfpädagogik, Paderborn 2019. Hermann Hesse stand Steiner kritisch gegenüber, vgl. Gunnar Decker, Hesse, a. a. O., 326ff.

427 Gerhart Hauptmann beispielsweise setzte Gräser in seinem 1910 erschienenen Roman `Der Narr in Christ Emanuel Quint´ ein literarisches Denkmal. Die beiden hatten sich vermutlich 1909 kennengelernt. Ähnlich Hermann Hesse, fühlte sich Hauptmann von der Bewegung auf dem Monte Verità angezogen und abgestoßen zugleich. Den Text findet man online im `Projekt Gutenberg´: https://www.projekt-guten-

ser selbst lebte von Vorträgen und vom Verkauf selbstgedruckter eigener Gedichte. Er gilt heute mit seinen `Mondscheintänzen´, die an die Derwischtänze der Sufis erinnerten, als Initiator des modernen Ausdruckstanzes, der mit Mary Wigman[428] und Rudolf von Laban[429] seinen Siegeszug durch Europa und die Welt antrat.[430] Von 1913 bis 1918 hielt sich auch die US-amerikanische Tänzerin und Choreografin Isadora Duncan[431], eben-

---

berg.org/hauptmag/narr/narr.html (aufgerufen am 16.4.2022). Hermann Hesse verewigte Gräser in seinem Essay `Der Waldmensch´, online hier als Reprint des Vorabdrucks in der `Zürcher Illustrierte´ von 1926 zu sehen: https://www.e-periodica.ch/cntmng?pid=zui-001%3A1926%3A2%3A%3A1069 (aufgerufen am 16.4.2022).

428 Mary Wigman (eigentlich Marie Wiegmann, 1886-1973) stammte aus Hannover. Die Tänzerin, Choreografin und Tanzpädagogin machte den rhythmisch-expressiven Ausdruckstanz als `New German Dance´, der zwischen 1920 und 1935 seine Blütezeit erlebte, international bekannt. 1913 war sie auf Rat des rassistischen und später nationalsozialistischen Malers Emil Nolde (1867-1956) in Rudolf von Labans `Schule für Kunst´ auf dem Monte Verità eingetreten. Sie wurde zum Idol einer Bewegung, die den Tanz von der Unterordnung durch die Musik befreien wollte – wobei oft nur von Gongs und Trommeln begleitet, oft auch ganz ohne Musik getanzt wurde, was besonders den Intellektuellen gefiel. Allein in Dresden hatte Mary Wigman Anfang der 1930er-Jahre über 350 Schüler:innen.

429 Auf den ungarischen Tänzer, Choreografen und Tanztheoretiker Rudolf von Laban (1879-1958), eine Zentralfigur des europäischen modernen Tanzes, geht die nach ihm benannte `Labanotation´, ein System zur Analyse und Aufzeichnung menschlicher Bewegung, zurück (die grammatisch korrekte Form Labannotation oder Laban-Notation ist unüblich). Seit 1928 kann damit menschliche Bewegung aufgezeichnet werden. 2017 wurde Laban zu Ehren sein berühmter `Gesang der Sonne´ von Fans nachgetanzt. Regelmäßig gibt es Tanz-Tagungen auf dem Monte Verità, online unter: www.laban.ch (aufgerufen am 20.5.2022).

430 Vgl. dazu, mit vielen zeitgenössischen Fotografien, Ulrike Voswinckel, Freie Liebe und Anarchie, a. a. O., 89-103.

431 Die US-amerikanische Tänzerin, Choreografin und Feministin Isadora Duncan (1877-1927), dezidierte Gegnerin des klassischen Balletts, hatte als Erste klassische Musik tänzerisch umgesetzt und versucht, in griechisch-römische Gewänder wie Chiton und Tunika gekleidet, den Tanz der Antike wiederzubeleben. Zur Zeit ihres Aufenthalts auf dem Monte Verità, wo sie für ihre Tänze wie eine Göttin verehrt wurde, war sie komplett aus dem seelischen Gleichgewicht geworfen worden: Ihre beiden kleinen Kinder waren im April 1913 zusammen mit dem Kindermädchen in der Seine bei einem Autounfall ertrunken. Mehrere Beziehungen waren in ihrem Leben gescheitert; ihr letzter Ehemann nahm sich später das Leben. Sie selbst wurde von ihrem Schal strangu-

falls zu den Wegbereiter:innen des modernen sinfonischen Ausdruckstanzes zählend, auf dem Monte Verità auf. Gräser, der 1911 mit seinem selbstgebauten Wohnwagen, seiner Frau und seinen sieben Kindern durch die Lande zog, wurde zu einer *der* Galionsfiguren der deutschen Jugendbewegung, die sich insbesondere an bürgerliche Kreise wandte, denen gegenüber sie dem von der Industrialisierung dominierten Leben eine Hinwendung zur Natur propagierte.[432] Als Pazifist wurde er immer wieder angefeindet, verhaftet, ausgewiesen (1912 aus Sachsen, 1913 aus Baden), schließlich 1915 als Kriegsdienstverweigerer zum Tode verurteilt, dann aber in eine sog. `Irrenanstalt´ eingewiesen. Nach der Rückkehr zum Monte Verità wurde Gräser zum Vorbild für Kriegsgegner aus ganz Europa. Während der Münchner Revolution mahnte er zur Gewaltlosigkeit und kam zusammen mit Silvio Gesell[433] in Haft. Der `Vollblutvegetarier´[434], über den gesagt wurde, dass er so sanft war, dass er

---

liert, als er sich in der Radfelge des Sportwagens, in dem sie fuhr, verfing. Ihre sterblichen Überreste wurden neben denen ihre Kinder auf dem Pariser Père Lachaise beigesetzt. Vgl. dazu weiterführend Michaela Karl, „Lasst uns tanzen und Champagner trinken – trotz alledem!“ Isadora Duncan. Eine Biografie, München 2021, und Inge Rose/Barbara Sichtermann, Der blaue Vorhang. Isadora Duncan. Ihr Leben. Ihr Tanz, Hamburg 2021.

432 Dabei gab es zwischen der Jugendbewegung und der Reformpädagogik, der Freikörperkultur und der Lebensreformbewegung eine Wechselwirkung. Die Jugendbewegung war aus dem `Wandervogel´ (1896) hervorgegangen und bestand aus vielen Gruppen, die selbstorganisiert Wanderungen und Wochenendfahrten unternahmen, wobei das deutsche Volkslied neu entdeckt wurde. In ihrem Kontext entstanden die ersten Jugendherbergen in Deutschland, vgl. Christoph Wagner, Lichtwärts!, a. a. O., 96ff. Neben Gusto Gräser spielte u. a. der Reformpädagoge Gustav Wyneken (1875-1964) in der Jugendbewegung eine bedeutende Rolle. Wyneken, der als charismatische Persönlichkeit beschrieben wird, war Antisemit und Rassist; er wurde wegen Kindesmissbrauchs zu einer Gefängnisstrafe verurteilt.

433 Der deutsch-argentinische Kaufmann Silvio Gesell (1862-1930) setzte sich kritisch mit dem Geld auseinander und entwickelte eine Komplementärwährung, vgl. dazu näher Thomas O. H. Kaiser, Mammon. Über Geld. Von der Zinskritik des frühen Christentums bis zu ATTAC: theologisch-philosophische, literarische und ethische Reflexionen zu dem, was gilt, Norderstedt 2017, 159, bes. Anm. 396 und 398.

434 So der deutsche Schriftsteller Oskar Maria Graf (1894-1967), der 1912/13 auf dem Berg lebte.

nicht einmal Läuse und Flöhe tötete, wurde auf Betreiben von Ida Hofmann und Oedenkoven bald vom Monte Verità ausgeschlossen, da sie ihn für einen Besserwisser und Faulenzer hielten. 1920 zog Gusto Gräser unter dem Einfluss von Theodor Plievier[435] und Gregor Gog[436] mit einer Gruppe junger Frauen und Männer samt einer bunten Kinderschar in einem grüngestrichenen Planwagen singend, tanzend und spielend durch die Lande.[437] Er kam nach Berlin, arbeitete im Anti-Kriegsmuseum des Anarchisten und Antimilitaristen Ernst Friedrich[438] und lebte anschließend in der Reformsiedlung \`Grünhorst´[439], einem Zentrum der Jugendbewegung und der \`Biosophischen

[435] Der deutsche Schriftsteller Theodor Plivier (1892-1955) wurde durch seine gegen den Krieg gerichteten Bücher bekannt, darunter seine Trilogie \`Stalingrad´ (1945), \`Moskau´ (1952) und \`Berlin´ (1954).

[436] Gregor Gog (1891-1945), ein ehemaliger deutscher Matrose, wurde zur Zeit der Weimarer Republik als \`König der Vagabunden´ bekannt. Er rief 1927 die \`Bruderschaft der Vagabunden´, eine internationale Vereinigung von Obdachlosen und Vagabunden, ins Leben, die dem Anarchismus nahestand und 1933 von den Nazis zerschlagen wurde. Schutzpatron der Bruderschaft war Till Eulenspiegel. Auch Gregor Gog wurde zeitweilig zum Vagabunden und setzte sich für die Rechte von Obdachlosen ein. Vgl. dazu näher online: https://www.spiegel.de/geschichte/weimarer-republik-gregor-gog-koenig-der-vagabunden-a-1291713.html (aufgerufen am 8.2.2022).

[437] Vgl. Christoph Wagner, Lichtwärts!, a. a. O., 38ff.

[438] Der deutsche Schriftsteller Ernst Friedrich (1894-1967) war ein anarchistischer Pazifist und revolutionärer Antimilitarist (den Kriegsdienst im Ersten Weltkrieg verweigerte er aus Gewissensgründen und wehrte sich, eine Uniform anzuziehen). Er gründete 1923 das erste internationale Anti-Kriegsmuseum, das bis 1933 in Berlin bestand, und machte es mit seinem Buch \`Krieg dem Kriege´ (1924) bekannt. Die Nazis terrorisierten, schlugen und verhafteten ihn. Nach 18 Monaten Haft in Gurs, wohin ihn die Nazis deportiert hatten, schloss er sich der Résistance an, bekämpfte die Nazis und rettete ca. siebzig Kinder eines jüdischen Kinderheims vor der Deportation. Er starb verarmt. 1982 erfuhrt das Anti-Kriegs-Museum in Berlin eine Renaissance: http://anti-kriegs-museum.de/ (aufgerufen am 8.3.2022).

[439] Die nur kurze Zeit bestehende Lebensreformsiedlung \`Grünhorst´ bei Berlin wurde 1931 von Gertrud Gräser, Gusto Gräsers Tochter, ihrem Lebensgefährten Henri Joseph und Arthur Streiter (1905-1946) gegründet. Die Landkommune wurde zum Treffpunkt der Wandervogel- und der \`Biosophischen´ Bewegung und des Widerstands gegen Hitler. In ihr bildete sich ein Netzwerk alternativen Denkens – ökologisch, sozialistisch, religiös – und der verschiedensten Strömungen der Reformbewegung.

Bewegung´[440]. Von dort aus zog Gräser, seine Schriften verkaufend, quer durch Deutschland. Die Nazis nahmen ihn 1933 gefangen und inhaftierten ihn im Konzentrationslager; die Alternativsiedlung `Grünhorst´ wurde zerstört. 1940 flüchtete Gräser nach München und überlebte dort die Nazi-Diktatur bei Freund:innen halbverhungert im Versteck. Er starb vereinsamt 1958.[441] Sein dichterisches Werk, das wie sein Schöpfer lange in Vergessenheit geraten war, wurde vor der Vernichtung gerettet und befindet sich heute in der Stadtbibliothek München und im Monte Verità Archiv Freudenstein[442]. Hermann Hesse verewigte seinen Freund in einigen Gestalten seiner Werke.
Henri Oedenkoven (1875-1935) versprach sich vom Aufenthalt auf dem Berg die Linderung bzw. Heilung seines syphilitischen Leidens. Mit Hilfe seines Vermögens – er steuerte den Löwenanteil von 150000 Schweizer Franken für den Kauf des ca. 1,5 Hektar großen Geländes bei – wurde der Monte Verità zu einem vegetarischen Zentrum ausgebaut. Oedenkoven lebte zwar mit Ida Hofmann in freier Ehe zusammen, bekam aber Kinder von der in Indien geborenen britischen Tänzerin Isabelle Adderley (1890-1945). 1920 verließen er, Isabella und Ida Hofmann den Monte Verità.[443]

---

[440] Die `Biosophische Bewegung´ sammelte sich um Ernst Fuhrmann (1886-1956). Er war Dichter, Biologe, Philosoph und Fotograf (`Neue Sachlichkeit´). Fuhrmann entwickelte eine organisch-ökologische Denkweise, die er `Biosophie´ nannte. Er emigrierte 1938 nach New York.

[441] Vgl. Ulrike Voswinckel, Freie Liebe und Anarchie, a. a. O., 167-170. Dort befindet sich auch ein Foto Gusto Gräsers, das ihn am Ende seines Lebens in München zeigt.

[442] Zum Archiv vgl. online: https://de-academic.com/dic.nsf/dewiki/973185 (aufgerufen am 20.5.2022).

[443] Vgl. dazu ausführlich Andreas Schwab, Monte Verità – Sanatorium der Sehnsucht, Zürich 2003 (diss. phil.), bes. 11-31, Lit. auf 27ff., und ders., Zeit der Aussteiger, a. a. O., bes. 257-288, sowie – wie bereits erwähnt – Ulrike Voswinckel, Freie Liebe und Anarchie: Schwabing - Monte Verità. Entwürfe gegen das etablierte Leben, München 2009.

Die deutsche Lehrerin Lotte (eigentlich Pauline Charlotte Babette) Hattemer (1876-1906), Tochter eines römisch-katholischen Telegrapheninspektors, Eisenbahndirektors, preußischen Rates und Bürgermeisters von Berlin, gehörte zur Gründergruppe der `vegetabilischen Cooperative´ des Monte Verità. Im Herbst 1900 war sie von München über das Tiroler Land in Richtung Comer See gezogen, hatte danach am Nordende des Lago Maggiore den Weinberg Monte Monescia gekauft und ihn in `Monte Verità´ (`Berg der Wahrheit´) umbenannt. Die als exzentrisch bekannte junge Frau, die auf dem Monte Verità als `heilige Babette´, `wilde Lotte´ oder `Sonnenlotte´ bekannt war, trat wohltätig auf und gab die Überweisungen, die sie von ihrem Vater erhielt, an Bedürftige weiter. Sie lebte in einfachen Verhältnissen in einem baufälligen Stall ohne Türen und Fenster. Von den Lehren Alfredo Piodas[444] sowie des Esoterikers, Freimaurers, Theosophen und Mystikers Franz Hartmann[445] beeinflusst, fastete sie regelmäßig und ernährte sich ansonsten von rohem Wurzelgemüse und Obst. Sie starb verwirrten Geistes eines unnatürlichen Todes (Vergiftung) auf dem Monte Verità.

Also: Zwei in Siebenbürgen aufgewachsene Musikerinnen, ein demissionierter Soldat, ein Maler und Lebenskünstler, ein wohlhabender belgischer Industriellensohn und ein der elterlichen Gewalt entflohenes Mädchen – das waren die Gründer des Monte Verità. Sie erwarben Land, das in einer mythischen Landschaft lag, glaubten, Energie- und Kraftorte gefunden zu haben, und gaben dem Hügel den Namen `Wahrheitsberg´ –

---

[444] Alfredo Pioda (1848-1909) war ein Schweizer Theosoph, Philosoph, Jurist und liberaler Politiker (1900 Parteipräsident, 1893-1909 Tessiner Großrat und Nationalrat).

[445] Der Bayer Dr. Franz Hartmann (1838-1912), Freimaurer und Rosenkreuzer, wurde als Autor esoterischer Literatur bekannt. Er gilt als einer der wichtigsten Wegbereiter der Theosophie im deutschsprachigen Raum und trug wesentlich zur Verbreitung östlicher Philosophien im Westen bei.

nicht, weil sie sich im Besitz der Wahrheit wähnten, sondern danach strebten, `wahrhaftig´ zu leben.[446] Später versammelten sich neben Dichtern, Philosophen, Psychoanalytikern, Revolutionären und Tänzern auf dem Monte Verità weitere einflussreiche Künstler:innen und Intellektuelle, darunter Käthe Kruse[447]

---

[446] Der Monte Verità war auch Gegenstand von Filmen, beispielsweise `Freak Out – Monte Verità. Der Traum vom alternativen Leben´. Dokumentarfilm, Schweden/Dänemark/Norwegen 2014, oder `Monte Verità – Der Rausch der Freiheit´, Schweiz/Deutschland/Österreich 2021 (Regie: Stefan Jäger). Diese letzte Verfilmung wurde – laut Vorspann des Films – unterstützt durch das älteste vegetarische Restaurant der Welt, das `Hiltl´. Es besteht seit 1898 und befindet sich bis heute in Familienbesitz. Beeinflusst von Max Bircher-Benner (1867-1939) übernahm 1903 der bayrische Schneidergeselle Ambrosius Hiltl (1877-1969) die Geschäftsführung des als `Wurzelbunker´ der `Grasfresser´ verschrienen Restaurants im Herzen Zürichs. 1907 kaufte er das Haus an der Siehlstraße 28 und erhielt zwei Jahre später das Zürcher Bürgerrecht. 1931 hatte das Hiltl die erste vollelektrische Restaurantküche in der Stadt. Nach der Teilnahme von Familienangehörigen am Weltvegetarier-Kongress in Delhi gelangten in den 1950er Jahren indisch-vegetarische Einflüsse in die schweizerische Küche. Zur Website geht es hier: https://hiltl.ch (aufgerufen am 19.5.2022).

[447] Käthe Kruse (1883-1968) wurde als uneheliche Tochter eines Buchhalters und einer Näherin als Katharina Simon in Dambrau geboren und wuchs in ärmlichen Verhältnissen bei ihrer Mutter auf. Sie absolvierte eine Ausbildung zur Schauspielerin und hatte 1900 bis 1902 ein Engagement am Berliner Lessingtheater. Dort lernte sie den Bildhauer, Bühnenbildner und Erfinder Carl Max Kruse (1854-1942) kennen. 1902 bekam sie von dem dreißig Jahre Älteren eine erste Tochter, heiratete ihn aber zunächst nicht, da sie die freie Liebe vertrat, vgl. Peter Michalzik, 1900, a. a. O., 116ff., 161ff. und 175ff. 1904 zog sie nach Ascona, während ihr Lebensgefährte in Berlin blieb. Bis 1910 wohnte sie auf dem Monte Verità u. a. im Vogelfängerturm `Roccolo´ und hatte dort u. a. Kontakt zur schwedischen Reformpädagogin Ellen Key (1849-1926). Auf dem `Berg der Wahrheit´ entstand die Idee für ihre Puppen, die nach ihr benannt wurden. Ihr Mann Max Kruse ermunterte sie, für ihre erste Tochter zum Weihnachtsfest 1905 eine anschmiegsame Puppe zu kreieren. Die weichen, biegsamen und lebensechten Puppen revolutionierten wegen ihrer Natürlichkeit die gesamte Puppenindustrie. Das Paar bekam weitere sechs Kinder, darunter der jüngste Sohn Max Kruse, jr. (1921-2015). Er wurde der Erfinder von `Urmel aus dem Eis´. 1909 heiratete das Paar – Max Kruse sen. war inzwischen zum königlichen Professor ernannt worden – und Käthe Kruse zog zu ihm nach Berlin. Doch schon zwei Jahre später verließ sie mit ihren Kindern die Stadt wieder und lebte seitdem in Bad Kösen, wo sie ein Angebot zur Puppenproduktion angenommen hatte; mit ihrem Mann führte sie fortan eine Fernbeziehung. 1937 nahm sie mit ihren in Handarbeit gefertigten Puppen an der Pariser Weltausstellung teil. Mitte der 1950er-Jahre wurde die Produktion von Ost- nach Westdeutschland verlegt. Ihre Puppen werden von Sammlern heute hoch gehandelt. Ihre Firma firmiert heute als `Käthe Kruse GmbH´: www.kaethekrusepuppe.de (aufgerufen am 31.3.2022).

und Hans Arp[448]. Sie erfuhren dort ein völlig neues Freiheitsgefühl. Sonnenbaden und Freikörperkultur standen im Zentrum; auf den Konsum von Fleisch, Milchprodukten, Kaffee, Tabak und Alkohol sowie auf den Genuss von tierischen Produkten wie Eier, Milch, Käse und Honig wurde verzichtet. Ernährt wurde sich von Rohkost, Früchten und Nüssen; in der ersten Zeit wurde überhaupt nicht gekocht.[449] Erich Mühsam[450], der mit seinem Freund und damaligen Lebensgefährten Johannes

[448] Hans Peter Wilhelm Arp, auch Jean Arp (1886-1966), geboren in Straßburg, war ein deutsch-französischer Maler, Grafiker, Bildhauer und Lyriker, einer der Mitbegründer des Dadaismus in Zürich und ein vielfach ausgezeichneter Künstler. Die Arbeiten Arps bewerteten die Nazis später als `entartet´. Arp starb in Basel.

[449] Stefan Bollmann weist zu Recht darauf hin, dass auch Apple-Gründer Steve Jobs (1955-2011), der sich zeitweise dem Frutarismus angeschlossen hatte und sich jahrelang nur von Obst und Säften ernährte, darin von dem US-amerikanisch-deutschen Naturheiler Arnold Ehret (1866-1922) beeinflusst worden war, vgl. Stefan Bollmann, Monte Verità, a. a. O., 144ff. Noch heute sind die Ideen und Weltanschauungen von damals aktuell: Bis 2008 bestand beispielsweise in Arosa das 1928 errichtete `Ferienkurhaus Prasura´, das u. a. Rohkost, aber auch Licht- und Sonnenbäder als Grundlage für körperliches und geistiges Wohlbefinden anbot.

[450] Der anarchistische deutsche Schriftsteller und Antimilitarist Erich Mühsam (1878-1934), Sohn eines Berliner Apothekers, der sich zwischen 1904 und 1908 auf dem Monte Verità aufhielt, war der Meinung, dass der Vegetarismus als Weltanschauung wenig taugen würde (andere sahen in ihm einen Akt des Widerstands gegen die bürgerliche Gesellschaft und das Patriarchat). Seinen Hohn und Spott gegen das `Salatorium´ und die Vegetarier auf dem Wahrheitsberg fasste er in die Form eines `alkoholfreien Trinkliedes´: „Wir essen Salat, ja wir essen Salat/Und essen Gemüse früh und spat" (Erich Mühsam, Ascona. Eine Broschüre, Berlin ²1905, 1982, 37f.). Er missachtete die strengen Regeln der Vegetariergemeinde und schlich sich heimlich ins Dorf, um Fleisch zu essen, vgl. Stefan Bollmann, Monte Verità, a. a. O., 118; Ulrike Voswinckel, Freie Liebe und Anarchie, a. a. O., 42ff.,+71ff., und Thomas Blubacher, Frei und inspiriert, a. a. O., 16. Mühsam schlug vor, dass der Monte Verità ein Zufluchtsort für ehemalige Strafgefangene und verfolgte Heimatlose werden sollte. 1919 war er maßgeblich an der Ausrufung der Münchner Räterepublik beteiligt. Am 10. Juli 1934 wurde er nach 16-monatiger `Schutzhaft´ von der SS im KZ Oranienburg ermordet. Sein geistiges Erbe bewahrt heute die 1989 in Lübeck gegründete `Erich-Mühsam-Gesellschaft´: http://www.erich-muehsam.de/ (aufgerufen am 5.4.2022). Mühsams Texte wurden mehrfach vertont, u. a. durch die Berliner Band `Der Singende Tresen´ (`Mühsam-Blues´, 2012); viele von ihnen sind im `Projekt Gutenberg´ online zugänglich: https://www.projekt-gutenberg.org/autoren/namen/muehsam.html (aufgerufen am 5.4.2022).

Nohl[451], mit dem ihn zu der Zeit eine homosexuelle Beziehung verband, den Monte Verità besuchte, damit die Hoffnung auf eine kommunistische Lebensgemeinschaft wachhielt und später wie so viele dort Land erwarb, klagte: „So wurde ich zu den Rohköstlern gesteckt und mir eine `Lufthütte´ als Behausung zugewiesen. Von früh bis spät kaute ich nun Äpfel, Pflaumen, Bananen, Feigen, Wall-, Erd- und Kokosnüsse – es war schauderhaft, und ich fühlte meine Kräfte schwinden."[452] Für die

---

[451] Der in Berlin geborene Johannes Nohl (1882-1963), Sohn eines Gymnasiallehrers, studierte zunächst Theologie in München, wechselte dann jedoch zur Philosophie. Nohl bewegte sich in den Kreisen der Münchner Bohème. Nach seinem Aufenthalt in Monte Verità lebte er ab 1918 in Berlin, ab 1945 in Weimar. Der Anarchist verstand sich als Schüler von Sigmund Freud und Otto Gross und betätigte sich als freier Psychotherapeut. Hermann Hesse war zeitweise bei ihm in psychotherapeutischer Behandlung. Der Bohemien, der wie Erich Mühsam die homoerotische Selbstfindungsphase längst hinter sich gelassen hatte, heiratete 1918 die polnisch-jüdische Ärztin Iza-Gustava Prussak (1886-unbekannt) und bekam von ihr zwei Kinder; 1927 wurde die Ehe geschieden; 1950 heiratete er die kommunistische Schauspielerin, Schriftstellerin und Bildhauerin Dora Wentscher (1883-1964) und trat in die SED ein, vgl. dazu weiterführend Peter Dudek, Ein Leben im Schatten. Johannes und Herman Nohl – zwei deutsche Karrieren im Kontrast, Bad Heilbrunn 2004, sowie den SPIEGEL-Bestseller von Christian Berkel, Der Apfelbaum. Roman, Berlin 2018, [18]2021, in dem der Enkel von Johannes Nohl das Leben seiner Familie biografisch aufgearbeitet hat.

[452] Erich Mühsam, Unpolitische Erinnerungen, Leipzig 1949, 98. 2012 veröffentlichte der Schweizer Schriftsteller, Drehbuchautor und Journalist Christian Kracht (geb. 1966) einen Roman, der die Geschichte des Aussteigers August Karl Engelhardt (1875-1919) aus Nürnberg erzählt. Er gründete in der damaligen Kolonie Deutsch-Neuguinea (heute Papua-Neuguinea) eine neue religiöse Gemeinschaft, in der der `Kokovorismus´ – eine Ernährungsart, in deren Zentrum der Genuss der Kokosnuss stand – entwickelt wurde. Als Apothekergehilfe, der an einer gesunden Lebensführung interessiert war, hatte er Kontakt zur Lebensreformbewegung erhalten. Er verzichtete komplett auf Kleidung und ernährte sich ausschließlich vegetarisch, vorwiegend von Kokosnüssen – da die Kokosnuss die Frucht sei, die der Sonne, dem verehrungswürdigen Quell allen Lebens, am nächsten wuchs, und die reine Kokosdiät unsterblich mache, mit Gott vereinige und der Weg zur Erlösung von Schmerz, Leid und Tod sei. Engelhardt starb völlig entkräftet im Mai 1919. Zu den `Südseeträumen´ vgl. Christoph Wagner, Lichtwärts!, a. a. O., 238-246. Wagner erwähnt den `Papalagi´, das Kultbuch der grün-alternativen Bewegung der 1970er- und 1980er-Jahre, das bereits 1920 erstmals erschienen war und von dem Lebensreformer und Freund Hermann Hesses, Erich Scheurmann (1878-1957) stammte.

Kommunard:innen, die er dort antraf, hatte er nichts als Hohn und Spott übrig.[453]
Innerhalb kurzer Zeit wurden erhebliche Summen Geldes investiert: das sog. `Zentralhaus´ wurde erbaut und Holzhütten, sog. `Licht-Luft-Hütten´, auf dem Gelände errichtet.[454] Es wurden 300 Obstbäume gepflanzt und viel Geld in das Verlegen von Wasserleitungen und elektrischen Leitungen investiert, so dass bald die Wasserschlepperei beendet werden konnte und bereits 1904 die Siedlung durch elektrisches Licht beleuchtet wurde.[455]
Zur Entdeckung der Aufwertung des Leibes und zum Bewusstsein einer neuen Körperlichkeit gehörten Sport (Tennis und Geräteturnen), der Tanz[456] und die Musik: Legendär waren die Klavierabende, bei denen Ida Hofmann virtuos Werke Richard Wagners vortrug.[457]

---

453 Vgl. dazu Ulrike Voswinckel, Freie Liebe und Anarchie, a. a. O., 39-46. Allerdings würdigte Mühsam unter den Monte-Verità-Vegetarier:innen einige „Individualitäten" (Erich Mühsam, Ascona. Eine Broschüre, a. a. O., 36).

454 Aus dieser Zeit sind zeitgenössische Video-Aufnahmen vorhanden, etwa von dem deutschen Naturmenschen Karl Vester (1879-1963), online zugänglich unter https://lanostrastoria.ch/entries/1WwAPwzn3Gp und https://www.facebook.com/srf1/videos/karl-vester-leben-und-sterben-auf-dem-berg-der-wahrheit/368147418102362/ (beide Links aufgerufen am 7.4.2022).

455 Zu den teils heftigen Reaktionen der mehrheitlich römisch-katholischen Dorfbevölkerung, die einerseits über die nackten Proto-Hippies lachte und sie für verrückt hielt, andererseits die Frauen unter ihnen als `Huren´ beschimpften und sie auch gewaltsam attackierte, vgl. Stefan Bollmann, Monte Verità, a. a. O., 96f.

456 Weil einige der Bewohner:innen auch nackt tanzten (bevorzugt anlässlich nächtlicher Feiern im Mondenschein), wurden die Fremden von den Einheimischen „Balabiòtt" (Stefan Bollmann, Monte Verità, a. a. O., 231) genannt. Das Wort leitet sich von ital. `ballare´ = tanzen her; `balla-balla´ bedeutet: `Tanz, Brüderchen, tanz!´ Auch männliche Dorfbewohner sollen an diesen nächtlichen Tanzabenden teilgenommen haben, vgl. dazu weiterführend Peter Michalzik, 1900, a. a. O., 301-324.

457 Vgl. Stefan Bollmann, Monte Verità, a. a. O., 229ff. An Wagner schieden sich anscheinend damals schon die Geister: „Die Fin-de-Siècle-Generation der Monte-Verità-Gründer mag keine eigene Musik gekannt haben wie die Hippie- und Rebellengeneration der 1960er Jahre. Aber sie hatte in Wagner eine Musik, deren bewusstseinsverändernde Kraft sie in der Rebellion gegen das Establishment in den ersten Jahren des neuen Jahrhunderts bestärkte" (230).

Hermann Hesse war zwar für all diese Ideen offen, wurde jedoch „kein Anhänger einer dieser Reformbewegungen“[458]. Für den „Nonkonformist[en] und Pionier der Selbstfindung“[459] war der Monte Verità ein „Sehnsuchtsort“[460], sonst nichts. Letztlich war er auf der Flucht vor dem Familienleben und einem bürgerlichen Lebensstil nach Ascona gekommen. In der Ruhe, Abgeschiedenheit und Freiheit auf dem Wahrheitsberg suchte er nach Antworten auf die ihn quälenden Fragen, nach dem Sinn des Lebens und hatte das Ziel, `sich selbst zu befreien´.[461] Im April 1907 mietete der fast Dreißigjährige vier Wochen lang eine Luft-Licht-Hütte, „vordergründig zur Linderung seines Augenleidens, aber anscheinend auch zur Alkohol-Entziehungskur“[462]. Doch es war für ihn auch eine Art „Zivilisationsentziehungskur“[463]. Hier fand er ähnlich Gesinnte, denen es so ging wie ihm, darunter `Gusto´ Gräser und dessen Bruder Karl.[464] Hesse fühlte sich von Gusto Gräser, dem `Urhippie und Gandhi des Westens´, wie er genannt wurde, angezogen, er verstand ihn

---

458 Alois Prinz, „Und jedem Anfang wohnt ein Zauber inne“, a. a. O., 141.
459 Klaus Brath, Hermann Hesse (1877-1962): Alles andere als ein robustes Naturell, in: Deutsches Ärzteblatt 2012, 109. Jg., H. 31-32, A1551-A1553 v. 6.8.2012, online zugänglich unter: https://www.aerzteblatt.de/archiv/128331/Hermann-Hesse-(1877-1962)-Alles-andere-als-ein-robustes-Naturell (aufgerufen am 16.6.2022).
460 Andreas Schwab, Zeit der Aussteiger, a. a. O., 263.
461 Vgl. genauer Stefan Bollmann, Monte Verità, a. a. O., 203-220.
462 Andreas Schwab, Zeit der Aussteiger, a. a. O., 264; vgl. dazu auch Ralph Freedman, Hermann Hesse, a. a. O., 175. Hesses lebenslanges Laster blieb allerdings das Rauchen: Er rauchte mit Vorliebe ostindische Zigaretten oder italienische Zigarren.
463 Peter Michalzik, 1900, a. a. O., 183.
464 Neben den `residents´ war der Monte Verità auch Ausflugsziel vieler Tourist:innen, wodurch die Gemeinschaft Einnahmen erzielte. Ausgewertete Listen ergaben, „dass zwischen 1906 und 1909 insgesamt vierhundertelf Personen auf dem Monte Verità zu Gast waren, die meisten davon mehrere Wochen, einige sogar mehrere Monate am Stück“ (Stefan Bollmann, Monte Verità, a. a. O., 103). Noch heute ist der `Berg der Wahrheit´ in Reiseführern über das Tessin als touristisches Ziel ein fester Bestandteil, vgl. Marcus X. Schmid, Tessin, Erlangen 2014-2020, sowie Roger Strub/Matthias Spalinger, Tessin. Lieblingsplätze zum Entdecken, Meßkirch 2017, 147. Es ist allerdings unwahrscheinlich, dass sich die hier erwähnten Personen Lenin (1870-1924) und Paul Klee (1879-1940) je auf dem Monte Verità aufgehalten haben.

als seelenverwandt.[465] Es wird vermutet, dass Hesse im Frühjahr 1907 einige Tage nackt, fastend und meditierend mit diesem Aussteiger par excellence, dem „Apostel der totalen inneren und äußeren Freiheit“ [466], in dessen Eremitenhöhle verbrachte.[467] In der Felsgrotte im Wald von Arcegno lebten die beiden anscheinend zusammen und Hesse studierte mit ihm die Weisheitslehren des Ostens.[468] Die Begegnung mit dem bärtigen, langhaarigen und charismatischen deutsch-österreichischen Künstler und Aussteiger, den einige für die Reinkarnation Christi hielten, hinterließ bei Hesse nachweislich Spuren.[469] Die Monte-Verità-Bewegung, die auf ihre Fahnen ein Leben in der

---

465 Vgl. Ulrike Voswinckel, Freie Liebe und Anarchie, a. a. O., 29-38.

466 André Uzulis, Hermann Hesse, a. a. O., 108. Uzulis schreibt, dass Hesse in dieser Zeit von gesammelten Beeren lebte. „Wie Gusto Gräser meditierte er in dessen Grotte Caverna del Pagano, von deren Eingang der Blick noch heute auf den Keltenhügel Baladrume und den Monte Utopia geht“ (108).

467 Handfeste Beweise für diese Vermutung gibt es allerdings nicht. Denn Hermann Hesse, von dem es Fotos aus dieser Zeit gibt, die ihn mit Vollbart zeigen, Leinenhemden tragend, aber auch nackt, die `Bhagavad-Gita´ und die indischen `Veden´ lesend, vom vegetarischen Essen schwärmend und das Rauchen und Trinken aufgebend, erwähnt in seinen Werken die Personen, die er auf dem Monte Verità kennengelernt hatte, an keiner Stelle. Es ist keinerlei Rede von den Vegetariern und den Anarchisten, deren Bekanntschaft er gemacht hatte. Er verarbeitete seine Erfahrungen an diese Zeit noch Jahre später in seinen Erzählungen, in denen Glaubensgemeinschaften und Weltverbesserer verstärkt vorkamen, im Allgemeinen und seine Begegnung mit Gusto Gräser in seinem `Demian´ im Besonderen, vgl. Volker Weidermann, Träumer. Als die Dichter die Macht übernahmen, Köln 2017, $^{2}$2018, 186ff. Auch in Hesses Buch `Freunde´ von 1907/08 weisen einige Beschreibungen des Protagonisten, Heinrich Wirth, auf Gusto Gräser als Inspirationsquelle hin, vgl. Hermann Hesse, Freunde. Erzählung (st 1284), FfM 1986.

468 Vgl. dazu Paul Michael Lützeler, Brochs `Aussteiger´ im Kontext der Lebensreformer auf dem Monte Verità, in: Barbara Mahlmann/Paul Michael Lützeler (Hg.), Aussteigen um 1900. Imaginationen in der Literatur der Moderne, Göttingen 2021, 25-49, bes. 31.

469 Gerne erzählte Hermann Hesse die Anekdote, als Gräser „mit seinen langen Haaren, dem wallenden weißen Gewand und den Heilandssandalen mit schwingenden Armen durch das hohe Kornfeld der Bauern geschritten [sei]. Der Bauer sei ihm wutentbrannt nachgelaufen und habe ihn von hinten her beschimpft. Gräser habe sich hoheitsvoll umgewandt und gesagt: `Was willst du, mein Sohn?´ Da sei der Bauer zitternd in die Knie gesunken, habe die Hände gefaltet und gestammelt: `Das ist ja unser Herr und Heiland!´“ (so wiedergegeben von Uli Münzel, Erinnerungen an Hermann Hesse, in: Volker Michels [Hg.], Hermann Hesse in Augenzeugenberichten, a. a. O., 280-284).

Natur, Vegetarismus, ganzheitliche Medizin und die Befreiung von der Enge der bürgerlich-prüden Sexualmoral geschrieben hatte sowie die Freikörperkultur mit dem Bewusstsein eines freien Geistes verband, eröffnete dem stetig nach Wahrheit und Erkenntnis und einem glücklichen Leben strebenden Dichter neue Perspektiven auf sein Leben – gewissermaßen probierte Hermann Hesse seinen `Peter Camenzind´ im Nachhinein selbst auf dem Monte Verità aus.[470] Er entdeckte die Malerei für sich.[471] Hier schrieb er seinen kurzer Text `In den Felsen´[472],

---

[470] In Deutschland sind mit dem Vegetarismus die Namen Gustav Struve (1805-1870), Eduard Wilhelm Baltzer (1814-1887), Theodor Hahn (1824-1883) und Johann Wilhelm Zimmermann (1819-1882) verbunden. Der evangelische Theologe Baltzer, erster Präsident des Bundes Freireligiöser Gemeinden Deutschlands, auf den der 1852 entstandene Begriff `Jugendweihe´ zurückgeht, vertrat einen ethischen Vegetarismus und gründete den ersten Vegetarierverein in Deutschland. Vgl. dazu umfänglich Christoph Wagner, Lichtwärts!, a. a. O., 130-140.

[471] Hesse war durch seinen Analytiker Josef Bernhard Lang (1881-1945), mit dem er gemeinsam die Konflikte der Jugend zu bearbeiten begann, auf das Malen gekommen und die Malerei als Therapie für sich entdeckt. Dabei gehörten nicht nur farbenfrohleuchtende, idyllische Berglandschaften, die er in freier Natur malte, zu seinen Motiven, sondern er hielt auch seine Träume bildlich fest. So entstanden mit dem Zeichenstift u. a. Gouachen, maskenartig-wilde Männerporträts mit blutroten Lippen und giftgrünen Augen. 1920 schon stellte Hesse in Basel aus. Jene Bilder, die unter der Anleitung seines Freundes Gustav Gamper (1873-1948) entstanden, bildeten später mit denen berühmter Künstler:innen den Grundstock für das Museo Comunale von Ascona, das 1922 gegründet wurde, online zugänglich unter: https://www.museoascona.ch/de/museo-comunale-d-arte-moderna (aufgerufen am 4.4.2022). Nach seiner Heirat mit Ninon Dolbin hörte er Anfang der 1930er-Jahre mit dem Malen in der freien Natur auf, verzierte allerdings bis an sein Lebensende unzählige seiner Briefe mit dekorativen kleinen Aquarellen.

[472] Mit `In den Felsen. Notizen eines Naturmenschen´ könnte auch das berühmte Foto untertitelt werden, das Hermann Hesse von hinten als Nacktkletterer zeigt. Fotografiert von seiner Frau Mia, entstand es aber erst im Sommer 1910, also ein paar Jahre nach seinem Aufenthalt auf dem Monte Verità, während einer Bergtour in Amden oberhalb des Walensees, vgl. Stefan Bollmann, Monte Verità, a. a. O., 186 und 209; Birgit Lahann, Hermann Hesse, a. a. O., 66, und Kathrin Geist, Der Nacktkletterer vom Monte Verità. Hermann Hesses Text *In den Felsen* als kritische Auseinandersetzung mit der Lebensreform, online zugänglich unter: https://www.degruyter.com/document/doi/10.1515/9783839433348-011/pdf (aufgerufen am 24.4.2022) sowie https://www.nzz.ch/magazin/reisen/der_nacktkletterer_von_amden-ld.929855 (aufgerufen am 24.4.2022).

der das naturnahe Leben, das er in dieser Zeit lebte, mit der nötigen dichterischen Freiheit aufnahm, aber kritisch betrachtete: Im Zentrum seiner Erzählung steht der Ich-Erzähler. Dieser hat sich in die Einsamkeit des Waldes zurückgezogen, wohnt in einem Holzverschlag, lebt mehrere Tage, ohne feste Nahrung zu sich zu nehmen, und gräbt sich, um die Heilkraft der Erde zu erfahren, sogar einmal ein.[473] Er erreicht damit aber das Gegenteil von dem, was er eigentlich wollte: „Der Naturmensch verhungert fast, die vermeintlich freundliche Natur entpuppt sich immer mehr als Feindin. Statt geistige Unabhängigkeit und Bedürfnislosigkeit zu erreichen, wird die Abhängigkeit vom Körper immer größer, der Geist stumpft zusehends ab."[474] Am Ende fristet der Erzähler „mehr oder weniger das Leben eines wilden Tieres"[475]. Hesse schrieb mit größtmöglicher dichterischer Freiheit, er übertrieb, pointierte, fantasierte. Was er schilderte, war zwar angeregt durch die persönlichen Umstände, aber weitgehend Fiktion. Es war bei Hesse keine größere inhaltliche Distanz zu den Monteveritäner:innen auszumachen als in dieser Erzählung: Hesse verstand die Natur nicht so, dass sie ihm Geborgenheit vermittelte oder er in ihr Heilung fand – ganz im Gegenteil: Die Natur war auf dem Monte Verità für ihn zum Feind

---

473 Die Methode des Sicheingrabens wurde von Karl Gräser praktiziert, der an die Heilkräfte der Erde glaubte und Kranke, die zu ihm kamen, bis zum Hals in den Boden eingrub. Man geht davon aus, dass sich auch Hesse in einer Art Selbstversuch eingrub, vgl. Peter Michalzik, 1900, a. a. O., 183f., und Thomas Blubacher, Gebrauchsanweisung für das Tessin, a. a. O., 147.

474 Andreas Schwab, Zeit der Aussteiger, a. a. O., 264. Andreas Schwab erwähnt zu Recht, dass Hesse diese Kritik am naturnahen Leben noch mehr in seiner Satire `Doktor Knölges Ende´ zugespitzt hat, vgl. Hermann Hesse, Die Kunst des Müßiggangs. Kurze Prosa aus dem Nachlaß. Herausgegeben und mit einem Nachwort von Volker Michels (st 100), FfM 1973, 115-121.

475 Andreas Schwab, Zeit der Aussteiger, a. a. O., 264.

des Menschen geworden.[476] Es ist in der Hesse-Forschung unumstritten, dass Hesse auf dem Berg viel Zeit mit sich selbst verbrachte, mit sich selbst beschäftigt war, über sich selbst nachdachte und sein Leben von hier aus eine entscheidende Wende nahm: Der Lebensreform-Bewegung mit ihren kollektivistischen Idealen, mit der Hesse eine Zeitlang geflirtet hatte, stellte er jedoch kritisch seine eigene Individualität als Maßstab gegenüber.[477] Für den „Hyper-Individualisten"[478] war nach einer Zeit der Auseinandersetzung mit der Naturheilkunde, der Lebensreform- und der Freikörperkultur-Bewegung die Erkenntnis gereift, dass er kein Freund des Kollektivs war – und sei es eines noch so alternativen Kollektivs. Er habe, so hielt er resümierend fest, auf dem Monte Verità zwar einige leibliche, aber keine herausragenden geistigen Erfahrungen gemacht.[479]

Die kleine Gesellschaft der Aussteiger, die sich weder eine Leitung noch eine Organisation noch eine Verfassung gegeben

---

[476] Später wird er mit den Stilmitteln der Satire in Erzählungen wie `Dr. Knölges Ende´ oder `Der Weltverbesserer´ seine Erfahrungen mit den Anhänger:innen der Lebensreform-Bewegung verarbeiten, vgl. Jakob Flach, Früher Aufenthalt im Tessin, in: Volker Michels (Hg.), Hermann Hesse in Augenzeugenberichten, a. a. O., 77-79, bes. 77. In den 1980er-Jahren werden Wolfgang Niedecken (geb. 1951) und die Kölner Deutschrockband `BAP´ – die damals das Lebensgefühl einer ganzen Generation verkörperten, in der Männer lila Latzhosen und Birkenstocksandalen trugen und die Konsumgesellschaft ablehnten – ähnlich satirisch mit den Mitteln der Parodie ihren Blick auf die in der Bundesrepublik Deutschland gerade im Entstehen begriffene ökologische Szene lenken: mit ihrem Hit `Ich bin der Müsliman´. Der transkribierte Text ist hier online zugänglich: https://www.songtexte.com/uebersetzung/bap/musli-man-deutsch-bd6850e.html (aufgerufen am 9.4.2022).

[477] Vgl. weiterführend Jürgen Below (Hg.), Hermann Hesse. „Der Vogel kämpft sich aus dem Ei". Eine dokumentarische Recherche der Krisenjahre 1916-1920, Hamburg 2017. Später hatte auch die Lebensreformbewegung weniger die Veränderung der Gesellschaft als vielmehr die Veränderung des Menschen im Blick. Ihren Anhänger:innen ging es weniger um die Veränderung der Besitz- und Eigentumsverhältnisse als vielmehr um eine alternative Moderne, in der der Einzelne im Einklang mit der Natur leben konnte. So waren die meistverkauften Lebensreformbücher unpolitisch: Kochbücher und naturheilkundliche Ratgeber.

[478] André Uzulis, Hermann Hesse, a. a. O., 109.

[479] Vgl. Hermann Hesse, Autobiographische Schriften I, in: Das essayistische Werk Bd. 1, hg. v. Volker Michels, a. a. O., 322.

hatte, bestand nach Hesses Besuch nicht mehr lange. 1920 machten sich die Gründer:innen auf zu neuen Ufern – nach Brasilien, um dort weiter ihre Ideale zu leben.[480] In Ascona war damit die Geschichte des Monte Verità als einer mit vielen Hoffnungen auf eine bessere Zukunft verbundenen Geschichte vorbei.[481] Hermann Hesses persönliche Nähe zur Lebensreformbewegung, sein Interesse am Naturheilkundeverfahren, an der

---

480 1926 kaufte der deutsch-schweizerische Bankier, Kunstsammler und Mäzen Eduard von der Heydt (1882-1964) den Hügel für 160000 Schweizer Franken und arrondierte das Gelände. Der Privatbankier Wilhelms II. (1859-1941), der später eine unrühmliche Rolle im Nationalsozialismus spielte, lockte Bauhausvertreter wie Walter Gropius (1883-1969), Marcel Breuer (1902-1981) und Oskar Schlemmer (1888-1943) sowie andere namhafte Vertreter:innen aus Politik und Gesellschaft an den Lago Maggiore. Er ließ auf dem Hügel ein Hotel im Bauhausstil bauen, das `Hotel Monte Verità´. Während der NS-Zeit wurde der Monte Verità Emigrant:innen aus Nazi-Deutschland zum Zufluchtsort. Seit 1964 ist der Berg, den heute Tourist:innen bevölkern, im Eigentum des Kantons Tessin. Er wurde durch Hermann Müller (geb. 1931), dem Biographen Gusto Gräsers, und Harald Szeemann (1933-2005) 1978 wiederentdeckt: Sie machten den Berg zu einem Versammlungsort jüngerer Lebenskünstler und zu einem Gesamtkunstwerk. Die `Casa Anatta´ (nach buddhistischer Lehre `Nicht-Ich´), das einstige spartanisch eingerichtete Haupthaus, das 1930 als `originellstes Schweizerhaus´ galt (mit Yin- und Yang-Zeichen verzierte Außentreppen, doppelte Wände, Flachdach, Rolltüren), ist heute ein Museum, in dem die Geschichte des Ortes und des Geistes, der einst dort wehte, erzählt wird. Die `Casa Selma´ ist eine Licht-Luft-Hütte, die – ähnlich den Freiluftduschen, die es hier noch gibt – aus der Hochzeit des `Wahrheitsberges´ noch besteht. In dem Holzpavillon `Chiaro mondo dei beati´ befindet sich das riesige gleichnamige Rundgemälde `Klarwelt der Seligen´ des Künstlers Elisàr von Kupffer (1872-1942) aus dem Jahr 1923: http://www.elisarion.ch/de/das_malerische_werk/die_klarwelt_der_seligen.html (aufgerufen am 4.4.2022). In der `Casa Francesco´, dem Haus von Karl Gräser, von 1903 bis 1906 nach einem Entwurf des Architekten Paul Evertz (1884-1945) entstanden, sind die Wandfresken von Alexander Wilhelm de Beauclair (1877-1962) zu sehen. Von 1990 bis 1996 wurde das gesamte Gelände renoviert. Seit 2006 gibt es hier ein japanisches Teehaus. Online kann man sich hier ein Bild verschaffen: www.monteverita.org und www.casa-del-te.ch (beide Links aufgerufen am 3.4.2022). 2017 wurde die restaurierte `Casa Anatta´ wiedereröffnet. Dort ist Gusto Gräsers Bild `Der Liebe Macht´ zu besichtigen: In Aufnahme des biblischen Sündenfallmythos flieht ein nacktes Paar aus einer brennenden Industriewelt in ein im Frieden mit der Natur stehendes Paradies.

481 Heute befindet sich auf dem Monte Verità ein Tagungs- und Kulturzentrum: https://www.monteverita.org/de (aufgerufen am 7.4.2022). Die Idee einer freien, friedlichen, gewalt- und ausbeutungsfreien Gesellschaft lebt anderswo weiter, beispielsweise im portugiesischen `Tamera´: https://www.tamera.org (aufgerufen am 6.4.2022). Zu den Initiator:innen der freie Liebe und Sexualität propagierenden internationalen Arbeits-

Freikörperkultur und an alternativen Ernährungsformen blieb aber über seinen Aufenthalt auf dem `Berg der Wahrheit´ hinaus zeitlebens bestehen.[482]

Nach einigen Monaten kehrte Hesse zwar braun gebrannt, aber abgemagert, permanent gereizt und launisch nach Gaienhofen zurück.[483] Auch später noch reiste er regelmäßig in die Gegend von Ascona. Es zog ihn allerdings nichts mehr zum Monte

---

und Lebensgemeinschaft, die `Heilbiotop´ genannt wird, gehören der Psychologe und Autor Dieter Duhm (geb. 1982) und die Autorin Sabine Lichtenfels (geb. 1954). Seit ihrer Gründung 1995 ist die Gemeinschaft auf ca. 200 Personen angewachsen. Exemplarisch seien als Lektüre genannt: Dieter Duhm, Terra Nova. Globale Revolution und Heilung der Liebe, Bad Belzig 2014, und Leila Dregger, Tamera – ein Modell für die Zukunft, Bad Belzig 2015. Auch die bis heute bestehende, von Eberhard Arnold (1883-1935) gegründete Bruderhof-Bewegung, deren Anfänge bis in die Zeit der Lebensreform-Bewegung zurückreicht, wäre hier zu nennen, allerdings mit einer anderen, urchristlich-kommunistischen Stoßrichtung: https://www.bruderhof.com/de (aufgerufen am 6.7.2022). Daneben gibt es immer wieder auch freiheitsliebende Individualist:innen, die ihren Traum von Freiheit leben, vgl. die Arte-Beiträge `Die Höhlen-Hippies von La Gomera´: https://www.youtube.com/watch?v=nwKpPxpuJKo&t=0s (2018) und https://www.youtube.com/watch?v=dV1e851sekg (2022), aufgerufen am 6.4.2022. Auch im deutschen Feuilleton hat die Bewegung Spuren hinterlassen, vgl. Volker Hage, Die freie Liebe, München 2015.

482 Martin Radermacher hat in einem erhellenden Beitrag die Monte-Verità-Bewegung in einen religiösen Zusammenhang eingeordnet. Er spricht von „Vorläufern von Ideen, die in der Religionswissenschaft heute unter den Stichworten `Unsichtbare Religion´, `believing without belonging´, `Neue Religiöse Bewegungen´ oder `New Age´ auf breiter Front erforscht werden. [...] Hermann Hesse gehört zu jenen, die sich an die Grenzen der Gesellschaft begaben, um das Für und Wider alternativer Lebensformen zu erproben" (Martin Radermacher, Hermann Hesse – Monte Verità. Wahrheitssuche abseits des Mainstreams zu Beginn des 20. Jahrhunderts, in: Zeitschrift für junge Religionswissenschaft 6/2011, 1-20, Zitat auf 21, online zugänglich unter: https://journals.openedition.org/zjr/710 [aufgerufen am 16.6.2022]). Der Essay von Dr. Martin Radermacher, heute Managing Director, Finance & Administration, CERES, Ruhr-Universität Bochum, stammt aus dem Jahr 2007.

483 Rudolf Sieck (1877-1957), der mit Hesse befreundet war und ihn in dieser Zeit am Bodensee besuchte, gab ihm den wenig schmeichelhaften Namen `Kohlrabi-Apostel´. Sieck, der zunächst eine kaufmännische Lehre absolviert und dann an der Kunstgewerbeschule in München studiert hatte, zeichnete ab 1904 u. a. für den Simplicissimus und illustrierte darüber hinaus zeitgenössische Ausgaben von Frank Wedekind (1864-1918) und Hermann Hesse. Sein Nachlass befindet sich in der Bayerischen Staatsbibliothek.

Verità, sondern er bewohnte das Gartenhäuschen in der vegetarischen `Villa Neugeboren´.[484] Der Name leitete sich von den beiden Besitzerinnen her, Albine und ihre Tochter Hilde Neugeboren.[485] Diese hatte den von ihr verehrten Dichter dorthin eingeladen.[486] Ihr aus mehreren Häusern bestehendes Anwesen war mittlerweile zum Geheimtipp unter deutschen Intellektuellen und Kriegsgegner:innen geworden. Hier trafen sich beispielsweise Lou Andreas-Salome[487], Franziska zu Reventlow[488]

---

[484] Allerdings hielt er die Verbindung zum Monte Verità über seinen Freund Gustav Gamper, vgl. Peter Michalzik, 1900, a. a. O., 340.

[485] Albine Neugeboren, geb. Capesius (1861-1940) war Gräser-Jüngerin. Sie führte zusammen mit ihrer Tochter Hilde Neugeboren (1891-1979) das Haus in Monti della Trinità sopra Locarno im pazifistisch-reformerischen Sinne. Von dieser pazifistischen Keimzelle des Exils gingen starke politische, künstlerische und spirituelle Impulse aus, die u. a. die Dada-Bewegung und den Expressionismus beeinflussten. Im September 1916 kam es in diesem Wanderziel der `Wandervögel´ zum Treffen von Hesse und Gusto Gräser, nachdem sich die beiden voneinander entfremdet hatten. In dieser Zeit beginnt Hesses Wandlung vom Kriegsfreiwilligen zum entschiedenen Kriegsgegner. Hesse, der in Hilde Neugeboren verliebt war (vgl. Hermann Hesse, GW V, 79), verewigte sie später in seinem `Demian´. Sie wurde zum Vorbild für seine `Beatrice´: eine dreiundzwanzigjährige Frau, die mit einem Kriegsdienst leistenden Arzt verlobt war, religiös war, sich für die Natur begeisterte und tagsüber mit ihrem Wolfshund träumend im Gras lag. Ein Foto vom September 1916 zeigt Hesse mit Hilde Neugeboren in den Felsen von Arcegno. Die erhaltenen Briefe von Hildegard Jung-Neugeboren an Hermann Hesse befinden sich im Hesse-Archiv der Schweizerischen Landesbibliothek in Bern, online hier zugänglich: https://ead.nb.admin.ch/html/hesse.html (aufgerufen am 2.5.2022).

[486] 1918 nahm Hesse seinen ältesten Sohn, den damals zwölfjährigen Bruno, ins Gartenhäuschen mit. Zusammen mit Hesses Freund, dem Schweizer Schriftsteller, Puppenspieler und Maler Jakob Flach (1894-1982) wurden Wanderungen unternommen und es wurde gemalt. Über das Gartenhäuschen schrieb Hesse ein Gedicht, vgl. Hildegard Jung-Neugeboren, `In Hildes Winkelchen´, in: Volker Michels (Hg.), Hermann Hesse in Augenzeugenberichten, a. a. O., 73-76, bes. 74f., und fertigte von dem Haus eine Tuschzeichnung an. Jakob Flach, der ab 1915 immer wieder einmal in Arcegno bei Ascona lebte, berichtet später von seinem Zusammenleben mit Hermann Hesse, vgl. Jakob Flach, Ascona – Gestern und Heute, Zürich 1971, 45f.

[487] Lou-Andreas-Salomé (1861-1937), aus einer russisch-deutschen Hugenottenfamilie stammend, war Schriftstellerin und Psychoanalytikerin. In Erinnerung blieb sie auch durch ihre Beziehung zu Friedrich Nietzsche, Paul Rée (1849-1901) und Rainer Maria Rilke (1875-1926): https://www.spiegel.de/geschichte/lou-andreas-salome-femme-fatale-und-freifrau-a-1099355.html (aufgerufen am 6.7.2022).

[488] Fanny Reventlow (1871-1918) starb im Juli 1918 im Alter von 47 Jahren an den Folgen einer Operation nach einem Fahrradsturz. Sie wurde in Ascona begraben, vgl. weiterführend Ulrike Voswinckel, Freie Liebe und Anarchie, a. a. O., 73-88.

oder Klabund[489]. Von dem Gartenhäuschen aus unternahm Hesse Wanderungen in die oberhalb von Losone, Ronco und Brissago gelegenen Berge und genoss die Gegend. Doch er konnte diesmal nicht so richtig abschalten; seine bedrückende Lebenssituation beherrschte den Aufenthalt.
Die kommenden Jahre brachten für Hermann Hesse eine Zeit erhöhter Produktivität mit sich. Schon die Titel seiner Bücher sprachen Bände. Waren die Geschichten in einer eher kleinen Welt angesiedelt, so klang in ihnen doch die große Sehnsucht nach dem unbeschwerten, freien Leben des Vagabunden an.[490] 1907 erschien mit \`Diesseits´[491] eine Sammlung seiner Erzählungen. Zwei Jahre später, 1909, kam sein Buch \`Nachbarn. Erzählungen´ im S. Fischer Verlag in Berlin heraus.[492] In diesem Jahr unternahm Hesse eine Lesereise nach Norddeutschland, in deren Rahmen er den von ihm verehrten 78jährigen Wilhelm Raabe[493] besuchte. Schon im Jahr darauf, 1910, erschien sein

---

489 Klabund hieß eigentlich Alfred Georg Hermann \`Fredi´ Henschke (1890-1928). Sein Pseudonym, eine Zusammensetzung aus \`Klabautermann´ und \`Vagabund´, wählte der Schriftsteller 1912. Im Jahr 2007 wurde bekannt, dass der lungenkranke Pazifist, der sich häufig in Schweizer Sanatorien aufhielt, u. a. in den Jahren 1917/18 als Informant des deutschen militärischen Nachrichtendienstes tätig war.

490 Zu Hesses Lesern in dieser Zeit gehörten Walter Benjamin (1892-1940) und Bertolt Brecht (1898-1956). Für sie wie für weitere Schriftstellerkollegen setzte sich Hesse ein, nachdem diese aus Nazideutschland ins Exil gegangen waren. Bertolt Brecht und Helene Weigel (1900-1971) gehörten zu den ersten Besucher:innen Hesses in Montagnola, die ihn quasi aus erster Hand mit Informationen aus Nazi-Deutschland versorgten. Walter Benjamin schickte Hesse sein Manuskript \`Berliner Kindheit um Neunzehnhundert´ und bat ihn um Mithilfe bei der Verlagssuche (Brief Benjamins v. 7.3.1934).

491 Vgl. Hermann Hesse, Diesseits. Erzählungen, Berlin 1907, online hier zugänglich: https://www.gutenberg.org/files/47818/47818-h/47818-h.htm (aufgerufen am 21.3.2022).

492 Die fiktive Stadt \`Gerbersau´ spielte in diesem Buch die heimliche Hauptrolle; gemeint war natürlich Hesses Heimatstadt Calw. Vorbild für dieses Buch Hesses war die Novellensammlung von Gottfried Keller mit dem Titel \`Die Leute von Seldwyla´. Der Text ist online hier zugänglich: https://www.gutenberg.org/files/55321/55321-h/55321-h.htm (aufgerufen am 21.3.2022).

493 Vgl. Bernhard Zeller, Hermann Hesse, a. a. O., 63. Die Reise führte Hesse nach Goslar, Hannover, Bremen und Braunschweig. In Braunschweig stattete er Wilhelm

Musikerroman `Gertrud´[494], Hesses Hommage an die Musik, und ein Jahr später sein Gedichtband `Unterwegs´ (1911). In all diesen Büchern waren Hesses innere Unrast und sein Wunsch spürbar, aus dem Ehealltag an der Seite seiner depressiven Frau, der sich lähmend auf sein gesamtes literarisches Schaffen auszuwirken drohte, auszubrechen.

Raabe (1831-1910), geboren in Eschershausen/Herzogtum Braunschweig, aufgewachsen in Stadtoldendorf und Holzminden und gestorben in Braunschweig, einen Besuch ab. Raabe war vor allem mit seinen sozialkritischen Erzählungen, Novellen und Romanen im 19. Jahrhundert erfolgreich (`Altershausen´, `Der Hungerpastor´, `Abu Telfan´, `Der Schüdderump´). Es gibt einige Übereinstimmungen, aber auch Unterschiede zwischen beiden Schriftstellern: Wie Hermann Hesse, so hatte auch Raabe Probleme mit der Schule und wie dieser begann auch er eine Buchhändlerlehre, die er jedoch abbrach. Wie Hesse, so gelangte er zu plötzlichem großen Erfolg als Schriftsteller (`Die Chronik der Sperlingsgasse´). Wie Hesse, so beobachtete auch Raabe die Probleme, die die fortschreitende Industrialisierung hervorbrachte (so wird Raabes `Pfisters Mühle´ als erster Umweltroman gewertet). Wie Hesse, so malte auch Raabe. Im Unterschied zu Hesse bediente aber Raabe in seinen Romanen antijüdische Stereotype und erzielte deshalb im Nationalsozialismus hohe Verkaufszahlen. Im Unterschied zu Hesse blieb Raabes Bekanntheit größtenteils nur auf Deutschland beschränkt. Hesse reflektierte seinen Besuch in seinem Aufsatz `Besuch bei einem Dichter´ (1933). Zu Person und Werk Raabes vgl. weiterführend Werner Fuld, Wilhelm Raabe. Eine Biographie, München-Wien 1993, bes. 175ff.

494 Vgl. Hermann Hesse, Gertrud, München 1910, online in der 11. Auflage hier zugänglich: https://www.gutenberg.org/files/61266/61266-h/61266-h.htm (aufgerufen am 21.3.2022). Die Handlung, Hesses eigene Existenz chiffriert thematisierend (Themen sind Entsagung, Einsamkeit, Unvereinbarkeit von Künstlertum und Ehe), bestimmen der Opernsänger Heinrich Muoth und der Komponist Kuhn. Beide sind seit einem Unfall in der Jugend körperlich behindert. Der eine hat eine eher temperamentvolle Persönlichkeit, während der andere eher ein stiller Typ ist. Beide sind in die schöne Gertrud Imthor verliebt, die von Hesse jedoch mehr als Mutter denn als Geliebte gezeichnet wird. Nach dem frühen Tod Muoths bleiben Kuhn und Imthor miteinander verbunden. Die Frauenfigur des 1909 veröffentlichten Musiker:innenromans hatte die von Hesse verehrte, aber unerreichte Elisabeth La Roche zur Vorlage. Das Buch erschien im Verlag Albert Langen; Hesse hatte mit dem S. Fischer Verlag vertraglich vereinbart, dass drei von vier seiner Bücher bei S. Fischer erscheinen sollten und er das vierte in einem Verlag seiner Wahl herausbringen durfte (dafür erhielt er zu seinen Tantiemen von S. Fischer sogar noch eine Treueprämie). Das Buch, das im Prinzip den schwierigen Werdegang eines Komponisten schildert, in dessen eigentlichem Zentrum aber die Musik steht und das als einziges Werk von Hesse selbst als `Roman´ bezeichnet wurde, wurde zwar ein Verkaufserfolg, fiel aber bei der Kritik durch.

6. Die `Indienreise´

Das sollte bald geschehen: Nach der Geburt seines dritten Sohnes Martin im Juli 1911 begab sich Hesse im Spätsommer des Jahres in Begleitung des Malers Hans Sturzenegger[495] per Schiff auf eine etwa dreimonatige `Indienreise´. Hesse hatte das Gefühl, dass ihn die Ehe mit seiner neun Jahre älteren Frau zunehmend unfrei machte, und auch der plötzliche Wohlstand sowie das Aufsehen und der Kult um seine Person befremdeten ihn. Heute würde man vielleicht sagen: Hesse nahm sich eine Auszeit von seiner Familie, um sich – als Künstler, als der er sich verstand – selbst zu verwirklichen. Kritisch könnte man auch

[495] Hans Sturzenegger (1875-1943), von seinen Freund:innen kurz `Sturz´ genannt, stammte aus einer begüterten Schaffhauser Kaufmannsfamilie und wuchs auf dem Landgut Belair in Schaffhausen auf. Ab 1892 studierte er Malerei an der Karlsruher Kunstakademie bei Robert Poetzelberger und Leopold Graf von Kalckreuth. Von 1898 bis 1903 arbeitete er in Schaffhausen und in einer Malerkolonie in Rüschlikon. Von 1904 bis 1906 war er Meisterschüler bei Hans Thoma (1839-1924) in Karlsruhe. Nach seiner Rückkehr nach Schaffhausen richtete er sich im Haus Belair, einem kleinen malerischen Schloss in der Randenstraße 65, ein Atelier ein. Das Haus wurde Zentrum eines Künstlerzirkels. In `Roßhalde´ beschreibt Hesse eines der bekanntesten Porträts, die Sturzenegger von ihm anfertigte, vgl. Hermann Hesse, Roßhalde, a. a. O., 38. Auf ihrer `Indienreise´ besuchten Hesse und Hans Sturzenegger dessen jüngeren Bruder Robert Sturzenegger, der in Singapur das elterliche Unternehmen führte. Texte und Zeichnungen von beiden, die auf der Reise entstanden, erschienen 1913 als Sammelband und wurden ein großer kommerzieller Erfolg, vgl. Hermann Hesse, Aus Indien. Erweiterte Neuausgabe 1980 (st 562). Sturzenegger unternahm später noch eine zweite Reise nach Indien und reiste auch ansonsten gerne und viel. Von 1913 bis 1917 arbeitete er mit Unterbrechungen als Maler in München. 1914 heiratete er; seine Frau erkrankte vier Jahre später schwer und blieb bis zu ihrem Tod 1930 ans Bett gefesselt. In der Tradition des späten 19. Jahrhunderts verwurzelt, malte er ab 1930 bevorzugt Landschaften, während er nach 1918 bevorzugt Porträts vom schweizerischen Bürgertum anfertigte. Er starb 1943 in Zürich, kurz nachdem er Hesse in Montagnola einen Besuch abgestattet hatte. Sein Neffe rief 1987 die `Sturzenegger-Stiftung´ ins Leben, die sich ganz der Aufarbeitung des Werks Hans Sturzeneggers widmet. Zu Sturzenegger und weiteren Freunden Hesses vgl. Doris Fässler, Zwischen den Zeiten – Kunst und Künstler um Hermann Hesse, in: „Höllenreise durch mich selbst“, a. a. O., 59-96, bes. 60ff.

anmerken: Er ließ seine Familie, seine Frau und seine drei kleinen Kinder aus reinem Egoismus gnadenlos im Stich.[496]
Indien war damals bei den europäischen Intellektuellen allgemein groß in Mode.[497] Hermann Hesse indes war Indien von Kindheit an vor Augen: zum einen, weil es das Geburtsland seiner Mutter war; zum anderen, weil es ihm, wie bereits erwähnt, vor allem durch seinen Großvater, den Indologen Hermann Gundert, vertraut war. Und so waren bei seinem Reisevorhaben auch biografische Gründe mit im Spiel.[498] Hesses Reisepläne machten in dem kleinen Dorf Gaienhofen natürlich sofort die Runde; sogar die regionale Presse nahm davon Notiz. Sein Freund Otto Blümel[499] machte sich einen Spaß und fertigte in

---

[496] Vgl. dazu Uli Rothfuss, Hermann Hesse privat, a. a. O., 147-156. Das Kapitel ist überschrieben mit „Der Rabenvater Hermann Hesse? Der Dichter und seine Söhne" (147). Der Autor des Buches hat dazu den Söhnen Hermann Hesses, Bruno und Heiner Hesse, jeweils dieselben Fragen gestellt (vgl. 150-152 und 154-156). Heiner Hesse widersprach dem Vorwurf, dass sein Vater ein `Rabenvater´ gewesen war: „Erzogen hat uns Vater absolut `antiautoritär´" (Heiner Hesse, zit. nach Uli Rothfuss, Hermann Hesse privat, a. a. O., 158). Zu einem ähnlichen Ergebnis gelangte auch Volker Michels, der die über zweitausend Briefe des Dichters an seine Söhne und deren Aufzeichnungen studierte. Er gelangte zu dem Resultat, dass Hesse die Vorschriften und Zwänge, die ihn eingeengt hatten, in der Erziehung seiner Söhne bewusst vermied, ihrer unterschiedlichen Veranlagung gerecht zu werden versuchte und sie förderte. Die Nähe Hermann Hesses zu seinen Söhnen hebt auch Andreas Solbach, Hermann Hesse. Ein Schriftsteller auf der Suche, a. a. O., 149, besonders hervor.
[497] Über die Romantiker, allen voran Johann Gottfried Herder (1744-1803), hatte Indien Eingang in die deutsche Literatur und Philosophie gefunden. Fortgesetzt wurde die intellektuelle Indienbegeisterung durch Georg Friedrich Wilhelm Hegel (1770-1831), der Indien als Ursprungsland und die Wiege der Menschheit in seiner gestuften Weltgeschichtsentwicklung sah, und durch Arthur Schopenhauer (1788-1860), der eine Geistes- und Seelenverwandtschaft zwischen dem Deutschland des 19. Jahrhunderts und Indien konstruierte; für Schopenhauer war Indien das Land der echten Poesie und Mystik. Schriftsteller, die es sich leisten konnten, unternahmen wie Hesse eine Reise ins Land ihrer Sehnsucht, so z. B. Rudolf Kassner (1873-1959), Hermann Graf Keyserling (1880-1946), Melchior Lechter (1865-1937) und Waldemar Bonsels (1880-1952).
[498] Vgl. dazu ausführlich Volker Michels, Wege zu Hermann Hesse, a. a. O., 285-310.
[499] Otto Blümel (1881-1973) aus Augsburg, ein deutscher Maler und Bühnenbildner, war ein lebenslanger Freund Hermann Hesses. Blümel, der 1909 in Gaienhofen mit ihm Bekanntschaft gemacht hatte, gestaltete u. a. 1910 den Einband für Hesses Roman `Gertrud´ und 1914 für seine `Lieder deutscher Dichter´. 1916 zog er nach Garmisch-

Wort und Bild ein Schattenspiel an, das er zur Belustigung aller eine Woche vor Hesses Abreise in seinem Atelier in Anwesenheit des Dichters und vieler Freunde zur Aufführung brachte.[500] Die Expedition in die Tropen, die im Herbst/Winter 1911 stattfand und auf die sich der 34-jährige Hermann Hesse mit Englischlektionen vorbereitet hatte, konnte nur durch einen Reisekostenzuschuss seines Verlegers Samuel Fischer realisiert werden. Fischer versprach sich davon Anregungen für Hesses literarisches Schaffen. Der Weg führte ihn auf der Hinreise von Gaienhofen aus auf dem Seeweg über Genua, Neapel, Port Said, Aden, Colombo, Penang, Ipoh, Kuala Lumpur, Singapur, Djambi, Pelalang und Palambang.[501] Genau genommen handelte es sich daher nicht um eine Indien-, sondern um eine Indonesienreise, denn besucht wurden Malaysia, Singapur, Sumatra – `Hinterindien´, wie Indonesien damals genannt wurde – und Ceylon (heute: Sri Lanka). Die Überfahrt geschah auf dem Schiff namens `Prinz Eitel Friedrich´[502], eines Dampfers des Norddeutschen Lloyd. Die Reise selbst fand unter den üblichen komfortablen Bedingungen der Kolonialzeit statt: Ein Foto zeigt

---

Partenkirchen, wo er als Zeichenlehrer arbeitete. Dort erhielt er die Ehrenbürgerschaft (1963) und verstarb zehn Jahre später im Alter von 92 Jahren.

[500] Vgl. dazu Hermann Hesses Indienreise. Eine Moritat. In Verse und Bilder gebracht von Otto Blümel. Herausgegeben mit einem Nachwort von Volker Michels, FfM 2002, und ausführlich Volker Michels, Wege zu Hermann Hesse, a. a. O., 272-284.

[501] Vgl. dazu weiterführend Hermann Hesse, Aus Indien. Aufzeichnungen, Tagebücher, Gedichte, Betrachtungen und Erzählungen. Um Texte aus dem Nachlass erweitert von Volker Michels, FfM 1980, 121ff. Hesse war zunächst selbst mit seinem Manuskript unzufrieden gewesen, was er dem Verlag brieflich mitgeteilt hatte. Dieser hatte daraufhin den Text erstmal liegen gelassen. Hesse fühlte sich daraufhin abgewertet und zahlte S. Fischer seinen Reisekostenzuschuss von 4000 Mark zurück. Das wiederum duldete Fischer nicht, wies das Geld zum zweiten Mal an und druckte schließlich das Buch, das zwischenzeitlich in der `Neuen Rundschau´ erschienen war. Vgl. weiterführend Hermann Hesse und Indien, online zugänglich unter: https://hesse.projects.gss.ucsb.edu/papers/baumann-indien.pdf (aufgerufen am 7.7.2022).

[502] Das Schiff mit den zwei Schornsteinen war nach dem zweiten Sohn Kaiser Wilhelms II. (1859-1941) und Auguste Viktoria (1858-1921), Prinz Wilhelm Eitel Friedrich Christian Karl Prinz von Preußen (1883-1942), benannt worden.

Hesse und seine Mitreisenden im Liegestuhl auf Deck des Schiffes, im weißen Anzug und mit weißen Schuhen, Zigarre rauchend und lesend.[503] Während deutsche und schweizerische Missionare versuchten, Indien zu christianisieren und damit zu europäisieren, wurde das Land von europäischen Intellektuellen idealisiert; die Wirklichkeit indes sah anders aus.[504] Sengende Hitze, der Lärm der Straße, staubige und verdreckte Straßen, Frauen, Männer und Kinder, die die Europäer anbettelten, fremde Gerüche, dazu Insekten, erschwerten den Reisenden den Aufenthalt. Auf Sri Lanka erlebten Hesse und Sturzenegger den Kontrast zwischen Armut und Reichtum hautnah, als sie sich per Rikscha durch Colombo kutschieren ließen, und wurden vom Kolonialismus ernüchtert – hinzukam, dass Hesse diese Stadt damals als „brutal europäisiert"[505] empfand. Bei einer Überlandfahrt nach Kuala Lumpur erhielten die Reisenden aus der Schweiz beeindruckende Impressionen vom Urwald, von Kautschukplantagen und Wasserbüffeln in den Sümpfen.[506] Doch die sozialen und politischen Verhältnisse interessierten

---

[503] Vgl. dazu Birgit Lahann, Hermann Hesse, a. a. O., 72f., und die weiteren Fotos in: Volker Michels (Hg.), Hermann Hesse. Sein Leben in Bildern und Texten, a. a. O., 128ff.
[504] Vgl. dazu Ralph Freedman, Hermann Hesse, a. a. O., 196-204.
[505] Hugo Ball, Hermann Hesse, a. a. O., 107.
[506] Hesse besuchte neben Colombo u. a. auch Kandy, Tempelanlagen und den Berg Pidurutalagala, den höchsten Berg Sri Lankas. Sein Bericht `In Kandy´, der 1912 in der schweizerischen illustrierten Monatszeitschrift `Die Schweiz´ herauskam, kann inzwischen digitalisiert online gelesen werden, zugänglich über: https://www.e-periodica.ch/digbib/view?pid=dis-001:1912:16#376 (aufgerufen am 20.3.2022).

Hesse wenig.[507] Sein Interesse galt allein dem Glauben, den indischen Religionen.[508] Völlig entkräftet, weil er das feucht-tropische Klima schlecht vertrug,[509] musste Hesse vorzeitig nach drei Monaten umkehren – ohne mit dem lebendigen religiösen Leben von Hindus und Buddhisten in Kontakt gekommen zu sein. Hesse verzichtete auch auf den eigentlichen Grund seiner Reise, nämlich auf die Erkundung der westindischen Malabarküste, und trat die Rückreise an: Über Singapur, Penang, Colombo, Aden, Suez, Neapel, Genua und Zürich ging es zurück nach Gaienhofen. Den indischen Subkontinent hatte er realiter nicht betreten, in die Gebiete, in denen sein Großvater und sein Vater missionarisch gewirkt hatten, war er nicht gelangt, das Indien, das er gesucht hatte, hatte er nicht gefunden.[510] Doch als

---

[507] Vgl. dazu Karl-Josef Kuschel, „Er sah die verheerenden Folgen des Kolonialismus mit eigenen Augen", in: Hermann Hesse – 100 Jahre Siddhartha/100 years of Siddhartha (DU 912, hg. v. DU Kulturmedien AG), Zürich 2022, 34-39.

[508] Vgl. Vridhagiri Ganeshan, Hermann Hesse und Indien – ein Kapitel der Mißverständnisse, in: Heinz Ludwig Arnold (Hg.), text+kritik. Zeitschrift für Literatur, Bd. 10/11: Hermann Hesse, a. a. O., 67-77. Der emeritierte Professor, der 1975 in München in Germanistik promoviert hatte und danach in der Lehrer:innenausbildung im indischen Hyderabad tätig war, lebt seit 2007 in Atlanta/Georgia, USA.

[509] Er wurde von schier unerträglichem Durchfall und von Magenschmerzen geplagt und litt wegen der permanenten Schwüle unter Schlaflosigkeit. Um all dem Abhilfe zu schaffen, konsumierte er Veronal, das erste kommerziell produzierte Schlafmittel, das bald zur Lifestyledroge des 20. Jahrhundert werden sollte. Erfunden hatten das Barbiturat der Chemiker Emil Fischer (1852-1919, Chemie-Nobelpreis 1902) und der Mediziner und Pharmakologe Joseph von Mering (1849-1908). Da das frei verkäufliche Medikament nach längerer Einnahme zur körperlichen und psychischen Abhängigkeit und bei Überdosierung zum Tod führte, wurde es in den 1960er-Jahren vom Markt verdrängt und seine Produktion eingeschränkt. Seinen permanenten Durchfall behandelte Hesse mit Opium, Rotwein und Bismuth. Schließlich erwischte ihn kurz vor der Rückfahrt noch die Ruhr, vgl. dazu Birgit Lahann, Hermann Hesse, a. a. O., 77.

[510] Vgl. weiterführend Vridhagiri Ganeshan, Indien, in: Hermann Hesses weltweite Wirkung. Internationale Rezeptionsgeschichte, hg. v. Martin Pfeifer (st 386), FfM 1977, 205-221. Ganeshan hält fest: „Im Gegensatz zu der Resonanz, die sein Großvater in Kerala gefunden hat, ist Hermann Hesse bis heute in Indien keine Beachtung widerfahren" (210).

Resultat dieser Reise entstand das Buch `Aus Indien´[511], das schon 1913 im Samuel Fischer Verlag in Berlin erschien. Hesses `Indienreise´ blieb die einzige große Reise, die er in seinem Leben unternehmen sollte.[512] Asien wurde für ihn nach dieser Reise zu einer rein geistigen Angelegenheit, wobei er zu der Einsicht gelangte, „dass die Inder den Europäern in Religion und Poesie weit voraus waren."[513] Im Prinzip war alles jedoch eine Flucht Hesses aus seinen bürgerlichen und ihn letztendlich sehr beengenden Verhältnissen. Nach seiner Rückkehr ins winterliche Gaienhofen war ihm klar: Er musste sein Leben dort zu einem Abschluss bringen. So traf er die Entscheidung, seine privaten Verhältnisse neu zu ordnen: Er beschloss, sein erst vier Jahre zuvor gebautes Haus zu verkaufen und Gaienhofen für immer den Rücken zu kehren.

---

[511] Das Buch erschien 1913 als Vorabdruck in Velhagen & Klasings Monatsheften. Es wurde nach seinem Erscheinen prominent rezensiert; u. a. wurde es von Kurt Tucholsky gewürdigt. Online ist Hesses Text von 1913 hier zugänglich: https://www.gutenberg.org/files/64513/64513-h/64513-h.htm (aufgerufen am 21.3.2022). Auch spätere Veröffentlichungen hatten noch Indien zum Thema, vgl. Hermann Hesse, Erinnerung an Indien (1916), und ders., Besuch aus Indien (1922), in: Hermann Hesse, GW Bd. VI, 294f., ferner Materialien zu Hermann Hesses `Siddhartha´, Bd. 1, a. a. O., 317-321.

[512] Vgl. dazu ausführlich Werner Huber, Mit Dichtern auf Reisen, Stuttgart 2011. Als Souvenir brachte sich Hesse die Menükarte des Passagierdampfers mit, vgl. Uli Rothfuss, Hermann Hesse privat, a. a. O., 121.

[513] André Uzulis, Hermann Hesse, a. a. O., 117. Bereits 1904 hatte Hesse mit Yoga, Askese und Selbstkasteiung experimentiert und sich mit der `Bhagavad Gita´ (Sanskrit: `der Gesang des Erhabenen´), einer zentralen, zwischen dem 2. und 5. Jahrhundert entstandenen Schrift des Hinduismus, und den `Upanishaden´ beschäftigt. Das ist bemerkenswert früh: Denn bis 1911 gab es keine verlässlichen deutschen Übersetzungen der `Veden´, der `Bhagavad Gita´, der `Upanishaden´, der Reden Buddhas oder der Schriften Laozis (früher Laotse) ins Deutsche. Als diese ab ca. 1918 erschienen, schrieb Hesse mehrere Rezensionen, so z. B. zur Übertragung der Reden Buddhas von Karl Eugen Neumann (München 1921) und zur Übertragung und Auswahl aus den Brahmanas und Upanishaden von Alfred Hillebrand (Jena 1921). Zur Problematik der deutschen Schreibweise chinesischer Namen vgl. Volker Michels, Vorwort, in: Hermann Hesse, China. Weisheit des Ostens (st 4106), hg. v. Volker Michels, FfM 2009, 9, Anm. 1.

7. Umzug nach Bern

Im September 1912 verlagerte die Familie ihren Lebensmittelpunkt nach Bern.[514] Mia Hesse, Schweizerin, wurde schon seit längerem von Heimweh geplagt. Sie wollte nicht nur die Vorzüge der Stadt, insbesondere das kulturelle Angebot, wahrnehmen, sondern vor allem, dass ihre Kinder in der Schweiz aufwuchsen. Das Verhältnis zwischen den Eheleuten war inzwischen immer mehr abgekühlt, man arrangierte sich, lebte nebeneinanderher, aber nicht mehr miteinander. In Bern bezog man das Haus eines guten Freundes der Familie, des verstorbenen Malers Albert Welti[515]. Ziel war, dass es in der Hauptstadt der Schweiz einen Neuanfang für die beiden Eheleute und eine Verbesserung ihres Zusammenlebens geben sollte. Doch letztlich erwies sich dieser Umzug nach Bern als Fehler: Denn auch dort fand Hermann Hesse, permanent beherrscht von einer inneren Unruhe, nicht zur Ausgeglichenheit. Zum einen lag es daran, dass ein Geruch von Morbidität in den alten Gemäuern schwebte und seiner Frau und ihm die verstorbenen Freund:innen in der Erinnerung präsent waren; zum anderen gelangte Hesse mehr und mehr zu der Einsicht, dass er wohl nicht zur

---

[514] Vgl. dazu detailliert Uli Rothfuss, Hermann Hesse privat, a. a. O., 137-145, und Joseph Mileck, Hermann Hesse. Dichter, Sucher, Bekenner, a. a. O., 70-139.

[515] Hermann Hesse und Albert Welti waren seit 1905 befreundet gewesen. Hesse hatte Weltis Werk kommentiert und über ihn u. a. einen Artikel in: Die Schweiz. Schweizerische illustrierte Zeitschrift 20 (1916), 633-636, veröffentlicht, online einsehbar unter: https://www.e-periodica.ch/digbib/view?pid=dis-001:1916:20#751 (aufgerufen am 23.3.2022). Nach dem Tod Weltis und seiner Frau bezog die Familie im September 1912 das großzügige, repräsentative Patrizierhaus im Melchenbühlweg 26 in Ostermundingen bei Bern, das seit dem Tod des Paares im März 1912 leer stand, vgl. Herbert Schnierle-Lutz, Hermann Hesse. Schauplätze, a. a. O., 256ff. Dort befindet sich ein zeitgenössisches Foto des Anwesens (vgl. 268), das sich bis heute kaum verändert zu haben scheint. Hesse war anfangs ganz begeistert von der neuen Bleibe, zumal sich auch ein großer Garten dabei befand. Er schrieb darüber in `Beim Einzug in ein neues Haus´ und `Das Haus der Träume´, vgl. Ralph Freedman, Hermann Hesse, a. a. O., 208ff.

Ehe taugte.[516] Während Mia Hesse mit Hilfe einer Haushaltshilfe die drei Jungs managte und dafür sorgte, dass ihr Mann in Ruhe schreiben konnte, hielt dieser mehr und mehr die Rolle des Künstlers, in der er sich selbst sah, kaum mit der des Ehemannes für vereinbar. Seine Gedanken dazu sammelte er in seinem mit vielen autobiografischen Elementen gespickten Roman `Roßhalde´[517], den er 1914 publizierte.[518] In diesem intimen „Bericht vom Scheitern seiner Ehe, dem unaufhaltsamen Zerfall seiner Familie“[519] versucht Hesse die Frage zu beantworten, ob ein Künstler überhaupt zur Ehe imstande sein kann. Protagonist seines Romans ist Johann Veraguth[520], ein berühmter, wohlhabender Maler mit seiner Ehefrau, einer erfolgreichen Pianistin, hat er sie zwei Söhne, den siebenjährigen Pierre und den älteren Sohn Albert. Albert besucht ein Internat –

---

[516] Zu den Versuchen, seine Ehe mit Mia Hesse zu retten, vgl. Florian Illies, 1913. Was ich unbedingt noch erzählen wollte, FfM 2020, 10f. und 41f. (Lit.: 272-279). Hesse litt in dieser Zeit „unter der Lautstärke seiner Kinder, unter Nervosität, Schlaf- und Ausweglosigkeit“ (42). Einen mehrtägigen Zahnarztbesuch bei Dr. Alfred Schlenker (1876-1950) in Konstanz wertete er als Ablenkung und Erholung.

[517] Vgl. Hermann Hesse, Roßhalde. Roman (st 312), FfM [2]1980, online hier zugänglich: https://www.gutenberg.org/files/64466/64466-h/64466-h.htm (aufgerufen am 21.3.2022). Die Entstehungszeit dieses Buches ist Winter 1912/13, Entstehungsorte sind Gaienhofen, Badenweiler und Bern. In Bern lag das Grundstück, in dem die Familie Hesse wohnte, auf der `Hinteren Schosshalde´ – die Hesse, Anleihe nehmend, literarisch in `Roßhalde´ verwandelte. Der Roman wurde in Velhagen & Klasings Monatsheften vorabgedruckt, bevor die Erstausgabe 1914 im S. Fischer Verlag erschien. 1956 nahm der Suhrkamp Verlag die `Erzählung´ (so die Gattungsbezeichnung 1931) in sein Programm auf; 1972 erschien im Rowohlt Verlag die erste Taschenbuchausgabe, 1980 erschien es schließlich bei Suhrkamp (st 312). Das Buch in *meiner* Sammlung datiert auf den 11.3.1981.

[518] Zu seiner Interpretation vgl. Martin Pfeifer, Hesse-Kommentar, a. a. O., 143-152.

[519] Gunnar Decker, Hesse, a. a. O., 282.

[520] Die Vorlage für Johann Veraguth war der mit Hesse befreundete Maler Hans Sturzenegger (1875-1943).

wohnt also nicht mehr bei seinen Eltern – und hasst seinen Vater.[521] Zu dritt lebt die Familie in dem abgelegenen Haus `Roßhalde´[522], mit einem Hund und ein paar Pferden. Während Veraguth in seinem Atelier lebt und arbeitet und sich dort vom Diener Robert bedienen lässt,[523] bewohnen Adele und Pierre das Herrenhaus. Das Ehepaar ist nach vielen Streitereien voneinander entfremdet, man lebt nebeneinanderher. Veraguth ist das bürgerliche Leben als verheirateter Mann zu eng geworden. Er möchte seine Frau freigeben und sie abfinden – ein Vorhaben, das bei ihr auf Unverständnis stößt. Als Mutter möchte sie, dass die Familie zusammenbleibt. Auch Veraguth bleibt einzig und allein bei seiner Frau, weil er seinen jüngeren Sohn abgöttisch liebt.[524] Zwar plant Veraguth, dem allen zu entfliehen und nach Indien zu reisen; er fühlt aber eine innere Zerrissenheit, vor allem, weil er seinen Sohn verlassen würde. Der Besuch eines alten Schulfreundes namens Otto Burkhardt[525], mit dem

---

[521] Vgl. Hermann Hesse, Roßhalde, a. a. O., 46. Umgekehrt betrachtet ihn sein Vater als „Feind" (Hermann Hesse, Roßhalde, a. a. O., 59).

[522] Der Ort der Handlung ist das Haus Belair, das bis zu dessen Tod 1943 Hesses Freund Hans Sturzenegger gehörte und heute als Jugendherberge in Schaffhausen öffentlich zugänglich ist: https://www.youthhostel.ch/de/hostels/schaffhausen (aufgerufen am 21.2.2022). Hesse beschrieb es als einen verwahrlosten alten „Herrensitz mit zugewachsenen Gartenwegen, vermoosten Bänken, brüchigen Treppenstufen und undurchdringlich verwildertem Park…" (Hermann Hesse, Roßhalde, a. a. O., 7).

[523] Vgl. Hermann Hesse, Roßhalde, a. a. O., 12f. und 22.

[524] Vgl. Hermann Hesse, Roßhalde, a. a. O., 77: „Ach, nie mehr im Leben würde er eine solche Liebe fühlen können wie zu diesem Knaben."

[525] Otto Burkhardt kündigt sich mittels eines Briefes an, bevor er dann im Auto vorfährt, vgl. Hermann Hesse, Roßhalde, 15f. und 25ff. Diese Figur ist Hesses Alter Ego: Burkhardt hat längst wahrgenommen, dass sich die Ehe des Malers aufgelöst hatte und nur noch der Sohn Pierre das Bindeglied zwischen den Eltern war. Die Krankheit des Kindes und sein Tod wurden zu Vorboten der Scheidung der Eheleute.

„eine leichte, frohere, kindlichere Atmosphäre in das Haus gekommen zu sein“[526] scheint, veranlasst ihn, diesem die Geschichte seiner Ehe zu erzählen[527], wobei ihm klar wird, dass er schon lange in einem Dilemma lebt und dass es an der Zeit für ihn ist, ein neues Leben zu beginnen. Gerade, als er Roßhalde verlassen will, um mit diesem Freund eine mehrmonatige Indienreise zu unternehmen[528], erkrankt sein Sohn Pierre an „Gehirnhautentzündung“.[529] Beide Eltern kümmern sich um den Kranken und wechseln sich mit der Bettwache ab. Während der Vater über den drohenden Tod des Jungen durch die Ärzte informiert wird, ahnt die Mutter nichts.[530] Veraguth wird klar, dass er Adele und Albert verlassen würde, sollte der Junge sterben. So geschieht es: Pierre stirbt unter großen Qualen, was von Hesse detailliert beschrieben wird.[531] Die Ehe scheitert und am Ende wird der Wohnsitz Roßhalde aufgegeben. Veraguth zieht es nach Indien, wo er hofft, ein Leben in Freiheit zu finden. Schlussendlich gelangt Hesse zu dem Ergebnis, dass eine

[526] Hermann Hesse, Roßhalde, a. a. O., 27. Kurt Tucholsky veranlasste die Beziehung der beiden Männer zu den Worten: „Wenn nicht vorn auf dem Titelblatt der Name Hermann Hesse stünde, wüßten wir nicht, daß er es geschrieben hat... Es freut einen so sehr, daß in diesem Buch, nachdem man uns über Gebühr mit läppischen Liebesgeschichten gelangweilt hat, einmal wieder der Wert einer rechten Männerfreundschaft aufgezeigt wird“ (Kurt Tucholsky, in: Hermann Hesse, Roßhalde, Rückseite [Klappentext], a. a. O.).

[527] Vgl. Hermann Hesse, Roßhalde, a. a. O., 57f.

[528] Vgl. Hermann Hesse, Roßhalde, a. a. O., 113 und 120ff.

[529] Vgl. Hermann Hesse, Roßhalde, a. a. O., 104ff., Zitat auf 147. Es schien eine Ironie des Schicksals bzw. ein schlechtes Omen gewesen zu sein, dass Hesses damals dreijähriger Sohn Martin 1914 lebensgefährlich an einer Meningitis erkrankte; Hesses Frau Maria erlitt einen Nervenzusammenbruch (die These von Schizophrenie, von der Hesse in Briefen schreibt, ist heute umstritten, vgl. Hermann Hesse/Emmy Ball-Hennings/Hugo Ball, Briefwechsel 1921-1927, a. a. O., 42f.).

[530] Vgl. Hermann Hesse, Roßhalde, a. a. O., 142, 145f. und 151.

[531] Vgl. Hermann Hesse, Roßhalde, a. a. O., 161ff.

Künstlerehe wie diese zum Scheitern verurteilt ist. Bis 1925 erreichte auch dieser Roman eine Auflage von 50000 Exemplaren.[532]

Während Mia Hesse zusehends schwere Depressionen zusetzten und sie immer mehr, wie man heute sagen würde, in Richtung Burnout[533] unterwegs war, fiel Hermann Hesse mehr und mehr die Decke auf den Kopf. Abhilfe verschaffte er sich, indem er ausgedehnte Spaziergänge an der Aare unternahm oder sich im Basler Münster Orgelkonzerte anhörte. Mit den Freunden Othmar Schoeck[534] und Fritz Widmann[535] fuhr Hesse ein weiteres Mal nach Italien, diesmal nach Verona, Cremona, Mantua und Padua. Mia Hesse ging unterdessen mit ihren Kindern im Berner Oberland wandern. Hesse selbst hatte es immer wieder der Südschwarzwald angetan. In Badenweiler, ca. 30 Kilometer

---

532 Kurt Tucholsky (1890-1935), einer der ersten Rezensenten von Hesses Buch, bemerkte nach der Lektüre von `Roßhalde´, dass es nicht mehr der `liebe, gute, alte Hesse war´, der sich hier zu Wort meldete, sondern hatte erkannt, dass Hesse hier auch über sich selbst schrieb, vgl. Florian Illies, 1913. Der Sommer des Jahrhunderts, FfM 2014, [6]2019, 84f. Tucholskys unter dem Pseudonym Peter Panter in der Schaubühne (Nr. 17 vom 23.4.1914, 485) veröffentlichte Publikation ist online zugänglich unter: https://www.textlog.de/tucholsky-rosshalde-hesse.html (aufgerufen am 14.5.2022).

533 Hesse-Biograf Gunnar Decker erinnert daran, dass ähnliche Krankheitssymptome der Überforderung im 19. Jahrhundert als „Nervenfieber, Bleichsucht, Auszehrung oder gar moral insanity“ (Gunnar Decker, Hesse, a. a. O., 235) bezeichnet wurden. Bei Mia Hesse traten zu Übermüdungs- und Überforderungsanzeichen mit großer Wahrscheinlichkeit noch psychotische Züge hinzu, aber dass sie, wie man früher angenommen hatte, schizophren gewesen sei, gilt inzwischen als medizinisch widerlegt.

534 Später war Hesse häufig zu Gast in Schoecks 1880 erbauter `Villa Ruhheim´, hoch über dem Ort Brunnen im Kanton Schwyz am Vierwaldstätter See gelegen, und diskutierte bis spät in die Nacht mit seinem Freund beim Rauch einer Zigarre und einem Glas Wein. Zu Schoecks 50. Geburtstag schrieb Hesse einen Aufsatz, vgl. Hermann Hesse, Erinnerungen an Othmar Schoeck, in: ders., Beschreibung einer Landschaft. a. a. O., 243-255.

535 Fritz Widmann (1869-1937) war ein Schweizer Maler und Illustrator, der vorzugsweise kleinformatige Stillleben und Landschaftsbilder malte und dessen Vorbild Ferdinand Hodler war, mit dem ihn auch eine Freundschaft verband. Von Juni bis Oktober 2008 widmete sich das Hermann-Hesse-Museum in Gaienhofen in einer Sonderausstellung Hesses Freundschaft mit Fritz und Gret Widmann (sie hatte 1910, 1926 und 1929 Porträtfotos von Hermann Hesse angefertigt, die für das herrschende Hesse-Bild lange prägend waren).

südlich von Freiburg gelegen, begab er sich zur Kur zu dem berühmten Mediziner Albert Fraenkel[536], der dort praktizierte und ihm durch Anwendungen seine Gliederschmerzen und sein Nervenleiden zu lindern versuchte.[537]
Am 1. August 1914 brach der Erste Weltkrieg aus.[538] Schon lange zuvor war die bürgerliche Gesellschaft Europas in eine Krise geraten. Zwar war Bewegung in ihr, wie es vor allem in der Kunst

---

[536] Dr. Julius Albert Fraenkel (1864-1938) erlangte als Tuberkulosespezialist und Kardiologe große Bekanntheit. Aus einer jüdischen Familie stammend, war er nach seiner Heirat 1896 zum Protestantismus konvertiert und dachte politisch stramm deutsch-national; außerdem war er wie viele deutsche Juden ein begeisterter Patriot. 1891 ließ sich Fraenkel als Landarzt in Badenweiler nieder und sorgte dafür, dass die Gemeinde für Tuberkulosepatient:innen zum Kurort für Lungenerkrankungen wurde – *die* Heilbad-Adresse im Großherzogtum Baden nach Baden-Baden. Er gründete zwei Sanatorien, die `Villa Hedwig´ und die `Villa Paul´. Hesse, der wegen `Störungen des Nerven- und Stimmungslebens´ eine Kur angetreten hatte, wurde in der `Villa Hedwig´ einquartiert, wo Fraenkel ihn mit Thermalbädern und Kaltwasser-Therapien behandelte. In seiner Erzählung `Haus zum Frieden´ und in seinem Text `Ein Arzt großen Stils´ setzte Hesse dem charismatischen Mediziner, den er für den besten aller ihn behandelnden Ärzte hielt, und dessen ganzheitlich-innovativer Heilmethode ein literarisches Denkmal. 1927 gründete Fraenkel in Heidelberg, wo er viele Jahre an der Universität forschte und im Krankenhaus als beratender Arzt wirkte, das internistische Sanatorium `Speyererhof´ und wurde dessen erster Direktor. Vielen Herzpatient:innen rettete er durch seine bereits 1906 entwickelte innovative Strophantintherapie das Leben. All seine medizinischen Verdienste hinderten die Nazis nicht daran, ihn gemäß ihrer irren `Rasse´-Gesetze als `undeutsch´ zu klassifizieren, ihm am 1. April 1933 seine Medizin-Professur (ab 1914) abzuerkennen und ihm im September 1938 auch seine Approbation als Arzt zu entziehen. Am 10. Mai 1936, nach zwanzig Jahren, besuchte er Hesse mit seiner Frau im Tessin zum letzten Mal – gebrochen und sichtbar gezeichnet. Auf dem Heidelberger Bergfriedhof befindet sich sein Ehrengrab, vgl. dazu Volker Michels, Wege zu Hermann Hesse, a. a. O., 316-338.

[537] Zu den prominenten Patienten Albert Fraenkels gehörte z. B. auch Karl Jaspers (1883-1969). Der Freiburger Philosoph und Psychiater, der die NS-Zeit im inneren Exil überlebte, war Asthmatiker und hatte sich mehrfach zur Kur bei Fraenkel in Badenweiler aufgehalten. Jaspers wurde u. a. wegen seiner kritischen Äußerungen zur Atombombe, zur Demokratie in Deutschland und zur deutschen `Wiedervereinigung´ zu einem der bedeutendsten Philosophen der Nachkriegszeit. Er war nach 1945 an der Neugründung der Universität Heidelberg beteiligt. Zwei Jahre vor seinem Tod nahm er die schweizerische Staatsbürgerschaft an. Auf dem Friedhof Hörnli in Riehen bei Basel befindet sich sein Grab.

[538] Die lange Vorbereitung dieses Krieges gipfelte bekanntlich in der Ermordung des österreichischen Thronfolgers Erzherzog Franz Ferdinand (1863-1914) am 28. Juni

(z. B. im Kubismus, im Expressionismus und in atonaler Musik), in der Wissenschaft (z. B. in der Relativitätstheorie, der Quantentheorie, der Psychoanalyse u. v. m.) und in technischen Neuerungen (z. B. durch die Telegrafie, die Entdeckung der Röntgenstrahlen etc.) zum Ausdruck gekommen war,[539] aber insgesamt gesehen blieb die wilhelminische Gesellschaft eine restaurative Ständegesellschaft, in der der Adel, das Militär und das Großbürgertum das Sagen hatten und in der sich die noch formierende, um ihre Rechte kämpfende Arbeiterbewegung am unteren Ende der sozialen Nahrungskette befand. Unermüdlich drehte sich die Rüstungsspirale. Die europäischen Monarchen, größtenteils miteinander verwandt, suchten nur eine Gelegenheit, um ihre militärische Potenz demonstrieren zu können. Vor allem die deutschen Dichter waren für die aufgeladene Stimmung am Vorabend des Krieges empfänglich und interpretierten ihn häufig als eine Art Reinigung, in der sich gesellschaftlich gesehen die Spreu vom Weizen trennen würde.[540] Thomas

---

1914 in Sarajewo und der darauffolgenden Kriegserklärung Österreich-Ungarns an Serbien. „In den nächsten Tagen und Wochen: Kriegserklärung Englands an Deutschland, Österreich-Ungarns an Rußland, Serbiens an Deutschland, Frankreichs und Englands an Österreich-Ungarn" (Hermann Hesse/Emmy Ball-Hennings/Hugo Ball, Briefwechsel 1921-1927, a. a. O., 25). Deutschland, das Anfang August 1914 Russland und Frankreich den Krieg erklärt hatte, trug die Hauptschuld an diesem `Grand Guerre´, wie er in Frankreich heute noch heißt, weil er wegen seiner Grausamkeit und der Vielzahl an Menschenleben, die er forderte, nachhaltig Generationen erschütterte. Vgl. dazu ausführlich und weiterführend Christopher Clark, Die Schlafwandler. Wie Europa in den Ersten Weltkrieg zog, München 2013, und Herfried Münkler, Der Große Krieg. Die Welt 1914-1918, Reinbek bei Hamburg [3]2015.

[539] Man darf bei aller Kritik nicht vergessen, dass diese Jahre zugleich eine Zeit des Aufbruchs in die moderne Demokratie waren, in dem ambitionierte Reformen auf den Weg gebracht wurden und beispielsweise die Frauenemanzipation ihren Anfang nahm, vgl. dazu Hedwig Richter, Aufbruch in die Moderne. Reform und Massenpolitisierung im Kaiserreich, FfM 2021, und dies., Demokratie, Eine deutsche Affäre. Vom 18. Jahrhundert bis zur Gegenwart, München 2021. Hedwig Richter (geb. 1973) ist Professorin für Neuere und Neueste Geschichte an der Universität der Bundeswehr in München.

[540] Hingegen zeichnete der deutsche Schriftsteller Erich Maria Remarque (eigentlich Erich Paul Remark, 1898-1970) ein glasklares Bild von den kriegerischen Zuständen,

Mann schrieb rückblickend: „Krieg! Es war eine Reinigung, Befreiung, was wir empfanden, eine ungeheure Hoffnung.“ [541] Während die Arbeiter:innen und die Bauern in Deutschland eher distanziert blieben, begrüßte der Großteil der reaktionären deutschen Publizistik, weite Teile der bildungsbürgerlich-intellektuellen Schichten, darunter sehr viele Schriftsteller, den Ausbruch des Krieges.[542] Auch Hermann Hesse, der in der Schweiz durchaus patriotische Gefühle für sein Geburtsland hegte,

---

vgl. Erich Maria Remarque, Im Westen nichts Neues. In der Fassung der Erstausgabe mit Anhang und einem Nachwort herausgegeben von Thomas F. Schneider, Köln 1959, [7]2016. Remarque thematisierte in seinen Werken die Grausamkeit des Krieges. 1933 verbrannten die Nazis öffentlich seine Schriften; ihr Autor lebte jedoch zu dem Zeitpunkt bereits seit drei Jahren in der Schweiz. Später emigrierte er in die USA und nahm die US-amerikanische Staatsbürgerschaft an. Ende September 2022 kam \`Im Westen nichts Neues´ in die deutschen Kinos – die erste deutsche Verfilmung des Stoffes seit 1929; bereits Ende Oktober 2022 wurde der Film ins Programm von Netflix aufgenommen.

[541] Thomas Mann, Gedanken im Kriege, zitiert nach Jakob Augstein, Die Welt als Schlachthaus, in: DER SPIEGEL v. 22.02.2016, online zugänglich unter: https://www.spiegel.de/politik/deutschland/verdun-die-welt-als-schlachthaus-a-1078651.html (aufgerufen am 7.6.2022). Während Thomas Mann (\`Betrachtungen eines Unpolitischen´) den Krieg begrüßte und auch Kriegsanleihen kaufte, war sein Bruder Heinrich Mann von Anfang an ein erbitterter Kriegsgegner, was das persönliche Verhältnis der beiden lange Zeit trübte. Ihr jüngerer Bruder Viktor Mann (1890-1949) zog ins Feld.

[542] Exemplarisch sei an dieser Stelle Ernst Jünger, In Stahlgewittern. Ein Kriegstagebuch, Berlin [14]1934, genannt. Jünger zeichnet in seinem ersten Buch, das der \`neuen Sachlichkeit´ zugeordnet wird, seine Kriegserlebnisse an der deutschen Westfront im Ersten Weltkrieg nach. Er beschreibt den Krieg zwar als brutal, verurteilt ihn aber nicht und versucht ihn auch nicht zu erklären, sondern interpretiert ihn als schicksalhaftes Ereignis, dem man – schon der Titel legt es nahe – wie einer Naturgewalt ausgeliefert ist. Eine rühmliche Ausnahme unter den deutschen Intellektuellen, die damals von Anfang an gegen den Krieg waren und die reaktionäre Justiz sowie das revanchistische Militär bekämpften, war der Schriftsteller Kurt Tucholsky (1890-1935), vgl. Kurt Tucholsky, Deutschland, Deutschland über alles. Ein Bilderbuch von Kurt Tucholsky und vielen Fotografen, montiert von John Heartfield, Berlin 1929. Tucholsky nahm sich, auf der Flucht vor den Nazis, im schwedischen Exil das Leben. Sein Grab befindet sich in Mariefred bei Gripsholm.

wurde von der Kriegsbegeisterung und dem Nationalismus zunächst erfasst.[543] Nachdem die Schweiz am 1. August 1914 mobil gemacht hatte, weil sie sich ihrer Neutralität nicht ganz gewiss war und sich unsicher war, ob der Mord und Totschlag, der nun in Europa herrschte, auch auf die Schweiz übergriff, und Hesse vergeblich auf seine Einberufung gewartet hatte – schließlich war er noch deutscher Staatsbürger –, meldete er sich wie viele Männer, die ihrer vaterländischen Pflicht nachgingen, freiwillig zum Militärdienst für das Deutsche Reich im deutschen Konsulat in Bern. Er wurde aber erneut nicht eingezogen, sondern – wie schon bei seiner Musterung um die Jahrhundertwende – wegen seiner Sehschwäche als `felddienstuntauglich´ zurückgestellt.[544] Doch schon bald stellte sich bei ihm im Blick auf den Krieg Ernüchterung ein. Dafür sorgten nicht nur die Ereignisse der grausamen Kampfhandlungen und eine steigende Inflation mit Lebensmittel-, Heizmittel- und Stromrationierungen, sondern vor allem, dass sich das Gefühl `jenes einen großen Tros-

---

[543] Der 37jährige Hesse veröffentlichte ca. zwanzig Kriegsgedichte, melancholisch-fatalistische `Zeitgedichte´, die er in den Jahren 1914/15 geschrieben hatte. In den Anfangsjahren nahm er sie – wie viele noch kriegsbegeistert, in der hoffnungsvollen Annahme, dass durch den Krieg etwas Neues entstehen würde – in die 1915 erweiterte Ausgabe seiner Gedichtsammlung `Unterwegs´ auf. Von einem Gedicht distanzierte er sich relativ schnell: `An den Kaiser´. In ihm hieß es in der ersten Strophe: „Rings stehen deine tapfren Heere/Ums deutsche Reich auf treuer Wacht/Und tragen unsre deutsche Ehre/Auf blankem Schild von Schlacht zu Schlacht." Vom Kriegsgeschehen ernüchtert, wandelte sich Hesse danach zum aktiven Pazifisten, der er zeitlebens blieb. Vgl. dazu Heimo Schwilk, Hermann Hesse, a. a. O., 179-189, und Gunnar Decker, Hesse, a. a. O., 289-297.

[544] Hesses erster Biograf Hugo Ball schrieb: „... der Dichter Hermann Hesse lebt, als der Krieg ausbricht, in einer todesseligen Trunkenheit; in Widerspruchsgefühlen, die nicht mehr zu unterscheiden sind, zerfleischt von einem dunklen Traumleid, dem er nachhängt, und zugleich von den Dissonanzen seines familiären Lebens" (Hugo Ball, Hermann Hesse, a. a. O., 110). Hesse durchlief das Verfahren später noch einmal in Lörrach, scheiterte aber auch dort an seinem unzureichenden Gesundheitszustand. Beide Meldungen beweisen, dass der in der Schweiz lebende Hesse sich seiner `vaterländischen Pflicht´ für Deutschland nicht entziehen wollte.

tes´ nicht einstellte, das andere hatten: das „der Begeisterung“[545]. Erstmals zwang die politische Gesamtsituation den ansonsten eher politisch indifferenten, keinesfalls parteipolitisch gebundenen Dichter dazu, politisch eindeutig Stellung zu beziehen. Hinzu kam: Hermann Hesse hatte Verwandte und Freund:innen auf allen Seiten der Krieg führenden Länder, die nun aufeinander schossen – Deutsche, Franzosen und Russen.[546] So wandelte er sich vom Kriegsfreiwilligen zum entschiedenen Kriegsgegner und dezidierten Befürworter der Kriegsdienstverweigerung. Am 3. November 1914 veröffentlichte er, inzwischen tagespolitisch auf der Höhe der Zeit und wegen der Brutalität des Krieges entsprechend erregt und erschüttert, in der \`Neuen Zürcher Zeitung´ den Aufsatz: \`O Freunde, nicht diese Töne!´[547] Darin wandte sich der Europäer und „Weltbürger“[548] an die deutschen Intellektuellen und Kulturschaffenden, die den Krieg befürworteten, und setzte sich gegen ihre Propaganda- und Hasstiraden zur Wehr. Er kämpfte gegen die nationale Begeisterung an, indem er mit den Argumenten, dass \`Liebe höher als Hass´, \`Verständnis höher als Zorn´ und \`Friede edler als Krieg´ war, an die Vernunft der politisch Verantwortlichen appellierte, die übernationalen, geistigen und

---

[545] Volker Michels (Hg.), „Aus dem Traurigen etwas Schönes machen“, a. a. O., 403.

[546] Hesses Gedichte aus dieser Zeit nahmen die Situation auf: Sie handelten vom \`Tod im Felde´, von Verwundung, Krankheit und Sterben, von Blut und Tränen – was sich im Titel des Gedichtbandes \`Musik des Einsamen´ (1915) spiegelte.

[547] Der Text ist abgedruckt in: Hermann Hesse, Politik des Gewissens. Die politischen Schriften. Erster Band: 1914-1932, hg. v. Volker Michels, FfM 1981, 42-46. Der Titel des Aufsatzes nimmt Anleihe an Friedrich von Schillers Ode \`An die Freude´ (1785), die zuerst von Franz Schubert (1797-1828) im Jahre 1815 und dann von Ludwig van Beethoven (1770-1827) im Rahmen seiner 9. Sinfonie (op. 125) 1824 vertont wurde. Seit 1985 ist sie die offizielle Hymne der Europäischen Union. Hesses Text \`O Freunde, nicht diese Töne!´ schaffte es über hundert Jahre später auf den Mantel des \`Jahresrückblicks 2022´ der Wochenzeitschrift DIE ZEIT, vgl. DIE ZEIT v. 5. Dezember 2022.

[548] André Uzulis, Hermann Hesse, a. a. O., 11.

kulturellen Werte Europas zu schützen.[549] Seinem Essay war im September 1914 ein `Aufruf an die Kulturwelt´ von 93 deutschen Intellektuellen vorausgegangen, das `Manifest der 93´, in dem es um die Einheit von Kultur und Militär gegangen war.[550] Hesse nun, der diese Ineinssetzung von Kultur und Militär ablehnte, hatte gemeinsam mit einer verschwindend kleinen Zahl deutscher Intellektueller erkannt, dass es nicht mehr um `Volk und Vaterland´ ging, sondern Hass und Völkermord auf der Agenda Wilhelms II. standen, und Hass war Hesse zuwider.[551] Aus einer pazifistischen Perspektive heraus kritisierte er den Ausbruch der Gewalt und den nationalistischen Wahn mit seinen blutigen Folgen und packte Dichter, Künstler und Journalisten bei ihrer gesellschaftlichen Verantwortung.[552] Krieg, so Hesse sinngemäß, würde es noch lange geben. Man sollte sich aber davor hüten, deshalb alle menschlichen Werte aufzugeben, und vielmehr das Verbindende zwischen den Nationen betonen. Dichter, Künstler und Journalisten sollten sich nicht von ihren Gefühlen – wie politische Hetze und patriotischen Hass auf andere Nationen – leiten, sondern die Menschlichkeit hochleben

---

[549] Vgl. dazu den Beitrag von Eberhard Falcke, Eine Existenz auf Messers Schneide. Briefe von Hermann Hesse, v. 9.8.2015, online zugänglich unter: https://www.deutschlandfunk.de/briefe-von-hermann-hesse-eine-existenz-auf-messers-schneide-100.html (aufgerufen am 6.6.2022).

[550] Unterzeichnet hatten diesen Aufruf Prominente wie Gerhart Hauptmann (1862-1946), Max Liebermann (1847-1935), Max Planck (1858-1947), Wilhelm Conrad Röntgen (1845-1923), Friedrich Naumann, Engelbert Humperdinck (1854-1921) und Adolf von Harnack (1851-1930).

[551] Vgl. Bernhard Zeller, Hermann Hesse, a. a. O., 72.

[552] Nachdem der Beginn des Ersten Weltkrieges zu einem Richtungswechsel der `Simplicissimus´-Redaktion geführt hatte und sich die satirische, von beißendem Witz geprägte Wochenschrift in ein patriotisches Propagandablatt verwandelt hatte, das sich ganz in den Dienst der wilhelminischen Kriegspolitik stellte, gab Hesse seine Mitarbeit als Kulturjournalist auf. Zwischen 1904 bis 1936 hatte er über 150 Beiträge im `Simplicissimus´ veröffentlicht. Unter den Eindrücken des Krieges, dieser Katastrophe zu Beginn des 20. Jahrhunderts, wandelte er sich zu einem überzeugten Pazifisten. In der Weimarer Republik kehrte die Münchner Zeitschrift wieder zu ihren Wurzeln als kritisches Satireblatt zurück; doch nachdem sich die Redaktion 1933 der Zensur der Nazis gebeugt hatte, stellte Hesse drei Jahre später seine Mitarbeit endgültig ein.

lassen. Nachdem zwanzig deutsche Zeitungen Hesses Text nachgedruckt hatten, war die Reaktion wie zu erwarten: Eine Hasswelle der rechtsextremen deutschen Presse und der deutschen Chauvinisten schlug Hesse entgegen und wirkte noch Jahrzehnte nach. Die deutschen Hurra-Patrioten beschimpften den populären Kriegsgegner und Pazifisten als `vaterlandslosen Gesellen´, `Feigling´, `Drückeberger´ und `Lump´, und er wurde mit Hassbriefen nur so überzogen.[553] Die Hasswelle in dieser Intensität war nur mit Hesses Weigerung, sich zum Patriotismus zu bekennen, zu erklären.[554] Doch er blieb bei seinem Bekenntnis zum Frieden. Allerdings zog er sich zurück, und es dauerte eine Zeit, bis er sich von den Angriffen mental erholt hatte.[555] Da er als deutscher Staatsangehöriger noch immer jederzeit damit rechnen musste, als Soldat eingezogen zu werden,

---

[553] Am 24. Oktober 1915 startete das `Kölner Tageblatt´ eine Pressekampagne gegen Hesse, ausgelöst durch dessen besagten Artikel in der `Neuen Zürcher Zeitung´, in dem er sich gegen den Krieg geäußert und für den Frieden ausgesprochen hatte. Daraufhin wurde er in dem Leitartikel als `Vaterlandsverräter´ bezeichnet – ein Begriff, der für die Hesse-Rezeption bis weit nach dem Krieg maßgeblich war, vgl. Hermann Hesse 1877-1977, a. a. O., 350-376. Heute würde diese Art Schmähbriefe unter den Begriff `Shitstorm´ fallen. Einzig Erwin Ackerknecht (1880-1960), Eugen Salzer (1866-1938), Theodor Heuss und Conrad Haußmann dissoziierten sich öffentlich nicht von Hesse. Heuss beispielsweise reagierte auf dem Hintergrund einer `einfachen Freundespflicht´ auf die Kampagne in der `Neckar Zeitung Heilbronn´ v. 1. November 1915, vgl. Theodor Heuss, Hermann Hesse, der `vaterlandslose Gesell´, in: Hermann Hesse, Politik des Gewissens, Erster Band, a. a. O., 126-129. Am 7. November 1915 schrieb Hesse im Feuilleton der Wiener `Zeit´ den Artikel `Den Pazifisten´, in dem er die Kriegsgegner zum tätigen Einsatz für die vom Krieg Betroffenen aufrief.

[554] Noch später äußerte sich Hesse in einem Brief v. November 1932: „Lieber Herr B., [...] Ich glaube, daß Sie die Radikalität meiner Absage an Vaterland, Patriotismus etc. noch immer unterschätzen“ (Hermann Hesse, Brief an E. B. v. November 1932, zit. nach: Heinz Ludwig Arnold [Hg.], text+kritik. Zeitschrift für Literatur, Bd. 10/11: Hermann Hesse, a. a. O., 10).

[555] Aus Frankreich erfuhr Hesse Solidarität: Der Romancier Romain Rolland, Pazifist und Literaturnobelpreisträger des Jahres 1916, war wie Hesse ein überzeugter Kriegsgegner und trat später für die deutsch-französische Verständigung ein. Er war des Öfteren bei seinem Kollegen in Montagnola zu Besuch. Ihm ist eine Beschreibung Hermann Hesses zu verdanken: Er beschrieb ihn als „hager, hohlwangig, rasiert, asketisch, hart aus Knochen geschnitzt wie eine Gestalt von Hodler“ (Aus dem Tagebuch Romain

reifte in ihm langsam der Entschluss, sich um die schweizerische Staatsangehörigkeit zu bemühen.
Hesse wollte nicht nur theoretisieren, sondern etwas Sinnvolles tun. Er wollte irgendetwas unternehmen, um das enorme Leid, das der Krieg bewirkte, zu lindern.[556] Eine ihn erfüllende Aufgabe fand er im Dienst für die Kriegsgefangenenfürsorge bei der Deutschen Gesandtschaft in Bern, in der er von 1915 bis 1919 freiwillig und mehr oder weniger ehrenamtlich die `Bücherzentrale für deutsche Kriegsgefangene Bern´ leitete und die `Deutsche Internierungszeitung´ mit edierte.[557] Zu seiner Aufgabe in diesem zivilen Dienst des deutschen Kriegsministeriums als `Beamtenstellvertreter ohne Feldwebelrang´ – einer „besonderen Möglichkeit des `Kriegsdienstes, die mit seiner Einstellung gegen das Blutvergießen vereinbar war“[558] – gehörte es, Spenden einzuwerben, mit deren Hilfe Bücher angeschafft werden konnten, um deutsche Kriegsgefangene in Frankreich, England, der Sowjetunion und Italien in ihren

---

Rollands vom September 1920, in: Volker Michels [Hg.], Hermann Hesse in Augenzeugenberichten, a. a. O., 82-84, Zitat auf 82; bei dem von Rolland erwähnten `Hodler´ handelt es sich um den Jugendstilmaler Ferdinand Hodler). Noch später beschrieben Zeitgenoss:innen den 1,73 m großen Hesse als „schlank und mager, etwas karg im Wesen..., natürlich und menschlich...“ (Max Barth, Der Dichter Hermann Hesse, in: Volker Michels [Hg.], Hermann Hesse in Augenzeugenberichten, a. a. O., 380-388, Zitat auf 383).

556 Dieses Ansinnen verband ihn mit dem etwas älteren Albert Schweitzer (1875-1965), der ähnliche Konsequenzen gezogen hatte und nach einer vielversprechenden Karriere als evangelischer Theologe und Musikwissenschaftler ein Medizinstudium aufnahm, um als Arzt zu den Armen nach Gabun zu gehen. Beide kannten sich und korrespondierten miteinander und Hesse äußerte sich auch mehrfach zu ihm, zuletzt 1955. In seinem im November 1915 in einer Wiener Tageszeitung veröffentlichten Essay mit dem Titel `Den Pazifisten´ hatte Hesse danach gefragt, auf welche Weise sich diese ganz *praktisch* nützlich machten, vgl. weiterführend Volker Michels, Wege zu Hermann Hesse, a. a. O., 339-352.

557 Erst später erhielt Hesse für seine Arbeit eine kleine Aufwandsentschädigung. `Hesse als Weltbürger´ lautete der Titel der Ausstellung im Hermann-Hesse-Museum in Montagnola im Jahre 2010, in der erstmals Hunderte von Dankesbriefen Kriegsgefangener an Hesse ausgestellt wurden. Seitdem ist das verbreitete Bild von Hesse als unpolitischem Dichter obsolet.

558 Ralph Freedman, Hermann Hesse, a. a. O., 223.

Kriegsgefangenenlagern mit Bücherpaketen, leicht konsumierbarer, unterhaltsamer Belletristik, zu versorgen.[559] Das war eine Stelle, die für Hesse wie geschaffen war, weil sie sich mit seiner Ablehnung des Krieges vereinbaren ließ: Im eigens dafür gegründeten `Verlag der Bücherzentrale Bern´ gab er bis Anfang 1919 zweiundzwanzig Bände der Schriftenreihe `Bücherei für deutsche Kriegsgefangene´ heraus.[560] Es handelte sich um Hefte mit Texten schöngeistiger Literatur, gespickt mit an Harmlosigkeit nicht zu überbietenden Kleinstadtgeschichten und Witzen.[561] Da die Nachfrage höher war als die Bücherzentrale liefern konnte, redigierte Hesse ab 1916 den `Sonntagsboten für die deutschen Kriegsgefangenen´ und danach die `Deut-

---

559 Hesse war selbst aktiv in der Mittelakquirierung: Er versah seine handschriftlichen Gedichte mit kleinen Aquarellen, „Feuer der Sinne" (Gunnar Decker, Hesse-ABC, a. a. O., 20), und verkaufte sie. Der Erlös dieser illustrierten Gedichte, die nur direkt bei Hesse in Montagnola bestellt werden konnten, ging an die Kriegsgefangenenfürsorge. Einer der Sponsoren war Hesses ehemaliger Mitschüler in der Calwer Lateinschule, Emil Molt (1876-1936), Inhaber der Zigarettenfabrik Waldorf-Astoria und Begründer der nach seiner Firma benannten `Waldorfschulen´. Auch später noch unterstützte Hesse Bedürftige. Insgesamt profitierten über eine halbe Million Menschen von dieser Bücherzentrale.

560 1919 setzte Hesse diese Arbeit fort, indem er die politisch-literarische Monatszeitschrift `Vivos voco. Eine deutsche Monatsschrift´(= `Ich rufe die [Über-]Lebenden´) mit herausgab. In dieser Zeitschrift äußerte er sich kurz nach der Gründung der NSDAP auf dem Hintergrund antisemitischer Veröffentlichungen: Er wolle „einmal ein Wort über eine der häßlichsten und törichsten Formen jungdeutschen Nationalismus... sagen, über die blödsinnige, pathologische Judenfresserei der Hakenkreuzbarden und [ihre] zahlreichen, namentlich studentischen Anhänger" (Hermann Hesse, zit. nach Volker Michels, Wege zu Hermann Hesse, a. a. O., 476). Hesse-Biograf Ralph Freedman kritisierte später auf dem Hintergrund von einigen pauschalisierenden Äußerungen Hesses zum Judentum, dass dieser „wenigstens bis zu einem gewissen Grad, die rassistische Sprache des Tages absorbiert hatte" (Ralph Freedman, Hermann Hesse, a. a. O., 458).

561 Als der Krieg vorbei war, erschien Hesses politische Flugschrift `Zarathustras Wiederkehr. Ein Wort an die deutsche Jugend. Von einem Deutschen´ unter Pseudonym. Hesse hatte sie im Januar 1919 in Bern geschrieben; erst 1920 erschien auch sie unter seinem vollen Namen, vgl. Hermann Hesse, Politik des Gewissens, Erster Band, a. a. O., 296ff. Zur Interpretation vgl. Martin Pfeifer, Hesse-Kommentar, a. a. O., 160ff., und Gunnar Deckar, Hesse, a. a. O., 331ff.

sche Internierten-Zeitung´, die wöchentlich von der schweizerischen Organisation `Pro captivis – Zentrale Hilfsstelle für Kriegsgefangene´ ediert wurde.[562] Um seine Stelle nicht zu gefährden, hielt er sich in dieser Zeit mit weiteren politischen öffentlichen Äußerungen zurück. Seine eigene literarische Produktion war auf diesem Hintergrund fast zum Erliegen gekommen. Einzig `Knulp´[563] erschien 1915 im S. Fischer Verlag, jene Geschichte des liebenswerten Landstreichers mit dem sonderbaren Namen, der dem Buch den Namen gab. Finanziell war Hesse in dieser Zeit auf einem absoluten Tiefpunkt seines Lebens: Seine Konten in Deutschland waren wegen des Krieges gesperrt; nur 70 Schweizer Franken durfte er sich monatlich in die Schweiz transferieren lassen, weshalb er vor allem von seinen Ersparnissen lebte, die langsam, aber sicher, schmolzen.[564]

Am 8. März 1916 starb Hesses Vater.[565] Hermann Hesse, in dem dieser Tod eine Krise, verbunden mit einer Neuausrichtung seines Lebens, auslöste, fuhr nach Korntal, wo Johannes Hesse seinen Lebensabend in der Herrnhuter Brüdergemeine verbracht

---

562 Vgl. dazu Hermann Hesse 1877-1977, a. a. O., 141ff.

563 Vgl. Hermann Hesse, Knulp. Drei Geschichten aus dem Leben Knulps (Fischers Bibliothek zeitgenössischer Romane, 6. Reihe, Bd. 10), Berlin 1915. Der Text ist über das `Projekt Gutenberg´ online zugänglich unter: https://www.gutenberg.org/files/17622/17622-h/17622-h.htm (aufgerufen am 8.7.2022). Die in den Jahren 1907 bis 1914 entstandenen Geschichten über den Vagabunden Knulp gehören zu Hesses `Gerbersau´-Erzählungen. In diesem Buch bearbeitet Hermann Hesse Sesshaftigkeit, Unterwegssein, Heimatliebe und Weltsehnsucht – Themen, die ihn zeitlebens in ihren Bann zogen. Zur Interpretation der Landstreichernovelle vgl. Martin Pfeifer, Hesse-Kommentar, a. a. O., 153-157, und Volker Wehdeking, Hermann Hesse, a. a. O., 125-130. Heute erinnert an diese Gestalt eine griechische Landschildkröte namens Knulp, die im `Museo Hermann Hesse´ in Montagnola lebt, vgl. online: https://www.deutschlandfunk.de/das-vergessene-ticino-100.html (aufgerufen am 8.7.2022).

564 Vgl. Materialien zu Hermann Hesses `Demian´. Die Entstehungsgeschichte in Selbstzeugnissen und Dokumenten, Erster Band, hg. v. Volker Michels, a. a. O., 51. Außerdem wurde er finanziell von Freund:innen wie dem Pfullinger Papierfabrikanten Louis Laiblin (1861-1927) unterstützt.

565 Vgl. Hesses Beitrag `Zum Gedächtnis´, in: Hermann Hesse, „Jedem Anfang wohnt ein Zauber inne“, a. a. O., 117-131, und Materialien zu Hermann Hesses `Demian´, Erster Band, hg. von Volker Michels, a. a. O., 59-68.

hatte.[566] Der fast blinde alte Mann war dort von seiner – kinderlosen – Tochter Marulla gepflegt worden.[567] Anders als beim Tod seiner Mutter wollte Hermann Hesse unbedingt an der Beerdigung teilnehmen. Stundenlang saß er neben dem aufgebahrten Leichnam und verabschiedete sich. Schuldgefühle stiegen in ihm hoch und er erinnerte sich an ihr einstiges kompliziertes Verhältnis, an die Jahre seiner Jugend in Calw und an die Zeit danach, als er unzählige Briefe an seinen Vater schrieb – im Alter las Johannes Hesse die Gedichte und Bücher seines Sohnes gerne –, ihn immer wieder um Rat bat und sich die beiden langsam wieder einander annäherten und schließlich miteinander versöhnten.[568] Hesse hatte längst erkannt, dass ihn neben seiner Mutter auch sein Vater, dessen emotionale und geistige Seite, geprägt hatte.[569] Als er nach der Beerdigung von Korntal in die Schweiz zurückfuhr, war der Grenzübergang

---

[566] Hesse erfuhr von dem Tod seines Vaters am 8. März 1916 durch seinen Freund Othmar Schoeck. Dieser hatte ihn auf dem Zürcher Hauptbahnhof, als er zu einer Lesung auf dem Weg nach Winterthur war, durch die seine finanziellen Verhältnisse aufgebessert werden sollten, abgepasst und ihm die traurige Nachricht überbracht; Mia Hesse hatte ihn in einem Telegramm darum gebeten. Hesse fuhr daraufhin nach Bern, besorgte die erforderlichen Dokumente und begab sich auf direktem Wege zur Beerdigung seines Vaters nach Deutschland.

[567] Noch im Jahr seines Todes kam Johannes Hesses letztes, 56 Seiten starkes Werk \`Die Bibel als Kriegsbuch´ heraus, an dem er bis zuletzt gearbeitet hatte, vgl. Johannes Hesse, Die Bibel als Kriegsbuch, Stuttgart 1916, online hier zugänglich: https://www.europeana.eu/de/item/9200231/BibliographicResource_2000092035837 (aufgerufen am 30.4.2022).

[568] Vgl. dazu Birgit Lahann, Hermann Hesse, a. a. O., 9f. und 13.

[569] Johannes Hesses Lieblingsgedicht seines Sohnes war \`Im Nebel´. Hesses Vater überlebte seine Ehefrau um 14 Jahre. Er hatte sich als Bibelvers für seine Trauerfeier ausgesucht: „Der Strick ist zerrissen, der Vogel ist frei" (Ps 127,7) – ein Spruch, den Hermann Hesse ohne weiteres auch auf sich beziehen konnte und der ihn über den Tod hinaus mit seinem Vater verband. Hermann Hesse nahm den Ehering seines Vaters von dessen Totenbett zu sich. Diesen Ring hatte vor Zeiten Marie Hesse ihrem ersten Ehemann, Charles Isenberg, geschenkt.

Lörrach geschlossen und er musste vierzig Stunden lang warten. Er war erschöpft und niedergeschlagen.[570]
Nach einem Nervenzusammenbruch kündigte Hesse bei der Deutschen Gesandtschaft in Bern und versuchte, sich im Tessin zu erholen. Er beschloss jedoch darüber hinaus, Ursachenforschung zu betreiben, wobei er die Psychoanalyse, damals als \`Wissenschaft vom Unbewussten´ relativ neu aufgekommen, zu Hilfe nehmen wollte. Der äußere Konflikt, in dem sich Hesse seit einiger Zeit befand, war parallel zu einer inneren Krise verlaufen, welche sich in der Zerrüttung seiner Ehe geäußert hatte. Er begann, an Depressionen zu leiden; seine Kopfschmerzen wurden schier unerträglich, Magen- und Darmbeschwerden quälten ihn, Schwindelgefühle und Schwächezustände wechselten sich mit Angst- und Panikattacken ab. Und er litt an einem Lungenemphysem. Hesse begab sich also auf einen „Weg nach innen“[571], um einen Ausweg aus seiner Lebenskrise zu finden. Es wurde zur „Höllenreise“[572]. Als erster deutschsprachiger Dichter unterzog er sich einer Psychoanalyse. Von Hesse oft \`Kur´ genannt, begann sie zunächst stationär im Kurhaus \`Sonnmatt´, einer Privatklinik bei Luzern, halb Krankenhaus,

[570] In dieser Zeit veröffentlichte Hesse das Buch \`Schön ist die Jugend´, das die Erzählung gleichen Titels und \`Der Zyklon´ enthielt, welches im Kontrast zu seiner Lebenswirklichkeit stand. Dabei handelt die gefühlvoll gestaltete Erzählung \`Schön ist die Jugend´ von einem jungen Mann, aus dem etwas geworden ist und der in sein Elternhaus zurückkehrt. Stimmungsvoll schildert Hesse die eigene Kindheit in einer intakten Familie, wobei natürlich auch eine unerreichte Liebe nicht fehlen darf, vgl. Hermann Hesse, Schön ist die Jugend, Berlin 1916, online hier zugänglich: https://www.gutenberg.org/files/64525/64525-h/64525-h.htm (aufgerufen am 21.3.2022).

[571] So lautet der Titel seines Buches, das die Erzählungen \`Siddhartha´, \`Kinderseele´, \`Klein und Wagner´ und \`Klingsors letzter Sommer´ enthielt und 1931 in Berlin im S. Fischer Verlag erschien.

[572] Vgl. dazu Eva Zimmermann, „... auf der Höllenreise durch mich selbst...“, in: „Höllenreise durch mich selbst“, a. a. O., 9-26, bes. 13. Eva Zimmermann gibt an dieser Stelle allerdings das Todesdatum der Mutter falsch an: Marie Hesse starb nicht 1900, sondern 1902.

halb Hotel.[573] Hesse wählte die Traumanalyse: Zu dieser Form gehörte, dass er seine Träume aufschrieb und diese dann in Therapiesitzungen unter ärztlicher Anleitung analysiert wurden.[574] Der Luzerner Psychoanalytiker Dr. Josef Bernhard Lang[575], ein Schüler Carl Gustav Jungs[576], half Hesse bei der

[573] Schon 1909, 1910, 1912 und 1914 hatte Hesse ein paar Wochen lang in Kur verbracht, und zwar im beschaulichen Badenweiler in der Villa Hedwig, einem familiär geführten Sanatorium, vgl. dazu weiterführend Christof Schnürer/Christof J. Diedrichs, Eine raffiniert humane Kur. Hermann Hesse in Badenweiler, Schliengen 2009, wo sich einige aufschlussreiche Briefe befinden. Dorthin war Hesse auf Empfehlung seines Freundes, des Malers Fritz Widmann (1869-1937), gelangt.

[574] Hesses `Traumtagebuch´ ist erhalten geblieben, fand aber in der Hesse-Forschung lange wenig Beachtung, vgl. Hermann Hesse, „Möglichst vorurteilslos nur die Erlebnisse der Seele notieren". Traumtagebuch der Psychoanalyse 1917/1918, in: Hermann Hesse, Traumgeschenk. Betrachtungen, Tagebücher, Erzählungen und Gedichte über das Träumen, hg. v. Volker Michels FfM 1996, 49-223. Es offenbart Hesses Sexualpathologien: Er hält u. a. fest, dass er homophile und inzestuöse Träume, bezogen auf seine Söhne, hatte. Er lernte, dass diese Träume ihre Ursache in den Konflikten seiner Kindheit hatten und die Minderwertigkeitskomplexe Hesses sowie seine Scheu vor der Öffentlichkeit spiegelten. Aufgrund von Verfügungen Ninon Hesses, die auch in Hesses Text eingriff und Stellen daraus entfernte, war das Tagebuch bis 30 Jahre lang nach Hesses Tod gesperrt, vgl. Volker Michels, Die Stimmen der Seele im Traum. Traumbilder und Traumbewußtsein bei Hermann Hesse, in: Hermann Hesse, Traumgeschenk, a. a. O., 333-359, bes. 348, und ders. (Hg.), „Eine Bresche ins Dunkel der Zeit!", a. a. O., 2015, 84. Hermann Hesse ist mit diesem Text selbst zu hören auf der von Volker Michels zusammengestellten, edierten und vom Suhrkamp Verlag produzierten CD: Hermann Hesse, Traumgeschenk. Betrachtungen, Erzählungen, Gedichte. Gelesen von Hermann Hesse und Simon Rühaak (der hörverlag), FfM 1999, online zugänglich unter: https://www.youtube.com/watch?v=Eyk0KELCc5w (aufgerufen am 17.6.2022).

[575] Wegen `Gehilfenschaft bei Abtreibung´ wurde 1933 ein Strafverfahren gegen Lang und weitere Angeklagte eröffnet. Nach sieben Jahren wurde er zwar von allen Anklagepunkten freigesprochen, aber der Prozess hatte ihn zermürbt. Hinzu kam, dass seine ältere Tochter an den Folgen einer Sepsis gestorben war. Das letzte Lebensjahrzehnt verbrachte Lang u. a. in Locarno. Er starb am 3. Juni 1945 in einer psychiatrischen Klinik des Kantons Luzern – in der er selbst bereits früher zweimal als Arzt gewirkt hatte. Vgl. dazu Hermann Hesse, „Die dunkle und wilde Seite der Seele". Briefwechsel mit seinem Psychoanalytiker Josef Bernhard Lang 1916-1944, hg. v. Thomas Feitknecht, FfM 2006. Ein Foto des Psychiaters befindet sich bei Hermann Hesse/Emmy Ball-Hennings/Hugo Ball, Briefwechsel 1921-1927, a. a. O., Abb. 10.

[576] Die persönliche Begegnung Hesses mit Carl Gustav Jung (1875-1961), Schule bildender Schweizer Psychiater, war entscheidend für Hesses weiteres Werk. Jungs tiefenpsychologische Richtung bediente sich sog. Archetypen, d. h. bestimmter Symbole (Kind, Krieger, Wanderer, Früchte, Hausbau, Feuer, Fluss, Kreis, Kreuz usw.). Er war durch Traum- und Mythenanalysen zu der Erkenntnis gelangt, dass die menschliche

Aufarbeitung seiner seelischen Nöte.[577] Josef Lang war vermutlich eine der schillerndsten Gestalten aus Hesses Umfeld. Aus einer bäuerlichen Familie im Kanton Luzern stammend, war er nach seinem Medizinstudium an verschiedenen Stellen in München, Bern, St. Urban, Meiringen und Zürich tätig gewesen. Als promovierter Psychoanalytiker stand er in engem Kontakt mit den führenden Schweizer Psychiatern seiner Zeit[578]. Ab 1916 hatte sich nicht nur ein Verhältnis Arzt-Patient, sondern darüber hinaus eine gleichberechtigte Freundschaft mit Hesse entwickelt. 1939 bekannte Lang, zum Antisemiten geworden zu sein – was bei Hesse, inzwischen in dritter Ehe mit einer Jüdin verheiratet, heftige Reaktionen hervorrief und die Freundschaft zerbrechen ließ.

Psyche nur zu einem kleinen Teil individuell und vielmehr durch die im kollektiven Unbewussten enthaltenen Archetypen ausgerichtet war. Über die Auseinandersetzung mit diesen Archetypen konnte Jung zufolge der Einzelne zum Einklang mit sich selbst kommen. An zentraler Stelle in seinem System befindet sich die \`Urmutter´ (\`Anima´); sie steht einerseits für die liebende und gütige Beschützerin, andererseits aber auch für Verführung und das Destruktive (C. G. Jung gibt Auskunft über sein Leben in einem Interview von John Freeman aus dem Jahre 1959, online zugänglich unter: https://www.youtube.com/watch?v=2AMu-G51yTY [aufgerufen am 9.7.2022]). Von nun an, Jungs Gedankensystem aufnehmend, gestaltete Hesse seine Bücher bipolar, wobei das Spektrum von \`Klein und Wagner´ (1919) über \`Klingsors letzter Sommer´ (1920) bis hin zu \`Siddhartha´ (1922) reichte. Themen waren ab jetzt \`Natur und Geist´, \`Anima und Animus´, \`Apollinisches und Dionysisches´ und \`Künstler und Bürger´. Am 16. Juli 1918 war von Hesse ein Aufsatz in der \`Frankfurter Zeitung´ erschienen, der das Verhältnis des Künstlers zur Psychoanalyse beleuchtete; Sigmund Freud beglückwünschte ihn zu dieser Veröffentlichung mit einer am 23.8.1918 geschriebenen Postkarte. Später distanzierte sich Hesse von der Psychoanalyse *als Methode*, weil er der Ansicht war, dass sie die Problematik eines Künstlers – auch seine eigene – nicht adäquat beurteilen und behandeln konnte. Vgl. dazu weiterführend Beate Petra Kory, Hermann Hesses Beziehung zur Tiefenpsychologie. Traumliterarische Projekte, Hamburg 2003, und Günter Baumann, „Es geht bis aufs Blut und tut weh. Aber es fördert ..." Hermann Hesse und die Psychologie C. G. Jungs (Vortrag auf dem 9. Internationalen Hesse-Kolloquium in Calw 1997), online zugänglich unter: https://web.archive.org/web/20030813220951/http://www.hermannhesse.de/de/biographie/lebenskrise/lebenskrise.pdf (aufgerufen am 10.7.2022).

[577] Vgl. dazu Volker Michels, Wege zu Hermann Hesse, a. a. O., 376-397 („\`Die Hauptsache musste ich selber leisten.´ Hermann Hesse und die Psychoanalyse").

[578] Neben C. G. Jung sind Alphonse Maeder (1882-1971) und Franz Riklin (1878-1938) gemeint.

Die Briefe Hesses an seinen vier Jahre jüngeren Psychotherapeuten galten lange als verschollen[579] und tauchten erst im Jahr 2000 bzw. 2002 wieder auf.[580] Die insgesamt 250 Briefe zeigen, dass Lang zu den verlässlichen Freunden Hesses gehörte, die in der Zeit der Krise 1919 ganz praktisch Hilfe leisteten, zusammen mit dem Dirigenten und Komponisten Volkmar Andreae[581], dem Jelmoli-Direktor Fritz Leuthold[582] und dem Zoologen

---

[579] Vgl. Hermann Hesse, Traumgeschenk. Betrachtungen, Tagebücher, Erzählungen und Gedichte über das Träumen (st 2462), hg. von Volker Michels, FfM 1996, 353.

[580] Die Korrespondenz war teils im Nachlass von Langs jüngerer Tochter Marli Bolliger-Lang, teils im Nachlass von dem mit Hesse verbundenen Bildhauer Hans Jakob Meyer (1903-1981) zum Vorschein gekommen, der in erster Ehe mit Langs älterer Tochter Karli Lang (1909-1933, sie verstarb früh an einer von einem Kratzer einer Katze verursachten Sepsis) verheiratet gewesen war.

[581] Volkmar Andreae war viele Jahre lang der Leiter des Tonhalle-Orchesters Zürich (1906-1949) und Direktor des Zürcher Konservatoriums (1914-1939). Er galt als der bedeutendste Interpret Anton Bruckners (1824-1896) seiner Zeit. Sein Enkel Marc Andreae (geb. 1939), ebenfalls Musiker und Dirigent, ist seit 2011 der Präsident der \`Fondazione Hermann Hesse´.

[582] Hesse hatte Fritz Leuthold (1881-1954) und dessen Frau Alice Leuthold, geb. Sprecher (1889-1957), auf der Reise von Singapur nach Colombo 1911 kennengelernt. Leuthold hatte einige Zeit in Thailand, damals Siam, als Kaufmann gearbeitet (Hesse nannte ihn und seine Frau deshalb die \`lieben Siamesen´). Das \`Jelmoli´, dessen kaufmännischer Direktor und Mitglied des Verwaltungsrats Leuthold war, war eines der größten Kaufhäuser Zürichs und besteht bis heute. Das Ehepaar gehörte zum Kreis der Mäzene Hesses: Von 1925 bis 1931 stellten ihm die beiden in Zürich im Schanzengraben 31 während der Wintermonate – die \`Casa Camuzzi´ war damals schlecht beheizbar und schimmelig, so dass Hesse viele Jahre lang im Winter nach Zürich zog – kostenlos eine Zweizimmer-Mansardenwohnung zur Verfügung, in der er literarisch arbeiten konnte (das Haus besteht nicht mehr). In der Großstadt Zürich durchlebte Hesse ein Kontrastprogramm zum beschaulichen Montagnola: 1910 hatte hier das \`Kunsthaus´ eröffnet, zwischen 1911 und 1913 entstanden zahlreiche Galerien, im \`Cabaret Voltaire´ hatte seinerzeit Hugo Ball den Dadaismus ins Leben gerufen und im 1911 eröffneten \`Café Odeon´, geistiger Umschlagplatz für Künstler, Literaten und Intellektuelle, hatte die exotische Tänzerin Mata Hari (1876-1917), legendäre Doppelagentin des deutschen Nachrichtendienstes und des französischen Geheimdienstes, gestrippt. Zürich war in den 1920er-Jahren ähnlich verrucht wie Berlin. Hesses Lebensgewohnheit änderte sich erst mit der neuen, von Hesses Mäzen H. C. Bodmer zur Verfügung gestellten Bleibe; ab da blieb Hesse auch in den Wintermonaten in Montagnola. Vgl. dazu ausführlich Alfred Cattani, Hesse und seine Zürcher Freunde, in: „Höllenreise durch mich selbst“, a. a. O., 113-138. Die Hesse-Sammlung aus dem Nachlass von Alice Leuthold befindet sich heute in der ETH-Bibliothek Zürich: https://www.research-collection.ethz.ch/bitstream/handle/20.500.11850/138862/eth-22104-01.pdf?sequence=1&isAllowed=y (aufgerufen am 2.6.2022).

Richard Woltereck[583]. Im Zuge der Zeit bekam Lang selber große persönliche Probleme.[584] Er war ständig krank und hatte permanente Geldsorgen; er fühlte sich ausgebrannt und wollte seinen Beruf als Arzt aufgeben. Statt dessen wollte er lieber künstlerisch oder wissenschaftlich arbeiten: Im Zweitstudium studierte er die Sprachen des Nahen Ostens, befasste sich mit Astrologie, wandte sich Okkultem zu und publizierte 1942 das Buch `Hat ein Gott die Welt erschaffen?´ Darüber hinaus behandelte er Hesse immer wieder mit Bienengift-Kuren und Vitaminspritzen und schickte ihm Tabletten nach Montagnola. Einen Monat lang dauerte die Kur, in der Hesse Josef Bernhard Lang in zwölf dreistündigen traumanalytischen Sitzungen in die Abgründe seiner Seele blicken ließ.[585] Der Patient erkannte in den Sitzungen die verdeckten Krisen, unter denen er litt, vor allem, dass er das Wilde und Triebhafte in sich immer unterdrückt hatte. Darüber hinaus gewann er eine neue Sicht auf sein Leben, auch auf die ihn bewegenden Themen in Geschichte, Philosophie und Theologie.[586] Hesse verstand sich großartig mit

---

[583] Der deutsche Zoologe und Hydrologe Prof. Dr. Richard Woltereck (1877-1944) gehörte zu den ersten Naturwissenschaftlern, die auf das Ökosystem und die Ökologie aufmerksam machten. Er hatte auch Hesses Einberufung 1917 verhindert, vgl. Materialien zu Hermann Hesses `Demian´, Erster Band, hg. von Volker Michels a. a. O., 91. 1933 gehörte Woltereck zu den Unterzeichnern des `Bekenntnisses an den deutschen Universitäten und Hochschulen zu Adolf Hitler´.

[584] 1920 hatte der von seiner Frau unverstandene Lang eine kurze Liebesbeziehung mit Ruth Wenger – ausgerechnet mit jener jungen Frau, die Hermann Hesse 1919 kennengelernt hatte und die er am 11. Januar 1924 heiraten sollte.

[585] Vgl. dazu Volker Michels, Wege zu Hermann Hesse, a. a. O., 376-397.

[586] Hesses Krisensituation wirkte sich produktiv auf sein Werk aus. Er bedankte sich bei Josef Lang, indem er ihm in der Gestalt des Pistorius in seinem `Demian´ (und später noch einmal als `Longus´, dem Sterndeuter in seiner `Morgenlandfahrt´) ein literarisches Denkmal setzte. `Die Morgenlandfahrt´ war „eine surreale Erzählung über einen romantisch-überzeitlichen Geheimbund" (Volker Wehdeking, Hermann Hesse, a. a. O., 142) von Träumern, Dichtern und Fantasten, die nicht der Vernunft, sondern dem Herzen folgen, mit dem Thema einer „in drei Stufen verlaufenden Erlösung, hier in der Tradition westlicher Mythologeme aus dem Mittelalter und der Frühromantik" (Volker Wehdeking, Hermann Hesse, a. a. O., 142). Vgl. dazu auch Bernhard Zeller, der von einer

seinem Analytiker, er fühlte sich mit dessen hochneurotischer Persönlichkeit wesens- und seelenverwandt; es entwickelte sich eine freundschaftliche Beziehung, die viele Jahre lang hielt.[587] Nach seiner Entlassung aus der Klinik fuhr Hermann Hesse anderthalb Jahre lang einmal wöchentlich von Bern nach Luzern zu Lang. In über zweihundert Therapiestunden arbeiteten die beiden die unbewältigten Konflikte aus Hesses Kindheit und Jugend auf. Dadurch versuchte einigermaßen Ordnung in sein Leben zu bringen.[588]

Nach diesem für Hesse schicksalhaften Jahr kam es dann im Herbst 1917 zu einer persönlichen Begegnung mit der Zürcher Koryphäe der Psychiatrie, C. G. Jung. In einem Berner Hotel diskutierten diskutierten die beiden, Arzt und Patient, einen Abend lang über Urbilder und Symbole, aber auch über die Bedeutung der Irrationalität und der Emotionalität und die neuesten tiefenpsychologischen Theorien.[589] Viele durch diese Begegnung gewonnenen Erkenntnisse verarbeitete Hesse später

---

„Dichtung in Symbolen und Gleichnissen“ (Hermann Hesse a. a. O., 123) spricht, und André Uzulis, Hermann Hesse, a. a. O., 207ff., für den der `Bund´ „die Elite der Suchenden aller Zeiten und Orte“ (209) war.

587 Das Bild der Beziehung von Hermann Hesse zu seinem Psychiater Josef Bernhard Lang wurde vor allem durch die Hesse-Biografie Hugo Balls (1886-1927) geprägt, vgl. Hugo Ball, Hermann Hesse, a. a. O., 118-124. Ball, der mit Hesse *und* Lang befreundet war, hatte Einsicht in die Praxisunterlagen, als er 1927 die Biografie schrieb. Spätere Entwicklungen, die zeigen, dass Lang auch die Hilfe seines Freundes Hesse in Anspruch nahm, konnten in Balls Darstellung deshalb keinen Eingang finden. Zu Langs unorthodoxer Analytiker-Persönlichkeit vgl. Günther Bittner, „Dir unbewusst arbeite ich in Dir“: Die Psychoanalyse Hermann Hesses bei Josef Bernhard Lang, Würzburg 2015. Der Diplompsychologe Dr. Günther Bittner (geb. 1937) war Psychoanalytiker mit eigener Praxis und Professor an der Julius-Maximilians-Universität Würzburg.

588 Der Freiburger Psychiater und Psychoanalytiker Johannes Cremerius (1918-2002), in der Schule Sigmund Freuds stehender Nestor der psychosomatischen Medizin, nahm an, dass Hermann Hesse an einer `Schwächung und Reduzierung von Ich-Funktionen´ litt, vgl. Johannes Cremerius, Hermann Hesse. Schuld und Sühne ohne Ende, in: ders., Freud und die Dichter, Freiburg 1995, 91-129.

589 Die Hesse beeindruckende persönliche Begegnung mit C. G. Jung führte dazu, dass er sich im Sommer 1921 während einer Schaffenskrise und in der Zeit der Scheidung

literarisch, u. a. in seinem Buch `Demian. Die Geschichte einer Jugend´[590]. In diesem, im September und Oktober 1917 in Bern in einem dreiwöchigen Arbeitsrausch niedergeschriebenen[591], aber erst 1919 unter dem Pseudonym `Emil Sinclair´[592] veröf-

---

von seiner ersten Ehefrau zu dem Psychoanalytiker *direkt* in Behandlung begab, vgl. weiterführend Emanuel Maier, The Psychology of C. G. Jung in the Works of Hermann Hesse (1999): https://hesse.projects.gss.ucsb.edu/papers/maier.pdf (aufgerufen am 16.4.2022). Er konsultierte Jung mehrfach in Küsnacht am Zürichsee in der Seestraße 228.

[590] Vgl. Hermann Hesse, Demian. Die Geschichte einer Jugend, von Emil Sinclair, Berlin 1919, online hier zugänglich: https://www.gutenberg.org/files/41907/41907-h/41907-h.htm (aufgerufen am 21.3.2022). Die Wahl des Namens resultierte aus einem Traum, vgl. Hermann Hesse, Ausgewählte Briefe, FfM 1974, 456. Danach gefragt, warum er unter Pseudonym veröffentlicht hatte, antwortete Hesse, dass er „die Jugend nicht durch den `bekannten Namen eines alten Onkels´ abschrecken" (Alois Prinz, „Und jedem Anfang wohnt ein Zauber inne", a. a. O., 196) wollte. Später brachte er das Buch unter seinem eigenen Namen mit dem Titel `Demian. Die Geschichte von Emil Sinclairs Jugend´ (st 206), FfM 1974 heraus (ich zitiere hiernach). Das Typoskript liegt im Deutschen Literaturmuseum Marbach und ist dort im Literaturmuseum der Moderne Teil einer Dauerausstellung.

[591] Zu seiner Entstehungsgeschichte und seiner Interpretation vgl. ausgiebig Materialien zu Hermann Hesses `Demian´, Erster Band, hg. v. Volker Michels, a. a. O., bes. 45-55, und Materialien zu Hermann Hesse `Demian´. Zweiter Band. Wirkungsgeschichte, hg. v. Volker Michels (st 2520), FfM 1997; vgl. ferner Helga Esselborn-Krumbiegel, Hermann Hesse: Demian. Erläuterungen und Dokumente, Stuttgart 1991, 2000; dies., Hermann Hesse: Demian/Unterm Rad. Interpretation, München ²1998; dies. (Hg.), Hermann Hesse. Demian. Erläuterungen und Dokumente, Stuttgart 2005; Ralph Freedman, `Demian´. Hermann Hesses Weg als Pionier der inneren Welt, in: Hermann Hesse und die Moderne. Diskurse zwischen Ästhetik, Ethik und Politik, hg. v. Detlef Haberland und Géza Horváth, Wien 2013, 9-17; Maria-Felicitas Herforth, Hermann Hesse. Demian – Siddhartha – Der Steppenwolf, Hollfeld ³2004; dies., Erläuterungen zu Hermann Hesse, Demian, Hollfeld 2011; Uwe Wolff, Demian – die Botschaft vom Selbst, FfM 1979; Walter Jahnke, Hermann Hesse Demian. Ein er-lesener Roman, Paderborn 1984, und Volker Wehdeking, Hermann Hesse, a. a. O., 88-97.

[592] Das Pseudonym `Emil Sinclair´ hatte Hermann Hesse erstmals 1917 für die dystopische zeitkritische Satire `Wenn der Krieg noch zwei Jahre dauert´ und weitere Veröffentlichungen, die sich kritisch mit dem Ersten Weltkrieg auseinandersetzten (u. a. in der `Neuen Zürcher Zeitung´) verwendet, um weiterer Polemik von Kriegsbefürwortern in der Presse, durch die Hesse psychisch verletzt worden war, zu entgehen, vgl. Volker Michels, Wege zu Hermann Hesse, a. a. O., 441-452. Da er einen kriegskritischen `Brief an einen Staatsminister´ verfasst hatte, legte ihm das deutsche Kriegsministerium nahe, jegliche Antikriegspublikationen mit seinem Klarnamen zu unterlassen, wollte er weiter

fentlichten Bildungsroman erzählt Hesse stufenartig die Persönlichkeitsentwicklung eines jungen Mannes, berichtet in einer Innenschau – einer inneren Biografie – vom Werden einer Persönlichkeit. Er bezieht sich dabei auf die Evolutionstheorie, den Nietzscheanismus, die Tiefenpsychologie, den Gnostizismus und die Matriarchatstheorie Johann Jakob Bachofens[593]. Emil Sinclair alias Hermann Hesse erhielt dafür den von der Berliner Akademie der Künste verliehenen, mit 800 Reichsmark dotierten renommierten Fontane-Preis für Debütant:innen zugesprochen.[594]

---

in der `Bücherzentrale für deutsche Kriegsgefangene Bern´ für die Kriegsgefangenenfürsorge, die dem Ministerium unterstellt war, arbeiten. Sein Pseudonym geht auf den Freund Friedrich Hölderlins (1770-1843) zurück, den deutschen Diplomaten Isaac von Sinclair (1775-1815), vgl. Hugo Ball, Hermann Hesse, a. a. O., 139. Wie Hesse stammte von Sinclair aus einem pietistischen Elternhaus und hatte eine enge Mutterbeziehung, von der er sich aber befreit hatte, um ein genussreiches Leben zu führen. Isaac von Sinclair starb im Alter von 39 Jahren an den Folgen eines Schlaganfalls in einem Wiener Bordell. Neben Hesses Frau wusste allein Josef Bernhard Lang, wer sich hinter dem Pseudonym verbarg, vgl. die Postkarte Hermann Hesses an Lang, in: Materialien zu Hermann Hesses `Demian´, Erster Band, hg. von Volker Michels a. a. O., 121. Die Antikriegserzählung `Wenn der Krieg noch zwei Jahre dauert´ wurde 1928 in seinen Sammelband `Betrachtungen´ aufgenommen und durfte im nationalsozialistischen Deutschland nicht mehr nachgedruckt werden.

593 Der wohlhabende Schweizer Rechtshistoriker, Altertumsforscher und Anthropologe Johann Jakob Bachofen (1815-1887), einer der Begründer der Soziologie, lieferte mit seinem Werk `Das Mutterrecht´ die Grundlagen moderner Theorien zum Matriarchat (`Gynaikokratie´). Sowohl Hermann Hesse als auch seiner ersten Frau Mia waren seine Theorien vertraut, wie die Eheschlacht im Zuge der Trennung des Paares mit dem Streit um das Sorgerecht für die drei Söhne beweist.

594 Hesse hatte Samuel Fischer geschrieben, dass er einen jungen, schwer kranken Schweizer kennen würde, dessen Lebenszeit begrenzt wäre: Dieser Autor, der unbekannt bleiben wollte, hatte Hesse gebeten, sich für ihn bei Fischer zu verwenden. Mit dieser „Camouflage" (Volker Wehdeking, Hermann Hesse, a. a. O., 89) wollte Hesse die Lage entschärfen, in die er in Deutschland geraten war, nachdem er sich offen gegen den Krieg ausgesprochen hatte. Samuel Fischer antwortete, dass sein Lektor Oskar Loerke (1884-1941) das Manuskript für gut befunden hatte, so dass das Buch nach einer Vorveröffentlichung in der `Neuen Rundschau´ (Februar bis April 1919) gedruckt wurde – wenn auch wegen Papierknappheit erst zwei Jahre später. Zum Verlagsvertrag vgl. Hermann Hesse 1877-1977, a. a. O., 215. Der Fischer Verlag warb mit einem Zitat Thomas Manns, der nach der Identität Emil Sinclairs fragte, vgl. Materialien zu Hermann Hesses `Demian´, Zweiter Band, hg. v. Volker Michels, a. a. O., 17. Der

Das Buch ist in acht betitelte Kapitel gegliedert, die Handlung chronologisch aufgebaut.[595] Die Erzählung beruht auf zwei parallelen Handlungssträngen: Zum einen ist sie auf äußere Ereignisse bezogen (die linear und chronologisch verlaufende Handlung schildert die Vita des Erzählers); zum anderen spiegelt sie die Emotionen und die psychische Entwicklung des Protagonisten, der lernt, sich mit all seinen dunklen Seiten zu akzeptieren und seinen Weg zu finden, und beschreibt dessen inneres Wachstum. Man kann sagen, dass sich zwar das zentrale Geschehen in Sinclairs Psyche abspielt, aber dass durch Hesses Erzählstil beide Handlungsstränge miteinander verbunden sind. Nach einem Vorwort des erwachsenen Schriftstellers Emil Sinclair, in dem sich dieser als eine reale Person und sein Buch als \`Autobiografie´ präsentiert, wird der Roman in der Ich-Form

---

Schriftsteller Otto Flake (1880-1963) und der Literaturkritiker Eduard Korrodi (1885-1955), Feuilleton-Chef der NZZ, outeten Hesse dann nach Stilvergleichen öffentlich als Autor seines unter Pseudonym veröffentlichten Romans und erreichten es, dass sich Hesse – der in einer Buchbesprechung für die NZZ im Juli 1919 auch Sinclairs \`Demian´ erwähnt hatte [!] – im Juli 1920 zu seiner Autorschaft bekannte und schließlich verärgert den Fontane-Preis – er ist in etwa vergleichbar mit dem heutigen \`Preis der Gruppe 47´ oder dem Klagenfurter \`Ingeborg-Bachmann-Preis – zurückgab. Ab der 4. Auflage erschien der Roman unter dem Titel \`Demian. Die Geschichte von Emil Sinclairs Jugend´ und unter Hesses Autorschaft (hier gehe ich mit André Uzulis, Hermann Hesse, a. a. O., 149, und Volker Michels, \`Demian – eine Stimme der Evolution, in: Materialien zu Hermann Hesses \`Demian´, Erster Band, hg. v. Volker Michels, a. a. O., 9-43, bes. 41, und gegen Klaus Walther, Hermann Hesse, a. a. O., 75, der von der 17. Auflage spricht, in der \`Demian´ unter Hesses Autorschaft erschien). Bis 2001 erreichte Hesses \`Demian´ eine Gesamtauflage von 1,45 Millionen; das Buch wurde in 28 Sprachen übersetzt. Vgl. dazu den Artikel von Yahya Elsaghe, Wie Hermann Hesse sich zu verstecken versuchte und enttarnt wurde, in: NZZ v. 12.09.2017, online zugänglich unter: https://www.nzz.ch/feuilleton/hundert-jahre-demian-wie-hermann-hesse-sich-zu-verstecken-versuchte-und-enttarnt-wurde-ld.1315419 (aufgerufen am 21.5.2022).

[595] Joseph Mileck zufolge bietet \`Demian´ als Erzählung „magere Kost... Eine Zahl von Begegnungen im Lauf von zehn Jahren wird in acht locker miteinander verknüpften Kapiteln geschildert. Diese Begegnungen sind nicht besonders aufregend... Der Geschichte mangelt es an Entwicklung der Handlung, sie erzeugt wenig Spannung, und das apokalyptische Ende ist abrupt und enttäuschend. Die Charaktere sind eindimensional: sie besitzen keine physische und wenig psychische Realität, ihre Bewegungen sind die von Schlafwandlern, und ihre Dialoge sind hölzern“ (Joseph Mileck, Hermann Hesse, a. a. O., 105).

aus der Perspektive der Hauptfigur erzählt. Sinclair, die zentrale Figur in dem Buch, schildert, angefangen vom zehnjährigen Lateinschüler bis zum achtzehnjährigen Studenten und dann zum jungen Soldaten, rückblickend die Geschichte seiner problematischen Kindheit und Jugend – in all ihrer Zerrissenheit zwischen der vermeintlich reinen christlichen Welt und einer dunklen Seite, die sowohl innere Triebe als auch äußere Versuchungen und Abgründigkeiten umfasst.[596] So wird die Geschichte aus der Perspektive des Protagonisten, der sich im Kriegslazarett befindet, erzählt. Bei der Lektüre entsteht der Eindruck, als ob es sich nicht um einen Roman, sondern um eine authentische Autobiografie eines Kriegsteilnehmers handelt. Hesse rechnet gleichzeitig mit einer dualistischen christlichen Moral und Dogmatik ab. Als Emil Sinclair zehn Jahre alt ist, nimmt er, in pietistischer Frömmigkeit erzogen, zwei Welten als in seinem Leben existent wahr.[597] Beide sind ganz klar

---

[596] Hesse erzählt in seinem Buch in einfachem Stil die Geschichte seiner eigenen Kindheit und Jugend von 1887 bis 1897: Er reiht häufig Hauptsätze aneinander, verwendet Ausdrücke der damaligen Zeit, Städte und Ortsnamen werden nur mit ihren Anfangsbuchstaben genannt, da die Geschichte überall spielen könnte (wodurch sie den Anschein von Zeitlosigkeit erhält), auffällig ist die Häufung von Parataxen, der Gegensatz (Antithese) ist ein Leitmotiv, Exkurse werden eingeschoben und Zeitsprünge eingefügt. Analogien von Hesses und Demians Biografien sind der strenge Vater, eine ältere und eine jüngere Schwester, die innere Verlassenheit und der \`Trost´ in der Trunksucht, das Zerwürfnis mit dem Vater, dessen Drohung mit einer Besserungsanstalt, die Suizidgedanken u. v. m. Oft wurde gefragt, wer genau Demian wäre; auch hier hat Hesse in den einzelnen Figuren seine Persönlichkeit aufgefächert. Die neue Gemeinschaft, von der Hesse im \`Demian´ träumt, hat die Kommune auf dem Monte Verità zum Vorbild. Hesse verarbeitet in seinem \`Demian´ u. a. C. G. Jungs Archetypenlehre (\`kollektives Unbewusstes´) und den Individuationsprozess literarisch, wobei Symbole, Träume und Visionen eine Rolle spielen, vgl. Joseph Mileck, Hermann Hesse. Dichter, Sucher, Bekenner, a. a. O., 94-97. C. G. Jung war es denn auch, der als einer der Ersten in Hesse den Verfasser des \`Demian´ sah und ihn daraufhin ansprach (Hesse hatte Jung im \`Demian´ ein literarisches Denkmal in der Figur des Dr. Follen gesetzt). Mit diesem Buch setzte eine Zäsur in Hesses Werk ein, die den Anfang seines Weges vom traditionsverbundenen Erzähler zum experimentierfreudigen Visionär, der sich den Themen der klassischen Moderne annäherte, markierte.

[597] Vgl. Hermann Hesse, Demian, a. a. O., 9ff.

unterteilt in Hell-Dunkel und Gut-Böse.[598] Während sein Elternhaus und die Schule die Welt des Lichts repräsentieren – in ihr ist es warm, schön, sauber, ordentlich und vertraut, es herrschen Liebe und Strenge, Pflicht und Schuld, Gewissen und Beichte –, gehört die laute, derbe, düstere und grausame Welt außerhalb dieses Hauses den Handwerksburschen, Landstreichern, Betrunkenen und Mördern – die Welt der Dunkelheit. Dieser verlockenden Welt, die ihn magisch anzieht, begegnet Emil Sinclair beispielsweise in der Küche, wenn die Dienstmagd gruselige Geschichten erzählt,[599] oder im Stall oder in Form des erpresserischen, drei Jahre älteren Volksschülers und Schneiderssohns Franz Kromer.[600] Zwar fühlt sich der Junge in der richtigen, hellen Welt daheim; aber gleichermaßen sieht er sich immer stärker zur anderen, geheimnisvollen, verbotenen Welt hingezogen. Eine erfundene Räuberpistole von einem Sack gestohlener Äpfel, mit der Sinclair seinen Kameraden imponieren will, katapultiert den kleinen, naiven Jungen auf einen Schlag aus der Welt des Lichts in das Reich der Finsternis.[601] Im Folgenden verstrickt sich Emil Sinclair mehr und mehr in Lügen und gerät dadurch in die Knechtschaft des boshaften Kromers,

---

[598] Erkennbare Einflüsse der Gnosis sind auf den Einfluss von Hesses Therapeuten Josef Bernhard Lang zurückzuführen. Die Gespräche mit ihm waren für Hesse eine Art „Stoffsammlung" (Gunnar Decker, Hermann Hesse, a. a. O., 306). Vor allem übt Hesse hier eine starke Kritik an der pietistischen Moral und Dogmatik. Hesse-Biograf Alois Prinz (geb. 1958) hat den Pietismus anhand des bekannten Zwei-Wege-Bildes (`Der breite und der schmale Weg´) erläutert: Folgt man dem breiten Weg, landet man direkt im `ewigen Feuer der Verdammnis´ (vgl. Mt 25, 41); folgt man dem schmalen Weg, der durch ein enges Tor führt und den nur wenige Auserwählte gehen, so erwarten einen `Leben und Seligkeit´, vgl. Alois Prinz, „Und jedem Anfang wohnt ein Zauber inne", a. a. O., 29f. Vgl. dazu auch Hermann Hesse 1877-1977, a. a. O., 28-37, und Volker Wehdeking, Hermann Hesse, a. a. O., 44. Online ist das Bild hier zu sehen: https://www.wkgo.de/themen/zwei-wege-bild (aufgerufen am 1.6.2022).

[599] Vgl. Hermann Hesse, Demian, a. a. O., 10f.

[600] Vgl. Hermann Hesse, Demian, a. a. O., 14f.

[601] Vgl. Hermann Hesse, Demian, a. a. O., 15.

der sich die Lügengeschichte zunutze macht, ihn zusehends unter Druck setzt und ihn skrupellos ausnutzt. Sinclair nimmt Geld aus seiner Spardose, um Kromer zu bezahlen, und als es nicht reicht, stiehlt er hier und da kleine Beträge, stiehlt auch Geld von seinen Eltern.[602] Er wird von Kromer erpresst, gedemütigt und gepeinigt – bis er erkennt, dass seine bis dato heile, tugendhafte Kinderwelt zerstört wird.[603] Von Albträumen und Ängsten geplagt, zeigt sich Sinclair seinen Eltern gegenüber zunehmend verschlossen und kalt. Erst als der neue Schüler Max Demian, die titelgebende Figur des Buches, in sein Leben tritt, beginnt sich der Sinn suchende Emil Sinclair mit all seinen Seiten zu akzeptieren – der Anfang einer großartigen Freundschaft.[604] Der intelligente, selbstbewusste, frei denkende junge Mann, mehrere Jahre älter als Sinclair, ist mit seiner alleinstehenden Mutter neu in die Stadt gezogen. Sinclair freundet sich mit Demian, der bei seinen Mitschülern mit seiner kühlen, spöttischen Art ankommt, an und dieser wird fortan zu seiner Bezugsperson. Über Demian heißt es, er sei Jude, Heide und auch, er sei religionslos.[605]

Auf einem Spaziergang eröffnet Demian Sinclair eine völlig neue Welt, indem er ihm die biblische Geschichte von Kain und Abel erzählt, aber sie anders als üblich interpretiert: Kain, der seinen Bruder erschlug, handelte Demian zufolge nicht böse, sondern furchtlos und würdevoll; Abel hingegen sieht Demian als Feigling. So ist Demian zufolge das Kainsmal kein öffentlich sichtbares körperliches Zeichen von Kains Schuld, sondern ein

---

602 Vgl. Hermann Hesse, Demian, a. a. O., 27.

603 Vgl. Hermann Hesse, Demian, a. a. O., 17ff.

604 Vgl. Hermann Hesse, Demian, a. a. O., 32. Max Demian verkörpert ein Prinzip: die Menschwerdung einer Wahrheit und Lehre. Er ist ein Teil Sinclairs, dessen innere Stimme – er regt ihn immer wieder zu neuen Gedanken an und lenkt ihn in gewisse Bahnen, hat aber letztlich nur dessen Selbstfindung und Ich-Werdung im Sinn.

605 Vgl. Hermann Hesse, Demian, a. a. O., 61.

Zeichen von dessen Überlegenheit und Charakterstärke.[606] Für jede Geschichte, so Demian, gebe es unterschiedliche Interpretationen und nicht nur eine Wahrheit. Das fasziniert den kritisch denkenden Sinclair, der nun in Demian eine Art `Kain´ zu erkennen glaubt.[607] Sinclair erzählt ihm von Kromer und allem, was ihn bedrückt, und Demian, der offensichtlich Gedanken lesen kann, sagt Sinclair ins Gesicht, dass er sich vor Kromer fürchtet.[608] Nach einem klärenden Gespräch mit Kromer gelingt es Demian, Sinclair von seinem Peiniger zu befreien; Kromer, der zum Schluss in eindeutiger Absicht mit Sinclairs Schwester bekannt gemacht werden wollte[609], lässt Sinclair fortan in Ruhe, und dieser kann, von der Abhängigkeit befreit, wieder in die heile Welt seiner Kindheit abtauchen.[610] Statt Demian zu danken, dass er ihn von diesem Teufel befreit hat, kehrt Sinclair in sein Elternhaus zurück, meidet Demian künftig und trifft ihn auch nicht mehr. Er will nichts mehr mit dieser schmutzigen Geschichte zu tun haben und beichtet alles seinen Eltern.[611]

---

606 Vgl. Hermann Hesse, Demian, a. a. O., 35ff. In dieser Uminterpretation der alttestamentlichen Geschichte ist der Einfluss Friedrich Nietzsches, seine Idee von der `Umwertung aller Werte´ und seine Ethik der Stärke, deutlich erkennbar, vgl. Volker Wehdeking, Hermann Hesse, a. a. O., 92ff.

607 Vgl. Hermann Hesse, Demian, a. a. O., 39. Das Kainsmal steht für ein hohes Maß an Individuation. Hintergrund für dieses Zeichen ist einigen Hesse-Interpreten zufolge das Pentagramm, das Gusto Gräser bei seinen Gedichten und in seinen Briefen als sein Zeichen verwendete und das Hesse sein `Kainszeichen´ nannte, weil er sich durch seine Freundschaft zu Gräser gebrandmarkt fühlte. Zum Schluss verwendet Hesse das Motiv für die Erwachenden, die Abraxas verehren und mit ihren Visionen die Welt erschüttern und erneuern wollen.

608 Vgl. Hermann Hesse, Demian, a. a. O., 47f.

609 Vgl. Hermann Hesse, Demian, a. a. O., 43f.

610 Vgl. Hermann Hesse, Demian, a. a. O., 51ff.

611 Vgl. Hermann Hesse, Demian, a. a. O., 53ff. Obwohl sich Sinclair seinem Vater anvertraut und vom Mobbing und allen anderen unangenehmen Dingen berichtet, die ihm widerfahren sind, und obwohl der Vater ihm den nötigen Trost spendet, ist das Verhältnis zu ihm so gestört, dass es nie wieder gekittet werden kann, vgl. weiterführend Materialien zu Hermann Hesses `Demian´. Zweiter Band, hg. v. Volker Michels, a. a. O.

Die Jahre gehen ins Land. In Emil Sinclair, am Beginn der Pubertät stehend, regt sich sexuelles Interesse und er fühlt sich von den Versuchungen der vermeintlich dunklen Welt wieder stark angezogen. Er erkennt jedoch bald, dass sich dieser Teil seiner Persönlichkeit nicht einfach verdrängen lässt.[612] Im Konfirmationsunterricht kommt es zu einer erneuten Begegnung Sinclairs mit Demian und auch zu einer Wiederannäherung. Die Freundschaft nimmt wieder Gestalt an, Sinclair fühlt sich von der schönen androgynen Gestalt angezogen.[613] Mit Demian diskutiert er religiöse Fragen.[614] Mit dem biblischen Gott kann sich Sinclair, von dem kritischen Seelenverwandten Demian beeinflusst, nicht anfreunden: Dieser hält Gott für unvollkommen, da ihm nur das Gute und Hohe zugeschrieben werde und die sexuelle Seite des Lebens, das Geschlechtliche, als Teufelswerk abgetan werden würde. Eine solche Trennung hält Demian für verlogen: „In mir aber trafen diese Worte das Rätsel meiner ganzen Knabenjahre, das ich jede Stunde in mir trug und von dem ich nie jemandem ein Wort gesagt hatte.“[615] Statt von außen auferlegten Verboten und Regeln Folge zu leisten, müsse man, so Demian, beide Welten respektieren. Jeder müsse selbst

---

Das Buch versammelt u. a. Rezensionen von Hesses Roman von einflussreichen Schriftstellern wie Alfred Döblin (1878-1957), Thomas Mann oder Stefan Zweig.

[612] Vgl. Hermann Hesse, Demian, a. a. O., 57.

[613] Vgl. Hermann Hesse, Demian, a. a. O., 33, 60, 63. Später beschreibt er Demian so: „Demian sah prachtvoll aus, die breite Brust, der feste, männliche Kopf, die gehobenen Arme mit gestrafften Muskeln waren stark und tüchtig, die Bewegungen kamen aus den Hüften, Schultern und Armgelenken hervor wie spielende Quellen“ (Hermann Hesse, Demian, a. a. O., 168).

[614] Sinclair vertrat nicht wie einige seiner Mitschüler, die es ablehnten, an einen Gott zu glauben und die Geschichten von der Dreieinigkeit und Jesu unbefleckter Geburt belächelten, einen totalen Unglauben, sondern hatte „vor dem Religiösen nach wie vor die tiefste Ehrfurcht. Nur hatte Demian mich daran gewöhnt, die Erzählungen und Glaubenssätze freier, persönlicher, spielerischer, phantasievoller anzugehen und auszudeuten; wenigstens folgte ich den Deutungen, die er mir nahelegte, stets gern und mit Genuß“ (Hermann Hesse, Demian, a. a. O., 70).

[615] Vgl. Hermann Hesse, Demian, a. a. O., 73.

herausfinden und entscheiden, was erlaubt und was verboten sei, weil sich Regeln und Verbote änderten. Die Menschen ließen sich allein durch einen eigenen, starken Willen steuern. Kurz vor der Konfirmation distanziert sich Sinclair, einsam und leer und ausschließlich auf sein dunkles Inneres konzentriert, von Demian.
Sinclair wechselt die Schule. Er wird von seinen Eltern in einer Knabenpension untergebracht.[616] Von Demian getrennt, nehmen seine psychischen Probleme wieder zu und er gerät auf Abwege. Alfons Beck, ein älterer Mitschüler, animiert ihn zum Trinken. Regelmäßige Kneipenbesuche gehören fortan zu Sinclairs Alltag. Er ist einsam, sehnt sich nach Liebe und nach einem Freund, insbesondere nach Demian.[617] Seine Leistungen in der Schule lassen rapide nach. Ein Gefühlschaos tobt in ihm: Er sieht sich in die dunkle Welt des Teufels abgleiten und wird zunehmend zu einem psychischen Wrack. Sein Vater droht ihm bei einem Besuch damit, ihn von der Schule zu nehmen und ihn stattdessen in eine Besserungsanstalt zu bringen.[618] Erst als er an einem Frühlingstag im Park einer jungen Frau begegnet, die er Beatrice[619] nennt, ändert sich sein Zustand und er kann der bösen Welt entfliehen. Fortan meidet er Kneipen und Saufgelage, ist wieder mehr für sich, liest wieder, fängt mit dem Malen an und gibt sich – der reinen, geistigen Liebe verfallen – ganz der Anbetung dieses Mädchens hin. In mehreren Versuchen

---

[616] Vgl. Hermann Hesse, Demian, a. a. O., 80.
[617] Vgl. Hermann Hesse, Demian, a. a. O., 81f., 89 und 103.
[618] Vgl. Hermann Hesse, Demian, a. a. O., 90.
[619] Vgl. Hermann Hesse, Demian, a. a. O., 94. Der Name geht auf die – allerdings nicht gesicherte – Jugendliebe des italienischen Dichters und Philosophen Dante Alighieri (1265-1321), Beatrice `Bice´ Portinari (1266-1290), zurück. Hesse, literarisch gebildet, nimmt bei der Zeichnung des Beatrice-Bildes Anleihen bei den kunsttheoretischen Abhandlungen `Herzensergießungen eines kunstliebenden Klosterbruders´ (1796) des Dichters und Juristen Wilhelm Heinrich Wackenroder (1773-1798). Der 27jährige Hesse hatte das Buch des Mitbegründers der deutschen Romantik knapp rezensiert und hatte u. a. erkannt, dass an die Stelle der Vernunft das Gefühl trat.

malt er ihr Gesicht – alterslos, männlich und weiblich, träumerisch und willensstark zugleich. Er erkennt in dem Bild Demians Gesicht, und je länger er es betrachtet, festigt sich in ihm der Eindruck, es sei sein eigenes Gesicht.[620] Träume kehren wieder. Als der Sechzehnjährige einen seltsamen Traum hat, zeichnet er diesen: einen Sperber, der aus einer Weltkugel hervorkommt.[621] „Er stak mit halben Leibe in einer dunklen Weltkugel, aus der er sich wie aus einem riesige Ei heraufarbeitete, auf einem blauen Himmelsgrunde."[622] Sinclair erinnert sich, dass Demian einmal das Wappen über seiner Haustür gezeichnet hatte[623] und schickt ihm kommentarlos die Zeichnung. Wenige Tage später findet Sinclair in seiner Klasse einen kleinen Zettel in seiner Schulmappe, auf dem steht: „Der Vogel kämpft sich aus dem Ei. Das Ei ist die Welt. Wer geboren werden will, muss eine Welt zerstören. Der Vogel fliegt zu Gott. Der Gott heißt Abraxas."[624] So lautet der Name jener seltsamen Gottheit, die Göttliches und Teuflisches in sich vereint, und von der sich Sinclair angezogen fühlt. Die Botschaft stammt von Demian. Zutiefst verunsichert darüber, wie die Botschaft in sein Buch gelangt ist, sucht der vereinsamte Sinclair Hilfe und findet sie bei dem Organisten Pistorius, dessen Orgelspiel in der Kirche er

---

620 Vgl. Hermann Hesse, Demian, a. a. O., 98.

621 Hesse hatte sich von Gusto Gräser 1916 nach dreiwöchigem Aufenthalt in Ascona ein Bild gewünscht, das Gräser Hesse am 26.9.1916 nachsendet: das Sperberbild, das zum Leitsymbol des Demian wird (vgl. Hermann Hesse, Demian, a. a. O., 105).

622 Hermann Hesse, Demian, a. a. O., 105.

623 Vgl. Hermann Hesse, Demian, a. a. O., 60.

624 Hermann Hesse, Demian, a. a. O., 107 (vgl. dazu 190f.). Damit wird Emil Sinclairs schwierige Entwicklung symbolisiert: heftige Auseinandersetzungen mit sich selbst, mit seiner Umwelt, seiner Familie, seiner Religion und dem Leben resp. Schicksal an sich. Sinclair muss wie ein Küken die schützende Schale zerbrechen, um seiner eigenen Bestimmung folgen zu können.

schon oft zugehört hatte.[625] Der ehemalige Theologiestudent, ein mürrischer Gesell, entpuppt sich ebenfalls als ein Abraxas-Jünger. Er erzählt Sinclair von Abraxas als dem, der die beiden gegensätzlichen Welten vereinigt, und bringt ihm viele wichtige Dinge bei, u. a. meditative Techniken, um die Grenze zwischen Innen und Außen aufzulösen. Zusammen mit Pistorius liegt Sinclair schweigend vorm Kaminfeuer, deutet mit ihm seine Träume, diskutiert über Abraxas und findet weiter zu sich selbst. Auch Pistorius hegt Zweifel am christlichen Menschenbild und bestärkt Sinclair mit Verweis auf Abraxas darin, sich mehr auf die eigene Stimme zu verlassen als auf die Meinung anderer; er solle sich selbst akzeptieren und seine Träume leben.[626] Nur wenige Auserwählte seien dazu in der Lage, den schweren Weg der Religion des Abraxas zu gehen. Ins Ende seiner Schulzeit am Gymnasium fällt auch das Ende von Sinclairs Freundschaft mit Pistorius.[627]
Ein Klassenkamerad namens Jakob Knauer[628], spirituell auf der Suche, bittet Sinclair um Rat. Er ist ihm nach Hause gefolgt und es beginnt ein Gespräch über Sexualität und Enthaltsamkeit.[629] Knauer falle es schwer, enthaltsam zu leben; dabei vertritt er die Ansicht, dass zum höheren geistigen Weg unbedingt die Reinheit gehört. Er aber fühle sich unrein, wenn er nachts seinen Träumen und Trieben nachgebe. Sinclair ist die Not bekannt, er

---

[625] Vgl. Hermann Hesse, Demian, a. a. O., 115. Die Vorlage für die Figur des Pistorius lieferte Hesses Therapeut Josef Bernhard Lang. Hesse verwendete jedoch nie ein vollständig entsprechendes Psychogramm: Beispielsweise war Lang römisch-katholisch und ein lebenslanger Freund Hesse.
[626] Sinclair schrieb: „Das Wichtigste…, was ich bei ihm lernte, war ein weiterer Schritt auf dem Wege zu mir selbst“ (Hermann Hesse, Demian, a. a. O., 127).
[627] Vgl. Hermann Hesse, Demian, a. a. O., 153.
[628] Hesses Vorlage für Jakob Knauer, der die Frage verneint, Spiritist oder Theosoph zu sein (vgl. Hermann Hesse, Demian, a. a. O., 134), ist der Schweizer Maler, Schriftsteller und Musiker Gustav Gamper (1873-1948), mit dem er 1917 in Minusio/Tessin war, Wanderungen unternahm und der Hesse im Aquarellieren unterrichtete.
[629] Vgl. Hermann Hesse, Demian, a. a. O., 133ff.

kann sich dazu aber nicht äußern. Er schlägt ihm vor, nicht die Ratschläge anderer abzuwarten, sondern sich auf sich selbst zu besinnen und seinen eigenen Weg zu finden. Sinclair verarbeitet die Begegnung, die mit Beschimpfungen von Knauer ihm gegenüber endet, durch das Malen eines weiteren Bildes.[630] Wieder ähnelt es Demian und ihm selbst. Erinnerungen und Visionen strömen auf Sinclair ein und das Bild scheint zum Leben erwacht zu sein. Als Sinclair nachts erwacht, ist es plötzlich verschwunden. Von Unruhe getrieben, streift er durch die Stadt. In einem ungemütlichen, verlassenen Haus trifft er unversehens seinen Schulkameraden Knauer wieder, der gerade im Begriff ist, sich selbst zu töten – was Sinclair verhindert.[631]

An der Universität H. treffen sich Sinclair und Demian wieder. Demian lädt Sinclair auf Wunsch seiner Mutter zu sich nach Hause ein. In ihr, die von Vertrauten `Frau Eva´[632] genannt wird, findet er die Idealvorstellung einer Frau, die er oft gezeichnet hatte – sein Traumbild.[633] In der Nähe der jugendlich wirkenden Mutter spürt Sinclair die pure Vollkommenheit und Zufriedenheit: „Meine Liebe zu Frau Eva schien mir der einzige Inhalt meines Lebens zu sein. Aber jeden Tag sah sie anders aus. Manchmal glaubte ich bestimmt zu fühlen, daß es nicht ihre Person sei, nach der mein Wesen hingezogen strebte, sondern sie sei nur ein Sinnbild meines Innern und wolle mich nur tiefer

---

630 Vgl. Hermann Hesse, Demian, a. a. O., 138ff.

631 Vgl. Hermann Hesse, Demian, a. a. O., 142ff.

632 `Frau Eva´ stand gleichzeitig für Mutter, Geliebte, Göttin, Teufel und Gut und Böse, vgl. Joseph Mileck, Hermann Hesse. Dichter, Sucher, Bekenner, a. a. O., 218ff. Hesses Vorlage für `Frau Eva´ war Gusto Gräsers Lebensgefährtin Elisabeth Dörr, Mutter von acht Kindern. Hier schlugen sich die antipatriarchalen Ideen der Monte-Verità-Bewegung und Gusto Gräsers Kampf für eine neue mütterliche Kultur nieder. So ist denn im zweiten Teil des `Demian´ Gusto Gräser, Hesses Freund und Lehrer, klar zu erkennen. Bemerkenswert ist, dass Hesse die Protagonisten seines `Demian´ letztlich als Soldaten darstellte – im krassen Gegensatz zu den Grundüberzeugungen des Pazifisten und Kriegsgegners Gräser.

633 Vgl. Hermann Hesse, Demian a. a. O., 163f.

in mich selbst hinein führen. Oft hörte ich Worte von ihr, die mir klangen wie Antworten meines Unbewußten auf brennende Fragen, die mich bewegten.“[634] Sinclair, Demian und Frau Eva sind in den kommenden Monaten harmonisch miteinander verbunden. Im Haus von `Frau Eva´ gehen Mitglieder einer `höheren Gemeinschaft´, alle das Kainszeichen tragend, ein und aus.[635] Als Sinclair Frau Eva, die seine Zuneigung spürt, seine Liebe gestehen will, bricht der Erste Weltkrieg aus.[636] Demian und Sinclair werden eingezogen und müssen an verschiedene Frontabschnitte.[637] In einer Vision erscheint `Frau Eva´ Sinclair in einer Wolke als mächtige Muttergöttin; sie nimmt die Menschheit in sich auf, um sie neu zu gebären.[638] Aus ihrer

---

[634] Hermann Hesse, Demian, a. a. O., 176.

[635] Vgl. Hermann Hesse, Demian, a. a. O., 169ff. Hier wird der Hintergrund der Kommune am Monte Verità evident, wenn es über den Kreis der Zeichentragenden heißt: „...unter ihnen waren Astrologen und Kabbalisten, auch ein Anhänger des Grafen Tolstoi, und allerlei zarte, scheue, verwundbare Menschen, Anhänger neuer Sekten, Pfleger indischer Übungen, Pflanzenesser und andere“ (Hermann Hesse, Demian, a. a. O., 170).

[636] Vgl. Hermann Hesse, Demian, a. a. O., 186.

[637] Beide, sowohl Sinclair als auch Demian, akzeptieren den Krieg als ihr Schicksal. Hesse nimmt hier Gedanken auf, die besonders unter deutschen Intellektuellen (z. B. im Kreis um den Lyriker Stefan George [1868-1933] oder, wie bereits erwähnt, bei Ernst Jünger [1895-1998]) weit verbreitet waren: Der Krieg, so die vorherrschende Meinung, säubere die dekadente Gesellschaft, trenne die Spreu vom Weizen und sorge dafür, dass Neues entstehe: „Die Urgefühle, auch die wildesten, galten nicht dem Feinde, ihr blutiges Werk war nur Ausstrahlung des Innern, der in sich zerspalteten Seele, welche rasen und töten, vernichten und sterben wollte, um neu geboren werden zu können. Es kämpfte sich ein Riesenvogel aus dem Ei, und das Ei war die Welt, und die Welt mußte in Trümmer gehen“ (Hermann Hesse, Demian, a. a. O., 190f.). Zu Jüngers Kriegsverständnis vgl. Helmuth Kiesel, Ernst Jünger. Krieg als inneres Erlebnis: Schriften zum Ersten Weltkrieg, Stuttgart 2016.

[638] Die große `Eva-Mutter´ stand symbolisch für eine komplett andere, bipolare, nichtpatriarchale Kultur, aus der schließlich eine neue Menschheit entstehen würde. In einer Art radikaler Schau von Hesses Innenleben werden Wege aufgezeigt, die Hesses Protagonist gegangen ist, und wie dieser schließlich, auch die dunklen Seiten von sich akzeptierend, den Weg zu sich selbst findet, vgl. Gunnar Decker, Hesse-ABC, a. a. O., 56-60. Der Satz, mit dem Hesses `Demian´ beginnt, kann als Zusammenfassung des Buches gesehen werden: „Ich wollte ja nichts als das zu leben versuchen, was von

Stirn lösen sich Sterne, einer fliegt direkt auf Sinclair zu – ein Geschoss, das Sinclair schwer verwundet. Die beiden Soldaten treffen sich erst wieder, als sie im Lazarett liegen. Der sterbende Demian sagt Sinclair, dass er ihn nun nicht mehr vor Kromer beschützen kann. Als Vermächtnis von Frau Eva gibt Demian Sinclair einen Kuss. Dieser Kuss steht symbolisch für die Freigabe der Urmutter, damit Emil Sinclair seine Persönlichkeitsentwicklung fortan selbstständig voranbringen kann. Künftig, mit ihm eins geworden, findet er den Freund in sich selbst, dort, „wo im dunklen Spiegel die Schicksalsbilder schlummern“[639]. \`Demian´, dieses „Standardwerk über die Nöte der Kindheit und Pubertät“[640], ist nicht nur ein Zeugnis einer Vorkriegsmentalität, des Überdrusses am Alten und einer Sehnsucht nach etwas näher nicht Bestimmbarem, sondern, wie gesagt, ein Buch, in dem es um Individualität und um Selbstverwirklichung[641] geht: \`Werde der, der du bist´, lautet seine zeitlose Botschaft, \`schwimm' nicht mit dem Strom der Masse, sondern geh' deinen eigenen Weg. Hör' auf dich und lerne daraus.´ Es geht um die Entwicklung der Persönlichkeit eines Individuums, um einen Individuationsprozess, und darum, wie man seinen Weg und seine Bestimmung findet und sie allen Problemen zum Trotz umsetzt: „Das Leben jedes Menschen ist ein Weg zu sich selber hin, der Versuch eines Weges, die Andeutung eines Pfades. Kein Mensch ist jemals ganz und gar er selbst gewesen; je-

---

selber aus mir heraus wollte. Warum war das so sehr schwer?“ (Hermann Hesse, Demian, a. a. O., 7). Dieser Satz war für das Leben Emil Sinclairs charakteristisch, denn seine Biografie war die Suche nach sich selbst; diese Suche war das Thema des Buches.

639 Hermann Hesse, Demian, a. a. O., 194.

640 Ralph Freedman, Hermann Hesse, a. a. O., 40.

641 \`Selbstverwirklichung´ und Selbstfindung spielen in Hesses Werk eine Rolle, vgl. Walter Erhart, Vom Mythos der Identität. „Jugendschriften“ und Selbstfindungsromane, in: Hermann Hesse und die literarische Moderne, a. a. O., 426-433, bes. 426.

der strebt dennoch, es zu werden, einer dumpf, einer lichter, jeder wie er kann. Jeder trägt Reste von seiner Geburt, Schleim und Eischalen einer Urwelt, bis zum Ende mit sich. Mancher wird niemals Mensch, bleibt Frosch, bleibt Eidechse, bleibt Ameise. Mancher ist oben Mensch und unten Fisch. Aber jeder ist ein Wurf der Natur nach dem Menschen hin. Uns allen sind die Herkünfte gemeinsam, die Mütter, wir alle kommen aus demselben Schlunde; aber jeder strebt, ein Versuch und Wurf aus den Tiefen, seinem eigenen Ziele zu. Wir können einander verstehen; aber deuten kann jeder nur sich selbst."[642] Für Hesse erfolgte damit ein Stück weit die Ablösung von seiner eigenen Jugend und seiner problematischen Mutter-Beziehung. Er hatte im \`Demian´ u. a. Aspekte der Evolutionstheorie, des Nietzscheanismus[643], der Lebensphilosophie[644] und der Tiefenpsychologie[645] verarbeitet und jedem Führerkult sowie jeder Gefolgschaftsideologie eine deutliche Absage erteilt. Bei seinen

---

[642] Hermann Hesse, Demian, a. a. O., 8. In einem Brief an eine Leserin, datiert auf Februar 1929, äußert sich Hesse direkt: „Der \`Demian´ zeigt gerade jene Seite im Kampf um die werdende Persönlichkeit, die den Erziehern die unbequemste ist. Der werdende junge Mensch, wenn er den Drang zu starker Individualisierung hat, wenn er vom Durchschnitts- und Allerwelts-Typ stark abweicht, kommt notwendig in Lagen, die den Anschein des Verrückten haben" (Hermann Hesse, Brief vom Februar 1929, zit. nach: Heinz Ludwig Arnold [Hg.], text+kritik. Zeitschrift für Literatur, Bd. 10/11: Hermann Hesse, a. a. O., 3-4, Zitat auf 4).

[643] Vgl. Hermann Hesse, Demian, a. a. O., 155 und 160. Mit dem Hinweis auf Nietzsche, den Emil Sinclair als Leser akzeptiert, zeigt Hermann Hesse den Entwicklungsweg seines Protagonisten an.

[644] Die Lebensphilosophie, eng mit den Namen Friedrich Nietzsche, Henri Bergson (1859-1941) und Wilhelm Dilthey (1833-1911) verbunden, richtete sich gegen das rationale, aufklärerische Denken und betonte das Irrationale, die Gefühle und die Triebe. \`Leben´ war dabei so etwas wie ein Kampfbegriff: Er richtete sich gegen jede Art gesellschaftlicher Erstarrung. Anfang des zwanzigsten Jahrhunderts war die Lebensphilosophie weit verbreitet.

[645] Eine große Rolle bei der Selbstfindung Sinclairs spielen Symbole, Träume und Visionen. Bei ihrer Deutung verarbeitet Hesse als einer der ersten deutschen Schriftsteller die Theorien von C. G. Jung, mit ihrer Unterscheidung von individuellem und kollektivem Unbewussten. Zur Entstehung vgl. Materialien zu Hermann Hesses \`Demian´, Erster Band, hg. von Volker Michels, a. a. O., 57ff.

Leser:innen, von denen viele ihre Freunde auf den Schlachtfeldern von Flandern verloren hatten und vom Krieg und seinen Folgen traumatisiert waren, kam Hesses Botschaft an: Jedes einzelne Leben war einmalig, wertvoll und wichtig! Tausende von Kriegsheimkehrern identifizierten sich, auf der Suche nach einem neuen Menschenbild, mit Demian.[646] Die Leser:innen, durch den Krieg teilweise menschlich verroht, sehnten sich nach einer Botschaft wie dieser, die die freie Entfaltung der Persönlichkeit unterstrich.[647] Obwohl das Buch die Ästhetisierung des industriell geführten Krieges verharmloste und ansonsten in seiner Symbolhaftigkeit in Gänze bereits zur Zeit seines Erscheinens schwer zu interpretieren war, hatte Hesse mit diesem Buch – die hohen Auflagen beweisen es – irgendwie wieder einmal den Nerv der Zeit getroffen.[648] Darüber hinaus geht von

[646] Vgl. Birgit Lahann, Hermann Hesse, a. a. O., 11. Der mythische Ur-Vogel Abraxas ist der heimliche Held im `Demian´: „Er ist der Schöpfungsgrund für alles, was wird…, Symbol des Rätselhaften…, das ewige Ur-Bild des Künstlers. Ein geflügeltes Zwischenwesen, dessen Zweck es ist, hervorzubringen, was hervorgebracht werden will" (Gunnar Decker, Hesse-ABC, a. a. O., 15).

[647] „Es gab keine, keine, keine Pflicht für erwachte Menschen als die eine: sich selber zu suchen, in sich fest zu werden, den eigenen Weg vorwärts zu tasten, einerlei wohin er führte" (Hermann Hesse, Demian, a. a. O., 150).

[648] Vgl. Josef Mileck, Hermann Hesse, a. a. O., 105. Hesse baute zugunsten der Beschreibung der inneren Entwicklung von Emil Sinclair keine größeren handlungs- oder spannungsfördernden Elemente ein; die Handlung tritt häufig hinter dem psychischen Blickwinkel zurück (`Demian´ als namentliche Ähnlichkeit zum `Daimonion´, der inneren Stimme, des Sokrates). Hesses Schriftstellerkollegen und Freunde Thomas Mann und Stefan Zweig reagierten auf die Veröffentlichung mit Begeisterung; für andere, wie beispielsweise Gottfried Benn (1886-1956), Berliner Arzt für Geschlechtskrankheiten, expressionistischer Lyriker und anfangs anfällig für den Nationalsozialismus, war Demian nichts anderes als ein `kitschiger Schmachtfetzen´. 1942 wurde Hesses `Demian´ in Nazi-Deutschland mit einem Druckverbot belegt; bis dato waren dort 90000 Exemplare erschienen. Nach dem Krieg erlebte das Buch ein Revival. 2002 wurde es als Hörspiel im SWR (Regie: Oliver Sturm) veröffentlicht; 2008 erschien es als Hörspiel (5 Audio-CDs, gelesen von Ulrich Noethen, München 2008); 2021 kam der Stoff auf die Bühne (Landestheater Niederösterreich, St. Pölten, inszeniert von Anna Marboe). Heute gehört der Roman zu den Klassikern im Deutschunterricht und liegt in ca. 27 Übersetzungen in anderen Sprachen vor. 2016 griff die beliebte südkoreanische Popgruppe BTS (`Bangtan Boys´) für ihr Album `Wings´ Hesses `Demian´ auf und trug damit zur ohnehin schon großen Popularität des Romans in Südkorea bei.

dem zeitlos wirkenden Werk, das ein Plädoyer für die Selbstverwirklichung ist und das das einzige blieb, das Hermann Hesse in der Zeit des Ersten Weltkriegs schrieb, bis heute eine große Faszination aus.[649]
Im April 1918, der Erste Weltkrieg[650] tobte noch, begab sich Hermann Hesse erneut in Therapie, und zwar diesmal bei Johannes Nohl, der wieder in Ascona wohnte und zu einer Art psychoanalytischem Guru geworden war. Der Anarchist Nohl, der keine analytische Ausbildung hatte, verstand unter Psychoanalyse, ganz im Sinne seines Lehrers Otto Gross, zuerst die sexuelle Befreiung aus familiären und gesellschaftlichen Bindungen. Hesses Hemmungen, seine Komplexe und seine Libido waren nun Objekt der Analyse Nohls, der, darin Hesses Traumanalytiker Lang ganz ähnlich, die Träume seines Analysanden regelmäßig unter die Lupe nahm. Hesse litt unter diesen \`therapeutischen´ Sitzungen. Er beichtete seiner Frau im Zuge dieser Therapie einen Seitensprung, die darauf, anders als von Hesse erwartet, nicht duldend, sondern exaltiert reagierte, und ihm Vorwürfe und Szenen machte. Mia Hesse war nach all diesen Jahren in der Sorge um die Familie und den Jahren des Krieges ausgebrannt. In einer Art Reaktion auf Hesses Geständnis nahm sie in einer spontanen Reaktion einen Obdachlosen in ihr Haus auf, einen wildfremden Bettler ohne Lebensmittelkarten, so dass die Familie ihre ohnehin knapp bemessenen Essensrationen mit ihm teilen musste.[651] Hinzu kam, dass Mia Hesse ihn umsorgte, geradezu verehrte: Er saß neben ihr am Klavier und

[649] Vgl. dazu Volker Michels, Wege zu Hermann Hesse, a. a. O., 398-440.
[650] Der Erste Weltkrieg dauerte vom 28. Juli 1914 bis zum 11. November 1918. In Europa hatte der Krieg einen ökonomischen Zusammenbruch zur Folge, was in eine mit großer Armut verbundene Weltwirtschaftskrise mündete und einen Umbruch vieler Staatsverfassungen herbeiführte. In Deutschland wurde die Monarchie abgeschafft und mit der Weimarer Republik die erste Demokratie auf deutschem Boden errichtet.
[651] Vgl. André Uzulis, Hermann Hesse, a. a. O., 139.

hörte ihrem Spiel zu, hackte Brennholz, war ihr einziges Gesprächsthema. Als sie zärtlich mit ihm umging, während sie ihren Ehemann ablehnte, trieb dieses Verhalten Hesse zur Eifersucht.[652] Als der fremde Mann Ende 1918 das Haus am Melchenbühlweg genauso plötzlich und mysteriös verließ, wie er gekommen war, war Hesse erschöpft und nervös und seiner Familie samt dem Haus komplett überdrüssig.[653] Bei Mia kam es nach der Abreise des Fremden zu unkontrollierten Hassausbrüchen gegen ihren Ehemann, und die psychischen Störungen erreichten einen neuen Höhepunkt. Hesse veranlasste, dass sie sich im Herbst 1918 in psychiatrische Behandlung begab, zunächst zu Johannes Nohl nach Ascona. Erfolglos: Die psychotischen Zustände wurden so stark, dass sie versuchte, nur mit einem Nachthemd bekleidet, ihren jüngsten Sohn Martin zu erwürgen.[654] Dieser überlebte; unter Panikattacken, ihren sich sträubenden Sohn hinter sich her ziehend, trat Mia Hesse die Rückreise an. In Bellinzona warf sie schließlich, völlig verwirrt, ihr gesamtes Gepäck aus dem Fenster des fahrenden Zuges. Kurze Zeit später, im Oktober 1918, wurde sie von Josef Bernhard Lang, völlig erschöpft und von psychotischen Anfällen heimgesucht, mit der Diagnose „klimakterielle Psychose"[655] in eine psychiatrische Klinik in Küsnacht eingewiesen. Die drei Kinder wurden unterdessen in die Obhut von Freunden gegeben.

Im April 1919 trennte sich Hermann Hesse endgültig von seiner Familie. Er hielt vor allem die Beziehung zu seiner Frau nicht

---

652 Vgl. Bärbel Reetz, Hesses Frauen, a. a. O., 129, und Gunnar Decker, Hesse, a. a. O., 302f.

653 Vgl. Bärbel Reetz, Hesses Frauen, a. a. O., 133.

654 Vgl. Peter Michalzik, 1900, a. a. O., 381.

655 Bärbel Reetz, Hesses Frauen, a. a. O., 138. Auch Schizophrenie war damals als Krankheit im Gespräch; vermutlich handelte es sich jedoch um schwere Depressionen. Mia Hesse wurde in Küsnacht im Sanatorium des Arztes Theodor Brunner (1848-1908) behandelt.

mehr aus.[656] Mia Hesse blieb den Sommer über noch in Bern und zog dann mit ihren Kindern von Bern nach Ascona. Um in Hesses Nähe zu sein, kaufte sie dort vom Erbe ihres Vaters ein Haus und zog mit Elisabeth Gräser zusammen. Eine gütliche Scheidung lehnte sie ab. Ganz im Gegenteil: Sie war außer sich und wollte ihren Mann mit Prozessen überziehen.[657] Mit den Brüdern seiner Frau verhandelte Hesse über die Zukunft der Mutter seiner Kinder. Er würde für den Unterhalt der drei Söhne aufkommen und ihr ein Fünftel seiner Rente überlassen.[658] Wollte sich Mia Hesse weiterhin einer Scheidung widersetzen, würde er für sie einen Vormund besorgen. Ein vorerst letztes Treffen mit ihr verlief unter „Klagen und Tränen"[659]. Mia Hesse nahm sich einen Anwalt; es dauerte drei Jahre, bis die Scheidung schließlich juristisch vollzogen wurde.

Hesse selbst ließ damit sein altes Leben hinter sich: seine Frau und seine drei Söhne, den deutschen Sprachraum und ein bürgerliches Leben. Er löste den Haushalt in Bern auf und zog – geplagt von Geldsorgen – in den südlichsten Zipfel der Schweiz: ins Tessin.[660]

---

[656] Vgl. Bärbel Reetz, Hesses Frauen, a. a. O., 133. Der deutsche Schriftsteller Thomas Lang (geb. 1967) widmete der Ehe von Mia und Hermann Hesse einen Roman, vgl. Thomas Lang, Immer nach Hause. Roman, München-Berlin 2016.

[657] Hermann Hesse wollte die Ehe für zerrüttet erklären lassen, da er Mia Hesse für geisteskrank hielt (`dementia praecox´). Eines Tages war er nervlich so fertig, dass er von Suizidgedanken geplagt wurde und eine größere Menge Opium schluckte, wie er seinem Therapeuten Lang schrieb, vgl. Heimo Schwilk, Hermann Hesse, a. a. O., 237.

[658] Vgl. Volker Michels (Hg.), „Eine Bresche ins Dunkel der Zeit", a. a. O., 343ff.

[659] Volker Michels (Hg.), „Eine Bresche ins Dunkel der Zeit", a. a. O., 353.

[660] Vgl. Herbert Schnierle-Lutz, Hermann Hesse. Schauplätze seines Lebens, a. a. O., 274-339. Zurück ließ Hesse auch seine Freunde, unter ihnen der Forstwissenschaftler und spätere Professor für Waldbau an der ETH Zürich, Walter Schädelin (1873-1953). Hesse hatte zu dieser Zeit nicht viel Geld: Die Tantiemen seines `Demian´ brachten ihm ebenso wenig Geld ein wie der Erlös seines Hauses in Gaienhofen – Hyperinflation in Deutschland! 1922 betrug der Rest des Verkaufserlöses seines Hauses in Gaienhofen 15000 Reichsmark – umgerechnet 37 Schweizer Franken! Etwa 3000 Schweizer Franken benötigte Hesse pro Jahr für ein bescheidenes Leben.

8. Neubeginn im Tessin

Im Zug fuhr Hermann Hesse durch den Gotthardtunnel. Umgeben von einer Landschaft mit üppiger Vegetation, von Zypressen und Palmen, im Licht und in der Wärme des Tessins badend, streifte er durch die Gegend, wohnte u. a. einige Wochen auf einem Bauernhof in Sorengo oberhalb des Muzzaner Sees und suchte nach einer dauerhaften Bleibe.[661] Dort erfuhr der verarmte Schriftsteller[662] – die Inflation hatte sein Vermögen aufgefressen, alle Ersparnisse waren aufgebraucht, die Tantiemen auf ein Zwanzigstel ihres einstigen Wertes geschmolzen – von einem billigen Quartier ganz in der Nähe.[663] In Montagnola, einem Dorf südlich von Lugano, mietete der 41jährige Autor im Mai 1919 vier möblierte Zimmer in einem ockerfarbenen Gebäude an, der `Casa Camuzzi´[664]. Das Haus am Rande des verschlafenen Dorfes, dem `Collina d'Oro´, dem Goldhügel über

[661] Vgl. dazu kenntnisreich Regina Bucher, „Und auch die Tessiner liebe ich sehr…" Hermann Hesse und die Tessiner, in: „Höllenreise durch mich selbst", a. a. O., 235-249. Die Autorin (geb. 1957), Studienrätin für Sonderpädagogik und Tourismusmanagerin, leitete 24 Jahre lang das `Museo Hermann Hesse´ und ging 2022 in den Ruhestand (ihr Nachfolger wird ab 1.1.2023 der Schweizer Kunsthistoriker und Ausstellungsmacher Marcel Henry [geb. 1977]). Regina Bucher lässt in ihrem Essay einheimische Zeitzeugen, die mit Hermann Hesse Kontakt hatten, wie z. B. den Leiter des Postbüros oder den Elektriker, zu Wort kommen.

[662] Vgl. Volker Michels, Wege zu Hermann Hesse, a. a. O., 518f.

[663] Vgl. Volker Michels, Wege zu Hermann Hesse, a. a. O., 541-578. In dieser Zeit war er auf Hilfe von Mäzenen angewiesen: der Zementfabrikant und Chemiker Max Wassmer (1887-1970), der Baumwollfabrikant Georg Reinhart (1877-1955) aus Winterthur, der Arzt H. C. Bodmer aus Zürich und der Jurist und Manager Friedrich Welti (1857-1940) aus Kehrsatz bei Bern unterstützten ihn großzügig finanziell.

[664] In der 1853 im Stil eines barock-verspielten russischen Palais mit neugotischen Elementen von dem Architekten Agostino Camuzzi (1808-1870) errichteten Villa wohnte Hermann Hesse bis 1931. Der Tessiner Baumeister hatte im Auftrag von Zar Nikolaus I. gemeinsam mit seinen Kollegen auch die Eremitage von St. Petersburg gestaltet. Zu den prominenten Besucher:innen bzw. Bewohner:innen der Casa Camuzzi zählten u. a. der deutsche Maler, Grafiker und Schriftsteller Hans Purrmann (1880-1966), Schüler von Henri Matisse (1869-1954); ferner der schweizerische Maler Gunter Böhmer, der

der Finanz- und Kulturmetropole Lugano, nach dem heute die gesamte umliegende Gemeinde benannt ist, war „ein seltsamer schlossähnlicher Palazzo mit einer von Terrassen durchzogenen Parkanlage, eine wahrhaft herrschaftliche Anlage in historisierend-synkretistischem Stil und ein Fest für die Augen.“[665] Hesse erblickte darin – obwohl der Kalk von der Wand bröckelte, es kein fließend Wasser gab und der Kamin mehr rauchte als die Räume heizte – sein romantisches Schloss `Dürande´[666]. Er ließ sich aus Bern einen Großteil seiner Bücher kommen – darunter Goethe, Hölderlin, Dostojewski[667] und Mörike – und nahm

---

1933 einer Einladung Hesses nach Montagnola folgte, mit seiner Frau, der Gobelinweberin Ursula Böhmer (1920-1995), das Haus als Hauptwohnsitz nahm und 1980 – weil er zahlreiche seiner Bücher illustriert, Szenen aus Hesses Alltag und die meisten seiner Porträts angefertigt hatte – mit der `Hermann-Hesse-Medaille der Stadt Calw´ ausgezeichnet wurde, sowie Peter Weiss (1916-1982), der, von dessen Werk beeinflusst, 1937 einen Kontakt zu Hermann Hesse hergestellt hatte und ihn im selben Jahre in Montagnola erstmals besuchte, vgl. dazu Hermann Hesse – Peter Weiss, „Verehrter großer Zauberer“. Briefwechsel 1937-1962, hg. v. Beat Mazenauer und Volker Michels, FfM 2009. Nach dem Tod des letzten weiblichen Nachkommen, Rosetta Camuzzi (sie hatte Hesse einst als Habenichts, als `hageren, ziemlich großen Burschen mit durchdringendem, stechendem Blick, aber gutem Herzen´ bezeichnet), wollten die siebzehn Erben das Haus schnellstmöglich verkaufen. Obwohl die Gemeinde Montagnola und schweizerische Kulturinstitutionen an einem Kauf interessiert waren und Heiner Hesse zusammen mit Volker Michels einen `Freundeskreis zur Erhaltung der Hermann Hesse Stätten e. V.´ gegründet hatte, erhielt den Zuschlag der Schweizer Architekt Urs Kamber. Er sanierte das Haus für ca. 400000 Schweizer Franken und parzellierte es in mehrere Wohnungen. Es befindet sich seither in Privatbesitz (vgl. https://www.tagblatt.ch/leben/wohnen-wo-hesse-schrieb-ld.158257, aufgerufen am 18.7.2022). Zu Bildern vgl. den mit zahlreichen Fotos und Bildern Hesses bestückten Band von Jean-Philippe de Tonnac/Daniel Faure, Hermann Hesse – Spurensuche im Tessin. Mit Aquarellen von Hermann Hesse, Hildesheim 1997, ^{2}1999, bes. 11, 13, 17, 19, 31, 33 u. ö.

[665] André Uzulis, Hermann Hesse, a. a. O., 143. Vgl. dazu auch Volker Michels, „Meine noble Ruine“. Hermann Hesse in der Casa Camuzzi, in: Die vielen Gesichter Hermann Hesses, a. a. O., 76-93, bes. 77f.

[666] `Das Schloss Dürande´ hieß eine 1836 erschienene Novelle des deutschen Romantikers Joseph von Eichendorff, der mit seinem `Aus dem Leben eines Taugenichts´ auch heute noch gegenwärtig ist. Othmar Schoeck führte am 1. April 1943 die gleichnamige Oper an der Berliner Staatsoper `Unter den Linden´ auf. Zu Eichendorffs `Das Schloss Dürande´ vgl. online: https://www.projekt-gutenberg.org/eichndrf/duerande/duerande.html (aufgerufen am 23.5.2022).

[667] Hesse veröffentlichte seine Überlegungen zum Werk F. M. Dostojewskis (1821-1881) 1920 unter dem Titel `Blick ins Chaos´. Vgl. dazu ausführlich Gunnar Decker, Hesse, a. a. O., 335-345.

Quartier in der alten Villa.[668] Mit ihm zog sein rustikaler Schreibtisch ein, den er sich extra im August 1904 für sein erstes Haus hatte anfertigen lassen. Dieser Schreibtisch diente ihm sein Leben lang als Arbeitsplatz; auf ihm entstanden fast alle seine Manuskripte. Er begleitete Hesse auf allen Stationen seines Lebens und überlebte alle Umzüge.[669]
In dem Haus mit dem grandiosen Blick auf den Monte Generoso und den Monte Salvatore lebte Hesse in den kommenden Monaten äußerst bescheiden, völlig zurückgezogen und so, wie es ihm gefiel.[670] Die Honorare seiner Bücher hatten sich, wie bereits erwähnt, in der Hyperinflation verflüchtigt, und so ernährte sich der abgerissene und abgebrannte Literat äußerst sparsam von Milch, Reis und Makkaroni.[671] Er freundete sich mit seinen Nachbar:innen und den Dorfbewohner:innen an, in-

---

668 Hermann Hesse, „Hier hatte ich mich durchgekämpft…", in: ders., Beschreibung einer Landschaft, a. a. O., 35-42, bes. 39ff. Volker Michels berichtet von 23 Bücherkisten, die Pferdefuhrwerke vom Bahnhof in Lugano nach Montagnola schafften, vgl. Volker Michels, Wege zu Hermann Hesse, a. a. O., 545.
669 Gebaut hatte diesen Schreibtisch nach Hesses Vorgaben sein Freund, der Keramiker, Maler und Architekt Hermann Haas (1878-1935). Viele erhaltene Fotos zeigen die Unordnung, die auf diesem Schreibtisch geherrscht hat: Brille, Brieföffner, Brillenetui, Federhalter, Pinsel, Locher usw. lagen dort herum. Volker Michels hat einmal die Entstehungsgeschichte von Hesses Schreibtisch aus der Perspektive des Schreibtischs aufgeschrieben, vgl. Volker Michels, Wege zu Hermann Hesse, a. a. O., 211-222. Hesses Brillen, Teile des Mobiliars und weitere persönliche Gegenstände befinden sich heute im Hesse-Archiv des Schweizerischen Literaturarchivs in Bern: https://ead.nb.admin.ch/html/hessec_C-1.html#C-1-1/43_bis_C-1-1/48 (aufgerufen am 24.7.2022).
670 Zu den dienstbaren Geistern, die Hesse in den folgenden Jahren sein alltägliches Leben ermöglichten, wie dem Gärtner Lorenzo Cereghetti oder den Postbediensteten Giulio Petrini und dessen Familie, die Hesse die Massen von Post per Schubkarre zustellten, vgl. Uli Rothfuss (Hg.), Bruno, Heiner und Martin Hesse – Erinnerungen an unseren Vater Hermann Hesse, Calw 2007, und Carlo Zanda, Hermann Hesse. Seine Welt im Tessin - Freunde, Zeitgenossen und Weggefährten, Zürich 2014.
671 Vgl. dazu Volker Michels, Wege zu Hermann Hesse, a. a. O., 541-578 („'Meine noble Ruine.' Hermann Hesse in der Casa Camuzzi"), der den Camuzzi-Besucher Heinrich Wiegand (1895-1934) zitiert, welcher Hesse in seinem Haus besuchte (vgl. 553ff.).

tensivierte seine Italienischkenntnisse, wanderte viel und erblickte im Schreiben für sich eine neue Art der Therapie.[672] Hesses zweite Lebenshälfte begann. Der Ort wurde ihm zur Quelle der Inspiration.[673] In der `Casa Camuzzi´ gelangte er in den folgenden Jahren noch einmal zu erhöhter literarischer Produktivität: Noch im selben Jahr entstanden hier Hesses Meisterwerke `Klingsors letzter Sommer´ (veröffentlicht 1920) und im Laufe des nächsten Jahrzehnts u. a. seine Bücher `Siddhartha´ (1922), `Der Steppenwolf´ (1927) und `Narziß und Goldmund´ (1930).[674] Worum geht es in diesen Werken?

---

672 Das spürt man den Werken Hesses aus dieser Zeit an, vgl. Hermann Hesse, Wanderung. Aufzeichnungen mit 14 farbigen Bildern des Verfassers (Insel-Bücherei Nr. 1403), Berlin 2015, bes. 45ff., wo Hesse seinen schönen Text über Bäume veröffentlicht hat. Die Originalausgabe erschien wie der Band `Gedichte des Malers´ 1920 und war eine Reverenz Hesses an die Landschaft des Tessins, die er sich auf zahlreichen Wanderungen und durch gemalte Reiseskizzen zu erschließen begonnen hatte. Mit einem Klappstuhl bewaffnet zog er zeitweise täglich im Tessin mit Malkasten, Pinsel und Malblock los, ließ sich an einem Ort seiner Wahl nieder und hielt, fasziniert vom Spiel der Farben und dem Einfall des Lichts der Umgebung, das, was er sah, auf der Leinwand fest – über 3000 heitere, farbenfrohe Aquarelle entstanden auf diese Weise. Im Unterschied zu seinen literarischen Arbeiten war die Malerei für ihn zunächst völlig zweckfrei; erst später begann er sie unter kommerziellen Gesichtspunkten zu verwerten und seine mit Bildern versehenen Gedichte für 250 Schweizer Franken verkaufen (bis 1921 sechzig an der Zahl); mit dem Erlös unterstützte er Studierende oder in Not geratene Kolleg:innen. Hesse malte keine Porträts, sondern ausschließlich Landschaften, Berge, Seen, Häuser, Häusergruppen Bäume, Himmel, Wolken. Sein Stil wurde binnen kurzer Zeit unverkennbar. Im Januar 1920 war die Basler Kunsthalle die erste öffentliche Galerie, die dem *Maler* Hermann Hesse die Möglichkeit zur Ausstellung seiner farbenfrohen Aquarelle gab – während das Zürcher Kunsthaus sich geweigert hatte, ihm ein öffentliches Forum zu geben. Zu einer Auswahl an Aquarellen vgl. Hermann Hesse, Farbe ist Leben. Die schönsten Aquarelle, hg. v. Volker Michels, FfM 2020, und bereits zuvor: Hermann Hesse. Mit Feder und Farbe. Werke aus dem Nachlass Heiner Hesse, hg. v. Regina Bucher, Ina Hildburg, Sebastian Möllers und Andreas Schäfer, Ostfildern 2014; Regina Bucher, Mit Hermann Hesse durchs Tessin. Ein Reisebegleiter (it 3609), Berlin 2010, [5]2017, bes. 137ff. Die Leiterin des `Museo Hermann Hesse´ in Montagnola hat einen gründlich recherchierten und unterhaltsam geschriebenen Literatur-Reiseführer, eine Art literarische `Hesse-Wander-Bibel´, vorgelegt.

673 Joseph Mileck, Hermann Hesse. Dichter, Sucher, Bekenner, a. a. O., 140ff., bes. 150ff.

674 Vgl. dazu die Tagungsprotokolle einer Tagung der Evangelischen Akademie Iserlohn im Institut für Kirche und Gesellschaft der Evangelischen Kirche von Westfalen (EKvW),

a.) `Klingsors letzter Sommer´[675]

Schon Anfang der „verruchten 1920er Jahre“[676] hatte Hermann Hesse nach einem Neuanfang gesucht und mit seinem Aquarellblock malend das Tessin durchstreift.[677] Während sich in den großen Städten nach dem Ersten Weltkrieg und nach der Spanischen Grippe die Aufbruchsstimmung in dem Begriff `Golden Twenties´ widerspiegelte und mit ihm in die Geschichtsbücher einging, hatte sich auf dem Land in der Schweiz im Verhältnis zum 19. Jahrhundert so gut wie nichts geändert – vieles war beim Alten geblieben.[678] Hermann Hesse verlegte zwar bei Samuel Fischer in Berlin, zog aber dem aufregenden Leben in der

---

die vom 28.-30. November 2003 stattfand: Von „Siddhartha“ zum „Steppenwolf“. Fremdheitserfahrungen und Weltethos bei Hermann Hesse, hg. v. Rüdiger Sareika, Iserlohn 2004.

675 1920 erschien `Klingsors letzter Sommer´ im S. Fischer Verlag, Berlin. Zu seiner Interpretation vgl. Martin Pfeifer, Hesse-Kommentar, a. a. O., 177-195. Hesses Erzählung ist das Thema des Essayfilms von Heinz Bütler, Hermann Hesse, Brennender Sommer (mit Daniel Behle, Silver Hesse, Sibylle Lewitscharoff, Michael Limberg, Oliver Schnyder, Peter Simonischek und Alain Claude Sulzer), Zürich 2020. Der Trailer des Films ist hier zu sehen: https://www.youtube.com/watch?v=N47T4jSFSwc&t=15s (aufgerufen am 25.7.2022)

676 Jens Wietschorke, 1920er Jahre. 100 Seiten, Ditzingen 2020, 2.

677 Vgl. dazu schon Hugo Ball, Hermann Hesse, a. a. O., 146-164. Vgl. dazu auch Hermann Hesse, Klingsors letzter Sommer. Illustriert von Karin Widmer, Großhansdorf 2019. Die Berner Künstlerin Karin Widmer (geb. 1966), Hesses Urenkelin (die Tochter des Schweizer Liedermachers Fritz Widmer [1938-2010] und Christine Widmer-Hesses, der Tochter Bruno Hesses) begab sich 100 Jahre später auf die Spuren ihres Urgroßvaters und illustrierte den Text mit über fünfzig Aquarellen neu.

678 In Deutschland versuchte man mit der Ausrufung der Weimarer Republik 1919 einen politischen Neuanfang. Doch der Aufbau eines demokratischen Staatswesens erwies sich als schwieriger als gedacht: Gebietsverluste, ein eingeschränktes Militärwesen, hohe Reparationszahlungen, Inflation, Streiks und die Besetzung des Ruhrgebietes 1923 erschwerten den Neuanfang. Er endete 1929 mit der Weltwirtschaftskrise und einer enormen Massenarbeitslosigkeit. Innenpolitisch tobte in Deutschland der gewaltsame Kampf zwischen Kommunist:innen und Sozialdemokrat:innen auf der einen und Nationalsozialist:innen auf der anderen Seite. Der Aufstieg der Nazis, die von der Krise profitierten, konnte nicht verhindert werden: Als der greise Reichspräsident Paul von Hindenburg (1847-1934) Hitler am 30. Januar 1933 die Macht übertrug, war dies de facto das Ende der parlamentarischen Demokratie in Deutschland. In der neutralen

pulsierenden deutschen Metropole das Leben in der schweizerischen Provinz vor. Die Schweiz war – wie heute – bereits im Ersten Weltkrieg neutral. Allerdings war sie zwischen den verfeindeten Kriegsteilnehmern eingeschlossen, was die militärische Befestigung ihrer Landesgrenzen mit einem großen finanziellen und personellen Aufwand nach sich gezogen hatte. Dennoch konnte sich die Schweiz nicht aus dem Krieg heraushalten: Abgesehen von dem unbezahlten Grenzdienst, den die Schweizer Männer leisten mussten, litt die Bevölkerung unter Nahrungsmittelknappheit, da der helvetische Staat von der Versorgung aus dem Ausland so gut wie abgeschnitten war. Seit 1916 bestanden Verträge mit sämtlichen Kriegsparteien, in denen es darum ging, dass sie verwundete Soldaten auf schweizerischem Territorium kurieren lassen durften.
Hesse saß der Schrecken über den Ersten Weltkrieg tief in den Knochen. Sein Privatleben lag in Trümmern. Von der lichtdurchfluteten Landschaft des Tessins und dem Savoir-vivre dort versprach sich der Dichter neue Lebensimpulse. Dort entstand im Juli und August 1919, also in nur zwei Monaten, die

---

Schweiz hingegen hatte sich kaum etwas verändert. In einem Brief an seine Schwester Adele vom März 1932 hatte sich Hermann Hesse klar gegen Hitler, „diesen Theaterteutonen ohne Hirn“ (Hermann Hesse, Politik des Gewissens, Erster Band, a. a. O., 480), ausgesprochen. Öffentlich wagte er sich nicht gegen die Nazis zu äußern, da die schweizerischen Behörden das Neutralitätsgebot gegenüber ihren Bürger:innen notfalls auch mit polizeilicher Gewalt durchsetzten, vgl. Andreas Solbach, Hermann Hesse. Ein Schriftsteller auf der Suche, a. a. O., 152. Seine Worte aus dem Jahr 1932 klingen prophetisch: „Das Weglügen aller Kriegsschuld, das Verschieben aller Verantwortung für Deutschlands Zustände auf die `Feinde´ und auf Versailles, erzeugt nach meiner Auffassung in Deutschland eine Luft von politischer Dummheit, Verlogenheit und Unreife, die zur Entstehung eines künftigen Krieges sehr viel beitragen wird“ (Hermann Hesse, Schreiben aus dem Jahr 1932, zitiert nach Bernhard Zeller, Hermann Hesse [rm 50085], Reinbek 1963, ^{34}2000, 115).

Erzählung `Klingsors letzter Sommer´[679]. Das Buch enthielt ursprünglich drei Erzählungen: `Kinderseele´, `Klein und Wagner´ und die Geschichte, die dem Band den Titel gab: `Klingsors letzter Sommer´. Klingsor war der märchenhafte Zauberer aus dem `Parzival´-Epos[680], ganz ähnlich dem bekannteren Merlin[681] aus der angelsächsisch-irischen Sagenwelt, der aber hier, bei Hesse, nicht als mythischer Magier aus der mittelhochdeutschen Literatur auftrat, sondern als genialisch-leidenschaftlicher Maler, Dichter und Philosoph, als Künstler also.[682] Natürlich war Hermann Hesse selbst der Maler Klingsor und natürlich war Hesses `Casa Camuzzi´ mit ihrem exotischen Garten ein Synonym für Klingsors Garten.[683] Natürlich spielte

---

[679] Ein Vorabdruck des Textes erschien im Dezember 1919 in der Berliner `Neuen Rundschau´ und ein Jahr später, um zwei weitere Texte ergänzt, als Buch. Hermann Hesse ist selbst zu hören mit einer Lesung von `Klingsors letzter Sommer´: Hermann Hesse, Über das Glück: Briefe. Gedichte und Prosa aus `Klingsors letzter Sommer´. Gelesen von Hermann Hesse und Gert Westphal, zusammengestellt von Volker Michels, Der HörVerlag, München 1995. Vgl. dazu auch den Beitrag `Hermann Hesse spricht über das Glück´, online zugänglich unter: https://www.youtube.com/watch?v=fZRDPiJwSwo und https://www.youtube.com/watch?v=7rLsb3w8ZaM (beide Links aufgerufen am 10.5.2022).

[680] Der Versroman `Parzival´ geht auf Wolfram von Eschenbach (um 1160-um 1220) zurück, der ihn im 13. Jahrhundert verfasst hatte. Erzählt wird die Geschichte zweier Helden, Parzival und Gawan, Ritter an König Artus' Tafelrunde, die auf der Suche nach dem `Heiligen Gral´ sind, einem wunderkräftig-heilige Glückseligkeit, ewige Jugend und Essen in Hülle und Fülle bietenden Kelch. Richard Wagner griff Jahrhunderte später das Motiv wieder auf, als er das Libretto für seine Oper `Parsifal´ (1877) schrieb.

[681] Merlin ist der Name des bekannten Sehers und Zauberer aus dem mittelalterlichen Artuszyklus.

[682] Darüber hinaus findet man die Figur des mächtigen Zauberers Klingsor in der Liederhandschrift `Manasse´ aus dem 13. Jahrhundert, wo er im legendären Sängerkrieg auf der Wartburg der Kontrahent Wolframs von Eschenbach war. Der Maler Klingsor taucht später als Nebenfigur in Hermann Hesses `Morgenlandfahrt´ (1932) mehrfach wieder auf.

[683] Zu weiteren prominenten Besucher:innen der `Casa Camuzzi´ zählten neben Hugo Ball die Schriftsteller:innen Max Brod (1884-1968), Martin Buber (1878-1965), Thomas Stearns Eliot (1888-1965, zwei Jahre nach Hesse mit dem Literaturnobelpreis geehrt), Klabund, Annette Kolb (1870-1967), Thomas Mann, Louis Moilliet (1880-1962 [der expressionistische Maler wurde als `Louis der Grausame´ von Hesse in `Klingsors letzter Sommer´ und in der `Morgenlandfahrt´ verewigt]), Romain Rolland, Othmar Schoeck,

auch der Rest der Geschichte im Tessin. Hesse schrieb: „Unter ihm sank tief und schwindelnd der alte Terrassengarten hinab, ein tief durchschattetes Gewühl dichter Baumwipfel, Palmen, Zedern, Kastanien, Judasbaum, Blutbuche, Eukalyptus, durchklettert von Schlingpflanzen, Lianen, Glyzinien. Über der Baumschwärze schimmerten blaßspiegelnd die großen blechernen Blätter der Sommermagnolien, riesige schneeweiße Blüten dazwischen halbgeschlossen, groß wie Menschenköpfe, bleich wie Mond und Elfenbein, von denen durchdringend und beschwingt ein inniger Zitronenduft herüberkam."[684] Der Protagonist wurde von Hesse als larmoyant, eitel, größenwahnsinnig und chauvinistisch dargestellt – ein Mitvierziger mit narzisstischer Persönlichkeitsstörung, permanent jungen Frauen nachstellend, der, bereits vom Tod gezeichnet, das Leben „in rauschhafter Trinkfreude und Daseinslust, ausschweifender Erotik und aufbäumender Schaffenskraft bis zum Letzten auskosten möchte"[685]. Durch den Krieg war der Künstler desillusioniert worden, kulturell heimatlos, und schwankend zwischen dem Rausch der Sinne und einer Todessehnsucht, wie sie auch den Romantikern einst zu eigen war.[686]

Jakob Wassermann (1873-1934), Stefan Zweig, Siegfried Kracauer (1889-1966), Ernst Toller (1893-1939) u. v. m. Auch der Staats- und Völkerrechtler Carl Schmitt (1888-1985), einer der furchtbaren NS-Juristen und ein fanatischer Antisemit, hielt sich im Sommer 1924 im Tessin auf und wurde von Hugo Ball mit Hermann Hesse bekannt gemacht.

684 Hermann Hesse, Klingsors letzter Sommer, Berlin 2017, 8f.

685 André Uzulis, Hermann Hese, a. a. O., 152.

686 Unter dem Titel `Hermann Hesse – Brennender Sommer´ entstand 2020 in der Schweiz ein 84minütiges Filmessay (Regie: Heinz Bütler), das am 3.7.2022 auf 3Sat gesendet wurde. Er hatte `Klingsors letzter Sommer´ zum Thema. Schauspieler Peter Simonischek trug im Film den expressiven Text vor; Schriftsteller:innen wie Sibylle Lewitscharoff und Alain Claude Sulzer spürten u. a. dem Kunstverständnis Hesses nach. Es kamen auch Hesse-Enkel Silver Hesse und Hesse-Biograf Michael Limberg zu Wort. Thema waren auch die Hesse-Gedichtvertonungen wie die `Vier letzten Lieder´ durch Richard Strauss (1864-1949), den Hesse wegen seiner Rolle im Nationalsozialismus persönlich nicht schätzte. Die Vertonung von Hesses Gedicht `Besinnung´ durch

In weiten Teilen inszeniert sich Hesse also in `Klingsors letzter Sommer´ selbst: Klingsor feiert das Leben und die Kunst.[687] Er malt und trinkt, liebt, leidet, lamentiert und schwankt zwischen einer großen Lebensgier und einem schier ekstatischen Schaffensrausch: der Arbeit an seinem letzten großen Kunstwerk, einem Selbstporträt. Klingsor arbeitet gegen die Zeit, denn er hat den Wettlauf mit dem Tod aufgenommen. Gleichzeitig ist Klingsor, wie so oft bei Hesse, nur eine von zwei Selbstprojektionen. Die andere ist Klingsors enger Freund, der blonde, zurückhaltende, gemäßigte Dichter Hermann [!], der melancholische Gedichte schreibt.

Erzählt wird die Geschichte als ein Nachruf, gegliedert in eine Vorbemerkung und sechs szenisch aneinandergereihte Kapitel, aus der Sicht eines allwissenden Erzählers in der dritten Person.[688] Erzählt wird voller Pathos – auch die eingestreuten

---

Strauss, seine bis dato fragmentarisch gebliebene letzte Komposition, wurde erst am 3.11.2021 in Berlin uraufgeführt (vollendet von Thomas Hennig [geb. 1964]), online hier zu hören: https://www.youtube.com/watch?v=RuE35TvV0yM (aufgerufen am 20.6.2022). Insgesamt gibt es über 2000 Vertonungen von Hesse-Gedichten von etwa 400 Komponist:innen.

[687] Hesse führte in der ersten Zeit privat ein ausschweifendes Leben. Er frequentierte ausgiebig die Weinstuben im Tessin und war auf der Suche nach Kontakten. In dieser Zeit lernte er seine spätere Frau Ruth Wenger kennen (sein erster Besuch bei der Familie Wenger in Carona datiert auf den 22.7.1919). Hesse setzte ihr in `Klingsors letzter Sommer´ im Kapitel `Der Kareno-Tag´ ein literarisches Denkmal, u. a. als `Königin der Gebirge´. Das Haus mit den `zwei Balkonen´ im Dorf Kareno (Carona) existierte und besteht tatsächlich noch heute: Hermann Hesse hielt es 1926 in einem Aquarell malerisch fest, vgl. genauer Regina Bucher, Mit Hermann Hesse durchs Tessin, a. a. O., 149ff. und 152. Am 60. Todestag Hesses, den 9.8.2022, fand ein Gang durch Carona statt: https://www.spaziergang.info/118/herr-klingsor-in-kareno/ (aufgerufen am 20.6.2022).

[688] Im Blick auf eine kurze Zusammenfassung vgl. Hans Dieter Zimmermann, Hermann Hesses Doppelgänger, in: Heinz Ludwig Arnold (Hg.), text+kritik. Zeitschrift für Literatur, Bd. 10/11: Hermann Hesse, a. a. O., 33-42, bes. 35f.

Briefe, Gedichte und Lieder sind in einem hymnischen Stil verfasst.[689] Sprachliche Anleihen nimmt Hesse bei der Bibel bzw. bei Homer, etwa bei dem Einsatz von Archaismen, Rhythmisierungen, von Alliterationen oder Anaphern. Durch seine dramatische Wortwahl wirkt `Klingsors letzter Sommer´ bei heutiger Lektüre artifiziell.

Hesses Novelle `Klein und Wagner´[690] macht den Mittelteil des Buches aus: Erzählt werden die letzten Tage im Leben des bis dato unbescholtenen Bankbeamten und nach Norditalien geflüchteten Friedrich Klein. Es ist eine `Dr. Jekyll-and-Mr. Hyde´ – Geschichte: Der etwa 40-jährige Friedrich Klein macht sich der Unterschlagung schuldig. Er stiehlt das Amtssiegel seines Chefs, lässt sich einen Scheck auszahlen, verlässt über Nacht seine Familie und setzt sich per Mailand-Express ab gen Süden. Treibkraft für sein Handeln sind Mordfantasien gegenüber der eigenen Familie, seiner Frau und seinen drei Kindern. Alpträume plagen ihn. In inneren Monologen wird sich Klein seines Alter Egos bewusst: Wagner, ein süddeutscher Lehrer, der seine gesamte Familie umgebracht hatte.[691] Der damals

[689] Hesse wurde inspiriert von Novalis' `Heinrich von Ofterdingen´, in der Klingsor als Figur ebenfalls erscheint; ferner von Nietzsches `Also sprach Zarathustra´ und C. G. Jungs psychoanalytischen Arbeiten, den Gedichten des bedeutenden chinesischen Lyrikers Li Bai (701-762) und den Bildern des niederländischen Malers Vincent van Gogh (1853-1890).

[690] Die Erzählung wurde im Frühling/Sommer 1919 geschrieben und im Oktober 1919 in der `Zeitschrift für neues Deutschtum. Vivos Voco´ abgedruckt. Die Erstausgabe erschien 1920 im S. Fischer Verlag in `Klingsors letzter Sommer´, zusammen mit der Erzählung `Kinderseele´, die 1918 in Bern entstanden war, vgl. dazu Martin Pfeiffer, Hesse Kommentar zu sämtlichen Werken, a. a. O., 177f. Einzeln erschien die Novelle erstmals 1958 in der Reihe `Bibliothek Suhrkamp´.

[691] Hesse-Biograf André Uzulis, Hermann Hesse, a. a. O., 151, weist explizit darauf hin, dass Hesses Novelle nicht nur autobiografisch zu verstehen ist, sondern Hesse die reale Begebenheit des Mordes des Lehrers Ernst Wagner (1874-1938) an seiner Familie bekannt war. Wagner tötete am 4.9.1913 in Stuttgart-Degerloch seine Frau und seine vier Kinder mit einem Knüppel. Zur Begründung seiner Tat gab er später an, er hatte seiner Familie die Folgen weiterer Taten ersparen wollen. In Mühlhausen steckte er vier

noch unbescholtene Klein hatte die abscheuliche Tat verurteilt, wertet aber jetzt seine damalige Entrüstung als Heuchelei, weil er schon damals in seinem tiefen Inneren Verständnis für die Tat aufgebracht hatte. Im `Hotel Milano´ quartiert sich der auf der Flucht Befindliche ein.
Am nächsten Tag geht Klein in einem Park spazieren, fest dazu entschlossen, alles bisher sexuell Versäumte nachzuholen. Auf einer Parkbank sitzend, wird er auf ein vorbeigehendes Mädchen mit blondem Haar aufmerksam, das ihn ihm konträre Gefühle auslöst. Zwar wehrt sich der Beamte in ihm gegen die erotische Ausstrahlung des Mädchens. Aber er macht sich auf die Suche nach der Unbekannten und wird schließlich in einer Gruppe von Artist:innen fündig. Er sieht Teresina – so heißt die Gesuchte – bei einer Tanzvorführung mit ihrem Partner Claudio und verliebt sich in sie. Nach dem Tango spricht Teresina ihn an und beide verabreden sich. Beim Treffen am nächsten Tag sprechen sie über die Doppelexistenz des Menschen, über sein bürgerliches, gesellschaftskonformes Auftreten und seine innere Natur. Als Teresina Klein fragt, was er von ihr erwarte, läuft er einfach davon. Er streift durch die Umgebung der Stadt;

Häuser an, wartete ab, bis die Bewohner:innen fluchtartig ihre Häuser verließen und erschoss dann neun Personen. Elf weitere wurden schwer verletzt. Dabei hatte er es ausschließlich auf Männer abgesehen; dass er auch drei Mädchen erschoss und eine Frau verletzte, bedauerte er im anschließenden Prozess am Landgericht Heilbronn. Ermittlungen ergaben, dass er auch noch geplant hatte, seine Schwester und deren Familie zu ermorden, das Ludwigsburger Schloss in Brand zu setzen und sich dann selbst im Bett der Herzogin zu verbrennen. Die Motive Wagners, der bis dato als unbescholtener Bürger galt, blieben unklar; festgestellt wurde, dass er seine Homosexualität unterdrückt hatte und unter Verfolgungswahn litt. Statt zum Tode verurteilt zu werden, wurde er wegen Unzurechnungsfähigkeit am 4.2.1914 in die Heilanstalt Winnenthal bei Winnenden eingewiesen. Dort starb er 1938 an den Folgen von Tuberkulose. Seine Patientenakte ist online zugänglich unter: https://www2.landesarchiv-bw.de/ofs21/bild_zoom/zoom.php?bestand=18577&id=10169788&gewaehlte-Seite=02_0002202931_0001_2-2202931-1.jpg&ausgangspunkt=thumbnails&groesseThumbnails=400&thumbnailsProSeite=10&screenbreite=2560&screenhoehe=1351 (aufgerufen am 13.5.2022).

seine Depressionen weichen in der Natur dem Gefühl der Euphorie, dem Gefühl des Einklangs mit Gott. Er übernachtet, vom Gefühl eines bedürfnislosen Lebens beseelt, in einem Wirtshaus. Als dort die junge Wirtin in sein Bett kommt, überfallen ihn nach kurzer Lust wieder Schuldgefühle, Angst und Ekel vor dem Leben. Fluchtartig verlässt er das Wirtshaus und übernachtet im Freien. Er fühlt sich verloren und trägt sich mit der Absicht, sich wie Wagner selbst zu töten. Er erkennt jedoch, dass er seine Probleme angehen muss und nur durchs Leid seinen Weg zur Reife finden kann. Am nächsten Tag trifft er Teresina im Kursaal wieder und lädt sie ein, mit ihm die Spielbank in Castiglione zu besuchen. Auf seine Frage, ob sie seine zwei Tausendmarkscheine gemeinsam spielen wollen, erhält er von Teresina einen ablehnenden Bescheid: Sie möchte gern getrennt setzen. Und während Klein alles verliert, teilt Teresina ihren Betrag auf und macht 5000 Mark Gewinn – Geld, das für sie Freiheit bedeutet. Für Klein hingegen ist Geld nicht mit Freiheit verbunden, da es auch schnell wieder verloren gehen kann. Obwohl Teresina Kleins Lebensphilosophie nicht versteht und seine kriminelle Vergangenheit spürt, ist sie von dem viel Älteren angezogen und geht mit ihm eine Beziehung ein. Nach der letzten Liebesnacht stürzt Klein erneut ab und alte Ängste und Mordgelüste steigen in ihm hoch. Wie Wagner in seinen Träumen sucht er nach einem Messer, um Teresina und sich selbst zu töten. Bevor dies aber geschieht, kommt er zur Besinnung, verlässt Teresina und rudert mit einem nicht vertäuten Kahn auf einen See. Er stirbt im Wasser mit dem Gedanken an den Zugang zum ewigen Kreislauf der Welt.[692] „Es gab kein Bleiben in Gott! Es gab keine Ruhe! Es gab nur das ewige, herrliche, heilige Ausgeatmetwerden und Eingeatmetwerden, Gestaltung

[692] Vgl. dazu Volker Wehdeking, Hermann Hesse, a. a. O., 130-135.

und Auflösung, Geburt und Tod, Auszug und Wiederkehr, ohne Pause, ohne Ende."[693]
`Klein und Wagner´ – mit diesem Essay hatte sich Hesse seine Schuldgefühle von der Seele geschrieben. Er hatte – sich durchaus der Tragik seines Handelns bewusst – die Familie und seine drei kleinen Söhne verlassen und, seelisch belastet, die Schuld für seine gescheiterte Ehe bei sich selbst gesucht. Vorausgegangen waren eine anstrengende Zeit beim Aufbau der Zentrale für Kriegsgefangenenfürsorge in Bern, Verunglimpfungen in der deutschnationalen Presse (`Nestbeschmutzer´, `vaterlandsloser Geselle´), eine aufreibende anderthalbjährige Psychoanalyse und die Krankheit seiner depressiven Ehefrau. Diese Konflikte seinen nächsten vier Angehörigen gegenüber spiegelte Hesse in `Klein und Wagner´.
`Klingsors letzter Sommer´ wird dem Spätwerk Hesses zugerechnet und, weil der Text an die deutsche Romantik anschließt, als neoromantisch bezeichnet.[694] Die Kritik auf `Klingsors letzter Sommer´ fiel unterschiedlich aus: Hatte sich beispielsweise Bertolt Brecht positiv dazu geäußert, hatten andere Kritiker vernichtende Urteile gefällt: Das wäre ihnen zu kitschig.[695]

---

693 Hermann Hesse, SW Bd. 8, hg. v. Volker Michels, a. a. O., 280. Deutlich erkennbar ist Hesses Aufnahme von buddhistischen Ideen wie dem Sich-Fallen-Lassen und dem Anschließen an das Eine (Atman), wie sie später in seinem `Siddhartha´ in einer fortschreitenden Verklärung des Protagonisten auf der Suche nach Erkenntnis zum Ausdruck kommt.
694 Hesse wird durch diese Erzählung mit dem vorherrschenden inneren Monolog in freier und indirekter Rede, dem inneren Konflikt, der knappen Beschreibung von Orten und Charakteren zum Mitbegründer eines neuen Schreibstils. Hinter einer einfachen Kriminalgeschichte steckt, formal ganz ähnlich dem 1922 erschienenen Roman `Ulysses´ von James Joyce (1882-1941), ein Psychodrama, in dem romantische Motive und Stilmittel (Todessehnsucht, Kunst als Ersatzreligion, Geniekult etc.) verwendet werden.
695 Bertolt Brecht hielt am 22. August 1920 im Blick auf Hesses `Klingsors letzter Sommer´, das viele wegen der deutlichen autobiografischen Züge als eitle Selbstinszenierung des Autors kritisierten, fest: „Diese Novelle ist sehr schön" (Bertolt Brecht, zit. nach Werner Hecht, Brecht Chronik 1898-1956, FfM 1997, [2]1998, 96).

b.) `Siddhartha´[696]

Siddhartha ist eines der weltweit meistgelesenen Bücher Hermann Hesses, „ein Klassiker der modernen spirituellen Literatur“[697] und eines der einflussreichsten Werke des zwanzigsten Jahrhunderts.[698] Es ist das Ergebnis von Hesses langer Beschäf-

---

[696] Vgl. Hermann Hesse, Siddhartha. Eine indische Dichtung (st 182), FfM [13]1979. Ich zitiere, sofern nicht anders angegeben, nach dieser Ausgabe. Das Buch ist online zugänglich unter: https://www.gutenberg.org/cache/epub/2499/pg2499.html (aufgerufen am 21.3.2022). Hesse brachte seinen `Siddhartha´ in den Jahren 1919 bis 1922 mit Unterbrechung aufgrund mehrerer Schaffenskrisen in Montagnola zu Papier, vgl. Martin Pfeifer, Hesse-Kommentar, a. a. O., 203. Vorabdrucke erschienen im August 1920 in der `Neuen Zürcher Zeitung´ (unter dem Titel `Bei den Asketen´), im September in der Zeitschrift `Genius´ (unter dem Titel `Siddharthas Weltleben. Drei Kapitel aus einer unvollendeten Dichtung´) und im Mai 1921 in den `Basler Nachrichten´. Im Juli 1922 wurde ein weiterer Teil in der `Neuen Rundschau´ abgedruckt. Als Buch erschien `Siddhartha´ erstmals im Oktober 1922 im Berliner S. Fischer Verlag, und zwar in einer Auflage von 6050 Stück. Der erste Teil von `Siddhartha´ war Hesses französischem Schriftstellerfreund Romain Rolland gewidmet; den zweiten Teil widmete Hesse seinem Cousin, dem Japanologen Wilhelm Gundert. Das Buch wurde bis 1935 nachgedruckt. 1931 war es Bestandteil der Hesse-Sammlung `Weg nach innen´ (sie enthielt weiter Hesses `Kinderseele´, `Klein und Wagner´ und `Klingsors letzter Sommer´). Seither erlebte das Buch zahlreiche Auflagen, zuletzt 2012 mit einem Nachwort von Volker Michels. Das Originalmanuskript von `Siddhartha´ befindet sich heute im Deutschen Literaturarchiv in Marbach am Neckar: https://www.dla-marbach.de/ueber-uns/ (aufgerufen am 15.6.2022).

[697] Eberhard Ostermann, Hermann Hesses `Siddhartha´. Einführung und Analyse, Menden 2012, 9.

[698] Zur Entstehungsgeschichte von Hesses Werk vgl. ausführlich Materialien zu Hermann Hesses `Siddhartha´, hg. v. Volker Michels, FfM 1975 und 1987; zu dessen Interpretation Volker Wehdeking, Hermann Hesse, a. a. O., 136-142, und Martin Pfeifer, Hesse-Kommentar, a. a. O., 202-215, sowie zu dessen Wirkung: Hermann Hesse - 100 Jahre Siddhartha/100 years of Siddhartha (DU 912, hg. v. DU Kulturmedien AG), Zürich 2022, bes. 24-32. Das Cover der mehrsprachigen Ausgabe der Zeitschrift DU ziert ein Hermann-Hesse-Porträt aus unzähligen Filzstiftpunkten, angefertigt vom damaligen iranischen Mathematikstudenten Ehsan Abedi (geb. 1993) im Jahr 2020, entstanden auf dem Whiteboard, das er für seine Berechnungen im Labor benutzte. In seinem Beitrag `Ein Bild und seine Geschichte´ (in: DU, a. a. O., 92-97) schildert der heutige Doktorand, wie es zu seiner Beziehung zu Hermann Hesse kam. Im Januar 2021 schenkte er das

tigung mit den Religionen und Philosophien Asiens, „der Versuch einer Synthese von östlichem und westlichem Denken, von Buddha und Heraklit“[699]. Für den Schriftsteller Henry Miller[700] war dieses Buch „eine wirksamere Medizin als das Neue Testament“[701]. Siddhartha – das ist die weltberühmte Geschichte von der Selbstbefreiung eines jungen Menschen aus familiärer und sozialer Fremdbestimmung hin zu einem selbstbestimmten Leben.[702] Über fünf Millionen Mal aufgelegt und in 52 Sprachen, darunter zwölf indische Dialekte, übersetzt, unterstreicht Siddhartha, dass Erkenntnis nicht aus Lehren vermittelt, sondern nur durch eigene Erfahrung erworben werden kann und Erleuchtung nicht durch Willensanstrengung zu erreichen ist.[703] Zu Hesses Popularität als Schriftsteller trug `Siddhartha´ maßgeblich bei. Der Dichter, der mit diesem Buch – geprägt von seinem Großvater Hermann Gundert, der ihn einst fürs Mystische

---

Bild dem `Museo Hermann Hesse´ in Montagnola. Zu seiner Entstehung vgl. online: https://www.google.com/search?q=abedi+hermann+hesse&client=safari&rls=en&ei=vL-PY8yUEIznsAe6npSwAQ&ved=0ahUKEwjM4pn7gub7AhWMM-wKHToPBRYQ4dUDCA4&uact=5&oq=abedi+hermann+hesse&gs_lcp=Cgxnd3Mtd2l6LXNlcnAQAzI-FCAAQogQyBwgAEB4QogQyBQgAEKIEOgoIABBHENYEELADSgQIQRgASgQIRhgAUIsGWKwLYNQSaAF-wAHgAgAFciAG9A5IBATaYAQCgAQHIAQXAAQE&sclient=gws-wiz-serp#fpstate=ive&vld=cid:38006b7d,vid:MXdfhvLgkpY (aufgerufen am 14.7.2022).

[699] Gunnar Decker, Hesse, a. a. O., 402. Hesse versucht auch später noch, die Werte christlich-abendländischer Tradition zu bewahren, erweitert sie jedoch um die Dimension der Spiritualität asiatischer Religionen und Kulturen und nimmt auf diese Weise den Aspekt des Pluralismus der Religionen als Interreligiosität auf.

[700] Der US-amerikanische Schriftsteller und Maler Henry Miller (1891-1980), Sohn deutscher Einwanderer in New York, wurde berühmt durch seine Werke wie `Wendekreis des Krebses´ (1934) und `Wendekreis des Steinbocks´, die zeitweise auf dem Index standen. Bekannt wurde er auch durch seine Beziehung zu der US-amerikanischen Schriftstellerin Anaïs Nin (1903-1977), die sein literarisches Schaffen beeinflusste.

[701] Siegfried Unseld, Hermann Hesse. Werk und Wirkungsgeschichte, FfM 1987, 115.

[702] Vgl. dazu Martin Pfeifer, Hesse-Kommentar, a. a. O., 202-215.

[703] Vgl. dazu Christoph Gellner, Hermann Hesse und die Spiritualität des Ostens, Düsseldorf 2005, und ders., Westöstliche Be(Ver)gegnungen. Von der Indienreise über „Siddhartha“ bis zum „Glasperlenspiel“. Hesse und die Religionen Asiens, in: Von „Siddhartha“ zum „Steppenwolf“, hg. v. Rüdiger Sareika, a. a. O., 107-124.

und für die indische Kultur begeistert hatte[704] – auch eine Brücke zwischen östlichem Denken, asiatischer Lebenshaltung und der westlichen Tradition, also zwischen Orient und Okzident, schlagen wollte, schilderte hier seine eigene Persönlichkeitsentwicklung auf der Suche nach Weisheit und wahrer Erkenntnis jenseits äußerer Formen von Religiosität.[705] Ohne je in Indien gewesen zu sein, versuchte Hesse, das allen Konfessionen und Frömmigkeitstraditionen Gemeinsame, gewissermaßen den verbindenen Kern aller Religionen, zu ergründen.[706] Obwohl

---

[704] Hermann Hesse setzte dem von ihm verehrten Großvater Hermann Gundert in `Siddhartha´ in dem Fährmann `Vasudeva´ und in seinem `Glasperlenspiel´ im `Musikmeister´ ein literarisches Denkmal.

[705] Als Keimzelle für den `Siddhartha´ und auch für Knechts Legende im `Glasperlenspiel´ gilt Franz von Assisi, mit dem sich Hermann Hesse schon zuvor beschäftigt hatte. Später äußerte sich Hesse im Zusammenhang mit `Siddhartha´ auch grundsätzlich über seine religiösen Überzeugungen, vgl. Hermann Hesse, Mein Glaube (Bibliothek Suhrkamp, Bd. 300), FfM 1971, 59-62 und 98: „Der Glaube, den ich meine, ist nicht leicht in Worte zu bringen. Man könnte ihn etwa so ausdrücken: Ich glaube, daß trotz des offensichtlichen Unsinns das Leben dennoch einen Sinn hat, ich ergebe mich darein, diesen letzten Sinn mit dem Verstand nicht erfassen zu können, bin aber bereit, ihm zu dienen…" (98) Dabei sparte Hesse auch mit Kritik an seiner eigenen Konfession nicht: Wie Thomas Mann, so war auch er kein Freund von Martin Luther. Ihm war zwar bewusst, dass Luther mit seiner Bibelübersetzung den Deutschen eine gemeinsame Sprache schenkte, damit die Befreiung von der römisch-katholischen Bevormundung einleitete und zur Nationbildung Deutschlands einen entscheidenden Beitrag leistete. Aber 1933 kritisierte er an Luther „seine feige Stellung zu den Bauern und seine dienerische gegen die Fürsten. Aus jenen Anfängen ist jene deutsch-protestantische Theologie geworden, die an der Universität von lauter Freiheit, Persönlichkeit, Dynamik etc. etc. redet, und nachher in der Praxis aus dem Pfarrer und der Kirche ein liebedienerisches Werkzeug für den Staat, den Kapitalismus, den Krieg etc. macht" (Hermann Hesse, Mein Glaube, a. a. O., 104). Noch knapp dreißig Jahre später, im Jahr 1960, bekräftigte er seine Kritik: Luther „hat… eine Kirche begründet, um nichts besser als die alte, hat nach Kräften dem Staat, den Fürsten assistiert, die Bauern im Stich gelassen, Deutschland verdankt ihm das Schisma, den 30jährigen Krieg, den späteren Orthodoxismus seiner Kirche und noch manches. Er war ein Prachtskerl, aber ein Unglück" (Hermann Hesse, Mein Glaube, a. a. O., 124). Vgl. dazu auch Siegfried Unseld, Begegnungen mit Hermann Hesse (st 218), FfM 1975, 209-216 (`Hesses Glaube´).

[706] Vgl. dazu den Beitrag von Gottfried Orth, Hermann Hesse, Siddharta, in: Deutsches Pfarrerblatt 7/2002, 329-333. Im zweiten Teil seines Aufsatzes zieht Orth Parallelen zwischen Siddhartha und Jesus (vgl. 331ff.) und spart auch an Kritik nicht (z. B. wird hier ein fiktionales Indienbild vermittelt, das mit dem kolonialisierten und durch Mahatma Gandhi von der Herrschaft der Briten befreiten Indien nichts zu tun hat, vgl. 333). Es ist

die Lehre, die in Siddhartha vermittelt wird, stark vom Individuum ausgeht – mehr als alle asiatische Religion und Philosophie –, kann man Hesses `indische Dichtung´[707] nur schwer verstehen, wenn einem grundlegende Elemente des Hinduismus, des Buddhismus[708], des Konfuzianismus und des Daoismus[709] fehlen.

---

bemerkenswert, dass der Autor am Ende seines Aufsatzes in Ergänzung zu Siddhartha fordert, zu diesem „Plädoyer des Glaubens an die mögliche Gnade" (333) noch das Neue Testament und das Kommunistische Manifest heranzuziehen. Unklar bleibt, warum der Autor (geb. 1952), ehemals Professor für Evangelische Theologie und Religionspädagogik an der TU Braunschweig, konsequent die falsche Schreibweise `Siddharta´ verwendet und auch bei von ihm zitierter Sekundärliteratur diese falsche Orthografie beibehält: Denn in der Erstausgabe des Buches stand „SIDDHARTHA".

[707] Vgl. weiterführend den Beitrag von Annakutty Valiamangalam K. Findeis (Mumbai, Indien), Hermann Hesses Indienbild – Dichtung und Wahrheit, online zugänglich unter: https://hesse.projects.gss.ucsb.edu/papers/documents/Findeis-FRI-20170304.pdf (aufgerufen am 27.4.2022). Die indische Autorin würdigt Hesses umfängliche Bildung im Blick auf große religiös-philosophische Schriften Asiens (`Upanishaden´, `Gilgamesch-Epos´, `Daodejing´ [früher: Tao te king], `Bhagavad Gita´) und gelangt zu dem Schluss, dass Hesse seinen Zeitgenoss:innen Indien als Land von tiefer Religiosität und Weisheit vermitteln wollte.

[708] Volker Michels hat darauf hingewiesen, dass „Hesses letzte grosse Begegnung mit asiatischer Spiritualität, mit dem aus Indien über China nach Japan gewanderten Zen-Buddhismus, der sich in seinem Spätwerk und einigen seiner letzten Gedichte niedergeschlagen hat" (Volker Michels, „Der ganze Osten atmet Religion." Siddhartha und Hermann Hesses Beziehung zu Indien und China, in: „Höllenreise durch mich selbst", a. a. O., 189-210, Zitat auf 207f.), noch kaum untersucht worden ist. Zu Hesses Buddhismus-Rezeption vgl. Volker Wehdeking, Hermann Hesse, a. a. O., 59ff., der die besondere Bedeutung des Mahayana-Buddhismus für Hesse unterstreicht.

[709] Der Daoismus (chinesisch: `Lehre des Weges´, auch `Methode´, `Prinzip´; früher: Taoismus) ist eine chinesische Philosophie. Er gilt auch als Chinas eigene, authentische Religion. Seine gesicherten Ursprünge liegen im 4. Jh. v. Chr., als das `Daodejing´ des Laozi entstand. Bekannteste Vorstellungen des Daoismus sind die Lehre vom Qì, vom I Ging und von Yin und Yang. Die genaue Zahl seiner Anhänger:innen heute ist unklar: Man geht von ca. 8 Millionen Daoisten auf Taiwan und ca. 60 Millionen in der Volksrepublik China aus. Zum Einfluss des Daoismus auf Hesses Werke, exemplarisch untersucht am `Demian´ und dem `Steppenwolf´, vgl. Mária Bieliková, Bipolarität der Gestalten in Hermann Hesses Prosa. Die Romane „Demian" und „Der Steppenwolf" vor dem Hintergrund der daoistischen Philosophie (Studien zur Germanistik, Bd. 23), Hamburg 2007. Die Verfasserin hält die Übernahme indischen Gedankengutes und den Einfluss der Psychoanalyse für überbetont und erkennt in beiden Büchern Hesses daoistische Ideen, nämlich die Polarität als Grundprinzip (räumlicher und seelischer Dualismus).

Der historische Buddha war ein Fürstensohn aus Nordindien namens Siddhartha (wörtlich: `der, der sein Ziel erreicht hat´).[710] Er wuchs im 6. Jahrhundert v. Chr. in wohlhabenden Verhältnissen. Mit seiner Frau hatte er einen Sohn. Durch die Begegnung mit einem Alten, einem Kranken und einem Verstorbenen erfuhr Siddhartha, den man später auch Gautama nannte, von der Vergänglichkeit. Motiviert durch einen Bettelmönch, der allen irdischen Genüssen entsagt hatte, folgte der Prinz seinem Beispiel. Er verließ seine Familie und wurde Eremit. Als solcher lebte er die nächsten sieben Jahre im Wald. Unter einem Feigenbaum bekam er eine Erleuchtung: Leben im Überfluss sei genauso weit entfernt vom richtigen Weg wie ein Leben in Armut und freiwillig gewähltem Leid. Der wahre Weg zur Erleuchtung liege in der Mitte und führe durch die Versenkung in sich selbst.

Hermann Hesse, der, wie gesagt, niemals selbst in Indien war, griff mit seinem Buch auf seine familiäre Tradition zurück: auf seine Herkunft aus einer Familie aus Missionaren in Indien, auf Studien über indische und chinesische Philosophie, auf Selbstversuche mit Askese[711] und Yoga[712], auf Laozi[713] und auf die Psychoanalyse. Letztere hatte damals starken Einfluss auf die

---

[710] Hermann Hesse hat sich in den 1920er-Jahren selbst einmal ausführlich zu den Religionen geäußert, vgl. Hermann Hesse, Mein Glaube, a. a. O., 30-42.

[711] Unter Askese (von griech.: ἄσκησις = Übung) versteht man im Allgemeinen eine Übungspraxis zur Selbstkontrolle oder Festigung des Charakters. Dazu gehört die Disziplinierung des Denkens und Wollens. Sie beinhaltet den Verzicht auf bestimmte Genüsse (Genussmittel, Sexualität). Heute versteht man darunter eine freiwillige Enthaltsamkeit zugunsten eines höheren Zieles.

[712] Yoga (Sanskrit: `anspannen´, `anschirren´) bezeichnet eine aus Indien stammende Lehre, mit der eine Reihe geistiger und körperlicher Übungen verbunden sind und die sich heute in Deutschland und in Europa wachsender Beliebtheit erfreut.

[713] Laozi (früher: Laotse) gilt als der Begründer des Daoismus (früher: Taoismus). Das Werk, das ihm zugeschrieben wird, ist das vermutlich im 4. Jahrhundert v. Chr. entstandene Daodejing (früher: Tao te king). Über Laozis Person ist so gut wie nichts bekannt. Hesses Vater hatte 1914 eine Monografie über den chinesischen Philosophen, der in

deutschsprachige Literatur, und Hesse nutzte die Gelegenheit, um Ursachen und Zusammenhänge im Blick auf die Seele transparent zu machen. Neben Sigmund Freuds Ansatz bot nun auch die Archetypenlehre Carl Gustavs Jungs neue Möglichkeiten, um die eigene Persönlichkeit und auch die Gesellschaft zu analysieren.[714] Auf dem Hintergrund des furchtbaren Ersten Weltkrieges und einer damit verbundenen allgemeinen Verunsicherung und Unzufriedenheit mit der eigenen Kultur, suchten viele deutsche Intellektuelle nach anderen Wertesystemen und dockten dabei an die asiatische Philosophie an.[715] So auch Hermann Hesse: Er ließ zentrale Begrifflichkeiten aus Hinduismus und Buddhismus, vor allem auch aus der chinesischen Philosophie[716], in seinen Text einfließen und entnahm viele der im Buch

---

den 1920er-Jahren bei deutschen Intellektuellen populär war, veröffentlicht, vgl. Johannes Hesse, `Lao-tsze, ein vorchristlicher Wahrheitszeuge´ (Basler Missionsstudien, Heft 44), Basel 1914.

[714] Die Entstehung des `Siddhartha´ fiel in die Zeit von Hesses Umzug von Bern nach Montagnola und von Hesses schwerer persönlichen Krise, die durch die psychische Erkrankung seiner Ehefrau ausgelöst worden war. Nach der Übersiedlung ins Tessin begann für ihn eine äußerst produktive Zeit – sowohl als Maler als auch als Schriftsteller –, und so entstanden die ersten vier Kapitel des Buches, in denen Hesse die Erfahrungen seiner Indonesienreise verarbeitete, von Februar bis August 1920. Dann machte sich eine Schaffenskrise bemerkbar. Nachdem sich Hesse einer Psychoanalyse unterzogen hatte, schrieb er den zweiten Teil des `Siddhartha´. In dem Buch kommt dieser Einfluss u. a. in der Thematik des Prozesses der Selbsterkenntnis und der individuell-religiösen Erlösung zum Ausdruck.

[715] Berühmte Beispiele für die Idee, dass das chinesische Kulturvolk der westlichen Zivilisation überlegen war, sind Alfred Döblin, Die drei Sprünge des Wang-lun (1915) oder Bertolt Brecht, Der gute Mensch von Sezuan (1943). Zur Haltung Hermann Hesses zur chinesischen Philosophie vgl. Jürgen Weber, Indien gesucht, China gefunden. Chinesische Spuren in Leben und Werk des Dichters Hermann Hesse, Norderstedt 2013.

[716] Vgl. dazu umfassend Adrian Hsia, Hermann Hesse und China, FfM 1981, erweiterte Ausgabe 2002, und bereits den Aufsatz von Adrian Hsia, Der chinesische Sprachraum, in: Hermann Hesses weltweite Wirkung, hg. v. Martin Pfeifer (st 386), a. a. O., 234-260. Darin befinden sich u. a. eine Ausleih-Statistik der Werke Hesses an der Nanyang University of Singapur (vgl. 244) und eine Tabelle der Hesse-Romane und der Erzählungen und Prosastücke, die auf Chinesisch erschienen sind (vgl. 251 und 253). Adrian Hsia (1938-2010) war gebürtiger Chinese; er hatte in Deutschland studiert und lehrte von 1968 bis zu seiner Emeritierung 2007 als ordentlicher Professor an der kanadischen

auftauchenden Namen der indischen Kultur. Auf diese Weise versuchte er, eine Antwort auf die große Sinn- und Werte-Fragen sowie auf die große Unordnung nach dem Ende des Ersten Weltkriegs in Europa zu finden.[717] Die in `Siddhartha´ enthaltenen Anspielungen auf die religiöse Welt Asiens sowie die chinesischen und fernöstlichen Philosophien trugen mit dazu bei, dass sich eine weitere Bedeutungsebene in der Erzählung eröffnete.[718] Worum geht es in Hesses `Siddhartha´?[719]

McGill University Montreal Neuere Germanistik. In seinem einflussreichen Buch zeigt Hsia die Zusammenhänge von mehreren Werken Hesses (`Demian´, `Siddhartha´, `Der Steppenwolf´, `Narziß und Goldmund´, `Das Glasperlenspiel´) und der chinesischen Philosophie auf. Er macht klar, dass Hesse ein verfremdet-idealisiertes Bild von China zeichnete, das so nicht existierte, sondern bei ihm zu einer Projektionsfläche seiner Idealvorstellungen geworden war. Außerdem, so Hsia, fehle Hesse jegliche kritische Distanz gegenüber der chinesischen Philosophie. Hsia zählte zu den Gründungsmitgliedern der Internationalen Hermann Hesse Gesellschaft in Calw, die zum 2. Juli 2002, dem 125. Geburtstag Hermann Hesses, ins Leben gerufen wurde. Zu ihrer Website geht es hier: https://www.hermann-hesse.de/gesellschaft/wir-ueber-uns/ (aufgerufen am 25.10.2022).

[717] Vgl. dazu als Hintergrund Volker Zotz, Auf den glückseligen Inseln. Buddhismus in der deutschen Kultur, Berlin 2000: „In Hesses Gestalt des Siddhartha begegnete dem Buddha ein moderner europäischer Individualist mit seinem Mißtrauen gegenüber Dogmen und Institutionen" (257).

[718] Eigentlich knüpft Hesse an die literarische Form der `Queste´ an, die schon im Mittelalter beliebt war und nach folgendem Schema aufgebaut war: Der Protagonist begibt sich aus seiner Heimat fort und sucht das Abenteuer. Dabei sind verschiedene Herausforderungen zu bewältigen. Bei Hesse sind im Unterschied zum Mythos oder zum Abenteuerroman keine direkten äußeren Feinde zu besiegen, sondern die Herausforderungen, um die es sich hier handelt, sind rein geistiger Natur und kommen von innen.

[719] Hesses Buch `Siddhartha´, das bereits zu Lebzeiten des Autors eine Auflage von 150000 Exemplaren erreichte, erlebte nach dem Tod des Literaturnobelpreisträgers, ausgehend von den USA auf dem Hintergrund des weite Teile der US-amerikanischen Jugend traumatisierenden Vietnamkrieges, einen weltweiten Boom. Nicht nur die Hippie-Bewegung, sondern bald auch bürgerliche Schichten interessierten sich für die bald zum Kultbuch avancierende Erzählung. In ca. 50 Sprachen wurde das Buch übersetzt. Hesses `Siddhartha´ war anlässlich seiner Erstveröffentlichung vor 100 Jahren 2022 Thema der `Silser Hesse-Tage´ vom 16.-19. Juni in Sils Maria im Engadin. Sie fanden dort zum 22. Mal statt. In Sils Maria, auf 1800 Meter Höhe, hatte Hermann Hesse von 1949 bis 1961 alljährlich die Sommermonate verbracht, um der Hitze im Tessin zu entfliehen, vgl. dazu Marie-Anne Stiebel, Woran ich mich erinnere, in: Volker Michels (Hg.), Hermann Hesse in Augenzeugenberichten, a. a. O., 423-430. Im dortigen Grandhotel `Waldhaus´, umgeben von Ehrfurcht verbreitenden Dreitausendern und mit Blick auf

Die äußere Rahmenhandlung der Geschichte spielt im 6. Jahrhundert v. Chr. in Indien und schildert den Werdegang eines Brahmanensohnes auf seiner lebenslangen Suche nach dem Sinn des Lebens.[720] Seine Lebensreise führt ihn durch verschiedene Stationen: von Meditation, geistigen und religiösen Studien, leidenschaftlicher Liebe und großem Reichtum bis zur inneren Harmonie mit sich selbst. Ähnlich einer Heiligenlegende, bei der die Leser:innen die einzelnen Stationen des Lebensweges der Protagnonist:in verfolgten, und in einer poetischen, fremd anmutenden Sprache geschrieben, handelt sie von dem jungen, edlen, starken, begabten, schönen und allseits beliebten Brahmanensohn Siddhartha, der mit feurigem Geist und glühenden Willen in einer unbeschwerten Umgebung aufwächst,[721]

den kleinen Ort Sils Maria, übernachtete Hesse nachweislich 370 Mal. 1950 und 1954 traf er sich hier zu freundschaftlichen Gesprächen und ausgedehnten Spaziergängen u. a. mit Thomas Mann, Rainer Maria Rilke, Theodor W. Adorno, Theodor Heuss und mit folgenden Musiker:innen: dem Pianisten und Dirigenten Edwin Fischer (1886-1960), dem Cellisten Pierre Fournier (1906-1986), der Flötistin Elaine Shaffer (1925-1973) und der Pianistin Clara Haskil (1895-1960).

720 Die Geschichte spielt zwar in Indien; sie kann aber gleichermaßen als das Spiegelbild der Gesellschaften Europas nach dem Ersten Weltkrieg angesehen werden. Dabei entspricht die Welt der Brahmanen der Welt der Gelehrten an den Universitäten; die Samanas, Asketen, die alles Existierende für eine Illusion halten, haben eine Affinität zu Extremisten; Kamala und Kamaswani repräsentieren das epikureische Treiben in den großen Städten Anfang der 1920er-Jahre nach der Krise der westlichen Zivilisation. Hesse konstruierte die handelnden Figuren nach dem eigenen Ich und aus Elementen von Zeitgenoss:innen, die ihm begegnet waren. Die Vaterfigur des Brahmanen etwa ist Hesses Vater nachgebildet.

721 Vgl. Hermann Hesse, Siddhartha, a. a. O., 7: „Im Schatten des Hauses, in der Sonne des Flussufers bei den Booten, im Schatten des Salwaldes, im Schatten des Feigenbaumes wuchs Siddhartha auf, der schöne Sohn des Brahmanen, der junge Falke, zusammen mir Govinda, seinem Freunde, dem Brahmanensohn“ (7). So beginnt Hesses \`indische Dichtung´.

und seinem Freund Govinda[722], ebenfalls Sohn eines Brahmanen.[723] Brahmanen waren im alten indischen Kastensystem die Angehörigen der obersten Kaste, der `Varna´[724], der aristokratischen Priesterkaste: Sie waren Priester und Gelehrte und standen für Reinheit und Klarheit. Von seinem gelehrten Vater und anderen Brahmanen lernt Siddhartha die `Veden´[725], ihre Philosophie und ihre religiösen Riten kennen. Doch als er erkennt,

---

722 Govinda ist ein Name Krishnas (Sanskrit: `der Schwarze´, `der Dunkle´). Er kommt in der `Bhagavad Gita´ vor. Krishna bezeichnet im Hinduismus eine Form des Göttlichen. Er wird in der Regel als der achte Avatara (die Manifestation des höchsten Prinzips in Gestalt von Mensch oder Tier) von Vishnu, der Manifestation des Höchsten, verehrt. Krishna wird meist mit einer Hirtenflöte und einer Pfauenfeder im Haar beschrieben bzw. dargestellt. Seine Anhänger sehen in ihm die Inkarnation des Höchsten. Freunde sind in Hesses Werk immer `Ich-Verdoppelungen´, d. h. eine Art Doppelgänger. Freundespaare sind beispielsweise Hans Giebenrath und Hermann Heilner, Demian und Emil Sinclair, Harry Haller und Pablo oder Narziß und Goldmund. In den Freunden versuchen sich das Ich und sein erhöhtes Idealbild in den je anderen zu verwandeln.

723 Brahma (Sanskrit: `die Weltseele´) ist der Name eines der höchsten Götter im Hinduismus und steht für die Erschaffung und Schöpfung. Weitere Hauptgötter sind Vishnu (Bewahrung) und Shiva (Zerstörung). Erschaffung, Erhaltung und Zerstörung sind in den `Trimurti´ (Sanskrit: `drei Formen´) vereinigt und symbolisieren den Ursprung göttlicher Wirkungen in einer Einheit. Die Kenner des Brahma werden Brahmanen genannt und sind Mitglieder der obersten hinduistischen Priester- und Gelehrtenkaste.

724 Es gibt bis heute vier Varnas = Kasten: die Shudras (Knechte, Dienstleister), die Vaishyas (Bauern, Kaufleute), die Kshatriyas (Fürsten, Krieger und höhere Beamte) und die Brahmanen (Priester, Gelehrte). Jeder Inder gehört von Geburt an zu einer bestimmten sozialen Gruppe und wird einer bestimmten Kaste zugeordnet. Ein Hindu kommt aus diesem Kastensystem nicht heraus, sondern bleibt sein ganzes Leben an seine Kaste gebunden. Oft ist die Kastenzugehörigkeit am Nachnamen ablesbar. Am schlechtesten sind die Dalits, die Unberührbaren (Harijans, Paria), gestellt. Jeder Kaste ist eine Farbe zugeordnet: Die Brahmanen genießen einen besonders hohen Status und haben Weiß als Farbe. Die genaue Herkunft des Kastensystems ist nicht klar. Zwar darf kein Inder wegen seiner Kaste diskriminiert werden, so die Verfassung von 1950; die Wirklichkeit sieht jedoch anders aus. In den Städten hat das Kastensystem in der jüngsten Vergangenheit an Bedeutung verloren. So kommt es, dass Ram Nath Kovind (geb. 1945) als Dalit bereits der zweite Dalit-Staatspräsident sein kann.

725 Die `Veden´ (von Sanskrit `veda´ = heilige Lehre, urspr. Wissen) ist eine Sammlung religiöser Texte im Hinduismus aus vorbrahmanischer Zeit, die ursprünglich mündlich tradiert und etwa im 5. Jahrhundert verschriftlicht wurden. Sie umfassen neben 1028 Götterhymnen u. a. auch Gebete, Gesänge und Lieder aus verschiedenen Zeitaltern. Es gibt vier Veden: Rigveda, Samaveda, Yajurveda und Atharvaveda. Die Tradition der vedischen Gesänge wurde 2003 in die Sammlung der `Meisterwerke des immateriellen

dass die Priester trotz ihrer Riten und Gebete nicht aus dem `Samsara´[726], dem immer währenden Zyklus des Seins, dem Kreislauf von Werden und Vergehen, entkommen können, will er selbst sein Leben der Suche nach dem `Atman´[727], dem All-Einen, das in jedem Menschen ist, dem unsterblichen, unwandelbaren oder `wahren Selbst´, widmen.[728] Denn dem zwar geistig reifen, aber freudlosen jungen Mann fehlt etwas: Trotz aller Bücherweisheit und aller Beherrschung der Kunst der Meditation ist er noch nicht zum tiefsten, innersten Grund des Seins vorgedrungen: `Atman´ ist ihm bislang versagt geblieben. Die beiden Freunde verlassen ihr Elternhaus, um eine Antwort auf die Frage nach dem Sinn des Lebens, die sie bewegt, zu erhalten. Siddhartha versucht in einem ersten Schritt, sein Ich zu überwinden und innerlich leer zu werden: „Ein Ziel stand vor Siddhartha, ein einziges: leer werden, leer von Durst, leer von Wunsch, leer von Traum, leer von Freude und Leid. Von sich selbst wegsterben, nicht mehr Ich sein, entleerten Herzens

---

Erbes der Menschheit´ der UNESCO aufgenommen und steht seit 2008 auf der `Repräsentative Liste des immateriellen Kulturerbes der Menschheit´. Vgl. dazu: https://ich.unesco.org/en/RL/tradition-of-vedic-chanting-00062 (aufgerufen am 26.2.2022). Aus den `Veden´ entwickelten sich ab 700 v. Chr. die in Prosa bzw. Versform verfassten `Upanishaden´. Sie postulieren die Existenz einer höchsten, nicht fassbaren Wirklichkeit (`Brahman´), die für den Menschen mit Hilfe von Meditation und Yoga erreicht werden kann. Wer das schafft, kann dem eigenen Kreislauf der Wiedergeburt entrinnen.

726 `Samsara´ oder `Sansara´ (Sanskrit für `Wanderung´) bezeichnet den ewigen Kreislauf von Leben und Tod und allem Handeln und Sein, die sich ewig wiederholende Erneuerung des Daseins mit allem Leid. Aus diesem unseligen Kreislauf kann man nur entkommen, wenn man allen Bindungen, Begierden und Wünschen entsagt und zu Erkenntnis gelangt. Der dann erreichte Zustand des Erlöstseins von der Kette der Wiedergeburten wird von den Buddhisten `Nirwana´ genannt. `Samsara´ ist daher das Gegenteil von `Nirwana´.

727 `Atman´ ist ein Begriff aus der indischen Philosophie und bedeutet ursprünglich `Lebenshauch´, `Atem´, `Seele´. Er steht für das Selbst, die innerste Natur oder geistige Existenz des Menschen, die unzerstörbare Essenz des Geistes, die `Seele´ des Einzelnen (im Unterschied zur Allseele oder kosmischem Weltgeist, die `Brahma´ als höchste Gottheit im Hinduismus ist).

728 Vgl. Hermann Hesse, Siddhartha, a. a. O., 7ff.

Ruhe zu finden, im entselbsteten Denken dem Wunder offenzustehen, das war sein Ziel. Wenn alles Ich überwunden und gestorben war, wenn jede Sucht und jeder Trieb im Herzen schwieg, dann mußte das Letzte erwachen, das Innerste im Wesen, das nicht mehr Ich ist, das große Geheimnis."[729]
Auf der Suche nach dem Sinn des Lebens geht Siddhartha zu den \`Samanas´[730], den Asketen und Bettlern. Gegen die Bedenken seines Vaters schließt er sich mit Govinda einer Gruppe durch die Stadt ziehender Asketen an und zieht mit ihnen durchs Land. Diese Asketen sind arm, verdreckt, leben im Wald und unterwerfen sich den strengsten Fastenriten. Sie sind geübt in der Kunst der Meditation und befriedigen nur ihre Grundbedürfnisse: einfache Kleidung, ein Dach über dem Kopf, nur die allernötigsten Lebensmittel, niemals etwas Gekochtes. Ihr Ziel ist es, durch die vollkommene Leere, u. U. bis zum Anhalten des Atems, zum Innersten vorzudringen. Siddhartha lernt schnell. Aber ihm wird klar, dass die Lebensform der \`Samanas´ eine Flucht vor dem Ich, das im gewöhnlichen irdischen Dasein existieren soll, bedeutet, und dass die Lernbegierde der Feind des eigentlichen Wissens ist.
Als Siddhartha spürt, dass ihn sein Dasein als Bettelmönch nicht ans Ziel bringen würde, pilgert er zusammen mit Govinda, der ihm weiterhin folgt, zu Gotama[731], d. h. zu Buddha, jenem

---

[729] Hermann Hesse, Siddhartha, a. a. O., 15.
[730] Vgl. Hermann Hesse, Siddhartha, a. a. O., 15ff. Mit dem Pali-Begriff \`Samana´, der in seiner Wurzel auf Sanskrit zurückgeht, wird jemand bezeichnet, der sich anstrengt. Noch heute werden in Indien wandernde Bettelmönche und Asketen \`Samana´ genannt. Die Bettelmönche sind besitzlos und leben von Almosen. Sie leben asketisch, fasten und philosophieren. Der Begriff \`Schamane´ – ein weiser, oft heilkundiger Mann – hat sich aus \`Samana´ entwickelt.
[731] Hesse verwendet die Schreibweise in Pali, einer Literatur- bzw. Sakralsprache \`Gotama´. In Sanskrit, der wichtigsten Sprache im Hinduismus, einstiger Sprache im gesamten südasiatischen Raum – ähnlich wichtig wie vor Zeiten das Lateinische für Europa – und Sprache der Brahmanen, heißt er \`Gautama´. Auf Sanskrit lassen sich u.

Wesen, das aus eigener Kraft einen reinen, vollkommenen Geist erreicht hat: ein `Erleuchteter´. Buddha hat es geschafft, das Leid der Welt und den ewigen Kreislauf der Wiedergeburt zu überwinden, ist vollkommen weise, hat unendliches Mitgefühl mit allem was lebt und ist dadurch vollkommen heiter. Siddhartha, am Hain angekommen, in dem Gotama lehrt, ist von Buddha, der in für ihn glaubwürdiger Art und Weise die Erlösung vom Leid lehrt, schwer beeindruckt.[732] Während Govinda sich Gotama anschließt, nimmt Siddhartha dessen Lehre allerdings nicht an.[733] Er erkennt, dass Gotama `Bodhi´[734] erreicht hat; doch ist er der Meinung, dass diese Lehre ausschließlich für Gotama selbst gültig ist. Denn nicht durch Lehre bzw. Wissen könne man zum Buddha werden, sondern allein durch eigene Erfahrung auf der Suche nach dem eigenen Weg. So zieht Siddhartha, seiner inneren Stimme folgend, weiter auf der Suche nach Sinn und Wert des Lebens.[735] Auf seiner Wanderung sieht er nun die Welt mit anderen Augen.[736] Das genaue Gegenteil von der Abtötung jeglicher Sinne praktizierend, wird er nun sensibel für die Welt um sich herum und für die Schönheit der

---

a. folgende Lehnwörter im Deutschen zurückführen: Arier, Ashram, Avatar, Bhagwan, Chakra, Guru, Dschungel, Lack, Ingwer, Orange, Kajal, Karma, Mandala, Mantra, Moschus, Swastika und Tantra.

[732] „Dieser Mann, dieser Buddha, war wahrhaftig bis in die Gebärde seines letzten Fingers. Dieser Mann war heilig" (Hermann Hesse, Siddhartha, a. a. O., 27).

[733] Siddhartha hat nach dieser Begegnung nicht mehr den „Wunsch, Lehrer zu haben und Lehren zu hören" (Hermann Hesse, Siddhartha, a. a. O., 34).

[734] Vgl. Hermann Hesse, Siddhartha, a. a. O., 31: „Ich habe nicht einen Augenblick gezweifelt, daß du Buddha bist, daß du das Ziel erreicht hast..." (31). Das Wort `Buddha´ leitet sich von Bodhi ab, was in der Regel mit `Erwachen´ und `Erleuchtung´ übersetzt wird. Es steht im Buddhismus für einen Erkenntnisvorgang, der auf dem Weg zur Erlösung zentral ist: Durch Bodhi wird der Kreislauf des Leidens durchbrochen und das Nirwana kann erreicht werden. Zum Nirwana führt der achtfache Weg, nämlich „richtiger Glauben, richtige Entschlossenheit, richtige Worte, richtige Taten, richtige Lebensführung, richtiges Streben, richtige Gedanken und richtige Betrachtung" (Helmut Oberst, Hesse kennen lernen. Leben und Werk, Lichtenau 2009, 46).

[735] Vgl. Hermann Hesse, Siddhartha, a. a. O., 37.

[736] Vgl. Hermann Hesse, Siddhartha, a. a. O., 41.

Natur. Nach einiger Zeit gelangt Siddhartha zu einem Fluss, den es zu überqueren gilt. Der dortige freundliche Fährmann Vasudeva lässt ihn bei sich übernachten und setzt ihn am nächsten Tag über.[737] Er weissagt Siddhartha, dass er einst zu ihm zurückkehren wird. Siddhartha, „kein Philosoph und Theologe, sondern ein Dichter, ein Poet“[738], ein noch in Lumpen gekleideter Samana-Asket, erreicht eine große Stadt. Als er dort die Bekanntschaft von Kamala[739], einer Kurtisane, macht, lässt er sich rasieren, baden und parfümieren und bittet sie, ihn in der Kunst der Liebe zu unterweisen. Sie stellt klar, dass dafür „hübsche Kleider, und Schuhe, hübsche Schuhe, und viel Geld im Beutel, und Geschenke für Kamala“[740] die entsprechenden Voraussetzungen sind. Um sie entsprechend bezahlen zu können, vermittelt sie ihm ein Vorstellungsgespräch bei dem reichen Kaufmann Kamaswami[741]. Zunächst ist dieser etwas belustigt darüber, dass ein Brahmanensohn für ihn kaufmännisch tätig sein will. Doch schließlich erkennt er die Schreibgewandheit, die Klugheit und die Geduld Siddharthas, nimmt ihn bei sich auf und lässt ihn an seinen Handelsbeziehungen und Geschäften partizipieren.[742] So wird Siddhartha zum Kaufmann.[743] Es hilft ihm, seine Beziehung zu Kamala zu intensivieren und mit ihr das `Spiel der Liebe´ zu spielen.[744] Bald gelangt Kamala aber zu

---

737 Vgl. Hermann Hesse, Siddhartha, a. a. O., 43.

738 Hugo Ball, Hermann Hesse, a. a. O., 133.

739 Der Name spielt auf eines der vier Lebensziele im Hinduismus an. Das aus dem Sanskrit stammende Wort `Kama´ (`weltlicher Genuss´, `Verlangen´, `Leidenschaft´) wird oft mit `Lust´, `sexuellem Verlangen´ oder `Begehren´ übersetzt. Die drei weiteren Lebensziele sind Wohlstand und Erfolg (`Artha´), ein Leben nach sozialen und religiösen Gesetzen (`Dharma´) und die Erlösung oder Befreiung (`Moksha´). Die Bedeutung von `Kama´ ist außerhalb von Indien im `Kamasutra´, dem Buch der `Verse des Verlangens´, erhalten geblieben.

740 Hermann Hesse, Siddhartha, a. a. O., 48.

741 `Kamaswami´ ist Sanskrit für `Besitzen´.

742 Vgl. Hermann Hesse, Siddhartha, a. a. O., 55.

743 Vgl. Hermann Hesse, Siddhartha, a. a. O., 56.

744 Vgl. Hermann Hesse, Siddhartha, a. a. O., 60f.

der Erkenntnis, dass Siddhartha nicht fähig ist, einen Menschen wahrhaft zu lieben, und auch Kamaswani zweifelt daran, dass Siddhartha je ein guter Geschäftsmann sein würde, weil er den Handel völlig leidenschaftslos betreibt und ihm die Geschäfte gleichgültig sind.[745] Mit der Zeit wird er den „Kindermenschen“[746], wie er die nach Geld und Ruhm strebenden Menschen abwertend nennt, immer ähnlicher: Wie sie, so ist er inzwischen ganz dem Weltlichen ergeben – ist der Genusssucht, der Habgier und dem Missmut verfallen.[747] Als ihn ein Traum an seine eigentliche Suche nach Erleuchtung erinnert, verlässt er Kamala – nichts ahnend, dass sie von ihm schwanger ist – und zieht weiter.[748] Er wandert und wandert, von lauter Todessehnsucht erfüllt, und gelangt zu dem Fluss, den er vor einiger Zeit überquert hatte. Er plant, seinem Leben ein Ende zu setzen und ins Wasser zu gehen.[749] Aber plötzlich erkennt er, wie sehr er sich zwischenzeitlich von seinem Ziel, das Nirwana zu erreichen, entfernt hat: Ein Suizid hätte nur die Folge, noch stärker ins Samsara verstrickt zu sein. Siddhartha schläft ein und erwacht neben seinem Freund Govinda, den er jedoch erst einmal

---

745 Vgl. Hermann Hesse, Siddhartha, a. a. O., 57.

746 Hermann Hesse, Siddhartha, a. a. O., 54.

747 „Die Welt hatte ihn eingefangen, die Lust, die Begehrlichkeit, die Trägheit, und zuletzt auch noch jenes Laster, das er als das Törichteste stets am meisten verachtet und gehöhnt hatte: die Habgier. Auch das Eigentum, der Besitz und Reichtum hatte ihn schließlich eingefangen, war ihm kein Spiel und Tand mehr, war Kette und Last geworden. Auf einem seltsamen und listigen Wege war Siddhartha in diese letzte und schnödeste Abhängigkeit geraten, durch das Würfelspiel. Seit der Zeit nämlich, da er im Herzen aufgehört hatte, ein Samana zu sein, begann Siddhartha das Spiel um Geld und Kostbarkeiten, das er sonst lächelnd und lässig als eine Sitte der Kindermenschen mitgemacht hatte, mit einer zunehmenden Wut und Leidenschaft zu treiben“ (Hermann Hesse, Siddhartha, a. a. O., 65f.).

748 Vgl. Hermann Hesse, Siddhartha, a. a. O., 71.

749 Vgl. Hermann Hesse, Siddhartha, a. a. O., 72f. Als er das „heilige `Om´, das so viel bedeutet wie `das Vollkommene´ oder `die Vollendung´“ hörte, „erkannte er die Torheit seines Tuns“ (73). `Om´ ist die magische Silbe, die bei der hinduistischen Atemübung beim Yoga mantraartig gesprochen wird - im Westen oft spöttisch verwendet, wenn es um das Lächerlichmachen von Meditation geht.

nicht erkennt. Dieser ist noch immer ein Mönch, der nach wie vor mit anderen Mönchen durchs Land zieht.[750] Siddhartha denkt nun mit ihm zusammen über sein Leben nach: „Wo ist der Brahmane Siddhartha? Wo ist der Samana Siddhartha? Wo ist der Reiche Siddhartha? Schnell wechselt das Vergängliche, Govinda, du weißt es."[751] Siddhartha, in Meditation versunken, hat erkannt, dass er auf der Suche nach Erkenntnis keinen Schritt weitergekommen ist und eigentlich wieder am Anfang steht. Wie vor der Trennung von Govinda wird ihm erneut bewusst, dass alles gelehrtes Wissen nichts bringt, sondern allein seine persönliche Erfahrung zu wahrer Erkenntnis führt. Nun fühlt er sich frei.

Zum Fluss hingezogen, trifft Siddhartha erneut auf den Fährmann Vasudeva[752]. Er bittet Vasudeva, der die Erleuchtung erreicht hat, ihn als Gehilfen bei sich aufzunehmen. Dieser willigt ein, lehrt ihn, dem Rauschen des Flusses zu lauschen und vom Fluss zu lernen. Die Botschaft des Flusses heißt `Om´.[753] Zufrieden gehen beide in der folgenden Zeit ihrer Arbeit nach. Als Fährmann trifft Siddhartha plötzlich Kamala wieder; sie befindet sich in Begleitung ihres gemeinsamen Sohnes, der wie sein Vater Siddhartha heißt, auf einer Pilgerreise zu dem sterbenden Gotama und muss über den Fluss setzen.[754] Doch bei der Rast wird sie von einer giftigen Schlange gebissen und stirbt.[755] Siddhartha nimmt seinen ihm bisher unbekannten elfjährigen Sohn – ein Muttersöhnchen, das bisher nur ein luxuriöses Leben gewohnt war – bei sich auf und lehrt ihn „durch freundliche

---

[750] Vgl. Hermann Hesse, Siddhartha, a. a. O., 75.
[751] Hermann Hesse, Siddhartha, a. a. O., 77.
[752] Vgl. Hermann Hesse, Siddhartha, a. a. O., 83ff. Vasudeva ist in der indischen Mythologie der Name von Krishnas Vater; er ist somit ein Avatara des Vishnu.
[753] Vgl. Hermann Hesse, Siddhartha, a. a. O., 88f.
[754] Vgl. Hermann Hesse, Siddhartha, a. a. O., 90.
[755] Vgl. Hermann Hesse, Siddhartha, a. a. O., 93.

Geduld“[756] Bescheidenheit und Ruhe.[757] Indem er ihn von der Welt abschirmt, versucht er, ihm den Weg zur Erkenntnis zu ersparen und ihm stattdessen die Welt zu vermitteln. Der Sohn aber ergreift die Flucht mit dem Fährboot, nicht ohne auch die Fährlohn-Kasse mitgehen zu lassen.[758] Der Vater folgt ihm, erkennt aber bald, wie sinnlos seine Suche ist. An der Stelle, an der er erstmals mit Kamala zusammengetroffen war, sieht er ein, dass er zum Erreichen des Nirvana auch seinen Sohn loslassen muss.[759] Mit der Zeit gelangt der seelisch verwundete Siddhartha zu der Erkenntnis, was Weisheit ist: Leidenschaften seien der große Beweggrund allen Lebens und Weisheit „war nichts als eine Bereitschaft der Seele, eine Fähigkeit, eine geheime Kunst, jeden Augenblick, mitten im Leben, den Gedanken der Einheit zu denken, die Einheit fühlen und einatmen zu können.“[760] Er offenbart sich Vasudeva und dieser fordert ihn auf, auf den Fluss zu hören und ihn zu beobachten: Dieser wandele sich ständig und bleibe doch immer derselbe. „Siddhartha lauschte. Er war nun ganz Lauscher, ganz ins Zuhören vertieft, ganz leer, ganz einsaugend, er fühlte, daß er nun das Lauschen zu Ende gelernt habe. Oft schon hatte er all dies gehört, diese vielen Stimmen im Fluß, heute klang es neu. Schon konnte er die vielen Stimmen nicht mehr unterscheiden, nicht frohe von weinenden, nicht kindliche von männlichen, sie gehörten alle zusammen, Klage der Sehnsucht und Lachen des Wissenden, Schrei des Zorns und Stöhnen der Sterbenden, alles war eins, alles war ineinander verwoben und verknüpft, tausendfach verschlungen. Und alles zusammen, alle Stimmen, alle Ziele, alles

---

[756] Hermann Hesse, Siddhartha, a. a. O., 95.
[757] Vgl. Hermann Hesse, Siddhartha, a. a. O., 95ff.
[758] Vgl. Hermann Hesse, Siddhartha, a. a. O., 100.
[759] Vgl. Hermann Hesse, Siddhartha, a. a. O., 102.
[760] Hermann Hesse, Siddhartha, a. a. O., 105.

Sehnen, alle Leiden, alle Lust, alles Gute und Böse, alles zusammen war die Welt. Alles zusammen war der Fluß des Geschehens, war die Musik des Lebens. Und wenn Siddhartha aufmerksam diesem Fluß, diesem tausendstimmigen Liede lauschte, wenn er nicht auf das Leid noch auf das Lachen hörte, wenn er seine Seele nicht an irgendeine Stimme band und mit seinem Ich in sie einging, sondern alle hörte, das Ganze, die Einheit vernahm, dann bestand das große Lied der tausend Stimmen aus einem einzigen Worte, das hieß Om: die Vollendung. in danach sich der Vasudeva, wie gelangt Siddhartha [761]" die Wälder, „in die Einheit"[762] absetzt, zur Erleuchtung und setzt dessen Arbeit als Fährmann fort. Das Buch schließt, indem die beiden Jugendfreunde Govinda und Siddhartha noch einmal aufeinander treffen und zusammen ein letztes Gespräch führen, und während der eine noch immer auf der Suche ist, ist der andere bereits zur Vollendung gelangt.[763] Siddhartha vermittelt Govinda nun Einsicht in die wahre Natur der Dinge.[764] Weisheit sei im Unterschied zu Wissen nicht mitteilbar, sondern, so sein Credo, nur erleb- und erfahrbar.[765] Die Suche, die Ausrichtung auf ein Ziel, könne blind machen für das Naheliegende, das eigentlich Wichtige. Frei müsse man sein, um sich selbst zu finden. Aus dem einstigen, mit allen Mitteln nach Erkenntnis strebenden Intellektuellen war ein Buddha ähnlicher Erleuchteter geworden, dem die Liebe als „von allem die Hauptsache zu sein"[766] schien und der im Laufe der Zeit eingesehen

[761] Hermann Hesse, Siddhartha, a. a. O., 109.
[762] Hermann Hesse, Siddhartha, a. a. O., 110.
[763] Vgl. Hermann Hesse, Siddhartha, a. a. O., 111.
[764] Vgl. Hermann Hesse, Siddhartha, a. a. O., 112.
[765] Vgl. Hermann Hesse, Siddhartha, a. a. O., 113.
[766] Hermann Hesse, Siddhartha, a. a. O., 117.

hatte, dass all das menschliche Streben nach Erkenntnis vergeblich war, weil es die eigentliche Bedeutung menschlichen Daseins verfehlte.[767]

\`Siddhartha´, gewissermaßen eine literarisch-spirituelle Reise, ähnelt in seiner Grundstruktur den anderen Entwicklungs- und Bildungsromanen Hesses, wie \`Demian´, \`Der Steppenwolf´, \`Narziß und Goldmund´ und \`Das Glasperlenspiel´. Die äußere Rahmenhandlung ist wenig dramatisch, die Entfaltung der handelnden Persönlichkeit steht im Zentrum der Erzählung: Das suchende, über sich hinauswachsende, sich permanent bewegende Individuum steht dem Statischen gegenüber; das Geistige ist dem Weltlich-Sinnlichen diametral entgegengesetzt. Die Sprache \`Siddharthas´ ist bis auf wenige Dialogpassagen in Form eines Berichts gehalten – doch nicht sachlich-nüchtern, sondern eher durch poetisches Vokabular geformt, weshalb Hesse selbst seinem Werk den Untertitel \`Eine indische Dichtung´ gab.[768] Ihm selbst zufolge stand dieses Werk in seinem Sinngehalt näher bei Laozi als bei Buddha, wie er in einem Brief

---

767 Vgl. Hermann Hesse, Siddhartha, a. a. O., 119ff.

768 Prof. Dr. Dr. h. c. Karl-Josef Kuschel (geb. 1948), emeritierter Professor und Akademischer Direktor für Theologie der Kultur und des interreligiösen Dialogs an der Katholisch-Theologischen Fakultät in Tübingen, Mitglied der \`Stiftung Weltethos´ und seit 2015 Präsident der \`Internationalen Hermann Hesse Gesellschaft´, hat in einem Vergleich des Werkes Bertolt Brechts und Hermann Hesses die Einflüsse untersucht, die die beiden weltberühmten deutschsprachigen Dichter des 20. Jahrhunderts in ihrem Interesse an der geistigen Welt Indiens, Chinas und Japans miteinander verbindet. In beider Werk verschaffte sich ein Dialog mit den großen Gestalten aus der Welt Asiens, mit Buddha und Laozi, Ausdruck und beiden gelang es, jedem auf seine Weise, die Anregungen, die sie aus Asien erhielten, für ihr Werk fruchtbar zu machen. Vgl. weiterführend Karl-Josef Kuschel, Im Fluss der Dinge. Hermann Hesse und Bertolt Brecht im Dialog mit Buddha, Laotse und Zen, Düsseldorf 2018. Zur Website von Karl-Josef Kuschel geht es hier: https://karl-josef-kuschel.de/ (aufgerufen am 11.7.2022). Schon Siegfried Unseld hatte in einem Vortrag 1971 anhand der Texte über \`das weiche Wasser, das den Stein bricht´, auf Parallelen zwischen Brecht und Hesse bei der Adaption von Laozi aufmerksam gemacht, vgl. Siegfried Unseld, Begegnungen mit Hermann Hesse, a. a. O., 232-262, bes. 242f.

im Jahre 1923 festhielt.[769] Neuere Untersuchungen ergaben, dass der chinesische Aspekt bei den unzähligen Interpretationen von Hesses Buch bislang zu wenig berücksichtigt wurde.[770] Im Blick auf seine Indiendarstellung wurde kritisch hinterfragt, ob Hesse „hier nicht seinen Vorurteilen und Klischees erliegt, die er aus dem Europa der Heidenmissionare und der aufgeklärten Religionskritik mitgebracht hat, die aber auch aus der einseitigen, ungeschichtlichen und realitätsfernen Betrachtung der asiatischen Weisheit gespeist werden konnten."[771] Der große Erfolg, den Hesses Buch hatte und immer noch hat, hängt vermutlich damit zusammen, dass sein Thema individuelle Wertorientierung und Sinn ist und dass Hesse Antworten liefert –

[769] Vgl. Hermann Hesse an Fritz Gundert, Brief v. 12.3.1923, in: ders., Gesammelte Briefe II, a. a. O., 55. Auch in einem Brief an Stefan Zweig (v. 27.11.1922, in: Hermann Hesse, Gesammelte Briefe II, a. a. O. 42) und an Helene Welti (v. 29.8.1922, in: Hermann Hesse, Gesammelte Briefe II, a. a. O., 28) erwähnte Hesse, dass seine Gedanken eher auf die chinesische Philosophie rekurrierten.

[770] Vgl. dazu ausführlich und weiterführend Jürgen Weber, Der chinesische Siddhartha. Überlegungen zu Hermann Hesses „indischer Dichtung" Siddhartha, online zugänglich über: http://www.drjürgenweber.de/Der%20chinesische%20%20Siddhartha%202014.pdf (aufgerufen am 6.6.2022). Weber gelangt zu dem Schluss, dass die Handlung von Hesses \`Siddhartha´ zwar in Indien und der Welt des indischen Kulturkreises zu verorten ist, das Buch aber in weiten Teilen, von Hesse dichterisch verarbeitet und angeeignet, als \`Seelenbiographie´ die chinesische Philosophie aufnimmt. Entsprechend spricht die literaturwissenschaftliche Forschung bei diesem \`fiktiven Lebenslauf´ im \`indischen Kleid´ Hermann Hesses von einem ersten \`indischen´ und einem zweiten \`chinesischen´ Teil des \`Siddhartha´, wie auch in der klaren Gliederung erkennbar ist. Schon Romain Rolland hatte 1920 festgehalten, dass Hesses „Ideal eher die Weisheit Chinas und deren lächelnde Anpassung an das Leben" (Aus dem Tagebuch Romain Rollands vom September 1920, in: Volker Michels [Hg.], Hermann Hesse in Augenzeugenberichten, a. a. O., 82-84, Zitat auf 82) war und er sich „unwiderstehlich vom chinesischen Leben angezogen" (83) fühlte.

[771] Annakutty Valiamangalam K. Findeis, Hermann Hesses Indienbild, a. a. O., zit. nach: https://hesse.projects.gss.ucsb.edu/papers/documents/Findeis-FRI-20170304.pdf (aufgerufen am 27.4.2022). Aber Hesse wurde kurz vor Erscheinen der Buchausgabe seines \`Siddhartha´ auch bestätigt: Der damals 31-jährige indische Geschichts- und Literaturwissenschaftler Kalidas Nag (1892-1966) besuchte Hesse und war von dessen asiatischen Kenntnissen fasziniert. Noch Jahre später korrespondierten die beiden miteinander, vgl. Volker Michels, „Der ganze Osten atmet Religion." Siddhartha und Hermann Hesses Beziehung zu Indien und China, in: „Höllenreise durch mich selbst", a. a. O., 189-210, bes. 201f.

„in seinem Glauben daran, dass letztlich alles gut und Vollkommenheit im Geiste möglich sei“[772]. Leser:innen können sich leicht trotz der Verlagerung der Handlung nach Indien und damit einer vom Autor indizierten Entfremdung in dem Protagonisten wiedererkennen.[773] Gerade heute wird die Suche nach der richtigen Lebensform primär als eine Angelegenheit des Individuums verstanden.[774] Viele erblicken dadurch im Sinn*sucher* Hesse den großen Sinn*stifter* und in Indien das große Sehnsuchtsland.[775]

---

[772] André Uzulis, Hermann Hesse, a. a. O., 175.

[773] Nach einer Lesung, die Hesse im August 1922 vor der in Lugano tagenden `Internationalen Frauenliga´ aus seinem `Siddhartha´ las – im Auditorium befanden sich die Schriftsteller Romain Rolland und Georges Duhamel (1884-1966), der Philosoph und Mathematiker Bertrand Russell (1872-1970), der Kunstsammler, Publizist und Mäzen Harry Graf Kessler (1868-1937) – kam der indische Professor Kalidas Nag (1892-1966) auf Hesse zu und machte ihm ein großes Kompliment: Nie hätte er es für möglich gehalten, dass ein Europäer so tief in das Wesen indischen Denkens vorzudringen imstande war, vgl. Hans-Jürgen Schmelzer, Auf der Fährte des Steppenwolfs, a. a. O., 204.

[774] Vgl. dazu Volker Wehdeking, der von einem „Kultbuch der Selbstfindung“ (Volker Wehdeking, Hermann Hesse, a. a. O., 143) spricht.

[775] 1972 war `Siddhartha´ von Conrad Rooks [1934-2011, Regie/Drehbuch], mit Shashi Kapoor (1938-2017) in der Hauptrolle verfilmt worden (dt. Erstaufführung 1997, vgl. dazu die Filmkritik von Michael Meyns, Wie man Hesses „Siddhartha“ zukleistern kann, in: Die Welt v. 10.08.2012, online zugänglich unter: https://www.welt.de/kultur/kino/article108527316/Wie-man-Hesses-Siddhartha-zukleistern-kann.html [aufgerufen am 9.6.2022]). 2002 erschien `Siddhartha´ auch als Hörbuch, vgl. Hermann Hesse, Siddhartha. Eine indische Dichtung, 4 CDs, gelesen von Ulrich Matthes. Der Hörverlag, München 2002. Axel Schmitt rezensierte dieses Hörbuch unter dem Titel `Nichts für literarische Philister´, online zugänglich unter: https://literaturkritik.de/public/rezension.php?rez_id=5191 (aufgerufen am 6.6.2022). 2016 sendete der Hessische Rundfunk ein dreiteiliges Hörspiel, vgl. `Siddhartha´ (Regie: Leonhard Koppelmann), HR 2016, online zugänglich über: https://hoerspiele.dra.de/vollinfo.php?dukey=4918589&vi=3&SID (aufgerufen am 6.6.2022). Am Schauspielhaus Frankfurt wurde `Siddhartha´ 2019 in einer Inszenierung von Lisa Nielebock (geb. 1978) mit der Schauspielerin Jana Schulz (geb. 1977, auf der Suche nach Erleuchtung mit einem gelben Kapuzenpulli bekleidet und, wie die Sannyasins der 70er-Jahre, eine orangene weite Hose tragend) in der Rolle des Siddhartha auf die Bühne gebracht. Eine `Tondichtung´ komponierte der Kontrabassist Matthias Bonitz (geb. 1951): Siddhartha. Tondichtung für Violoncello und Orchester frei nach Hermann Hesse (ebs 6128), Bietigheim-Bissingen 2002. Zu hören sind Julius Berger (Violoncello) und die Württembergische Philharmonie Reutlingen unter der Leitung von Norichika Iimori (geb. 1963).

c.) `Der Steppenwolf´ (1927)[776]

`Der Steppenwolf´ ist sowohl thematisch als auch kompositorisch das vermutlich dichteste Werk Hermann Hesses, vielleicht sein `größter Wurf´[777]. Das 1927 erschienene Buch gehört zu den ersten Romanen der deutschen Literatur, das Erkenntnisse der damals modernen Psychoanalyse aufnimmt.[778] Es ist die Geschichte Harry Hallers, eines hochintelligenten, aber menschenscheuen und vereinsamten Privatgelehrten, eines Kenners von Mozart und Goethe, der um seine Gesundheit, besser

---

[776] Vgl. Hermann Hesse, Der Steppenwolf (st 175), FfM [14]1980. Ich zitiere nach dieser Auflage.

[777] Vgl. Birgit Lahann, Hermann Hesse, a. a. O., 12. Zur Interpretation vgl. Materialien zu Hermann Hesses `Der Steppenwolf´ (st 53), hg. v. Volker Michels FfM 1972, 1974 und 1977; Der Steppenwolf und unbekannte Texte aus dem Umkreis des `Steppenwolf´, hg. und mit einem Essay von Volker Michels, FfM 1972; Egon Schwarz, Hermann Hesses Steppenwolf, Königstein 1980; Anne Brith Heimdal, Hermann Hesse: Der Steppenwolf. Krisis – Entwicklung – Bekenntnis. Eine Interpretation, Bergen 1980; Helga Esselborn-Krumbiegel, Der Steppenwolf, München 2002; Friedrich Voit, Hermann Hesse: Der Steppenwolf. Erläuterungen und Dokumente, Stuttgart 2005; Monika Fellenberg, Klett Lektürehilfen: Hermann Hesse, Der Steppenwolf. Interpretationshilfe für Oberstufe und Abitur, Stuttgart 2017, [3]2019; Georg Patzer, Lektüreschlüssel XL Hermann Hesse, `Der Steppenwolf´ (Reclams Universal-Bibliothek, Bd. 15472), Ditzingen 2017; Maria-Felicitas Herforth, Textanalyse und Interpretation zu Hermann Hesse, Der Steppenwolf (Königs Erläuterungen, Bd. 473), Hollfeld 2011; Sikander Singh, Hermann Hesse: Der Steppenwolf (Schroedel Interpretationen, Bd. 42), Braunschweig 2017, und Volker Wehdeking, Hermann Hesse, a. a. O., 98-107. Auf YouTube ist der Beitrag von Klaus Schenck empfehlenswert: https://www.youtube.com/watch?v=PUI0Pr2SHX4 (aufgerufen am 21.4.2022).

[778] Fast jeder deutschsprachige Autor in jener Zeit setzte sich mit der neu aufgekommenen Psychoanalyse auseinander, vor allem da bis dato die Literatur für sich in Anspruch genommen hatte, die seelischen Abgründe des Menschen zu erforschen und darzustellen. Literatur und Psychoanalyse kooperierten und konkurrierten gleichermaßen: Beide reagierten auf die zunehmenden Identitätsprobleme vieler moderner Zeitgenoss:innen in einer zunehmend komplexer werdenden Gesellschaft. In Hesses `Steppenwolf´ flossen zum einen Gedanken Sigmund Freuds ein, demzufolge der Mensch aus seinen Trieben (`Es´), seinem Bewusstsein (`Ich´) und seinem Gewissen (`Über-Ich´) bestand; zum anderen finden sich Ideen C. G. Jungs, der von `Individuation´ (Selbstwerdung) und dem `Schatten´ (das ist die dunkle Seite der Persönlichkeit) ausging.

gesagt, um sein Leben kämpft.[779] Dieser Intellektuelle, ein „Mann von annähernd fünfzig Jahren“[780] mit ergrautem Haar, der „auf irgendeine Art geistes- oder gemüts- oder charakterkrank“[781] ist, kleidet seine Existenz in die Chiffre eines `Steppenwolfs´[782]. Er ist eine gespaltene Persönlichkeit: Er glaubt, dass er aus zwei Naturen bestehen würde und schwankt zwischen Mensch und Wolf, zwischen Kultur- und Triebwesen, hin und her.[783] Hesse selbst äußerte sich vor der Niederschrift seines Werkes dazu einmal wie folgt: „... es ist die Geschichte eines Menschen, welcher komischerweise darunter leidet, daß er zur

---

[779] In den Wintermonaten zog Hermann Hesse in der Regel den Aufenthalt in einem gutgeheizten Quartier in Zürich den kalten Zimmern der `Casa Camuzzi´ vor. Hesse hatte den `Steppenwolf´ zunächst mit ein paar Gedichten in Basel begonnen: `Der Steppenwolf. Ein Stück Tagebuch in Versen´ erschien im November 1926 in der `Neuen Rundschau´, Jg. 37, 1926, Heft 11; in diesen Versen tauchte erstmals der Name `Steppenwolf´ auf. Danach begann er mit der Arbeit am Prosatext. So hatte er diesmal den Winter 1923/24 zusammen mit seiner Frau Ruth im Basler Hotel Krafft verbracht (dort war es auch, wo er kurz nach seiner Eheschließung einen Suizidversuch durch eine Überdosis Veronal unternommen hatte und nur durch das beherzte Handeln seiner Frau, die ihn ins Krankenhaus einliefern ließ, wo man ihm den Magen auspumpte, gerettet wurde), sich später jedoch allein in der Lothringerstraße 7 aufgehalten. Dort hatte er am 8. November 1924 bei der Dichterin Martha Ringier (1874-1967) eine Mansardenwohnung mit zwei Zimmern angemietet. In dieser Wohnung entstand nach Hesses eigenen Angaben die erste Hälfte des `Steppenwolfes´, vgl. Materialien zu Hermann Hesses `Der Steppenwolf´, hg. v. Volker Michels, a. a. O., 154. Im Januar 1927 beendete Hesse, frustriert und getrieben vom Großstadtleben, sein bedeutendes Werk in Zürich: Der `Tractat vom Steppenwolf´ erschien 1927 als Vorabdruck, bevor im selben Jahr das ganze Buch herauskam.

[780] Hermann Hesse, Der Steppenwolf, a. a. O., 7.

[781] Hermann Hesse, Der Steppenwolf, a. a. O., 15.

[782] Vgl. Hermann Hesse, Der Steppenwolf, a. a. O., 125. Die alliterierende Namenswahl `H. H.´ deutet auf Hermann Hesse selbst hin. Deshalb darf das Buch als verschlüsselte Autobiografie Hermann Hesses gelesen werden, vgl. Doris Fässler, Zwischen den Zeiten – Kunst und Künstler um Hermann Hesse, in: „Höllenreise durch mich selbst“, a. a. O., 59-96, bes. 59.

[783] Vgl. Hermann Hesse, Der Steppenwolf, a. a. O., 47. „Alles Moralische, Intellektuelle, Künstlerische seines Wesens spricht Harry dem Menschen in sich zu; alles Triebhafte, Antibürgerliche, Ungebändigte betrachtet er als Teil des imaginären Steppenwolfs in sich. Beide Seiten verachten sich gegenseitig, und Harry ist unfähig zu entscheiden, welcher Seite der Persönlichkeit er den Vorzug geben soll, welche er verurteilen soll“ (Eva Zimmermann, „... auf der Höllenreise durch mich selbst...“, in: „Höllenreise durch mich selbst“, a. a. O., 21).

Hälfte ein Mensch, zur anderen Hälfte ein Wolf ist. Die eine Hälfte will fressen, saufen, morden und dergleichen einfache Dinge, die andere will denken, Mozart hören [...], dadurch entstehen Störungen, und es geht dem Manne nicht gut, bis er entdeckt, daß es zwei Auswege aus seiner Lage gibt, entweder sich aufzuhängen oder aber sich zum Humor zu bekehren."[784]
Eine genaue Wiedergabe des Ablaufs der eher chaotischen Handlung des `Steppenwolfs´[785], die Hesse aus drei verschiedenen Erzählperspektiven schildert, nämlich aus der Sicht des anonymen Herausgebers, aus der des Protagonisten und aus der seines Zimmernachbarn, ist auch bei diesem Buch Hesses nur schwer möglich.[786] Denn die Erzählung[787] – „Vorwort des

---

[784] Hermann Hesse in einem Brief an Georg Reinhart v. 18. 8. 1925, zit. nach Volker Wehdeking, Hermann Hesse, a. a. O., 98. Hesse-Biograf Gunnar Decker reiht Harry Haller ein in all die „anachronistischen Menschen" (Gunnar Decker, Hesse, a. a. O., 97), die Hesses Werk bevölkern: Hermann Lauscher, Peter Camenzind, Knulp, Demian, der Kurgast, Siddhartha, Goldmund und Josef Knecht. Als anachronistischen Menschen bezeichnet er jemanden, „dessen Innenwelt notwendig in Widerspruch zur Außenwelt gerät" (ebda.).

[785] Ähnlich der Selbstbezeichnung `Klingsor´ bei der Abfassung von `Klingsors letzter Sommer´, bezeichnete sich Hesse bei der Abfassung seines `Steppenwolfs´ als `Wolf´. So sprach ihn Hugo Ball beispielsweise in einem Brief als „Lieber Bruder Wolf" an (Hugo Ball an Hermann Hesse, Brief v. 22.11.1926, zit. n. vgl. Hermann Hesse/Emmy Ball-Hennings/Hugo Ball, Briefwechsel 1921-1927, a. a. O., 421).

[786] Dennoch haben es einige versucht, vgl. Petra Kipphoff, Hermann Hesse, Der Steppenwolf, in: Fritz J. Raddatz (Hg.), ZEIT-Bibliothek der 100 Bücher (st 645), FfM ^{2}1980, 358-360. Petra Kipphoff (geb. 1937) ist eine promovierte deutsche Literaturwissenschaftlerin, Kunsthistorikerin und langjährige ZEIT-Kulturjournalistin. F. J. Raddatz (1931-2015) war ein einflussreicher deutscher Literaturkritiker, Essayist und Biograph, der ebenfalls viele Jahre als Cheflektor für den Rowohlt Verlag und für DIE ZEIT arbeitete. Gemeinsam mit Mary Gerold-Tucholsky (1898-1987) war der habilitierte Schriftsteller Herausgeber der Gesammelten Werke Kurt Tucholskys (1890-1935) in 10 Bänden (1975).

[787] Durch den Einschub des `Tractats´ ist das Buch eigentlich in vier Teile gegliedert: Vorwort des Herausgebers, Harry Hallers Aufzeichnungen I, `Tractat vom Steppenwolf´ und Harry Hallers Aufzeichnungen II. Zwischendrin sind drei Gedichte eingefügt, vgl. Hermann Hesse, Der Steppenwolf, a. a. O., 74, 110f., 229

Herausgebers“ [788], „Harry Hallers Aufzeichnungen“ [789] und „Tractat vom Steppenwolf“[790] – ist handlungsarm und enthält, eingebettet in Whisky-Exzesse, Liebessehnsucht, höllische Träume, Selbstmordgedanken, ekstatische Tänze, geheimnisvolle Maskenbälle, Mord und Drogenrausch, vor allem Gedanken, Betrachtungen, Meinungen und Erkenntnisse Harry Hallers zu den Problemen und Nöten moderner Zeitgenoss:innen.[791] Im Wesentlichen geht es wie schon in Hesses `Demian´, um „die Flucht aus Zwängen...“[792] und „um die schmerzhafte Individuation, den Weg zu sich selbst wie auch zu Höherem, in

---

[788] Hermann Hesse, Der Steppenwolf, a. a. O., 7-28. In diesem Vorwort schildert ein anonymer bürgerlicher Erzähler seine Begegnung mit einem merkwürdigen 48jährigen fremden Sonderling, den er den `Steppenwolf´ nennt; dieser wohnte einst zehn Monate lang zur Untermiete in der Mansarde des Mietshauses der Tante des Erzählers. Sein Name ist Harry Haller. Er führt ein neurotisches Leben voller Widersprüche. Der einzige Besuch, den er hin und wieder empfängt, ist eine junge Frau. Sie verlässt aber sein Zimmer schließlich in lautem Streit. Als auch Haller plötzlich verschwindet, hinterlässt er ein tagebuchähnliches Manuskript, welches nun vom Erzähler publiziert wird. Das Tagebuch deckt sich im Wesentlichen mit der Erscheinung des Mannes.

[789] Hermann Hesse, Der Steppenwolf, a. a. O., 29ff. Harry Hallers Aufzeichnungen tragen den Untertitel `Nur für Verrückte´. In ihnen werden die tragischen Umstände geschildert, die zu seinem isolierten Leben geführt haben: der Verlust seines Ansehens, seines Vermögens und seiner geisteskranken Frau, die ihn aus dem Haus getrieben hat. Seither lebt er ein auf sich selbst zurückgeworfenes, lediglich auf sich und die geistige Welt gerichtetes asketisches Leben. Mit der Zeit verliert er seine Lebensfreude und wird zusehends pessimistischer. Bürgerlich aufgewachsen, verachtet der künstlerisch veranlagte Mensch nun die Enge des Bürgertums. Er fühlt sich nur von den großen Dichtern verstanden, in deren Bücher er sich flüchtet. Ausschließlich nachts verlässt er seine Mansarde, um sich in Wirtshäusern zu betrinken.

[790] Hermann Hesse, Der Steppenwolf, a. a. O., 46-74.

[791] Vgl. Hermann Hesse, Der Steppenwolf, a. a. O., 174: Der „moderne Mensch ist schneidig, tüchtig, gesund, kühl und straff, ein vortrefflicher Typ, er wird sich im nächsten Krieg fabelhaft bewähren.“ Walter Delabar (geb. 1957) fiel auf, dass im Unterschied zu vergleichbaren Werken von Erich Kästner (`Fabian´), Bertolt Brecht ( `Im Dickicht der Städte´) oder Alfred Döblin (`Berlin Alexanderplatz´) aus dieser Zeit, die die Gegenwart der Moderne beschreiben, in Hesses `Steppenwolf´ nichts dergleichen zu finden ist, vgl. Walter Delabar, Von der Radiomusik des Lebens. Hermann Hesses literarische Verarbeitung der gesellschaftlichen Modernisierungsprozesse. Zum Steppenwolf, in: Hermann Hesse und die literarische Moderne, a. a. O., 256-270, bes. 259.

[792] Volker Wehdeking, Hermann Hesse, a. a. O., 39.

einer Verbindung von Midlife-Crisis-Erfahrung und psychoanalytischer Einsicht“[793]. Auf eine Gliederung durch Kapitel hat Hesse in diesem Buch verzichtet.
Der `Steppenwolf´ [794] also, einsam und völlig außerhalb der bürgerlichen Gesellschaft stehend, ist ein „alter, scheuer und empfindlicher Sonderling“[795]. Sein Leben verläuft unregelmäßig, er ist ohne Beruf und alltägliche Pflichten – eine „Doppelexistenz, die mal scheu, mal sinnlich ist, mal lieb, mal lauernd oder frei und dann süchtig und haltlos...“[796] Die Art seines Auftretens, sein Verhalten, seine Unsicherheit, seine Unbeholfenheit und seine Unerfahrenheit lassen ihn eher als einen halbwegs in der Pubertät gefangenen jungen Mann erscheinen als einen reifen Erwachsenen. Mit fünfzig Jahren[797], so stellt es Hesse dar, unternimmt Harry Haller seine ersten Schritte ins Leben, stellt die naiven Fragen eines Jugendlichen und zeigt sich auch in alltäglichen Dingen unbedarft[798] – obwohl er ein

[793] Volker Wehdeking, Hermann Hesse, a. a. O., 98. Schon im Vorfeld des `Steppenwolfes´ hatte Hesse in Gedichten (wie z. B. `Mißglückter Abend´, `Die Maschinenschlacht´, `Der Wüstling´ oder `Der Dichter´) schonungslos die Krise des Fünfzigjährigen, auch gegenüber sich selbst, zum Ausdruck gebracht und hat in ihnen viele Motive und Szenen vorweggenommen, vgl. Friedrich Voit, Hermann Hesse, Der Steppenwolf. Erläuterungen und Dokumente, Stuttgart 2005, 59f.
[794] Vgl. das Gedicht über den Steppenwolf in: Hermann Hesse, Der Steppenwolf, a. a. O., 74.
[795] Hermann Hesse, Der Steppenwolf, a. a. O., 132.
[796] Birgit Lahann, Hermann Hesse, a. a. O., 12.
[797] Vgl. Hermann Hesse, Der Steppenwolf, a. a. O., 183.
[798] So kann Harry Haller beispielsweise nicht tanzen oder versteht es nicht, richtig zu essen und zu trinken, vgl. Hermann Hesse, Der Steppenwolf, a. a. O., 97+118 und 123. Tanzen stand damals im Zentrum von Hesses Interesses; so nahm er im Februar 1926 an einem Tanzkurs in der Zürcher Tanz-Akademie `Traber-Amiel´ teil – er zeigte sich von Foxtrott und Boston begeistert, vgl. Gunnar Decker, Hesse, a. a. O., 491. In dieser Zeit stürzte er sich in das Nachtleben Zürichs, besuchte Bars und nahm mit großem Vergnügen an drei Maskenbällen, u. a. im noch heute bestehenden Hotel `Baur au Lac´, teil. Ebenfalls im Februar 1926 hatte er, von seinem Bekannten eingeladen, in Zürich Maskenbälle besucht. Unterstützt wurde er in seinem Tanz- und Maskenball-Bestreben von seinen Freunden Hermann Hubacher und Josef Bernhard Lang. Es gefiel ihm so gut, dass er künftig auf noch mehr Maskenbälle ging, vgl. dazu Hermann Hesse, „Der

erwachsener Mann ist, der „studiert, Musik gemacht, Bücher gelesen, Bücher geschrieben, Reisen gemacht“[799] hat, geheiratet hat und wieder geschieden worden ist.[800]
Eines späten Abends streift Harry Haller durch die regennassen Gassen. Nach einem letzten, kläglich gescheiterten Versuch, die Kurve zum bürgerlichen Leben noch einmal zu kriegen[801], sieht er als letzten Ausweg nur noch den Suizid.[802] Da spielt ihm das Schicksal in Form eines Jahrmarktverkäufers unvermittelt ein kleines, gelb geheftetes mysteriöses Büchlein in die Hände, den „Tractat vom Steppenwolf. Nur für Verrückte“[803]. Zurück in seinem Zimmer vertief sich Haller in diesen Traktat. In ihm schildert ein unbekannter Erzähler, scheinbar allwissend, den seelischen Zustand eines `Steppenwolfes´ namens Harry – ein alternder Mann, der zwar vielseitig begabt, aber zutiefst unglücklich ist, weil er sich in zwei Wesen gespalten fühlt, zwei Naturen in sich trägt, die nicht in Einklang mit sich selbst sind, sondern gegeneinander leben. Überrascht erkennt sich Haller in der Beschreibung exakt wieder – der Traktat trifft genau sein Lebens-

---

Klang der Trommeln“. Briefwechsel mit Hermann Hubacher, hg. v. Philipp Gut, Zürich 2011.

799 Hermann Hesse, Der Steppenwolf, a. a. O., 98.

800 Vgl. Hermann Hesse, Der Steppenwolf, a. a. O., 99. Das kommt beispielsweise in der Art und Weise zum Ausdruck, in der er Hermine beschreibt, vgl. Hermann Hesse, Der Steppenwolf, a. a. O., 103 oder 186. Es gibt Interpretationen, die Ruth Wenger als literarisches Vorbild für Hermine sehen: Im Steppenwolf tötet Harry Haller Hermine; im realen Leben lässt sich Hesse unwillig von Ruth Wenger scheiden.

801 Vgl. Hermann Hesse, Der Steppenwolf, a. a. O., 83-92 und 100ff.

802 Vgl. Hermann Hesse, Der Steppenwolf, a. a. O., 93. Hesse bezieht sich dabei auf Adalbert Stifter (1805-1868), der sich, von einer Leberzirrhose geplagt, auf dem Krankenbett mit einem Rasiermesser die Halsschlagader öffnete und zwei Tage später starb.

803 Hermann Hesse, Der Steppenwolf, a. a. O., 46. Der `Tractat´, der für die Erstausgabe noch separat gebunden wurde und den Hesse mit seinen Initialen zeichnete, ist abgedruckt in: „Höllenreise durch mich selbst“, a. a. O.,159-176. In ihm thematisiert Hesse die menschliche Doppelnatur zwischen Geistigem und Triebhaftem.

gefühl. In seinem verzweifelten Zustand trifft er in einem Tanzcafé auf Hermine[804], eine androgyne, lebenslustige, selbstbewusste junge Frau – eine Gelegenheitsprostituierte –, die eine Seelenverwandtschaft mit ihm spürt.[805] Sie nimmt sich seiner an, führt den Vereinsamten aus seinen inneren Verstrickungen heraus und in ihre einfache, unkomplizierte Welt der Musik ein und lässt sein Triebleben aufblühen.[806] Sie lehrt ihn das Tanzen, macht ihn mit ihrem Freund, den Saxofonisten Pablo[807], der sich unbeschwert dem Jazz hingibt, bekannt, und vermittelt ihm Maria, die zu seiner sinnenfrohen Geliebten wird.[808] Allmählich weicht die Starre Harry Hallers dem Gefühl des Glücks.[809] Ein Maskenball, zu dem ihn Hermine auffordert, mitzukommen, bringt ihn, dem Einsamen, ein rauschhaftes Gemeinschaftserlebnis: Kindlich und froh taucht er in der Masse unter und verliert sich im bunten, rauschhaften Treiben des Tanzsaales. Als Pablo ihn und Hermine in sein „Magisches Theater“[810], eine Art Seelenspiegel, führt und die beiden Drogen konsumieren, kann Haller endlich in eine andere Wirklichkeit

---

804 Hermine ist das Gegenteil von Haller und hat alles, was ihm fehlt. Sie ist Eros und Agape zugleich. Sie hat zudem etwas Mütterliches und Schwesterliches an sich, hat etwas von einer Heiligen und einer Kurtisane. Während Haller als Intellektueller dargestellt wird, ist Hermine der sinnliche Mensch. Die extrovertierte Frau wird Hallers Wegweiser ins andere Leben, führt ihn zu der wilden, lebensbejahenden Musik des Jazz, führt ihn zu Maria und Pablo und ist klar dominant gegenüber Harry Haller. Sie repräsentiert im Sinne C. G. Jungs die vernachlässigte weibliche Seite der Persönlichkeit Harry Hallers und zeigt ganz offen, was in seinem Unterbewusstsein vergraben liegt. Vgl. dazu weiterführend Günter Baumann, Der Heilige und der Wüstling, in: „Höllenreise durch mich selbst“, a. a. O., 43-58.

805 Vgl. Hermann Hesse, Der Steppenwolf, a. a. O., 137ff.

806 Sie erkennt seinen pubertären Zustand. Das wird daran deutlich, dass sie ihn ein Kind (Hermann Hesse, Der Steppenwolf, a. a. O., 131), einen „dummen Buben“ (Hermann Hesse, Der Steppenwolf, a. a. O, 101) und einen „Kindskopf ohnegleichen“ (ebda.) nennt.

807 Vgl. Hermann Hesse, Der Steppenwolf, a. a. O., 136f. und 158f.

808 Vgl. Hermann Hesse, Der Steppenwolf, a. a. O., 150-157.

809 Vgl. Hermann Hesse, Der Steppenwolf, a. a. O., 161.

810 Hermann Hesse, Der Steppenwolf, a. a. O., 37.

eintreten, in eine Welt ohne Zeit. Es ist die Welt seiner eigenen ungezählten, in ihm ruhenden Lebensmöglichkeiten. Pablo hilft ihm, diese Welt sichtbar zu machen.[811] Hinter jeder Logentür, so Pablo, sei das zu finden, wonach man gerade suche. Man treffe dort auf einen großen Spiegel; bevor man eintrete, müsse man seine starre Persönlichkeit überwinden und über sich selbst lachen lernen. Haller hat dort die Chance, die verschiedenen Facetten seines Wesens wahrzunehmen, um von der vereinfachten Dichotomie Wolf – Mensch loszukommen und sein inneres Gleichgewicht wiederzufinden. Für Haller beginnt nun eine von den Drogen beeinflusste geistige Odyssee durch sechs Türen. Was er hinter den Türen erlebt, spiegelt den inneren Prozess der Selbstfindung und der Selbsterkenntnis wider. Hinter der ersten Tür mit der Aufschrift „Auf zum fröhlichen Jagen. Hochjagd auf Automobile“[812] trifft er auf seinen Jugendfreund Gustav, mit dem zusammen er auf fahrende Autos schießt und die Insassen tötet.[813] Hinter der zweiten Tür mit der Aufschrift

---

[811] Es gibt Interpretationsansätze, die Maria, Hermine und Pablo nicht als eigenständige, wirklich existente Personen, sondern als verschiedene Inkarnationen des Wesens Harry Hallers deuten. In ihren Stimmen äußerten sich, so diese Ansätze, die Stimmen von Harrys eigenem Selbst, ihr Denken und Tun seien Spiegelungen seiner eigenen Gedanken und Wünsche. Der Roman sei eine Selbstbetrachtung, eine Seelenanalyse, an dessen Schluss Harry Haller zu der Erkenntnis gelange, dass er nicht nur aus zwei, sondern aus tausenden Wesen bestehen würde: „Ich sah, einen winzigen Moment lang, den mir bekannten Harry, nur mit einem ungewöhnlich gutgelaunten, hellen, lachenden Gesicht. Aber kaum, daß ich ihn erkannt hatte, fiel er auseinander, löste sich eine zweite Figur von ihm ab, eine dritte, eine zehnte, eine zwanzigste, und der ganze Riesenspiegel war voll von lauter Harrys oder Harry-Stücken, zahllosen Harrys, deren jeden ich nur einen blitzhaften Moment erblickte und erkannte. Einige von diesen vielen Harrys waren so alt wie ich, einige älter, einige uralt, andere ganz jung, Jünglinge, Knaben, Schulknaben, Lausbuben, Kinder. Fünfzigjährige und zwanzigjährig Harrys liefen und sprangen durcheinander, dreißigjährige und fünfjährige, ernste und lustige, würdige und komische, gutgekleidete und zerlumpte und auch ganz nackte, haarlose und langlockige, und alle waren ich, und jeder wurde blitzschnell von mir gesehen und erkannt und war verschwunden, nach allen Seiten liefen sie auseinander, nach links, nach rechts, in die Spiegeltiefe hinein, aus dem Spiegel heraus“ (Hermann Hesse, Der Steppenwolf, a. a. O., 194f).

[812] Hermann Hesse, Der Steppenwolf, a. a. O., 196.

[813] Vgl. Hermann Hesse, Der Steppenwolf, a. a. O., 199ff.

„Anleitung zum Aufbau der Persönlichkeit. Erfolg garantiert“[814] trifft Haller auf einen Schachspieler; er sieht Pablo ähnlich und bewegt die Schachfiguren, die Hallers einzelne Persönlichkeiten symbolisieren. Sie schließen untereinander Freundschaft oder bekämpfen sich. Hinter der Tür mit der Aufschrift „Wunder der Steppenwolfdressur“[815] gerät Haller in einen Zirkus. Ein ihm ähnlich sehender Tierbändiger dressiert einen halb verhungerten Wolf dazu, das vor ihm stehende Lamm zu verschonen. Als Mann und Tier die Rollen tauschen und der Tierbändiger dem Wolf gehorchen soll, verschont der Mann im Unterschied zum Wolf das Lamm nicht, sondern zerreißt und frisst es.[816] Die vierte Tür trägt die Aufschrift „Alle Mädchen sind dein“[817]. Hinter dieser Tür wird Harry Haller in seine Jugend zurückversetzt und begegnet all jenen Mädchen und Frauen wieder, die er einmal kannte. Mit jeder lebt er diesmal die Liebe aus – was er im wahren Leben einst verpasste.[818] Als er die fünfte Tür durchschreitet, die die Aufschrift trägt „Wie man durch Liebe tötet“[819], kehrt plötzlich sein alter, depressiver Zustand zurück. Er entdeckt in seiner Tasche ein Messer und begegnet einem wahnsinnigen Mozart.[820] In einem riesigen Wandspiegel kann er noch einmal einen Blick auf den Verlauf seines gesamten Lebens werfen. Vieles von dem, was er sieht, gefällt ihm nicht. Mit dem Messer in der Hand geht er ins nächste Zimmer, um sich selbst zu töten. Dort findet er am Boden Hermine und Pablo vor, die nachdem sie Sex miteinander hatten, erschöpft, eingeschlafen sind.[821] Im Schlaf ersticht Haller Hermine. Kurz danach

---

[814] Hermann Hesse, Der Steppenwolf, a. a. O., 208.
[815] Hermann Hesse, Der Steppenwolf, a. a. O., 211.
[816] Vgl. Hermann Hesse, Der Steppenwolf, a. a. O., 213.
[817] Hermann Hesse, Der Steppenwolf, a. a. O., 214.
[818] Vgl. Hermann Hesse, Der Steppenwolf, a. a. O., 219f.
[819] Hermann Hesse, Der Steppenwolf, a. a. O., 221.
[820] Vgl. Hermann Hesse, Der Steppenwolf, a. a. O., 223.
[821] Vgl. Hermann Hesse, Der Steppenwolf, a. a. O., 227.

wacht Pablo auf, beugt sich über die Tote und verlässt lächelnd den Raum.[822] Mozart erscheint plötzlich, modern gekleidet, mit einem Radiogerät, aus dem ein Händel-Konzert mit grauenhaften Störgeräuschen ertönt.[823] Haller ist von seinem Idol enttäuscht: Dieser jedoch beruhigt ihn und rät ihm, die Dinge mit Humor zu sehen und endlich das Lachen zu lernen.[824] Die sechste und letzte Tür trägt die Aufschrift „Harrys Hinrichtung"[825]. Damit ist jedoch nicht der Tod Hallers gemeint, sondern seine Verurteilung zum ewigen Leben, zur zwölfstündigen Verbannung aus dem magischen Theater und zum Ausgelachtwerden. Das Urteil wird sofort vollstreckt.[826] Als die Wirkung der Drogen nachlässt, kehrt Harry Haller in die Wirklichkeit zurück. Pablo sitzt vor ihm und wiederholt Mozarts Sätze. Harry Haller nimmt sich vor, noch einmal hinter alle Türen zu schauen, das Lebensspiel von vorn zu beginnen und alles Leid, allen Unsinn, alle Qual noch einmal zu ertragen – solange, bis er das Leben verstanden und zu lachen gelernt hat. Er ahnt nun den tieferen Sinn, der hinter der Welt der Erscheinungen liegt und erkennt, dass er ein vielfältiges Wesen ist, und nur deshalb unglücklich ist, weil er nicht alle seine Seiten akzeptiert und das Leben nicht mit Humor nimmt. Das ist die Pointe der Geschichte: Wer das Leben mit Humor betrachtet und über sich selbst lachen kann, der gewinnt jene Heiterkeit, die das Leben erträglich macht.

---

[822] Vgl. Hermann Hesse, Der Steppenwolf, a. a. O., 228.
[823] Vgl. Hermann Hesse, Der Steppenwolf, a. a. O., 229f.
[824] Vgl. Hermann Hesse, Der Steppenwolf, a. a. O., 223ff.
[825] Hermann Hesse, Der Steppenwolf, a. a. O., 234.
[826] Vgl. Hermann Hesse, Der Steppenwolf, a. a. O., 137. Erst später sollte er das Lachen lernen, in der „Schule des Humors" (Hermann Hesse, Der Steppenwolf, a. a. O., 193). Für die Feuilleton-Redakteurin der FAZ, Julia Encke, zählt Hesses `Steppenwolf´ zu den humorlosesten Büchern der Literaturgeschichte, vgl. Julia Encke, Heulen, bis der Arzt kommt, in: FAZ v. 07.03.2009.

`Der Steppenwolf´, das Buch, das Hesse so aufwühlte, dass er während seiner Abfassung ständig krank und wehleidig war, ist ein Spiegelbild seiner Basler Zeit, ist seine geistige Autobiografie.[827] Es ist das Ergebnis seiner Psychoanalyse[828], die im Wesentlichen darum kreiste, dass er nicht sein *konnte*, wer und was er sein *wollte*: „Gern möchte er nämlich wie ein Wolf sein, der frisst, säuft, Onestep tanzt und Frauen verführt. Und gleichzeitig weiß er doch genau, dass er nur ein alter, gichtkranker Mann ist, ein menschenscheuer Steppenwolf und Dichter, der sich nie unbefangen dem Leben hingeben kann."[829] Zum Zeitpunkt des Erscheinens des Buches fünfzig Jahre alt, „entblösst sich [Hesse] einmal mehr mit seinen ganzen Spannungen, mit all seinen Trieben, seinem Ekel, seiner Mordlust, seinen destruktiven Fantasien und seiner Verachtung für ein bürgerliches Sicherheitsdenken."[830] Im `Steppenwolf´ werden alle wesentlichen Probleme, die Hesse je bedrängten und beschäftigten, zur Sprache gebracht – sowohl Spannungen als auch seelische Gefährdungen kehren in gesteigerter Form wieder und werden ständig von Neuem durchlebt.[831] Die Schilderung von Harry Hallers psychotischer Höllentour, einer bildlichen Übertragung der Psychologie C. G. Jungs auf das Feld der Literatur, steht sinnbildhaft für das krisenhafte Chaos, das Hermann Hesse

[827] Vgl. Florian Illies, Liebe in Zeiten des Hasses, a. a. O., 107.
[828] Martin Pfeifer, Hesse-Kommentar, a. a. O., 226-241.
[829] Alois Prinz, „Und jedem Anfang wohnt ein Zauber inne", a. a. O., 257.
[830] Karl-Josef Kuschel, „Er sah die verheerenden Folgen des Kolonialismus mit eigenen Augen", in: Hermann Hesse – 100 Jahre Siddhartha/100 years of Siddhartha (DU 912, hg. v. DU Kulturmedien AG), Zürich 2022, 34-39, Zitat auf 37. Schon Hugo Ball hatte geschrieben: „Es ist nichts mit der `bürgerlichen Epoche´ in Hesses Leben. Er ist der Steppenwolf und Outsider, der Knulp und Wanderer, der Antiphilister und Leidende; auch in der Ehe" (Hugo Ball, Hermann Hesse, a. a. O., 96).
[831] Vgl. dazu detailliert Rudolf Probst, Zur Entstehung von Hesses *Der Steppenwolf*, in: „Höllenreise durch mich selbst", a. a. O., 139-158, bes. 142-146. Hier sind auch einige Seiten des - insgesamt 155 Seiten umfassenden – handschriftlichen Originalmanuskripts zu sehen, die im Deutschen Literaturarchiv in Marbach zusammen mit Hesses Nachlass aufbewahrt werden (148f. und 152f.).

durchschritten und mit Hilfe der Psychoanalyse überwunden hatte.[832] Sie führte ihn nicht zu Tod und Untergang, sondern zur Heilung durch die Hinwendung zu neuem Leben sowie zu einer Neuordnung der Welt. So gesehen könnte man den `Steppenwolf´ stilistisch der Neuen Sachlichkeit zurechnen, und als `Buch des Glaubens an den Sinn des Lebens´ bezeichnen.[833] Verständlich, dass der Roman bis heute auf junge Erwachsene eine faszinierende Anziehungskraft ausübt: Denn Hesses Protagonist Harry Haller, der „erste weltweit bekannte Dropout der bürgerlichen Literatur"[834] – fühlt, denkt, liebt, lebt und erlebt trotz des Altersunterschiedes wie sie.[835]

Das antibürgerliche Werk, dessen Erscheinen im Juni 1927 mit Hugo Balls Hesse-Biografie zusammenfiel, erfuhr von der Kritik sowohl Anerkennung als auch Ablehnung. Während die meisten Literaturkritiker und Kollegen Hermann Hesses begeistert

---

[832] Einige Interpreten meinen, dass sich im `Steppenwolf´ die Sexualneurose Hesses widerspiegelt, dem durch seine pietistische Erziehung vermittelt worden war, dass Sexualität etwas Sündhaftes war.

[833] Andere bezeichneten ihn als „Steinbruch ziemlich spezieller Art…: Hesse und Sigmund Freud, Hesse und C. G. Jung, Hesse und Nietzsche, Hesse und die Überwindung des Nihilismus, Hesse und die Krise Europas nach dem Ersten Weltkrieg, Hesse und indisches Denken versus Hesse und chinesisches Denken, Hesse und seine pietistische Herkunft, Hesse und die Religion überhaupt, insbesondere die Erlösung, ihre Möglichkeit oder ihre Unmöglichkeit, und dann natürlich Hesse und Goethe, Hesse und die Musik, Hesse und Mozart" (Manfred Züfle, Noch einmal Steppenwolf? Bericht von einer fragmentierten persönlichen Rezeption Hermann Hesses, in: „Höllenreise durch mich selbst", a. a. O., 181). Hesses `Steppenwolf´ wurde auch gesehen als Schnittstelle bzw. Brennpunkt, an dem die europäische Krise der Zwischenkriegszeit erkennbar wurde.

[834] Petra Kipphoff, Hermann Hesse, Der Steppenwolf, in: Fritz J. Raddatz (Hg.), ZEIT-Bibliothek der 100 Bücher, a. a. O., 359.

[835] 1961 hatte Gunter Böhmer den Umschlag für eine Suhrkamp-Hausbuch-Ausgabe von Hesses `Steppenwolf´ angefertigt. 1974 schuf er einen dreizehnteiligen Steppenwolf-Zyklus, der im Auftrag der Suhrkamp-Literaturzeitung entstand, aber dort nicht erschien. Sein Nachlass wird heute vom Gunter-Böhmer-Archiv in Calw und der `Fondazione Ursula & Gunter Böhmer´ in Gentilino/Tessin betreut. Vom 17.-19.6.2022 fand eine Kooperation zwischen dem Hermann-Hesse-Museum und der Gunter Böhmer-Stiftung sowie der Deutschen Digitalen Bibliothek statt, die den `Steppenwolf´ zum Thema hatte und den Titel trug: `Steppenwolf und Malerfreund. Gunter Böhmer illustriert Hermann Hesse´, online hier zugänglich: https://ausstellungen.deutsche-digitale-bibliothek.de/steppenwolf/ (aufgerufen am 17.6.2022).

ihre Zustimmung bekundeten, fiel das Werk beim deutschen Lesepublikum zunächst durch: Es brachte es bis 1940 in Deutschland auf eine für Hesse'sche Maßstäbe nur geringe Zahl von 42000 verkaufter Exemplare.[836] Sein Boom setzte erst viele Jahre später über den Umweg der USA ein: 2003 hatte `Der Steppenwolf´, bis dato in 36 Sprachen übersetzt, eine Auflage von 2,1 Millionen Exemplaren erreicht.[837] Noch heute liegt seine bleibende Bedeutung darin, dass im Buch psychologisch-existenzielle Konflikte in den Vordergrund gestellt werden.

---

836 Dabei hatte das Buch die erste deutsche Bestseller-Liste, die nach US-amerikanischem Vorbild erstellt worden war, in der Zeitschrift `Die literarische Welt´ 3 (1927), Nr. 41, 10, angeführt, vgl. Stephan Füssel, Hermann Hesse und seine Verleger. Vom Druckkostenzuschuß und Bestsellergeschäft, in: Hermann Hesse und die literarische Moderne, a. a. O., 434-453, bes. 445. Maßgeblich waren die Verkaufszahlen des Vormonats, vgl. Christof Hamann, „Wie der Dampf von rohem Fleisch". Hohe Kultur und fremde Körper in Hermann Hesses Roman „Der Steppenwolf", in: Von „Siddhartha" zum „Steppenwolf", hg. v. Rüdiger Sareika, a. a. O., 25-51, bes. 25.

837 Vgl. Klaus Walther, Hermann Hesse, a. a. O., 113. `Der Steppenwolf´ wurde mehrmals auf die Theaterbühne gebracht (2005: Wiener Burgtheater [Regie: Sebastian Hartmann]; 2017: Schauspielhaus Bochum [Regie: Paul Koek]; 2019: Theater Heilbronn [Regie: Malte Kreutzfeld]; 2020: Societätstheater Dresden [Regie: Arne Retzlaff]). In Chicago wurde 1974 die `Steppenwolf Theatre Company´ von drei Schauspielern ins Leben gerufen. Das Buch liegt in einer Hörspielfassung vor (Der Hörverlag 2002 [Regie: Christiane Ohaus]). Auch in der Musik hinterließ das Buch einige Spuren. So nahm u. a. die Rockgruppe `Hawkwind´ textlich den `Steppenwolf´ auf: https://www.youtube.com/watch?v=jFZ3WcS9noE (aufgerufen am 9.7.2022). Peter Maffay (geb. 1949) benannte 1979 ein Album nach Hesses Buch und widmete ihm den Titelsong. Die 1992 gegründete Band DAAU (Die Anarchistische Abendunterhaltung) nahm das `Magische Theater´ auf: https://www.youtube.com/watch?v=jCL75sFrXn4 (aufgerufen am 9.7.2022).

d.) `Narziß und Goldmund´ (1930)[838]

Hesses Buch `Narziß und Goldmund´ war das zu Hesses Lebzeiten meistverkaufte und das populärste seiner Bücher.[839] Er hatte mit dessen Niederschrift Ende April 1927, also nur zwei Monate nach der Fertigstellung des `Steppenwolfs´ begonnen und beendete das Manuskript etwa zwei Jahre später, im März 1929. In dreißig Sprachen übersetzt, gehörte es zu den erfolgreichsten Titeln in deutscher Sprache vor dem Zweiten Weltkrieg.[840] Nicht frei von Sentimentalität und Trivialität[841], erreichte es als erstes und einziges von Hesses Büchern, das zu Lebzeiten des Autors als Taschenbuchausgabe erschien, von 1930 bis 1962 eine Auflage von 200000 Stück.[842] Hesse schien

---

838 Vgl. Hermann Hesse, Narziß und Goldmund, Berlin 1930. Ein Vorabdruck erschien zwischen Oktober 1929 und April 1930 in der `Neuen Rundschau´. Dort trug die Erzählung den Untertitel `Geschichte einer Freundschaft´; Freundschaft, vor allem im Blick auf gegenseitige Ergänzung, ist auch das eigentliche Thema dieses ersten Werkes, das nach Hesses Zusammenleben mit Ninon Dolbin, geb. Auslaender entstanden war. 1945 wurde `Narziß und Goldmund´ im Zürcher Manesse Verlag als Band 8 der Reihe `Manesse Bibliothek der Weltliteratur´, luxuriös ausgestattet, veröffentlicht; in der `Bibliothek Suhrkamp´ (Bd. 65) kam die Erzählung erstmals 1971 heraus und 1975 dann als Taschenbuch (st 274). 2003 erschien das Buch mit einem Kommentar von Heribert Kuhn im Frankfurter Suhrkamp Verlag (BasisBibliothek 40) und 2020 als Suhrkamp Taschenbuch (5123) in Berlin. Das Manuskript von `Narziß und Goldmund´ ist im Rahmen einer Dauerausstellung im Literaturmuseum der Moderne in Marbach am Neckar zu sehen.

839 Vgl. Hans-Jürgen Schmelzer, Auf der Fährte des Steppenwolfs, a. a. O., 280f.

840 Auch in der DDR war `Narziß und Goldmund´ das meistverkaufte Buch Hesses. Zu seiner Interpretation vgl. Martin Pfeifer, Hesse-Kommentar, a. a. O., 242-254. Die Hesse-Rezeption in der DDR war allerdings im Blick auf Urheberrechtsverletzungen – Ost-Berlin druckte unautorisiert Hesses Bücher nach – nicht ganz unproblematisch, vgl. André Uzulis, Hermann Hesse, a. a. O., 238f.

841 Ein Kritiker spricht von „sentimental-melancholischen Ziselierungen des Stils, seiner fetischhaften Verzärtelung und Verniedlichung… Der Text wirkt dadurch über weite Strecken kitschig" (Manfred Mixner, Hesse lesen. Erfahrungen mit seinen Romanen, in: Heinz Ludwig Arnold [Hg.], text+kritik. Zeitschrift für Literatur, Bd. 10/11: Hermann Hesse, a. a. O., 26-32, Zitat auf 30).

842 Die Gesamtauflage von `Narziß und Goldmund´ liegt heute bei über zwei Millionen. Egon Schwarz hat exemplarisch zwei schwülstige Textstellen kompiliert, vgl. Egon

auch mit diesem Buch wieder einmal den Nerv der Zeit getroffen zu haben.[843] Wie fast alle seine Bücher, so wies dieses Buch nicht nur starke autobiografische Bezüge auf, sondern Hesse rezipierte darin die philosophischen bzw. psychoanalytischen Denksysteme Friedrich Nietzsches[844] und C. G. Jungs.[845] In dem Buch geht es um den Grundkonflikt unterschiedlicher Lebensprinzipien, des Lebens zwischen Eros und Logos, zwischen schöpferischer Gestaltung und denkerischer Durchdringung, zwischen väterlichem und mütterlichem Prinzip. Hatte Hesse diese beiden Prinzipien in seinem \`Steppenwolf´ noch in einer Person – Harry Haller – vereinigt, so teilte er sie nun auf zwei verschiedene Charaktere auf.

Hesse führt seine Leser:innen in die Welt des Klosters Mariabronn, wo junge Leute auf geistliche Berufe vorbereitet werden, und zwar in die Zeit des Mittelalters.[846] Es begegnet ihnen

---

Schwarz, Hermann Hesse und die Zukunft, in: Heinz Ludwig Arnold (Hg.), text+kritik. Zeitschrift für Literatur, Bd. 10/11: Hermann Hesse, a. a. O., 16-25, bes. 16f. Eigentlich ist Hesses Roman, der ganz in der Tradition des Entwicklungsromans steht, die Geschichte Goldmunds, denn Narziß taucht über weite Strecken gar nicht auf.

[843] Hesse selbst schrieb in einem Brief 1930: „...beim \`Goldmund´ kann der gute deutsche Leser Pfeife rauchen und ans Mittelalter denken und das Leben so schön und wehmütig finden und braucht nicht an sich und sein Leben, sein Geschäft, seine Kriege, seine \`Kultur´ und dergleichen zu denken" (Hermann Hesse, zit. n. Klaus Walther, Hermann Hesse, a. a. O., 119).

[844] Vor allem lassen sich darin Bezüge zu Friedrich Nietzsches \`Die Geburt der Tragödie aus dem Geiste der Musik´ (1872) und seinem \`Also sprach Zarathustra. Ein Buch für alle und Keinen´ (1883-1885) finden. Hesse greift hier auch die Archetypenlehre C. G. Jungs wieder auf.

[845] Vgl. dazu Eugen Drewermann, Gedanken über Hermann Hesses \`Narziß und Goldmund´. Eine Annäherung aus psychoanalytischer Sicht, in: ders., Der lange Weg zu sich selbst. Zur Sprengkraft eines literarischen Denkers, hg. und mit einem Vorwort von v. Volker Michels. Mit einer Einleitung von Karl-Josef Kuschel, Düsseldorf 2019, 111-135.

[846] Gemeint ist offensichtlich das Kloster Maulbronn. Hesse stellte sich vor, wie das protestantische Seminar als katholisches Kloster ausgesehen hatte, bevor es im Zuge der Reformation evangelisch wurde. „Die ersten sechs Kapitel des Romans sind eine verwandelte Wiederaufnahme und Neuerzählung der Geschichte aus \`Unterm Rad´ [...]

ein junger, kluger, asketischer, scharfsinniger und introvertierter Novize namens Narziß, der sich auf eine Laufbahn als Gelehrter vorbereitet.[847] Er wird wegen seiner Schönheit, seiner Kenntnisse des Griechischen, seines vornehmen Verhaltens und seiner Nachdenklichkeit von anderen beneidet. Er hat die Gabe, in den Seelen und in der Zukunft zu lesen und das Schicksal zu deuten. Sodann ist da sein Antipode, der freundliche, lebenslustige Goldmund: Er wurde von seinem Vater, einem kaiserlichen Beamten, an einem Frühlingstag ins Kloster gebracht, um für die Sünden seiner verstorbenen Mutter, einer davongelaufenen heidnischen Tänzerin, zu büßen; durch sein frommes Leben soll er die durch sie über die Familie gebrachte Schande kompensieren. Auch Goldmund soll Novize im Kloster Mariabronn werden.[848] Die beiden unterschiedlichen Persönlichkei-

---

Die Polarität von Natur und Kunst findet sich in `Narziß und Goldmund´ in der Gegenüberstellung von Wissenschaft und Kunst, Denken und Fühlen " (Klaus Walther, Hermann Hesse, a. .a. O., 122f.). Auch an den anderen Namen im Buch werden die biografischen Bezüge deutlich. Als weiterer Ort ist im 10., 15. und 16. Kapitel deutlich Würzburg zu erkennen. Vgl. dazu die freie Umsetzung von Hesses Stoff `Narziß und Goldmund´ in der gleichnamigen Verfilmung des österreichischen Filmregisseurs, Drehbuchautors und Oscar-Preisträgers Stefan Ruzowitzky (geb. 1961) aus dem Jahr 2020. Schauplätze des Drehs waren die 1145 errichtete Burg Hardegg im Thayatal an der österreichisch-tschechischen Grenze sowie das mittelalterliche Stift Zwettl, eine in Niederösterreich gelegene Zisterzienser-Abtei.

[847] Zu inhaltlichen Aspekten in `Narziß und Goldmund´ vgl. den Beitrag von Dr. Johannes Heiner (geb. 1940), online zugänglich unter: http://www.lyrikrilke.de/index.php?option=com_content&view=article&id=265:narziss-und-goldmund-1-der-inhalt-die-geschichte-von-goldmund&catid=62:narziss-und-goldmund&Itemid=116 (aufgerufen am 26.6.2022).

[848] Hesse nimmt im Titel seines Buches Bezug auf die griechische Mythologie: Narziß wurde von Aphrodite bestraft, nachdem er die Liebe der Nymphe Echo verschmäht hatte. Zur Strafe erhielt er unstillbare Selbstliebe, so dass sich Narziß in sein eigenes Spiegelbild beim Trinken in einer Quelle verliebte. Da das Objekt seiner Liebe für ihn unerreichbar war, verzehrte er sich vor Sehnsucht. Er wurde in die nach ihm benannte Narzisse verwandelt. Den Namen Goldmund entlehnte Hesse ebenfalls aus dem Griechischen: Johannes von Antiochia (349/344-407) gilt als einer der größten christlichen Prediger, so dass ihm der Beiname `Chrysostomos´ (= Goldmund) gegeben wurde. In der römisch-katholischen Kirche wird er als Heiliger verehrt; er ist der Schutzpatron der Beter, Redner und Prediger.

ten schließen Freundschaft. Bald erkennt Narziß, dass Goldmund und er sich wunderbar ergänzen und dieser seine andere Seite ist.[849]

Narziß erkennt nach kurzer Zeit an Goldmund auch dessen sinnliche Seite, die ihn für ein zölibatäres Leben im Kloster ungeeignet erscheinen lässt. Er unterstützt den Freund, der das Kloster nun für ein abenteuerliches Leben verlässt. Ziel ist es, dass Goldmund mit allen Höhen und Tiefen zum Künstler reifen soll. Goldmund verlässt das Kloster, begibt sich auf Wanderschaft und lebt fortan sein Leben als Lebenskünstler.

Der mittlere Teil der Erzählung erzählt von den Wanderschaften Goldmunds und von den ausgeprägten sinnlichen Erfahrungen, die er dabei macht. Die erste Wanderschaft führt ihn zu einem Rittergut. Dort beauftragt ihn der Ritter mit Schreibarbeiten. Mit dessen Töchtern, den Schwestern Julie und Lydia, kommt es zu Liebesverhältnissen. Als sittenwidrige Leidenschaft aufgedeckt, muss Goldmund das Rittergut verlassen. In Notwehr tötet er den Landstreicher Viktor, der ihn bestehlen und erwürgen wollte. Danach geht es Goldmund schlecht: Er sucht eine Kirche auf, um zu beichten, und sieht dort eine Marienstatue. Das Bildnis der `Mutter Gottes´ erinnert ihn an

---

[849] Die Figuren Narziß und Goldmund spiegeln nicht nur die beiden unterschiedlichen Seiten von Hesses Persönlichkeit, sondern auch die Thematik wider, mit der Hesse sich zeitlebens beschäftigte: den Gegensatz von Kunst und Wissenschaft, von Leben und Askese, von Geist und Lebenslust. Goldmund steht dabei für das Leben und die Sinnlichkeit und Narziß ist der Denker, der Intellektuelle. Hesse stellt hier die Pole kritisch-rationaler Wissenschaftler/Künstler, Sesshaftigkeit, Kloster und Intellekt/Wanderschaft, zügelloses Leben und künstlerisches Genie gegenüber. „Die Polarität der Begriffe des Romans verkörpert sich auch in zwei Lebensprinzipien, in der *Vita activa* und der *Vita contemplativa...*" (Klaus Walther, Hermann Hesse, a. a. O., 123). Ralph Freedman geht davon aus, dass die `Geschichte einer Freundschaft´ auf das Verhältnis mit Hugo Ball zielte und der erotische Bilderreichtum Hesses Beziehung zu Ninon Hesse als Hintergrund hatte, vgl. Ralph Freedman, Hermann Hesse, a. a. O., 410 und 429. Letzteres darf bezweifelt werden.

seine eigene Mutter. Von der Statue angetan, sucht er den Erschaffer, Meister Niklaus, auf, um bei ihm das Holzschnitzerhandwerk zu erlernen.[850] Er schnitzt eine Figur des Jüngers Johannes, die so aussieht wie sein Jugendfreund Narziß. Immer wieder sieht er das Bild seiner Mutter vor sich – was ihn dazu motiviert, von Neuem aufzubrechen und die Stadt zu verlassen. Goldmund, der in sich Elemente eines Vaganten und eines Künstlers trägt, lehnt das Angebot des Meisters ab, sein Kompagnon und Schwiegersohn zu werden, und begibt sich stattdessen wieder auf Wanderschaft.[851]

Im zweiten Teil seiner Wanderschaft trifft er auf Lene und Robert, der Kontrastfigur zu ihm; Lene, die Goldmunds Geliebte wird, stirbt später an der Pest.[852] Zurück in der Stadt des Holzschnitzer-Meisters beginnt er ein Verhältnis mit Agnes, der schönen Geliebten des Grafen; dieser entdeckt ihn beim zweiten Rendezvous. Goldmund wird gefangen gesetzt und zum Tode verurteilt. Bei einem Abt namens Johannes, der sich mit einer Delegation auf dem Schloss aufhält, darf er seine letzte Beichte ablegen – es ist sein alter Freund Narziß, der sich für ihn beim Grafen einsetzt und ihn so vor dem sicheren Tod rettet. Goldmund wird zwar begnadigt, muss aber die Stadt verlassen. Die Freunde kehren daraufhin ins Kloster Mariabronn zurück. Dort arbeitet Goldmund als Künstler[853] an den Evangelisten des Refektoriums und an der Madonnenstatue für den Altar. Wegen

---

[850] Vgl. Kap. 11 und 12. Der Künstler, den Hesse hier vor Augen hat, ist vermutlich Tilman Riemenschneider (um 1460-1531), dessen Madonna Hesse bekannt war. Die Forschung geht davon aus, dass mit der Kirche die Burkarduskirche, die römisch-katholische Pfarrkirche und erste Klosterkirche Würzburgs, gemeint ist, weil hier eine Madonna von Riemenschneider steht. Hesse hatte Würzburg im März 1928 besucht, was er in \`Einst in Würzburg´ (1928) und in \`Spaziergang in Würzburg´ (1945) schilderte.

[851] Vgl. Kap. 13-17.

[852] Vgl. Kap. 14.

[853] Einige Hesse-Interpreten sehen Goldmund als Alter Ego Hesses, während Narziß als Arzt oder Therapeut gedeutet wird, vgl. Klaus Walther, Hermann Hesse, a. a. O., 124.

der unerfüllten Liebe zur gräflichen Agnes hegt er Todeswünsche – seine verschollene Mutter reklamiert ihn als Anima für sich und zieht ihn zu sich.
So verlässt Goldmund das Kloster eines Tages wieder. Als er nach einiger Zeit zurückkehrt, ist er alt, krank und gebrechlich geworden. Er war mit seinem Pferd gestürzt und hatte sich mehrere Rippen gebrochen. Als Narziß erkennt, dass Goldmund sterben wird, gesteht er ihm seine Liebe und Bewunderung.[854] Goldmund verabschiedet sich von ihm, in dem Glauben, dass ihn seine Mutter zu sich holen wird.[855] Beide Wege, der geistige Weg von Narziß und der Weg Goldmunds ins Leben und zur Kunst erscheinen am Ende als gleichberechtigte Weisen des menschlichen Daseins. Narziß hat zum Schluss erkannt, dass das Schaffen von Kunst ein ähnlicher Ausdruck einer spirituellen Suche sein kann wie die Existenz als Gelehrter und als Ordensmann.
An diesem Buch Hesses, das „auf eine Überwindung der anerzogenen Vorbehalte gegen das Erotische“[856] abzielte, schieden sich die Geister: Während es bei der Kritik mehrheitlich auf großen Zuspruch stieß – etwa zwanzig Mal wurde es positiv rezensiert –, wurde die zu weiche, gefühlige spätromantische Sprache Hesses bemängelt. Einige glaubten Spuren von Hesses eigener

---

[854] Heute wird von einigen Hesse-Interpreten die homoerotische Seite von `Narziß und Goldmund´ besonders hervorgehoben. Goldmund ist deshalb der „heimliche Freund aller Schwulen…“ (Krzystof Charamsa, Der erste Stein. Als homosexueller Priester gegen die Heuchelei der katholischen Kirche, München 2018, 13). Der Autor preist Hesse, weil er es ihm ermöglichte, „in der Hölle der Zwangsheterosexualität zu überleben“ (ebda.).
[855] In Goldmunds Hinwendung zur Mutter nimmt Hesse Ideen von C. G. Jungs Archetypenlehre der `Anima´, die chronische dunkle, wilde Seite der Seele, und `Großen Mutter´ (`Urmutter) auf, die schon im `Demian´ eine Rolle spielten.
[856] Volker Wehdeking, Hermann Hesse, a. a. O., 108.

Homosexualität[857] zu erkennen; andere meinten, in der Schilderung die promiskuitiven Abenteuer eines heterosexuellen Erotomanen zu erkennen. Auf jeden Fall trug `Narziß und Goldmund´ mit dazu bei, dass Hermann Hesse „als ein Autor der Selbstbespiegelung und der Problematisierung des eigenen Ich in die Literaturgeschichte eingegangen“[858] ist.
Am 14. Juli 1923 wurde Hermann Hesse von Mia Hesse-Bernoulli geschieden. Nach nur einem halben Jahr, am 11. Januar 1924, an einem – auch finanziellen – Tiefpunkt seines Lebens, heiratete Hesse erneut.[859] Etwas später, im Mai 1924, ließ er sich in die Schweiz wiedereinbürgern.[860] 1919 hatte die damals 22jährige Ruth Wenger[861] den zwanzig Jahre älteren Hermann Hesse, zu jener Zeit noch verheiratet und Vater von drei

[857] Vgl. dagegen Hesses Selbstaussage: „Ich bin geschlechtlich `normal´ und habe nie körperlich erotische Beziehungen zu Männern gehabt…“ (Hermann Hesse, zit. nach Gunnar Decker, Hesse, a. a. O., 536).
[858] Yvonne Wolf, Risikoleben und Textsicherheit in Hermann Hesses Narziß und Goldmund, in: Hermann Hesse und die literarische Moderne, a. a. O., 285-304, Zitat auf 285.
[859] Am 28. Dezember 1923 hatte Hesse an seinen Freund, den Schriftsteller Carl Seelig (1894-1962) über seine bevorstehende Eheschließung geschrieben: „Ich heirate ungern und mit tausend Bedenken…“ (Volker Michels [Hg.], „Eine Bresche ins Dunkel der Zeit!“, a. a. O., 358).
[860] Eine Abbildung der Urkunde mit der Zuerkennung des Gemeindebürgerrechts der Stadt sowie des Kantons Bern befindet sich in: Uli Rothfuss, Hermann Hesse privat. a. a. O., 194. Hintergrund dieser Wiedereinbürgerung, für die Hesse 300 Schweizer Franken bezahlte, war die von Hesse beobachtete unliebsame, sich zunehmend rechtsradikalisierende politische Entwicklung in Deutschland, vgl. Volker Michels, Wege zu Hermann Hesse, a. a. O., 477f.
[861] Ruth Wenger (1897-1994) war die zweite Tochter der aus dem Berner Jura stammenden Schriftstellerin Lisa Wenger (1858-1941) und des vermögenden ehemaligen reformierten Pastors und späteren Stahlfabrikanten Théo Wenger (1868-1928), auf den das berühmte Schweizer Armee-Taschenmesser zurückgeht. Aus der Familie stammte zudem die `Muse der Surrealisten´, die bedeutende schweizerische Künstlerin und Lyrikerin Meret Oppenheim (1913-1985). Ruth Wenger, die, als sie Hesse kennenlernte, in Basel Musik studierte, wurde von Zeitgenoss:innen als lebenslustige junge Frau beschrieben. Sie klagte später in ihren Erinnerungen, dass Hermann Hesse wenig oder gar kein Interesse an Sexualität gehabt hätte, vgl. Ralph Freedman, Hermann Hesse, a. a. O., 322-345.

Söhnen, während eines Urlaubs in Carona/Tessin kennengelernt, wo ihre Familie ein altes Haus als Sommersitz besaß.[862] In dieser Zeit studierte Ruth Wenger in Basel Gesang, Flöte und Klavier und lebte noch bei ihren Eltern[863], und Hesse schrieb in Montagnola an seinem Buch `Klingsors letzter Sommer´[864]. Hesse gefiel die Verbindung mit der jüngeren Frau in einer freien Liebesbeziehung unter Künstler:innen – damals nichts

---

[862] Die Begegnung wurde auf einem Foto festgehalten. Von der anfänglichen Liebesbeziehung berichten die erhaltenen Briefe Hesses und Ruth Wengers, vgl. Hermann Hesse – Ruth Wenger, „Liebes Herz!" Briefwechsel mit seiner zweiten Frau Ruth, herausgegeben von Ursula und Volker Michels, FfM 2005. Das aus 481 Briefen bestehende Konvolut war im Deutschen Literaturarchiv in Marbach/Neckar und in der Schweizerischen Landesbibliothek Bern aufbewahrt worden und konnte nach einer 1987 verlängerten Sperrfrist durch Heiner Hesse im Jahr 2003 editorisch erschlossen werden. Der Titel des Buches nimmt die Anrede Hermann Hesses für seine zweite Frau auf. In der ersten Hesse-Biografie von Hugo Ball taucht Ruth Hesse übrigens nicht auf; das Kapitel über das frisch geschiedene Paar musste Ball auf Veranlassung Hermann Hesses wieder aus seiner Monografie herausnehmen; Hesse wollte davon nichts mehr hören, was seine geschiedene Frau zeitlebens als Ärgernis begriff. Auch in späteren Hesse-Biografien wurde Hesses zweite Frau recht stiefmütterlich behandelt.

[863] Ruth Wenger lebte in einer Villa bei ihren Eltern in Delsberg bei Bern und war äußerst tierlieb: Sie umgab sich mit Schoßhündchen, Katzen, Papageien und Affen, später auch mit Schlangen, ferner mit dem Papagei Coco, dem Pudel Amorettli, dem Affenpinscher Tilla, der Katze Lilith und dem Kater Figaro, vgl. Gunnar Decker, Hesse, a. a. O., 464. Von ihrem Vater erhielt Ruth Wenger eine monatliche Apanage von 700 Schweizer Franken – damals ein Vermögen. Das Haus, in dem sie in Carona wohnte, die `Casa Constanza´, wurde im Volksmund `Papageienhaus´ genannt. Hesse interessierte sich für die Tiere eher weniger - mit Ausnahme des Papageis, der ihn an Polly, den Familienpapagei seiner Kindheit, erinnerte. Später hatte Hesse gerne Katzen um sich (namens `Tiger´ und `Löwe´ oder `Zürcher´ und `Binockel´, sein letzter Kater hieß `Porphy´), in deren Gesellschaft er gern in der Bibliothek das Frühstück (ungesalzener Haferschleim bzw. Grieß- oder Gerstensuppe, mit einem Suppenwürfel gewürzt) einnahm, vgl. Trude Fein, Als Köchin bei Hermann Hesse, in: in: Volker Michels (Hg.), Hermann Hesse in Augenzeugenberichten, a. a. O., 236-239.

[864] Ohne Ruth Wenger, da sind sich die Experten einig, hätte es Hesses literarischen Aufbruch 1919 nicht gegeben. Ohne sie, deren Einfluss speziell das `Kamala´-Kapitel im `Siddhartha´ zu verdanken ist (vgl. Hermann Hesse, Siddhartha, a. a. O., 41-53), hätte Hesse nach anderthalb Jahren Schreibblockade vermutlich dieses Buch nicht beendet, vgl. dazu Eva Zimmermann, Auf der Suche nach dem inneren Auge, in: Hermann Hesse – 100 Jahre Siddhartha/100 years of Siddhartha (DU 912, hg. v. DU Kulturmedien AG), Zürich 2022, 40-49. Hier befinden sich auch private Fotoaufnahmen, die Hesse und Ruth Wenger in inniger Verbundenheit zeigen.

Ungewöhnliches.[865] Doch Ruth Wengers Vater, der keinerlei Verständnis dafür aufbrachte, dass seine Tochter ein Verhältnis mit einem älteren verheirateten Mann eingegangen war, wollte geordnete Verhältnisse. Nach der Scheidung Hesses von Mia Hesse – sie wurde von Ruth Wengers Vater bezahlt – und der darauffolgenden Eheschließung führte das Paar eine Fernbeziehung und lebte in separaten Wohnungen, oft Hunderte von Kilometern voneinander entfernt.[866] Für Hesse war diese Beziehung trotz der räumlichen Distanz dennoch wichtig: War die um viele Jahre ältere Mia eine Art Mutterersatz für ihn gewesen, so war die zwanzig Jahre jüngere Ruth Wenger für ihn eine Art Muse für seinen Neuanfang im Tessin, die einiges zu seiner literarischen Produktivität beitrug.[867] Doch nach drei Jahren Ehe

---

[865] Hesse nannte sie `Mein liebes Herz´, `schöner Engel´ und `Spatzi´; sie nannte ihn `blaue Himmelsblume´, `Mäuseköpfchen´ oder `Äfflein´.

[866] „Die beginnende Beziehung hielt Hesse allerdings nicht davon ab, eine kurze Affäre mit der Schriftstellerin Elisabeth Rupp (1888-1972) zu beginnen…" (André Uzulis, Hermann Hesse, a. a. O., 165). Die 31-jährige Lyrikerin hatte 1913 in Straßburg in Jura promoviert und schloss Jahre später in Tübingen ein weiteres Studium der Völkerkunde und der Geografie mit Promotion ab. Die Schriftstellerin aus Ravensburg lebte im August und September in Hesses `Casa Camuzzi´ und verewigte ihre Beziehung zu Hermann Hesse in ihrem Roman `Malén und Eobar. Vom Aufgang einer Liebe´ (1922). Obwohl sie später den Marineoffizier Johannes Gerdts (1885-1945) heiratete, bezeichnete sie sich zeitlebens als `Hesses Konkubine´, vgl. Elisabeth Reetz, Hesses Frauen, a. a. O., 174.

[867] Für jede seiner drei Ehefrauen schrieb Hermann Hesse ein Märchen. Seiner ersten Frau Maria Bernoulli widmete er sein Kunstmärchen `Iris´ (1918), vgl. Hermann Hesse, Die Märchen, a. a. O., 186-203. Dabei war Iris das Alter Ego von Mia, die distanzierte Beschreibung Hesses passte auf sie, vgl. Hermann Hesse, Die Märchen, Legenden, Übertragungen, Dramatisches, Idyllen, in: Das erzählerische Werk, Bd. 9, hg. v. Volker Michels, Berlin 2017, 127. Der damals 25jährigen Ruth Wenger, seiner zweiten Frau, widmete er das reichlich illustrierte Liebesmärchen `Piktors Verwandlungen´, die Geschichte einer geglückten Liebe, das 1922 entstand, vgl. Volker Michels, Wege zu Hermann Hesse, a. a. O., 530-540, bes. 533ff. Für sie schrieb Hesse auch einige seiner schönsten Liebesgedichte, wie das berühmte Liebeslied von 1920, `Ich bin der Hirsch und du das Reh´, vgl. Hermann Hesse – Ruth Wenger, „Liebes Herz!", a. a. O., 35. Seiner dritten Frau Ninon Auslaender schenkte er sein 1932 entstandenes launiges Selbstporträt `Vogel´, in der er seine Frau als `Vogelfängerin´ darstellte, die den freiheitsliebenden Vogel gezähmt und zum Nestbewohner gemacht hatte, zum 38. Geburtstag (18. September 1933). Ninon Hesse soll darüber nicht besonders erfreut gewesen sein.

stellte sich heraus, dass die Charaktere und die Lebensvorstellungen der beiden zu unterschiedlich waren und auch ihre Interessen zu weit auseinander lagen, als dass ein Zusammenbleiben auf Dauer hätte Bestand haben können.[868] Ruth Hesse war für ihren Ehemann „Mensch gewordene[n] Oberflächlichkeit“[869]. Nach einer kurzen Affäre mit dem Maler Karl Hofer[870], einem alten Freund Hesses – er hatte ihm damals den Tipp von der freien `Casa Camuzzi´ gegeben –, im Sommer 1926 reichte Ruth Wenger im Januar 1927 die Scheidung ein. Hesse stimmte ihr nur unwillig zu und knüpfte, weil er die Scheidung als erneutes persönliches Scheitern begriff und darunter litt, ein paar Be-

---

[868] Hesse-Expert:innen gehen davon aus, dass das Paar zu keinem Zeitpunkt sexuell miteinander verkehrt hatte: „Wohl nur im juristischen Sinn als Ehe kann man die Verbindung Hesses zu Ruth Wenger bezeichnen“ (Uli Rothfuss, Hermann Hesse privat, a. a. O., 193). Die Eheleute hatten sich mit den Jahren zusehends voneinander entfremdet: Ruth Hesse wollte auf das Großstadtleben nicht verzichten und Hermann Hesse, seine depressiv-misanthropischen Züge auslebend, seine geliebte Einsamkeit nicht aufgeben. Ein Zusammenleben und einen gemeinsamen Hausstand hatte Hesse per Ehevertrag kategorisch ausgeschlossen; nie teilte sich das Paar eine eigene Wohnung, selbst in Hotels wohnten die beiden getrennt. Als Ruth Hesse an Tuberkulose erkrankte und deshalb in Arosa eine Liegekur antrat, besuchte Hesse sie dort nicht. Die Ehe, die durch Distanzkommunikation gekennzeichnet war, existierte zu diesem Zeitpunkt nur noch auf dem Papier.

[869] Gunnar Decker, Hesse, a. a. O., 428.

[870] Der aus Karlsruhe stammende Maler Karl Christian Ludwig Hofer (1878-1955), zum Zeitpunkt der Affäre mit Ruth Hesse 48 Jahre alt, war ein Vertreter des Expressionismus und des expressiven Realismus. Der Landschaftsmaler war Direktor der Berliner Hochschule für die bildenden Künste. Die Nazis erklärten ihn zum `Vertreter des zersetzenden liberalistisch-marxistisch-jüdischen Ungeistes´, enthoben ihn seines Lehramtes, belegten ihn mit Berufsverbot und erklärten seine Kunst für `entartet´. Hofer war seit 1903 mit der evangelischen Sängerin Mathilde Hofer, geb. Scheinberger (1874-1942), nach den rassistischen NS-Gesetzen als Jüdin klassifiziert, verheiratet. Als er sich 1938 von ihr scheiden ließ und noch im selben Jahr eine `arische´ Frau heiratete, wurde das Berufsverbot aufgehoben. Mathilde Hofer wurde 1942 im KZ Auschwitz-Birkenau ermordet, vgl. weiterführend Gerd Hardach, Parallele Leben. Mathilde Scheinberger und Karl Hofer, Berlin 2016.

dingungen daran. Am 26. April 1927 wurde die Ehe in Basel geschieden.[871] Einige Jahre später heiratete Ruth Wenger den Schauspieler Erich Haußmann[872]. Durch Beziehungen zu Johannes R. Becher[873] zog die Familie dann 1956 in die Deutsche Demokratische Republik.[874] 1952 hatte Ruth Haußmann nach gekränktem Schweigen anlässlich von Hesses 75. Geburtstag

---

[871] Das Scheidungsurteil hielt die Unterschiede fest: Hesse neige zur Einsiedelei und hasse Gesellschaft; er hatte sich in seinen autobiografischen Schriften \`Kurgast´ und \`Nürnberger Reise´ als \`Eremit´, \`Sonderling´, \`Schlaflosen´ und \`Psychopathen´ bezeichnet, mit dem ein Zusammenleben unmöglich war; seine Frau, die die Scheidung eingereicht hatte, sei hingegen jung und lebensfroh, liebte geselligen Umgang und ein herzliches Familienleben. Ruth Wenger hatte die Trennungsgründe aus Hesses \`Kurgast´ einfach gesammelt und als Begründung für die Scheidung angegeben – und der Richter am Kantonsgericht Basel-Stadt hatte alles so im Wesentlichen akzeptiert und die Ehe als \`unheilbar zerrüttet´ geschieden, vgl. Ninon Hesse, Lieber, lieber Vogel, a. a. O., 159, und Hermann Hesse – Ruth Wenger, „Liebes Herz!", a. a. O., 550.

[872] Erich Haußmann (1900-1984) war Schauspieler an Bertolt Brechts Berliner Ensemble. Er stellte sich hin und wieder launig als der Mann der Frau, die mit Hermann Hesse verheiratet gewesen war, vor. Von ihm bekam sie 1935 einen Sohn, Ezard Haußmann (1935-2010). Nachdem seine Eltern während des Zweiten Weltkrieges in Frankreich verhaftet worden waren, wuchs er, von Hermann Hesse finanziell unterstützt, in einem Schweizer Klosterinternat auf. Er wurde später in der DDR ein erfolgreicher Theater- und Filmschauspieler, der u. a. Lesungen zu Hermann Hesse veranstaltete. Er war der Vater des Berliner Film- und Theaterregisseurs Leander Haußmann (geb. 1959).

[873] Der expressionistische Dichter Johannes Robert Becher (1891-1958), der die NS-Diktatur im Exil in Moskau überlebte, wurde später erster Kulturminister in der Deutschen Demokratischen Republik (DDR). Er war u. a. der Verfasser der DDR-Nationalhymne.

[874] Vgl. dazu weiterführend Bärbel Reetz, Hesses Frauen, a. a. O., 147-235. Hermann Hesse – im realen Leben oft launisch, egoistisch, leidend und abwesend – war nicht fähig, in seinen Romanen Frauen als normale, gleichberechtigte Partnerinnen darzustellen, sondern er idealisierte sie: Sie waren entweder Heilige oder Hure. Wenige Frauen kommen in den Romanen vor, meist nur nebenbei, Hauptrollen spielen sie nicht (in \`Siddhartha´ erscheint eine Kurtisane, in \`Narziß und Goldmund´ gibt es einige Sexgespielinnen, im \`Demian´ taucht eine mythische Muttergestalt auf, im \`Steppenwolf´ wird die Geliebte vom Protagonisten am Ende umgebracht, im \`Glasperlenspiel´ regiert eine reine Männergesellschaft). Hesses männliche Figuren sind demgegenüber überzeugender als die weiblichen, da in ihnen meist Autobiografisches zum Ausdruck kommt. Vgl. dazu den kurzen Filmbeitrag des \`Museo Hermann Hesse Montagnola´, \`Hermann Hesse und seine Frauen´: https://www.youtube.com/watch?v=EDbez5durls (aufgerufen am 27.6.2022) und die Rezension von Bärbel Reetz' Buch (und anderen Veröffentlichungen aus Anlass von Hesses 50. Todestag) von Georg Patzer, Vieles weiß man, aber es gibt doch staunenswertes Neues, online zugänglich unter: https://literaturkritik.de/id/16907 (aufgerufen am 28.6.2022).

noch einmal die Verbindung zu ihrem Ex-Mann aufgenommen und schrieb ihm zuletzt 1962. Dreizehn Jahre später, im Jahr 1975, reflektierte sie auf dreißig Seiten die Geschichte ihrer Beziehung, in der sie Hesse als distanzierten, gereizten Hypochonder darstellte.[875] Ruth Haußmann starb 1994, fast hundertjährig, in einem Altersheim in Weimar; persönlich waren ihr erster Mann und sie sich nie wieder begegnet.

Mit der Zeit machte sich bei Hesse das Alter bemerkbar.[876] Schon lange plagten ihn der Ischias und die Gicht.[877] Bereits 1923 war er zum ersten Mal nach Baden an der Limmat, im schweizerischen Kanton Aargau gelegen, gereist, um sich dort im Rahmen einer Kur gegen beide Krankheiten behandeln zu lassen.[878] Der schweizerische Kurort war schon im 1. Jahrhundert n. Chr. berühmt für seine Thermen, in denen aus ca. 3000

[875] Hermann Hesse – Ruth Wenger, „Liebes Herz!", a. a. O., 558. Ihr Text, um den sie der Verlag gebeten hatte, wurde als „bösartige Nachrede einer geschiedenen Frau bewertet und nicht in den Band `Hermann Hesse in Augenzeugenberichten´ aufgenommen" (Gunnar Decker, Hesse, a. a. O., 421). Ninon Hesse ließ den Briefwechsel Hermann Hesse – Ruth Wenger nach dem Tode ihres Mannes erstmal sperren.

[876] Vgl. dazu Hermann Hesse, Mit der Reife wird man immer jünger. Betrachtungen und Gedichte über das Alter (in großer Schrift). Mit Fotografien von Martin Hesse, hg. von Volker Michels (it 2311), FfM 1990, bes. 26ff. Hermann Hesse ist mit seinen Texten über das Alter selbst zu hören auf der gleichnamigen CD, die 1953, 1958 und 1959 in Hesses Wohnung in Montagnola aufgenommen und 2005 veröffentlicht wurde. Sie ist ein Auszug aus der CD des Hörverlags: `Hermann Hesse. Zwischen Sommer und Herbst, Betrachtungen und heitere Erzählungen´, FfM 1980, München 1997/2005. Auf YouTube wird der Text vom Autor gelesen: https://www.youtube.com/watch?v=lRZ1EQGpGpM&t=78s (aufgerufen am 11.6.2022).

[877] Hermann Hesse war zeitlebens auf ärztliche Hilfe angewiesen. Mediziner:innen gehen heute davon aus, dass er neben den zahlreichen in seinen autobiografischen Werken thematisierten Krankheiten wie Neurosen auch unter „Fingerpolyarthrose" litt, vgl. dazu Waltrud Wamser-Krasznai, „Die Gicht! Eine Hure ist sie, eine verfluchte Hure!" Die Gelenkleiden des Hermann Hesse, in: Orthopädie & Rheuma 2011; 2, 45-6, zit. nach Klaus Brath, Hermann Hesse, a. a. O., A1551.

[878] Zu den Gründen, die Hesse nach Baden geführt hatten, vgl. Uli Münzel, Erinnerungen an Hermann Hesse, in: Volker Michels (Hg.), Hermann Hesse in Augenzeugenberichten, a. a. O., 280-284, bes. 280. Das erste Exemplar seines `Kurgasts´ schenkte Hesse seiner Frau Ruth zum Geburtstag.

Metern Tiefe das Wasser mit 46 Grad Wärme aus dem Felsboden sprudelte. Über diesen Thermen war dann im 19. Jahrhundert ein Hotel errichtet worden.[879] Dreißig Jahre lang fuhr Hesse fast jährlich in dieses Hotel und unterzog sich einer Kur mit Bädern, Gymnastikübungen und dem Trinken von Heilwasser. Von zweien solcher Kuraufenthalte Hesses in Baden, im Frühling und im Herbst 1923, handelte sein Buch `Kurgast. Aufzeichnungen von einer Badener Kur´[880]. In dem in selbstironischer Prosa verfassten Buch, im Oktober 1923 geschrieben, verarbeitete Hesse seine Erfahrungen als Kurgast im Hotel `Verenahof´[881]. 1924 wurde es von ihm in einer limitierten Auflage von 300 Exemplaren unter dem Titel `Psychologia Balneara oder Glossen eines Badener Kurgastes´ herausgegeben. 1925 erschien es dann im S. Fischer Verlag in Berlin, wo es danach

[879] Hesses `Kurgast´, eine Hommage an `Dr. Katzenbergers Badereise´ von Jean Paul (1763-1825) aus dem Jahre 1809, ist den Brüdern Josef und Franz Xaver Markwalder gewidmet. Franz Xaver Markwalder (1884-1952) war der Eigentümer des Hotels `Verenahof´ im schweizerischen Baden (ein Foto von ihm und Hesse befindet sich bei Bernhard Zeller, Hermann Hesse, a. a. O., 96); sein Bruder Josef Ernst Markwalder (1867-1947), Chefarzt des Städtischen Krankenhauses Baden, war der Hesse jahrelang behandelnde Kurarzt.

[880] Vgl. Hermann Hesse, Kurgast. Aufzeichnungen von einer Badener Kur (st 383), FfM 1977, [4]1979. Hermann Hesse kommt darin – wie könnte es anders sein – als junger, innerlich labiler Schriftsteller vor. In das Buch flossen ein paar der Erfahrungen, die Hesse in Badenweiler gemacht hatte, mit ein. Zu einer ersten Interpretation vgl. Hugo Ball, Hermann Hesse, a. a. O., 165-183, und ferner Martin Pfeifer, Hesse-Kommentar, a. a. O., 216-221.

[881] Unübertroffen sind Hesses Schilderungen eines `Holländers´ aus Zimmer 64, der den sensiblen, nervösen, auf Ruhe bedachten Autor durch seine Geräusche zur Weissglut brachte, vgl. Hermann Hesse, Kurgast, a a. O., 50ff. Heute geht man davon aus, dass Hesse insgesamt über drei Jahre in dem Kurhotel lebte. In Baden entstanden Teile von `Narziß und Goldmund´ (zwischen April 1927 und Ende Januar 1929), `Die Morgenlandfahrt´ und `Das Glasperlenspiel´. Erst nach dem Tode Josef Markwalders fuhr er nicht mehr dorthin, vgl. Volker Michels, Wege zu Hermann Hesse, a. a. O., 579-594, bes. 586. Der `Verenahof´ wurde in den vergangenen zehn Jahren renoviert; die Bauarbeiten sollten 2022 zum Abschluss kommen. Im `Kurgast´ trug das Hotel den Namen `Heiligenhof´ – vermutlich wegen der Heiligen Verena, der Schutzpatronin der Gegend.

noch weitere Auflagen erlebte.[882] Hesse, sich seit diesem Buch „ständig zwischen den Polen Yin und Yang, Apoll und Dionysos, Natur und Geist, Natur und Technik, Trieb und Askese“[883] bewegend, zeichnet hier ein eher trostloses Bild einer Kur. Neben Heiterem und Komischem äußert er sich darin auch zum Glauben an Gott.[884] Im `Verenahof´ entstanden neben weiteren Buchmanuskripten auch Hunderte von Briefen, Tagebuchnotizen und Gedichten. Bis 1952 sollte Hesse seine Kuraufenthalte beibehalten, zumal mit fortgeschrittenem Alter zu den Ischiasbeschwerden nun auch noch das Rheuma hinzugekommen war.[885]

---

882 Das Manuskript des `Kurgasts´ und dessen Transkription ist zu sehen in: Jochen Meyer (Hg.), Dichterhandschriften. Von Martin Luther bis Sarah Kirsch, Stuttgart 1999, ^{2}2003, 156f.

883 Volker Wehdeking, Hermann Hesse, a. a. O., 153.

884 Zu den eher heiteren Episoden zählt die Geschichte von Hesses Nachbarn Mynheer vom Haag, der dem kranken, auf Stille bedachten Hesse keine Ruhe lässt. Hesse-Interpreten haben auf die Ähnlichkeit zu Mynheer Peeperkorn in Thomas Manns `Zauberberg´ hingewiesen, der etwa zeitgleich entstand, und sehen darin eine geistige Nähe beider Autoren. Ob beide voneinander wussten, darüber scheiden sich die Geister, vgl. Klaus Walther, Hermann Hesse, a. a. O., 93. Auch andere Parallelen zwischen Werken Thomas Manns und Hermann Hesses gibt es, beispielsweise zwischen `Roßhalde´ und `Doktor Faustus´ oder dem `Glasperlenspiel´ und `Tod in Venedig´. Hesse verewigte den Lübecker in seinem `Glasperlenspiel´ als `Thomas von der Trave´ (eine Anspielung darauf, dass Lübeck an der Trave liegt), vgl. Hermann Hesse 1877-1977, a. a. O., 171f., und Eva Knöferl, `Dies Glasperlenspiel mit schwarzen Perlen´: Musik und Moralität bei Hermann Hesse und Thomas Mann, Würzburg 2012.

885 Hesse verband den Aufenthalt häufig mit einem Familienbesuch: Denn in Baden lebte sein jüngerer Bruder mit seiner Familie. Hans Hesse (1882-1935) arbeitete als Buchhalter bei der Firma Brown, Boveri & Cie (BBC). Dessen Lebensalltag war Hermann Hesse fern; beide hatten sich wenig zu sagen. Hans Hesse litt an Depressionen und schnitt sich, während er als vermisst gemeldet worden war, am 27. November 1935 auf freiem Feld die Pulsadern auf. Als einziger von seinen Geschwistern nahm Hermann Hesse, der tags zuvor mit seinem Bruder noch zu Abend gegessen und eine Partie Schach gespielt hatte, an der Beerdigung teil, vgl. dazu Ralph Freedman, Hermann Hesse, a. a. O., 464f.; Andreas Solbach, Hermann Hesse. Ein Schriftsteller auf der Suche, a. a. O., 167, und Gunnar Decker, Hesse, a. a. O., 238f.

1931 trat Hesse aus der `Preußischen Akademie der Künste´[886] aus – fünf Jahre, nachdem ihm von Max Liebermann[887] die Mitgliedschaft angetragen worden war. Schon damals hatte sich Hesse fehl am Platze gefühlt, da er zu diesem Zeitpunkt bereits kein deutscher Staatsbürger mehr war. Zudem verabscheute er das Kreisen der Akademiemitglieder um sich selbst.[888] Zuvor hatten die national-konservativen bzw. völkischen Autoren Wilhelm Schäfer[889], Erwin Guido Kolbenheyer[890] und Emil

---

[886] Bei der `Preußischen Akademie der Künste´ handelte es sich um eine staatliche Institution, die 1696 vom brandenburgischen Kurfürsten Friedrich III. (1657-1713), Großvater Friedrichs des Großen (1712-1786), als `Academie der Mal-, Bild- und Baukunst´ in Berlin gegründet worden war und als `Akademie der Künste des Staates Preußen´ zu weltweiter Berühmtheit gelangte. Zu ihren Mitgliedern gehörten u. a. Carl Friedrich Zelter (1758-1832), Christian Daniel Rauch (1777-1857), Karl Friedrich Schinkel (1781-1841) und Heinrich Zille (1858-1929). Nach der Reichstagswahl im März 1933 wurden 40 Künstler:innen, u. a. von Gottfried Benn (1886-1956) zum Austritt genötigt, darunter Ernst Barlach (1870-1938), Ricarda Huch (1864-1947), Franz Werfel (1890-1945) und Arnold Schönberg (1874-1951). Stattdessen wurde die Akademie von Nazis, unter ihnen Agnes Miegel (1879-1964), Hans Grimm (1875-1959) und Will Vesper (1882-1962), besetzt.

[887] Der deutsche Maler und Grafiker jüdischen Glaubens, Max Liebermann, war bis zu seiner Absetzung durch die Nazis Vorstand der Akademie. Zu den Hintergründen von Hesses Ein- und Austritt aus der Akademie vgl. ausführlich Gunnar Decker, Hesse, a. a. O., 543-550.

[888] Vgl. André Uzulis, Hermann Hesse, a. a. O., 155.

[889] Mit dem Erzähler und Romancier Wilhelm Schäfer (1868-1952) war Hesse seit 1903 bekannt. Dieser gab die Monatsschrift für deutsche Kunst, `Die Rheinlande´, heraus und druckte erstmals zahlreiche Erzählungen, Feuilletons, Rezensionen und Gedichte Hesses. 1912 widmete er Hesse sein Buch `Karl Stauffers Lebensgang. Eine Chronik der Leidenschaft´, München und Leipzig 1912, online einsehbar unter: https://archive.org/details/3514399/page/n7/mode/2up (aufgerufen am 12.6.2022).

[890] Der österreichisch-deutsche Romancier, Dramatiker und Lyriker Erwin Guido Kolbenheyer (1878-1962), in den zwanziger und dreißiger Jahren mehrfach für den Literaturnobelpreis vorgeschlagen, begrüßte später Hitler und wurde 1944 von diesem auf eine Sonderliste der sog. `Gottbegnadetenliste´ gesetzt. Sie enthielt die in den Augen des Diktators wichtigsten deutschen Schriftsteller. Diese waren vom Kriegsdienst freigestellt. In der Sowjetischen Besatzungszone wurden Kolbenheyers Schriften nach dem Zweiten Weltkrieg auf die `Liste der auszusondernden Literatur´ gesetzt. Auch nach 1945 blieb Kolbenheyer rechtsextremen Kreisen verbunden.

Strauß[891] die Akademie verlassen, weil sie sich von Autoren wie Alfred Döblin[892] unterdrückt fühlten und ihre Forderung nach \`deutschen Inhalten´ unerfüllt sahen sowie die Aufnahme von jüdischen Mitgliedern in die Institution verhindern wollten.[893] Hermann Hesse „ärgerte sich, als man bei ihm ähnliche Motive wie bei den drei anderen vermutete, während er doch mit ihnen nichts zu tun haben wollte."[894] Versuche Thomas Manns, ihn zur Rückkehr in die Akademie zu bewegen, blieben ohne Erfolg.[895]

1931 zog Hesse in die komfortable \`Casa Rossa´ um – ein neues Haus, das wegen seines roten Farbanstrichs so genannt wurde, nur zehn Fußminuten von der \`Casa Camuzzi´ entfernt.[896] Sein

---

[891] Emil Strauß (1866-1960) war mit Hesse befreundet. Strauß hatte 1902 den Roman \`Freund Hein´ geschrieben, eine Tragödie über einen begabten, sensiblen Schüler: Dieser kommt in einem grausamen Schulsystem überhaupt nicht zurecht und sieht als letzten Ausweg nur den Suizid.

[892] Der deutsche Psychiater und Schriftsteller Alfred Döblin (1878-1957) zählt zu den führenden Expressionisten und Wegbereitern der Moderne. Zu seinen bekanntesten Werken zählt \`Berlin Alexanderplatz´. Aus einer jüdischen Familie stammend, flüchtete Döblin 1933 vor den Nazis, nahm 1936 die französische Staatsbürgerschaft an, emigrierte in die USA und konvertierte 1941 zum Katholizismus. Döblins Spätwerk wird der Exilliteratur zugerechnet. Nach dem Krieg kehrte er nach Deutschland zurück. Es gelang ihm jedoch nicht, dort wieder Fuß zu fassen, und so verließ er 1953 die Bundesrepublik und lebte fortan in Frankreich. Wegen einer progredierenden Parkinson-Erkrankung musste er sich medizinischen Behandlungen, u. a. in Höchenschwand und in Freiburg/Brsg., unterziehen. Er starb während eines Klinikaufenthaltes in Emmendingen und wurde in Housseras/Vosges begraben.

[893] Vgl. Anatol Regnier, Jeder schreibt für sich allein. Schriftsteller im Nationalsozialismus, München 2020, 18.

[894] Anatol Regnier, Jeder schreibt für sich allein, a. a. O., 18.

[895] Vgl. Hermann Hesse 1877-1977, a. a. O., 167f., und Alois Prinz, „Und jedem Anfang wohnt ein Zauber inne", a. a. O., 283.

[896] Zuvor, im Sommer 1930, hatte er mit der Arbeit an seiner fantasievollen Erzählung \`Die Morgenlandfahrt´ begonnen, die er 1931 abschloss und seinem Gönner H. C. Bodmer und dessen Frau Elsy widmete. Sie wurde 1932 im S. Fischer Verlag in Berlin veröffentlicht. Alfred Kubin (1877-1959) hatte den Schutzumschlag gestaltet. In dem Buch geht es um Vereinsamung, Befreiung und um Suche nach Gemeinschaft. Hintergrund der märchenhaften, in frischer Sprache gehaltenen Erzählung sind Hermann Hesses eigene Vereinsamung und seine Verzweiflung (so sind hinter den Initialen des Protago-

Zürcher Freund und Gönner H. C. Bodmer[897] hatte diese prachtvolle Villa, ein zweigeschossiges Doppelhaus, mit einem 11100 Quadratmeter großen Grundstück in Südhanglage am Südende von Montagnola mit herrlichem Blick über den Luganer See in Richtung Italien nach den Wünschen des inzwischen 54jährigen Schriftstellers errichten lassen und es ihm auf Lebzeiten kostenlos zur Verfügung gestellt.[898] Hesse und vor allem

---

nisten, des Violinisten H. H., unschwer Hesses eigene zu erkennen). Auch viele Personen aus Hesses realem Umfeld tauchen in der Erzählung auf, wie z. B. Max und Tilli Wassmer, Paul Klee (1879-1940), Louis Moilliet und Gusto Gräser, den der Lastträger Leo zum Vorbild hatte. Der Titel des Buches meinte nicht den Orient, sondern spielte auf eine bessere Zukunft, ein `besseres Morgen´ an. `Die Morgenlandfahrt´, inzwischen in 23 Sprachen übersetzt, war Ninon Hesses Lieblingsbuch. Auf Initiative des Literaturnobelpreisträgers André Gide (1869-1951) erschien 1948 eine Übersetzung ins Französische, vgl. dazu weiterführend Bernhard Zeller, Hermann Hesse, a. a. O., 120ff.; Martin Pfeifer, Hesse-Kommentar, a. a. O., 254-269; Joseph Mileck, Hermann Hesse. Dichter, Sucher, Bekenner, a. a. O., 239-254, und Regina Bucher, Mit Hermann Hesse durchs Tessin, a. a. O., 223-240.

897 Hans Conrad Bodmer (1891-1956) entstammte einer alteingesessenen Zürcher Familie. Er war Arzt und durch das Erbe seiner in der Seidenfabrikation tätigen Vorfahren zu einem der wohlhabendsten Männer der Schweiz geworden. Nach der Matura 1910 hatte er zunächst Musik und dann ab 1928 Medizin studiert. 1938 legte er sein medizinisches Staatsexamen ab; ein Jahr später promovierte er zum Dr. med. Zu den Leidenschaften des der Musik verbundenen Mannes zählte das Sammeln von Handschriften, Manuskripten und Briefen von Ludwig van Beethoven (1770-1827). Seine Sammlung zählte mit 850 Dokumenten bald zu den größten Privatsammlungen der Welt. Er vermachte sie testamentarisch dem Beethoven-Haus in Bonn, vgl. dazu Nicole Kämpken/Michael Ladenburger, Auf den Spuren Beethovens. Hans Conrad Bodmer und seine Sammlung, Bonn 2006. Seine Frau Elsy, geb. Stünzi (1893-1968) und er gehörten zu den Freunden und Mäzenen Hermann Hesses. Sie hatten sich mehr oder weniger zufällig kennengelernt, nachdem Elsy Bodmer eine Gedichthandschrift bei Hesse geordert hatte. Zur Idee des Hausbaus und zu seinem Grundriss vgl. André Uzulis, Hermann Hesse, a. a. O., 201ff. Hesses Brief an Elsy Bodmer v. April 1930, in dem es um den Hausbau geht, ist abgedruckt bei: Alfred Cattani, Hesse und seine Zürcher Freunde, in: „Höllenreise durch mich selbst", a. a. O., 130-132.

898 Zum Vertrag vgl. Volker Michels (Hg.), Hermann Hesse. Sein Leben in Bildern und Texten, a. a. O., 241. Zur Anlage eines Gartens wie seinerzeit in Gaienhofen war das steinige Weinberg-Gelände zu Hesses Leidwesen nicht geeignet; doch Hesse ließ es durch eine Gartenbaufirma herrichten. Für die jährliche Weinlese (`Vendemmia´) von ca. 700 Kilogramm Trauben beschäftigte er – außer dem langjährigen Gärtner Lorenzo – Tagelöhner. Hesse selbst legte Blumen-, Erdbeeren-, Gemüse-, Salat- und Kräuterbeete an. Auf diesen Terrassen entstanden die bekannten Fotos, die Hesse beim Ver-

seine Frau Ninon planten dieses Haus nach ihren Vorstellungen; Bodmer mischte sich in die Planung nicht ein, sondern beglich ausschließlich die Rechnungen. Das Doppelhaus hatte einen separaten Zugang mit eigenem Treppenhaus. Im Erd- und Obergeschoss im südwestlichen Teil waren die beiden Hälfte durch Flure und anliegende Räume miteinander verbunden. Den größeren südwestlichen Teil mit Küche, Ess-, Schlaf, Bade- und Gästezimmer, Bibliothek sowie Arbeitsräumen benutzte überwiegend Ninon Hesse. Der nordöstliche Teil mit Atelier, Arbeitszimmer, Schlafzimmer, Bad, Bibliothek und Nebenräumen war Hermann Hesses Reich. Die Bibliothek im Erdgeschoss mit weitem Ausblick über den Luganersee und in die Tessiner Landschaft war sowohl von Ninon als auch von Hermann Hesse der Empfangsraum für Gäste, aber auch Wohn-, Lesungs- und Musikzimmer. An die Bibliothek grenzte Hesses Atelier an, in dem er malte und seine Kunstutensilien aufbewahrte; ferner führte er von dort seine Korrespondenz und lagerte Verpackungsmaterial für die Menge an Post und Paketen, die er selbst versandfertig machte. Im August 1931 zog das Paar ein. Doch der Umzug fiel Hesse schwer. Zwölf Jahre lang hatte er in der `Casa Camuzzi´ gewohnt.[899] Nun galt es für ihn, sich

---

brennen von Gartenmaterial zeigen. Heiner Hesse befand später, dass der großbürgerliche Lebensstil schlecht zu seinem Vater passte; dieser verstand es aber als Konzession an seine Frau Ninon, die aus eben solchen Verhältnissen stammte, vgl. Hermann Hesse, „Mit dem Vertrauen, daß wir einander nicht verloren gehen können“, a. a. O., 12. Wie es zu der großzügigen Überlassung Bodmers an Hesse kam, darüber berichtete Hesse in seinem Essay `Beim Einzug in ein neues Haus´, das er 1931 veröffentlichte (in: ders., GW 10, a. a. O.,150f.).

[899] H. C. Bodmer hatte Hesse und seiner Frau Wohnrecht auf Lebenszeit eingeräumt; danach fiel das Lehen wieder zurück an die Familie Bodmer. Rückblickend schrieb Hesse später: „Nie... habe ich so schön gewohnt wie im Tessin, und noch keinem meiner Wohnorte bin ich so viele Jahre treu geblieben wie meinem jetzigen... Die Tessiner Landschaft, die ich im Jahr 1907 zum erstenmal gründlicher kennen lernte, hat mich stets wie eine vorbestimmte Heimat, oder doch wie ein ersehntes Asyl, angezogen“ (Hermann Hesse, Wahlheimat, in: ders., Beschreibung einer Landschaft, a. a. O., 166f.).

in der `Casa Rossa´ neu einzurichten.[900] In dem Haus, bald `Casa Hesse´ genannt, in der friedlichen Atmosphäre des Tessins, stand Hesse nun kampfbereit dem Nationalsozialismus gegenüber.[901] Er setzte sich in den Anfangsjahren des heraufziehenden Faschismus, also in der Zeit, in der er `Das Glasperlenspiel´ schrieb, nicht nur mit diesem, sondern auch mit dem Kommunismus auseinander – vermutlich wie sonst nie in seinem Leben.[902] Zwar fand er die Lehre von Marx und Engels in-

---

[900] Schilderungen von Besucher:innen aus dieser Zeit lassen erkennen, dass Hesse einerseits Wert auf ein ordentliches Umfeld legte, doch in seinen Arbeitsräumen ein kreatives Chaos herrschte, vgl. etwa den Bericht von Siegfried Unseld, Persönliche Begegnungen, in: Volker Michels (Hg.), Hermann Hesse in Augenzeugenberichten, a. a. O., 351-372; oder von Eleonore Vondenhoff, Besuch bei Hermann Hesse. Montagnola, 26. März 1951, aus einem Tagebuch, in: Volker Michels (Hg.), Hermann Hesse in Augenzeugenberichten, a. a. O., 342-350. Die mit Hesse befreundete Autorin (1900-1994) war mit dem Dirigenten, Intendanten und Generalmusikdirektor der Frankfurter Oper, Prof. Bruno Vondenhoff (1902-1982), verheiratet, der 1950 die deutsche Erstaufführung der `Vier letzten Lieder´ von Richard Strauss (1864-1949) nach Gedichten von Hesse dirigierte. Ihre Privatsammlung, die schon 1955 über 3500 Objekte umfasste, befindet sich in der österreichischen Nationalbibliothek in Wien: https://www.onb.ac.at/bibliothek/sammlungen/literatur/bestaende/personen/hesse-hermann-1877-1962/105-details (aufgerufen am 28.10.2022).

[901] Wegen seines Schweigens gegenüber der Nazi-Politik wurde Hesse vorgeworfen, dass er sich von den Nazis vereinnahmen hatte lassen und in Wirklichkeit ein Mitläufer war, vgl. dazu Tobias Wenzel, Das Schweigen von Hermann Hesse, online zugänglich über: https://www.deutschlandfunkkultur.de/vereinnahmung-durch-die-nationalsozialisten-das-schweigen-100.html (aufgerufen am 5.6.2022). Aus der umfangreichen Korrespondenz (Hesses Briefe `In den Niederungen des Aktuellen´ von 1933-1939) konnte man allerdings nachweisen, dass Hesse sich zwar nie *öffentlich* gegen das NS-Regime positioniert hatte, aber von Anfang an in Fundamentalopposition zu den Nazis stand, vgl. dazu https://www.youtube.com/watch?v=OU6z3fFA890 (aufgerufen am 5.6.2022). Dazu muss man wissen, dass es unter Wahrung des Neutralitätsgebotes strikt verboten war, sich in der Schweiz öffentlich gegen die Politik der Nazis zu äußern, vgl. André Uzulis, Hermann Hesse, a. a. O., 213f. Die Ausstellung `Hermann Hesses Schweigen´, u. a. mit Abbildungen, Briefen, Besatzungszeitschriften, in denen Hesses Gedichte nachgedruckt wurden, ist vom 3. Juni 2022 bis 23. April 2023 im Hesse-Kabinett in Tübingen zu besichtigen.

[902] Hermann Hesse setzte sich erst in den 1930er-Jahren auf dem Hintergrund des erstarkenden Nationalsozialismus ausführlich und kritisch mit dem Kommunismus als weltanschaulicher Alternative auseinander. Der mit ihm verbundene Internationalismus war ihm näher als der ihm verhasste Nationalismus. Obwohl es Äußerungen von ihm

teressant, lehnte aber die Anwendung von Gewalt zum Erreichen politischer Ziele sowohl von rechts als auch von links kategorisch ab. Davon zeugt beispielsweise sein Gedicht `Absage´, das er Anfang März 1933 als Antwort auf die Frage, warum er sich nicht auf die Seite der Kommunisten stellte, geschrieben hatte: „Lieber von den Faschisten erschlagen werden/Als selbst Faschist sein!/Lieber von den Kommunisten erschlagen werden/Als selbst Kommunist sein!//Wir haben den Krieg nicht vergessen. Wir wissen,/Wie das berauscht, wenn man Trommel und Pauke rührt./Wir sind taub, wir werden nicht mitgerissen,/Wenn ihr das Volk mit dem alten Rauschgift verführt./Wir sind weder Soldaten noch Weltverbesserer mehr,/Wir glauben nicht, daß `an unserem Wesen/Die Welt müsse genesen´./Wir sind arm, wir haben Schiffbruch gelitten,/Wir glauben alle die hübschen Phrasen nicht mehr,/Mit denen man uns in den Krieg gepeitscht und geritten.–/Auch die Euren, rote Brüder, sind Zauber und führen zu Krieg und Gas!/Auch Eure Führer sind Generäle,/Kommandieren, schreien und organisieren./Wir aber, wir hassen das,/Wir trinken den Fusel nicht mehr,/Wir wollen Herz und Vernunft nicht verlieren,/Nicht unter roten noch weißen Fahnen marschieren./Lieber wollen wir einsam als `Träumer´ verderben/Oder

---

gibt, in denen er den Kommunismus bejahte (u. a. in Briefen), gibt es auch Bemerkungen von ihm, dass er sich persönlich nie einer Partei anschließen und auch Programme nie pauschal befürworten würde. Vgl. dazu Hermann Hesse, Politik des Gewissens, Erster Band, a. a. O., 463-465 und 466-470, und Gunnar Decker, Hesse-ABC, a. a. O., 131f. Auf dem Hintergrund dessen, dass Hesse einem Ruf der Münchner Räteregierung nicht gefolgt war, sprach er sich gegen eine Gleichsetzung der Aufgaben des Künstlers mit denen des Funktionärs aus: Der Einzelne müsse nach einem eigenen Maßstab gemessen werden, Politik und Parteien hätten Hesse zufolge aber nie den Einzelnen im Blick. Sie verfolgten allgemeine Ziele, zu deren Verwirklichung sie bereit waren, den Einzelnen und seine Ideale zu opfern. Hesse wandte sich gleichermaßen gegen den Radikalismus von rechts wie von links. Für ihn machte es keinen großen Unterschied, „ob die Welt im Namen des Faschismus oder des Kommunismus verbessert werden soll. Beide Ideologien waren für ihn zwar `feindliche Brüder, aber doch Brüder´" (Alois Prinz, „Und jedem Anfang wohnt ein Zauber inne", a. a. O., 291).

unter Euren blutigen Bruderhänden sterben,/Als irgend ein Partei- und Machtglück genießen/Und im Namen der Menschheit auf unsere Brüder schießen.“[903] Hesses Position war klar: Er verortete sich in einer demokratischen, liberalen politischen Tradition. Gewaltlosigkeit war sein oberstes Prinzip.[904] Der eigenständige Kopf, weder der einen noch der anderen Ideologie ergeben, würde lieber Unrecht erleiden als Unrecht tun: „Meine Stellung ist bis zum Fanatismus apolitisch... Ich werde mich bis zum Tod dagegen wehren, mich selber politisieren zu lassen.“[905] Unabhängig davon, dass Hesse sich zeitlebens de facto politisch engagierte, gab es für einen unabhängigen Geist wie ihn keine Partei, mit der er sich vorbehaltlos identifizieren konnte.[906]

---

[903] Hermann Hesse, Absage, in: ders., Hermann Hesse – heute, in: Siegfried Unseld, Begegnungen mit Hermann Hesse, a. a O., Anm. 5, 267f. Hesse vermerkte handschriftlich, dass sein Anfang März 1933 in Zürich verfasstes Gedicht `in dieser Form nicht brauchbar´ war und dass er es nur einigen Freunden mitgeteilt hätte (`Geschenkchen in's Krankenbett für Ninon´), vgl. Hermann Hesse 1877-1977, a. a. O., 237. Zu dem geringfügig anderen Wortlaut des Gedichts vgl. André Uzulis, Hermann Hesse, a. a. O., 214f.

[904] Vgl. Andreas Solbach, Hermann Hesse. Ein Schriftsteller auf der Suche, a. a. O., 187. Andreas Solbach bezeichnet Hesse deshalb als `liberalen Kommunisten´ (vgl. 186).

[905] Hermann Hesse, zit. nach Volker Michels, Wege zu Hermann Hesse, a. a. O., 455. Dabei hatte Hesse die politische Praxis des wilhelminischen Deutschlands vor Augen und wandte sich gleichermaßen „gegen das nationalistische und koloniale Imponiergehabe des zweiten deutschen Kaiserreichs, das in den Ersten Weltkrieg mündete“ (ebda.), wie gegen die Sozialdemokratie. Vgl. dazu Gunnar Decker, Hesse, a. a. O., 561, wo sich ein Zitat Hesses befindet über seine „Verachtung für die deutsche Sozialdemokratie, die weder etwas zum Zustandekommen der Revolution noch zur edlen Ausnützung derselben getan hat, sondern als dummer fetter Erbe auf den Leichen Liebknechts, Landauers etc. sitzt, welche Persönlichkeiten sie alle ebenso bekämpft, gehaßt und sabotiert hat, wie sie es jedem Geist gegenüber tun. Ich bin in meinem Denken weit mehr Sozialist als etwa der gesamte Stab des `Vorwärts´ (seit 1914 nannte ich ihn stets `Rückwärts´), ich bin es im Sinne eines Menschen wie Landauer.“

[906] Vgl. dazu weiterführend Volker Michels, Wege zu Hermann Hesse, a. a. O., 453-506.

e.) `Das Glasperlenspiel´

Hier in der `Casa Rossa´ war es, wo `Das Glasperlenspiel´[907], Hesses Alterswerk, an dem er bereits Ende 1930 in der `Casa Camuzzi´ zu arbeiten begonnen hatte, entstand.[908] Es heißt, sein 600 Seiten starkes Opus magnum war von ihm beim Jäten in seinem Garten konzipiert worden. Er hatte an „dieser konstruktiven Utopie und experimentellen Versuchsanordnung“[909], seiner verschlüsselten Abrechnung mit dem NS-Regime, so ausgiebig wie an keinem anderen seiner Bücher gearbeitet – nämlich zwölf Jahre lang, von 1931 bis 1943, unsystematisch, auch undiszipliniert, mit Schreibblockaden und von Krankheiten geplagt, fast täglich immer wieder unterbrochen durch seinen praktischen Einsatz für Verfolgte des NS-Regimes.[910] Das Buch sollte, so schrieb Hesse bereits 1934, u. a. der Radikalisierung entgegenwirken und „eine Insel des Menschentums und der Liebe“[911] sein, und so entwickelte er das Modell eines Erziehungssystems, das von staatlichem Dirigismus frei war, „eine Provinz des Maßes, der geistigen Ordnung, der

---

[907] Vgl. Hermann Hesse, Das Glasperlenspiel. Versuch einer Lebensbeschreibung des Magister Ludi Josef Knecht samt Knechts hinterlassenen Schriften, herausgegeben von Hermann Hesse. Ungekürzte Sonderausgabe, FfM 1983.

[908] Hesse hatte sein Werk bewusst auf Dauer hin angelegt. Nach seiner Fertigstellung wurden die einzelnen Kapitel des `Glasperlenspiels´ nacheinander in Zeitschriften publiziert, bis das Werk am 29. April 1942 endgültig abgeschlossen war (von insgesamt siebzehn Kapitel erschienen zwölf vorab). Vgl. dazu Siegfried Unseld, Zur Genesis des `Glasperlenspiels´, in: ders., Begegnungen mit Hermann Hesse, a. a. O., 108-114, und Joseph Mileck, Hermann Hesse. Dichter, Sucher, Bekenner, a. a. O., 279-384.

[909] Volker Michels, Nachwort (1976), zu: Hermann Hesse, Lektüre für Minuten, a. a. O., 283-290, Zitat auf 287.

[910] Vgl. Hermann Hesse – Diesseits des `Glasperlenspiels´ (Marbacher Magazin 98). Bearbeitet von Heike Gfrereis, Marbach am Neckar 2002, 10. Hesse schrieb handschriftlich mit Füller. Das Papier für seine Skizzen und Vorentwürfe bestellte er vorausschauend bei der Sekretärin von Fritz Leuthold im Kaufhaus Jelmoli in Zürich. Ein Prototyp dieses Papiers ist zum Zwecke der Anschauung Heike Gfrereis' Buch beigelegt.

[911] Birgit Lahann, Hermann Hesse, a. a. O., 123.

Zucht und Ehrfurcht...“[912], explizit „ein Kontrastprogramm zur Ideologie des Nationalsozialismus“ [913], die die „Frage nach Rückzugsorten des Geistes in geistlosen Zeiten“[914] zu beantworten versucht. Zwei Jahre, nachdem Hesse an dem Buch zu arbeiten begonnen hatte, waren die Nazis in Deutschland an die Macht gelangt: Die Meinungsfreiheit wurde fortan unterdrückt und die Literatur durch die `Reichsschrifttumskammer´ gleichgeschaltet, Andersdenkende wurden blutig verfolgt. Die jüdischen Autor:innen wurden zunächst bedroht und verdrängt, dann ausgestoßen und schließlich – staatlich geplant und umgesetzt – industriell ermordet. Ungerechtigkeit, Terror und Verfolgung machten sich in Deutschland breit. In Nazi-Deutschland durfte `Das Glasperlenspiel´ nicht erscheinen, denn seit 1939 galten einige von Hesses Werken als unerwünscht; andere durften, um Hesses Wirkungsfeld abzuschneiden, nicht mehr nachgedruckt werden.[915] Zwar hatten die Nazis bei der `Bücherverbrennung´ Hesses Bücher nicht öffentlich dem Scheiterhaufen übergeben, weil mit ihm das Klischee des Autors „einfühlsamer Naturgedichte und unterhaltsamer Dorfgeschichten“ [916] verbunden war, aber auf Dauer sollte er doch als den Nazis unliebsamer Autor vom Markt verschwinden. Darum kam `Das Glasperlenspiel´, das Hesse am 29. April 1942 abgeschlossen hatte[917] – nachdem Peter Suhrkamp nach sieben Monaten mit allen Versuchen vor den Zensurbehörden, eine reichsdeutsche

---

[912] Bernhard Zeller, Hermann Hesse, a. a. O., 128.

[913] Volker Michels, Wege zu Hermann Hesse, a. a. O., 303.

[914] Gunnar Decker, Hesse, a. a. O., 524.

[915] Einige Ausgaben des `Glasperlenspiels´ gelangten illegal aus der Schweiz nach Deutschland, vgl. Hans Carossa, Besuch in Montagnola, in: Volker Michels (Hg.), Hermann Hesse in Augenzeugenberichten, a. a. O., 180-185. 1944 wurden im Zuge alliierter Luftangriffe auf Berlin die Hallen, in denen die Restbestände von Hesses Büchern lagerten, zerstört.

[916] Alois Prinz, „Und jedem Anfang wohnt ein Zauber inne“, a. a. O., 312.

[917] Ninon Hesse hielt dieses Datum in ihrem Notizkalender fest, vgl. Hermann Hesse – Diesseits des `Glasperlenspiels´, a. a. O., 8f.

Ausgabe zu ermöglichen, gescheitert war[918] – am 18. November 1943 im Verlag Fretz & Wasmuth in Zürich in zwei Bänden und in 10000 Exemplaren Auflage heraus.[919] 1946 wurde es dann im Suhrkamp Verlag in Deutschland veröffentlicht. Schon drei Jahre danach waren 35000 Exemplare verkauft. Später erreichte das Buch eine Auflage von zwei Millionen Exemplaren.[920] Worum geht es darin?

Das `den Morgenlandfahrern´[921] gewidmete `Glasperlenspiel´ ist klar strukturiert. Es besteht, seinem Untertitel gemäß, aus drei Teilen: aus der Geschichte des Glasperlenspiels, der Beschreibung des Lebens des `Magister Ludi´[922] Josef Knecht und

---

[918] Vgl. Hermann Hesse – Diesseits des `Glasperlenspiels´, 81. Der Leiter des Nazi-`Reichsministeriums für Volksaufklärung und Propaganda´, Oberregierungsrat Dr. Rudolf Erckmann (1903-1966), war Hesse und auch Suhrkamp nicht sonderlich wohl gesonnen und verhinderte `Das Glasperlenspiel´ mit dem Argument, es handele sich bei dem Buch um eine Utopie – und diese waren im Nationalsozialismus verboten.

[919] Zur Entstehungsgeschichte und zur Interpretation vgl. Martin Pfeifer, Hesse-Kommentar zu sämtlichen Werken, a. a. O., 275-302, und Klaus Walther, Hermann Hesse, a. a. O., 139-156. Der erste Teil der Korrekturfahnen des `Glasperlenspiels´ ist abgebildet bei Hermann Hesse – Diesseits des `Glasperlenspiels´, a. a. O., 82.

[920] Zum Hintergrund vgl. Hermann Hesse – Diesseits des `Glasperlenspiels´ (Marbacher Magazin 98). Bearbeitet von Heike Gfrereis, Marbach am Neckar 2002.

[921] Damit spielt Hesse auf seine 1932 erschienene Erzählung `Die Morgenlandfahrt´ an, in der es um die Hoffnung auf ein `besseres Morgen´ geht. Volker Michels sieht darin Hesses Chiffre „für alle Wissenschaftler, Künstler, Philosophen und alle Menschen der Vergangenheit, Gegenwart und Zukunft, die untereinander darin verwandt sind, daß sie, unabhängig von den Parolen und Verführungen des Tages, ihre eigene Veranlagung konsequent verwirklichen, nicht aus Selbstzweck, sondern aus Notwendigkeit, und somit beitragen zur Objektivierung des Geistes, der Wissenschaft und Humanisierung des Menschen, die über allen Beschränkungen der Geschichte, Nationalismen, Konfessionen und Ideologien steht. Diese Menschen überleben ihre eigene Generation. (...) Im `Steppenwolf´ nannte er diese Menschen die *Unsterblichen*" (Volker Michels, Zur Entstehung des `Glasperlenspiels´, in: Heinz Ludwig Arnold [Hg.], text+kritik. Zeitschrift für Literatur, Bd. 10/11: Hermann Hesse, a. a. O., 51f.).

[922] Bei dem Namenszusatz handelt es sich um ein Wortspiel, denn das lateinische `ludus´ bedeutet sowohl `Schule´ als auch `Spiel´: Der `Magister ludi´ wäre demzufolge ein `Schulmeister´ oder ein `Meister des Spiels´. Fast alle Werke Hesses stellen so etwas wie eine seelische Biografie dar – so trägt auch hier die Hauptperson Josef Knecht biografische Züge Hesses. Aber nicht nur: Hesse projiziert in Knecht auch so manchen unerfüllten Wunsch; so studiert Knecht beispielsweise Chinesisch, was Hesse nicht konnte, oder er ist ein meisterhafter Musiker, was Hesse nicht war. Josef Knecht wird auf diese Weise zur Personifikation von Hesses Sehnsüchten.

aus drei fiktiven Lebensläufen, die diesen in früheren Zeiten zeigen, u. a. als schamanischen `Regenmacher´, als Eremiten Josephus Famulus und dessen `Beichtvater´ sowie als zur Zeit Buddhas lebenden Königssohn `Dasa´.[923] Der Roman beginnt mit einer historischen Abhandlung – einer Art Vorwort –, die von einem anonymen Chronisten erzählt wird („Versuch einer allgemeinverständlichen Einführung in seine Geschichte“[924]). Darin werden das `Glasperlenspiel´ und der Grundgedanke zur folgenden Beschreibung von Knechts Leben geschildert. Die Handlung ist eng mit der politischen Entwicklung des nationalsozialistischen Deutschlands verbunden, ohne dies jedoch explizit zu benennen.[925] Hesse setzte programmatisch den Geist gegen die Macht und Schönheit und Wahrheit gegen die Hässlichkeit und Lüge des Nationalsozialismus. Nach dem Hauptteil, mit „Lebensbeschreibung des Magister Ludi Josef

---

[923] Gunnar Decker hat zu Recht festgehalten, dass der von Hesse gewählte Name `Knecht´ weder „ironisch oder abwertend gemeint“ (Gunnar Decker, Hesse-ABC, a. a. O., 128) war, sondern in ihm Dienen, Autorität und Hierarchie mitschwangen. Es war außerdem eine Referenz an indische religiöse Vorstellungen von Wiedergeburt und Seelenwanderung. Dasa muss wie Josef Knecht erkennen, dass er für die Politik und die Übernahme von Regierungsgeschäften ungeeignet ist – er will nicht auf die Gewaltanwendung seiner politischen Gegner mit Gegengewalt antworten.

[924] Hermann Hesse, Das Glasperlenspiel, a. a. O., 7-47. Allein von der Einleitung des `Glasperlenspiels´ existieren vier Fassungen: Während die letzte Fassung im Dezember 1934 in der `Neuen Rundschau´ abgedruckt worden war, wurden die drei vorangegangen erst 1977 erstmals veröffentlicht. Hesse sah sich zu den Änderungen gezwungen, da die politischen Ereignisse in Hitler-Deutschland seinen getroffenen Prognosen entsprachen, so dass der Text wie eine Parodie auf tagespolitische Ereignisse klang. Um die Distanz des Textes zur Gegenwart in Nazi-Deutschland wieder herzustellen, schrieb Hesse eine neue Einleitung, vgl. dazu detailliert Volker Michels (Hg.), Von Wesen und Herkunft des `Glasperlenspiels´. Die vier Fassungen der Einleitung zum `Glasperlenspiel´ (st 382), FfM 1977. Der Einleitung vorangestellt ist ein lateinisches Motto. Es wird dem fiktiven Scholastiker Albertus Secundus zugeschrieben, der später im Buch als einer der geistigen Väter des Glasperlenspiels erwähnt wird. In Wirklichkeit stammte das Motto von Hermann Hesse und entstand 1932, vgl. Hermann Hesse – Diesseits des `Glasperlenspiels´, a. a. O., 45. Hinter Hesses Kunstfigur `Clangor´, der das Glasperlenspiel-Motto ins scholastische Latein übersetzte, verbarg sich Hesses Freund aus Maulbronner Schultagen, Franz Schall (1877-1943).

[925] Im Blick auf „Annäherungen an das `Glasperlenspiel´“ vgl. Gunnar Decker, Hesse, a. a. O., 591-615.

Knecht“[926] betitelt, in dem die Geschichte des künftigen Glasperlenspielmeister Josef Knecht erzählt wird, folgen als weitere literarische Werke nachgelassene, Knecht zugeschriebene Schriften wie „Die Gedichte des Schülers und Studenten“[927], an die die Kapitel „Die drei Lebensläufe“ [928] – „Der Regenmacher“[929], „Der Beichtvater“[930] und „Indischer Lebenslauf“[931] – anschließen. Das Thema `Meister und Jünger´, das in einigen

[926] Hermann Hesse, Das Glasperlenspiel, a. a. O., 48-474. Josef Knecht ist das Alter ego von Hermann Hesse, vgl. Siegfried Unseld, Hermann Hesse: `Das Glasperlenspiel´. Eine Besprechung, in: ders., Begegnungen mit Hermann Hesse, a. a. O., 28-37, bes. 33.

[927] Hermann Hesse, Das Glasperlenspiel, a. a. O., 475-487.

[928] Hermann Hesse, Das Glasperlenspiel, a. a. O., 488-616. Zum Inhalt dieser Lebensläufe vgl. Volker Michels, Zur Entstehung des `Glasperlenspiels´, in: Heinz Ludwig Arnold (Hg.), text+kritik. Zeitschrift für Literatur, Bd. 10/11: Hermann Hesse, a. a. O., 43-52, bes. 47f.

[929] Hermann Hesse, Das Glasperlenspiel, a. a. O., 488-536. Diese Erzählung veröffentlichte Hesse 1934 in der `Neuen Rundschau´. Sie handelt von dem Regenmacher Knecht in einer tausend Jahre zurückliegenden Zeit. In ihr opferte sich Knecht einst für sein Volk, nachdem ihm klar geworden war, dass er als Regenmacher gescheitert war. Er ist davon überzeugt, dass sein Opfer seinem Stamm eine gute Ernte und ein glückliches Weiterbestehen bescheren würde.

[930] Hermann Hesse, Das Glasperlenspiel, a. a. O., 536-573. Diese Erzählung wurde 1936 in der `Neuen Rundschau´ veröffentlicht, vermutlich in dem Jahr, in dem sie entstanden ist. In ihr verwirklicht Josef Knecht sein Leben als Christ: Der bekannte Beichtvater Josephus Famulus, der sein Leben als eine Niederlage empfindet, weil er die Beichten derer, die zu ihm kommen, nicht mehr ertragen kann, hört von einem Kollegen namens Pugil und pilgert zu ihm. Dieser hat das gleiche Problem wie Famulus und wollte seinerseits seinen Kollegen besuchen. Wie ein Wunder haben die beiden sich nun gefunden und nehmen sich gegenseitig die Beichte ab. Danach schaufelt er mit ihm zusammen Pugils Grab, denn Josephus soll ihn nach seinem Tod begraben und einen Palmbaum auf das Grab pflanzen. Kein Mensch dürfe aus Verzweiflung sterben, gibt Pugil Josephus mit auf seinen weiteren Lebensweg: Gott hätte den Menschen die Verzweiflung gegeben, um neues Leben in ihnen zu wecken. Schicke Gott den Menschen den Tod, so empfände der Mensch Freude. Deshalb empfand Pugil nach dem Ausheben seines Grabes nur noch Freude. In der darauffolgenden Nacht stirbt er und Josephus hält sein Versprechen, einen Baum zu pflanzen.

[931] Hermann Hesse, Das Glasperlenspiel, a. a. O., 573-616. In diesem Text aus dem Jahre 1937 trägt Josef Knecht nun den Namen `Dasa´. Erzählt wird die Geschichte eines indischen Kriegerfürsten, der sich vom Schicksal benachteiligt fühlt und sich selbst bemitleidet. Mit der Zeit erkennt er, wie unwichtig sein eigenes Leben eigentlich ist. Hier wird deutlich, dass die Bewegung des Transzendierens zum Glasperlenspiel führt.

Romanen Hesses virulent ist, wird auch im `Glasperlenspiel´ angerissen.[932]

Zur Handlung: In der Gelehrtenrepublik Kastalien[933], einer Art Utopia – eine Mischung zwischen der platonischen Akademie und einer mittelalterlichen Klosteruniversität oder eine „Insel für Selige, die versuchen, das hohe C der Kultur zu erreichen“[934] – wurde von dem streng hierarchischen, straff organisierten, aus männlichen, zölibatär lebenden Gelehrten bestehenden asketischen Orden der Glasperlenspieler die Technik eines Glasperlenspiels entwickelt, die auf die interdisziplinäre Vernetzung von Kunst und Wissenschaft, vor allem von Mathematik und Musik, zielte.[935] Was dieses Glasperlenspiel genau ist, bleibt offen: Es wird mittels einer Tautologie als das `Spiel der Spiele´[936] bezeichnet, eine Art komplexes geistiges `meditatives Weihespiel´[937] „von hochentwickelter Geheimsprache..., an welcher mehrere Wissenschaften und Künste, namentlich aber die Mathematik und die Musik... teilhaben und welche die Inhalte und

---

[932] Dr. Jürgen Weber hat in Aufnahme der Untersuchung von Adrian Hsia, Hesse und China, FfM 1978 in einem erhellenden Essay nachweisen können, dass „kein Buch Hermann Hesses... stärker von chinesischen Einflüssen geprägt [ist] als *Das Glasperlenspiel*“ (Jürgen Weber, Chinesisches in Hesses *Glasperlenspiel*, online zugänglich unter: http://www.xn--drjrgenweber-flb.de/Chinesisches%20im%20Glasperlenspiel.pdf, 2, aufgerufen am 8.8.2022). Weber legt überzeugend dar, dass die chinesische Geisteswelt, im Wesentlichen der Daoismus und der Konfuzianismus, zum festen Bestandteil der Welt- und Lebensanschauung des alten Hesse gehörte, die er in sein letztes großes Prosawerk einbaute.

[933] Benannt wurde `Kastalien´, die Heimat des Eliteordens der Glasperlenspieler, nach der Reinigungsquelle vor dem Eingang des Apollon-Heiligtums in Delphi. Kloster Maulbronn war dabei das Vorbild für Kastalien: Ein „Land strengster Bildungszivilisation, in dem... jegliche Kreativität erstorben ist“ (André Uzulis, Hermann Hesse, a. a. O., 40). Heike Gfrereis erwähnt die Ähnlichkeiten zu geheimbündlerischen Klosterwelten in Mozarts `Zauberflöte´, Jean Pauls `Hesperus´ oder Goethes `Wanderjahren´, vgl. Hermann Hesse – Diesseits des `Glasperlenspiels´ (Marbacher Magazin 98), a. a. O., 1.

[934] Birgit Lahann, Hermann Hesse, a. a. O., 136.

[935] Vgl. dazu genauer Gunnar Decker, Hesse-ABC, a. a. O., 122-124.

[936] Vgl. Hermann Hesse, Das Glasperlenspiel, a. a. O., 14.

[937] Vgl. Georg Patzer, Lektüreschlüssel XL Hermann Hesse, `Der Steppenwolf´, a. a. O., 109.

Ergebnisse nahezu aller Wissenschaften auszudrücken und zueinander in Beziehung zu setzen imstande ist."[938] Es wird aber nie wirklich erklärt und bleibt so unbestimmt und fantastisch. Zu den Aufgaben des einst elitären, aber inzwischen weltfremd gewordenen Ordens, der sich nur noch der Betrachtung des Gegebenen widmet, sich von der Außenwelt abschottet und sich auf keinen Fall mit politischen Fragen beschäftigen will, zählen die Rettung geistiger Werte und die Perfektion der Wissenschaften und Künste, vor allem in der Synthese beider Bereiche in dem nach komplizierten, jedoch nur angedeuteten Regeln verlaufenden \`Glasperlenspiel´. Auf diese Weise wurde der Versuch unternommen, alle Wissenschaften kunstvoll und ästhetisch ansprechend zu vereinen, so dass sie das gesamte verfügbare Wissen umspannten, und eine Universalsprache zu schaffen, mit deren Hilfe alle Sachgebiete zu einem großen Ganzen vereinigt werden konnten.[939] Anstelle von Noten, Wörtern oder Zahlen werden jedoch Glasperlen als Symbole verwendet. Musik spielt dabei eine große Rolle: „Wie man aus Notenzeichen ein Musikstück, aus mathematischen Symbolen eine algebraische oder astronomische Formel ablesen kann, so hat sich das Glasperlenspiel im Laufe der Jahrhunderte zu einer Zeichensprache entwickelt, welche es ermöglicht, Gedanken, Formeln, Musik, Dichtung in einer Art Notensprache wiederzu-

---

[938] Hermann Hesse, Das Glasperlenspiel, a. a. O., 15. „Für jeden Musiker ist und bleibt *Das Glasperlenspiel* ein kapitales Werk mit lebenslanger Ausstrahlung" (Marc Andreae im Gespräch mit Regina Bucher, in: DU, a. a. O., 60-63, Zitat auf 62). Über die Musiktheorie und die Mathematik wird das Werk immer komplexer.

[939] An dieser Stelle gibt es Ähnlichkeiten zu den Ideen von Gottfried Wilhelm Leibniz (1646-1716), der versuche, eine universelle wissenschaftliche Formensprache, die er \`Universalsprache´ nannte, zu entwickeln. Jürgen Weber wies darauf hin, dass die kastalische Spielsprache als ideographische Universalsprache große Ähnlichkeit zur chinesischen Schrift aufweist (http://www.xn--drjrgenweber-flb.de/Chinesisches%20im%20Glasperlenspiel.pdf, aufgerufen am 8. 8. 2022, 6).

geben. Ein Generalnenner vereinigt alle Disziplinen und ermöglicht es, ihre Inhalte in verschiedenen Koordinatenreihen abzuwandeln, zu transponieren und miteinander in Beziehung zu setzen."[940] Die Glasperlenspieler sind dazu in der Lage, alle Bereiche des Lebens miteinander zu verbinden, ganz ähnlich Komponist:innen, die einzelne Töne in eine Melodie verwandeln können.

In diesem kleinen „Gelehrtenreich, in dem man über den Untergang der alten Kultur trauert und versucht, einen Weltengeist zu schaffen"[941], lebt Josef Knecht, der Protagonist des \`Glasperlenspiels´.[942] Er wurde als hochbegabter Junge, der elternlos aufwuchs, von den Lehrern der örtlichen Lateinschule an eine Eliteschule in der Ordensprovinz Kastalien weiterempfohlen und nach einem guten Schulabschluss und Studium[943] in

---

[940] Volker Michels, Zur Entstehung des \`Glasperlenspiels´, in: Heinz Ludwig Arnold (Hg.), text+kritik. Zeitschrift für Literatur, Bd. 10/11: Hermann Hesse, a. a. O., 50. Hesses Ausführungen über die Musik bewogen Musiktheoretiker wie Joachim-Ernst Berendt (1922-2000) dazu, auf Hesse und sein \`Glasperlenspiel´ zu rekurrieren, vgl. Joachim-Ernst Berendt, Nada Brahma. Die Welt ist Klang (rororo Sachbuch 17949), FfM 1983, Reinbek [17]2001, 209ff., und ders., Das dritte Ohr. Vom Hören der Welt (rororo sachbuch 18414), Reinbek bei Hamburg, 1985, 2000, 224 und bes. 246ff., wo der Autor auf Hesse und Marx eingeht und sein Kapitel mit dem bekannten Wort Hesses beginnt: „Zwischen Marx und mir ist, abgesehen von den viel größeren Dimensionen von Marx, der Unterschied der: Marx will die Welt ändern, ich aber den einzelnen Menschen" (Zitat auf 246). Berendt gehörte zu den Autoren, die auch Lesungen zu Hesse veranstalteten. Er starb auf dem Weg zu einer Buchvorstellung in Hamburg an den Folgen eines Verkehrsunfalls.

[941] Birgit Lahann, Hermann Hesse, a. a. O., 12. In der Bildungszivilisation herrscht Stillstand: Es gibt nichts Neues, Abenteuerliches mehr, sondern es wird nur noch mit dem Vorhandenen gespielt. Die Sorge vor einer unkreativen Bildungslandschaft war die Sorge vieler Intellektueller Anfang des zwanzigsten Jahrhunderts.

[942] Dem Lebenslauf Josef Knechts ist das gesamte Buch gewidmet. Zur Interpretation vgl. Martin Pfeifer, Hesse-Kommentar, a. a. O., 275-302.

[943] Knecht legte sich in seinem Studium nicht auf ein Spezialfach fest, sondern war – in Kastalien gab es keine Studienbeschränkungen – um \`Ganzheit´ und \`Synthese´ bemüht. Der 24jährige junge Mann konnte sein Studium daher völlig frei und selbstbestimmt gestalten. Kein Student hatte die obligatorische Pflicht, Kurse zu besuchen, sondern konnte in Bibliotheken lesen oder Vorlesungen besuchen. Einzig \`Vorlesungsscheine´ und ein Lektüreverzeichnis der studierten Literatur wurde einmal im Jahr vom

den Orden von Kastalien, dessen Sitz Waldzell ist, aufgenommen. Waldzell beherbergt das große Spielearchiv und die Bibliotheken. Geprägt durch den `Musikmeister´, einem Ordensoberen, der ihn u. a. auf die Meditation als Kraftquelle aufmerksam machte und zu einer Art Mentor für ihn wurde, erklimmt Knecht die Sprossen der Ordenshierarchie-Leiter, indem er sich völlig den Ordensregeln unterordnet, bis er schließlich eines der höchsten Ämter, nämlich das des Glasperlenspielmeisters (`Magister ludi´), erlangt.[944] Aus dem Schüler ist nun ein Lehrer geworden. Er nimmt sich vor, das Amt des `Magister ludi´ nur so lange auszuüben, bis ihm die Ideen ausgehen und ihm das jährliche Glasperlenspiel zur lästigen Pflicht geworden ist.[945] Dies ist nach acht Jahren der Fall: Eine Art Amtsmüdigkeit stellt sich ein und er sehnt sich nach Freiheit. Inzwischen hat er auch erkannt, dass sich Kastalien zu weit vom wirklichen Leben entfernt hat, in Bürokratie zu erstarren droht, nur noch um sich selbst kreist und wegen der weltpolitischen Situation der Fortbestand der Provinz gefährdet ist – vor allem, weil sich

---

Orden verlangt. Daneben war die jährliche Vorlage ihrer Vita von den Studenten erwünscht. So gab es von Josef Knecht drei Lebensläufe. Der Schlüssel zum Verstehen von Hesses komplexem `Glasperlenspiel´ liegt maßgeblich in diesen drei Lebensläufen.

[944] Der Ernennung zum `Glasperlenspielmeister´ vorausgegangen war ein dreijähriger Aufenthalt in dem Benediktinerkloster Mariafels. Unter dem Vorwand, fortgeschrittene Spieler das `Glasperlenspiel´ zu lehren, sollte sich Knecht in Wirklichkeit als Spion betätigen und den Kastaliern wichtige Informationen zuspielen. Im Kloster freundete sich Knecht mit Pater Jakobus, einem führenden Geist des modernen Katholizismus, an. Nach zwei Jahren kam ein Mönch zu Besuch ins Kloster, in dem Knecht einen hohen Staatsmann in geheimer Mission vermutete. Dies teilte er seinen Ordensbrüdern in Kastalien mit, woraufhin er nach Waldzell zurückbeordert wurde. Der `Glasperlenspielmeister´ war über den Kontakt Knechts mit Pater Jakobus erfreut, da es den weiteren Plänen des kastalischen Ordens zupass käme. Denn man strebte eine ständige Vertretung Kastaliens im Vatikan an. Gemeinsam mit Rom wollte man künftige Gefahren bewältigen. Knecht sollte ins Benediktinerkloster zurückkehren und Pater Jakobus für das Anliegen der Kastalier gewinnen, denn die Stimme von Pater Jakobus hatte in Rom Gewicht. So kam es denn auch.

[945] Zur Ausrichtung seines ersten Glasperlenspiels zieht Knecht seinen treu ergebenen Freund aus dem Kloster namens Tigelarius heran. Ihm und seinem alten Freund Designori offenbart er später, dass er sein bisheriges Leben hinter sich lassen will.

in die Geistesaristokratie mit der Zeit Eitelkeit, Hochmut, Neid, Ruhmsucht und Ausbeutung eingeschlichen haben. Die Isolation Kastaliens ist Knecht zufolge auf Dauer nicht haltbar; es müsse sich dem weltlichen Leben öffnen, wolle es überleben. Er erinnert sich an ein Gedicht, das er geschrieben hatte, als er ein junger Mann war, und das ihn in seiner Einschätzung bestärkt. In dem Gedicht geht es darum, sich immer wieder auf etwas Neues einzulassen, sich Neuem zu öffnen und sich von Altem getrost zu trennen. Das Plädoyer zu diesem Neubeginn trägt den Titel `Stufen´: „Wie jede Blüte welkt und jede Jugend/Dem Alter weicht, blüht jede Lebensstufe,/Blüht jede Weisheit auch und jede Tugend/Zu ihrer Zeit und darf nicht ewig dauern./Es muß das Herz bei jedem Lebensrufe/Bereit zum Abschied sein und Neubeginne,/Um sich in Tapferkeit und ohne Trauern/In andre, neue Bindungen zu geben./Und jedem Anfang wohnt ein Zauber inne,/Der uns beschützt und der uns hilft, zu leben.//Wir sollen heiter Raum um Raum durchschreiten,/An keinem wie an einer Heimat hängen,/Der Weltgeist will nicht fesseln uns und engen,/Er will uns Stuf´ um Stufe heben, weiten./Kaum sind wir heimisch einem Lebenskreise/Und traulich eingewohnt, so droht Erschlaffen;/Nur wer bereit zu Aufbruch ist und Reise,/Mag lähmender Gewöhnung sich entraffen.//Es wird vielleicht auch noch die Todesstunde/Uns neuen Räumen jung entgegensenden,/Des Lebens Ruf an uns wird niemals enden.../Wohlan denn, Herz, nimm Abschied und gesunde![946]“

[946] Hermann Hesse, Das Glasperlenspiel, a. a. O., 486f. Das Gedicht, das in einer Nacht nach langer Krankheit Hesses (4./5. Mai 1941) entstand und ursprünglich den Titel `Transzendieren´ trug (vgl. Hermann Hesse – Diesseits des `Glasperlenspiels´, a. a. O., 66), wurde danach immer wieder abgedruckt, beispielsweise in: Hermann Hesse, Stufen, zit. nach; ders., Mit der Reife wird man immer jünger. Betrachtungen und Gedichte über das Alter. Mit Fotografien von Martin Hesse, hg. von Volker Michels (st 3551), FfM 2003, 87. Es handelt sich einer Umfrage des Westdeutschen Rundfunks zufolge um

Knecht zweifelt am Weiterbestehen des `Glasperlenspieles´; er befürchtet für die nächste Zeit den Ausbruch von Krieg und Gewalt und hält es für möglich, dass die Existenz Kastaliens beendet werden könnte. Mit dieser kritischen Sicht der Dinge ist Knecht allerdings in der Ordensleitung isoliert. Er fühlt sich unverstanden und legt deshalb sein hohes Amt nieder. Er gehorcht nicht mehr und bricht damit das oberste Gebot des Ordens. Er stellt die Autorität in Frage, will individuell entscheiden und verlässt deshalb Kastalien. Er wird Lehrer und als solcher will er sich der Erziehung eines jungen Mannes, des rohen Naturburschen Tito Designori[947], Sohn eines einstigen Mitschülers, Rivalen und heutigen Geschäftsmannes, in den Bergen außerhalb Kastaliens widmen. Eines Tages trifft er sich mit ihm in einer Berghütte, die der Familie Designori gehört, und an einem See liegt. Tito ist schwer zu motivieren. Doch als Knecht spürt, dass sein Zögling eines Morgens Feuer gefangen hat und seinen

---

das bekannteste Gedicht Hesses und um das Lieblingsgedicht der deutschen Radiohörer:innen (vgl. Die Lieblingsgedichte der Deutschen. Mit einem Nachwort von Lutz Hagestedt und 20 Federzeichnungen von Wolfgang Nickel, Düsseldorf und Zürich 2001, [4]2001, 9), gefolgt von Rilkes `Herbsttag´ und Erich Frieds `Was es ist´, vgl. Westdeutsche Zeitung v. 1.7.2000. Vgl. dazu auch Heimo Schwilk, „Reich-Ranicki hat Hermann Hesse marginalisiert", in: Die Welt v. 23.09.2012, online zugänglich unter: https://www.welt.de/kultur/literarischewelt/article109379848/Reich-Ranicki-hat-Hermann-Hesse-marginalisiert.html (aufgerufen am 8.6.2022). `Stufen´ wurde oft, u. a. auch ins Englische, übersetzt, vgl. Karin Clark, Warum ich Hesses Gedicht `Stufen´ übersetzte, in: Uli Rothfuss (Hg.), Mein Hermann Hesse, a. a. O., 36-37. Auf YouTube ist der Dichter im Original zu hören: https://www.youtube.com/watch?v=_LaACP5GMUg&t=47s (aufgerufen am 13.6.2022).

947 Tito Designori ist der Sohn seines alten Klassenkameraden und Kontrahenten Plinio Designori. Er hatte die Eliteschule als Gast durchlaufen und war nicht in den Orden eingetreten. Durch ihn lernte Knecht den Unterschied zwischen einer weltlich und einer geistig gesinnten Person kennen. Plinio Designori, der ein Leben außerhalb des Ordens favorisierte und das monastische, weltabgewandte Leben scharf kritisierte, machte Knecht bewusst, dass es auch noch ein Leben hinter den kastalischen Grenzen gab. Mit ihm führte Knecht in seiner Schulzeit deshalb heiße Diskussionen. Nach der Schule machte Designori Karriere als Jurist, Abgeordneter und politischer Schriftsteller. Rückblickend erzählte er Knecht, dass die glücklichste Zeit seines Lebens in Kastalien gewesen war und er sein Leben als gescheitert ansah. Jetzt bat er Knecht, für seinen Sohn als Hauslehrer zu fungieren.

Meister zum Wettschwimmen im Gebirgssee auffordert, daraufhin in den gletscherkalten Bergsee springt und dieser es ihm nachtut, ertrinkt Knecht im eiskalten Wasser.[948] Tito fühlt sich am Tod seines Lehrers mitschuldig. Schuldgefühle plagen ihn.[949] Was mit ihm weiter geschieht, bleibt offen. Das Buch schließt mit dem Satz: „Und indem er sich, trotz allen Einwänden, an des Meisters Tod mitschuldig fühlte, überkam ihn mit heiligem Schauer die Ahnung, daß diese Schuld ihn selbst und sein Leben umgestalten und viel Größeres von ihm fordern werde, als er bisher je von sich verlangt hatte."[950]

Das Buch spielt in der Zukunft. Obwohl Hesse bei diesem wie bei anderen seiner Werke bewusst auf eine Aktualisierung verzichtete, hat man bei seiner heutigen Lektüre in der Tat den Eindruck, dass es aufgrund fehlender Tagesaktualität nicht um eine Auseinandersetzung mit etwas Historischem geht, sondern um eine aktuelle Kritik gegenwärtiger autoritärer Systeme und um „die Sehnsucht nach einem reinen und höheren Dasein."[951] Dieses letztes Werk Hesses, seine persönliche Synopse von Kunst, Wissenschaft, Religion und Geschichte, „wurde von der Kritik mit großer Freude, aber auch mit einer gewissen Verlegenheit, einer Mischung aus tiefer Ehrfurcht und einiger Befremdung, begrüßt."[952] Einigen galt es als dünnes, blutleeres, unsinnliches Werk. Für andere war es ein Meisterwerk der Abstraktion. Wiederum andere bezeichneten es als das bedeutendste von Hesses

---

[948] Vgl. Hermann Hesse, Das Glasperlenspiel, a. a. O., 472f.

[949] Vgl. Hermann Hesse, Das Glasperlenspiel, a. a. O., 473f.

[950] Hermann Hesse, Das Glasperlenspiel, a. a. O., 474.

[951] Siegfried Unseld, Hermann Hesse: `Das Glasperlenspiel´. Eine Besprechung, in: ders., Begegnungen mit Hermann Hesse, a. a. O., 37. Siegfried Unseld, der über Hermann Hesse promoviert hatte, veröffentlichte das 8. Kapitel seiner Dissertation `Hermann Hesses Auffassung über den Beruf des Dichters´ als `Das Glasperlenspiel´. Der Dichter als Bewahrer von `Maß und Ordnung´.

[952] Trude Fein, Als Köchin bei Hermann Hesse, in: in: Volker Michels (Hg.), Hermann Hesse in Augenzeugenberichten, a. a. O., 239.

Werken, mit dem der alternde Dichter einen nochmaligen Neubeginn wagte.[953] Der Kritiker Hans Mayer[954] sah in ihm „ein Signal für den geistigen Aufbruch nach der Diktatur“[955]. Der Kritiker Manfred Mixner[956] kritisierte den „Abwehrzauber“[957], mit dem der Text versehen war: „Je mehr man versucht, in ihn einzudringen, desto irritierender sind die Verzweigungen, desto verwirrender die alogisch-labyrinthischen Um- und Abwege in den Gedankengängen.“[958] Volker Michels schrieb zutreffend: „Je nach Temperament des Lesers weckt es bei den einen Beschämung und Ansporn, während die anderen dieses Buch als idealistisches oder esoterisches Hirngespinst abzutun geneigt sind.“[959] Der verstorbene Mitherausgeber der `Frankfurter Allgemeinen Zeitung´, Frank Schirrmacher[960], rekurrierte kurz in einem Buch über das Informationszeitalter, einem Beitrag zur

---

[953] Vgl. Adrian Hsia, I Ging und das Glasperlenspiel Hesses, in: Heinz Ludwig Arnold (Hg.), text+kritik. Zeitschrift für Literatur, Bd. 10/11: Hermann Hesse, a. a. O., 53-66, bes. 53. Hsia klopft in seinem kenntnisreichen Essay `Das Glasperlenspiel´ auf chinesische Komponenten ab, die in ihm enthalten sein könnten. Er stellt u. a. heraus, dass es im alten China weder einen religiösen noch einen weltlichen Orden gab und dass die Zahl zwölf von Hesse gewählt worden war, um der Zahl von Jesu Jüngern zu entsprechen. Hsia erinnert daran, dass Hesse zwar kein Chinesisch gesprochen, aber in jungen Jahren das `Buch der Wandlungen´ studiert hatte, und konstatiert eine große Ähnlichkeit vom Glasperlenspiel mit dem `I Ging´-Spiel, das im Buch einmal das `Orakelspiel´ genannt wird: „Demnach enthält das Glasperlenspiel die magische Seite des `I Ging´, also die *Unio Mystica* ohne die staatlichen, familiären und gesellschaftlichen Beziehungswelten; es ist ein System von Gleichnissen... ein modifiziertes `I Ging´ für die abendländischen Intellektuellen“ (60).

[954] Der Schriftsteller Hans Mayer (1907-2001) war Musikwissenschaftler, Jurist und Sozialreformer sowie einer der bedeutendsten Literaturkritiker des 20. Jahrhunderts.

[955] Birgit Lahann, Hermann Hesse, a. a. O., 138.

[956] Manfred Mixner (geb. 1947) ist ein österreichischer Journalist und Schriftsteller, der in Schweden lebt.

[957] Manfred Mixner, Hesse lesen, a. a. O., 31.

[958] Manfred Mixner, Hesse lesen, a. a. O., 31.

[959] Volker Michels, Zur Entstehung des `Glasperlenspiels´, in: Heinz Ludwig Arnold (Hg.), text+kritik. Zeitschrift für Literatur, Bd. 10/11: Hermann Hesse, a. a. O., 43-52, Zitat auf 46f.

[960] Der deutsche Journalist, Essayist und Buchautor Frank Schirrmacher (1959-2014) war zwanzig Jahre lang bis zu seinem Tod durch Herzinfarkt Mitherausgeber der `Frankfurter Allgemeinen Zeitung´ (FAZ).

Diskussion über die sozio-kulturellen Folgen des Internets, auf das `Glasperlenspiel´: „Hermann Hesses `Glasperlenspiel´ beschreibt eine Welt“, so Schirrmacher, „in der der Umgang mit Informationen nicht mehr vom nie zu stillenden Hunger geprägt wird, sondern vom Spiel. Das gesamte Wissen der Menschheit wird von den Glasperlenspielern nicht konsumiert, sondern `gespielt wie eine Orgel vom Organisten, und diese Orgel ist von einer kaum auszudenkenden Vollkommenheit. Theoretisch ließe sich mit diesem Instrument der ganze geistige Weltinhalt im Spiele reproduzieren´. Durch die Computer sind die Gesellschaften längst in die Phase des Spiels eingetreten, aber haben es bislang denjenigen überlassen, die an Börsen und Finanzmärkten verhängnisvolle Wetten auf Informationen abschließen.“[961] Hesses `Glasperlenspiel´ übt also bis heute eine nachhaltige Wirkung aus.[962] „Gaben frühere Werke Hesses

---

[961] Frank Schirrmacher, Payback. Warum wir im Informationszeitalter gezwungen sind zu tun, was wir nicht tun wollen, und wie wir die Kontrolle über unser Denken zurückgewinnen, München 2009, 2011, 223. Schon der US-amerikanische Psychologe Timothy Leary (1920-1996) hatte seinerzeit hellsichtig Vergleiche zum Computer gezogen und im `Glasperlenspiel´ die Vorwegnahme des digitalen Zeitalters vorausgesehen. Er meinte, Hesse hätte eine Soziologie des Computers vorgestellt: Für Leary beschrieb Hesse in seinem prophetischen Roman eine Elite von Spitzenprogrammierer:innen, „die vollständig in den Konstruktionen ihres Denkens leben, ohne sich um die Außenwelt zu kümmern“ (Birgit Lahann, Hermann Hesse, a. a. O., 136). Leary zeigte, „was in einer Gesellschaft passiert, die sich in Glasperlenspieler, also Computerbeherrscher, und in Ausgeschlossene, also Computeranalphabeten, teilt, das heißt, in Reiche und Habenichtse“ (Birgit Lahann, Hermann Hesse, ebda.). Vgl. dazu umfänglich Ingo Cornils, Ein Glasperlenspiel im Internet. Hesse lesen im globalen Zeitalter, in: Hermann Hesse und die literarische Moderne, a. a. O., 399-413, der resümierend u. a. festhält, dass Hesse lesen im globalen Zeitalter bedeutet, Teil einer internationalen Gemeinschaft zu sein und Zugang zur Welt der Bücher zu haben.

[962] Wirkungsgeschichtlich ist erwähnenswert, dass sich nach Hesses `Glasperlenspiel´ 2006 ein deutsches Elektropop-Gesangsduo (Carolin Niemczyk, geb. 1990, und Daniel Grunenberg, geb. 1988) nannte, das 2011 beim Bundesvision Song Contest für das Land Baden-Württemberg antrat und dort den vierten Platz erzielte. Verena Specht-Ronique (Konzept) und Sven Eric Panitz (Text) schufen das Theaterstück `GPS. Eine Standortbestimmung mit Hermann Hesses Glasperlenspiel´. Die Uraufführung fand am 18. Oktober 2012 im EXPERIMINTA ScienceCenter in Frankfurt/Main statt (Musik und Sound: Elvira Plenar, Inszenierung: Sabine Koch).

Prognosen und Diagnosen der Zeit, so steht diese Dichtung bei aller Kulturkritik im Zeichen der Therapie. Die heilenden Kräfte, die aus dem Chaos wieder zur Ordnung führen können, wollte Hesse sichtbar machen. [...] Die Begriffe Kastalien und Glasperlenspiel... haben sich von der Dichtung gelöst und sind eigene geistige Realitäten geworden."[963] Es bleibt die Einschätzung Siegfried Unselds: „Vielleicht sieht man einmal im Glasperlenspiel den großen intellektuellen Gegenentwurf zur Barbarei und zu den Verbrechen des Dritten Reiches, als scharfe Analyse der Zeit und gleichzeitig als Utopie, deren Zukunftserwartung Inhalte der klassischen Utopien, wie die Rückkehr zur Natur, die Idee des ewigen Friedens und einer klassenlosen Gesellschaft aufnimmt."[964]

Hesses dritte Ehefrau, Ninon Hesse, geb. Auslaender, war mit ihm in die \`Casa Rossa´ umgezogen. Die älteste Tochter des österreichisch-jüdischen Rechtsanwaltes Dr. Jakob Auslaender[965] war 1895 in Czernowitz, der Hauptstadt der Bukowina im Osten der Habsburger Monarchie, geboren worden. In Wien hatte sie

[963] Bernhard Zeller, Hermann Hesse, a. a. O., 138.

[964] Siegfried Unseld, Hermann Hesse – heute, in: Siegfried Unseld, Begegnungen mit Hermann Hesse, a. a. O., 231-269, Zitat auf 261.

[965] Dr. Jakob Auslaender (1860-1919) war Rechtsanwalt und Präsident der Bukowiner Anwaltskammer. Er war mit Gisela Anna Auslaender, geb. Israeli (1874-1925) verheiratet und hatte mit ihr drei Töchter. Er hatte eine starke patriotische Gesinnung, so dass er bei Ninon, Toka und Lilly ein Bewusstsein für die deutsche Sprache und für die Kultur Alt-Österreichs schuf. Seine mittlere Tochter Toka Auslaender beging 1922 im Alter von 23 Jahren in Wien kurz vor Abschluss ihres Chemiestudiums Suizid. Lilly Kehlmann (1903-1985), die jüngere Schwester Ninons, studierte Deutsch und Französisch auf Lehramt und danach Kunstgeschichte und nahm Malunterricht bei Oskar Kokoschka (1886-1980). Später war sie in erster Ehe mit dem rumänischen sozialdemokratischen Politiker Lothar Radaceanu und in zweiter Ehe mit dem Advokaten Dr. Heinrich Kehlmann (1909-1979) verheiratet. Das Ehepaar lebte zunächst in Wien und in Czernowitz und floh dann 1943 vor den Wirren des Krieges und dem Grauen der Nazibesetzung nach Bukarest. Ninon und Hermann Hesse setzten sich für sie ein, so dass ihnen die Ausreise in die Schweiz gelang und sie ein Jahr lang als \`Staatenlose´ in Montagnola bleiben konnten, doch dann das Land verlassen mussten. Sie wanderten zunächst nach Frankreich und dann wie so viele in die USA aus. Ihre letzten Lebensjahre verbrachte Lilly Kehlmann in Wien. Dort starb sie.

1913 ein Medizinstudium begonnen, sich aber nach sieben Semestern für Kunstgeschichte, Archäologie und Philosophie eingeschrieben. In Wien hatte sie auch ihren ersten Mann kennengelernt. Studienaufenthalte hatten sie nach Paris und nach Berlin geführt. Seit sie vierzehn Jahre alt war und erstmals \`Peter Camenzind´ gelesen hatte, hatte sie Hesse regelmäßig Briefe geschrieben.[966] 1921 waren der von ihr verehrte Dichter und sie sich erstmals in Montagnola persönlich begegnet, und zwar zu einem Zeitpunkt, als sie beide mit jemand anderem verheiratet gewesen waren.[967] Im Laufe der Zeit entwickelte sie sich „von der jugendlichen Adorantin zur hingebungsvollen Geliebten und geistigen Weggefährtin Hesses bis zur mütterlich sorgenden Beschützerin seiner Altersjahre“[968]. Die „temperamentvolle und, wie es schien, fröhlich veranlagte Jüdin“[969] war in erster

[966] Vgl. Florian Illies, Liebe in Zeiten des Hasses, a. a. O., 106. Ninon Auslaenders erster Brief an Hermann Hesse vom Februar 1910 ist abgedruckt in: Ninon Hesse, Lieber, lieber Vogel, a. a. O., 49-51.

[967] Vgl. Ninon Hesse, Lieber, lieber Vogel, a. a. O., 75, Anm. 1. Zur Zeittafel Hermann Hesse/Ninon Dolbin vgl. Ninon Hesse, Lieber, lieber Vogel, a. a. O., 597-606.

[968] Gisela Kleine, Einleitung, in: Ninon Hesse, Lieber, lieber Vogel, a. a. O., 8. Die deutsche Hesse-Biografin Gisela Kleine (geb. 1926), die schon zu Hesse promoviert hatte (\`Das Problem der Wirklichkeit bei Hermann Hesse´), nahm für dieses Buch Einblick in bis dato unveröffentlichte Briefe, die von Ninon Hesse im Zeitraum 1910 bis 1962 verfasst worden waren. Sie war von Hermann Hesse persönlich nach Montagnola eingeladen worden und hatte dort Ninon Hesse kennengelernt; mit beiden führte sie danach einen Briefwechsel. Sie sichtete Ninon Hesses Nachlass und wertete Familiendokumente, Tagebücher, Fotos, Gedichte, Reiseberichte und archäologische Arbeiten aus. Sie veröffentlichte über beide eine Paarbiografie, vgl. dazu Gisela Kleine, Ninon und Hermann Hesse. Leben als Dialog, Sigmaringen 1982, und dies., Ninon und Hermann Hesse. Biographie eines Paares, Berlin 2017. Mit ihrem Buch \`Lieber, lieber Vogel´ bot Kleine eine Innensicht der spannungsreichen dritten Ehe Hermann Hesses. Sie verfestigte damit das gängige Bild eines Individualisten, dem die Gemeinschaft zwar zuwider war und der Wert auf Distanz legte, der aber auf Bindung und Nähe nicht verzichten wollte.

[969] Max Brod, Begegnung mit Hermann Hesse, in: Volker Michels (Hg.), Hermann Hesse in Augenzeugenberichten, a. a. O., 146-148, Zitat auf 147. Gegen diese Einschätzung sprechen Berichte von Tessiner:innen, die Ninon Hesse beim Einkaufen und auf dem Weg zur Post trafen: Sie machte auf viele „einen furchteinflössenden Ein-

Ehe mit dem österreichischen Karikaturisten Fred Dolbin[970] verheiratet gewesen. Im März 1926 hatte ihre Liebesbeziehung mit Hermann Hesse begonnen, als sie ihn in seiner Zürcher Winterwohnung besucht hatte[971], wo dieser in Klausur, stark vereinsamt, von Suizidgedanken geplagt und im Alkohol Trost suchend, an seinem `Steppenwolf´ arbeitete.[972] Nach langem Zögern hatte sie sich nach dieser Begegnung dazu entschlossen, nicht mehr zu ihrem Ehemann zurückzukehren, sondern bei Hesse zu bleiben. Die 18 Jahre jüngere, zu diesem Zeitpunkt 32 Jahre alte Frau reiste im September 1927 nach Wien, löste ihre Wohnung dort auf, verkaufte das Haus ihrer Eltern in Czernowitz und lebte fortan in den Wintern in Hesses Nähe: in gemieteten Zimmern in Zürich und im Sommer in der eigenen Wohnung in der `Casa Camuzzi´ in Montagnola.[973] Ihr Dissertationsprojekt brach sie ab. Im Januar 1928 begleitete sie Hesse zu

---

druck… Pedantisch sei sie gewesen, nie hätte sie gelächelt und immer auf Distanz geachtet" (Regina Bucher, „Und auch die Tessiner liebe ich sehr…" Hermann Hesse und die Tessiner, in: „Höllenreise durch mich selbst", a. a. O., 235-249, Zitat auf 239). Andere behielten sie als eine freundliche, „aufgeschlossene, zugewandte Frau in Erinnerung" (240); für wiederum andere war sie eine „anregende Gesprächspartnerin" (240).

970 Benedict Fred Dolbin (1883-1971), jüdischer Herkunft, war ein österreichischer Karikaturist und Pressezeichner der Jahre 1926 bis 1933. Er war mit Ninon Auslaender seit 1918 in zweiter Ehe verheiratet. Nach der Scheidung von Ninon Auslaender heiratete er 1932 erneut, und zwar seine langjährige Geliebte, die Schauspielerin Ellen Herz (1898-1974), und adoptierte drei Jahre später ihre Tochter, vgl. dazu online: https://www.dortmund.de/media/p/institut_fuer_zeitungsforschung/zi_downloads/nachlaesse_1/Findbuch_Dolbin.pdf (aufgerufen am 22.5.2022). Von den Nazis mit Berufsverbot belegt, emigrierte er mit seiner Familie 1935 in die USA; Ninon Hesse und Fred Dolbin blieben in Freundschaft lebenslang miteinander verbunden, vgl. Ninon Hesse, Lieber, lieber Vogel, a. a. O., 70, 154ff. und 264. Fred Dolbin starb in New York.

971 Ninon Hesse, Lieber, lieber Vogel, a. a. O., 79.

972 Vgl. Gisela Kleine, Einleitung, in: Ninon Hesse, Lieber, lieber Vogel, a. a. O., 18.

973 Hesse hatte Ninon Dolbin eine – feuchtkalte – möblierte Wohnung in der `Casa Camuzzi´ besorgt: „Ninons Räume lagen parterre im linken Seitenflügel, Hesses Sommerdomizil im Obergeschoß des rechten Seitenflügels. (…) durch Zuruf oder durch kleine Zettel verständigte man sich auf Zeiten des Alleinseins oder der gemeinsamen Unternehmungen. (…) Die Abende verbrachten sie meist zusammen" (Ninon Hesse, Lieber, lieber Vogel, a. a. O., 170f.). Vgl. dazu Gunnar Decker, Hesse, a. a. O., 520, und kritisch Florian Illies, Liebe in Zeiten des Hasses, a. a. O., 107.

einem sechswöchigen Urlaub nach Arosa/Graubünden[974] und zwei Monate später auf einer Reise in seine schwäbische Heimat, wo Hesse sie Familie und Freunden als seine Sekretärin vorstellte.[975] Am 6. Juni 1931, nachdem Fred Dolbin der Scheidung zugestimmt hatte, wurde die Ehe geschieden. Daraufhin heirateten der 54jährige Hesse und die 36jährige Ninon Dolbin am 14. November 1931 standesamtlich im Gemeindeamt von Montagnola.[976] Direkt nach der Hochzeit fuhr Hermann Hesse am 15. November 1931 allein zur Kur nach Baden und Ninon Hesse begab sich im Schlafwagen allein `auf Hochzeitsreise´

---

974 In Arosa verbrachte Hesse mit Ninon Dolbin auch im Jahr darauf ausgedehnte Winterferien. Bei der Gelegenheit lernte er Hans Roelli (1889-1962), den ehemaligen Kurdirektor des Ortes, Komponisten, Dichter, Journalisten und passionierten Skifahrer kennen, mit dem er ausgedehnte Skitouren unternahm. Zwei Jahre später folgten Hesse und Ninon Dolbin einer Einladung des mit Hesse seit 1919 befreundeten Josef Englert ins Grandhotel Chantarella bei St. Moritz. Hesse setzte dem an Astrologie interessierten Englert, der zeitweise in Kaschmir und Bengalen gelebt hatte, in seiner `Morgenlandfahrt´ in der Figur `Jup der Magier´ ein literarisches Denkmal. Im Januar 1931 verbrachten Hermann und Ninon Hesse einen weiteren Winterurlaub dort und im Januar/Februar 1932 trafen sie dort mit der Familie Thomas Manns zusammen, vgl. Hesse. Sein Leben in Bildern und Texten, a. a. O., 238f., und Hermann Hesse 1877-1977, a. a. O., 98f.

975 Von Hesse besucht wurden Ulm, Heilbronn, Würzburg, Darmstadt und Berlin. In dieser Zeit und auch später noch legte Hesse auch Strecken mit dem Flugzeug zurück. Schon 1911 hatte er von Friedrichshafen aus im Zeppelin eine Fahrt unternommen, als dessen literarischer Ertrag u. a. `Im Flugzeug´ (1912) entstanden war, vgl. Hermann Hesse, Luftreisen, hg. v. Volker Michels (it 1604), FfM 1994; vgl. dazu auch Gunnar Decker, Hesse-ABC, a. a. O., 146ff., und Andreas Solbach, Hermann Hesse. Ein Schriftsteller auf der Suche, a. a. O., 157.

976 Eine Abbildung der Heiratsurkunde befindet sich in: Uli Rothfuss, Hermann Hesse privat, a. a. O., 196. Auch diese Heirat war nicht von Hermann Hesse ausgegangen; er wollte lieber zölibatär leben und verstand Heiraten als Anpassungsversuche ans Bürgerliche, wie er am 4. Januar 1947 in einem Brief an seine Ulmer Freund Eugen Zeller (1871-1953) schrieb (vgl. dazu auch Alois Prinz, „Und jedem Anfang wohnt ein Zauber inne", a. a. O., 287). Seinem Freund Heinrich Wiegand teilte Hesse lakonisch mit: „Morgen nachmittag gehe ich aufs Standesamt, um mir den Ring durch die Nase ziehen zu lassen" (Hermann Hesse an Heinrich Wiegand, zit. nach Klaus Walther, Hermann Hesse, a. a. O., 126, und Florian Illies, Liebe in Zeiten des Hasses, a. a. O., 151). Hesse-Biograf Andreas Solbach machte darauf aufmerksam, dass für Hausbesitzer:innen damals der sog. `Kuppelparagraf´ (§ 180 StgB) galt, der nichteheliches Zusammenleben unter einem Dach unter Strafe stellte. Zudem rettete Hesse indirekt der österreichischen Jüdin Ninon Auslaender das Leben, dadurch, dass sie mit der Heirat Schweizerin wurde und in der neutralen Schweiz vor Verfolgung verschont blieb.

nach Rom.[977] Ninon Hesse verfügte über eine solide Bildung und kannte sich ausgezeichnet in der klassischen Literatur sowie in der antiken griechischen Mythologie und Kultur aus.[978] Sie war bereit, Hesse den für seine Arbeit notwendigen Freiraum zu lassen.[979] Darüber gibt ein Bonmot aus einem Brief von ihr an Hermann Hesse vom 21. November 1926 Zeugnis: „Das richtige Zusammenleben, wie ich es mir denke, besteht nicht nur darin, dazusein, wenn der andere einen braucht, sondern vor allem darin, nicht dazusein, wenn der andere einen nicht braucht."[980] Hesse „vertraute darauf, daß Ninon seine Unabhängigkeit achten und ihm eine Gemeinschaft ohne gegenseitige Verpflichtungen bieten werde."[981] Hermann Hesse nannte

---

977 Vgl. Gisela Kleine, Einleitung, in: Ninon Hesse, Lieber, lieber Vogel, a. a. O., 39.

978 Seit den 1930er-Jahren unternahm Ninon Hesse, räumlich und innerlich von ihrem zeitweise schwierigen Ehemann getrennt, ausgedehnte Reisen nach Italien, Paris, London, Kleinasien und vor allem nach Griechenland (beispielsweise vom 14.4.-19.5.1937, auf der sie von der befreundeten Germanistin und Übersetzerin Anni Carlsson, geb. Rebenwurzel [1911-2001], der Herausgeberin des Briefwechsels von Hermann Hesse und Thomas Mann, begleitet wurde). Vom 8.4.-9.5.1939 unternahm Ninon Hesse eine zweite Griechenlandreise und besuchte u. a. Athen, Attika und Delphi. Dort schrieb sie Hesse über ihre Begegnung mit Nazis (vgl. ihren Brief v. 16.4.1939). Eine weitere Flugreise nach Griechenland, bei der sie sich ein Ekzem zuzog und sich deshalb nach ihrer Rückkehr einer Behandlung in einer Genfer Spezialklinik unterziehen musste, unternahm sie vom 28.8.-13.10.1952. Vom 4.4.-8.5.1956 unternahm sie mit Freund:innen eine weitere Reise nach Griechenland. Aus ihren zahlreichen an Hesse gerichteten Briefen geht hervor, wie sehr sie sich in der griechischen Kultur und Mythologie auskannte. Sie stand mit einigen Altertumsexperten in Kontakt, u. a. mit Dr. Siegfried Lauffer (1911-1985), Ordinarius für Alte Geschichte an der Universität München, und dem ungarischen Religionsforscher Karl Kerényi (1897-1973), und begab sich zu wissenschaftlichen Recherchen u. a. in die Zürcher Zentralbibliothek. In ihrer Abwesenheit besuchten Hesses Schwester Adele oder seine Söhne abwechselnd ihren Vater und kümmerten sich um ihn (Gartenarbeit, Vorlesen, Malen, Fotografieren).

979 Vgl. Birgit Lahann, Hermann Hesse, a. a. O., 112ff.

980 Ninon Hesse, zit. nach Klaus Walther, Hermann Hesse, a. a. O., 115. An ihre Schwester Lilly schrieb sie 1939: „Die Liebe ist nicht so wichtig! (...) Nur die Arbeit ist wichtig" (Ninon Hesse, zit. nach Lieber, lieber Vogel, a. a. O., 29).

981 Gisela Kleine, Einleitung, in: Ninon Hesse, Lieber, lieber Vogel, a. a. O., 22.

sie `Keuper´[982] und sie ihn `Vogel´[983]. 31 Jahre lang lebten sie zusammen.

Anfangs mangelte es nicht an Konflikten zwischen den beiden: In der `Casa Rossa´ wohnten Ninon und Hermann Hesse getrennt, lebten nicht zusammen, sondern nebeneinanderher. Es gab zwei Wohnbereiche, zwei Eingänge; eine einzige Tür verband die beiden Haushälften. Kommuniziert wurde zwischen beiden zunächst per `Hausbrief´ – „schnöde Anweisungen, Wünsche um Abstand, Essensbestellungen.“ [984] Selten lud Hesse „die schöne, sanfte Ninon in sein Schlafgemach ein.“[985] Obwohl ihm bekannt war, wie sehr sich Ninon ein Kind von ihm wünschte, hatte sich der dreifache Vater, bevor sie bei ihm einzog, in Berlin einer Vasektomie[986] unterzogen, ihr davon aber

---

982 „Das Wort ist im Schwäbischen geläufig und bezeichnet eine Gesteinsart, die sich im Mesozoikum bildete; Keuperböden sind von schillernder Vielfarbigkeit“ (Gisela Kleine, Einleitung, in: Ninon Hesse, Lieber, lieber Vogel, a. a. O., 26). Der Name fand Eingang ins `Glasperlenspiel´: In Keupernheim widmeten sich die Kastalier dem Studium der Philologie.

983 Zu diesem Kosenamen von Ninon Hesse für ihren Mann „verleitete sie nicht nur eine gewisse physische Ähnlichkeit in Kopfhaltung, scharfer Profillinie und spähendem Blick, sondern auch das Vogelleichte seiner Gestalt…“ (Gisela Kleine, Einleitung, in: Ninon Hesse, Lieber, lieber Vogel, a. a. O., 26). Hesse ließ sich von ihr auch `Vogel´ rufen und unterschrieb Briefe an sie mit `Vogel´, manchmal auch mit einem gezeichneten Vogel. Der Spitzname stammte einigen Hesse-Interpreten aus dem gleichnamigen Märchen Hesses, vgl. Hermann Hesse, Die Märchen, FfM 1975, 252ff. Zu dem Spott, den er bei Bekanntwerden in der literarischen Öffentlichkeit hervorrief, vgl. Gunnar Decker, Hesse-ABC, a. a. O., 60f.

984 Florian Illies, Liebe in Zeiten des Hasses, a. a. O., 107 (vgl. dagegen Gisela Kleine, Einleitung, in: Ninon Hesse, Lieber, lieber Vogel, a. a. O., 25). „Böse Spötter behaupteten, daß Ninon jeden Besuch erst schriftlich anmeldete“ (Gunnar Decker, Hesse-ABC, a. a. O., 52f.). Gunnar Decker vergleicht diese `Hausbriefe´, eine Form der täglichen Kommunikation und Verbindung miteinander, mit einem Trappistenkloster, in dem die meiste Zeit geschwiegen und untereinander per Zetteln kommuniziert wird, vgl. Gunnar Decker, Hesse, a. a. O., 515.

985 Florian Illies, Liebe in Zeiten des Hasses, a. a. O., 108.

986 Vasektomie bzw. Vasoresektion ist u. a. die medizinische Bezeichnung für die chirurgische Durchtrennung der Samenleiter, die einer Sterilisation des Mannes gleichkommt.

nichts erzählt.[987] Seinen Freund Lang hatte er vorab darum gebeten, ein Horoskop von Ninon zu erstellen.[988] Der scheinbar friedliebende, sanftmütige Autor mit Sonnenhut und sonnengegerbter Haut entpuppte sich ihr gegenüber anfangs als permanent schlecht gelaunter Neurotiker, woran sich auch in den kommenden Jahren wenig ändern sollte.[989] Depressive Phasen und Suizidphantasien wechselten sich bei ihm mit cholerischen Tobsuchtsanfällen und einer egozentrischen Sensibilität ab.[990] Ninon Hesse, die „Herrin des Hauses“[991], führte ihrem unberechenbar launischen, „hochsensiblen und oft hypochondrischen“[992] Mann, der ihren Einfluss auf ihn und auf sein Werk

---

[987] Hesse wohnte während der einzigen Berlinreise, die er unternahm, bei dem Kaufmann und Pelztierzüchter Karl Reichenbach (1872-1942) und dessen Frau Eleonore (1899-1973), beide zum treuen Leser:innenkreis Hesses gehörend. Den operativen Eingriff nahm am 28. März 1928 der mit ihnen befreundete Chirurg Dr. Peter Schmidt in ihrem Landhaus vor, vgl. Gisela Kleine, Ninon und Hermann Hesse. Biographie eines Paares, a. a. O., 247. Hesse war mit der Bahn angereist und nahm für die Rückreise das Flugzeug, vgl. Volker Michels (Hg.), „Ich bin ein Mensch des Werdens und der Wandlungen“. Hermann Hesse: Die Briefe 1924-1932, Berlin 2017, 677.

[988] Vgl. Florian Illies, Liebe in Zeiten des Hasses, a. a. O., 108, und Gunnar Decker, Hesse, a. a. O., 513. Vgl. auch den Brief von Ninon Hesse v. 30.4.1926, in dem sie auf Langs Horoskop Bezug nimmt, in: Ninon Hesse, Lieber, lieber Vogel, a. a. O., 97f. Das Horoskop ist zu sehen bei Gisela Kleine, Zwischen Welt und Zaubergarten – Ninon und Hermann Hesse (st 1384), FfM 1988, 531ff.

[989] „Es gab `stumme Wochen´. Reizbar und schwierig war er während der Zeitspannen `latenter Produktion´...“ (Gisela Kleine, Einleitung, in: Ninon Hesse, Lieber, lieber Vogel, a. a. O., 28). Zu Berichten über das schwere Zusammenleben mit Hermann Hesse vgl. auch Birgit Lahann, Hermann Hesse, a. a. O., 140f. Die Spannungen im Persönlichen führten mehr und mehr dazu, dass Ninon Hesse sich verweigerte, verstummte und sich auch gegenüber ihrer Umgebung kühl-distanziert verhielt, vgl. dazu auch Alois Prinz, „Und jedem Anfang wohnt ein Zauber inne“, a. a. O., 315f., und Gisela Kleine, Ninon und Hermann Hesse, a. a. O., 280, sowie Gunnar Decker, Hesse, a. a. O., der nicht davor scheut, Hesse grundsätzlich „etwas Psychopathisches“ (526) zu diagnostizieren.

[990] Vgl. Andreas Solbach, Hermann Hesse. Ein Schriftsteller auf der Suche, a. a. O., 136f.

[991] Gunnar Decker, Hesse, a. a. O., 573.

[992] Ninon Hesse, Lieber, lieber Vogel, a. a. O., 241, Anm. 1.

stets herunterspielte, den Haushalt und regelte ihm den Alltag.[993] Sie bekochte ihn und sorgte dafür, dass der Tag eine Struktur bekam, etwa dadurch, dass die Essenszeiten eingehalten wurden.[994] Sie, die seine Tochter sein konnte, sich aber so benahm, als wäre sie seine Mutter, sorgte dafür, dass Hesse seine Post pünktlich um 10.00 Uhr auf dem Schreibtisch hatte, und organisierte das Putzen und das Mittagessen.[995] Nachmit-

---

[993] Am 10. März 1932 bestimmte Hesse seine Frau durch Erbvertrag zur Verwalterin seines literarischen Nachlasses inklusive der Verfügung über die Verwertungsrechte. Ab Ende 1936 zog er sie immer mehr zur Mitarbeit bei der Herausgabe seiner Bücher und bei Korrekturen heran. Anfang 1947 vertraute Hesse ihr die gesamte Verlagskorrespondenz an und erteilte ihr vertrauensvoll die Vollmacht, nach Durchsicht der Korrekturfahnen für ihn Druckfreigabe zu erteilen, vgl. Ninon Hesse, Lieber, lieber Vogel, a. a. O., 484, Anm. 4.

[994] Nicht nur Hermann Hesse wird in der Sekundärliteratur und von Freund:innen als mit einer schwäbischen Sparsamkeit ausgestattet beschrieben (vgl. das Zeugnis Gunter Böhmers, in: Klaus Walther, Hermann Hesse, a. a. O., 165), der es genoss, bei seinen wohlhabenden Freunden zu Gast zu sein und ansonsten bei Hotelaufenthalten auf eigene Rechnung jeden Rappen umdrehte; nach Aussagen von Verwandten war auch Ninon Hesse geradezu geizig. So äußerte sich Hesses Nichte über sie: „Ninon war eine korrekte, aber auch überaus geizige Frau. Wenn beispielsweise eine Haushälterin 100 Gramm Fleisch zuviel einkaufte, mußte sie es wieder in die Metzgerei zurückbringen. Kein Wunder, daß es die meisten Köchinnen nicht lange bei ihr ausgehalten haben..." (Georg A. Weth, Hermann Hesse in der Schweiz, a. a. O., 46). Vgl. dazu den Bericht der Ungarin Kató Stefanek-Mónos, Erinnerungen an Montagnola, in: Volker Michels (Hg.), Hermann Hesse in Augenzeugenberichten, a. a. O., 267-279, die als Haushaltshilfe bei den Hesses 1943 beschäftigt war und genau diese Szene beschreibt (271f.). Hesse-Kenner Uli Rothfuss zitiert Hesses Sohn Heiner, der die „größte Genauigkeit" seiner Stiefmutter erwähnte, so dass es „kein Wunder (war), daß ihr die Haushaltshilfen immer wieder davonliefen" (Uli Rothfuss, Hermann Hesse privat, a. a. O., Zitate auf 198). Der schweizerische Dirigent Marc Andreae, der Hermann und Ninon Hesse privat kannte, erwähnte die Anekdote, dass Ninon Hesse in Athen den Parthenon ausmaß, um die im Baedeker angegebenen Maße zu verifizieren: „Ninon war gegen das Stimmrecht für Frauen, hatte wenige Freundinnen..." (Marc Andreae im Gespräch mit Regina Bucher, in: DU, a. a. O., 60-63, Zitat auf 61). Hermann Hesse bescheinigte ihr „Perfektionismus in der Haushaltsführung, ihr `Fanatismus´ bei der Pflege der Böden und Möbel beängstigte" (Ninon Hesse, Lieber, lieber Vogel, a. a. O., 305, Anm. 1).

[995] Vgl. Florian Illies, Liebe in Zeiten des Hasses, a. a. O., 255. Für Ralph Freedman fungierte Ninon Hesse sogar als „pater familias. Sie übernahm die Haushalts- und Alltagsplanung, in ihren Händen lag die ganze Regie" (Ralph Freedman, Hermann Hesse, a. a. O., 429).

tags wurde in der Bibliothek der Tee serviert und eingenommen.[996] Nach dem Abendessen um 19.00 Uhr las sie Hesse regelmäßig mehrere Stunden vor.[997] Dieser revanchierte sich mit kleinen Aufmerksamkeiten.[998] Und während er sich täglich stundenlang in die Gartenarbeit flüchtete und sich zwei- bis dreimal jährlich zur Kur nach Baden begab – eine Möglichkeit, sich der Nähe seiner Frau zu entziehen –, fuhr Ninon Hesse immer wieder einmal alleine nach Italien, Griechenland oder nach Sils Baseglia.[999] „Die Hesse-Ehe spielte sich auf zwei Ebenen ab: Neben dem oft trennenden Alltag mit Schweigen, Zurückweisung und werkabhängiger Gereiztheit gab es eine davon unberührte Erlebnisschicht, in der sie sich immer vereint wußten."[1000] Nach außen boten die beiden immer „das Bild eines

---

[996] Verschiedene Besucher:innen haben später über ihre Einblicknahme in Hesses Alltag geschrieben und Beschreibungen des Hesse'schen Ambiente geliefert, vgl. beispielsweise Gisela Kleine, Die Dinge sind auf den Künstler angewiesen. Begegnungen mit Ninon und Hermann Hesse, in: Volker Michels (Hg.), Hermann Hesse in Augenzeugenberichten, a. a. O., 395-402, und Klaus W. Jonas, Ein Nachmittag bei Hermann Hesse, in: Volker Michels (Hg.), Hermann Hesse in Augenzeugenberichten, a. a. O., 406-413. Von Jonas stammt eine Beschreibung des 79jährigen Hesse: „... jugendlich elastisch, die Gestalt aufrecht, mittelgroß, asketisch-schlank, die Lippen auffallend dünn, das Gesicht hager und vogelähnlich" (410). Hesse-Biograf Bernhard Zeller, der Hesse erst als 80jährigen kennenlernte, schrieb: „Er sprach mit tiefer Stimme, ohne Eile, ja bedächtig und unterstrich die Sätze mit etwas schwerfälligen, zuweilen rührend wirkenden Gebärden" (Bernhard Zeller, Besuch bei Hermann Hesse, in: Volker Michels [Hg.], Hermann Hesse in Augenzeugenberichten, a. a. O., 441-451, Zitat auf 443).

[997] Der Grund für die Vorlesestunden war die Entlastung von Hesses Augen. Laut der Aufstellung von Ninon Hesse las sie Hermann Hesse von 1929 bis 1962 insgesamt 1447 Bücher vor, vgl. Ninon Hesse, Lieber, lieber Vogel, a. a. O., 256, Anm. 1.

[998] Vgl. Gisela Kleine, Einleitung, in: Ninon Hesse, Lieber, lieber Vogel, a. a. O., 30.

[999] Vom 5. Mai bis zum 12. Juni 1936 unterzog sich Ninon Hesse einer gynäkologischen Operation in Wien. Vom 12.-18. August 1939 hielt sie sich in Begleitung von Maria Geroe-Tobler (1895-1963) zur Erholung in Sils Baseglia auf. Die am Dessauer Bauhaus ausgebildete Teppichweberin lebte seit 1921 in Montagnola und war mit den Hesses befreundet. Ihr poetisch-märchenhafter Wandteppich \`Liebespaare´ hing in Hesses Arbeitszimmer und befindet sich heute im \`Museo Hermann Hesse´ in Montagnola, vgl. dazu ausführlich Regina Bucher, Mit Hermann Hesse durchs Tessin, a. a. O., 30ff. Dort befindet sich auch ein Foto der Künstlerin.

[1000] Gisela Kleine, Einleitung, in: Ninon Hesse, Lieber, lieber Vogel, a. a. O., 35.

sich innig zugetanen, gegenseitig ergänzenden Paares“[1001]. Nach Hesses Tod sichtete sie seinen Nachlass und bestimmte, dass er im Deutschen Literaturarchiv in Marbach/Neckar untergebracht werden sollte.[1002] Nach der Fertigstellung des Manuskripts `Kindheit und Jugend vor Neunzehnhundert´ starb sie, schon lange herzkrank, am 22. September 1966 in Montagnola, fünf Tage nach ihrem 71. Geburtstag und vier Jahre nach dem Tod ihres Ehemanns, an den Folgen einer Thrombose. Neben Hermann Hesse, versehen mit einem eigenen Gedenkstein [!], wurden ihre sterblichen Überreste am 26. September 1966 auf dem dortigen Friedhof in einem schlichten Grab beigesetzt.[1003]
Doch zurück, 1. September 1939. Die deutsche Wehrmacht überfällt Polen. Zwei Tage darauf erklären England und Frankreich Deutschland den Krieg – der Beginn des Zweiten Weltkriegs. Hesse, der seit Jahren die politische Entwicklung in Nazi-Deutschland verfolgte, überraschen diese Ereignisse nicht. In der Schweiz, die befürchtet, die Deutschen könnten auch die Schweiz angreifen, wird allgemeine Mobilmachung ausgerufen. Hesses drei Söhne, inzwischen alle Familienväter, werden zum Militärdienst eingezogen. Während die deutschen Truppen weitere europäische Länder mit Krieg überziehen – Dänemark, die Niederlande und Norwegen kapitulieren, Frankreichs Norden wird 1940 besetzt –, suchen deutsche Flüchtlinge den Weg ins rettende Ausland über den Süden Frankreichs.

[1001] Manuel Gasser, „Großer Urlaub“ in Montagnola, in: Volker Michels (Hg.), Hermann Hesse in Augenzeugenberichten, a. a. O., 128-136, Zitat auf 135. Der Schweizer Publizist und Kunstkritiker Manuel Gasser (1909-1979) war 1933 Mitbegründer der `Weltwoche´ und von 1958 bis 1974 Chefredakteur der Kulturzeitschrift `DU´.

[1002] Ninon Hesse setzte sich damit gegen Hesses Söhne und manche Freunde durch, die Hesses Nachlass lieber in der Schweiz gehabt hätten. Offensichtlich verortete sie ihren verstorbenen Mann geistig mehr im schwäbischen Raum als bei den Eidgenossen.

[1003] Vgl. Siegfried Unseld, Nachruf auf Ninon Hesse, in: ders., Begegnungen mit Hermann Hesse, a. a. O., 166-168, bes. 166.

Doch das dortige Vichy-Regime arbeitet mit den Nazis zusammen; viele, die sich auf diese Weise zu retten versuchen, werden in Lagern interniert. Hesse setzt sich für die Flüchtlinge ein, versorgt sie mit Lebensmitteln und Büchern.
Wie zuvor in der `Casa Camuzzi´, so empfing Hesse auch in der `Casa Rossa´ in den kommenden Jahren viel Besuch aus Deutschland, u. a. auch von den Exilanten Bertolt Brecht[1004] und Thomas Mann[1005]. Viele Schriftstellerkolleg:innen und Intellektuelle, die vor dem NS-Regime fliehen mussten, steuerten wie die beiden Hesse als erste Adresse in der Schweiz an. Von

---

[1004] Bertolt Brecht (1898-1956) wohnte in Lugano im Hotel Bellerive, weil er von dort aus seine lungenkranke Geliebte und Mitarbeiterin Margarete Steffin (1908-1941) betreuen konnte, die im Sanatorium bei Agra (Collina d' Oro), einer Dependence der berühmten Lungenklinik in Davos oberhalb des Luganer Sees, einen Platz erhalten hatte. Zeitweise, bevor sie ins dänische Exil gingen, wohnten Brecht und seine Familie auch bei Kurt Kläber (eigentlich Kurt Held, 1897-1959, dem Schöpfer des bekannten Kinderbuchs `Die rote Zora und ihre Bande´) und seiner Frau, der deutsch-schweizerischen Kinderbuchautorin und Märchenerzählerin Lisa Tetzner (1894-1963) in Carona, vgl. Bertolt Brecht, Leben und Werk im Bild. Mit autobiographischen Texten, einer Zeittafel und einem Essay von Lion Feuchtwanger (it 406), FfM 1979, 108. Zusammen mit Bernard von Brentano (1901-1964), Kurt Kläber und Margarete Steffin besuchte Brecht Ninon und Hermann Hesse 1933 in Montagnola, vgl. dazu Bernard von Brentano, Geburtstagsgruß an Hermann Hesse, in: Volker Michels (Hg.), Hermann Hesse in Augenzeugenberichten, a. a. O., 164-166, und Stephen Parker, Brecht, Berlin 2018, 472. Dasselbe Foto, dass Brecht anscheinend auf dem Weg zu Hesse zeigt, ist übrigens in Werner Hechts Brecht-Chronik *mit* Margarete Steffin zu sehen, vgl. Werner Hecht, Brecht Chronik, a. a. O., 353, während sie das Foto in: Brecht. Sein Leben in Bildern und Texten. Mit einem Vorwort von Max Frisch, hg. v. Werner Hecht (it 1122), FfM 1988, 121, nicht zeigt, weil es am Rand beschnitten worden war, so dass der Eindruck entsteht, nur die Herren besuchten damals Hermann Hesse. Insgesamt, so hat es den Anschein, ist das Verhältnis von Brecht und Hesse in der Brecht-Forschung etwas unterbelichtet. Dies zeigt schon ein Blick in die Personenregister der gängigen Brecht-Biografien, in denen der Name `Hesse´ nicht auftaucht, vgl. Klaus Völker, Bertolt Brecht. Eine Biographie, München 1978; Reinhold Jaretzky, Bertolt Brecht (rm 50692), Reinbek bei Hamburg 2006; Jan Knopf, Bertolt Brecht. Lebenskunst in finsteren Zeiten. Biografie, München 2012, und Eva-Maria Siegel, Bertolt Brecht (Tectum Literatur Kompakt, hg. v. Gunter E. Grimm), Marburg 2016.

[1005] An seinen Freund René Schickele (1883-1940) schrieb Thomas Mann am 2. April 1934 aus Küsnacht, dass er Hermann Hesse, der Deutschland längst verlassen hatte, offen beneidete, und drückte seinen Abscheu vor den deutschen Zuständen, verbunden mit einem Fluch gegen die Nazis, aus, vgl. Manfred Flügge, Das flüchtige Paradies. Künstler an der Côte d'Azur, Berlin 2008, 185.

daher hörte er schon früh von der Verfolgung und später von der Vernichtung der europäischen Juden. Befürchtungen, dass auch Verwandte seiner Frau in Österreich und vor allem in Ungarn Opfer der Shoah werden könnten, sollten sich bewahrheiten. Hesse half den Emigrant:innen, indem er sie finanziell unterstützte und sich bei der Fremdenpolizei für sie einsetzte, etwa, indem er Bürgschaften für sie übernahm.[1006]

8. Mai 1945. Ende des Zweiten Weltkrieges. Nach zwölf Jahren hatte der Spuk ein Ende. Das große Morden war vorbei. Das ganze Ausmaß der Zerstörung wurde nun erst sichtbar. Hermann Hesse hatte schon lange keinen direkten Kontakt mehr nach Deutschland, das Schicksal seiner Angehörigen war ungewiss. Einige seiner Verwandten waren gestorben, in Gefangenschaft geraten oder galten als in Russland vermisst. Ninon Hesse hatte fast alle Angehörigen und Freunde verloren und trauerte mit ihrem Mann um all jene, die Opfer von nationalsozialistischer Gewalt und Zerstörung geworden waren. Radio Basel sendete eine Waffenstillstandsfeier. Hermann Hesse, in dieser Zeit verbittert und sichtlich mitgenommen – er wog nur noch 51 kg – leistete dazu mit seinem Gedicht `Dem Frieden

---

[1006] Beispielsweise verhinderte Hesse 1938 zunächst die Ausweisung des Lyrikers und Erzählers Albert Ehrenstein (1886-1950) aus der Schweiz und einige Jahre später dann zusammen mit Ehrenstein die Ausweisung des Kommunisten Eduard Claudius (1911-1976), der 1934 in die Schweiz emigriert und dort im antifaschistischen Widerstand engagiert war. Er wurde von den Schweizer Behörden verhaftet und entzog sich der drohenden Ausweisung nach Deutschland durch Flucht nach Spanien, wo er im Spanischen Bürgerkrieg auf republikanischer Seite als Mitglied der Internationalen Brigaden kämpfte. 1939 hielt er sich illegal in der Schweiz auf, wurde entdeckt und sollte erneut ins Deutsche Reich abgeschoben werden – was Hesse und Ehrenstein zu verhindern wussten. Später war Claudius, hoch geehrt, Angehöriger des diplomatischen Dienstes der DDR und wurde Botschafter in Syrien und Nordvietnam.– Von Hesse erhalten gebliebene ist auch ein kritisches Schreiben an den Chef der Eidgenössischen Fremdenpolizei, Dr. Heinrich Rothmund (1888-1961), unter dessen Befehl ca. 30000 Jüdinnen und Juden an der Grenze zur Schweiz abgewiesen wurden – was für die Betroffenen häufig den sicheren Tod bedeutete. Vgl. dazu detailliert online: https://www.uek.ch/de/publikationen1997-2000/fberd.pdf (aufgerufen am 27.6.2022).

entgegen´ einen Beitrag: „Wollet! Hoffet! Liebet! Und die Erde gehört euch wieder.“[1007] Von schwäbischen Freund:innen erfuhr Hesse, dass die US-amerikanischen Besatzungsbehörden sein in der `Schweizer Weltwoche´ veröffentlichtes Gedicht in der Stuttgarter Zeitung nachgedruckt hatten.[1008] Sie hatten es allerdings nicht vollständig abgedruckt, sondern die beiden letzten Zeilen, die Hesse in ihrer Bedeutung besonders wichtig waren, weggelassen und ein Komma falsch gesetzt. Daraufhin protestierte Hesse gegen die nichtautorisierte Veröffentlichung seines Textes, bezeichnete die falsche Interpunktion als `Barbarei´ und beklagte sich beim Redakteur. Hans Habe[1009], einst vor den Nazis aus Österreich geflohen und nun als US-amerikanischer Soldat nach Deutschland zurückgekehrt, konnte für Hesses Haltung nur wenig Verständnis aufbringen. [1010]Der Chief Editor aller deutscher Zeitungen, die in der US-amerikanischen Besatzungszone erschienen, antwortete zynisch-ironisch und ließ Hesse wissen, was er angesichts der Gräuel des Zweiten Weltkriegs und der Grauen von Auschwitz und Bergen-Belsen von seiner Beschwerde hielt: „... während die besten Geister

---

[1007] Hermann Hesse, zit. n. Klaus Walther, Hermann Hesse, a. a. O., 163. Hesses `Rigi-Tagebuch´ gibt Auskunft über seine Gedanken und seine seelische Verfassung in der damaligen Zeit, vgl. Gunnar Decker, Hesse, a. a. O., 617ff. Mit dem Verkaufserlös aus Sonderdrucken dieses Tagebuchs finanzierte Hesse Lebensmittelpakete für Bedürftige und realisierte Bücherwünsche.

[1008] Laut Hesse-Biograf Joseph Mileck wurde das Gedicht im `Weser Boten´ veröffentlicht, vgl. Joseph Mileck, Hermann Hesse. Dichter, Sucher, Bekenner, a. a. O., 387.

[1009] Hans Habe (eigentlich János Békessy, 1911-1977), aus einer österreichisch-jüdischen Familie stammend, aber evangelisch getauft, war Journalist, Schriftsteller und Drehbuchautor. Nach dem Einmarsch deutscher Truppen in Österreich am 12. März 1938, dem sog. `Anschluss Österreichs ans Deutsche Reich´, wurde Habe ausgebürgert, seine Bücher verbrannt. 1942 meldete er sich freiwillig bei der Army zum Kampf gegen Nazi-Deutschland und wurde beim militärischen Geheimdienst eingesetzt. Herbst 1944 leitete Habe eine Abteilung in der Stabsgruppe für Propaganda und psychologische Kriegsführung (als seine Mitarbeiter rekrutierte er u. a. Stefan Heym [1913-2001], Ernst Cramer [1913-2010] und Klaus Mann [1906-1949]).

[1010] Zum Streit mit Hans Habe vgl. Gunnar Decker, Hesse, a. a. O., 622-626.

Deutschlands aus dem Exil ihre Stimme gegen eben jene Barbarei der Konzentrationslager und Bücherverbrennungen erhoben, während die Thomas Mann, Stefan Zweig, Franz Werfel, Fritz von Unruh ihre Anklagen gegen die Barbarei hinausschrieen in den Äther, saßen Sie in vornehmer Zurückgezogenheit, um die wir sie keineswegs beneiden, im Tessin: ein Betrachter des ungewissen Ausgangs. Während andere deutsche Dichter... den heroisch-hoffnungsvollen Versuch unternahmen, gegen die gleiche wohlverstandene Barbarei innerhalb Deutschlands zu kämpfen, warteten Ihre Freunde, Kollegen und Bewunderer in- und außerhalb Deutschlands auf eine Stimme aus der Schweiz. Aber diese Stimme war beschäftigt, die Barbarei der Interpunktion zu bekämpfen."[1011] Wenn es nach ihm, Habe, ginge, dann hätte Hesse künftig jegliche Berechtigung in Deutschland zu sprechen verloren. Hesse war tief getroffen und zutiefst verletzt. Er schickte Kopien des Briefes an Freunde, u. a. auch an seinen einflussreichen Freund Thomas Mann.[1012] Dieser leitete Hesses Beschwerde über Habe an den US-amerikanischen Präsidenten Truman[1013] weiter. So bekam auch die Schweizer Presse Wind von der Sache und verteidigte Hesse als Schweizer Staatsbürger. Habe nahm dazu Stellung und beschuldigte Hesse, in der Schweizer Presse eine Kampagne gegen ihn

---

[1011] Hans Habe, zit. nach Ralph Freedman, Hermann Hesse, a. a. O., 489. Nazi-Propagandaminister Joseph Goebbels (1897-1945) hatte in den 1920er-Jahren Hesses `Unterm Rad´ und `Peter Camenzind´ gelesen. Als `nicht zeitnah´ schätzte später seine NS-Kulturbürokratie Hesse ein. So kam es, dass Hesse von Goebbels geduldet wurde. Er fiel in eine Kategorie, in der Autoren wie Werner Bergengruen (1892-1964), Hans Carossa (1878-1956), Kasimir Edschmid (1890-1966) oder Hans Fallada (1893-1947) von den Nazis eingeordnet wurden: Sie waren in die innere Emigration gegangen und hatten sich in der ein- oder anderen Weise mit dem NS-Regime arrangiert.

[1012] Hesse war zutiefst betrübt, als Thomas Mann 1955 im Zürcher Kantonsspital starb, vgl. Heimo Schwilk, Hermann Hesse, a. a. O., 390f.

[1013] Harry S. Truman (1884-1972), Politiker der Demokratischen Partei, war von 1945 bis 1953 der 33. Präsident der USA.

angezettelt zu haben.[1014] Hesse wollte zunächst nicht auf Habes Brief reagieren und schrieb an seinen Vetter, dass er „kein besiegter und besetzter Germanensklave" war und „wenig Lust" dazu hatte, sich „vor dem Offizierchen zu rechtfertigen"[1015]. Später antwortete er auf Habes Anschuldigungen mit einem offiziell gehaltenen, kühlen Schreiben, in dem er auf Indiskretionen im Freundeskreis verwies.[1016]

Hesse wusste nicht, was mit seiner Familie in Deutschland war, etwa, ob seine Schwestern ausgebombt worden waren oder noch lebten.[1017] Noch gab es keinen Postverkehr nach Deutschland. Noch war im Frühjahr 1946 auch keines der über dreißig Bücher Hesses im deutschen Buchhandel lieferbar. Das sollte sich bald ändern: Im August 1946 nahm Ninon Hesse im `Kleinen Komödienhaus´ in Frankfurt stellvertretend für ihren Mann den Goethe-Preis der Stadt Frankfurt entgegen.[1018] Ein größerer Preis sollte folgen: Am 10. November 1946 wurde der einstige „Schulversager" [1019] Hermann Hesse, darin übrigens ganz ähnlich seinem Freund und Kollegen Thomas Mann, wurde für sein Gesamtwerk mit dem Literaturnobelpreis, der

---

[1014] Vgl. Ralph Freedman, Hermann Hesse, a. a. O., 490f., und André Uzulis, Hermann Hesse, a. a. O., 240ff.

[1015] Hermann Hesse, zit. nach Birgit Lahann, Hermann Hesse, a. a. O., 128.

[1016] Andere Briefe schickte Hesse nicht ab, sondern verwahrte sie in seinen Unterlagen. In ihnen argumentierte er mit seiner jüdischen Frau, die fast sämtliche Angehörige durch die Nazis verloren hatte, und mit Freunden, die in den Gefängnissen der Gestapo gelitten hatten. Ohnehin sei sein gesamtes Werk ein einziger Protest gegen Hitler gewesen, vgl. Ralph Freedman, Hermann Hesse, a. a. O., 491.

[1017] Erst im Sommer 1947 erhielten Hesses Schwestern Adele und Marulla eine Einreiseerlaubnis für einen Erholungsurlaub bei ihrem Bruder in der Schweiz.

[1018] Der Preis, den Hesse zunächst ablehnen wollte, war mit 16000 Mark dotiert. Hesse verschenkte das Geld; 3000 Mark ließ er den `Armen der Stadt Calw´ zukommen, vgl. Alois Prinz, „Und jedem Anfang wohnt ein Zauber inne", a. a. O., 336.

[1019] Vgl. Peter Braun, Von Taugenichts bis Steppenwolf. Eine etwas andere Literaturgeschichte, Berlin 2006, 158-168, Zitat auf 159.

weltweit höchsten Auszeichnung für Literatur, gewürdigt.[1020] Mit seinen inspirierenden Werken, so die Begründung der Schwedischen Akademie, hätte Hesse die Sprache der klassischen Bildung und die Ideale des Humanismus bewahrt.[1021] Hermann Hesse konnte und wollte den Preis, mit dem sein Werk gekrönt werden würde und den er, damit auf den Erfinder des Sprengstoff anspielend, den „Dynamitpreis“[1022] nannte, in

---

[1020] Hesse hatte den Nobelpreis mitnichten nur für sein `Glasperlenspiel´ erhalten (gegen Gunnar Decker, Hesse-ABC, a. a. O., 170f. und Birgit Lahann, Hermann Hesse, a. a. O., 135). Thomas Mann hatte sich seit 1931 immer wieder beim Sekretär der Stockholmer Akademie dafür eingesetzt, dass Hermann Hesse den Literaturnobelpreis erhalten sollte, vgl. Hermann Hesse – Thomas Mann, Briefwechsel, hg. v. Anni Carlsson, erweitert von Volker Michels, FfM 1984, 2003, 94 und 167f. Gottfried Benn spottete: „Spezi von Thomas Mann. Daher der Nobelpreis“ (Gottfried Benn, Briefe an F. W. Oelze 1945-1949, hg. v. Harald Steinhagen/Jürgen Schröder, Band II/1, Wiesbaden-München 1979, 58). Hesse, der der zweite Schweizer nach Carl Spitteler (1845-1924) war, der 1919 mit diesem hohen Preis ausgezeichnet worden war, bedankte sich für dessen Verwendung für ihn bei Thomas Mann brieflich, vgl. Hermann Hesse, Gesammelte Briefe III, a. a. O., 387f. Hesses erste Reaktion nach der Verkündung allerdings war: „Der Teufel hole den verfluchten Kram“ (Hermann Hesse, Brief an Ninon Hesse v. 11.11.1946, in: Hermann Hesse 1877-1977, a. a. O., 173). Zu den Hintergründen der Vergabe vgl. auch Aldo Keel, Weshalb Hermann Hesse vor 75 Jahren der `ethischen Anarchie´ seiner Romane zum Trotz den Nobelpreis erhielt, in: NZZ v. 4.5.2021, online zugänglich unter: https://www.nzz.ch/feuilleton/hermann-hesse-erhielt-vor-75-jahren-den-literaturnobelpreis-ld.1609387 (aufgerufen am 23.8.2022).

[1021] „The Nobel Prize in Literature 1946 was awarded to Hermann Hesse `for his inspired writings which, while growing in boldness and penetration, exemplify the classical humanitarian ideals and high qualities of style´“ (https://www.nobelprize.org/prizes/literature/1946/summary/ [„Der Literaturnobelpreis 1946 wurde Hermann Hesse verliehen `für seine inspirierten Schriften, die, während sie an Kühnheit und Durchdringung wachsen, die klassischen humanitären Ideale und hohe Stilqualitäten veranschaulichen´“]. Zur Laudatio: https://www.hermann-hesse.de/leben-und-werk/biografie/nobelpreis/laudatio-de/ (beide Links aufgerufen am 30.6.2022). Repliken der Urkunden sind im Hesse-Museum in Montagnola ausgestellt; die Originale befinden sich im `Hermann Hesse-Editionsarchiv´ in Offenbach am Main.

[1022] Hermann Hesse, zit. n. Volker Michels (Hg.), „`Große Zeiten´ hinterlassen große Schutthaufen“, a. a. O., 688. Der schwedische Chemiker und Erfinder Alfred Nobel (1833-1896) ist der Erfinder des Dynamits sowie der Stifter und Namensgeber des Nobelpreises. Er vermachte sein Vermögen einer Stiftung für die Vergabe von Preisen für Physik, Chemie, Medizin, Frieden und Literatur. Der Beginn der Nobelpreisverleihung liegt im Jahr 1901: Erster Preisträger für Literatur war der französische Dichter und Essayist Sully Prudhomme (1839-1907). Über die Vergabe des Preises entscheidet ein 18

Stockholm nicht persönlich entgegennehmen; er fühlte sich zwar geehrt, war aber auch erschöpft.[1023] Vom 28. Oktober bis zum 12. Februar 1947 hatte er sich vier Monate lang zur Kur nach Marin in die Maison de Santé de Préfargier, einem Schloss am Lac de Neuchâtel in der französischen Schweiz, zurückgezogen. Freiwillig hatte sich der öffentlichkeitsscheue und gesundheitlich angeschlagene Literat[1024], 69 Jahre alt, in die – noch heute bestehende – Nervenheilanstalt begeben, um dem ganzen Rummel um seine Person bei der Nobelpreisverleihung zu entgehen. Niemand, mit Ausnahme seiner Frau und weniger Freunde, wusste, wo er sich aufhielt. Hesse entschied, dass weder er noch seine Frau den Preis persönlich entgegennehmen würden, sondern übertrug stattdessen diese Aufgabe dem schweizerischen Gesandten in Stockholm, Dr. Henry Vallotton[1025]. Als der Preis ihm dann am 10. Dezember 1946 verliehen wurde, wurde sein Grußwort beim Bankett verlesen. Der damalige Chefarzt der Nervenheilanstalt und Freund Hesses, Dr. Otto Riggenbach[1026], hatte das Paar an diesem Tag zu sich nach

---

Personen starkes Komitee der 1786 gegründeten Schwedischen Akademie; die Preisverleihung findet in Stockholm statt. In der Regel wird das Gesamtwerk einer Schriftsteller:in gewürdigt. 2022 war die Preisträgerin die französische Schriftstellerin Annie Ernaux (geb. 1940).

1023 Es war eine persönliche Besonderheit Hermann Hesses, dass er Ehrungen gegenüber völlig abgeneigt war.

1024 Sein Gelenkrheumatismus machte ihm so das Leben schwer, dass er zeitweise keinen Stift oder Pinsel mehr halten konnte. Vor allem litt er unter seiner schmerzhaften Augenkrankheit, durch die seine Sehkraft so beeinträchtigt wurde, dass an größere Arbeiten nicht zu denken war.

1025 Henry François Jules Vallotton-Warnery (1891-1971) war von 1946 bis 1951 Gesandter der Schweiz in Stockholm. Zudem betätigte er sich als Schriftsteller. Hesse machte von seinem Vorschlagsrecht für den nächsten Nobelpreis Gebrauch und schlug den jüdischen Religionsphilosophen Martin Buber und die römisch-katholische Schriftstellerin Gertrud von Le Fort (1876-1971) vor.

1026 Der Psychiater Dr. Otto Riggenbach (1901-1987), Direktor der psychiatrischen Klinik Préfargier in Marin bei Neuchâtel in der französischen Schweiz, wurde auch als Freund des Schweizer Dichters Friedrich Dürrenmatt (1921-1990) bekannt, der ihn porträtierte und dessen Klinik Dürrenmatt als Vorlage für die Kliniken in `Das Versprechen´ und `Die Physiker´ nahm.

Hause eingeladen, und so wurde der bedeutende Abend in festlich-familiärer Atmosphäre verbracht.[1027] Hesse selbst hielt seine Eindrücke von der Überraschungsparty, die für ihn ausgerichtet wurde, fest: „Im schönen Speisezimmer gab es nun ein üppiges Essen auf schönem alten Porzellan, der Tisch voll Blumen, rote Primeln, Forellen, Huhn, schönen Wein etc. Beim zweiten Gang brachte der alte Aufwärter Léon ein Tablett und sagte, da seien eben noch einige Telegramme für mich gekommen. Der Doktor öffnete sie und las sie vor. Sie waren alle von ihm und seiner Frau ausgedacht, teils lustig, teils ernsthaft, einige sehr schön. Eines mit Bildern kam angeblich vom König Gustav von Schweden. Eines kam aus dem Himmel und war von Knulp unterzeichnet, eines kam vom Berg Sinai aus der Arche und stammte vom letzten Europäer, eines kam aus Baden und brachte Nachrichten und Grüße vom Holländer etc., und ein schönes war von Turu, dem Sohn des Regenmachers. So wurden wir von den lieben Leuten beschenkt und gefeiert, und ich war davon mehr gerührt, als ich es von der Feier in Stockholm hätte sein können."[1028] Einige Tage später hielt Hesse die Verleihungsurkunde und die Goldmedaille in Händen.[1029] Während er, wie immer schon, Preisen und Ehrungen eher distanziert gegenüber stand, bereitete der Nobelpreis Ninon Hesse große Freude: Sie, deren Anteil am Spätwerk ihres Mannes nicht unterschätzt werden sollte, fühlte sich dadurch für so manche Entbehrung und bittere Erfahrung der zurückliegenden Jahre entschädigt.

Inzwischen war Hermann Hesse so bekannt und etabliert, dass er zum Geburtshelfer des Suhrkamp Verlags in Frankfurt am

---

[1027] Vgl. Hermann Hesse, Gesammelte Briefe III, a. a. O., 389ff.

[1028] Hermann Hesse, Gesammelte Briefe III, a. a. O., 389ff.

[1029] Hesse bedankte sich bei allen Bekannten, die ihm zum Literaturnobelpreis gratuliert hatten, mit einem Foto, das ihn als hageren alten Mann auf dem Boden liegend mit seiner Enkelin Sibylle zeigte.

Main [1030] werden konnte. Peter Suhrkamp [1031] hatte in den 1930er- und 1940er-Jahren als Geschäftsführer die in Nazi-Deutschland verbliebenen `reichsdeutschen´ Teile des Samuel Fischer Verlags gemanagt.[1032] Am 1. Juli 1950 gründete er nach

---

[1030] Heute ist der Sitz des Suhrkamp Verlages in Berlin und wird von Jonathan Landgrebe (geb. 1977, seit 2015 alleiniger Vorstand der Suhrkamp AG) und Ulla Unseld Berkéwicz (geb. 1948, Witwe Siegfried Unselds, Aufsichtsratsvorsitzende) geleitet. Er beschäftigt ca. 130 Mitarbeiter:innen und machte 2019 einen Jahresumsatz von 36,6 Millionen Euro. Zur Website geht es hier: https://www.suhrkamp.de (aufgerufen am 4.8.2022).

[1031] Peter Suhrkamp (1891-1959) stieg 1933 in den S. Fischer Verlag ein. Dort arbeitete er zunächst als Redaktionsleiter der `Neuen Rundschau´. Wegen der Bedrohung der Zensur durch die Nazis vereinbarte Verleger Samuel Fischer 1935 mit dem Propagandaministerium, dass die dem Regime nicht erwünschten Veröffentlichungen des Verlages künftig in Wien erschienen, während Peter Suhrkamp den `arisierten´ Teil (so wurden erzwungene Verkäufe an Nicht-Juden bezeichnet) des Hauses als Geschäftsführer und Gesellschafter treuhänderisch verantwortete, darunter auch Hesses Verlagsrechte, vgl. Ralph Freedman, Hermann Hesse, a. a. O., 467. Am 1. September 1936 begegneten sich Hesse und Peter Suhrkamp erstmals persönlich in Bad Eilsen. Am 18.12.1936 wurde der in Nazi-Deutschland verbliebene Teil des Verlages in eine Kommanditgesellschaft umgewandelt und Peter Suhrkamp zum persönlich haftenden Gesellschafter bestellt. 1942 wurde der Verlag auf Druck der Nazis von `S. Fischer Verlag´ in `Suhrkamp Verlag vorm. S. Fischer´ umbenannt, später der Name des jüdischen Gründers ganz aus dem Verlagsnamen gestrichen. 1944 wurde Peter Suhrkamp von der Gestapo unter dem Verdacht des Hoch- und Landesverrats verhaftet, im Gestapo-Gefängnis in der Lehrter Straße verhört und in sog. `Schutzhaft´, zuletzt im Sachsenhausen, genommen. Ein eingeschleuster Gestapo-Spitzel, Paul Reckzeh (1913-1996), hatte belastendes Material gegen ihn gesammelt, vgl. André Uzulis, Hermann Hesse, a. a. O., 218. Aus dem KZ wurde der ehemalige Leichtathlet Suhrkamp im Februar 1945, nachdem sich einige Schriftstellerkollegen für ihn eingesetzt hatten, krank entlassen (neben einer doppelseitigen Lungen- und Rippenfellentzündung zog zeitweise eine Rückgrat-Verletzung eine Lähmung der Beine nach sich). Im Oktober 1945 erhielt er als erster deutscher Verleger von den britischen Militärbehörden die Lizenz, den Suhrkamp Verlag weiterführen zu dürfen. Zu den ersten Werken, die er druckte, gehörte Hesses `Glasperlenspiel´. Peter Suhrkamp starb an den Folgen der erlittenen KZ-Haft.

[1032] Dr. med. Gottfried Bermann Fischer (1897-1995), seit 1926 mit Brigitte Fischer (1905-1991), der Tochter Samuel Fischers, verheiratet und mit ihr zusammen Leiter des S. Fischer Verlages, war es gelungen, vor den Nazis über Wien ins schwedische Exil zu fliehen. In dem 1886 von Samuel Fischer (1859-1934) gegründeten Berliner S. Fischer Verlag, führend im Bereich Naturalismus und der klassischen Moderne, verlegten neben Hermann Hesse u. a. Thomas Mann, Jakob Wassermann, Alfred Döblin, Gerhart Hauptmann, Hugo von Hoffmannsthal und Carl Zuckmayer. Nach der Machtübernahme der Nazis wurde Fischer gezwungen, seinen Verlag für 240000 Reichsmark zu verkaufen, und ins Exil getrieben. Ursprünglich hatte sich Bermann-Fischer in der Schweiz ansiedeln wollen; dies hatte aber die schweizerische Fremdenpolizei auf Veranlassung

Streitigkeiten über den künftigen Weg des Unternehmens und der Trennung von Fischer, der den Verlag zurückerhielt, einen eigenen Verlag.[1033] Hermann Hesse hatte ihn darin bestärkt und wurde zu einer Art Mentor Suhrkamps.[1034] Über persönliche Kontakte zu schweizerischen Unternehmern brachte Hesse wichtige Geldgeber für die Neugründung des Verlages mit.[1035] In ihm wird seither exklusiv das Werk Hermann Hesses publiziert. Zusammen mit Bertolt Brecht zählt Hesse heute zu den meistverkauften Autoren des Suhrkamp Verlags und Hesse wurde so – aus heutiger Perspektive betrachtet – nicht nur zum

---

der Schweizer Verlegervereinigung zu verhindern gewusst, weshalb Bermann Fischer am 1. Mai 1936 in Wien den Bermann Fischer Verlag gründete. Dieser Verlag, der die in NS-Deutschland unerwünschten Autoren betreute, bestand bis zum 12. März, dem Tag des Anschlusses Österreichs ans Deutsche Reich. Mit Unterstützung der schwedischen Verlegerfamilie Bonnier – noch heute befindet sich das Medienunternehmen in Familienbesitz – führte Fischer den Verlag als Exilverlag in Stockholm fort, bevor er weiter nach New York floh, vgl. Gottfried Bermann Fischer, Bedroht – Bewahrt. Weg eines Verlegers, FfM 1971, [10]2003. Ab 1948 hatte der S. Fischer Verlag seinen Sitz in Frankfurt/M.; seit 1962 gehört er zur Verlagsgruppe Georg von Holtzbrinck. Auf dem jüdischen Friedhof Berlin-Weißensee befindet sich das Familiengrab der Familie Fischer, vgl. dazu weiterführend Barbara Hoffmeister, S. Fischer, der Verleger. Eine Lebensbeschreibung, Frankfurt am Main 2009. Zur Website des Fischer Verlages: https://www.fischerverlage.de (aufgerufen am 4.8.2022).

[1033] Vgl. dazu genauer Klaus Walther, Hermann Hesse, a. a. O., 166ff., und Alois Prinz, „Und jedem Anfang wohnt ein Zauber inne“, a. a. O., 349ff. Zu den Loyalitätskonflikten, die diese Trennung von Fischer und Suhrkamp für die Autor:innen mit sich brachte, vgl. Albrecht Goes, Begegnung mit Hermann Hesse, in: Volker Michels (Hg.), Hermann Hesse in Augenzeugenberichten, a. a. O., 321-331, bes. 325.

[1034] Vgl. dazu Siegfried Unseld, Nachruf auf Ninon Hesse, in: ders., Begegnungen mit Hermann Hesse, a. a. O., 171-191.

[1035] Hesse stellte einen Kontakt her zwischen Peter Suhrkamp und der ihn unterstützenden schweizerischen Unternehmerfamilie Reinhart, die Gründungskapital bereitstellte und dafür mit 50% am Verlag beteiligt war (erst 2006 stieg Andreas Reinhart [geb. 1944] aus dem Suhrkamp Verlag aus). Den Autor:innen des in NS-Deutschland verbliebenen und von Peter Suhrkamp geleiteten Teil des S. Fischer Verlages wurde es nach einer außergerichtlichen Einigung freigestellt, in welchem Verlag sie fortan verlegt werden wollten: Von 48 Autoren entschieden sich 33 für einen Wechsel zum Suhrkamp Verlag, darunter neben Hermann Hesse Ernst Penzoldt (1892-1955), Reinhold Schneider (1903-1958), Max Frisch (1911-1991) und George Bernard Shaw (1856-1950).

Initiator des Flaggschiffs zeitgenössischer Literatur, sondern darüber hinaus zu einem der Mentoren der Moderne.[1036]
Am 1. Januar 1952 trat Siegfried Unseld[1037] in den Verlag ein. Er hatte über Hermann Hesse in Tübingen promoviert.[1038] Im August 1951 hatte sich der sechsundzwanzigjährige Heidenheimer Buchhändler halb wandernd, halb trampend, auf den Weg zu dem damals vierundsiebzigjährigen Hesse begeben. [1039] Auf Schloss Bremgarten wurde er empfangen und die beiden, der Dichter und sein künftiger Verleger, trafen erstmals aufeinander. Die Chemie schien zu stimmen: Unseld erzählte in geselliger Runde von seinem Vorhaben, mit Freunden einen Verlag gründen zu wollen, und Hesse verwies ihn daraufhin an seinen

[1036] Bereits 1951 brachte der Suhrkamp Verlag mit der `Bibliothek Suhrkamp´ eine Edition heraus, die bis dato unbekannten Autor:innen in der Bundesrepublik Deutschland eine hörbare Stimme verschaffte und in der bis heute Klassiker der Moderne erscheinen.

[1037] Der deutsche Verleger Siegfried Unseld (1924-2002), Sohn eines Verwaltungsangestellten, leitete nach einer Lehre zum Buchhandelsgehilfen, seinem Abitur, einem Studium der Germanistik, Philosophie und Bibliothekswissenschaft und einer Promotion über Hermann Hesse von 1959 bis zu seinem Tod den Suhrkamp Verlag. Nach dem Tod Suhrkamps übernahm Unseld die Verlagsgeschäfte und baute den Verlag weiter aus. Bis zu Hesses Tod stand er persönlich mit dem Dichter in Kontakt, vgl. Siegfried Unseld, Begegnungen mit Hermann Hesse, a. a. O., 38ff. Seine erste Begegnung mit dem Dichter als junger Mann hielt er später schriftlich fest, vgl. Siegfried Unseld, Begegnungen mit Hermann Hesse, a. a. O., 11-19. Seit 1990 war Unseld in zweiter Ehe mit der Schriftstellerin und Schauspielerin Ulla Berkéwicz (geb. 1948) verheiratet, die 2002 in die Geschäftsführung des Suhrkamp Verlages aufgenommen wurde, deren Aufsichtsratsvorsitzende sie seit 2015 ist. Unseld, der vielfach ausgezeichnet wurde, u. a. mit der Hermann-Hesse-Medaille der Stadt Calw (2002), starb an den Folgen eines Herzinfarkts am 26.10.2002 und wurde auf dem Frankfurter Hauptfriedhof begraben. Sein Grabmal ist beschriftet mit Hesses `Stufen´. In Erinnerung an ihn verlieh die Siegfried Unseld Stiftung von 2004 bis 2012 alle zwei Jahre den mit 50000 Euro dotierten, nach ihm benannten Preis.

[1038] Vgl. Siegfried Unseld, `Hermann Hesses Anschauung vom Beruf des Dichters´. Inauguraldissertation zur Erlangung des Doktorgrades einer hohen Philosophischen Fakultät der Universität zu Tübingen (Manuskript), Tübingen 1951.

[1039] Vgl. Gunnar Decker, Hesse, a. a. O., 658.

Verleger Peter Suhrkamp.[1040] Kurze Zeit später bewarb sich Unseld beim Suhrkamp Verlag, wurde genommen und bereits 1957 wurde er persönlich haftender Gesellschafter. Kurz vor seinem Tod am 31. März 1959 teilte Peter Suhrkamp Hermann Hesse brieflich mit, dass er in Unseld seinen Nachfolger gefunden hatte. Hermann Hesse blieb auch unter der neuen Leitung dem Verlag treu. Dabei war Hesse war kein einfacher Autor für den Verlag: Er beharrte auf Frakturschrift, fand die Typographie des Verlages scheußlich, lehnte Taschenbücher ab, weil er diese Buchform für eine Verramschung seines Werkes hielt, und war streitbar.[1041]

In seinen letzten Lebensjahren zog sich Hermann Hesse zunehmend in die Einsamkeit seines Hauses zurück. Er nahm kaum mehr öffentliche Termine wahr und schrieb nach seinem \`Glasperlenspiel´ nur noch wenig: kleinere Erzählungen, Essays, ein paar Gedichte, Rundbriefe, Tagebucheintragungen, Betrachtungen. Ein Teil von ihnen wurde in dem Band \`Späte Prosa´ veröffentlicht.[1042] Die meiste Zeit verbrachte er nun in seinem

---

[1040] Vgl. dazu Siegfried Unseld, Persönliche Begegnungen, in: Volker Michels (Hg.), Hermann Hesse in Augenzeugenberichten, a. a. O., 351-372, bes. 358, der diese Begegnung erwähnt.

[1041] Vgl. Siegfried Unseld, Persönliche Begegnungen, in: Volker Michels (Hg.), Hermann Hesse in Augenzeugenberichten, a. a. O., 367ff. „Nicht zuletzt unter dem Eindruck der Haltung Hesses entstand dann bei mir die Idee, selbst eine Art Taschenbuchreihe vorzulegen", schrieb Siegfried Unseld. „Damit war die \`edition suhrkamp´ geboren" (Sigrid Damm, Hermann Hesse: Anwalt des Individuums, in: Inspiration Hermann Hesse. Eine Hommage in Geschichten, hg. von Helga Esselborn-Krumbiegel, Berlin 2022, 232-240, Zitat auf 235). Anlässlich des fünfzigjährigen Verlagsjubiläums ließ Siegfried Unseld kurz die Geschichte des Verlags Revue passieren („Wir hatten Glück – 1. Juli 2000: 50 Jahre Suhrkamp"). Der Verlag warb mit einem Porträt des Dichters auf dem Verlagsprospekt und einem Hesse-Zitat, das diesen als \`Mitbegründer des Verlages´ auswies (Hesse hatte dies in einem Brief vom April 1959 selbst geschrieben), und legte eine Reihe von Werken Hesses, u. a. auch eine bibliophile Kostbarkeit von \`Klingsors letzter Sommer´, illustriert von Gunter Böhmer, neu auf, vgl. Suhrkamp Taschenbuch Journal Juli – September 2000, FfM 2000, 4-7 und 8-9.

[1042] Nach dem \`Glasperlenspiel´ waren nur noch Kurzprosastücke, vor allem autobiografischer Natur, entstanden, die in folgenden Sammelbänden erschienen: \`Traumfährte´ (1945), \`Späte Prosa´ (1950) und \`Beschwörungen´ (1951).

Garten. Er beantwortete aber mit dem ihm eigenen Pflichtbewusstsein die Flut der an ihn gerichteten Briefe.[1043] Darunter waren anfangs Briefe aus Deutschland, deren Absender:innen durch Nationalsozialismus und Krieg verwirrt, verunsichert und orientierungslos waren.[1044] Einige von ihnen bestritten, bei den Nazis mitgemacht noch irgendetwas vom Unrecht und den Verbrechen der Nazis gewusst zu haben, und beteuerten ihre Unschuld; es gab aber auch viele, die Hesse schmähten und beschimpften. Unter denen, die uneinsichtig von diesem „bazillus germanicus“[1045] befallen waren, befand sich auch mancher seiner alten Freund:innen. Einem von ihnen schrieb er: „Daß ein

---

[1043] Nach dem Nobelpreis bis zu seinem Tod hatte Hesse etwa 500 Seiten täglich zu lesen. Etwa ein Drittel von Hesses Arbeitskraft fiel neben dem Dichten und Malen auf seine Korrespondenz. Heute geht man davon aus, dass etwa vierzigtausend Schreiben an ihn gerichtet waren, von denen er einen Teil aufbewahrte und die nach seinem Tod im Deutschen Literaturarchiv in Marbach/Neckar und im Schweizerischen Literaturarchiv in Bern archiviert wurden. Hesse verwendete auf die Beantwortung dieser Schreiben genau die gleiche Sorgfalt, die er bei seinen anderen Veröffentlichungen walten ließ, und schlüpfte in die Rolle des Ratgebers und der Vertrauensperson. Er verzeichnete genau, wem er was wann geschrieben hatte, in einem Karteikasten; meistens waren es kleine Lebensweisheiten, vgl. Volker Michels (Hg.), „Ich gehorche nicht und werde nicht gehorchen!“, a. a. O., 9. In einem Brief aus dem Jahr 1947 klagte Hesse über die Menge an Bittbriefen, die ihn erreichten, vgl. Hermann Hesse, Briefe an Freunde. Rundbriefe 1946-1962, a. a. O., 30f. 1959 äußerte er in einem „Bericht an Freunde“ (211), dass ihm das Schreiben schwerfiel. Die Zeit vertrieb er sich ansonsten u. a. mit Boccia (es gibt einen einzigen Film, gedreht von dem Amateurfilmer Prof. Dr. Arthur Stoll [1887-1971], der Hesse mit Ninon und Bruno Hesse mit einigen Freund:innen beim Spiel zeigt), Kartenspiel, Halma, Mühle, Billard und Schach, wie es beispielsweise in den Berichten von Günther Neske (1913-1997) und Ernst Morgenthaler (1887-1962), die Hesse in Montagnola besucht hatten, zum Ausdruck kommt, vgl. Günther Neske, Gespräche in Hesses Bibliothek, in: Volker Michels (Hg.), Hermann Hesse in Augenzeugenberichten, a. a. O., 198-202, bes. 199, und Ernst Morgenthaler, Porträt-Sitzungen in Montagnola, in: Volker Michels (Hg.), Hermann Hesse in Augenzeugenberichten, a. a. O., 253-256, bes. 255; ferner Gunnar Decker, Hesse, a. a. O., 525.

[1044] Einer dieser Verunsicherten war der Lehrer, Dramaturg und Schriftsteller Gerold \`Thomas´ Valentin (1922-1980), mit dem Hermann Hesse zwanzig Jahre lang (1942 bis 1962) korrespondierte, ohne ihn persönlich zu kennen, vgl. dazu Norbert Otto Eke/Dagmar Olasz-Eke (Hg.), „Sprache, die so tröstlich zu mir kam“. Thomas Valentin in Briefen von und an Hermann Hesse, Bielefeld 2011.

[1045] Hermann Hesse, Politik des Gewissens, Zweiter Band (1932-1962). Die politischen Schriften. Mit einem Vorwort von Robert Jungk, hg. v. Volker Michels, FfM 1981, 765.

Mann wie Sie blind und ahnungslos bleiben konnte, ist von hier draußen einfach unfaßlich. [...] Die Mehrzahl meiner Freunde in Deutschland wußte Bescheid, und manche sind gleich 1933 emigriert, andere in den Folterkammern der Gestapo verschwunden, so wie die Angehörigen und Freunde meiner Frau fast ohne Ausnahme in Himmlers Gasöfen in Auschwitz etc. verschwanden. Und Ihr habt von alledem nichts gewußt! Man glaubt es Euch natürlich nicht, denn in diese Kunst des Nichtwissens und Unschuldigseins, während man gleichzeitig bis an die Knie im Blut watet, kann kein anderes Volk sich je hineindenken."[1046] Jeder, so Hesse, der sich nicht absichtlich blind gestellt hatte, hätte schon lange vor der Machtübernahme der Nazis erkennen können, wo deren Politik enden würde. Grotesk fand er, wie vielerorts viele Deutsche bestritten, keine Nazis gewesen zu sein.

An Hesses Gartenzaun hing ein Schild, auf dem stand: `Bitte keine Besuche´.[1047] Dadurch signalisierte er deutlich: Er wollte

---

1046 Hermann Hesse, Brief an Wilhelm Schussen vom 1. März 1946, in: ders., Politik des Gewissens, Zweiter Band, a. a. O., 745. Adressat von Hesses Brief war sein alter Freund aus Gaienhofener Zeiten, der deutsche Schriftsteller Wilhelm Schussen (1874-1956). Er hatte zu den 88 Schriftstellern gehört, die das `Gelöbnis treuester Gefolgschaft für Adolf Hitler´ unterzeichneten. Außerdem hatte Schussen ein `Huldigungsgedicht´ an den `Führer´ veröffentlicht, vgl. Ernst Klee, Das Kulturlexikon zum Dritten Reich. Wer war was vor und nach 1945, FfM 2007, 557. Die Schriftstellerin Luise Rinser (1911-2002), die mit den Nazis sympathisierte und u. a. 1934 ein Lobgedicht auf Hitler verfasst hatte, aber 1944 nach einer Denunziation in Haft genommen worden war - sie schönte später ihre Vita –, gab Hesse 1946 in seiner Kritik recht und kritisierte einen `Mangel an Stolz und Einsicht´ bei den Deutschen, vgl. Luise Rinser, Antwort an Hermann Hesse, in: Klaus Wagenbach (Hg.), Vaterland, Muttersprache. Deutsche Schriftsteller und ihr Staat von 1945 bis heute, Berlin 1979, 53f., und Luise Rinser und Hermann Hesse. Briefwechsel 1935-1951, Augsburg 2015.

1047 Als nach dem Zweiten Weltkrieg verstärkt eine Reisewelle einsetzte, kamen viele Interessierte nach Montagnola, um Hermann Hesse einen Besuch abzustatten. Das von Gunter Böhmer geschriebene Schild ist zu sehen in: Bernhard Zeller, Hermann Hesse, a. a. O., 148. Mit übermalter Aufschrift ist es abgebildet bei: Gunter Böhmer, In Hesses Nähe in: Volker Michels (Hg.), Hermann Hesse in Augenzeugenberichten, a. a. O., 285-297, bes. 297. In Volker Michels genanntem Buch gibt es einige Beispiele derer, die seine Ruhe haben und nicht gestört werden.[1048] Eine selbstgewählte Unterbrechung dieser Ruhe bildeten nicht nur Kontakte zu engen Verwandten wie etwa seinen Söhnen, die inzwischen Familien gegründet hatten, sondern vor allem Ausflüge nach Sils Maria ins Oberengadin.[1049] 1905 war Hesse zum ersten Mal dort gewesen. Ab 1949 war er der treueste Gast des Hotels \`Waldhaus´[1050] – ein Gast, der bis 1961 jeden Sommer hierher

---

sich einfach nicht an diese Bitte hielten, vgl. exemplarisch Ernst Penzoldt, Es war wie ein Wiedersehen, in: Volker Michels (Hg.), Hermann Hesse in Augenzeugenberichten, a. a. O., 332-333, und Emil Barth, Bei Hermann Hesse. Tagebuchnotizen vom 28.10.1950, in: Volker Michels (Hg.), Hermann Hesse in Augenzeugenberichten, a. a. O., 334-341.

[1048] Schon 1933 hatte Hesse geschrieben, dass er die Öffentlichkeit nie geliebt hatte und ein Loblied auf sein Privatleben gesungen. 1953 veröffentlichte er eine Erzählung mit autobiografischen Zügen, die vom Straßenkarneval in Lugano handelte und in deren Zentrum ein als Kaminfeger verkleideter siebenjähriger Junge stand, der inmitten des Karnevalstreibens selig eine ausgelassene Kinderschar bewunderte, die aus einem Fenster Konfetti regnen ließ. Wie das Kind, so beobachtete auch der gealterte Schriftsteller die Umgebung um ihn herum. In der Erzählung verließ der Protagonist kaum noch sein Gartengrundstück und lebte zurückgezogen, vgl. Hermann Hesse, Kaminfegerchen, in: ders., Das Nachtpfauenauge, a. a. O., 150-155. Aber obwohl er sich von der Öffentlichkeit zurückgezogen hatte und nicht mehr durch Besuch gestört werden wollte, stand er doch in regem Kontakt zu seiner Lesegemeinde. Unter seinen Leser:innen waren manche, die Hesse \`sammelten´, indem sie über sein Werk und seine Person ganze Sammlungen anlegten. Andererseits beantwortete er jedoch zeitlebens fleißig die Zuschriften seiner Leser:innen. Die ca. 35000 von Hesse aufbewahrten Briefe – von einigen verwendete er die Rückseite als Notizzettel, andere verbrannte er bündelweise im Kamin und im Garten – befinden sich heute in der Schweizerischen Landesbibliothek Bern und im Deutschen Literaturarchiv in Marbach am Neckar, vgl. Hermann Hesse, Die Antwort bist du selbst. Briefe an junge Menschen (it 2583), hg. v. Volker Michels, FfM 2000, bes. 9-29. Bis heute tauchen immer wieder Briefe Hermann Hesses auf und werden hoch gehandelt.

[1049] Mit einer Hommage an das Oberengadin beginnt die ARTE-Dokumentation von Andreas Christoph Schmidt, \`Hermann Hesse – Der Weg nach Innen, Berlin 2012, online zugänglich unter: https://www.youtube.com/watch?v=vKStLVYCt00 (aufgerufen am 9.6.2022). Zu Wort kommen Volker Michels, Adolf Muschg, Silver Hesse, Heimo Schwilk und Theodore Ziolkowski.

[1050] Seit 1908 befindet sich das Hotel in Familienbesitz und vermittelt bis heute das besondere Flair der Belle-Epoque: https://waldhaus-sils.ch (aufgerufen am 31.5.2022). Auf der Website des Hotels wird festgehalten, wen das Hotel alles an prominenten Gästen beherbergte, u. a. Thomas Bernhard, Joseph Beuys, David Bowie, Claude Chabrol, Marc Chagall, Neville Chamberlain, Friedrich Dürrenmatt, Albert Einstein, Bruno Ganz, Arthur Honegger, Erich Kästner, Otto Klemperer, Max Liebermann, Max Reinhardt, kam, um der sengenden Hitze und den vielen Tourist:innen im Tessin zu entfliehen, und sich in der Regel zwei Monate hier aufhielt.[1051] Dabei wählte er immer auf der Beletage die Zimmer 61/62 oder 72/73. Hier traf er sich mit alten Freunden wie Thomas Mann oder Theodor Heuss[1052], inzwischen der erste Präsident der jungen Bundesrepublik Deutschland, genoss die Geselligkeit und die Gesellschaft[1053] und unternahm mit ihnen ausgedehnte Spaziergänge. Weitere Unterbrechungen waren Ehrungen: die Verleihung der Ehrendoktorwürde der Universität Bern 1947, des Wilhelm-Raabe-Preises 1950, des Ordens \`Pour le mérite´ und des Friedenspreises des Deutschen Buchhandels[1054]. Auch bei dieser öffentlichen Ehrung erschien Hesse nicht persönlich, sondern Ninon Hesse nahm den Preis am 9. Oktober 1955 in Anwesenheit von Bundespräsident Theodor Heuss in der Frankfurter Paulskirche stellvertretend für ihren

---

Gerhard Richter, Paul Sacher, Maximilian Schell, Fritz Stern, Luchino Visconti u. v. m. Seit 2015 besteht eine Kulturstiftung im \`Waldhaus´.

[1051] Ninon Hesse hatte im September 1947 Fahrstunden genommen und am 20. November 1947 die Fahrprüfung bestanden, vgl. Gisela Kleine, Ninon und Hermann Hesse, a. a. O., 325. Die Fahrt über den Julierpass inspirierte Hesse im August 1949 zu dem Gedicht \`Im Auto über den Julier´, in: Hermann Hesse, Gedichte, FfM 1977, 703. Am 7. April 1948 war u. a. vom Geld des Nobelpreises ein Standard Fourteen, eine hellgraue Limousine mit Schiebedach, angeschafft worden. Hesse-Forscher Martin Pfeifer (1928-1994) schoss vermutlich 1958 das erste Farbfoto von Hesse auf der Julierpass-Höhe.

[1052] Die Freundschaft von Hermann Hesse und Theodor Heuss erlebte hier vermutlich ihren Höhepunkt: Nachdem Heuss' Ehefrau Elly Heuss-Knapp (1881-1952) gestorben war, verbrachte Heuss mit seiner Lebensgefährtin, der aus Österreich stammenden, 1933 in die USA emigrierten Jüdin Toni Stolper (1890-1988), die Urlaube in Sils Maria. Im Sommer 1961 trafen sich Hesse und Heuss zum letzten Mal im \`Hotel Waldhaus´.

[1053] Erika Mann berichtete, dass Hermann Hesse zusammen mit Thomas Mann, mit dem er gerne lachte, in trauter Runde „urgemütlich und plauderhaft, gesellig, ja galant" (Erika Mann, Das letzte Jahr. Bericht über meinen Vater, Berlin 1956, 6f.) war.

[1054] Die Laudatio von Richard Benz und die Dankesrede von Hermann Hesse sind online zugänglich unter: https://www.friedenspreis-des-deutschen-buchhandels.de/fileadmin/user_upload/preistraeger/reden_1950-1999/1955_hesse.pdf (aufgerufen am 8.5.2022).

Mann entgegen und verlas dessen `Dankadresse zur Friedenspreisverleihung´[1055].
In Montagnola waren die letzten Jahre Hermann Hesses bestimmt durch die Herausgabe seiner `Gesammelten Schriften´: 1948 erschien `Frühe Prosa´ in Zürich; darauf folgte, wie erwähnt, die Sammlung `Späte Prosa´ (Frankfurt, Berlin 1951 und 1955). Anlässlich Hesses 75. Geburtstages erschienen seine `Gesammelten Dichtungen in 6 Bänden´ (1952).[1056] Am 2. Juli 1957 feierte Hesse im engsten Kreise seiner Familie und enger Freund:innen seinen 80. Geburtstag in Ambri-Piotta am Gotthard. Peter Suhrkamp gab zu diesem Anlass eine siebenbändige Edition der Werke Hesses heraus, die `Gesammelten Schriften´.

1055 Vgl. Bernhard Zeller, Hermann Hesse, a. a. O., 146, wo sich ein Auszug der Dankadresse befindet.

1056 Vgl. dazu Siegfried Unseld, Begegnungen mit Hermann Hesse, a. a. O., 198-200. Zum 75. Geburtstag erschienen auch Hesses `Lektüre für Minuten´, vgl. Hermann Hesse, Lektüre für Minuten. Gedanken aus seinen Büchern und Briefen. Auswahl und Nachwort von Volker Michels, FfM 1971, 1992. Aus Hesses letzten Lebensjahren stammen auch die einzigen Filmaufnahmen, die den Dichter und seine dritte Frau zeigen. Sie stammen von dem Biochemiker Prof. Dr. Dr. h. c. mult. Arthur Stoll (1887-1971), der ein großer Kunstsammler war und zusammen mit seiner Ehefrau zwischen 1929 und 1962 einen regen Briefwechsel mit Ninon und Hermann Hesse führte. Er hatte Hesse im Tessin mit Geld und Medikamenten unterstützt.

9. Tod in Montagnola

Am Morgen des 9. August 1962, nur wenige Wochen nach seinem 85. Geburtstag, starb Hermann Hesse – daheim im Schlaf.[1057] Ninon Hesse hatte gegen 9.45 Uhr den Tod festgestellt und der herbeigerufene Arzt hatte die Todesursache konstatiert: eine Hirnblutung[1058].

Noch am 1. Juli 1962, am Vortag seines 85. Geburtstages, war Hesse mit der Ehrenbürgerschaft Montagnolas ausgezeichnet worden. Als ihm die Ehrenbürgerurkunde verliehen wurde, hatte er auf Italienisch eine kleine Ansprache gehalten, in der er der Gemeinde seinen Dank aussprach.[1059] Gefeiert wurde dann am 2. Juli 1962 in Faido, einem kleinen Ort unterhalb des Gotthard im Val Levantina – ohne Öffentlichkeit, Presse und Journalisten, nur im Kreis der Familie und enger Freund:innen. Hesses Gönner Max Wassmer[1060] hatte ihn auch in diesem Jahr

---

[1057] Hesses Totenmaske ist vielfach abgebildet worden, u. a. in: Archiv der Gesichter. Toten- und Lebendmasken aus dem Schiller-Nationalmuseum. Eine Ausstellung des Deutschen Literaturarchivs und der Stiftung Museum Schloß Moyland in Verbindung mit dem Museum für Sepulkralkultur in Kassel, Marbach am Neckar ^{2}1993, 256f. Das Original von Hesses Totenmaske befindet sich heute zusammen mit den Totenmasken von Gottfried Benn, Friedrich Nietzsche und Bertolt Brecht in der 2015 eröffneten Dauerausstellung \`Seele´ im Literaturmuseum der Moderne in Marbach am Neckar, vgl. dazu Heike Gfrereis/Ulrich Raulff (Hg.), Die Seele. Die Dauerausstellung im Literaturmuseum der Moderne. Begleitbuch zur neuen Dauerausstellung im Literaturmuseum der Moderne, Marbach am Neckar (Marbacher Katalog 68), Marbach am Neckar 2015.

[1058] Vgl. dazu https://www.youtube.com/watch?v=dAloOq0udjg (aufgerufen am 9.5.2022), wo die Rede von einem \`Schlaganfall´ als Todesursache ist. Der Tod war also sanft gekommen, im Schlaf: In seiner Linken hielt Hesse noch seine Nachtlektüre, Augustinus' \`Bekenntnisse´.

[1059] Vgl. dazu Hermann Hesse, Rede, gehalten am 1. Juli 1962 anläßlich der Verleihung des Ehrenbürgerrechts der Gemeinde Montagnola, in: ders., Beschreibung einer Landschaft, a. a. O., 228f.

[1060] Max Wassmer (1887-1970) war ein Schweizer Chemiker, Unternehmer und Kunstsammler, der zeitgenössische Literatur, Musik und Theater förderte. Seit 1918 war der Zementfabrikant Eigentümer von Schloss Bremgarten, einem Gebäude aus dem 16. Jahrhundert auf der Aare-Halbinsel bei Bern, in dem seine Frau und er mit Dichtern, Malern und Komponisten rauschende Feste feierten (Max Wassmer und seine Ehefrau ins Hotel `Milano´ eingeladen. Ein in Bern beheimatetes Streichquartett hatte zu Ehren des Jubilars Mozart gespielt, worüber sich Hesse sehr gefreut hatte.[1061] Es lenkte ihn ein wenig von den Schmerzen der Gicht ab, die ihn auch an diesem Tag plagten. Auf der Feier hatte Hesses Hausarzt Dr. Clemente Molo[1062] Ninon Hesse beiseite genommen und ihr offenbart, dass ihr Mann schon seit Jahren an Leukämie erkrankt war – ohne dass dieser es wusste.[1063] Abends fuhren Hesse und seine Begleiter:innen wieder nach Montagnola zurück. Dort galt es, die Flut von Geschenken und Blumensträuße zu sichten und die beutelweise eingetroffene Geburtstagspost zu bewältigen. Eine seiner Nichten half ihm, die vielen Briefe, Telegramme und Karten zu sortieren.[1064] Dies geschah nach drei Kategorien: Nicht

---

Tilly ließen sich später scheiden; Tilly Wassmer wurde eine verbohrte Nationalsozialistin und Hitler-Verehrerin). Das Schloss, in dem Hesse oft zu Gast war, war Schauplatz seiner Erzählung `Die Morgenlandfahrt´ (1932); hier ließ sich Hesse zu seinen Märchen inspirieren. Hier war es auch, dass er am 2. Juli 1947 im Festsaal seinen 70. Geburtstag feierte; an diesem Tag wurde ihm die Ehrendoktorwürde der Universität Bern verliehen. Seither heißt der Schlossturm, in dessen rechtem Zimmer Hesse einst gewohnt hatte, `Hesseturm´. 1978 erwarb das Ehepaar Therese und Viktor Kleinert das Schloss. 1996 kauften es Susanne und Walter Bommeli. Susanne Bommeli (1951-2011) war Unternehmerin, Gemeindepräsidentin, FDP-Politikerin und Mitglied des Großen Rats des Kantons Bern.

[1061] Vgl. Alois Prinz, „Und jedem Anfang wohnt ein Zauber inne", a. a. O., 373.

[1062] Clemente Molo (1909-1998) war viele Jahre Chefarzt in Bellinzona und seit 1949 Hesses Arzt. Hesse verkehrte mit Molo auch privat. Dieser war es dann, der am 9. August 1962 den Tod Hesses konstatierte. Dr. Molo berichtet selbst darüber, wie er den verstorbenen Dichter auffand, in dem Film von Werner Weick aus dem Jahr 1997, `Hermann Hesse's Long Summer´, online zugänglich unter: https://www.youtube.com/watch?v=Wzb_W_kJNnl&t=47s (aufgerufen am 18.6.2022). Zum Tod Clemente Molos vgl. Tessiner Zeitung Nr. 92 v. 11./12.8.1998, 2.

[1063] Vgl. dazu weiterführend Michael und Renate Hertl, Rainer Maria Rilke, Hermann Hesse, Nikos Kazantzakis: Lebens-Leidens-Jahre mit Leukämie, Würzburg 2004, 71ff. Bereits zu Beginn seines achten Lebensjahrzehnts hatte sich das Blutkrebsleiden bei Hesse in grippalen Infekten, Muskelkrämpfen und Vergiftungserscheinungen geäußert; die Ärzte hatten ihm aber den Grund seines Leidens verschwiegen und lediglich von einer Anämie gesprochen.

[1064] Trudel Hanßum, die Tochter von Hesses `Herzensschwester´ Adele – sie erinnerte Hesse an seine 1949 verstorbene Schwester, die ihm bei seinen Konflikten mit seinen

antworten – eine gedruckte Danksagung versenden – persönlich schreiben. Obwohl er sich pflichtbewusst an die Arbeit machte und die ca. 900 Glückwunschschreiben nach diesen Kategorien beantworten wollte, ließen die wenigen ihm verbleibenden Wochen die praktische Umsetzung dieser Idee nicht mehr zu. An diesem Abend hörte Hesse noch die Radiosendung von Beromünster, die zu seinen Ehren gesendet wurde.
Die letzten Lebenstage des mehr und mehr müde und kraftlos werdenden Hesse verbrachte Ninon Hesse bewusst an seiner Seite.[1065] Schon seit Monaten erhielt Hesse Bluttransfusionen in Bellinzona – so auch kurz nach seinem 85. Geburtstag am 4. Juli.[1066] Einen letzten Ausflug unternahm der vom Tode Gezeichnete am 13. Juli 1962 mit seinem Sohn Bruno.[1067] Danach widmete er sich nur noch seinem Garten und unternahm klei-

Eltern immer beigestanden hatte – assistierte Hesse bei seinem 85. Geburtstag. Sie unternahm mit ihrem Onkel anschließend in Begleitung seiner Frau Ninon noch einen Ausflug nach Morcote. Hesse liebte den malerischen Ort am Luganer See mit seinen Palazzi, der Renaissancekirche Santa Maria del Sasso sowie der monumentalen Kirchentreppe mit den über 400 ausgetretenen Stufen und dem berühmten terrassierten Monumentalfriedhof aus dem Jahr 1750 (2016 wurde der Ort zum `schönsten Dorf der Schweiz´ gewählt). Diesem Ausflug ist eine Serie erster Farbfotos zu verdanken, die es von Hesse gibt. Trudel Hanßums Aufnahme des Ehepaares Hesse ist vermutlich das letzte vor Hesses Tod entstandene Foto, vgl. Georg A. Weth, Hermann Hesse in der Schweiz, a. a. O., 36. Danach kehrte Trudel Hanßum wieder nach Deutschland zurück. Zu ihrem Abschied legte Ninon Hesse wie immer eine Schallplatte mit dem Lieblingslied ihres Mannes auf. Es handelte sich um die Eichendorff-Vertonung seines Freundes Othmar Schoeck, die den Titel `Du liebe treue Laute´ trug. Zur Deckung ihrer Reisekosten erhielt sie von ihrem Onkel zwei Goldmünzen (in der Schweiz sind Gold-Vreneli nicht nur Anlagemünzen, sondern gelten bis heute als persönliches Geschenk zu festlichen Anlässen).

1065 Vgl. dazu Ninon Hesse, Die letzten Monate. Aus zwei Briefen an Siegfried Unseld und Günther Klinge, in: Volker Michels (Hg.), Hermann Hesse in Augenzeugenberichten, a. a. O., 477-481.

1066 Im Januar 1962 hatte Hesse seine erste Bluttransfusion im Krankenhaus von Bellinzona und am 21. Februar 1962 eine zweite erhalten. Im `Glasperlenspiel´ hatte er den Tod des Waldzeller Musikmeisters als `Verlöschen eines Abendglanzes´ und als ein `mildes Ausleuchten´ bezeichnet.

1067 Dieser Ausflug führte die beiden von Lanzo d'Intelvi über den Monte la Sighignola und Osteno nach Porlezza.

nere Spaziergänge. An seinem letzten Lebenstag ging er mit seiner Frau im Wald spazieren, riss an dem morschen Ast einer Robinie und schrieb sein letztes Gedicht über ihn. Es trug den Titel `Knarren eines geknickten Astes´: „Splittrig geknickter Ast,/Hangend schon Jahr um Jahr,/Trocken knarrt er im Wind sein Lied,/Ohne Laub, ohne Rinde,/Kahl, fahl, zu langen Lebens, zu langen Sterbens müd./Hart klingt und zäh sein Gesang,/Klingt trotzig, klingt heimlich bang/noch einen Sommer,/noch einen Winter lang.“[1068] Am 8. August 1962 hatte er das Gedicht beendet und es seiner Frau auf den Nachttisch gelegt. Diese hatte ihn noch dafür gelobt und ihm gesagt, dass sie dieses Gedicht für eines seiner schönsten hielt.[1069] Hesse hatte am Vorabend seines Todes vor dem Schlafengehen noch die Klaviersonate Nr. 7, KV 309 in C-Dur von Wolfgang Amadeus Mozart gehört, war eingeschlafen und hatte dann in den Morgenstunden des 9. August, einem Donnerstag, zwischen sieben und neun Uhr im Schlaf eine Hirnblutung erlitten, an dessen Folgen er starb.[1070] Siegfried Unseld eilte auf Wunsch von

---

[1068] Hermann Hesse, Splittrig geknickter Ast, zit. nach: Georg A. Weth, Hermann Hesse in der Schweiz, a. a. O., 52. Dort befindet sich auch ein Foto des korrigierten Entwurfs von Hesses letztem Gedicht. Dieses Gedicht ist oft abgedruckt worden, u. a. auch in: Gunnar Decker, Hesse, a. a. O., 663.

[1069] Hesse hatte das Gedicht, das er als Symbol seines Lebens sah, am letzten Abend seines Lebens seiner Frau mit den Worten `Mit Grüßen für Keuper´ (so der Kosename für seine Frau, der auch im `Glasperlenspiel´ vorkommt) übergeben.

[1070] Siegfried Unseld zufolge hatte der herbeigerufene Hausarzt Hesses, Dr. Molo, ihm noch eine Herzinjektion gegeben; doch vergebens. Der Tod, so der Arzt, sei am Donnerstagmorgen vermutlich zwischen 7 und 9 Uhr eingetreten; 10 Uhr wurde als Sterbestunde festgelegt. Ninon Hesse, seine Söhne, zwei Enkel, H. C. Bodmers Frau Elsy und Siegfried Unseld waren zugegen, als Hesse eingesargt wurde. „Ninon Hesse gab ihm eine Rose in die Hand, die Söhne je eine Nelke, und für den abwesenden Bruno wurde auch noch eine Nelke in den Sarg gelegt; dann wurde er zugelötet“ (Siegfried Unseld, Bericht vom Begräbnis, in: Volker Michels [Hg.], Hermann Hesse in Augenzeugenberichten, a. a. O., 482-484). Noch am selben Tag fertigte Hesses Schwiegertochter Isa Hesse Rabinovitch (1917-2003), Filmemacherin, Illustratorin, Grafikerin und Fotografin, Frau seines Sohnes Heiner und Mutter von Silver und Eva Hesse, eine Bleistiftzeichnung des Verstorbenen auf dem Totenbett an. Am darauf folgenden Tag wurde Hermann Hesse die Totenmaske abgenommen.

Ninon Hesse herbei; zusammen mit den Söhnen und zwei Enkeln stand er vor dem Verstorbenen und bezeugte, dass er friedlich aussah, als man ihn in den Zinksarg legte.[1071]
Hermann Hesses sterbliche Überreste wurden auf dem Friedhof der Gemeinde San Abbondio in Gentilino[1072], dem kleinen Nachbarort von Montagnola, beigesetzt – so, wie er es zu Lebzeiten bestimmt hatte. Den Sarg mit den Initialen `H. H.´ trugen an diesem 11. August 1962, einem heißen Sommertag, Hesses Söhne Heiner und Martin sowie seine Enkel Silver und Simon, Letztgenannte beide in schweizerischer Militäruniform. An der südlichen Mauer des Friedhofs wurde Hesse dann bestattet.[1073] Sein Freund aus Maulbronner Internatszeiten, Dekan Hans Völter[1074], leitete die Trauerfeier. Er spannte einen

---

1071 Vgl. Gunnar Decker, Hesse, a. a. O., 664.

1072 Vgl. Eva Meret Neuenschwander/Jürg Schneider, Tessin und Lago Maggiore. Handbuch für individuelles Entdecken (Reise Know-How), Bielefeld 2005, [4]2014, 264. Auf demselben Friedhof befinden sich auch die Gräber von Bruno Walter, Emmy Ball-Hennings und Hugo Ball. Ein Foto der großen Trauerfeier befindet sich in: Regina Bucher, Mit Hermann Hesse durchs Tessin, a. a. O., 54. Zu denjenigen, die Hesses sterbliche Überreste mit beisetzten, gehörte auch Erich Kästner (1899-1974), der sich in Agra zur Kur aufhielt und Hesse kurz vor dessen 85. Geburtstag besucht hatte, vgl. Regina Bucher, Mit Hermann Hesse durchs Tessin, a. a. O., 92.

1073 Am 9. August 2022, Hesses 60. Todestag, fand um 10.30 Uhr ein Spaziergang über den Friedhof S. Abbondio statt, auf dem Frauen, Männer und auch Kinder liegen, die Hermann Hesse in den Jahren, in denen er in Montagnola lebte, in irgendeiner Weise begleitet hatten: https://www.spaziergang.info/135/hermann-hesse---freunde-zeitgenossen-weggefährten/ (aufgerufen am 20.6.2022).

1074 Vgl. Alois Prinz, „Und jedem Anfang wohnt ein Zauber inne", a. a. O., 376, und Heimo Schwilk, Hermann Hesse, a. a. O., 398. Hans Völter (1877-1972) war nach dem Studium der evangelischen Theologie Stadtvikar und Pfarrverweser an der Kilianskirche in Heilbronn (1902/1903) und danach Stadtpfarrer in Bietigheim (1917-1923). Von 1923 bis 1939 war er Stadtpfarrer an der Friedenskirche in Heilbronn und zeitweise auch Garnisonspfarrer. Von 1919 bis 1933 gehörte er dem Landeskirchentag an (ab 1925 Abgeordneter des Wahlkreises Heilbronn); von 1921 bis 1929 war er erster Vorsitzender des württembergischen Landesverbandes der evangelischen Arbeiter- und Arbeiterinnenvereine. Von 1939 bis zu seinem Ruhestand 1947 war er Dekan in Brackenheim. Völter war ein Anhänger Friedrich Naumanns und ein Freund von Theodor Heuss. Vgl. Hans Völter, Ein Tag bei Hermann Hesse, 9.9.1953, in: Volker Michels (Hg.), Hermann Hesse in Augenzeugenberichten, a. a. O., 389-394.

Bogen von Hesses Zeit im Kloster Maulbronn über seine `Indienreise´ auf den Spuren seines Hesses Großvater bis hin zu dem Refugium des erfolgreichen Literaten in der Schweiz und machte diese Koordinaten in Hesses Leben aus. 43 [!] Jahre lang hatte Hesse in Montagnola gelebt.[1075] Siegfried Unseld sprach zum Abschied Hesses Gedicht `Leb wohl, Frau Welt´. Das schlichte Grab hob sich deutlich von den restlichen, teilweise opulenten Gräbern auf dem römisch-katholischen Friedhof ab.[1076]

[1075] Vgl. Volker Michels, Wege zu Hermann Hesse, a. a. O., 507-529 („`Hier war das Leben möglicher.´ Hermann Hesse im Tessin"). Hesse selbst hatte seine Zeit im Tessin in einem Essay Revue passieren lassen, vgl. Hermann Hesse, Vierzig Jahre in Montagnola, in: Herbert Schnierle-Lutz, Hermann Hesse, Schauplätze, a. a. O., 286f. (Auszug).

[1076] Der Grabstein war von dem mit Hesse verbundenen, bereits erwähnten Zürcher Zeichner, Maler und Bildhauer Hans Jakob Meyer gestaltet worden. Hesse hatte die Grabstätte Nr. 161 im Jahr 1954 für 800 Schweizer Franken gekauft und zu Lebzeiten öfters damit kokettiert, dass sein Grab der einzige Grund und Boden war, den er besaß, vgl. Sigrid Damm, Hermann Hesse, a. a. O., 238, und Siegfried Unseld, Begegnungen mit Hermann Hesse, a. a. O., 220. Zum Grab Hesses vgl. Herbert Schnierle-Lutz, Hermann Hesse. Schauplätze seines Lebens, a. a. O., 290ff. Es ist eine Ironie der Geschichte, dass unter der letzten Ruhestätte dieses Technik- und Autohassers der Gotthard-Tunnel nach Mailand verläuft, vgl. Gunnar Decker, Hesse, a. a. O., 665.

10. Wirkungsgeschichte

Hermann Hesse – Dichter der Jugend, Schriftsteller des Protests, Pazifist, fernöstlich inspirierter Humanist, Mittler zwischen den Kulturen Europas und Asiens, Zeit seines Lebens ein Suchender nach Authentizität und Selbsterkenntnis. Seine frühe Lyrik steht in der Tradition der 19. Jahrhundert und ist der Romantik verpflichtet, ebenso seine frühe Prosa, in der er Ideen der Lebensreform- und der Jugendbewegung aufnahm und sich kritisch gegen die Industrialisierung und Verstädterung wandte. Später gab er diese neoromantische Haltung auf. Er wurde dann der erste Schriftsteller, der in sein Werk, auf dem Hintergrund persönlicher Betroffenheit, die Psychoanalyse aufnahm. Außerdem war ihm die Dimension der Spiritualität wichtig; hierin wurde er nicht nur durch den christlichen Glauben, sondern vor allem auch durch die Weisheitslehren des Fernen Ostens beeinflusst. Im Zentrum seines Werks steht im Unterschied zu jenen jedoch der einzelne Mensch, nicht zuletzt er selbst durch die enthaltene starke autobiografische Komponente, und er wurde zum Verteidiger „des Individuums gegen die Vermassung der Zeit“[1077].

Hermann Hesse wurde zu einem der meistgelesenen Autoren des zwanzigsten Jahrhunderts – nicht nur in Deutschland, in der Schweiz oder in Österreich, sondern weltweit. Und das, obwohl sich gerade in Westdeutschland in den 1970er-Jahren die Geister an diesem Hesse schieden: Die Alt-Achtundsechziger lasen Karl Marx und Bertolt Brecht und ließen sich für die Ideen

---

1077 So Volker Weidermann, Jedem Foxtrott wohnt ein Zauber inne, in: FAZ v. 26.03.2012.

von Mao Zedong[1078] und Ho Chi Minh[1079] begeistern; die Generation nach ihnen interessierte sich für C. G. Jung und Hermann Hesse. Einige lasen auch beides. Man kann jedoch sagen, dass es sich hier um Antipoden handelte: Die einen, die die APO gebildet hatten, wollten die bundesdeutsche Nazi-Vergangenheit aufarbeiten und die verknöcherte Gesellschaft der Bundesrepublik Deutschland grundlegend verändern. Sie organisierten öffentlichkeitswirksame Demonstrationen und `Sit-Ins´. [1080] Doch sie beließen es nicht beim bloßen Protestieren, sondern traten – wie von Rudi Dutschke[1081] damals propagiert – den `Marsch durch die Institutionen an´. Die anderen betraten den Pfad der Selbstsuche und beschritten den sinnlichen Weg in die Transzendenz, wurden Hippies, Baghwan-Jünger:innen, die sich eine Mala umhängten, den ein- oder anderen Joint rauchten und auf ihrem Mohair-Teppich das ein- oder andere Räu-

---

1078 Mao Zedong (früher: Mao Tse-tung, 1893-1976) war ein chinesischer Revolutionär, marxistischer Theoretiker, Parteiführer der Kommunistischen Partei Chinas und Diktator der Volksrepublik China, der in der Studentenbewegung 1968 und innerhalb der deutschen Linken Anfang der 1970er-Jahre sehr beliebt war. Die `Mao-Bibel´, ein kleines rotes Buch mit einer Sammlung seiner Zitate, wurde weltweit über eine Milliarde [!] Mal gedruckt. Historiker:innen gehen heute davon aus, dass Maos Politik bis zu 76 Millionen Tote gefordert hat.

1079 Ho Chi Minh (1890-1969) war ein vietnamesischer Revolutionär, kommunistischer Politiker, Premierminister und Präsident der Demokratischen Republik Vietnam. `Ho-Ho-Ho-Chi-Minh!´ war einer der Schlachtrufe der 1968er-Bewegung.

1080 Vgl. dazu Wolfgang Kraushaar, 1968. 100 Seiten, Ditzingen 2018, bes. 21ff.

1081 Rudi Dutschke (1940-1979) war ein deutscher marxistischer Soziologe und Wortführer der Außerparlamentarischen Opposition der 1960er-Jahre. Das politische Ziel des späteren Mitbegründers der bundesdeutschen Partei der GRÜNEN, der einen demokratischen Sozialismus propagierte, war der `Marsch durch die Institutionen´. Es blieb aber nicht bei diesem Marsch: Die `Steppenwolf´-Leserin Gudrun Ensslin (1940-1977), Pfarrerstochter und RAF-Terroristin, setzte Harry Hallers Lust, etwas kaputtzuschlagen, wie z. B. ein Warenhaus, in die Tat um, indem sie in Frankfurt am Main im April 1968 auf ein Kaufhaus einen Brandanschlag verübte. Aber Hesse ließ sich für die Ziele der RAF nicht instrumentalisieren.

cherstäbchen bei Darjeeling-Tee entzündeten – und sich entspannten.[1082] Einige fanden sich in der Ökobewegung wieder, ließen sich von Patchouli-Duft umwehen und begeisterten sich für den Vegetarismus, andere wiederum wurden Frutarier.[1083] In jedem Fall ging es darum, in erster Linie `sich selbst´[1084] zu finden und auch sich selbst zu verändern, bevor man die Gesellschaft und die Welt veränderte.[1085] Für die Mehrheit der deutschen Nachkriegspresse blieb Hesse auf diesem Hintergrund „ein etwas rückständiger Romancier und Innerlichkeitspoet aus dem 19. Jahrhundert, allenfalls ein besserer Jugendbuchautor“[1086]. Die Auszeichnung mit dem Literaturnobelpreis wurde von diesen Kritiker:innen als Irrtum gewertet.[1087] Schon ein paar Jahre nach seinem Tod war das Interesse der deutschen literarischen Öffentlichkeit an ihm erloschen.

Während Hesse einige Autor:innen in der Bundesrepublik Deutschland die Stange hielten,[1088] äußerten sich andere wie

---

[1082] Vgl. dazu weiterführend Ernst Hofacker, 1967: Als Pop unsere Welt für immer veränderte, Ditzingen 2016, ^{3}2017; Ernst Hofacker, Die 70er. Der Sound eines Jahrzehnts, Ditzingen 2020, und Frank Schäfer, 1966. Das Jahr, in dem die Welt ihr Bewusstsein erweiterte, Salzburg-Wien 2016.

[1083] Der prominenteste Frutarier war vermutlich Steve Jobs (1955-2011), der Gründer der Firma `Apple´. Vgl. dazu näher Thomas O. H. Kaiser, Steve Jobs und Apple. Gedanken zu einem – religiösen – Phänomen unserer Zeit (2016), online zugänglich unter: https://www.theomag.de/102/tka01.htm (aufgerufen am 20.6.2022).

[1084] Vgl. dazu Eugen Drewermann, Hermann Hesse: Die Orientreise - Der lange Weg zu sich selbst. Nachschrift des frei gehaltenen Vortrags, in: ders., Der lange Weg zu sich selbst, a. a. O., 136–154.

[1085] Darin fanden sie Halt bei Hermann Hesse, Lektüre für Minuten, a. a. O., 45.

[1086] Volker Michels, zit. n. Heimo Schwilk, „Reich-Ranicki hat Hermann Hesse marginalisiert“, in: Die Welt v. 23.09.2012, online zugänglich unter: https://www.welt.de/kultur/literarischewelt/article109379848/Reich-Ranicki-hat-Hermann-Hesse-marginalisiert.html (aufgerufen am 8.6.2022).

[1087] Vgl. dazu ausführlich Volker Michels, Zur Hermann Hesse-Rezeption in Deutschland, in: Hermann-Hesse-Jahrbuch 2, Berlin-New York 2008, Bd. 1, 35-56.

[1088] Einige Autoren hielten Hesse die Stange, wie Robert Jungk (1913-1994), Albrecht Goes (1908-2000), Paulo Coelho (geb. 1947), Michel Tournier (1924-2016), Hermann Burger (1942-1989), Peter Härtling (1933-2017) oder Adolf Muschg (geb. 1934). Einige von ihnen betonten auch später noch, dass Hesses Werk ihnen Hilfe und Ratgeber in ihrem eigenen schriftstellerischen Schaffen war.

Arno Schmidt[1089] oder Karl-Heinz Deschner[1090] im Jahr 1957 vernichtend. In seiner Streitschrift `Kitsch, Konvention und Kunst´ bezeichnete Deschner anhand von Hesses `Narziß und Goldmund´ dessen Texte als niveaulos und als literarische Barbarei, als „Goldschnittsirup"[1091], und ordnete den Autor eindeutig der Trivialliteratur zu; zudem sei Hesse ein `drittklassiger´ Lyriker.[1092]

Auch das Hamburger Nachrichtenmagazin DER SPIEGEL, in Kulturfragen in der damaligen Zeit meinungsbildend, äußerte sich deutlich: Am 9. Juli 1958, etwa ein Jahr nach seinem achtzigstem Geburtstag, erschien im SPIEGEL ein langer polemischer Artikel über Hermann Hesse mit dem Bildvermerk `In der Gartenlaube´ auf dem Mantel, der ein Foto des Dichters als Gärtner mit einem verbeulten, breitkrempigen Strohhut zeigte.[1093] Das Foto sollte „die Weltfremdheit eines in die Jahre

---

[1089] Der Schriftsteller und Essayist Arno Schmidt (1914-1979), der vor allem durch sein Opus magnum `Zettels Traum´ bekannt wurde, war zwar ein Verehrer Hermann Hesses (vgl. Hermann Hesse 1877-1977, a. a. O., 400). Er hatte sich aber über Hesses Verriss seines Erstlingswerkes `Leviathan´ beschwert. Im Gegenzug revanchierte er sich bei Hesse: Dessen Werk fehle es u. a. an naturwissenschaftlichen Kenntnissen, sein Erschaffer sei `ein begabter Dichter, weich und faltig´. „Hesse reagierte darauf gelassen: `Knabe hat alten Kerl mit Dreck beworfen. Alter Kerl bürstet sich den Rock´" (Klaus Walther, Hermann Hesse, a. a. O., 177).

[1090] Der deutsche Schriftsteller Karlheinz Deschner (1924-2014) wurde vor allem durch seine kirchenkritischen Publikationen (`Die Kriminalgeschichte des Christentums´) bekannt. Er blieb auch nach seinem Tod umstritten.

[1091] Karlheinz Deschner, Kitsch, Konvention und Kunst, München 1957, 167.

[1092] Einen ähnlichen Stand hatte Hesse in der avantgardistischen deutschsprachigen `Gruppe 47´: Ihre Mitglieder, die sich als Erneuerungsbewegung der deutschen Literatur nach dem Zweiten Weltkrieg präsentierten, empfanden Hermann Hesse als altmodisch und wollten von ihm nichts mehr wissen, vgl. dazu weiterführend Helmut Böttiger, Die Gruppe 47. Als die deutsche Literatur Geschichte schrieb, München 2012, 60, wo Hesse nur einmal im Text indirekt erwähnt wird.

[1093] Vgl. DER SPIEGEL 28/1958. Hesse war der Artikel bekannt, er trug es mit Gelassenheit, vgl. Bruno Hesse, Ein paar Erinnerungen an Vater, in: Volker Michels (Hg.), Hermann Hesse in Augenzeugenberichten, a. a. O., 309. Das Porträtfoto, das Hesse in salopper Gartenkleidung, mit Strohhut und offenem Hemdkragen zeigte, hatte Hesses und aus der Mode gekommenen Idyllikers“[1094] zeigen, einen kleinbürgerlichen Kleingärtner.[1095] Der Autor des Artikels, der den Titel `Im Gemüsegarten´[1096] trug, blieb anonym: Für ihn war Hesse jemand, dem das innere Seelenleben wichtiger war als die Welt, in der lebte; zudem wäre er außerhalb Deutschlands unbekannt. „Es hat erst der 68er Revolte mit ihrem Sinn für die Entfremdungsmechanismen einer blindläufigen Fortschrittsautomatik und der Bewegung der Grünen bedurft, um die Verächtlichmachung des Gartens als rückständiger Spießeridylle zu revidieren. Nicht der Garten, sondern sein industrielltechnisches Zurücklassen stehen unter Rechtfertigungszwang.“[1097] Volker Michels hat überzeugend nachgewiesen, dass es sich bei der Titelgeschichte um „teils fehlerhaft recherchierte(n), teils geistreich vergiftete(n) Halbwahrheiten“[1098] handelte, die Hesse auf die Größe eines Gartenzwerges reduzieren und der Lächerlichkeit preisgeben wollte. 2012 erfuhr Hesse aus Anlass seines 50. Todestages durch den SPIEGEL eine Art

---

Sohn Martin zwanzig Jahre zuvor aufgenommen; es war 1937 in Hesses `Gedenkblättern´ veröffentlicht worden. Der Verfasser des SPIEGEL-Artikels war, wie damals üblich, unbekannt; erst später wurde die namentliche Kennzeichnung von Artikeln in der SPIEGEL-Redaktion eingeführt.

[1094] Gunnar Decker, Hesse-ABC, a. a. O., 81.

[1095] Foto und Titelgeschichte suggerierten, „dass Schriftsteller, die sich mit der Natur oder gar mit dem Inbegriff für Begrenztheit und Rückzug, mit ihrem Garten, befassen, unbedarft, reaktionär oder auf der Flucht vor den Realitäten des Lebens sind und sich den Forderungen des Tages entziehen...“ (Volker Michels, Wege zu Hermann Hesse, a. a. O., 243).

[1096] Vgl. online: https://www.spiegel.de/politik/im-gemuesegarten-a-f058b61b-0002-0001-0000-000041761839 (aufgerufen am 26.7.2022).

[1097] Gunnar Decker, Hesse-ABC, a. a. O., 81.

[1098] Volker Michels, Wege zu Hermann Hesse, a. a. O., 241-262, Zitat auf 241f.; vgl. dazu auch ders., „Teils ausgelacht, teils angespuckt, teils den sentimentalen Leserkreisen überlassen“. Zur Hermann Hesse-Rezeption in Deutschland, in: Hermann Hesse und die literarische Moderne, a. a. O., 28-55, bes. 40f.

Rehabilitation.[1099] Zu Lebzeiten ließ sich Hesse von solchen „gelegentlichen Anpöbelungen oder Verhöhnungen durch literarisch Halbstarke“[1100] indes nicht provozieren.
Während Hesse in der DDR später eher indifferent bzw. so gut wie gar nicht rezipiert wurde,[1101] wurde er also in westdeutschen Intellektuellenkreisen geradezu verschmäht: Literaturkritiker

---

1099 Vgl. Matthias Matussek, Ich mach mein Ding, in: DER SPIEGEL Nr. 32 v. 6.8.2012, 124-132, online zugänglich unter: https://www.spiegel.de/politik/ich-mach-mein-ding-a-903c762c-0002-0001-0000-000087649554?sara_e-cid=soci_upd_KsBF0AFjflf0DZCxpPYDCQgO1dEMph (aufgerufen am 20.5.2022). Diesmal war auf dem SPIEGEL-Titel Hesse mit Strohhut zu sehen, der dem Betrachter den Mittelfinger der rechten Hand zeigte, und der konservative Journalist Matussek verteidigte den Schriftsteller. Zu Hesses 50. Todestag erschienen auch in führenden Tageszeitungen Artikel zu ihm, vgl. Alexandra Stäheli, \`Die Wirklichkeit ist der Abfall des Lebens´, in: NZZ v. 8.8.2012; Matthias Waha, Streunender Wolf in ernsten Alleen, in: SZ v. 9.8.2012, oder Christopher Schmidt, Die Guru-Slideshow, in: SZ v. 9.8.2012.

1100 Hermann Hesse, zit. nach Michael Limberg, Hermann Hesse, a. a. O., 73.

1101 Vgl. dazu Martin Pfeifer, Hermann Hesse. Bibliographie der im Gebiet der DDR seit 1945 erschienenen Schriften von und über Hermann Hesse, Leipzig 1955. Vgl. dazu auch Martin Pfeifer, Wie ich zu Hesse kam, in: Volker Michels (Hg.), Hermann Hesse in Augenzeugenberichten, a. a. O., 414-422, und ders., Deutsche Demokratische Republik, in: Hermann Hesses weltweite Wirkung, hg. v. Martin Pfeifer (st 386), a. a. O., 39-60 (hier befindet sich eine chronologische Übersicht über die in der DDR erschienenen Bücher Hesses, vgl. 53); vgl. ferner Klaus Walther, Hermann Hesse heute in der DDR, in: Hermann Hesses weltweite Wirkung, Internationale Rezeptionsgeschichte, Zweiter Band (st 506), hg. v. Martin Pfeifer, FfM 1979, 180-189, der von einer zunehmenden Hesse-Rezeption der jüngeren Generation spricht, und Klaus Walther, Hermann Hesse, a. a. O., 172ff. – In der damaligen Sowjetunion wurde Hesse so gut wie gar nicht rezipiert. Die Hesse-Rezeption dort wurde von den historischen Ereignissen überholt, etwa, wenn es kurz vor dem Zerfall der Sowjetunion hieß, dass „das wachsende Interesse sowjetischer Leser am Werk Hesses, dieses größten Humanisten unseres Jahrhunderts... eine Zunahme der Hesserezeption in der Sowjetunion erwarten“ (Reso Karalaschwili, Sowjetunion, in: Hermann Hesses weltweite Wirkung, hg. v. Martin Pfeifer [st 386], a. a. O., 127-154, Zitat auf 149) ließe.

Marcel Reich-Ranicki[1102] und auch sein Adlatus Hellmuth Karasek[1103] schätzten Hermann Hesse als Schriftsteller nicht besonders und trugen das Ihre dazu bei, um ihn öffentlich zu demontieren.[1104] Für Marcel Reich-Ranicki, der eine realistische Literatur favorisierte und dessen literaturkritische Maxime das Prinzip Klarheit war, war Hesse ein beklagenswerter jugendbewegter Klassiker, ein biederer Rebell und der sentimentalste Anarchist der Literatur des zwanzigsten Jahrhunderts.[1105] Sein

---

1102 Der polnisch-jüdisch-deutsche Autor Prof. Dr. mult. h. c. Marcel Reich-Ranicki (1920-2013), einer der einflussreichsten deutschsprachigen Literaturkritiker seiner Zeit, wurde vielen deutschen Fernsehzuschauer:innen als belesener und geistreicher Moderator des `Literarischen Quartett´, das von 1988 bis 2001 im Zweiten Deutschen Fernsehen ausgestrahlt wurde und sich durch seine lebhafte, kontroverse Diskussionskultur auszeichnete, bekannt. Die Memoiren des Überlebenden des Warschauer Ghettos mit dem Titel `Mein Leben´, die 1999 herauskamen und zehn Jahre später verfilmt wurden, standen ein Jahr lang auf der SPIEGEL-Bestseller-Liste. Beides machte Marcel-Reich Ranicki über Fachkreise hinaus in Deutschland populär.

1103 Der deutsche Journalist, Buchautor, Film- und Literaturkritiker und promovierte Professor für Theaterwissenschaft Hellmuth Karasek (1934-2015) bezeichnete beispielsweise Hesses `Narziß und Goldmund´, das er in der Jugend durchaus gemocht hatte, im Alter als `rosa Kitsch´, vgl. dazu online: https://www.dw.com/de/verriss-und-volksmund/a-585418 (aufgerufen am 27.6.2022).

1104 Vgl. dazu Volker Michels, Wie man einen Nobelpreisträger zur Schnecke macht. Marcel Reich-Ranicki und Hermann Hesse. Zum 50 Todestag von Hermann Hesse, 09. August 1962, in: Glanz & Elend. Literatur und Zeitkritik, online zugänglich unter: https://www.glanzundelend.de/Artikel/abc/h/volker-michels-hesse.htm (aufgerufen am 18.6.2022). Marcel Reich-Ranicki sah Hesse als Konkurrenten zu seinem Favoriten Thomas Mann. Auf dem Hintergrund seiner Aussage, dass Hesse keinen einzigen zitierfähigen Satz geschrieben hatte, gab Volker Michels nach eigenem Bekunden den Aphorismenband `Lektüre für Minuten´ heraus, der mit Tausenden Zitaten des Dichters zu allen lebenswichtigen Themen die Öffentlichkeit vom Gegenteil überzeugen sollte und es zu einer Auflage von über einer Million Exemplaren brachte, vgl. Hermann Hesse, Lektüre für Minuten. Gedanken aus seinen Büchern und Briefen. Auswahl und Nachwort von Volker Michels, FfM 1971, 1975, 1977, 1992, bes. 283-290.

1105 Vgl. dazu auch Uli Rothfuss, Vorwort des Herausgebers, in: ders. (Hg.), Mein Hermann Hesse. Eine Hommage, a. a. O., 14. Das lesenswerte Buch ist leider an einigen Stellen ungenau, beispielsweise, wenn Rothfuss Siegfried Unseld zitiert: So gibt es die in Anm. 5 auf S. 24 verwiesene S. 275 nicht (Unselds Buch `Begegnungen mit Hermann Hesse´ hat nur 270 Seiten!) oder Rothfuss zitiert falsch, etwa auf 19, wenn er vom „*Elend* des Protests und der Revolte" schreibt und sich auf Unselds `Begegnungen´, S. 250, bezieht. Bei Unseld ist aber die Rede vom „*Element* des Protests und der Revolte" (Siegfried Unseld, Begegnungen mit Hermann Hesse, FfM 1975, 250). Auch sind einige anachronistisches Werk hielt er für weltfremd und seine „so penetrante wie programmatische Innerlichkeit mittlerweile schwer erträglich“[1106]. Er nahm ihn deshalb noch 2004 nicht in seinen literarischen Olymp der „Sieben Wegbereiter“[1107], den Himmel der einflussreichsten Autoren des zwanzigsten Jahrhunderts, auf. Allerdings verschaffte Reich-Ranicki Hesse einen Platz in dem von ihm herausgegebenen `Kanon der deutschen Literatur´[1108]. Einzig Hesses Verleger Siegfried Unseld hielt zu seinem Autor: Als er am 26. Oktober 2002 im Alter von achtundsiebzig Jahren starb, hatte er sich vierzig Jahre lang mit

---

Angaben in den Fußnoten fehlerhaft, vgl. z. B. das Erscheinungsjahr von Hesses Buch über den Eigensinn: Es ist nicht, wie fälschlicherweise in Fußnote 36 auf S. 25 angegeben, im Jahr 2000, sondern im Jahr 2002 erschienen.

1106 Marcel Reich-Ranicki, Unser lieber Steppenwolf. Der erste Band der gesammelten Briefe von Hermann Hesse, in: DIE ZEIT v. 5.10.1973, online zugänglich unter: https://www.zeit.de/1973/40/unser-lieber-steppenwolf (aufgerufen am 9.6.2022).

1107 Vgl. Marcel Reich-Ranicki, Sieben Wegbereiter. Schriftsteller des zwanzigsten Jahrhunderts, München 2004. Dazu rechnete Marcel Reich-Ranicki Arthur Schnitzler (1862-1931), Alfred Döblin, Thomas Mann, Robert Musil, Franz Kafka, Kurt Tucholsky und Bertolt Brecht – nicht aber Hermann Hesse. Er begründete seine Entscheidung, Hesse nicht als einen Wegbereiter der deutschen Literatur zu zählen, damit, dass die von Reich-Ranicki ausgewählten Autoren im NS-Staat verboten oder zumindest unwillkommen waren: „Das alles gilt für Hesse eben nicht. Seit dem Ersten Weltkrieg lebte er in der Schweiz, seit 1923 war er Schweizer Staatsangehöriger. Den Nazis stand er nie nahe. Er war ein Rebell und ein Anarchist, doch vor allem ein Poet. Sein Werk bietet eine Mischung aus deutschromantischer Tradition und moderner Psychologie, aus Idyllik und Zivilisationsverachtung. Mit der heftigen Kritik des bürgerlichen Lebens verbindet sich bei ihm die Sehnsucht nach einer soliden und stabilen, schließlich doch bürgerlichen Ordnung“ (Marcel Reich-Ranicki, Hesse – ein Wegbereiter der Literatur?, in: FAZ v. 25.09.2006). Auch in seiner Auswahl der `besten deutschen Erzählungen´ fehlt Hermann Hesse, vgl. Die besten deutschen Erzählungen, ausgewählt von Marcel Reich-Ranicki, Berlin 2010, [10]2019.

1108 Vgl. Marcel Reich-Ranicki (Hg.), `Der Kanon´. Die deutsche Literatur. Erzählungen. 10 Bände und ein Begleitband (it), FfM 2003. Von den dort enthaltenen 255 Texten von 166 Autor:innen ist Hermann Hesse u. a. mit `Knulp´, `Klein und Wagner´, `Deutsche Erzähler´, `Notizen zum Thema Dichtung und Kritik´, `Unterm Rad´ und acht Gedichten, darunter `Im Nebel´ und `Stufen´, vertreten. Vgl. dazu auch Marcel Reich-Ranicki (Hg.), `Der Kanon´. Die deutsche Literatur. Gedichte, FfM 2005. In einem weiteren Buch von Marcel Reich-Ranicki ist das Kapitel zu Hermann Hesse mit „Ein Beitrag zur deutschen Sentimentalität“ überschrieben, vgl. Marcel Reich-Ranicki, Meine Geschichte der deutschen Literatur: Vom Mittelalter bis zur Gegenwart, hg. von Thomas Anz, München 2014, 2016, 251-257.

Hesses Werk und seinem Autor beschäftigt. Es war ihm trotz der prominenten Hesse-Kritiker gelungen, ihn zum weltweit meistgelesenen Autor zu machen.

Schon zu Lebzeiten war Hesse weitreichend innerhalb Europas[1109] und auch außerhalb des deutschen Sprachraums rezipiert worden.[1110] Dazu trugen auch, aber nicht nur, US-amerikanische Kino-Verfilmungen von Hesses Werken bei.[1111] `Die Heimkehr´[1112] war dann die erste deutsche Fernsehverfilmung eines seiner Werke.

Danach nahm die Hesse-Rezeption weltweit zu.[1113] In Frankreich beispielsweise trug zu seiner Popularität nicht nur die

---

1109 Vgl. dazu die verschiedenen Beiträge zu Europa, darunter vor allem Frankreich (61ff.), Italien (69ff.), Schweden (85ff.), Finnland (99ff.) und Großbritannien (191ff.), in: Hermann Hesses weltweite Wirkung, hg. v. Martin Pfeifer (st 386), a. a. O., 61-204, und Hermann Hesses weltweite Wirkung, Zweiter Band, hg. v. Martin Pfeifer, a. a. O., 31-123.

1110 Das bezieht sich u. a. auf den arabischen Raum, auf Iran, Pakistan, Australien und Neuseeland sowie Argentinien, vgl. dazu Hermann Hesses weltweite Wirkung, Zweiter Band, hg. v. Martin Pfeifer, a. a. O., 124-169, sowie die Beiträge von Susanne Thimann, Brasilien, in: Hermann Hesses weltweite Wirkung. Internationale Rezeptionsgeschichte, Dritter Band (st 1927), hg. v. Martin Pfeifer, FfM 1991, 154-169, und Anette Horn, Südafrika, in: Hermann Hesses weltweite Wirkung, hg. v. Martin Pfeifer, a. a. O., 145-150.

1111 Nur wenige der Romane und Erzählungen Hermann Hesses sind verfilmt worden: Neben dem bereits erwähnten `Siddhartha´ waren das `Der Steppenwolf´. Spielfilm USA/Frankreich/Schweiz 1974 (Regie: Fred Haines [1936-2008] mit Max von Sydow [1929-2020] in der Rolle des Harry Haller), basierend auf Hesses gleichnamigem Roman, und `Narziss und Goldmund´. Kinofilm von Stefan Ruzowitzky (geb. 1961), Deutschland-Österreich 2020. Vgl. weiterführend Volker Wehdeking, Hermann Hesse, a. a. O., 157-173.

1112 `Die Heimkehr´. Deutsch-österreichischer Fernsehfilm, basierend auf der gleichnamigen Erzählung (Buch und Regie: Jo Baier [geb. 1949]), Deutschland-Österreich 2012), vgl. dazu Rainer Tittelbach, Fernsehfilm `Die Heimkehr´, in: http://tittelbach.tv/programm/fernsehfilm/artikel-1922.html (aufgerufen am 8.2.2022). `Die Heimkehr´ war erstmals 1909 in der `Neuen Rundschau´ gedruckt und 1912 in dem Erzählband `Umwege. Erzählungen von Hermann Hesse´ veröffentlicht worden; danach erschien die Erzählung immer wieder in Einzel- und Sammelausgaben wie z. B. in: Hermann Hesse, Politik des Gewissens, Erster Band, a. a. O., 323-341. Online ist der Text in der neunten Auflage hier zugänglich: https://www.gutenberg.org/files/60437/60437-h/60437-h.htm (aufgerufen am 21.3.2022). Zu *einer* Interpretation vgl. Jens Müller, Selbstmörder und Ersatzgott, in: taz v. 2.5.2012, online zugänglich unter: https://taz.de/ARD-gedenkt-Herman-Hesse/!5094857/ (aufgerufen am 28.7.2022).

1113 Vgl. Bernhard Zeller, Hermann Hesse, a. a. O., 155-162 (`Weltweite Wirkung´).

Freundschaft mit Romain Rolland während der Zeit des Ersten Weltkriegs bei, sondern auch Hesses langjähriger persönlicher Einsatz für die Werke seiner französischer Schriftsteller-Kollegen.[1114] In Buchbesprechungen hatte er deren Bücher fleißig rezensiert, was zur Folge hatte, dass in Frankreich relativ zeitnah zu Hesses deutschen Publikationen Übersetzungen ins Französische erschienen (`Siddhartha´ 1925, `Demian´ 1930, `Narziß und Goldmund´ 1948 und `Das Glasperlenspiel´ 1955).[1115]
Aber auch in `Overseas´ wurde Hesse gerne gelesen: In Japan beispielsweise entstand bereits Anfang der 1960er-Jahre eine literarische Hesse-Community, die seine ins Japanische übersetzten Werke geradezu verschlang.[1116] Ein Schüler aus Tokio beispielsweise nahm direkt mit Hesse Kontakt auf und offenbarte dem von ihm verehrten Autor, dass es ihm in der Schule ähnlich ging wie Hans Giebenrath in `Unterm Rad´.[1117] Die Ursache für die hohen Auflagenzahlen von Hesses Büchern in Japan lag vermutlich darin, dass Japan mit dem Ende des Zweiten

---

[1114] Vgl. dazu weiterführend Siegfried Unseld, Hermann Hesse. Werk und Wirkungsgeschichte (it 1112), FfM 1985, 1987, bes. 107ff.

[1115] Vgl. dazu Michael Sénès, Frankreich, in: Hermann Hesses weltweite Wirkung, Dritter Band, hg. v. Martin Pfeifer, a. a. O., 153-161. Demgegenüber war die Hesse-Rezeption in Großbritannien eher verhalten. In Spanien und im spanischen Sprachraum wurde Hesse erst seit der Verleihung des Literaturnobelpreises viel gelesen.

[1116] Vgl. dazu Masaru Watanabe, Hesse heute in Japan, in: „Höllenreise durch mich selbst“, a. a. O., 211-222, und ders., Japan, in: Hermann Hesses weltweite Wirkung, hg. v. Martin Pfeifer (st 386), a. a. O., 222-233. Masaru Watanabe (geb. 1932) war Professor an der Universität Saitama und Präsident des Hermann-Hesse-Freundeskreises Japan. Zu den japanischen Hesse-Publikationen vgl. online: https://hesse.projects.gss.ucsb.edu/publications/japan-books.html (aufgerufen am 3.6.2022).

[1117] Besonders dieses Buch erlebte in Japan hohe Auflagen: Wegen der besonderen Insellage der Industrienation war das Erziehungsideal der Japaner, das seine Kinder bereits vom Vorschulalter an in Uniformen steckte, disziplinierte Mimikry. Es kam in Japan „zu einem Selektionsdruck, der den Kindern schon mit Beginn des Vorschulalters Anpassungs- und Dressurleistungen abverlangt, die ihren beklemmenden Preis fordern. Seit den 1950er-Jahren verzeichnet Japan die meisten Schülerselbstmorde der Welt, und seit Jahrzehnten erlebt Hesses `Unterm Rad´ dort eine Verbreitung wie in keinem anderen Land der Erde“ (Volker Michels, Wege zu Hermann Hesse, a. a. O., 55).

Weltkrieges, seiner Kapitulation und seiner erzwungenen Öffnung durch die Alliierten in eine tiefe geistige und kulturelle Krise geraten war.[1118] In Japan, aber auch in China und Südkorea, ist Hesse heute noch immer sehr beliebt.[1119]

Am weitreichendsten wurde Hermann Hesse vermutlich in den Vereinigten Staaten rezipiert. [1120] Nie wieder konnte ein deutschsprachiger Autor solche Erfolge im Land der unbegrenzten Möglichkeiten feiern wie er, der lange relativ unbekannt war und urplötzlich unter die Hippies fiel.[1121] Es entstand nicht nur

---

1118 Während schon 1909 erste Werke Hesses ins Japanische übersetzt wurden, \`Siddhartha´ 1925 und \`Steppenwolf´ 1933 erschienen waren, blieb ihr Autor weithin unbekannt. Den durchschlagenden Erfolg in Japan brachte erst \`Peter Camenzind´, nachdem er 1937 auf Japanisch veröffentlicht worden war. Schließlich war Hesses Popularität so groß, dass japanische Soldaten mit Büchern Hesses im Tornister in den Zweiten Weltkrieg zogen und neben zahlreichen Einzelausgaben auch mehrere japanische Gesamtausgaben seiner Werke ediert wurden, vgl. Thomas Beckermann/Keizo Miyashita, „Irgendetwas Unnennbares, wahrscheinlich Morgenländisches", in: Heinz Ludwig Arnold (Hg.), text+kritik. Zeitschrift für Literatur, Bd. 10/11: Hermann Hesse, a. a. O., 101-109. „Auch in Japan wird Hesse zum Bildungsgut. Hesse lesen ist *in*" (Helga Esselborn-Krumbiegel, Inspiration Hermann Hesse, in: Inspiration Hermann Hesse, a. a. O., 7-14).

1119 Vgl. dazu Volker Michels, Vorwort, in: Die vielen Gesichter Hermann Hesses. Ein Dichter im Urteil seiner Zeitgenossen von damals bis heute (Edition Isele), hg. vom Freundeskreis zur Erhaltung der Hermann Hesse-Stätten, Eggingen 1996, 6-9. Im Jahr 2001 wurde in Nepal eine Hermann-Hesse-Gesellschaft gegründet. In Katmandu befindet sich das \`Hermann Hesse Studien Zentrum´, ein Sprachinstitut für Deutsch.

1120 Vgl. dazu Hermann Hesse Superstar. Dokumentation Teil 1 und Teil 2: https://www.youtube.com/watch?v=FsBj-L4oqxA und https://www.youtube.com/watch?v=KD2ERqDue08 (beide Links aufgerufen am 9.6.2022). Die Filmdokumentation stammt von Andreas Ammer aus dem Jahr 2012.

1121 Vgl. Theodore Ziolkowski, Saint Hesse among the Hippies, in: American-German Review 35, 2 (1969), 19-23. Der US-amerikanische Germanist Prof. Dr. Theodore Ziolkowski (1932-2020) hatte sich schon während seines Studiums Anfang der 1950er-Jahre mit Hermann Hesse beschäftigt - zu einer Zeit also, als niemand den Hesse-Boom der späten 60er-und 70er-Jahre erwartete. In den USA wurde dieser Boom das \`Hesse-Phänomen´ genannt, vgl. Rudolf Koester, Die Hesse-Rezeption in den USA, in: „Höllenreise durch mich selbst", a. a. O., 223-233. Dabei waren Hesse und sein Werk anfangs von der US-amerikanischen Presse abschätzig beurteilt bzw. totgeschwiegen worden. Koester zitiert den Rezensenten D. J. Enright (1920-2002), der von einem „leichten Geruch metaphysischer Lederhosen", der Hesses Werk anhaftete, sprach (224). Vgl. dazu auch Rudolf Koester, USA, in: Hermann Hesses weltweite Wirkung, hg. v. Martin Pfeifer (st 386), a. a. O., 155-171, bes. 156. Hier befindet sich eine Übersicht der Zahl der verkauften Exemplare bis Mitte 1976 (vgl. 163).

ein Hesse-Boom, sondern ein regelrechter `Hesse-Kult´.[1122] Führende Universitäten wie Berkeley kauften ganze Hesse-Sammlungen auf, die Sekundärliteratur zu Hesse, überwiegend Fachaufsätze und Dissertationen, stieg kontinuierlich an.[1123] Während die lesende Achtundsechziger-Jugend in der Bundesrepublik Deutschland in Hesse zunehmend einen verkorksten letzten Romantiker sah und sich, wie erwähnt, die revoltierende Generation in unpolitische Hesse-Liebhaber:innen und politische Hesse-Verächter:innen gespaltet hatte, fanden seine Werke, vor allem sein `Steppenwolf´, sein `Siddhartha´[1124] und sein `Demian´ im Amerika der Vietnamkriegsära´ großen Zuspruch.[1125] Die jungen Amerikaner:innen, die sich in der `Flower-Power´-Bewegung sammelten, gegen einen Krieg protes-

---

1122 Vgl. dazu den SPIEGEL 40/1968 v. 29.09.1968, online zugänglich unter: https://www.spiegel.de/kultur/wonnen-fuer-hippies-a-a3724051-0002-0001-0000-000046056055 (aufgerufen am 16.6.2022). Bis zum 4.9. 2016 war im `Museo Hermann Hesse´ in Montagnola die Ausstellung `Heiliger der Hippies? Hermann Hesse in den USA´ zu sehen, vgl. dazu Regina Bucher/Eva Zimmermann, Saint Among the Hippies? Hermann Hesse in the USA (Fondazione Hermann Hesse 2016), Montagnola 2016. In den USA wird Hesses Nachname ohne das End-`e´ ausgesprochen.

1123 Siegfried Unseld hielt fest: „Der amerikanische Student von 1967, quer durch alle Sozialschichten, las Hermann Hesse“ (Siegfried Unseld, Hermann Hesse – eine Werkgeschichte [st 143], FfM 1973, 310).

1124 Der Titel des Buches wurde im Amerikanischen wie `Sad Arthur´ ausgesprochen, was unter US-amerikanischen Literaturkritiker:innen für Heiterkeit sorgte. 1961 lag die Übersetzung von neun Werken Hesses ins Englische vor, 1968 waren es bereits 23 Titel. 1969 gingen in den USA monatlich ca. 360000 Bücher des `Steppenwolfs´ (`Magister Ludi´, wie der Titel der Übersetzung lautete) über die Ladentheke – manch einer hielt Hesse für einen US-amerikanischen Autor. Bis 1973 wurden insgesamt 12 Millionen Bücher Hermann Hesses in den USA verkauft – und machten ihn zum meistgelesenen außereuropäischen Autor des 20. Jahrhunderts.

1125 Besonders die Verkaufszahlen von `Demian´, `Der Steppenwolf´ und `Siddhartha´ schossen nach oben, vgl. dazu genauer Rudolf Koester, Die Hesse-Rezeption in den USA, in: „Höllenreise durch mich selbst“, a. a. O., 226f. Hermann Hesse hätte es zu Lebzeiten vermutlich nicht für möglich gehalten, dass Jugendliche in den USA ihn so verehren würden. Vgl. dazu auch James Joseph Black, Hesse and the Hippies: The Sociology of a Literary Phenomenon (May 1990), online zugänglich unter: https://opensiuc.lib.siu.edu/cgi/viewcontent.cgi?article=1234&context=uhp_theses (aufgerufen am 17.7.2022).

tierten, der zweieinhalb Millionen Menschen, davon 90% Zivilist:innen das Leben kostete, einen Schlussstrich unter das Leben ihrer Anzug und Krawatte tragenden Väter und sich den bürgerlichen Konventionen verpflichtet wissenden Mütter ziehen wollten, sich Hippies[1126] nannten und nach Individualität, Selbstbestimmung und Freiheit strebten, fanden sich in Hesses Werken wieder und entdeckten in ihrem Verfasser einen ihrer geistigen Väter.[1127] Auf der Suche nach anderen Werten und Lebensinhalten fühlten sie sich seelenverwandt mit einem Autor, der einer Revolte gegen die Eltern, familiäre und kirchliche Repressionen, Schule, das Erziehungssystem und die Gesellschaft

---

[1126] Dabei war Hermann Hesse keineswegs der erste Europäer, der die Hippie-Bewegung beeinflusste. Einige industriekritische Vertreter der individualistischen Lebensreform-Bewegung waren in die USA ausgewandert und für die Hippie-Bewegung prägend: Wilhelm Pester (1885-1963) aus dem sächsischen Borna verließ das Deutsche Reich 1906, um dem Kriegsdienst zu entgehen. In der kalifornischen Wüste lebte er langhaarig, vollbärtig und nackt als Vegetarier in einer Palmenhütte, predigte über die Vorzüge des einfachen Lebens, machte sich strafbar und verbrachte mehrere Jahre in Haft; er wurde als Amerikas erster Hippie bekannt. Benedict Lust (1872-1945), beeinflusst von Kneipp, zog als offizieller Repräsentant der Wasserheilung in die USA und machte Karriere als Heilpraktiker. Er eröffnete ein Reformhaus in New York City und gründete mehrere Zeitschriften, in denen es um Hydrotherapie und Naturheilverfahren ging. Der \`Vater der Naturheilkunde´ in Amerika war Vegetarier und ein Impfgegner. Mehrfach wurde er wegen Quacksalberei angeklagt und festgenommen. Auch den süddeutschen Naturheilkundler und Buchautor Arnold Ehret (1866-1922), der mit Hermann Hesse im Frühling 1907 zeitgleich auf dem Monte Verità gewesen war und vielen als der Begründer der Rohkost gilt, zog es Ende des 19. Jahrhunderts bis Mitte des 20. Jahrhunderts in die USA. Ehrets Thesen zur Heilung von Krankheiten durch eine \`schleimfreie Diät´ mit hohem Fruchtanteil und Fasten erhielt dort bis in die 1970er-Jahre hinein großen Zuspruch (\`Ehretism´).

[1127] In der Bundesrepublik Deutschland wurde diese Bewegung zunächst belächelt. Die Außerparlamentarische Opposition (APO) mit ihren verschiedenen sozialistischen, auf die Veränderung der Gesellschaft zielenden Fortschrittskonzepten hatte für die anachronistischen Hippies und ihr Idol Hesse in ihrem Kampf gegen den US-Imperialismus nicht viel übrig. Daran änderte auch die Tatsache nichts, dass die Hippies es erreichten, dass 1973 in den USA die allgemeine Wehrpflicht abgeschafft wurde: Zuvor hatten junge US-Amerikaner während des Vietnamkriegs unter Berufung auf den schweizerischen Dichter ihre Wehrpässe öffentlich verbrannt, vgl. Werner Bloch, Hesse in neuem Licht: https://www.deutschlandfunk.de/hesse-in-neuem-licht-100.html (aufgerufen am 9.6.2022). Vgl. dazu auch die Hesse-ARD-Dokumentation \`Hermann Hesse Superstar´ von 2012: https://www.youtube.com/watch?v=FsBj-L4oqxA (aufgerufen am 17.6.2022).

Ausdruck gegeben hatte.[1128] In den folgenden Jahren wurde Hesse, besonders unter Studierenden im Jahr 1967, zum meistgelesenen europäischen Autor in Amerika und als „Kultvater der Hippiebewegung der Ironie eine war Es bezeichnet. [1129]" Geschichte: Hesse, der „eine Antipathie gegenüber den USA"[1130] hatte, wurde zum Idol rebellierender US-amerikanischer Jugendlicher.[1131] Ganz neue Aspekte und Interpretationen taten sich plötzlich auf: So erklärte der US-amerikanische Psychologe Timothy Leary[1132], Harvard-Dozent und Galionsfigur der Hippies, den \`Steppenwolf´ zu seinem Lieblingsbuch: Er versuchte

---

[1128] \`Make love not war´ war der Slogan der Flower-Power-Generation in den USA. Heute gibt es unter der Leitung von Prof. em. Gunther H. Gottschalk an der University of California in Santa Barbara eine Hesse-Arbeitsgruppe: https://hesse.projects.gss.ucsb.edu (aufgerufen am 17.6.2022).

[1129] Thomas Blubacher, Gebrauchsanweisung für das Tessin, a. a. O., 137.

[1130] Siegfried Unseld, Persönliche Begegnungen, in: Volker Michels (Hg.), Hermann Hesse in Augenzeugenberichten, a. a. O., 361. Unseld berichtet, wie leicht es ihm Ende der 1950er-Jahre gefallen war, *vor* dem Hesse-Boom in den USA die US-amerikanischen Rechte für relativ wenig Geld – Sigrid Damm spricht von 2000 USD (vgl. Sigrid Damm, Hermann Hesse, in: Inspiration Hermann Hesse, a. a. O., 236) – zurückzukaufen, da Hesses bis dato schlecht übersetzte Bücher in Amerika wie Blei in den Regalen lagen.

[1131] Vgl. dazu weiterführend Sigrid Mayer, Die Hesse-Rezeption in den Vereinigten Staaten, in: text+kritik. Zeitschrift für Literatur, Bd. 10/11: Hermann Hesse, 1977, online zugänglich unter: https://hesse.projects.gss.ucsb.edu/papers/documents/Sigrid-Mayer-Rezeption.pdf (aufgerufen am 20.7.2022). Sigrid Mayer, viele US-amerikanische Quellen aufgreifend, unterteilt die Hesse-Rezeption in den USA nach 1945 in zwei Phasen: Die erste Phase ging von den Angehörigen der \`Beat-Generation´ aus; die zweite Phase, die die Beliebtheit Hesses unter den Hippies zur Folge hatte, führt sie darauf zurück, dass Timothy Leary (1920-1996), Psychologe an der Harvard University, Hesses Romane empfohlen hatte.

[1132] Timothy Leary sah in Hermann Hesse einen \`Poeten des LSD´ und empfahl seinen Student:innen und Hesses Anhänger:innen in seinem Artikel \`Poet of the Interior Journey´ (dt. \`Dichter der Reise ins Innere´) im März 1963 in der \`Psychedelic Revue´, vor ihrer nächsten LSD-Sitzung Hesses \`Siddhartha´ und \`Steppenwolf´, vor allem das Kapitel mit dem \`Magischen Theater´, zu lesen. Er hatte Auswirkungen auf die alternative Bewegung der 1960er- und 1970er-Jahre in den USA, für die bis heute wie kein anderer der Begriff \`Woodstock´ steht – das Festival an der Ostküste der USA war ein Meilenstein der Opposition gegen einen konservativ-bürgerlichen Lebensstil, vgl. dazu Woodstock, hg. v. Mike Evans und Paul Kingsbury in Zusammenarbeit mit The Museum at nachzuweisen, dass Hesse darin für den Gebrauch von bewusstseinserweiternden Drogen plädierte, und leistete seinen Beitrag dazu, dass Hesses `Steppenwolf´ „zum Kultbuch einer ganzen Generation“[1133] wurde. Sein `Siddhartha´ wurde auf dem Hintergrund der Popularität Indiens mit dem Opiumkult verbunden, und in `Narziß und Goldmund´ glaubten die Hippies, Schilderungen von Sexorgien auszumachen. Auf dem Höhepunkt der Hesse-Euphorie Ende der 1960er-Jahre gründete sich in den USA die Rockband `Steppenwolf´[1134], die sich nach

Bethel Woods, München 2009, ³2012, und Michael Lang, Woodstock. Die wahre Geschichte. Vom Macher des legendären Festivals, Hamburg-Berlin-München 2019. Ein Jahr später entließ man Leary auf öffentlichen Druck und inhaftierte ihn kurz darauf sogar, vgl. dazu Timothy Leary, Dichter der Reise nach innen, in: Volker Michels (Hg.), Über Hermann Hesse, 2 Bde., FfM 1977, 33-50, und Willy Surbeck, Paradies und Urwald, in: Basler Zeitung v. 10.12.2016, 2; sowie Hermann Hesse, 1877-1977, a. a. O., 382ff.

[1133] Hesse galt mit seiner Zivilisationskritik als einer der geistigen Väter des Natur- und Umweltschutzes und der Ökologiebewegung, er stand symbolisch für Pazifismus und Kriegsdienstverweigerung, er war der Feind von Technologie und Technik, vgl. dazu Manfred Züfle, Noch einmal Steppenwolf? Bericht von einer fragmentierten persönlichen Rezeption Hermann Hesses, in: „Höllenreise durch mich selbst“, a. a. O., 177-188, Zitat auf 179.

[1134] Die Band `Steppenwolf´, die dem Genre des Psychedelic Rock zugerechnet wird, löste sich 1980 auf, gab aber jährlich weitere Konzerte unter dem Namen `John Kay & Steppenwolf´. John Kay (geb. 1944) war der Frontmann der Band: Eigentlich hieß er Joachim Fritz Krauledat, stammte aus dem ostpreußischen Tilsit, war im thüringischen Arnstadt aufgewachsen und in jungen Jahren in die USA ausgewandert. Später bekannten sich noch weitere bekannte Musiker:innen dazu, von Hermann Hesse beeinflusst worden zu sein, wie z. B. die US-amerikanische `Godmother of Punk´ Patti Smith (geb. 1946), der US-amerikanische Rockgitarrist Carlos Santana (geb. 1947) und der deutsche Rockmusiker, Schriftsteller und Maler Udo Lindenberg (geb. 1946), vgl. Udo Lindenberg/Herbert Schnierle-Lutz (Hg.), Mein Hermann Hesse. Ein Lesebuch, FfM 2008. Mit seiner `Udo-Lindenberg-Stiftung´ engagiert er sich nicht nur kulturpolitisch, humanitär und sozial, sondern möchte Hesses Dichtung mit Musik von heute verbinden: „Die Verbindung zwischen diesem großen Meister und mir, dem Zauberlehrling, wird ewig bleiben“ (Udo Lindenberg über Hermann Hesse, zit. n. Udo Lindenberg im Gespräch mit Regina Bucher, in: Du, a. a. O., 88-91, Zitat auf 88). Die Lindenberg-Stiftung veranstaltet u. a. das `Hermann-Hesse-Festival´: https://www.udo-lindenberg-stiftung.de (aufgerufen am 17.6.2022). Vgl. weiterführend Peter Nobel, Von Patti Smith zu Hermann Hesse. Eine Annäherung an Hesse in fünf Punkten, in: Hermann Hesse – 100 Jahre Siddhartha/100 years of Siddhartha (DU 912, hg. v. DU Kulturmedien AG), Zürich 2022, 66-74.

Hesses gleichnamigen Roman benannt hatte. Zu ihrer Popularität trug ihr Song `Born to Be Wild´[1135] bei, der in dem Road-Movie `Easy Rider´[1136] mit Peter Fonda[1137], Dennis Hopper[1138] und Jack Nicholson[1139] in den Hauptrollen vorkam. „Protest gegen das Totalitäre, Skepsis gegen die Mächtigen, Kritik an der Zivilisation, Hinwendung zur Friedensliebe und eigensinnige Verteidigung der individuellen Persönlichkeit waren die literarischen Stichworte, die Hesse... den Vietnam-Heimkehrern und den Kriegsdienstverweigerern lieferte. Ausbruch, Rebellion, Widerstand gegen Konventionen – für eine Teenagergeneration mit solchen Idealen war Hesse ein literarischer Guru."[1140] Harry Hallers Denken wurde zum Imperativ einer ganzen Generation in den USA und in weiten Teilen der westlichen Welt.[1141] Auf

---

[1135] Das Magazin `Rolling Stone´ setzte den Song `Born to be Wild´ im Jahre 2004 auf Platz 129 in der Liste der 500 besten Songs aller Zeiten.

[1136] Der US-amerikanische Kino-Kultfilm aus dem Jahr 1969 beschreibt das rebellische Lebensgefühl der Rock-Generation (Regie: Dennis Hopper). Einerseits kritisierte der Film die US-amerikanische Gesellschaft der 1960er-Jahre; andererseits vermittelte er den Glauben an unbegrenzte Freiheit, Abenteuer und Individualismus. Kommerziell war der Film erfolgreich: Gegenüber ca. 320000 US-Dollar Produktionskosten spielte er über 60 Millionen US-Dollars in den Kinos ein. Die knapp vor dem finanziellen Ruin stehende Motorradfirma Harley-Davidson wurde durch den Film, in dem ältere Motorräder dieser Marke zu sehen sind, gerettet.

[1137] Der US-amerikanische Schauspieler und Filmregisseur Peter Fonda (1940-2019), Sohn des Schauspielers Henry Fonda (1905-1982), gelangte durch den Film `Easy Rider´ zu internationaler Bekanntheit. Der Film machte ihn zu einer Ikone der `Counterculture´ (= Gegenkultur, vergleichbar mit dem Begriff der 68er-Bewegung).

[1138] Dennis Hopper (1936-2010) war ein US-amerikanischer Schauspieler und Regisseur, der u. a. 1969 den Film `Easy Rider´ inszenierte, in dem er auch eine der Hauptrollen übernahm. Später übernahm er Rollen in den Kassenschlagern `Apokalypse Now´ (1979), `Blue Velvet´ (1986) oder `Speed´ (1994).

[1139] John Joseph `Jack´ Nicholson (geb. 1937) ist ein US-amerikanischer Schauspieler, der zu den vielseitigsten Darstellern der Gegenwart gehört (er wurde für zwölf `Oscars´ nominiert); er ist darüber hinaus ein erfolgreicher Drehbuchautor, Regisseur und Produzent. Zu seinen bekanntesten Filmen zählt `Einer flog über das Kuckucksnest´ (1975).

[1140] André Uzulis, Hermann Hesse, a. a. O., 266.

[1141] `Macht kaputt, was euch kaputt macht´ war ein populärer Slogan und ein Song, der das Gefühl der 1970er-Jahre in Worte fasste. Er wurde durch Rio Reiser (1950-1996)

einmal war Hesse zwischen Jim Morrison[1142] und Jimi Hendrix[1143] angesiedelt.[1144] 1977, anlässlich des hundertsten Geburtstages des Dichters, erschien eine beachtete 1400 Seiten starke zweibändige Hesse-Bibliografie von Joseph Mileck[1145] und im Jahr darauf eine von demselben Autor verfasste Hesse-

und die Rockband `Ton, Steine, Scherben´ bekannt. Die Band schloss darin an Hesse an: Das Auto gehörte zu den typischen Zivilisationskrankheiten und war ein Symbol für Technik - und Technik war in Hesses Augen überflüssig (Hesse ging in seinem `Steppenwolf´ im `magischen Theater´ darauf ein). Hesse zufolge verdankte die Welt „zwei Geisteskrankheiten... den heutigen Zustand der Menschheit...: der Größenwahn der Technik und der Größenwahn des Nationalismus. Sie geben der heutigen Welt ihr Gesicht und ihr Selbstbewußtsein, sie haben uns zwei Weltkriege samt ihren Folgen beschert und werden, bis sie sich ausgetobt haben, noch manche ähnliche Folgen zeitigen. Der Widerstand gegen diese beiden Weltkrankheiten ist heute die wichtigste Aufgabe und Rechtfertigung des Geistes auf Erden“ (Hermann Hesse, Danksagung und moralisierende Betrachtung [1946], zit. nach Egon Schwarz, Hermann Hesse und die Zukunft, in: Hermann Hesses weltweite Wirkung, Zweiter Band, hg. v. Martin Pfeifer, a. a. O., 201-214, Zitat auf 203).

[1142] Der US-amerikanische Sänger, Songwriter und Lyriker Jim Morrison (1943-1971) war der Frontmann der Psychedelic-Rockband `The Doors´ (`Riders on the Storm´) und eine Kultfigur der Hippie-Zeit. Sein Grab auf dem Pariser Friedhof Père Lachaise, ist seit vielen Jahren eine Tourist:innenattraktion, ein `modernes Wallfahrtsziel´.

[1143] Jimi Hendrix (1942-1970) ist einer der einflussreichsten Gitarristen aller Zeiten. Sein Auftritt auf dem Woodstock-Festival 1969, in der er die US-amerikanische Nationalhymne `Star-Spangled Banner´ mit seiner E-Gitarre so interpretierte, dass sie Bombardements ähnelte und dadurch ohne Worte, nur mit den Mitteln der Musik, die US-amerikanische Vietnamkriegspolitik kritisierte, ist legendär.

[1144] Zur Hesse-Rezeption in den USA vgl. Lewis W. Tusken, Understanding Hermann Hesse: The Man, His Myth, His Metaphor, Columbia/South Carolina 1998. Zur Hesse-Rezeption in Kanada vgl. George Wallis Field, Kanada, in: Hermann Hesses weltweite Wirkung, hg. v. Martin Pfeifer (st 386) a. a. O., 172-190.

[1145] Vgl. Joseph Mileck, Hermann Hesse. Biography and Bibliography, 2. Bde., Berkeley-Los Angeles-London 1977.

Biografie[1146] und eine ebenso kenntnisreiche von Ralph Freedman[1147]. Beide wurden ins Deutsche übersetzt.[1148] Von Nordamerika schwappte die Hesse-Rezeption also wieder zurück nach Westeuropa – und blieb für viele ein Phänomen.[1149] Dieser `Flashback´ hatte u. a. zur Folge, dass Hesses Bücher, die zuvor ausschließlich als gebundene Ausgaben erhältlich waren, nun als preiswerte Taschenbuchausgaben immer mehr Verbreitung fanden.[1150] 1984 gab der Suhrkamp Verlag, der in den folgenden Jahren und Jahrzehnten die Idee des Taschenbuches zu seiner Verlagspolitik machte, bei dem US-amerikanischen Künstler

---

[1146] Vgl. John Mileck, Hermann Hesse. Life and Art, Berkeley-Los Angeles-London 1978. Joseph Mileck (geb. 1922), langjähriger Germanistikprofessor in Berkeley, legte eine mit wissenschaftlicher Akribie verfasste Arbeit vor, die auf die problematische künstlerische Selbstverwirklichung des Autors zielte und den autobiografischen Nukleus der Werke Hesses besonders hervorhob. Er untersuchte den Erzählstil Hesses, die Prosa und seinen Wortschatz und interessierte sich für die Entschlüsselung der Namen in Hesses Werk.

[1147] Vgl. Ralph Freedman, Hermann Hesse. Pilgrim of Crisis. A Biography, New York 1978. Ralph Freedman (1920-2016), in Hamburg geboren und als jüdischer Flüchtling über London in die USA emigriert, war zuletzt emeritierter Professor an der Universität von Princeton. Sein Lebensbild von Hermann Hesse machte deutlich, dass Hesse kein US-Amerikaner war – wie damals vor allem von vielen jugendlichen Leser:innen angenommen –, sondern einen deutsch-schweizerischen Hintergrund hatte: „Er war weder Deutscher noch Schweizer: er war beides“ (Ralph Freedman, Hermann Hesse, a. a. O., 49).

[1148] Vgl. Joseph Mileck, Hermann Hesse. Dichter, Sucher, Bekenner. Biographie, übersetzt von Jutta und Theodor A. Knust, München 1979, und Ralph Freedman, Hermann Hesse. Autor der Krisis. Eine Biographie, übersetzt von Ursula Michels-Wenz, FfM 1982.

[1149] Vgl. Siegmund Kopitzki, Der ewig junge Steppenwolf. Auch 25 Jahre nach seinem Tod bleibt Hermann Hesses Wirken ein Phänomen, in: SÜDKURIER v. 8. 8. 1987.

[1150] „Der Siegeszug der preiswerten Suhrkamp-Taschenbücher wird auch der Weg Hesses zum Auflagenmillionär. Eine Popularität, der Hesse jedoch wohl entschieden ablehnend gegenüber gestanden hätte“ (Gunnar Decker, Hesse-ABC, a. a. O., 63). Unvergessen ist das Design von Willy Fleckhaus (1925-1983), zuletzt Professor für visuelle Kommunikation und einer der maßgeblichen Grafikdesigner zwischen 1950 und 1983, der vor allem seit 1963 die neugeschaffene Taschenbuchreihe `Edition Suhrkamp´ gestaltete. Die farbige Reihe war einheitlich konzipiert (`Regenbogen´) und umfasst bis heute über 2500 Bände. Auch für die Taschenbücher des Insel Verlags, der seit 1963 Teil des Suhrkamp Verlags ist, gestaltete Fleckhaus die Umschläge.

Andy Warhol[1151] ein Porträt in Auftrag, das heute, ähnlich seinem `Marilyn Monroe-Porträt´, weltbekannt ist: Zwischen malerisch emporsteigendem Rauch aus dem Munde des Dichters mit der für ihn so charakteristischen runden Nickel-Brille zierte Warhols in poppigen Farben gehaltenes Hesse-Bild u. a. jahrelang als Werbeposter die Schaufensterauslagen bundesdeutscher Buchläden.[1152] Das Bild wurde zur Ikone jugendlicher Dissidenz und jugendlichen Protestes in der alten Bundesrepublik. Es spiegelte den revoltierenden Zeitgeist der 1980er-Jahre und hing mit dem Konterfei Che Guevaras[1153] und dem Anti-Kriegs-Plakat `Why?´[1154] in vielen Jugendzimmern friedensbewegter und internationalistisch denkender bundesdeutscher Teenager:innen, Angehörigen der Baby-Boomer-Generation.[1155] Sie fanden sich in Hesse wieder, der seinen Anspruch durchgesetzt hatte und Schriftsteller geworden war, dessen Triebfedern Freiheit und Eigensinn waren und der als Pazifist kompromisslos

---

[1151] Der US-amerikanische Künstler, Filmemacher, Verleger und Musikproduzent Andy Warhol (1928-1987) zählt zu den Mitbegründern der amerikanischen Pop-Art. Seine Bilder erzielen heute bei Auktionen Millionenpreise (wie das bekannte Porträt `Shot Sage Blue Marilyn´, das für 195 Millionen US-Dollar den Besitzer wechselte – der höchste Preis, der je für ein Gemälde des zwanzigsten Jahrhunderts erzielt wurde).

[1152] In den USA wurde es in den Achtzigerjahren, verglichen mit den Sechzigern und Siebzigern, wieder etwas stiller um Hesse, vgl. Rudolf Koester, Die Hesse-Rezeption in den USA, in: „Höllenreise durch mich selbst", a. a. O., 229ff. Rudolf Koester machte dafür den Rückgang der Hippies und Aussteiger und die Ablösung durch die „karrieresüchtigen Yuppies" (Rudolf Koester, Die Hesse-Rezeption in den USA, in: „Höllenreise durch mich selbst", a. a. O., 231) verantwortlich, die sich statt für Literatur eher für Börsenberichte interessierten. Nichtsdestotrotz hielt das Interesse an.

[1153] Der Argentinier Ernesto `Che´ Guevara (1928-1967) war Arzt, marxistischer Revolutionär, Guerillaführer und Autor. Neben Fidel Castro (1926/27-2016) war er maßgeblich an der Kubanischen Revolution beteiligt. Sein Foto, ihn mit Mütze und Stern zeigend, gilt als Medienikone. Der Personenkult um `Commandante Che Guevara´, als Märtyrer linker Unabhängigkeits- und Befreiungsbewegungen verehrt und verklärt, reicht über seinen Tod hinaus.

[1154] Das bekannte Poster zeigt einen sterbenden – fallenden – Soldaten, wobei das Wort `Why´ auf die Sinnlosigkeit von Krieg hinweist.

[1155] Das Lebensgefühl der 1970er- und 1980-er Jahre kommt, mit Bezug zu Hesse, gut zum Ausdruck bei Klaus Modick, Der Fries der Delphine. Eine Morgenlandfahrt, in: Uli Rothfuss (Hg.), Mein Hermann Hesse, a. a. O., 151-156.

für den Frieden eingetreten war.[1156] Sie fühlten sich von Hesses zeitlosen Fragen angesprochen: „Wer bin ich? Wie finde ich mich? Wo ist mein Platz im Leben? Wie gebe ich meinem Leben einen Sinn?“[1157] In Hesse fanden sie nicht nur einen Ratgeber, sondern auch einen Therapeuten.
In den folgenden zwei Jahrzehnten wurde Hesses bis dato noch nicht erschlossener umfangreicher Nachlass, seine politischen und kulturkritischen Schriften, seine unveröffentlichten Erzählungen, Betrachtungen, Gedichte und Briefe, zudem sein malerisches Werk publiziert. [1158] Einen publizistischen Einschnitt markiert dann das Jahr 2002, Hesses 125. Geburtstag: Dieser Anlass wurde nicht nur im Hause Suhrkamp gefeiert.[1159] Zwar waren schon immer Vertonungen von Hesse-Gedichten in Form von Schallplatten[1160] publiziert worden, die dann von Musikcassetten und CDs[1161] abgelöst wurden, aber im Jahre 2002 erschienen anlässlich des Jubiläums neue Hermann-Hesse-

[1156] Von Hesse ist ein Dokument aus seiner frühen Kindheit erhalten geblieben, das „charakteristisch für seinen Eigensinn“ (Volker Michels [Hg.], „Ich gehorche nicht und werde nicht gehorchen!“ Hermann Hesse: Die Briefe 1881-1904, Berlin 2012, 13) war. „Eigensinn und Trotz – sie prägen den Menschen Hesse von allem Anfang an“ (Siegfried Unseld, Begegnungen mit Hermann Hesse, a. a. O., 250).

[1157] André Uzulis, Hermann Hesse, a. a. O., 267.

[1158] Anlässlich des 125. Geburtstages Hesses brachte der Suhrkamp Verlag neue Editionen von seinem Werk heraus, vgl. Suhrkamp Journal April-Juni 2002, FfM 2002, 12-16.

[1159] „Herzlichen Glückwunsch!“, hieß es im Verlagsprospekt neben einem in die Kamera lächelnden jung gebliebenen Hermann Hesse mit Hut und Mantel und unter Bezugnahme auf die Aktualität Hesses: „Sich selbst zu sein, dem eigenen Gewissen zu folgen, Eigensinn zu einer Tugend zu machen – das sind Haltungen, die alle Lebensbereiche durchdringen“ (Suhrkamp Journal Juli-September 2002, FfM 2002, 3).

[1160] Eine Kompilation der Schallplattenaufnahmen, sog. \`Sprechplatten´, befindet sich in Hermann Hesse, Kurgast, a. a. O., 118.

[1161] Vgl. dazu exemplarisch die CD \`Gedichtvertonungen´ (III), Musik von und mit Johannes Schmiedel (Sopran: Evi Daub, Tenor: Jochen Schmidt), Marbach am Neckar 2001. Eine Zusammenstellung der Textvertonungen Hesses findet man in dem bereits erwähnten \`Wikipedia´-Artikel über Hermann Hesse: https://de.wikipedia.org/wiki/Hermann_Hesse (27.6.2022).

CDs[1162], darunter ein Live-Mitschnitt aus der Berliner Philharmonie, der den `Festakt zum 125. Geburtstag´ dokumentierte.[1163] Hesse war Thema in Evangelischen Akademien[1164], im Rundfunk wurden Hesse-Features gesendet[1165], Ausstellungen fanden in mehreren europäischen Städten statt.[1166] Die Stadt

---

[1162] Vgl. dazu beispielsweise: `Never Sell Your soul. A Tribute to Hermann Hesse´, deren Produktion u. a. von der `Volkswagen Sound Foundation´ unterstützt wurde und aus deren Verkaufserlös 1 € an die `Gundert Foundation´ floss (auf ihr ist u. a. die Stuttgarter Hip-Hop-Gruppe `Die Fantastischen Vier´ zu hören). Gewidmet ist die CD all jenen, „die Hermann Hesse und seine Werke schätzen. Und all jenen, die Musik als Ganzes lieben. Und nicht nur eine Stilrichtung" (Zitat aus dem Booklet). Oder `Piktors Verwandlungen´ von `Anyone's Daughter´: Bei der Veröffentlichung handelt es sich um einen Live-Mitschnitt eines Konzertes v. 18. Januar 1981 in Heidelberg.

[1163] Vgl. Hermann Hesse, Festakt zum 125. Geburtstag. Live Mitschnitt aus der Berliner Philharmonie. Mit einem Grußwort des Bundespräsidenten der Bundesrepublik Deutschland Dr. h. c. Johannes Rau (ebs 6129), Bietigheim-Bissingen 2002. Zu hören waren bei dieser Veranstaltung am 16. Mai 2002 Werke von W. A. Mozart (KV 414 und 620) und Leonard Bernstein (`Chichester Psalms´), in einer Interpretation der Pianistin Melania Inés Kluge, der Aurelius Sängerknaben Calw und der Württembergischen Philharmonie Reutlingen unter der Leitung von Johannes Sorg.

[1164] Vgl. exemplarisch Albrecht Esche (Hg.), Die Krise als Chance: Hermann Hesse und Bad Boll. Dokumentation des Ferienseminars v. 30.8.-2.9.2001 in der Evangelischen Akademie Bad Boll, Bad Boll 2001.

[1165] Insgesamt wurden vom 8. Juni bis zum 9. Juli 2002 siebenunddreißig Sendungen (u. a. in den Programmen 3sat, Südwestfernsehen und SWR2) ausgestrahlt. Zu näheren Hinweisen vgl. https://www.presseportal.de/pm/7169/354929 (aufgerufen am 21.7.2022). ARD-Tagesthemen-Moderatorin Anne Will (geb. 1966) stellte in ihrer Sendung v. 3.8.2002 klar: Hermann Hesse sei nicht etwa der Schriftsteller der Clerasil-Generation, also pubertierender Jugendlicher, sondern mit über 100 Millionen verkauften Exemplaren der meistgelesene deutschsprachige Schriftsteller und jemand, der neben Marilyn Monroe von keinem geringeren als Andy Warhol porträtiert wurde.

[1166] In Berlin zog beispielsweise die Ausstellung der Stadt Calw mit dem Titel `Welt-FlechtWerk. Die Einheit hinter den Gegensätzen´ vom 17.5.-31.7.2002 in Kooperation mit der Staatsbibliothek zu Berlin und mit Unterstützung der Staatlichen Museen zu Berlin sowie dem Zürcher Institut `cultur prospectiv´ viele Besucher:innen an. In ihr ging es anhand von Themen wie Globalisierung, Weltethos und zivile Weltgesellschaft um deren Aktualisierung für die Gegenwart; besonders auf dem Hintergrund tiefgreifender politischer und technischer Veränderungen hatte Hesse nach einer Einheit hinter den Gegensätzen gesucht, wobei mit der Zeit kulturelle Vielfalt für sein Denken prägend wurde. Das Literaturarchiv Marbach a. N. widmete Hesses `Glasperlenspiel´ eine Kabinettausstellung v. 23.6.-27.10.2002 unter dem Titel: `Hermann Hesse – Diesseits des Glasperlenspiels´. Zur Ausstellung erschien unter demselben Titel das Marbacher Magazin 98/2002. Bearbeitet von Heike Gfrereis, Marbach am Neckar 2002. Zur Hesse-Sonderausstellung `Höllenreise durch mich selbst´ – Hermann Hesse: Siddhartha,

Calw beging den Geburtstag ihres berühmten Sohnes mit einem kulturellen Feuerwerk an Hesse-Events.[1167] Nicht zu vergessen all die Literatur, die zu diesem Anlass erschien.[1168] Die Deutsche

---

Steppenwolf, die vom 22. März bis 14. Juli 2002 im Schweizerischen Landesmuseum neben dem Zürcher Hauptbahnhof präsentiert wurde, kam ein von Regina Bucher edierter Ausstellungskatalog gleichen Titels heraus, der 2002 im Verlag Neue Zürcher Zeitung erschien. Es handelte sich bei dieser Ausstellung um die größte Hesse-Ausstellung, die jemals in der Schweiz organisiert wurde, vgl. SÜDKURIER v. 10.4.2002, 10. In Brüssel wurde eine Ausstellung über Hesse im Europaparlament gezeigt. Im Petőfi-Literaturmuseum in Budapest fand die biographische Ausstellung `Eigensinn macht Spaß´ statt (vgl. dazu https://www.youtube.com/watch?v=po3go_DHdRE und https://www.youtube.com/watch?v=-3VrMnoIQl4&t=30s, beide Links aufgerufen am 12.6.2022). Weitere Ausstellungen gab es in Venedig, Lugano und in Jekatarinburg. In Singen wurden über 50 Aquarelle Hesses im Städtischen Kunstmuseum ausgestellt, die aus der Privatsammlung des damals letzten noch lebenden Hesse-Sohnes, Heiner Hesse, stammten, vgl. SÜDKURIER v. 9.2.2002. Im `Museo Hermann Hesse´ gab es Ausstellungen (`Der Zauber des Südens´, `Die Klingsor-Zeit – Hermann Hesse und Louis Moillet´, ``Ein hochbegabter junger Künstler´ – Hermann Hesse und Peter Weiss´), Lesungen (`Die Felshöhle des jungen Hesse – Eine literarische Spurensuche im Tessin´, `Der Steppenwolf´), Vorträge (``Meine noble Ruine´ – Hermann Hesse in der Casa Camuzzi´) und Liederabende (``Es war ein Lied so altbekannt...´ Liederabend mit Anselm König und Beat Riggenbach´); darüber hinaus wurden Fotokurse und geführte Wanderungen angeboten. An dem Festakt in Lugano am 22. Juni 2002 zum 125. Geburtstag Hesses nahmen u. a. Siegfried Unseld und Mauro Ponzi teil.

[1167] Die Stadt Calw hatte keine Kosten und Mühen gescheut: Insgesamt 250 Veranstaltungen standen auf dem Programm, wobei das Spektrum von Vorträgen und Konzerten über Lesungen und Diskussionen bis hin zu Theateraufführungen reichte. Eröffnet wurden die Jubiläumsfeierlichkeiten am 2. Juli 2002 mit einem Festakt, an dem der damalige baden-württembergische Ministerpräsident Erwin Teufel (geb. 1939) und der damalige Berliner Kulturstaatsminister Julian Nida-Rümmelin (geb. 1954) teilnahmen. Der Leipziger Literaturzeitschrift `Edit´ war bereits im Vorfeld der Feierlichkeiten der mit 15000 Euro dotierte Hermann-Hesse-Preis 2002 verliehen worden. Hesse-Biograf Ralph Freedman wurde bei dem Festakt mit der Hermann-Hesse-Medaille geehrt. Bei diesem `Hermann-Hesse-Festival´, das vom 29.6.-31.8.2002 stattfand, spielte als besonderer Höhepunkt am 3.8.2002 die Rockgruppe `John Kay & Steppenwolf´, vgl. SÜDKURIER v. 5.8.2002. Zur Entlastung der Innenstadt gab es einen kostenlosen Bus-Shuttle. Das Hesse-Jahr war offizieller Bestandteil der Feierlichkeiten zum 50jährigen Bestehen des Landes Baden-Württemberg. Finanziert wurde das Hesse-Jubiläum von der Stadt Calw, aus dem Bundeshaushalt, vom Auswärtigen Amt, aus dem Hauptstadt-Kulturfonds, vom Land Baden-Württemberg und durch namhafte Sponsor:innen, vgl. epd-wochenspiegel 44/2001, 18. Der Dalai Lama rief in einem an die Calwer Stadtverwaltung gerichteten Brief aus Anlass von Hesses 125. Geburtstag zu Respekt und Toleranz im Verhalten gegenüber Anderen auf, vgl. epd-wochenspiegel 27/2002.

[1168] Vgl. dazu Michael Limberg, Hermann-Hesse-Literatur, 9. Jg. 2002, Düsseldorf 2003, online zugänglich unter: https://www.hermann-hesse.de/media/biblio_02.pdf

Bundespost brachte sogar eine Briefmarke mit Hesses Konterfei heraus.[1169] Nur fünf Jahre später, anlässlich des 130. Geburtstages Hermann Hesses, wurde dann ein `Hesse-Projekt´ veröffentlicht, in dem Hesse-Texte modern vertont wurden.[1170] 2007 kam es auch zum Abschluss und zur Veröffentlichung der ersten Hermann-Hesse-Gesamtausgabe. Zum 50. Todestag 2012 beherrschte Hermann Hesse wieder das Feuilleton der großen Zeitungen und den deutschen Buchmarkt. 2012 `antwortete´ Hesse sogar auf Facebook![1171] Auch kritische Stimmen meldeten sich zu Wort.[1172] Heute sorgt in Deutschland und in der Schweiz

---

(aufgerufen am 25.7.2022). Der Suhrkamp Verlag edierte anlässlich des 125. Geburtstages seines Gründungsautors u. a. eine Sonderausgabe von Hermann Hesse, Das Glasperlenspiel. Versuch einer Lebensbeschreibung des Magister Ludi Josef Knecht, FfM 2002.

[1169] Vgl. SÜDKURIER v. 4. Juli 2002. Zehn Jahre später, anlässlich Hesses 135. Geburtstages, wurde dann eine auf 25000 Exemplare limitierte Hermann-Hesse-Gold-Gedenkmünze emittiert.

[1170] Vgl. Schönherz & Fleer, Hesse-Projekt „Die Welt unser Traum" (der hörverlag), München 2007. Angelica Fleer (geb. 1958) und Richard Schönherz (geb. 1947) hatten zuvor schon das `Rilke-Projekt´ erfolgreich realisiert und sich mit dieser Veröffentlichung Hermann Hesse zugewandt. Künstler:innen wie Ben Becker (geb. 1964), Annett Louisan (geb. 1979), Caterina Valente (geb. 1931) u. a. interpretierten Texte von Hesse. Insgesamt wurden über 100 Gedichte Hesses vertont, vgl. Volker Michels (Hg.), Hermann Hesse: Musik. Betrachtungen, Gedichte, Rezensionen und Briefe, FfM 1986, 236-241.

[1171] Vgl. Volker Michels (Hg.), Hermann Hesse antwortet... auf Facebook (st 4376), Berlin 2012. Auf dem Hintergrund von Hesses individueller Lebensberatung von Personen, die ihm in Briefen ihre Probleme schilderten (u. a. Generationskonflikte, Fragen der Berufswahl, Pubertäts- und Partnerprobleme, religiöse Probleme), gab der Suhrkamp Verlag auch heutigen Leser:innen die Möglichkeit, Hesse Fragen zu stellen, die anhand früherer Äußerungen des Dichters beantwortet wurden. Auf der Facebook-Seite des Verlages konnten sie Kommentare veröffentlichen. „Der vorliegende Band bringt, neben den Antworten von Hermann Hesse, eine Auswahl der zahlreichen Facebook-Beiträge, die die ungebrochene Bedeutung Hermann Hesses für immer neue Generationen von Lesern verdeutlicht" (Klappentext).

[1172] Vgl. Tilman Krause, Hermann Hesse war nie peppig, fetzig, sexy, in: Die Welt v. 8.8.2012, online zugänglich unter: https://www.welt.de/kultur/literarischewelt/article108533795/Hermann-Hesse-war-nie-peppig-fetzig-sexy.html (aufgerufen am 8.6.2022). Der Autor bemängelt an Hesse, den „Provinzler aus Calw in Württemberg", „sein mangelndes Formbewusstsein. (...) Hesse ist gemütvoll, nicht amüsant, immer seriös und nie frivol, gern wolkig-mulmig, keinesfalls jedoch prägnant, präzis. Als Lyriker ein Epigone Eichendorffs, in der Prosa behäbig auf den Spuren Gottfried Kellers wandelnd, kriegt er einfach nichts hin, was peppig, fetzig, sexy wäre."

nicht nur eine stetig ansteigende Flut neuer Veröffentlichungen zu Hermann Hesse dafür, dass sein Werk und er selbst nicht in Vergessenheit geraten und dass sein Erbe gewahrt bleibt. Hesse-Breviers [1173], Hesse-Ratgeber, Hesse-Reiseführer [1174], Hesse-Themenbände [1175], Hesse-Calendarien [1176], -Zitatsammlungen, -Kunstpostkarten und -CDs mit Vertonungen [1177] jegli-

[1173] Exemplarisch sei an dieser Stelle genannt: Hermann Hesse, Lebenszeiten. Ein Brevier. Ediert von Siegfried Unseld (it 2343), FfM 1994. In einem Nachwort schreibt Herausgeber Siegfried Unseld in einer Zusammenschau ausgewählter Texte Hesses über die immerwährende Aktualität des Literaturnobelpreisträgers, vgl. Siegfried Unseld, Hermann Hesses Lebenszeiten, in: Hermann Hesse, Lebenszeiten, a. a. O., 271-285.
[1174] Vgl. exemplarisch Volker Michels (Hg.), Mit Hermann Hesse durch Italien. Ein Reisebegleiter durch Oberitalien. Mit zahlreichen Fotografien (it 4784), Berlin 2020.
[1175] Vgl. exemplarisch Hermann Hesse. Bäume. Mit Fotografien von Dagmar Morath und Zeichnungen von Hermann Hesse, hg. und mit einem Nachwort v. Volker Michels (Insel Bücherei Nr. 1393, Sonderausgabe), Berlin 2014, 2022.
[1176] 1977 erschien der erste der mittlerweile fast jährlich erscheinenden Hesse-Kalender mit Aquarellen des Dichters.
[1177] Exemplarisch sei Hans Spielmann, Liedermacher, Straßenmusiker und moderner Troubadour aus Schwaben, genannt, der Hesse-Texte vertonte und auf seiner CD „Laß blühen!" veröffentlichte. Das Werk Hans Spielmanns, der bürgerlich Hanns Fuchs (Jg. 1950) heißt, ist online zugänglich unter: https://www.liedersonne.com/ (aufgerufen am 20.7.2022).

cher Couleur, sondern auch internationale Hesse-Publikationen, künstlerische Aktionen und Projekte[1178], Dokumentationen[1179], Hesse-Internet-Lesungen[1180] und -Rezitationen[1181], Autorenlesungen[1182], Videoaufnahmen[1183], Hörbücher[1184], Hörspiele[1185], Fernsehsendungen[1186], Rundfunkbeiträge[1187], Romane[1188] und sogar Kinder- und Jugendsendungen[1189] im welt-

---

1178 Vgl. REAKTIONS-BILDER. Künstlerinnen und Künstler reagieren auf zwei Porträts von Hermann Hesse. Ausstellung im Landratsamt Calw 26.6. bis 31.10.2002, hg. von der Stadt Calw, Calw 2002, bes. 5-127.

1179 Vgl. dazu die Video-Publikation von Thomas Schneider, Hermann Hesse (Matthias-Film gGmbH), Deutschland 2022. Sie ist auch für den Einsatz im Unterricht an weiterführenden Schulen gedacht.

1180 So zum Beispiel `Ein Stückchen Theologie´ (1932): https://www.youtube.com/watch?v=qMECqYydmy4 (aufgerufen am 18.6.2022).

1181 Vgl. exemplarisch die Rezitation von Hesses `Dem Sommer entgegen´ durch Christian Berkel: https://www.youtube.com/watch?v=brplQYLQj20 (aufgerufen am 18.6.2022).

1182 Vgl. exemplarisch Hesses `Stufen´-Lesung: https://www.youtube.com/watch?v=_LaACP5GMUg und https://www.youtube.com/watch?v=tShVfptMyW8

1183 So der 3sat-Beitrag von Werner Weick, Hermann Hesse, Die Reise in den Süden: https://www.youtube.com/watch?v=xy1WBeKrrsk&t=114s (aufgerufen am 18.6.2022).

1184 So exemplarisch zum `Steppenwolf´, zu `Klingsors letzter Sommer´ oder auch Hesses `Brief an einen Kommunisten´: https://www.youtube.com/watch?v=Pea9YoEckzE und https://www.youtube.com/watch?v=74t-f20L8hE und https://www.youtube.com/watch?v=EMkAupoNWSA (aufgerufen am 18.6.2022).

1185 Wie zum `Glasperlenspiel´: https://www.youtube.com/watch?v=_fdqmbNcrS0 (aufgerufen am 18.6.2022).

1186 So die Sendung des Bayrischen Rundfunks: `Hermann Hesse – Lebensstationen. Der Weg zu sich selbst´ von Sarah Palmer: https://www.youtube.com/watch?v=M2YLuqh7WfQ&t=1393s (aufgerufen am 18.6.2022).

1187 Vgl. dazu exemplarisch Joachim Scholl, Ich war ein Suchender und bin es noch, v. 7.7.2007, online zugänglich unter: https://www.deutschlandfunk.de/ich-war-ein-suchender-und-bin-es-noch-102.html (aufgerufen am 18.7.2022).

1188 Vgl. Maren Bohm, Hermann Hesses wundersame Geschichte. Philosophischer Roman, Freiburg-München 2020.

1189 Gemeint ist etwa `Hesse to Go´ auf YouTube von `Sommers Weltliteratur´, beispielsweise zu `Unterm Rad´: https://www.youtube.com/watch?v=XN-B6P6R5w4, zu Siddhartha: https://www.youtube.com/watch?v=gw3CXT-B5vs oder zum `Steppenwolf´: https://www.youtube.com/watch?v=XN-B6P6R5w4 (alle Links aufgerufen am 19.7.2022).

weiten Netz lassen das Geschäft mit Hesse blühen. Hinzu kommen Hesse-Merchandising-Artikel [1190] und Hesse-Festivals, etwa in Basel[1191] und Calw[1192] oder `Hesse-Tage´ in Gaienhofen[1193] am Bodensee und in Sils Maria[1194] im Schweizer Engadin. Hermann Hesse war auch für viele Schriftsteller:innen nach wie vor ein Quell der Inspiration. Sie feierten ihn als „Anwalt des Individuums“[1195], als jemanden, der seine Leser:innen zum Eigensinn[1196], zur eigenen Haltung, zum Engagement oder

---

1190 Exemplarisch erwähnt sei ein „Tintenroller `Hermann Hesse´“ in einer rosa Geschenkbox, auf dem sich die Anfangszeilen der `Stufen´ befinden.

1191 So wurde in Basel vom 9.-11. Dezember 2021 anlässlich des 75jährigen Jubiläums der Nobelpreisverleihung an Hesse zum ersten Mal das `Hermann Hesse Festival´ begangen. Organisator war das `Basler Hesse Komitee´, das sich 2021 erstmals als Verein konstituierte. Im Zuge dessen wurde auch der neue `Hermann-Hesse-Platz´ in Basel eingeweiht – bis dato gab es keine öffentliche Gedenkstätte –, es fanden Lesungen (u. a. mit Hanspeter Siegenthaler-Hesse), Rezitationen, Vorträge, Begehungen, Spaziergänge und Konzerte statt. Die Organisatoren wollten verdeutlichen, wie viel Inspiration Hesse durch Basel erhalten hatte: vgl. https://www.bazonline.ch/hermann-hesse-sprach-baseldeutsch-334753370988 (aufgerufen am 18.6.2022). Treibende Kraft im Komitee ist der 85jährige US-Filmproduzent Richard Herland (geb. 1936), der Basel 1973 im Zuge von Dreharbeiten für seinen `Steppenwolf´-Film für sich entdeckt hatte, vgl. https://www.hermann-hesse-basel.com (aufgerufen am 17.6.2022).

1192 Vgl. dazu die Auswertung des `Hermann-Hesse-Festivals 2002 in Calw. Analyse eines Literatur-Events´, angefertigt im Rahmen einer Diplomarbeit von Susanne Richt und Simone Rotter, Stuttgart 2002, online zugänglich unter: https://docplayer.org/32623042-Hermann-hesse-festival-2002-in-calw-analyse-eines-literatur-events.html (aufgerufen am 27.6.2022).

1193 Vom 15.-17.10.2021 fanden die `Hermann-Hesse-Tage Gaienhofen´ statt. Veranstaltungsort der Vorträge und Lesungen war vor allem das `Bürgerhaus Gaienhofen´. Zum Programm: https://mein.toubiz.de/storage/event/b402b687ec3f201a18290ed8e8f2abbe08e2b108a739905000b4f30f1f2d14c6.pdf (aufgerufen am 4.7.2022). Eine Neuauflage erlebten die Tage vom 14.-16.10.2022, u. a. mit den Themen `Hesses Leser und Sammler´ und `Humor bei Hermann Hesse: https://www.gaienhofen.de/_Resources/Persistent/e67f111834dd21a96bd87dbbe567be3304f8d69f/Programm_Hesse_Tage_2022-final.pdf (aufgerufen am 25.10.2022).

1194 2022 fanden die 23. Silser Hesse Tage in Sils Maria statt: https://www.engadin.ch/de/events/23-silser-hesse-tage-2023/ (aufgerufen am 5.7.2022).

1195 Sigrid Damm, Hermann Hesse: Anwalt des Individuums, in: Inspiration Hermann Hesse, a. a. O., 232-240, bes. 232.

1196 Vgl. Hermann Hesse, Eigensinn, in: Hermann Hesse, Politik des Gewissens, Erster Band, a. a. O., 229-234. Vgl. dazu auch den filmischen Beitrag von Gunnar Kaiser, zur Selbstbehauptung damals wie heute bei der Lektüre seiner Werke ermuntert. Im Gedenken an Hermann Hesse gibt es drei Literaturpreise, den seit 1956 verliehenen Karlsruher `Hermann-Hesse-Literaturpreis´[1197], den seit 1990 von der Calwer Hermann-Hesse-Stiftung verliehenen `Calwer Hermann-

Hermann Hesse: Eigensinn, online zugänglich unter: https://www.youtube.com/watch?v=po3go_DHdRE&t=66s (aufgerufen am 6.7.2022). Iris Wolff hat, wie ich finde, passende Worte dafür gefunden, was Eigensinn bei Hesse bedeuten konnte: „Eigensinn ist das Beharren auf der eigenen Meinung, aber es setzt sich ab vom Starrsinn der Unbelehrbarkeit, bleibt beweglich, fließend, Argumenten gegenüber aufgeschlossen. Jemand, der Eigensinn hat, pflegt sein Innenleben, kultiviert ein unabhängiges Denken, Fühlen und Wollen, eine Ansicht des Lebens. [...] ... wer eigensinnig ist, besitzt die Fähigkeit, sich selbst zu erkennen, mitsamt Schwächen und Stärken" (Iris Wolff, Das Maß innerer Freiheit, in: Inspiration Hermann Hesse, a. a. O., 154-163, bes. 156). Hesse selbst schrieb: „Es gibt für Jeden keinen anderen Weg der Entfaltung und Erfüllung als den der möglichst vollkommenen Darstellung des eigenen Wesens. `Sei Du selbst´..." (Hermann Hesse, Eigensinn macht Spaß. Individuation und Anpassung. Ausgewählt von Volker Michels [it 2856]), FfM 2002, 9). Auf dem Klappentext dieses Buches heißt es: „Der Ansporn zum Eigensinn durchzieht die Bücher und Briefe Hermann Hesses wie ein Leitmotiv. Nicht mutwillige Aufsässigkeit oder störrische Rechthaberei ist damit gemeint, sondern für ihn ist Eigensinn eine Antwort auf die Anpassungszwänge, welche die individuelle Freiheit bedrohen. Nichts ist seiner Ansicht nach der Evolution der Menschwerdung abträglicher als Stillstand und eine allzu frühe Rollenfixierung auf Kosten der Selbstverwirklichung. Die Schilderungen dieses Bandes zeigen, auf welche Weise eine produktive Balance zwischen Eigen- und Gemeinschaftssinn, zwischen Individuation und Anpassung erreicht werden kann." Volker Michels zufolge hat sich Hesses Leben zeitlebens in der „Balance- oder Zitterpartie zwischen Eigensinn und Anpassung" (Volker Michels, Außenseiter wird man nicht freiwillig. Hermann Hesse als Beispiel für viele, in: Von „Siddhartha" zum „Steppenwolf", hg. v. Rüdiger Sareika, a. a. O., 125-139, Zitat auf 126) gehalten. Michels stellt in diesem Aufsatz unter Heranziehung eines Briefes von Hesse aus dem Jahr 1920 auch klar, dass Eigensinn bei Hesse nichts mit Egoismus zu tun hat (vgl. 136f.) – fehle der Eigensinn, dann herrsche Hesse zufolge oftmals nur noch Kadavergehorsam. Vgl. dazu auch Andreas Solbach, Hermann Hesse. Ein Schriftsteller auf der Suche, a. a. O., 12f. Solbach zieht die Begriffe Anerkennung, Authentizität und Identität sowie (in Aufnahme von Gedanken des deutschen Soziologen und Politikwissenschaftlers Hartmut Rosa [geb. 1965]) den Begriff der Resonanz zur Annäherung an Hesses Leben und Werk heran.

[1197] Der `Hermann-Hesse-Literaturpreis´ geht auf eine Stiftung der `Fördergemeinschaft Kunst e. V.´ in Karlsruhe im Jahr 1956 zurück. Seit 1977 ist er mit dem Förderpreis der Stadt Karlsruhe verbunden und seit 1994 wird er von einer Stiftung getragen. Er ist mit 15000 € (Hauptpreis) und 5000 € (Förderpreis) dotiert und wird alle zwei Jahre vergeben. Preisträger waren u. a. Martin Walser (1957) und Adolf Muschg (1974).

Hesse-Preis´[1198] und den seit 2017 von der `Internationalen Hermann Hesse Gesellschaft´ in Calw verliehenen `Preis der Internationalen Hermann Hesse Gesellschaft´[1199]. Ihren Beitrag zur anhaltenden Präsenz Hesses leisten auch zahlreiche Sammlungen von Hesse-Fans: Die `Sammlung Martin Pfeifer´ beispielsweise, 5000 Bücher zählend, befindet sich in der Kreissparkasse Calw (heute Sparkasse Pforzheim Calw).[1200] Sie erwarb die Arbeitsbibliothek des 1994 verstorbenen Hesse-Experten, eines der Mitbegründer der Internationalen Hesse-Kolloquien in Calw, der seit 1948 die Archivalien zusammengetragen

---

[1198] Dieser Preis wird seit 1990 im Abstand von zwei Jahren von der vom SWR und der Sparkasse Pforzheim Calw im Jahr 1989 gegründeten `Calwer Hermann-Hesse-Stiftung´ verliehen. 2018 war er mit 20000 € dotiert. Zu den Preisträger:innen gehörten u. a. auch Literaturzeitschriften. Die Stiftung vergibt auch seit 1995 das mit 6000 € dotierte dreimonatige `Calwer Hermann-Hesse-Stipendium´. Zu den Stipendiat:innen gehörten u. a. Volker Braun (1995) und Sigrid Damm (2003). Eine Zusammenstellung der Stipendiat:innen befindet sich hier: https://www.hermann-hesse.de/stiftung/stipendium/. Zur Website geht es hier: https://www.hermann-hesse.de/stiftung/ (aufgerufen am 4.8.2022).

[1199] Zu den Preisträger:innen der Internationalen Hermann Hesse Gesellschaft (erster Preisträger Adolf Muschg, 2017) gehört u. a. Eugen Drewermann, der die Auszeichnung am 11. Mai 2019 in Calw entgegennahm, online zugänglich unter: https://www.youtube.com/watch?v=Dxf5oQeLFUs (aufgerufen am 11.4.2022). Anlässlich der Verleihung des Preises gibt der Preisträger online Auskunft: https://www.youtube.com/watch?v=AN7Fxr2WJlw (aufgerufen am 11.4.2022). Vgl. dazu den Artikel `Was da passiert, ist eine Tragödie´, in: FR v. 28.10.2019, online zugänglich unter: https://www.fr.de/panorama/eugen-drewermann-was-passiert-ist-eine-tragoedie-13174726.html (aufgerufen am 26.7.2022). Bestsellerautor, Psychotherapeut und Kirchenkritiker Drewermann (geb. 1940), einst römisch-katholischer Priester, trat 2005 aus seiner Kirche aus und geriet wegen verschwörungsideologischer Positionen bereits seit den 2010er-Jahren zunehmend in die öffentliche Kritik. Drewermann, der schon früher Gedanken zu Hesse veröffentlicht hatte (vgl. Eugen Drewermann, Das Individuelle gegen das Normierte verteidigen. Zwei Aufsätze zu Hermann Hesse, FfM 1995), entdeckte zusehends eine Art Geistesverwandtschaft mit dem Dichter aus Montagnola, vgl. Eugen Drewermann, Hermann Hesse. Der lange Weg zu sich selbst, in: ders., Hermann Hesse. Der lange Weg zu sich selbst, a. a. O., bes. 36-110. Drewermann äußert sich in einem Vortrag im Rahmen der Silser Hesse-Tage am 10. Juni 2021 in Sils Maria zu Hesses `Narziß und Goldmund´: https://www.youtube.com/watch?v=H4dh6METLFM (aufgerufen am 11.4.2022).

[1200] Die Geschichte der Sammlung ist online zugänglich unter: https://www.hermann-hesse.de/leben-und-werk/museen/hesse-sammlung-martin-pfeifer-calw/ (aufgerufen am 12.4.2022).

hatte, nach dessen Tod. Neben vielen Erstausgaben enthält sie Privatdrucke[1201], Gedichte, Briefabschriften und eine Fülle von Notizen, darunter auch Pfeifers dreibändige internationale Rezeptionsgeschichte Hermann Hesses und sein `Hesse-Kommentar zu sämtlichen Werken´. Oder die Sammlung des Ehepaares Hübl, das 25 Jahre lang Hesse-Erstausgaben in auf der ganzen Welt verstreuten Antiquariaten zusammentrug.[1202] Seit März 2005 ergänzt diese aus 400 von 550 Hesse-Erstausgaben bestehende Sammlung das `Pfeifer Archiv´.[1203]

Hinzu kommen Hesse-Gedächtnisstätten, die die Erinnerung an den Autor wach halten wollen: Zunächst ist das Hermann-Hesse-Museum am Marktplatz in Calw zu erwähnen.[1204] Bei seiner Eröffnung im März 1990 im historischen Stadtpalais `Haus Schütz´ mit Blick auf Hesses Geburtshaus sorgte eine Dauerausstellung in zehn reichhaltig ausgestatteten Räumen mit viel authentischem Material dafür, dass sich Besucher:innen zur Herkunft, zum Leben, zum Werk und zur Wirkungsgeschichte

---

[1201] Zu Hermann Hesses „Lust am Privatdruck" vgl. Hermann Hesse 1877-1977, a. a. O., 258ff. „In Hesses Elternhaus und Familie, unter Pietisten und Verlegern, war die Kleinschrift eine geläufige Form der Mitteilung" (258).

[1202] Der deutsche Wirtschaftswissenschaftler Lothar Hübl (geb. 1941) und seine Frau, Dr. Ulla Hübl, hatten zu Beginn der 1980er-Jahre damit angefangen, Erstausgaben von Hermann Hesse zu sammeln.

[1203] Die Exponate werden von dem Hesse-Experten, Lektor, Publizisten und Ausstellungsmacher des Hesse-Museums der Stadt Calw, Herbert Schnierle-Lutz (geb. 1950), betreut. Seit 2003 ist er der Organisator der jährlichen Veranstaltungsreihe `Gerbersauer Lesesommer´, bei der Werke Hesses gelesen werden. Die Sammlung ist zu Forschungszwecken zugänglich.

[1204] In der Stadt Calw gibt es einige öffentliche Plätze, die nach Hesse benannt wurden, beispielsweise der `Hermann-Hesse-Platz´ an der Nikolausbrücke, in dessen Zentrum ein Hesse-Brunnen mit dem Bronze-Konterfei des Dichters zu sehen ist (bereits 1920 hatte der Gemeinderat den Beschluss gefasst, den Brunnen nach dem Autor zu benennen).

Hesses ein Bild machen konnten.[1205] Anlässlich Hesses 125. Geburtstag erhielt das Haus eine umfassende Neukonzeption, indem die bestehende biografische Sammlung zu Leben und Werk neu überarbeitet präsentiert wurde. 2021 wurde wegen Renovierungsarbeiten als Alternative im `Palais Vischer´ eine Hesse-Präsentation neu eingerichtet.[1206] Sie bietet einen Überblick über die Lebensstationen Hesses und sein malerisches Schaffen in Montagnola. Im `Gerbereimuseum´ ist seit dem 15. Mai 2022 eine Ausstellung mit den Schwerpunkten `Hermann Hesses Kindheit in Calw´ und `Calw im Werk Hermann Hesses´ zu sehen.[1207] Dann ist das Hermann Hesse-Museum in Gaienhofen zu erwähnen.[1208] Es befindet sich in seinem erstem Wohnhaus, also in jenem ehemaligen Bauernhaus aus dem 17. Jahrhundert, das im 19. Jahrhundert umgebaut worden war und dann als Schule und Rathaus gedient hatte. 1993 konnte das Haus von der Gemeinde Gaienhofen erworben und der Öffentlichkeit übergeben werden. Zwei Jahre später gelangte der

---

[1205] Die Adresse lautet: Hermann-Hesse-Museum Calw, Marktplatz 30, 75365 Calw. Wegen Umbaumaßnahmen ist das Museum bis 2024 geschlossen. Zur Internetpräsenz der Stadt Calw, die Hesse präsentiert und sich `Die Hermann-Hesse-Stadt´ nennt, geht es hier: https://www.calw.de/kultur/hermann-hesse (aufgerufen am 30.7.2022).

[1206] Das `Palais Vischer´ befindet sich in der Bischofstraße 48 in 75365 Calw. Das historische Gebäude beherbergt heute das städtische Museum. Zu sehen gibt es hier u. a. auch zwei Räume zum `Steppenwolf´.

[1207] In Planung ist, dass Hermann Hesse zum Namenspatron für die `Hermann-Hesse-Bahn´ werden soll, die der 1988 stillgelegten Strecke der Württembergischen Schwarzwaldbahn in der Tradition folgen und Calw mit Stuttgart verbinden soll. Geplante Inbetriebnahme der Strecke ist 2023: https://www.hermann-hesse-bahn.de/service/aktuelles_termine/__Aktuelles-Termine.html (aufgerufen am 1.12.2022).

[1208] Es befindet sich in der Kapellenstraße 8 in 78343 Gaienhofen. 1988 wurde das Haus als `Höri-Museum´ eröffnet und 1995 in `Hermann-Hesse-Höri-Museum´ umbenannt. Vgl. dazu Herbert Schnierle-Lutz, Hermann Hesse, Schauplätze, a. a. O., 241-255, und Ute Hübner/Thomas Schmidt, Gaienhofener Umwege. Hermann Hesse und sein erstes Haus, Gaienhofen 2021. 2015 wurde dort eine neue Hesse-Dauerausstellung eröffnet, vgl. SÜDKURIER v. 26.6.2015. Vom 14.-16. Oktober 2022 finden dort die `Hermann-Hesse-Tage´ mit Vorträgen, Lesungen und Führungen statt. Zur Internetpräsenz geht es hier: https://www.hesse-museum-gaienhofen.de (aufgerufen am 17.6.2022).

originale Schreibtisch Hermann Hesses aus dem Schweizerischen Literaturarchiv Bern[1209] als Dauerleihgabe dorthin und wurde im ehemaligen Arbeitszimmer Hesses wieder aufgestellt. 2013 wurde die alte Hesse-Ausstellung in Kooperation zwischen der Gemeinde Gaienhofen und der Hochschule für Technik, Wirtschaft und Gestaltung Konstanz den modernen Sehgewohnheiten und neuen Erkenntnissen zu Hesse angepasst und zwei Jahre später, im Juni 2015, mit der Dauerausstellung \`Gaienhofener Umwege. Hermann Hesse und sein 1. Haus´ an den Dichter und Nobelpreisträger erinnert. Immerhin hatte Hermann Hesse acht Jahre seines Lebens (1904-1912) in Gaienhofen verbracht. Aber Gaienhofen beherbergt noch eine weitere Erinnerungsstätte. Sie befindet sich im einzigen, von dem ungleichen Paar gebauten Wohnhaus und ist nach beiden benannt: \`Mia- und Hermann-Hesse-Haus´ [1210]. Nachdem es neunzig Jahre lang für die Öffentlichkeit nicht zugänglich gewesen war, öffnete es die Familie Eberwein, die es im Jahr 2004/05 denkmalgerecht saniert hatte, für Besichtigungen.[1211] Dort ist u. a. der erste und einzige Garten Hesses, in dem er

---

1209 Zur Website des Schweizerischen Literaturarchivs: https://www.nb.admin.ch/snl/de/home/ueber-uns/sla.html (aufgerufen am 25.10.2022). Die postalische Adresse lautet: Schweizerisches Literaturarchiv (SLA), Hallwylstrasse 15, CH-3003 Bern; Email: arch.lit@nb.admin.ch

1210 Das \`Mia- und Hermann-Hesse-Haus´ befindet sich im Hermann-Hesse-Weg 2 in 78343 Gaienhofen: https://www.mia-und-hermann-hesse-haus.de (aufgerufen am 26.10.2021). Es wurde 2019 umbenannt, um Hesses erste Frau entsprechend zu würdigen. Vgl. dazu ausführlich Thomas Scheuffelen, Hermann Hesses Haus in Gaienhofen am Bodensee (Spuren 3), hg. von der Deutschen Schillergesellschaft, Marbach am Neckar 1990; ders., Hermann Hesse als Bauherr in Gaienhofen am Bodensee, Marbach am Neckar [3]2002, und Eva Eberwein, Das Haus von Mia und Hermann Hesse – Leben im Einklang mit der Natur, München-London-New York 2022.

1211 Vgl. Denkmalstiftung Baden-Württemberg 3/2005: \`Bürger retten Denkmale´, wo das Ehepaar Dr. Eberwein für seine vorbildliche Sanierung des Hesse-Hauses gewürdigt wird (1f.) In dem Artikel wird auch erwähnt, was nach dem Verkauf des Hauses geschah: 1920 ging das Anwesen in das Eigentum des Zittauer Malers, Naturschützers und Geheimrat Walter Waentig (1881-1962) über und blieb ca. achtzig Jahre lang in Familienbesitz.

seine Ideen verwirklichen konnte, zu sehen, in dem es u. a. auch die Möglichkeit zu Kräutererkundungen gibt.[1212] Familie Eberwein wird in ihrer kulturellen Arbeit von dem `Förderverein Hesse-Haus und -Garten´ unter der Schirmherrschaft von Silver Hesse, Zürich, unterstützt.

Des Weiteren sorgt das `Museo Hermann Hesse´ in Montagnola´[1213] im Tessin dafür, dass die Erinnerung an den Ehrenbürger der Stadt wach gehalten wird. Es wurde anlässlich des 120. Geburtstages des Schriftstellers am 2. Juli 1997 mit Unterstützung seines Sohnes Heiner eingeweiht und befindet sich in einem Turm der `Casa Camuzzi´, dem sog. `Torre Camuzzi´, der zu dem Haus gehört, in dem Hesse 1919 die vier Zimmer angemietet hatte, die er bis zu seinem Umzug in die `Casa Rossa´ 1931 bewohnte.[1214] Auf mehreren Etagen sind in diesem ersten schweizerischen Hermann-Hesse-Museum persönliche Zeugnisse des Dichters, wie seine Brillen, sein Malkasten[1215], seine Schreibmaschine, seine weiße Jacke, mit der er auf `Indien´-

---

[1212] Ein Gartenplan von Hesse ist überliefert: https://www.wochenblatt.net/wochenblatt-tv/video/ein-besonderes-zeichen-der-baukunst/ (aufgerufen am 22.3.2022).

[1213] Die Adresse lautet: Torre Camuzzi, Ra Cürta, CH-6926 Montagnola. Vgl. anlässlich der Eröffnung des Museums den Beitrag von Rolf Michaelis, Bücherturm mit Sonnenhut, in: DIE ZEIT v. 11.7.1997, 58. Zur heutigen Internetpräsenz geht es hier: www.hessemontagnola.ch (aufgerufen am 28.10.2021). Dort wurde 2022 der 145. Geburtstag Hesses gefeiert und seines 60. Todestages gedacht. Zudem wurde an die Erstveröffentlichung von `Siddhartha´ erinnert und der 25. Geburtstag des Museums begangen.

[1214] In der `Casa Rossa´ bzw. der `Casa Hesse´ wohnte Hesse bis zu seinem Tod 1962; dort starb er auch. Beide Häuser befinden sich heute in Privatbesitz und sind für die literarisch interessierte Öffentlichkeit nicht zugänglich. Die `Casa Rossa´ gehört seit 1966 der vermögenden italienischen Keks-Unternehmerfamilie Pavesi – Elisabeth Pavesi gehörte lange zu den Unterstützer:innen des `Museo Hermann Hesse´ –, die Aufsehen erregte, als sie 2012 für ca. 20 Millionen Schweizer Franken Hesses Garten zur Überbauung freigeben wollte. Zu den Hintergründen um die `Casa Rossa´ vgl. näher Jürg Altwegg, Kulturkampf um einen sehr verehrten Wirtschaftsfaktor, in: FAZ v. 29.8.2015.

[1215] In seinem berühmten Malkasten versteckte Hesse immer seine Pistole – sicherheitshalber, falls er doch einmal Suizid verüben wollte, vgl. dazu online: https://www.sueddeutsche.de/reise/montagnola-im-tessin-viele-wege-fuehren-zu-hesse-1.1436613-2 (aufgerufen am 12.5.2022).

Reise war und die er auch im Tessin gerne trug, sowie seine Bücher ausgestellt.[1216] Zwischenzeitlich hat sich dieses kleine, liebevoll gemachte Museum zum Besucher:innenmagnet und zum Begegnungszentrum für ein internationales Hesse-Publikum entwickelt.[1217] Hier werden regelmäßig wechselweise Lesungen, Vorträge, Konzerte und Filme angeboten. Für junge Hesse-Interessierte, etwa für Schulklassen, gibt es pädagogisch aufbereitetes Material.[1218] Über Rund- und Wanderwege können sich Hesse-Interessierte mit der Gegend vertraut machen, in der der Dichter über vierzig Jahre lang lebte.[1219]
Zuletzt: Am 19. April 2000 wurde die `Fondazione Hermann Hesse Montagnola´ gegründet.[1220] Sie wird von der Gemeinde Collina d' Oro und den Hesse-Erben vertreten und hat das Ziel, die Erinnerung an den Schriftsteller wachzuhalten.[1221] Quer durch die Hesse-Stätten in Deutschland und der Schweiz gibt es

---

1216 Zu einem virtuellen Rundgang durchs Museum geht es hier: https://my.matterport.com/show/?m=au95G75XkJF (aufgerufen am 1.8.2022).

1217 Zu den Unterstützer:innen dieses Museums gehören u. a. Sir Lindsay Owen-Jones (geb. 1946), ehemaliger Vorstandsvorsitzender des Kosmetikkonzerns L' Oréal, Mitglied des Stiftungsrates der `Fondazione Hesse´, und dessen Ehefrau.

1218 Ohne eine Kooperation mit den deutschen Museen in Calw und Gaienhofen, der Kantonsbibliothek in Lugano, den Universitäten in Rom, Santa Barbara, Tokio und Ellensburg/Washington sowie dem Suhrkamp Verlag in Frankfurt/Main wäre die Arbeit in Montagnola vermutlich nicht möglich.

1219 Einer der Wege führt zu zwei `Grotti´, wie die berühmten Tessiner Waldschenken heißen. Hesse frequentierte sie regelmäßig und sang ein Loblied auf ihren Käse und ihren Wein. Er würdigte sie in mehreren Gedichten und Essays; beispielsweise labt sich die Titelperson aus der Erzählung `Klingsors letzter Sommer´ am Wein eines Grotto (= `Grotto Morchino´ in Pazzallo), vgl. dazu Herbert Schnierle-Lutz, Hermann Hesse, Schauplätze seines Lebens, a. a. O., 310ff., und Regina Bucher, Mit Hermann Hesse durchs Tessin, a. a. O., 36ff.

1220 Vgl. https://www.fundraiso.ch/sponsor/fondazione-hermann-hesse-montagnola (aufgerufen am 12.5.2022).

1221 Die Stiftung verwaltet das Museum, das von 12000 bis 15000 Besucher:innen jährlich besucht wird, und ermöglicht ein kulturelles Programm rund um Hermann Hesse. Dem Stiftungsrat gehören u. a. Marc Andreae (Präsident), Silver Hesse (Vizepräsident), Regina Bucher (Direktorin der Stiftung und des Museums) und Andrea Bernardazzi (Bürgermeister der Gemeinde Collina d'Oro) an: https://de.hessemontagnola.ch/die-stiftung (aufgerufen am 17.6.2022). Auf der Website befinden sich Informationen zum Leben Hermann Hesses und zahlreiche Fotos, die ihn und seine Familie zeigen.

zudem Spazier- und Wanderwege, die Bezüge zu Hesse, seinem Werk und zur jeweiligen Gegend herstellen.
All dies wäre vermutlich nicht zustande gekommen ohne den unermüdlichen Einsatz von Volker Michels[1222]. Volker Michels war 45 Jahre lang, zwischen 1969 und 2008, Lektor im Suhrkamp und Insel Verlag, betreute dort schwerpunktmäßig das Werk Hermann Hesses und erwarb sich bei der Sicherung seines Werks für die Nachwelt bleibende Verdienste. In über hundert [!] Themen- und Materialbänden zur Entstehungs- und Wirkungsgeschichte sorgte er dafür, dass Hesses Schriften gründlich ediert und kommentiert wurden und ab den 1970er-Jahren weltweite Verbreitung fanden. Unterstützt von seiner Ehefrau Ursula Michels[1223] gab er Werke des Dichters heraus,

---

[1222] Dr. h. c. Volker Michels (geb. 1943) aus Villingen legte in Schloss Salem sein Abitur ab und studierte anschließend Medizin und Psychologie in Freiburg und Mainz. Bereits als 15jähriger Schüler hatte Michels nach der Lektüre von `Unterm Rad´ Hermann Hesse einen Brief geschrieben und auch eine Antwort erhalten. So ermutigt, bat er den Dichter, ihn in Montagnola besuchen zu dürfen. Als er 1958 mit seinen Eltern Urlaub in Ascona machte, radelte er vom Lago Maggiore aus zum Haus Hesses, das er allerdings leer vorfand, da Hesse in Sils Maria Urlaub machte. 1969 machte Michels die Bekanntschaft mit Siegfried Unseld, der ihn kurz darauf als Lektor für deutsche Literatur in den Suhrkamp- und Insel-Verlag holte, weil er einen Lektor suchte, der das Werk Hesses betreute. Die Publikation von Hesses Nachlass wurde zu einem seiner wichtigsten Arbeitsgebiete; nebenher widmete er sich auch der Hesse-Forschung. 2008 ging er in den Ruhestand. Seither arbeitet er an einer zehnbändigen Ausgabe der Briefe Hermann Hesses, die die `Sämtlichen Werke´ ergänzen sollen. Michels wurde 1988 mit der `Hermann-Hesse-Medaille der Stadt Calw´ ausgezeichnet und erhielt 2014 den Ehrenpreis der `Calwer Hermann-Hesse-Stiftung´. Vgl. dazu ausführlich Volker Michels (Hg.), Wege zu Hermann Hesse, a. a. O., 627f.
[1223] Ursula Michels, geb. Wenz (1943-2012) wurde in Offenbach geboren. Nach dem Abitur studierte sie Literaturwissenschaft in Frankfurt am Main. 1963 wanderte sie in die USA aus und lebte bis 1968 in New York. Sie publizierte Gedichte und Kurzgeschichten und wurde nach ihrer Rückkehr in die Bundesrepublik Deutschland freie Mitarbeiterin und Lektorin im Suhrkamp- und Insel-Verlag. Bekannt wurde sie als Übersetzerin der Werke des irischen Literaturnobelpreisträgers George Bernard Shaw und der Hermann Hesse-Biografie von Ralph Freedman aus dem Amerikanischen. Sie veröffentlichte Anthologien zu Kant, Schiller, Schopenhauer, Novalis, Nietzsche, van Gogh, Shaw und Gertrude Stein. Gemeinsam mit ihrem Ehemann Volker Michels arbeitete sie an vielen

die bis dato unveröffentlicht geblieben waren, darunter erstmals die komplette Ausgabe seiner Märchen, Erzählungen, Legenden und Gedichte, Themenbände über Musik, über Religion, Glück und Träume, über die Liebe und das Alter, über Schmetterlinge, Wolken, Bäume und Jahreszeiten und die Arbeit im Garten. Hinzu kamen u. a. eine Sammlung von Reiseberichten Hesses über Italien, Indonesien, und die Regionen in Deutschland und in der Schweiz, in denen er gewohnt hatte (Bodensee, Tessin, Engadin), ferner Materialbände zur Entstehungs- und Wirkungsgeschichte sowie Bildbände zu seiner Biografie und Alben mit Reproduktionen einer Auswahl aus den ca. dreitausend Aquarellen, die von 1917 bis zu Hesses Tod entstanden sind. All dies geschah in enger Zusammenarbeit mit dessen Sohn Heiner Hesse.[1224] Hinzu kamen die Briefe[1225] Hesses und seine Bilder. Überdies edierte Volker Michels 2007 die erste

---

Publikationen aus dem Nachlass Hermann Hesses mit, u. a. an der vierbändigen Briefausgabe und der 2007 mit einem Registerband abgeschlossenen Ausgabe der `Sämtlichen Werke Hermann Hesses´ in 21 Bänden. 2020 erschien postum ein autobiografisches Buch von ihr, vgl. Ursula Michels-Wenz, Ausgesetzt. Ein Nachtbuch. Mit einem Nachwort von Volker Michels, FfM 2020. Sie starb im Alter von 69 Jahren in Offenbach an den Folgen von Diabetes, vgl. den Nachruf auf sie in der NZZ v. 17. April 2012.

[1224] Ein Auszug aus diesen zeitkritischen Schriften wurde später veröffentlicht, vgl. Hermann Hesse, Politik des Gewissens. Mit einem Vorwort von Robert Jungk, hg. v. Volker Michels, 2 Bde. (Bd. 1: 1914-1932; Bd. 2: 1932-1962), FfM 1981, Berlin 2021. In ihm wird deutlich erkennbar, dass Hesses politische Schriften das Spiegelbild seiner zeitfernen, unpolitischen Dichtungen waren, wobei er wegen seiner parteipolitischen und institutionellen Ungebundenheit keine Rücksicht auf irgendwelche Befindlichkeiten nehmen musste, sondern die Dinge kompromisslos beim Namen nennen konnte. Siegfried Unseld schrieb: „Heute, nach distanzierter Übersicht über sein Werk und nach Kenntnis des Nachlasses, ist zu erkennen, welch eminent politischer Kopf Hesse doch war“ (Siegfried Unseld, Begegnungen mit Hermann Hesse, a. a. O., 226-230, Zitat auf 226). Volker Michels hält ihn – ein Diktum Robert Jungks aufnehmend – für „`einen über die Tagespolitik hinausdenkenden Visionär künftiger Politik´, der interessiert ist an einer `radikalen Veränderung der politischen Strukturen und Lebensweisen, sich aber weigert, ja weigern muss, revolutionären Programmen und Funktionären zu folgen´“ (Volker Michels, Wege zu Hermann Hesse, a. a. O., 453-506, Zitat auf 453 [`Mir liegt das Politische nicht, sonst wäre ich längst Revolutionär´]).

[1225] Von 1973 bis 1986 erschienen die `Gesammelten Briefe´ Hermann Hesses.

Hesse-Gesamtausgabe in 21 Bänden mit ca. 15000 Seiten.[1226] Volker Michels setzte sich außerdem für die Entstehung der drei Hesse-Museen in Calw, Gaienhofen und Montagnola ein und war ein Förderer der Internationalen Hesse-Kolloquien. Unabhängig vom Suhrkamp Verlag baute er im Laufe der Zeit mit Hilfe von Heiner Hesse ein eigenes Editionsarchiv auf, in dem sich fast 19000 Briefe Hermann Hesses befinden.[1227] Er verwaltet außerdem den bildnerischen Nachlass des Dichters. Volker Michels publizierte zahlreiche Essays zu literarischen und kunsthistorischen Themen und weist eine rege Vortragstätigkeit auf.[1228] 2013 wurde Michels, der auch einmal als „Stellvertreter Hesses auf Erden"[1229] bezeichnet wurde, für sein Wirken mit der Ehrendoktorwürde der philosophischen Fakultät der Heinrich-Heine-Universität Düsseldorf ausgezeichnet.[1230]

[1226] Bis dato lag Hesses Werk nur in zwei, von Hesse selbst konzipierten Auswahlausgaben vor. Volker Michels thematisch und chronologisch angelegte Ausgabe \`Sämtliche Werke in 20 Bänden und 1 Registerband´, die er von 2001 bis 2007 edierte, setzt mit Hesses Jugendschriften (10.-26. Lebensjahr) ein, wobei ca. die Hälfte dieser frühen Schriften Hesses aus seinem Nachlass stammten und aus Manuskripten transkribiert wurden. Bände 2 bis 5 beinhalten Hesses Romane (erstmals mit frühen Fassungen und Varianten zum Vergleich). Die Ausgabe enthält viel unbekanntes Material des Dichters und erklärende Nachworte des Herausgebers: https://www.suhrkamp.de/person/hermann-hesse-p-1947 (aufgerufen am 17.7.2022).

[1227] Es umfasst den kompletten Briefwechsel mit Thomas Mann, Stefan Zweig, Hugo Ball, Hans Morgenthaler, Jakob Schaffner, Peter Weiss, Heinrich Wiegand, Hans Purrmann, Alfred Kubin, Hans Sturzenegger, Conrad Haußmann, Ruth Wenger und Josef Bernhard Lang sowie darüberhinaus eine Auswahl der gehaltvollsten Schreiben auch an weniger bekannte Adressat:innen. Es ist heute in der Hesse-Forschung umumstritten, dass Hesses Arbeit zu einem Drittel aus Briefeschreiben bestand; auf sie verwandte er genauso viel Sorgfalt wie auf seine publizierten Werke.

[1228] So publizierte Volker Michels u. a. zu Robert Walser, Heinrich Zschokke (1771-1848), Hans Carossa (1878-1956) oder Rainer Maria Rilke (1875-1926).

[1229] So Herbert Schnierle-Lutz, „Stellvertreter Hesses auf Erden", online zugänglich unter: https://hesse.projects.gss.ucsb.edu/magazine2011.html (aufgerufen am 18.6.2022).

[1230] Vgl. dazu Volker Michels' Dankesrede anlässlich der Verleihung der Ehrendoktorwürde durch die Heinrich-Heine-Universität Düsseldorf am 12.11.2013, online zugänglich über: https://hesse.projects.gss.ucsb.edu/magazine2011.html (aufgerufen am

Hermann Hesse ist vermutlich der erfolgreichste Schriftsteller des 20. Jahrhunderts. Abschließend kann man sagen: „In Hesses Werk und Biografie steckt eine Redundanz der Lebensentwürfe, die ihn absolut modern, heutig macht. Er war verliebt in die ewige Selbstwerdung und Selbstfindung. Und man muss keine Lifestyle–Zeitschriften lesen, um zu kapieren, dass es Hesses Werk bis heute mit ganzen Kiosksegmenten aufnehmen kann. Als Zeitschrift wäre er eine Mischung aus `Landlust´ und `Neon´, `Geo´ und `Psychologie heute´: Kein Wunder, dass er so hohe Auflagen hat.“[1231]
Meine eingangs gestellte Frage nach dem politischen Hermann Hesse ist nach der Beschäftigung mit ihm und seinem Werk für mich beantwortet worden. Oberflächlich betrachtet, handelt es sich bei Hesse um einen völlig unpolitischen Autor – was diesen aber nicht davon abhielt, wie vermutlich jeder Mensch eine eigene politische Meinung zu haben. Er selbst äußerte sich einmal dazu in einem Brief an seinen Sohn Heiner: „Ich selber bin, aus guten Gründen, weder `bürgerlich´ noch Sozialist, obgleich ich, rein politisch betrachtet, den Sozialismus für die einzige anständige Gesinnung halte.“[1232] Und dann führte er weiter aus, dass er die geistigen Grundlagen des Sozialismus nicht für überzeugend hielt und dass die Sozialdemokraten weltweit ihren Grundsätzen untreu wurden – etwa, indem sie beim Ausbruch des Ersten Weltkriegs 1914 ähnlich begeistert waren wie die anderen, konservativeren Parteien im Deutschen Kaiserreich,

---

11.7.2022). Über seine künftigen Pläne gibt Volker Michels in einem Interview auf YouTube Auskunft: https://www.youtube.com/watch?v=6lHhcoB5_iQ&t=3s (aufgerufen am 19.6.2022).

[1231] Marc Reichwein, Mein Lieblingshippie, in: Die Welt v. 05.08.2012, online zugänglich unter: https://www.welt.de/print/wams/kultur/article108481765/Mein-Lieblingshippie.html (aufgerufen am 9.6.2022).

[1232] Hermann Hesse, Brief an seinen Sohn Heiner v. 31.1.1930, zit. nach: Heinz Ludwig Arnold (Hg.), text+kritik. Zeitschrift für Literatur, Bd. 10/11: Hermann Hesse, a. a. O., 4-7, Zitat auf 4.

„und als sie nachher, im Jahr 18, die Revolution verrieten."[1233] Er riet seinem Sohn, „diesen Feind, die kapitalistische Gesellschaftsordnung, wirklich kennenzulernen, also die sozialistische Lehre Dir durch wirkliches Studium zu eigen [zu] machen. Dort führt der Weg weiter. Ich selbst bin nicht Sozialist, und halte diese Weltanschauung für genau so anfechtbar wie jede andre, aber beim heutigen Stand der Dinge ist eben doch der Sozialismus die einzige Lehre, die an den Grundlagen unsrer falschen Gesellschaft und Lebensweise wenigstens ernstlich Kritik übt."[1234] An seinen Freund Heinrich Wiegand[1235] – er war der erste Flüchtling aus Nazi-Deutschland, den Hesse bei sich in Montagnola aufnahm – schrieb er am 18.4.1932, eindeutig gegen rechts positioniert[1236] und gut über die tagespolitische

---

[1233] Hermann Hesse, Brief an seinen Sohn Heiner v. 31.1.1930, zit. nach: Heinz Ludwig Arnold (Hg.), text+kritik. Zeitschrift für Literatur, Bd. 10/11: Hermann Hesse, a. a. O., 5.

[1234] Hermann Hesse, Brief an seinen Sohn Heiner v. 31.1.1930, zit. nach: Heinz Ludwig Arnold (Hg.), text+kritik. Zeitschrift für Literatur, Bd. 10/11: Hermann Hesse, a. a. O., 6.

[1235] Der deutsche Schriftsteller und Kulturkritiker Heinrich Wiegand (1895-1934) war ursprünglich Volksschullehrer, betätigte sich aber daneben als Konzert- und Theaterkritiker. Seit 1924 schrieb er für die `Leipziger Volkszeitung´. 1928 gab er seinen Lehrerberuf auf, um als Freiberufler für die Sparte `Kultur´ zu schreiben. Seine lebenslange Freundschaft zu Hermann Hesse reicht in das Jahr 1924 zurück. Im März 1933 floh der aktive Sozialdemokrat vor den Nazis, die er offen bekämpft hatte, zu Hesse ins Exil. Er starb im italienischen Lerici/Ligurien kurz vor seinem 39. Geburtstag. Seine Werke konnten dem Vergessen entrissen werden, vgl. Heinrich Wiegand, Am schmalen Rande eines wüsten Abgrunds. Gesammelte Publizistik 1924-1933, hg. v. Klaus Petzold, Leipzig 2020.

[1236] So schrieb Hesse in einem Brief an den schweizerischen Biochemiker Arthur Stoll (1887-1971) v. 17.9.1933 im Blick auf die Nazi-Bewegung, dass ihm „alles zu wüst, zu krampfig, zu marktschreierisch, zu unedel und auch zu dumm, zu geistfeindlich" (Hermann Hesse, zit. nach: Heinz Ludwig Arnold [Hg.], text+kritik. Zeitschrift für Literatur, Bd. 10/11: Hermann Hesse, a. a. O., 12) war: „Ich werde des öfteren belästigt durch das Drängen von Kollegen, ich müsse Stellung nehmen und mich öffentlich der Opposition gegen Hitler anschließen. Ich lehne das ab, ich gehöre keiner Partei an, und wenn der Kommunismus mir auch persönlich sympathischer ist als der Faschismus, so hänge ich ihm dennoch nicht an, wie überhaupt keiner Form von Machtstreben. Ich sehe das Amt des Dichters und der Geistigen darin, den Frieden zu fördern und nicht den Kampf." Vgl. dazu auch Hermann Hesse, Brief an einen Kommunisten (1931), in: ders., Politik des Gewissens, Erster Band, a. a. O., 466-470, und Hesse. Sein Leben in Bildern und Texten, a. a. O., 249.

Lage[1237] informiert: „Ich bin keine revolutionäre Natur, weiß Gott nicht, aber wenn schon Revolution und Machtkampf, dann auch durchführen und Ernst machen. Und daß der deutsche Kommunismus heute keinen Kopf zu haben scheint, wäre ja kein Einwand gegen seine Ziele.“[1238] Während sich Hesse in seinen Werken nie direkt politisch äußerte und in Hesses Büchern Bezüge zur tagespolitischen Situation völlig fehlen, sieht die Sache in seinen Briefen anders aus; dort nimmt er klar politisch Stellung und berät auch Einzelne, die ihn um seine Meinung bitten. Der politische Mensch Hermann Hesse war – nicht zuletzt durch die vielen Flüchtlinge und Besucher:innen in seinem Haus – bestens über die tagespolitischen Ereignisse informiert. Sein Handeln in der Zeit der NS-Diktatur in Deutschland spricht für sich: Für viele Emigrant:innen war er die erste Anlaufstelle im Exil. Viele hilfsbedürftige Verfolgte nahm er bei sich auf oder vermittelte sie weiter.[1239] Viele unterstützte er sowohl finanziell als auch materiell, fertigte Empfehlungsschreiben an, schrieb Gutachten, vermittelte Visa, übernahm Bürgschaften oder intervenierte bei der schweizerischen Fremdenpolizei. Die Betonung des Individuums, das sich oft gegen die

---

1237 Bei der Reichspräsidentenwahl am 10.4.1932 war der greise Hindenburg wiedergewählt worden; auf Hitler waren 36,8% der Stimmen gefallen.

1238 Hermann Hesse an Heinrich Wiegand, Brief v. 18.4.1932, zit. nach: Heinz Ludwig Arnold (Hg.), text+kritik. Zeitschrift für Literatur, Bd. 10/11: Hermann Hesse, a. a. O., 8.

1239 Hesse musste sich in den 30er-Jahren nach zwei Seiten hin verteidigen: zum einen gegen „die dreckige Hetze der Emigrantenpresse“ (Hermann Hesse, Brief an Kurt Kläber v. Januar 1936), von der er sich ungerecht behandelt fühlte, „weil kein anderer Literat seit 1933 so für die Emigranten und Juden eingetreten ist wie ich“ (Hermann Hesse, Brief an Kurt Kläber v. Januar 1936); zum anderen gegen den deutschen Schriftsteller und fanatischen Nationalsozialisten Will Vesper (1882-1962), der gegen Hesse mit dem Ziel, dessen Bücher in Deutschland verbieten zu lassen, agierte. Seiner Darstellung, dass Hesse `Reichsdeutscher´ und `Volksverräter´ war, hielt Hesse u. a. entgegen, dass er seit 23 Jahren ununterbrochen in der Schweiz lebte, vgl. Ralph Freedman, Hermann Hesse, a. a. O., 460f. Zu Will Vesper vgl. Anatol Regnier, Jeder schreibt für sich allein, a. a. O., 56f. und 315-320. 1937 ließ Goebbels ein Rundschreiben an alle Buchhändler im Deutschen Reich verschicken, dass Hermann Hesse künftig keinen Angriffen mehr ausgesetzt sein sollte und seine Werke nicht behindert werden sollten.

Masse stellte, hatte ihn schon gegenüber der Massenbewegung der Braunhemden sensibel gemacht. Die Tatsache, dass Ninon Dolbin Jüdin war, trug das Übrige dazu bei, dass Hesse den Nationalsozialismus bekämpfte. Seine Stimme ähnlich zu erheben wie Thomas Mann aus dem US-amerikanischen Exil, war mit einer jüdischen Ehefrau und in Nazi-Deutschland lebenden Verwandten – darunter Hesses Schwestern –, die es zu schützen galt, in dieser Form nicht möglich; das verhinderten auch Gesetze, die die Schweiz, bedacht auf ihre Neutralität, erlassen hatte, die es schier unmöglich machten, sich zur Politik Nazi-Deutschlands öffentlich zu äußern. Klar wurde aber, dass Hesse alles andere als ein „neuromantischer Innerlichkeitsonkel“[1240] war, als der er lange in der deutschen Literaturkritik gehandelt wurde. Siegfried Unseld, der Hesse gut kannte, schrieb summierend: „Wenn Hesse ein Ziel hatte, so dieses: in seinen Werken und mit seinen Figuren neue Möglichkeiten des Menschseins zu entwerfen. Und wenn er eine Botschaft hatte, dann diese: `Hab Mut zu deinem Eigensinn...´“[1241]

Vielleicht liegt es daran, dass auch heute noch immer besonders junge Leute von Hesse fasziniert sind. In dieser Lebensphase lösen sie sich in der Regel von ihren Eltern ab und sind dabei, eine eigene Identität herauszubilden. Zwischen Identitätsfindung, Abhängigkeit und Unabhängigkeit müssen sie in diesen Jahren ihren eigenen Weg finden. Bei Hermann Hesse, der ihnen in seinen Werken Mut und Selbstvertrauen zu einem eigenverantwortlichen, nicht konformistischen Leben gibt, fühlen sie sich angenommen.[1242] Sie finden ihre Problematik wieder, es kommt

---

[1240] Volker Michels, Wege zu Hermann Hesse, a. a. O., 138.

[1241] Siegfried Unseld, Begegnungen mit Hermann Hesse, a. a. O., 224f.

[1242] Der Bestseller-Autor Benjamin Lebert (geb. 1982) meint, Hesse sei deshalb aktuell, weil es für ihn „zeitlebens darum zu gehen [schien], sich eine zweite Welt zu erschaffen, eine, die einem selbst gehört und mit deren Hilfe man jene, durch die man auf zwei ihnen vieles bekannt vor aus ihrem eigenen Leben – nicht nur, was die Schule angeht –; sie können sich mit Hesse identifizieren. Das ist vermutlich Hesse besonderer Gabe zu verdanken, individuell Erlebtes so zu formulieren, dass es als allgemeingültig nachempfunden werden kann, und dass Leser:innen sich in seinen Texten wiederfinden und sie direkt auf sich beziehen können.[1243] Angesichts der psychischen Auffälligkeiten unter heutigen Jugendlichen fühlen sich viele bei einem Autor geborgen, der selbst psychisch angeschlagen war und für den Therapie so wichtig war. Hesse wird ihnen zur Hilfe, wenn die Welt, die von außen an sie herantritt, zu übermächtig zu werden und sie zu vereinnahmen droht. Demgegenüber streicht Hesse in seinen Werken die subjektive Selbstbezogenheit hervor und bietet seinen Leser:innen auf diese Weise ein Gegengewicht zu dieser Welt, in der sich das Subjekt durch vorgegebene Werte und Normen und durch gesellschaftlichen Anpassungsdruck unterdrückt fühlt und seine Frage nach dem Sinn des Lebens unbeantwortet bleibt. In Hesse finden Jugendliche, die sich mit der Unabänderbarkeit der Welt noch nicht abgefunden haben, einen Gesinnungsgenossen und Bündnispartner. Das Prinzip der

---

ungelenken Beinen zu schreiten hat, besser ertragen kann. Unsere moderne Zeit nun ist geprägt von zweiten Welten. Da sind jene, die sich auf religiöse Sinnsuche begeben, Aschrams und buddhistische Klöster aufsuchen. Da sind die Menschen, die in Fantasygeschichten beheimatet sind und mit Sam und Frodo den Schicksalsberg in Mordor hinaufklettern. Und da ist die gigantische Zweitwelt des Internets, die alle Fantasien zu erfüllen scheint, die Welt der mobilen Daten, die Welt der Sozialen Netzwerke, der Likes und Dislikes" (Benjamin Lebert, Wilde Begierde, starke Gefühle, in: DIE ZEIT v. 9.8.2012, 45).

[1243] Hesse-Spezialist Volker Michels schreibt: „Fast alle Dichtungen Hermann Hesses sind Resultate von lebens- und zeitgeschichtlichen Krisen, Turbulenzen, in die jeder gerät, der es wagt, seine eigene unverwechselbare Veranlagung gegen den Konfirmitäts- und Anpassungsdruck von außen behaupten und keinem anderen Kompass zu vertrauen als dem des persönlichen Gewissens" (Volker Michels, Wege zu Hermann Hesse, a. a. O., 322). Hesse-Biograf Alois Prinz hat einen ähnlichen Erklärungsversuch: „Vielleicht gehört es zum Geheimnis von Hesses Büchern, dass jeder Leser sich persönlich von ihnen angesprochen wird, die eigenen Gedanken und Erfahrungen ernst zu nehmen" (Alois Prinz, „Und jedem Anfang wohnt ein Zauber inne", a. a. O., 384).

Selbständigkeit des Einzelnen und sein energischer Drang nach Unabhängigkeit, das Ausbrechen aus der Gemeinschaft, das als zentrales Thema sein ganzes Werk, aus dem eine jugendliche Frische und die Lust an Rebellion spricht, durchzieht, lassen ihn bis heute besonders für Jugendliche zum Vorbild werden.
Hermann Hesse polarisiert heute wie vor 145 Jahren. Für einige ist er ein Vorbild – als weltoffener Kosmopolit ein Mahner vor Militarismus, Nationalismus, Chauvinismus und Fanatismus; andere schätzen Hesse wegen seiner großen Themen: „der Lebensentwurf des Einzelnen, der Schutz der Natur, die Suche nach einem höheren Daseinszweck als dem Konsum..."[1244] Sein Werk, in dem durchgängig der Protest gegen „leere Autorität, gegen das Normierte und gegen Mittelmäßigkeit, gegen Konsum, Eigennutz und Profit, gegen Staat und Bürgerlichkeit, gegen Kirche und Schule"[1245] zu spüren ist und in dem immer wieder die Revolte des Sohnes gegen den Vater und gegen autoritäre Erziehungsmethoden, also der jüngeren Generation gegen die ältere, Thema ist, scheint zeitlos aktuell zu sein – gerade auch in einer Zeit bei einer Generation, die eine unendliche Wahl zwischen Tausenden, auch weltanschaulichen, von Möglichkeiten hat und in der viele trotzdem nicht wissen, wohin es eigentlich mit ihnen gehen soll.[1246] Leicht scheint man sich heute wie damals mit Hesses Romanfiguren identifizieren zu können. Nicht nur, weil Hesse für uns eine vertrauenswürdige

---

1244 DER SPIEGEL Nr. 32 v. 6.8.2012, 3.
1245 Siegfried Unseld, Begegnungen mit Hermann Hesse, a. a. O., 219.
1246 Zur Aktualität des `Steppenwolfs´ und seiner Wirkung auf junge Leser:innen vgl. Helga Esselborn-Krumbiegel, `Eigensinn´. Hesse, `Der Steppenwolf´, 1927, in: Klaus-Michael Bogdal/Clemens Kammler (Hg.), (K)ein Kanon. 30 Schulklassiker neu gelesen, München 2000, 108-112.

Person ist, der ähnliche Probleme hat wie wir selbst und ähnliche Krisen meistert, sondern vermutlich auch, weil er in uns allen steckt: der „Meister des Eigensinns“[1247].

[1247] Brief von Brief von Ninon Dolbin v. 10.4.1928, in: Volker Michels (Hg.), „Ich bin ein Mensch des Werdens und der Wandlungen“, a. a. O., 271.

Nachwort

Küssaberg, 25. Oktober 2012, 19.30 Uhr. In der Kadelburger Bergkirche hat sich ein kleiner Zirkel literaturinteressierter Personen aus dem Landkreis Waldshut zusammengefunden. Er ist der Einladung des Ökumenischen Bildungswerkes Kadelburg und der Evangelischen Arbeitsgemeinschaft für Bildung Klettgau zu einem öffentlichen Abend mit Silver Hesse, dem in Zürich lebenden Enkel Hermann Hesses, gefolgt. Unter den abendlichen Gästen befinden sich neben Hesse-Interessierten auch die Mitglieder des Hesse-Lektürekreises, der sich in den vergangenen Monaten im Kadelburger Dietrich-Bonhoeffer-Hauses mit dem Leben und dem Werk des Literaturnobelpreisträgers intensiv beschäftigte. In ihrem Kreis wurde der Besuch vorbereitet; folgende Fragen wurden erarbeitet, von denen die meisten dem Referenten im Laufe des Abends gestellt wurden:

1. Wie denkt man in der Familie über den berühmten Großvater? Wie wird das Leben Hesses innerfamiliär gewürdigt?
2. War es ein Vorteil oder eine Last, der Enkel eines Nobelpreisträgers zu sein, etwa in der Schule? Wie ist bzw. war die Hesse–Rezeption in der Schweiz gestern und heute?
3. Hesse und die Frauen – wie wird das in der Familie gesehen?
4. Was machen die Hesse-Enkel heute? Gibt es Familientreffen?
5. Gibt es Schriftsteller oder schriftstellerisch bzw. künstlerisch Veranlagte unter den Familienmitgliedern? Gibt es so etwas wie ein ideelles Erbe?
6. Gab es in Silver Hesses Jugend eine persönliche Hesse-Rezeption? Welches Buch war das erste, das er von seinem Großvater gelesen hat?
7. Wie war das Verhältnis der Hesse-Söhne zu ihrem Vater?
8. War Hesse der erste \`Grüne´ oder doch eher ein Freidenker (Liberaler)?

9. Gibt es noch ungehobene Schätze im Werk Hesses?
10. Gretchenfrage: Wie hält es die Familie Hesse mit der Religion?
Silver Hesse ist pünktlich: Der langjährige Architekt, seit 2003 Verwalter der Rechte seines Großvaters und Sprecher der Hesse-Familie, ist Schweizer Staatsbürger und wohnt ganz in der Nähe von Küssaberg, nämlich in Zürich. Nachdem er sich kurz vorgestellt hat, beginnt die Veranstaltung auf seinen Wunsch hin mit einem Film über seinen Vater Heiner Hesse.[1248] Dazu wurde im Altarraum der Bergkirche eine große Leinwand aufgebaut.
Nach dem Film, in dem es u. a. um das Verhältnis Hermann Hesses zu seiner Familie geht, beginnt das Interview. Silver Hesse ist freundlich und den Zuhörer:innen zugewandt, spricht mit einem unaufdringlichen schweizerdeutschen Akzent. Offen und frei steht er Rede und Antwort zum Leben seines Großvaters und gibt auch bereitwillig Auskunft zu den Licht- und Schattenseiten in seiner Familie. Einige der Anwesenden kennen sich ausgezeichnet in Hesses Werk aus und sind daher im anschließenden Gespräch mit dem Referenten in der Lage, sich nicht nur biografisch, sondern auch inhaltlich Hermann Hesse zu nähern – was den Abend für alle Anwesenden ausgesprochen interessant und kurzweilig macht.
Silver Hesse erzählt, dass sein Großvater innerhalb der Familie sehr geschätzt werden würde. Hesse-`Reliquien´ gäbe es in der Familie allerdings keine; man habe natürlich noch einige Dinge, etwa Aquarelle oder Bücher, die aus Hesses Haus stammten, in Verwahrung. Aber Silver Hesse selbst sei kein Hesse-Sammler -

[1248] Der Film stammt von Elisabeth Brunner und trägt den Titel `Die Hölle ist überwindbar´. Heiner Hesse erzählt auf Schwyzerdütsch von seinem Leben in seiner Herkunftsfamilie, von seinem beruflichen Werdegang und letztlich von seiner Arbeit als Nachlassverwalter der Werke seines Vaters. Hermann Hesse selbst kommt durch Ausschnitte aus `Siddhartha´ und `Steppenwolf´ sowie mit Briefen und Gedichten zu Wort.

also jemand, der sich für Hesse-Bilder oder -Erstausgaben interessieren würde. Für ihn sei Hermann Hesse ein ganz normaler Großvater gewesen; der Umgang mit dessen Sachen sei für ihn und die Angehörigen seiner Familie daher immer etwas Selbstverständliches gewesen. Er gibt zur Erläuterung des Gesagten ein Beispiel: Als junger Mann habe er den beigen Overall seines Großvaters, den dieser in Indonesien auf seiner `Indienreise´ 1911 angehabt hätte, ein paar Jahre mit der größten Selbstverständlichkeit getragen. Damals sei den Kindern die Besonderheit, dass der Großvater so berühmt gewesen sei, völlig unwichtig gewesen; eine Art Hochachtung für ihren Großvater sei ihnen durch die elterliche Erziehung auch nicht beigebracht worden. Grundsätzlich, so Silver Hesse, sei er sehr frei erzogen worden, worüber er heute froh sei.
Er selbst könne sich sehr gut an seinen Großvater erinnern: Er sei zwanzig Jahre alt gewesen, als er starb. Die Nachricht seines Todes habe ihn telefonisch ereilt, just, als er seinen Rekrutendienst beim Schweizer Militär in Bülach ableistete. Daraufhin habe er Urlaub eingereicht und sei sofort nach Montagnola gereist. Dort habe er den Sarg seines Großvaters mit aus dem Haus getragen. Zusammen mit seinem Vater, seinem Onkel und seinem Cousin habe er auch wenige Tage später zu den Sargträgern gehört, die den Sarg mit den sterblichen Überresten Hermann Hesses nach der Trauerfeier auf dem Friedhof in Montagnola beigesetzt hätten.
Als Grundschüler der vierten Klasse habe er bei einem Besuch in Hesses Bibliothek die vielen Bücher gezählt, aber bald, statt weiter zu zählen, lieber hochgerechnet; er sei dabei auf 11000 [!] Bücher gekommen. Darüber hinaus erwähnt er eine besondere Begebenheit: Als siebzehnjähriger Angehöriger einer Lehrerseminarklasse habe er die Erlaubnis erhalten, seinen Großvater besuchen zu dürfen. Die Klasse habe damals einen Ausflug

an den Luganer See unternommen. Das Schwerpunktthema dieses Klassenausflugs sei die Romantik gewesen. Sein Deutschprofessor habe Silver Hesse für diesen Besuch in Montagnola freigegeben. Es sei das einzige Mal in seinem Leben gewesen, dass er mit seinem Großvater, in der Familie \`Nonno´ [1249] genannt, einen Tag lang alleine zusammen verbracht habe. Diesen Besuch habe er deshalb als einzigartiges Erlebnis empfunden. Stundenlang seien der damals schon über achtzigjährige Hesse und er durch Wälder und Wiesen gestreift und sein Großvater habe ihm seine Malplätze gezeigt. Sie hätten sich über die Romantik unterhalten und er hätte Fragen zur Zukunft seines Enkels gestellt. Er habe damals Hermann Hesse als verständnisvollen Gesprächspartner erlebt und sich, so sein Eindruck, erstmals mit einem Erwachsenen unterhalten, der ihn ernst genommen habe. Noch heute sei dieser Besuch deshalb für ihn unvergesslich. Die wenigen Familienbesuche, die es in seiner Kindheit gegeben habe, so Silver Hesse, seien indes stets problematisch gewesen. Denn Ninon Hesse habe kleine Kinder nicht geschätzt und die Eltern lieber allein bei sich gewollt, was dazu führte, dass die Enkel ihren Großvater relativ wenig besucht hätten. Zurück in der Schule, so Silver Hesse seine Lehrerseminar-Geschichte abschließend, sei allen Schülern aufgetragen worden, aus dem Romantik-Thema etwas zu wählen und einige Wochen später darüber zu referieren. Als der Deutschlehrer Silver Hesse aufforderte, die Begebenheit mit seinem Großvater vor der Klasse vorzutragen, habe sich dieser nach Rücksprache mit seinem Vater geweigert, weil er sein privates Erlebnis lieber für sich behalten wollte, als es öffentlich zu machen. Ab jenem Tag, so Silver Hesse, habe er dann nur noch

---

1249 \`Nonno´ ist die italienische Bezeichnung für Großvater, deren Verwendung auch im südlichen Teil der Schweiz nicht unüblich ist.

schlechte Deutschnoten bekommen. Das sei das einzige Mal gewesen, meint er, dass er seine Herkunft auf negative Weise zu spüren bekommen hätte – in der Regel habe er sie auch nicht auf positive Weise erfahren und daraus weder Vor- noch Nachteile gehabt.
Seit dem Tod ihrer Eltern würden die Cousinen und Cousins einen engeren Kontakt zueinander pflegen als früher. Man träfe sich nun periodisch, ein bis zweimal jährlich bei Hesse-Anlässen – u. a. im Hesse-Haus der Familie Eberwein in Gaienhofen – und nutze die Treffen, um sich besser kennenzulernen. In vielen Briefen Hermann Hesses würde die `Familientragödie´ aufgezeigt: wie die Kinder weggegeben werden mussten, weil Hermann Hesse sich nicht in der Lage sah, seine Pflichten als Vater dreier Kinder wahrzunehmen, wenn seine Frau in der psychiatrischen Anstalt war. Silver Hesse meint, dass die Meinungen in der Familie in dieser Hinsicht nicht geteilt seien. Dennoch, das unterstreicht er, genieße der Großvater eine große Wertschätzung innerhalb der Familie. Das könnte vielleicht daran liegen, so Silver Hesse, dass Hermann Hesse eine entspannte Beziehung zu seiner ersten Frau Mia gepflegt habe und diese auch noch nach der Scheidung viele Jahre lang besucht habe. Aus dem brieflichen Austausch der beiden gehe hervor, dass sie sich lange nach der Scheidung wieder verstanden hätten. Silver Hesse vermutet, dass diese Wertschätzung des Vaters von Hesses drei Söhnen in ihren Familien weitergegeben worden sei. Denn die Söhne hätten den Vater später, trotz der komplizierten Familiensituation, in ihr Herz geschlossen. Hermann Hesses enorme Sensibilität, die dann zu seiner eigenen Überforderung geführt habe und zu seinem Bedürfnis, zwar Nähe, aber zugleich wieder Distanz zu haben, insbesondere zu den Frauen, habe man zu akzeptieren.

Gefragt nach den Briefen Hermann Hesses – 35000 sind es an der Zahl –, äußert sich Silver Hesse dahingehend, dass eine geplante Edition in Arbeit sei, die ihn in den nächsten Jahren beschäftigen würde. Er verweist darauf, dass Hermann Hesse schon zu seinen Lebzeiten einer Veröffentlichung zugestimmt habe. Seit seinem Tod seien 1700 Briefe veröffentlicht worden. Tauchten Briefe auf – und das geschehe regelmäßig –, bäten die Herausgeber darum, ihnen eine Kopie zukommen zu lassen, damit der Wissensstand über Hermann Hesse verbessert werden könne. Die Eigentümer dieser Hesse-Briefe dürften dann natürlich damit machen, was sie wollten – wobei man wissen müsse, dass jeder Brief Hermann Hesses auf dem freien Markt, etwa in Auktionshäusern, deutlich über 1000 Schweizer Franken koste. Auf die Frage, wie Hermann Hesse politisch gedacht habe, antwortet Silver Hesse, dass sein Großvater sich selbst als unpolitisch bezeichnet habe. In Wirklichkeit, so der Enkel, sei das aber nicht der Fall gewesen: Hermann Hesse sei hellwach und immer auf der Höhe der Zeit gewesen. Bereits in den zwanziger Jahren habe er vor einem drohenden Weltkrieg gewarnt. In dieser Beziehung sei er also höchst politisch gewesen! Aber er hätte sich nicht *parteipolitisch* gebunden gefühlt. In dem Sinne sei er ein \`Freidenker´ gewesen. Bezogen auf die jeweilige Zeit – man denke an den Ersten Weltkrieg und die vielen Opfer sowie an die schwierigen zwanziger und dreißiger Jahre – sei es, obschon kein Sozialist, für ihn klar gewesen, dass der Sozialismus notwendiger Weise kommen müsste, weil aus seiner Sicht die politische Situation auf dem Hintergrund der zunehmenden Verarmung der Fabrikarbeiterschaft gar nichts anderes hervorbringen konnte. Es entsprach nicht Hermann Hesses Überzeugung, sondern er mutmaßte, dass es aus einer historischen Notwendigkeit heraus geschehen müsse.

Mit Thomas Mann, so Silver Hesse, verband Hesse eine tiefe Freundschaft, auch wenn die Freundschaft nie über das \`Sie´ hinausgegangen sei – wobei das \`Sie´ damals eine andere Bedeutung gehabt habe als heute. Hesse und Mann hätten sich in politisch schwierigen Zeiten immer gegenseitig zu verstehen gegeben, dass der andere ein Bruder im Geiste war – nicht in der politischen Haltung oder im Habitus, wie sich beide in der Gesellschaft bewegten. Hesse und Mann waren darin völlig unterschiedlich. Sein Großvater, so Silver Hesse, sei etwa dazu imstande gewesen, eine ausgemachte Lesung kurzfristig abzusagen – was für Thomas Mann undenkbar gewesen wäre. Auch ihre persönlichen Hintergründe seien völlig unterschiedlich gewesen. Und trotzdem habe es zwischen Hesse und Mann große Gemeinsamkeiten gegeben. Es sei schließlich Thomas Mann gewesen, der es in mehreren Anläufen zuwege gebracht habe, dass 1946 der Literaturnobelpreis an Hermann Hesse gegangen sei. Nachdem Mann den begehrten Preis 1929 selber bekommen hatte, habe er ab 1931 das Nobelpreiskomitee immer wieder auf Hermann Hesse als Aspiranten aufmerksam gemacht. Im Unterschied zu Thomas Mann sei für Hermann Hesse eine Emigration in die USA nie in Frage gekommen. Auch Mann, der sich von 1933 bis 1938 in der Schweiz aufhielt – wo er sich recht häufig mit Hermann Hesse getroffen und ihre gegenseitige Situation im neuen politischen Deutschland besprochen habe –, wäre nie in die USA gegangen, wenn ihm eine andere Möglichkeit offen gestanden hätte. Das, so Silver Hesse, gehe aus Thomas Manns Tagebüchern ganz klar hervor. Thomas Mann habe *weggemusst.* Für Hermann Hesse indes habe sich nie die Frage gestellt, die Schweiz zu verlassen. 1924 sei er Schweizer geworden. Für die meisten Deutschen, so Silver Hesse, sei Hermann Hesse aber ein Deutscher und ein deutscher Autor geblie-

ben – was dazu beitrüge, dass viele Deutsche ihn im Jubiläumsjahr in Anspruch nähmen. In der Schweiz sei es genau dasselbe: Hermann Hesse sei, so die Ansicht vieler Schweizer, ein deutscher Autor; also müsse man sich für ihn *nicht* interessieren. Silver Hesse hält das für eine merkwürdige und falsche Konklusion. Doch seien es vor allem die Deutschen, so Silver Hesse, die heutzutage mit Hermann Hesse etwas anfangen könnten.
Hesses Enkel verrät den Anwesenden, dass \`Narziß und Goldmund´ sein erstes Hesse-Buch gewesen sei, das er gelesen habe. In der beginnenden Adoleszenz habe es ihn komplett gefesselt. Darauf folgten \`Siddhartha´ und später \`Der Steppenwolf´; Silver Hesse bekennt, dass er sich mit dem \`Glasperlenspiel´ bis heute schwer tue und er lieber das Hörbuch höre, anstelle das Buch zu lesen. Das ganze \`Glasperlenspiel´ zu durchkämmen, fiele ihm auch heute noch schwer.
Die letzte Frage des Abends, bevor die Fragerunde im Plenum eröffnet wurde, war die Frage nach der Religion in der Familie Hesse: Hermann Hesses Söhne, so Silver Hesse, wurden frei erzogen. Sie wurden nicht getauft, weil die Überzeugung der Eltern gewesen sei, dass die Kinder im erwachsenen Alter selbst bestimmen sollten, zu welcher Religion sie sich bekennen oder zu welcher Kirche sie sich zugehörig fühlen wollten. Silver Hesses Eltern hätten das mit ihren Kindern genauso gehalten: Diese Freiheit führe natürlich, so Silver Hesse, mit zunehmendem Erwachsensein dazu, dass man immer kritischer werde; zwar sehe man, wie die Konfirmation usw. vor sich gehe, aber diese Haltung habe bei ihm dazu geführt, dass er nie in eine Kirche eingetreten sei. Was Hermann Hesses eigene Situation angehe, so sei er zwar religiös, aber nie auf eine einzige Religion fixiert gewesen. Aus seinen Werken gehe hervor, dass es nie eine christliche Religiosität war, die er vertrat, sondern, so Silver Hesse, irgendein \`Zwischending´, wobei sich Hermann Hesse etwa

auch den Buddhismus oder den Konfuzianismus vorstellen konnte. In verschiedenen Werken deute er darauf hin, dass die meisten Religionen – mit Ausnahme des Nirwana im Buddhismus – gleiche Zielsetzungen hätten. Es habe, so Silver Hesse, seinen Großvater sicherlich bestärkt, dass er etwas spürte *über allem*, aber Hesses Gott sei vermutlich nicht `der Gott´ gewesen – was in den anderen Hesse-Familien ganz ähnlich sei.
Im Anschluss an das Interview kam es zwischen den Anwesenden und Silver Hesse zu einem angeregten Gedankenaustausch, in dem es um `Narziß und Goldmund´ und `Das Glasperlenspiel´, um den Literaturnobelpreis, um Hesses Verhältnis zum Frieden, um das Verhältnis der Stadt Calw zu ihrem berühmten Sohn und um Bezüge zur Familie Bernoulli ging. Die Anwesenden honorierten den zweistündigen Abend zu Hermann Hesse mit einem herzlichen Applaus.

Zeittafel allgemein

Die folgende Zeittafel beschränkt sich auf *wichtige* historische Ereignisse, die während der Lebensspanne Hermann Hesses stattfanden.

1871
Nach dem Sieg über Frankreich wird am 18. Januar in Versailles das Deutsche Reich gegründet, mit Wilhelm I. (1797-1888), König von Preußen, als erstem Deutschen Kaiser an der Spitze.

1888
Am 9. März stirbt Wilhelm I.; Kronprinz Friedrich folgt seinem Vater auf dem Thron nach. Nach dessen Tod im Juni wird Wilhelm II. (1859-1941) neuer Kaiser (`Dreikaiserjahr´).

1890
Bismarck tritt zurück: `Der Lotse geht von Bord´.

1914-1918
Erster Weltkrieg.

1919
Niederschlagung der Revolution in Deutschland; Wahlen zur Nationalversammlung; Unterzeichnung der Weimarer Verfassung; Ausrufung der Republik.

1920
am 10. Januar Ratifizierung des Versailler Vertrages.

1925
am 26. April: Paul von Hindenburg wird Reichspräsident.

1932
am 26. April: Wiederwahl Hindenburgs zum Reichspräsidenten.

1933
30. Januar: Hindenburg beruft Adolf Hitler zum Reichskanzler; Beginn staatlichen Terrors gegen Juden und Oppositionelle; am 10. Mai: öffentliche Verbrennung `undeutscher Bücher´.

1938
im März: Besetzung Österreichs durch die Nazis (13.3.); `Münchner Konferenz´ (29.9.), Beginn des öffentlichen Terrors gegen jüdisches Leben und jüdische Kultur im Herrschaftsbereich der Nazis, Reichspogromnacht (9./10. 11.).

1939
Überfall der deutschen Wehrmacht auf Polen (1.9.): Ausbruch des Zweiten Weltkriegs.

1945
Ende des Zweiten Weltkriegs (8. Mai) im Westen durch Kapitulation der Wehrmacht; Befreiung Deutschlands von der Nazi-Herrschaft; Beendigung des Krieges im Osten durch den Abwurf zweier Atombomben auf Japan.

1948
Währungsreform in den Westzonen (20.6.); Berlinblockade (24.6. 1948-12.5. 1949).

1949
Gründung der Bundesrepublik Deutschland (BRD, 23. Mai), Verabschiedung des Grundgesetzes durch den Parlamentarischen Rat; Wahl von Theodor Heuss zum ersten Bundespräsidenten (12.9.); Gründung der Deutschen Demokratischen Republik (DDR, 7.10); Gründung der NATO (North Atlantic Treaty Organization, 4.4.).

1955
14. Mai: Gründung des Warschauer Paktes.

1956
Gesetz zum Aufbau der NVA in der DDR (18.1.) und Einführung der Allgemeinen Wehrpflicht in der BRD (7.7.).

1961
Mauerbau (13.8.) in der DDR.

1962
Kubakrise: Der Kalte Krieg erreicht seinen Höhepunkt; Einführung der Allgemeinen Wehrpflicht in der DDR (24.1.)

Zeittafel zu Leben und Werk Hermann Hesses[1250]

1877
2. Juli: Karl Hermann Hesse wird als zweites Kind des baltisch-pietistischen Missionars und späteren Leiters des \`Calwer Verlagsvereins´ Johannes Hesse (1847-1916) und dessen Frau Marie Hesse, verwitwete Isenberg, geb. Gundert, (1842-1902) in Calw/Württemberg geboren.

1881
Umzug der Familie Hesse nach Basel, wo Johannes Hesse in der \`Basler Mission´ eine Dozentur erhält; Hermann Hesse ist zeitweise im Internat der Mission.

1883
Johannes Hesse, im Besitz der russischen Staatsangehörigkeit, erwirbt die Schweizer Staatsangehörigkeit.

1886
im Juli Rückkehr der Familie Hesse nach Calw; Hermann Hesse besucht dort das Calwer \`Reallyzeum´ (= Gymnasium).

1890
Lateinschule in Göppingen (bis 1891): Vorbereitung auf das \`Württembergische Landexamen´. Damit verbunden ist der Verzicht auf das Schweizer Bürgerrecht; deshalb verschafft ihm sein Vater als einzigem Familienmitglied im November 1890 die württembergische Staatsangehörigkeit.

1891
im Juli: \`Württembergisches Landexamen´; am 15. September: Aufnahme als Stipendiat (\`Seminarist´) ins evangelische Klosterseminar Maulbronn.

[1250] Diese Zeittafel erhebt keinen Anspruch auf Vollständigkeit. Chroniken zu Hermann Hesses Leben und Werk sind häufig veröffentlicht worden, vgl. exemplarisch Ulrike Weingarten, Chronik zu Hermann Hesses Leben und Werk, in: Heinz Ludwig Arnold (Hg.), text+kritik. Zeitschrift für Literatur, Bd. 10/11: Hermann Hesse, a. a. O., 116-121; Martin Pfeifer, Hesse-Kommentar, a. a. O., 41-70; Volker Wehdeking, Hermann Hesse, a. a. O., 36f., und online, beispielsweise bei LeMO (Lebendiges Museum Online): https://www.dhm.de/lemo/biografie/hermann-hesse oder https://www.hesse-museum-gaienhofen.de/Sammlung/Hermann-Hesse oder https://www.hermann-hesse.de/leben-und-werk/biografie/lebenslauf/ (alle drei Links aufgerufen am 20.10.2021).

1892
7. März: Nach sieben Monaten flieht Hermann Hesse aus dem Seminar in Maulbronn; April/Mai: Unterbringung in der Psychiatrie in Bad Boll bei Christoph Blumhardt (1842-1919); im Juni: Suizidversuch; anschließend bis August Therapie in der Nervenheilanstalt Stetten im Remstal; im November Aufnahme ins Gymnasium von Cannstatt (bis zur Obersekunda). Literarisch entdeckt Hesse für sich die Werke von Heine, Eichendorff, Gogol und Turgenjew.

1893
Bestehen des Einjährig-Freiwilligen-Examens (`Obersekundarreife´ = Mittlere Reife) am Cannstatter Gymnasium; Lektüre der Werke Heinrich Heines; Beginn einer Buchhändlerlehre in Esslingen, die er nach drei Tagen abbricht; Rückkehr zu seinen Eltern nach Calw.

1894
5. Juni: Beginn eines fünfzehnmonatigen Praktikums in der Calwer Turmuhrenfabrik Perrot; Pläne, nach Brasilien auszuwandern.

1895
17. Oktober: Beginn einer dreijährigen Buchhändlerlehre bei der Buch- und Antiquariatsbuchhandlung J. J. Heckenhauer (Inh. C. Sonnewald) in Tübingen; privates Studium der Weltliteratur; Bekanntschaft mit Ludwig Finckh (1876-1964); erste eigene literarische Arbeiten entstehen.

1896
Erste Gedichtveröffentlichung `Madonna´ in der Zeitschrift `Das deutsche Dichterheim´ in Wien; Veröffentlichung weiterer Gedichte in Zeitschriften.

1897
Beginn der Korrespondenz mit Helene Voigt (1875-1961), der späteren Ehefrau des Verlegers Eugen Diederichs (1867-1930); Gründung von `Le petit cénacle´, eines Tübinger Freundeskreises.

1898
1. Oktober: Ende der Buchhändlerlehre; Sortimentsgehilfe bei Heckenhauer in Tübingen; 18. Oktober: Hesses erste Buchpublikation, `Romantische Lieder´, erscheint im Pierson Verlag in Dresden.

1899
Beginn des unveröffentlichten Romans `Schweinigel´ (Manuskript wurde nie aufgefunden); 14. Juni: Veröffentlichung von Prosastücken unter dem Titel `Eine Stunde hinter Mitternacht´ im Diederichs Verlag in Jena; 15. September: Umzug nach Basel; Beginn als Sortimentsgehilfe in der dortigen Reich'schen Buchhandlung; Hesse bereist die Schweiz.

1900
Artikelveröffentlichungen und Rezensionen in der `Allgemeinen Schweizer Zeitung´; im November Veröffentlichung unter Pseudonym: `Hinterlassene Schriften und Gedichte von Hermann Lauscher´, hg. v. Hermann Hesse, erscheint bei Reich in Basel.

1901
März bis Mai: erste Italienreise; von August bis Frühjahr 1903 Buchhändler im Basler Antiquariat Wattenwyl; Samuel Fischer, Verleger in Berlin, wird auf Hermann Hesse aufmerksam.

1902
`Gedichte´ erscheinen bei Grote, Berlin; Hesse widmet das Bändchen seiner Mutter, die sein Erscheinen aber nicht mehr erlebt; 24. April: Tod der Mutter.

1903
Aufgabe der Buchhändler- und Antiquariatsstellung; zweite Italienreise, zusammen mit der Basler Fotografin Maria (Mia) Bernoulli (1868-1963); im Mai: Verlobung mit ihr; zuvor Abschluss des Manuskripts `Peter Camenzind´, das Hesse auf Einladung des S. Fischer Verlags nach Berlin schickt; Vertrag mit dem Verleger Samuel Fischer (1859-1934); Lektüre der Werke Burkhardts und Nietzsches; ab Oktober (bis Juni 1904) Arbeit an `Unterm Rad´ in Calw.

1904
Literarischer Durchbruch mit dem zivilisationskritischen Entwicklungsroman `Peter Camenzind´, der im S. Fischer Verlag in Berlin erscheint. Erste Auszeichnung: Wiener `Bauernfeld-Preis´. Heirat mit Maria, gen. Mia, Bernoulli; im Juli: Umzug des Paares nach Gaienhofen an den Bodensee in ein leerstehendes Bauernhaus (bis 1912). Aus der Ehe gehen drei Söhne hervor: Bruno (geb. 1905), Heiner (geb. 1909) und Martin (geb. 1911); Beginn von Hesses Leben als freier

Schriftsteller; freier Mitarbeiter bei zahlreichen Zeitungen und Zeitschriften (u. a. `Die Propyläen´, `Die Rheinlande´, `Simplicissimus´, `Der Schwabenspiegel´); Bekanntschaft mit Thomas Mann, dem Komponisten und Dirigenten Othmar Schoeck (1886-1957) und dem Maler und Radierer Albert Welti (1862-1912). `Boccaccio´ und `Franz von Assisi´ erscheinen bei Schuster & Loeffler in Berlin und Leipzig.

1905
Stefan Zweig besucht Hesse in Gaienhofen; Geburt von Bruno Hesse (1905-1999).

1906
30. April: mit Freunden in Tübingen; Hesses 1903 bis 1904 entstandener Roman `Unterm Rad´, eine kritische Verarbeitung seiner Schulerfahrungen und Jugendkrisen, erscheint im S. Fischer Verlag in Berlin.

1907
im Juni: Gründung der linksliberalen, gegen das Regiment Kaiser Wilhelms II. (1859-1941) gerichteten Zeitschrift `März´, die im Verlag Albert Langen in München erscheint. Bis 1912 gibt Hesse zusammen mit Albert Langen (1869-1909), Ludwig Thoma (1867-1921) u. a. die Zeitschrift heraus (er betreut den belletristischen Teil); Bau und Bezug des eigenen Hauses in Gaienhofen; Aufenthalte auf dem Monte Verità; `Diesseits´ (Sammelband mit Erzählungen) erscheint bei S. Fischer in Berlin.

1908
`Nachbarn´ (Erzählungen) erscheint bei S. Fischer in Berlin.

1909
Geburt des Sohnes Heiner Hesse (1909-2003); Besuch bei Wilhelm Raabe (1831-1910) in Braunschweig; Kur in Badenweiler.

1910
`Gertrud´ erscheint im Albert Langen Verlag in München; Hesse beginnt, mit Ninon Auslaender (1895-1966) aus Czernowitz zu korrespondieren.

1911
`Unterwegs´ (Gedichte) erscheint bei Georg Müller in München; April/Mai: Italienreise mit dem Komponisten Othmar Schoeck und dem

Komponisten und Dirigenten des Berner Symphonieorchesters Fritz Brun (1878-1959); äußerer Anlass ist die Erstaufführung der Matthäuspassion in Mailand durch Hesses Freund Volkmar Andreae (1879-1962), Direktor des Zürcher Konservatoriums; Hesse lernt die ungarische Sängerin und Gesangspädagogin Ilona Durigo (1881-1943), die wichtigste Liedinterpretin Othmar Schoecks, kennen; im Juli: Geburt des Sohnes Martin Hesse (1911-1968); Ausflug mit dem Zeppelin \`Schwaben´ über den Bodensee; September bis Dezember: Einen Monat nach der Geburt seines dritten Sohnes Beginn der Reise Hesses mit dem befreundeten Maler Hans Sturzenegger (1875-1943) nach Sri Lanka, Singapur und Sumatra. Ziel: die Wirkungsstätten seines in der Mission tätigen Vaters und Großvaters kennenzulernen. Seine Hoffnung auf spirituell-religiöse Inspiration erfüllt diese \`Indienreise´, die realiter eine Indonesienreise ist, nach eigener Aussage nicht; dennoch hinterlässt sie in seinem weiteren literarischen Werk einige Spuren.

1912
\`Umwege´ (Erzählungen) erscheint bei S. Fischer, Berlin; Hesse verlässt Deutschland und zieht mit seiner Familie nach Bern (bis 1919), und zwar in das Haus des verstorbenen Freundes Albert Welti.

1913
\`Aus Indien. Aufzeichnungen einer indischen Reise´ erscheint bei S. Fischer, Berlin; im März: erster Flug mit dem schweizerischen Flugpionier Oskar Bider (1891-1919) in Bern; im April: Italienreise mit Othmar Schoeck (1886-1957) und Fritz Widmann (1869-1937).

1914
März: \`Roßhalde´ erscheint bei S. Fischer in Berlin. Hesse meldet sich freiwillig zum Militärdienst für das Deutsche Reich, wird jedoch aufgrund seiner Kurzsichtigkeit als \`felddienstuntauglich´ zurückgestellt. Politische Aufsätze, Mahnrufe, offene Briefe usw. Hesses erscheinen in deutschen, schweizerischen und österreichischen Printmedien; Hesse spricht sich am 3. November öffentlich gegen patriotische Kriegsdichtung aus (\`O Freunde, nicht diese Töne´, in der NZZ) und wird deshalb von der rechtsgerichteten reichsdeutschen Presse zum \`Vaterlandsverräter´ erklärt; bei Hesse reift der Entschluss heran, sich um die schweizerische Staatsbürgerschaft zu bemühen; Freundschaft mit Romain Rolland (1866-1944) und Louis Moilliet (1880-1962).

1915
Hesse wird der Deutschen Gesandtschaft in Bern zugeteilt; bis 1919 arbeitet er in der `Deutschen Gefangenenfürsorge´: Seine Aufgabe ist es, Kriegsgefangene und Internierte in Frankreich, England, Rußland und Italien mit Lektüre zu versorgen. `Knulp. Drei Geschichten aus dem Leben Knulps´ erscheint bei S. Fischer in Berlin; `Am Weg. Erzählungen´ erscheint bei Reuß & Itta in Konstanz; `Musik des Einsamen. Neue Gedichte´ erscheint bei Eugen Salzer in Heilbronn.

1916
`Schön ist die Jugend. Erzählungen´ erscheint bei S. Fischer in Berlin. Der Tod des Vaters, eine schwere Erkrankung seines Sohnes Martin, der Nervenzusammenbruch seiner Ehefrau und nicht zuletzt die Enttäuschung über das politische Versagen vieler Künstler:innen und Intellektueller angesichts des Krieges stürzen Hesse in eine tiefe Krise und gelten als Ursache für seinen Nervenzusammenbruch. Er unterzieht sich daraufhin einer Therapie bei dem Psychoanalytiker Josef Bernhard Lang (1881-1945), einem Schüler Carl Gustav Jungs (1875-1961), in Luzern; Aufenthalt im Kurhaus `Sonnmatt´ in Luzern. Die Erfahrungen, die er dort macht, fließen in Hesses Bücher `Demian´ (1919) und `Steppenwolf´ (1927) ein. Unter psychiatrischer Betreuung entstehen erste malerische Arbeiten; Gründung der `Deutschen Interniertenzeitung´ und des `Sonntagsboten für die deutschen Kriegsgefangenen´.

1917
Mia Hesses wird in eine Heilanstalt eingeliefert; Hesse baut einen eigenen Verlag für Kriegsgefangene auf (`Verlag der Bücherzentrale für deutsche Kriegsgefangene´), in dem er bis 1919 zweiundzwanzig Bände herausgibt; ihm wird nahegelegt, seine zeitkritische Publizistik zu unterlassen. Erste Zeitungs- und Zeitschriftenveröffentlichungen unter seinem Pseudonym Emil Sinclair; im September erste persönliche Begegnung mit C. G. Jung; von September bis Oktober Arbeit am `Demian´.

1918
Anfang Oktober: Teilnahme an der Hochzeit seines jüngeren Bruders Hans Hesse.

1919
Die politische Flugschrift `Zarathustras Wiederkehr. Ein Wort an die deutsche Jugend von einem Deutschen´ erscheint anonym im Verlag

Stämpfli in Bern; im April: Auflösung von Hesses Haushalt in Bern; Trennung von seiner Ehefrau, die sich noch in einer Heilanstalt befindet; Versorgung der Kinder durch Freunde; im Mai: Umzug nach Montagnola/Tessin in die `Casa Camuzzi´ (bis 1931); Hesses Roman `Demian. Geschichte einer Jugend´ erscheint im S. Fischer Verlag, Berlin (unter Hesses Pseudonym Emil Sinclair), wofür `Sinclair´ den Fontane-Preis erhält; erste Bilder; `Kleiner Garten. Erlebnisse und Dichtungen´ erscheint bei E. P. Tal & Co in Wien und Leipzig; Hesses Sammlung `Märchen´ erscheint bei S. Fischer, Berlin; Gründer und Mitherausgeber der Zeitschrift `Vivos voco. Für neues Deutschtum´, Leipzig und Bern (bis 1922).

1920
`Gedichte des Malers. Zehn Gedichte mit farbigen Zeichnungen´ und `Blick ins Chaos´ kommen im Verlag Seldwyla in Bern heraus; `Klingsors letzter Sommer. Erzählungen´ und `Wanderung. Aufzeichnungen mit farbigen Bildern vom Verfasser´ erscheinen bei S. Fischer, Berlin; `Zarathustras Wiederkehr´ erscheint in einer Neuauflage im S. Fischer Verlag, Berlin, diesmal mit namentlicher Nennung des Autors; Rückgabe des an `Emil Sinclair´ verliehenen Fontane-Preises; Beginn der Freundschaft mit Emmy Ball-Hennings (1885-1948) und Hugo Ball (1886-1927); Tessiner Skizzen in `Wanderung´.

1921
`Ausgewählte Gedichte´ erscheinen bei S. Fischer, Berlin; Schaffenskrise zwischen dem ersten und dem zweiten Teil des `Siddhartha´; Psychoanalyse bei C. G. Jung in Küsnacht bei Zürich; mit Ruth Wenger (1897-1994), Tochter der Schriftstellerin Lisa Wenger (1858-1941) und des Stahlwarenfabrikanten Théo Wenger (1868-1928), nach Stuttgart; `Elf Aquarelle aus dem Tessin´ erscheinen bei O. C. Recht in München.

1922
`Siddhartha´ und `Piktors Verwandlungen. Ein Liebesmärchen´ erscheinen bei S. Fischer, Berlin; Ausstellung eigener Aquarelle in Winterthur; erstes Zusammentreffen mit Ninon Dolbin, geb. Auslaender.

1923
`Sinclairs Tagebuch´ erscheint bei Rascher in Zürich; Beginn der Kuraufenthalte in Baden/Aargau (bis 1952); im Juni Scheidung von Mia Hesse.

1924
Hesse wird (wieder) Schweizer Staatsbürger; Arbeiten an Projekten als Herausgeber in Basel; Eheschließung mit Ruth Wenger; Ende März Rückkehr nach Montagnola; \`Psychologia Balnearia´ (Badensis, im Oktober 1923 geschrieben) oder \`Glossen eines Badener Kurgastes´ kommt als Privatdruck heraus.

1925
\`Kurgast´ erscheint im S. Fischer Verlag in Berlin; im September letzte Lesereise nach Süddeutschland (Ulm, Augsburg, Nürnberg und München); Beginn häufiger Aufenthalte in Zürich, besonders im Winter.

1926
\`Bilderbuch (Schilderungen)´ erscheint im S. Fischer Verlag, Berlin; Aufnahme Hesses als auswärtiges Mitglied in die Sektion für Dichtkunst der Preußischen Akademie der Künste; Besuch von Zürcher Maskenbällen.

1927
\`Die Nürnberger Reise´ und \`Der Steppenwolf´ erscheinen im S. Fischer Verlag, Berlin; anlässlich Hesses 50. Geburtstag erste Hesse-Biografie von Hugo Ball (1886-1927); Scheidung von Ruth Wenger.

1928
\`Betrachtungen´ und \`Krisis. Ein Stück Tagebuch´ erscheinen bei S. Fischer in Berlin; Mejstrik-Preis der Wiener Schiller-Stiftung für sein lyrisches Werk; Reise mit Ninon Dolbin bis Berlin; Beginn der Arbeiten zu \`Narziß und Goldmund´.

1929
\`Trost der Nacht. Neue Gedichte´ erscheint im S. Fischer Verlag, Berlin; \`Eine Bibliothek der Weltliteratur´ kommt bei Reclam, Leipzig heraus.
1930
\`Narziß und Goldmund´ (Erzählung) erscheint bei S. Fischer, Berlin; Austritt aus der Preußischen Akademie der Künste aus politischen Gründen.

1931
im November: Hesses Heirat mit Ninon Dolbin, geb. Auslaender; Bezug eines Neubaus in Montagnola, der \`Casa Rossa´, die ihm H. C.

Bodmer (1891-1956) auf Lebenszeit zur Verfügung stellt; `Weg nach innen. Vier Erzählungen´ (`Siddhartha´, `Kinderseele´, `Klein und Wagner´ und `Klingsors letzter Sommer´) erscheint als preiswerte, auflagenstarke Sonderausgabe im S. Fischer Verlag, Berlin; gemeinsame Winterferien mit Thomas Mann und Samuel Fischer in St. Moritz.

1932
im März: `Die Morgenlandfahrt´ erscheint bei S. Fischer, Berlin; Beginn der Arbeiten am `Glasperlenspiel´ (erste Erwähnung: 4. April); Skiurlaub in St. Moritz; Thomas Mann, der 1933 ins Exil geht, wird zu Hesses wichtigstem Freund.

1933
`Kleine Welt´ (Erzählungen aus `Nachbarn´, `Umwege´ und `Aus Indien´) erscheinen im S. Fischer Verlag, Berlin. Obwohl Hesse keine politischen Aufrufe unterzeichnet, lässt er in privaten Briefen und literarischen Kritiken keinen Zweifel daran, dass er das NS-Regime ablehnt. Für zahlreiche Künstler, die aus Deutschland fliehen (z. B. Bertolt Brecht, der ihn am 19. März besucht), ist er erste Anlaufstation.

1934
`Vom Baum des Lebens. Ausgewählte Gedichte´ erscheint im Insel Verlag, Leipzig; Hesse wird Mitglied im Schweizerischen Schriftstellerverband, um sich vor der NS-Kulturpolitik zu schützen und sich für emigrierte Kolleg:innen aus Nazi-Deutschland besser einsetzen zu können.

1935
`Fabulierbuch´ (Erzählungen) erscheint bei S. Fischer, Berlin. Der S. Fischer Verlag wird in einen reichsdeutschen Teil (von Peter Suhrkamp [1891-1959] geleitet) und in einen Emigrationsverlag (von Gottfried Bermann Fischer [1897-1995] geleitet), geteilt. Die NS-Behörden erlauben Fischer nicht, die Verlagsrechte am Werk Hermann Hesses mit ins Ausland zu nehmen; 27. November: Suizid von Hesses jüngerem Bruder Hans.

1936
`Stunden im Garten´ (Hexameterdichtung) erscheint im Bermann Fischer Exilverlag in Wien; im September erste persönliche Begegnung mit Peter Suhrkamp; Gottfried-Keller-Preis der Martin-Bodmer-Stiftung in Zürich.

1937
\`Gedenkblätter´ und \`Neue Gedichte´ erscheinen bei S. Fischer, Berlin; \`Der lahme Knabe´ (mit Bildern von Alfred Kubin [1877-1959]), erscheint als Privatdruck in Zürich; Hesses Halbbruder Karl Isenberg stirbt (29. März).

1939
Hermann Hesses Werke gelten in Nazi-Deutschland von jetzt an als \`unerwünscht´: \`Unterm Rad´, \`Der Steppenwolf´, \`Betrachtungen´, \`Narziß und Goldmund´ sowie \`Eine Bibliothek der Weltliteratur´ dürfen nicht nachgedruckt werden; Hesses \`Gesammelte Werke in Einzelausgaben´ erscheinen deshalb im Verlag Fretz & Wasmuth in Zürich.

1941
Hesses Gedicht \`Stufen´ entsteht (4./5.5.).

1942
Der S. Fischer Verlag erhält die ersten sieben Kapitel des \`Glasperlenspiels´ (16.3.); Peter Suhrkamp gibt Hesse sein Manuskript in Baden zurück (Ende November); \`Die Gedichte´ erscheinen bei Fretz & Wasmuth.

1943
\`Das Glasperlenspiel. Versuch einer Lebensbeschreibung des Magister Ludi Josef Knecht samt Knechts hinterlassenen Schriften´, das in Deutschland nicht gedruckt werden darf, erscheint im Fretz & Wasmuth Verlag in Zürich; aus gesundheitlichen Gründen Rückzug Hesses aus der literarischen Öffentlichkeit.

1944
Verhaftung von Peter Suhrkamp, Hesses Verleger, durch die Gestapo.

1945
\`Berthold. Ein Romanfragment´ und \`Traumfährte. Neue Erzählungen und Märchen´, erscheint bei Fretz & Wasmuth in Zürich; Entstehung von acht Porträts Hesses durch den Maler Ernst Morgenthaler (1878-1962).

1946
\`Krieg und Frieden. Betrachtungen zu Krieg und Politik seit dem Jahr 1914´ erscheint bei Fretz & Wasmuth, Zürich; ab jetzt dürfen Hesses

Werke wieder in Deutschland gedruckt werden. Sie erscheinen zunächst im Suhrkamp Verlag vorm. S. Fischer, ab 1951 dann im Suhrkamp Verlag in Frankfurt am Main (FfM); Hesse erhält den Goethe-Preis der Stadt FfM; `Dank an Goethe´ erscheint. Noch im selben Jahr wird Hesse mit dem Nobelpreis für Literatur ausgezeichnet.

1947
Hesse wird die Ehrendoktorwürde der philosophisch-historischen Fakultät der Universität Bern verliehen; Ehrenbürgerschaft seiner Heimatstadt Calw; Entstehung letzter Prosaskizzen und Gedichte.

1948
`Frühe Prosa´ erscheint.

1949
Hesse verbringt die Sommermonate bis 1961 regelmäßig in Sils-Maria/Engadin.

1950
Wilhelm-Raabe-Preis; Hesse ermutigt Peter Suhrkamp, einen eigenen Verlag zu gründen (Eröffnung im Juli).

1951
`Späte Prosa´ und `Briefe´ erscheinen bei Suhrkamp in FfM.

1952
`Gesammelte Dichtungen´ (sechs Bände) erscheinen anlässlich von Hesses 75. Geburtstag bei Suhrkamp, FfM.

1954
`Piktors Verwandlungen. Ein Märchen´ erscheint bei Suhrkamp, FfM; `Briefwechsel Hermann Hesse – Romain Rolland´ erscheint bei Fretz & Wasmuth, Zürich; Verleihung des Ordens `Pour le mérite´ für Wissenschaft und Kunst.

1955
Hesse erhält den Friedenspreis des Deutschen Buchhandels für seine Werke und Rezensionen während des Nationalsozialismus; er war durch Hesses Freund Theodor Heuss (1884-1963) vorgeschlagen worden. `Beschwörungen. Späte Prosa/Neue Folge´ erscheint bei Suhrkamp in FfM.

1956
Die \`Förderungsgemeinschaft der deutschen Kunst Baden-Württemberg e. V.´ stiftet einen Hermann-Hesse-Preis.

1957
\`Gesammelte Schriften´ in sieben Bänden erscheinen bei Suhrkamp, FfM; Hesse-Ausstellung im Schiller-Nationalmuseum in Marbach; Festakt zum 80. Geburtstag in der Stuttgarter Liederhalle, u. a. mit Martin Buber (1878-1965); Besuch von Theodor Heuss, Erika Mann u. a. in Sils Maria; Hesse wird von O. Ch. Bänninger (1897-1973) modelliert.

1959
Tod Peter Suhrkamps; Übernahme des Verlags durch Siegfried Unseld.

1961
Gedicht \`Stufen. Alte und neue Gedichte in Auswahl´ erscheinen bei Suhrkamp in FfM.

1962
\`Gedenkblätter´ (erweiterte Ausgabe) erscheinen bei Suhrkamp, FfM; \`Hermann Hesse. Eine Bibliographie´ von Helmut Waibler kommt im Francke Verlag, Bern und München, heraus; 1. Juli: Verleihung der Ehrenbürgerwürde der Gemeinde Montagnola (heute Collina d' Oro); vom 1.-8. August Arbeit Hesses an seinem letzten Gedicht \`Knarren eines geknickten Astes´ (mit Zeichnung einer Robinie und der Botschaft künstlerischen Durchhaltens an den Hanser-Verlag gesandt); 9. August: Hermann Hesse stirbt wenige Wochen nach seinem 85. Geburtstag in Montagnola im Schlaf an den Folgen einer Gehirnblutung; er wird auf dem Friedhof S. Abbondio beigesetzt.

1963
\`Die späten Gedichte´ erscheinen im Insel Verlag Wiesbaden (Bd. 803 der rkh).

1964
Gründung des Hermann-Hesse-Archivs in Marbach.

1965
\`Prosa aus dem Nachlaß´, hg. v. Ninon Hesse, erscheint bei Suhrkamp, FfM; \`Neue Deutsche Bücher. Literaturberichte für \`Bonniers

Litterära Magasin 1935-1936´, hg. v. Bernhard Zeller in der Turmhahn-Bücherei des Schiller-Nationalmuseums in Marbach am Neckar.

1966
`Kindheit und Jugend vor Neunzehnhundert. Hermann Hesse in Briefen und Lebenszeugnissen 1877 bis 1895´, Erster Band, hg. v. Ninon Hesse, erscheint bei Suhrkamp, FfM; Tod Ninon Hesses.

1968
`Hermann Hesse – Thomas Mann. Briefwechsel´, hg. v. Anni Carlsson, erscheint bei Suhrkamp, FfM.

1969
`Hermann Hesse – Peter Suhrkamp, Briefwechsel´, hg. v. Siegfried Unseld, erscheint bei Suhrkamp, FfM.

1970
`Hermann Hesse Werkausgabe´ in zwölf Bänden, hg. v. Volker Michels, erscheint bei Suhrkamp, FfM.

1971
`Hermann Hesse – Helene Voigt-Diederichs. Zwei Autorenportraits in Briefen´, hg. v. Bernhard Zeller, erscheint bei Diederichs, Köln.

1972
Materialien zu Hermann Hesses `Der Steppenwolf´ erscheinen bei Suhrkamp, FfM.

1973
`Gesammelte Briefe, Bd. 1, 1895-1921´, hg. v. Ursula Michels/Volker Michels und Heiner Hesse, erscheinen bei Suhrkamp, FfM; `Die Kunst des Müßiggangs. Kurze Prosa aus dem Nachlaß´, hg. v. Volker Michels, und `Materialien zu Hesses Glasperlenspiel´, hg. v. Volker Michels, erscheinen bei Suhrkamp, FfM; `Hermann Hesse. Eine Werkgeschichte´, hg. v. Siegfried Unseld, erscheint bei Suhrkamp, FfM.

1974
Materialien zu Hermann Hesses `Siddhartha´, hg. v. Volker Michels, erscheinen bei Suhrkamp, FfM.

1977
`Kleine Freuden. Kurze Prosa aus dem Nachlaß´, hg. v. Volker Michels; `Politik des Gewissens´. Die politischen Schriften 1914-1962, 2 Bde., hg. v. Volker Michels; `Hermann Hesse – R. J. Humm´. Briefwechsel, hg. v. Volker und Ursula Michels, und `Die Welt der Bücher´. Betrachtungen und Aufsätze zur Literatur, erscheinen bei Suhrkamp, FfM; `Hermann Hesse. Bodensee´. Betrachtungen, Erzählungen, Gedichte, hg. v. Volker Michels, erscheint bei Thorbecke, Sigmaringen; `Hermann Hesse als Maler´, ausgewählt von Bruno Hesse und Sandor Kuthy, erscheint bei Suhrkamp, FfM.

1978
`Kindheit und Jugend vor Neunzehnhundert´, Zweiter Band, hg. v. Gerhard Kirchhoff, erscheint bei Suhrkamp, FfM; `Hermann Hesse – Heinrich Wiegand´. Briefwechsel, hg. v. Klaus Pezold, erscheint im Aufbau Verlag, Berlin-Ost, DDR.

1979
`Gesammelte Briefe, Bd. 2, 1922-1935´, erscheint bei Suhrkamp, FfM; `Hermann Hesse´. Sein Leben in Bildern und Texten, von Volker Michels, erscheint bei Suhrkamp, FfM.

1980
`Aus Indien. Um Texte aus dem Nachlaß erweiterte Ausgabe´ erscheint bei Suhrkamp, FfM.

1982
`Gesammelte Briefe, Bd. 3, 1936-1948´, erscheinen bei Suhrkamp, FfM.

1983
`Italien. Schilderungen, Tagebücher, Gedichte, Aufsätze und Erzählungen´, hg. v. Volker Michels, erscheint bei Suhrkamp, FfM.

1986
`Gesammelte Briefe, Bd. 4, 1949-1962´, erscheinen bei Suhrkamp, FfM.

1987
`Hermann Hesse in Augenzeugenberichten´, herausgegeben von Volker Michels, erscheint bei Suhrkamp, FfM.

1988
`Die Welt im Buch´. Rezensionen und Aufsätze 1900-1910. In Zusammenarbeit mit Heiner Hesse herausgegeben von Volker Michels, erscheint bei Suhrkamp, FfM.

1990
Einrichtung des Hesse-Museums in Calw.

1997
Einrichtung des Hesse-Museums in Montagnola.

2002
Einrichtung von Hesse-Museen in Gaienhofen und Seoul; Gründung der `Internationalen Hermann Hesse Gesellschaft´.

2001-2007
Arbeiten an der ersten Hesse-Gesamtausgabe in 21 Bänden, ediert von Volker Michels, die 2007 bei Suhrkamp/FfM erscheint.

2013
Einrichtung des Hesse-Museums in Tübingen.

2021
Dezember: Benennung des Hermann-Hesse-Platzes in Basel.

2022
International werden Hesses 145. Geburtstag und 60. Todestag mit vielen Veranstaltungen gefeiert.

Die Werkgeschichte Hermann Hesses auf einen Blick[1251]

1895-1898
`Schweinigel´(Roman, Manuskript bisher nicht aufgefunden).

1899
`Romantische Lieder´ (erschienen bei Pierson, Dresden); `Eine Stunde hinter Mitternacht´ (Prosa, erschienen bei Diederichs, Leipzig).

1901
`Hinterlassene Schriften und Gedichte von Hermann Lauscher´, hg. von Hermann Hesse (erschienen bei R. Reich, Basel).

1902
`Gedichte´ (erschienen bei Grote, Berlin).

1904
`Boccaccio´ (erschienen bei Schuster & Loeffler, Berlin); `Franz von Assisi´ (erschienen bei Schuster & Loeffler, Berlin); `Peter Camenzind. Roman´ (erschienen bei S. Fischer, Berlin).

1906
`Unterm Rad. Erzählung´ (erschienen bei S. Fischer, Berlin.

1907
`Diesseits.´ Erzählungen (erschienen bei S. Fischer, Berlin).

1908
`Nachbarn.´ Erzählungen (erschienen bei S. Fischer, Berlin).

1910
`Gertrud.´ Roman (erschienen bei Langen, München).

1912
`Umwege.´ Erzählungen (erschienen bei S. Fischer, Berlin).

1251 Vgl. dazu auch Wikipedia, Kategorie Werk von Hermann Hesse, online zugänglich unter: https://de.wikipedia.org/wiki/Kategorie:Werk_von_Hermann_Hesse (aufgerufen am 27.10.2022).

1913
`Aus Indien.´ Berichte (erschienen bei S. Fischer, Berlin).

1914
`Roßhalde.´ Roman (erschienen bei S. Fischer, Berlin).

1915
`Am Weg. Erzählungen´ (erschienen bei Reuß und Itta, Konstanz); `Knulp. Drei Geschichten aus dem Leben Knulps´ (erschienen bei S. Fischer, Berlin); `Musik des Einsamen´ (erschienen bei Eugen Salzer, Heilbronn).

1916
`Schön ist die Jugend´ (erschienen bei S. Fischer, Berlin).

1919
`Demian´ (erschienen bei S. Fischer, Berlin; zuerst unter Pseudonym Emil Sinclair, dann unter Klarnamen); `Märchen´ (erschienen bei S. Fischer, Berlin); `Zarathustras Wiederkehr. Ein Wort an die deutsche Jugend von einem Deutschen´ (politische Flugschrift, zuerst anonym erschienen bei Stämpfli, Bern; dann unter Klarnamen bei S. Fischer, Berlin); `Kleiner Garten´ (erschienen bei E. P. Tal, Wien).

1920
`Gedichte des Malers´ (erschienen bei Seldwyla, Bern); `Klingsors letzter Sommer´(erschienen bei S. Fischer, Berlin); `Wanderung´ (erschienen bei S. Fischer, Berlin); `Kinderseele´ (erschienen bei S. Fischer, Berlin); `Klein und Wagner´ (erschienen bei S. Fischer, Berlin).

1921
`Blick ins Chaos´ (erschienen bei Seldwyla, Bern); `Ausgewählte Gedichte´(erschienen bei S. Fischer, Berlin).

1922
`Siddhartha. Eine indische Dichtung´ (erschienen bei S. Fischer, Berlin).

1923
`Sinclairs Notizbuch´. Aufsätze (erschienen bei Rascher, Zürich).

1925
`Kurgast. Aufzeichnungen von einer Badener Kur´ (erschienen bei S. Fischer, Berlin).

1926
`Bilderbuch. Schilderungen´ (erschienen bei S. Fischer, Berlin).

1927
`Der Steppenwolf´ (erschienen bei S. Fischer, Berlin); `Die Nürnberger Reise´ (erschienen bei S. Fischer, Berlin).

1928
`Betrachtungen´ (erschienen bei S. Fischer, Berlin); `Krisis. Ein Stück Tagebuch´ (erschienen bei S. Fischer, Berlin).

1929
`Trost der Nacht´. Neue Gedichte´ (erschienen bei S. Fischer, Berlin), `Eine Bibliothek der Weltliteratur´ (erschienen bei Reclam, Leipzig).

1930
`Narziß und Goldmund´. Erzählung (erschienen bei S. Fischer, Berlin).

1932
`Die Morgenlandfahrt´. Erzählung (erschienen bei S. Fischer, Berlin).

1933
`Vom Baum des Lebens´ (erschienen im Insel Verlag, Leipzig).

1935
`Das Fabulierbuch´ (erschienen bei S. Fischer, Berlin).

1936
`Stunden im Garten´ (erschienen bei G. B. Fischer, Wien); `Musik des Einsamen´(erschienen bei Eugen Salzer, Heilbronn).

1937
`Gedenkblätter´. Erinnerungen an Zeitgenossen (erschienen bei S. Fischer, Berlin); `Neue Gedichte´ (erschienen bei S. Fischer, Berlin); `Der lahme Knabe´ (erschienen bei Fretz & Wasmuth, Zürich).

1942
`Die Gedichte´ (erschienen bei Fretz & Wasmuth, Zürich).

1943
`Das Glasperlenspiel. Versuch einer Lebensbeschreibung des Magister Ludi Josef Knecht samt Knechts hinterlassenen Schriften, hg. von Hermann Hesse´ (Roman, erschienen bei Fretz & Wasmuth, Zürich).

1945
`Berthold´ (erschienen bei Fretz & Wasmuth, Zürich); `Traumfährte´. Neue Erzählungen und Märchen (erschienen bei Fretz & Wasmuth, Zürich); `Spaziergang in Würzburg´ (erschienen bei Tschudy, St. Gallen).

1946
`Krieg und Frieden´. Betrachtungen zu Krieg und Politik seit 1914 (erschienen bei Fretz & Wasmuth, Zürich).

1951
`Späte Prosa´ (erschienen bei Suhrkamp, FfM); `Briefe´ (erschienen bei Suhrkamp, FfM).

1952
`Gesammelte Dichtungen´ in 6 Bänden (erschienen bei Suhrkamp, FfM).

1954
`Piktors Verwandlungen´. Ein Märchen (erschienen bei Suhrkamp, FfM); Briefwechsel Hesse-Romain Rolland (erschienen bei Fretz & Wasmuth, Zürich).

1955
`Beschwörungen´. Späte Prosa/Neue Folge (erschienen bei Suhrkamp, FfM).

1957
`Gesammelte Schriften´ in sieben Bänden (erschienen bei Suhrkamp, FfM).

1961
`Stufen´. Alte und neue Gedichte in Auswahl (erschienen bei Suhrkamp, FfM); `Drei Erzählungen´ (erschienen bei Suhrkamp, FfM).

1962
`Gedenkblätter´. Erweiterte Ausgabe (erschienen bei Suhrkamp, FfM); letztes Gedicht: `Knarren eines geknickten Astes´.

1965
`Prosa aus dem Nachlaß´; `Der vierte Lebenslauf Josef Knechts´ (erschienen bei Suhrkamp, FfM).

1966
`Kindheit und Jugend vor Neunzehnhundert. Hermann Hesse in Briefen und Lebenszeugnissen 1877-1894´, Erster Band, hg. v. Ninon Hesse (erschienen bei Suhrkamp, FfM).

1968
`Hermann Hesse – Thomas Mann´. Briefwechsel (erschienen bei Suhrkamp, FfM).

1969
`Hermann Hesse – Peter Suhrkamp´. Briefwechsel (erschienen bei Suhrkamp, FfM).

1970
`Politische Betrachtungen´; Hermann Hesse – Werkausgabe in 12 Bänden (erschienen bei Suhrkamp, FfM).

1971
`Hermann-Hesse-Sprechplatte´; `Mein Glaube´; `Lektüre für Minuten´ (alle erschienen bei Suhrkamp, FfM).

1972
Materialien zu Hermann Hesse `Der Steppenwolf´ (erschienen bei Suhrkamp, FfM).

1973
`Gesammelte Briefe, Bd. 1, 1895-1921´; `Die Kunst des Müßiggangs´; Materialien zu Hermann Hesse `Das Glasperlenspiel´, Bd. 1 (alle erschienen bei Suhrkamp, FfM).

1974
`Hermann Hesse, Leben und Werk im Bild´, von Volker Michels; `Begegnungen mit Hermann Hesse´ von Siegfried Unseld; Materialien zu

Hermann Hesse `Das Glasperlenspiel´, Bd. 2 (alle erschienen bei Suhrkamp, FfM)

1975
`Lektüre für Minuten´. Neue Folge; `Piktors Verwandlungen´; Materialien zu Hermann Hesses `Siddhartha´, Bd. 1 (alle erschienen bei Suhrkamp, FfM)

1976
Materialien zu Hermann Hesses `Siddhartha´, Bd. 2; Ursula Chi, `Die Weisheit Chinas und Das Glasperlenspiel´; `Über Hermann Hesse´, Bd. 1 (alle erschienen bei Suhrkamp, FfM).

1977
`Kleine Freuden, Verstreute und kurze Prosa aus dem Nachlaß´; `Über Hermann Hesse´, Bd. 2 (1963-1977); Sämtliche Erzählungen in 4 Bänden: Bd. 1: `Aus Kinderzeiten´ 1900-1905; Bd 2: `Die Verlobung´, 1906-1908; Bd. 3: `Der Europäer´, 1908-1918; Bd. 4: `Innen und Außen´, 1919-1955; `Josef Knechts Lebensläufe´; `Von Wesen und Herkunft des Glasperlenspiels´; `Die Gedichte´; `Die Welt der Bücher´; `Politik des Gewissens. Die politischen Schriften 1914-1962´ (alle erschienen bei Suhrkamp, FfM).

1978
`Kindheit und Jugend vor Neunzehnhundert. Hermann Hesse in Briefen und Lebenszeugnissen, Zweiter Band 1895-1900´ (erschienen bei Suhrkamp, FfM).

1979
`Hermann Hesse. Sein Leben in Bildern und Texten´, von Volker Michels; Theodore Ziolkowski, `Der Schriftsteller Hermann Hesse´; `Gesammelte Briefe, Bd. 2, 1922-1935´ (alle erschienen bei Suhrkamp, FfM).

1982
`Gesammelte Briefe, Bd. 3, 1936-1949´ (erschienen bei Suhrkamp, FfM).

1983
`Italien. Schilderungen und Tagebücher´, hg. v. Volker Michels (erschienen bei Suhrkamp, FfM).

1986
\`Gesammelte Briefe, Bd. 4, 1949-1962´ (erschienen bei Suhrkamp, FfM).

1988
\`Die Welt im Buch´. Rezensionen und Aufsätze 1900-1910 (erschienen bei Suhrkamp, FfM).

1990
\`Beschreibung einer Landschaft´, \`Schweizer Miniaturen´; \`Tessin´. Betrachtungen und Gedichte; viele weitere Werke Hermann Hesses folgen, u. a. die \`Gesamtausgabe´ (2007, erschienen bei Suhrkamp, FfM).

Literaturverzeichnis

Ins Literaturverzeichnis aufgenommen wurde zitierte und weiterführende Literatur. Nicht aufgenommen wurden Zeitungs- und Zeitschriftenartikel sowie Internet-Publikationen, auf die im Text rekurriert wurde; sie finden im Anmerkungsapparat Erwähnung und sind dort eindeutig auffindbar.

Apel, Ursula (Hg.), Hermann Hesse: Personen und Schlüsselfiguren in seinem Leben. Ein alphabetisches annotiertes Namensverzeichnis mit sämtlichen Fundstellen in seinen Werken und Briefen, 2 Bde. und ein Supplement, München 1989, 1993.

Archiv der Gesichter. Toten- und Lebendmasken aus dem Schiller-Nationalmuseum. Eine Ausstellung des Deutschen Literaturarchivs und der Stiftung Museum Schloß Moyland in Verbindung mit dem Museum für Sepulkralkultur in Kassel, Marbach am Neckar ^{2}1993.

Arnold, Heinz Ludwig (Hg.), text+kritik. Zeitschrift für Literatur, Bd. 10/11: Hermann Hesse, München 1977.

Arnold, Heinz Ludwig (Hg.), text+kritik. Zeitschrift für Literatur, Bd. 168: Stefan George, München 2005.

Aus dem Tagebuch Romain Rollands vom 21.8.1915, in: Volker Michels (Hg.), Hermann Hesse in Augenzeugenberichten, FfM 1987, 1991, 70-72.

Aus dem Tagebuch Romain Rollands vom September 1920, in: Volker Michels (Hg.), Hermann Hesse in Augenzeugenberichten, FfM 1987, 1991, 82-84.

Aus dem Tagebuch Romain Rollands vom 17. September 1933, in: Volker Michels (Hg.), Hermann Hesse in Augenzeugenberichten, FfM 1987, 1991, 167-169.

Bachmann, Jan, Der Berg der nackten Wahrheiten, Zürich 2019.

Bächtold, Kurt (Hg.), Hermann Hesse – Hans Sturzenegger. Briefwechsel 1905-1943, Schaffhausen 1984.

Balcar, Nina, Kinderseelenforscher. „Psychopathische" Schuljugend zwischen Pädagogik und Psychiatrie (Beiträge zur Historischen Bildungsforschung, hg. von Meike Sophia Baader, Elke Kleinau und Karin Priem, Bd. 51), Köln-Weimar 2018.

Ball, Hugo, Flucht aus der Zeit, Luzern 1946.

Ball, Hugo, Hermann Hesse. Sein Leben und sein Werk, FfM 1977.

Ball, Hugo, Hermann Hesse. Sein Leben und sein Werk, FfM 2016.

Ball-Hennings, Emmy, Begegnung mit Hermann Hesse, in: Volker Michels (Hg.), Hermann Hesse in Augenzeugenberichten, FfM 1987, 1991, 85-89.

Ball-Hennings, Emmy, Hugo Ball. Sein Leben in Briefen und Gedichten. Mit einem Vorwort von Hermann Hesse, Berlin 1930.

Barth, Emil, Bei Hermann Hesse. Tagebuchnotizen vom 28.10.1950, in: Volker Michels (Hg.), Hermann Hesse in Augenzeugenberichten, FfM 1987, 1991, 334-341.

Barth, Max, Der Dichter Hermann Hesse, in: Volker Michels (Hg.), Hermann Hesse in Augenzeugenberichten, FfM 1987, 1991, 380-388.

Basler, Otto, Hermann Hesse, der Freund – Erinnerungen und Begegnungen, in: Volker Michels (Hg.), Hermann Hesse in Augenzeugenberichten, FfM 1987, 1991, 170-176.

Baumann, Günter, Der Heilige und der Wüstling. Tiefenpsychologische Grundlagen von *Siddhartha* und *Der Steppenwolf*, in: „Höllenreise durch mich selbst.“ Hermann Hesse: Siddhartha – Steppenwolf, hg. v. Regina Bucher, Andres Furger und Felix Graf. Eine Publikation des Schweizerischen Landesmuseums Zürich in Zusammenarbeit mit dem Museo Hermann Hesse Montagnola, Zürich 2002, 43-58.

Baumann, Günter, Hermann Hesse. Dichter und Weiser, Rheinfelden und Berlin 1997.

Baumann, Günter, Hermann Hesses Erzählungen im Lichte der Psychologie C. G. Jungs, Rheinfelden und Berlin 1989.

Baumer, Franz, Hermann Hesse (Köpfe des 20. Jahrhunderts, Bd. 10), Berlin ^{7}2002.

Beckermann, Thomas/Miyashita, Keizo, „Irgendetwas Unnennbares, wahrscheinlich Morgenländisches“, in: Heinz Ludwig Arnold (Hg.), text+kritik. Zeitschrift für Literatur, Bd. 10/11: Hermann Hesse, München 1977, 101-109.

Behrmann, Nicola, Geburt der Avantgarde – Emmy Hennings, Göttingen 2018.

Below, Jürgen, Hermann-Hesse-Bibliographie. Sekundär-Literatur 1899-2007, 5 Bde., Berlin 2007.

Below, Jürgen, Hermann-Hesse-Handbuch. Quellentexte zu Leben, Werk und Wirkung, FfM 2012.

Below, Jürgen (Hg.), Hermann Hesse. „Der Vogel kämpft sich aus dem Ei“. Eine dokumentarische Recherche der Krisenjahre 1916-1920, Hamburg 2017.

Benn, Gottfried, Briefe an F. W. Oelze 1945-1949, hg. v. Harald Steinhagen/Jürgen Schröder, Band II/1, Wiesbaden-München 1979.

Berendt, Joachim-Ernst, Mozart ist Pablo. Hermann Hesse und die musikalische Subkultur, in: Über Hermann Hesse, hg. v. Volker Michels, 2. Bd., FfM 1977, 276-285.

Berendt, Joachim-Ernst, Das dritte Ohr. Vom Hören der Welt (rororo sachbuch 18414), Reinbek bei Hamburg, 1985, 2000.

Berendt, Joachim-Ernst, Nada Brahma. Die Welt ist Klang (rororo sachbuch 17949), FfM 1983, Reinbek bei Hamburg [17]2001.
Berkel, Christian, Der Apfelbaum. Roman, Berlin 2018, [18]2021.
Bertolt Brecht, Leben und Werk im Bild. Mit autobiographischen Texten, einer Zeittafel und einem Essay von Lion Feuchtwanger (it 406), FfM 1979.
Bieliková, Mária, Bipolarität der Gestalten in Hermann Hesses Prosa. Die Romane „Demian" und „Der Steppenwolf" vor dem Hintergrund der daoistischen Philosophie (Studien zur Germanistik, Bd. 23), Hamburg 2007.
Bieliková, Mária, Hermann Hesse und das Fremde. Der Einfluss der indischen Geistigkeit auf das Schaffen Hermann Hesses (Schriften zur vergleichenden Literatur, Bd. 1), Hamburg 2012.
Binggeli, J. Ulrich (Hg.), „Heimweh nach Freiheit". Resonanzen auf Hermann Hesse, Tübingen 2012.
Bittner, Günther, „Dir unbewusst arbeite ich in Dir": Die Psychoanalyse Hermann Hesses bei Josef Bernhard Lang (Bibliotheca Academica, Reihe Literaturwissenschaft 4, Bd, 4), Würzburg 2015.
Blasberg, Cornelia (Hg.), Hermann Hesse. 1877 – 1962 – 2002, Tübingen 2003.
Bloch, Ernst, Geist der Utopie. Erste Fassung (GA 16), FfM 1977.
Bloch, Ernst, Geist der Utopie. Zweite Fassung (GA 3), FfM 1977.
Blubacher, Thomas, Frei und inspiriert. Sehnsuchtsorte der Dichter, Denker und Aussteiger (Ascona, Attersee, Capri, Bali, St. Moritz, Hiddensee), München 2013.
Blubacher, Thomas, Gebrauchsanweisung für das Tessin, München 2019.
Bodmer, Hans-Caspar u. a. (Hg.), Monte Verità. Landschaft, Kunst, Geschichte, Frauenfeld 2000.
Böhmer, Gunter, In Hesses Nähe in: Volker Michels (Hg.), Hermann Hesse in Augenzeugenberichten, FfM 1987, 1991, 285-297.
Böhmer, Gunter, Malausflug mit Hermann Hesse, in: Volker Michels (Hg.), Hermann Hesse in Augenzeugenberichten, FfM 1987, 1991, 186-189.
Böhmer, Gunter, Zu Hermann Hesses „Stunden im Garten", in: Volker Michels (Hg.), Hermann Hesse in Augenzeugenberichten, FfM 1987, 1991, 190-197.
Böhmer, Gunter/Hesse, Hermann, Dokumente einer Freundschaft, hg. v. Große Kreisstadt Calw, Calw 1987.
Böttger, Fritz, Hermann Hesse. Leben – Werk – Zeit, Berlin (Ost) 1974, Berlin 1990.

Böttiger, Helmut, Die Gruppe 47. Als die deutsche Literatur Geschichte schrieb, München 2012.
Bohm, Maren, Hermann Hesses wundersame Geschichte. Philosophischer Roman, Freiburg-München 2020.
Bollmann, Stefan, Monte Verità. 1900. Der Traum vom alternativen Leben beginnt, München 2017, 2019.
Boulby, Mark, Hermann Hesse. His Mind and Art, Ithaca and London 1967.
Bran, Friedrich/Pfeifer, Martin (Hg.), Hermann Hesse und seine literarischen Zeitgenossen, Bad Liebenzell 1982.
Brasch, Anna S., Moderne – Regeneration – Erlösung: Der Begriff der \`Kolonie´ und die weltanschauliche Literatur der Jahrhundertwende (Literatur- und Mediengeschichte der Moderne), Göttingen 2017.
Braun, Peter, Dichterhäuser (dtv premium 24362), München 2004.
Braun, Peter, Von Taugenichts bis Steppenwolf. Eine etwas andere Literaturgeschichte, Berlin 2006.
Brecht. Sein Leben in Bildern und Texten. Mit einem Vorwort von Max Frisch, hg. v. Werner Hecht (it 1122), FfM 1988.
Brentano, Bernard von, Geburtstagsgruß an Hermann Hesse, in: Volker Michels (Hg.), Hermann Hesse in Augenzeugenberichten, FfM 1987, 1991, 164-166.
Breuer, Ulrich, Melancholie der Heimatferne. Figuren der Erlösung in Hermann Hesses \`Peter Camenzind´, in: Hermann Hesse und die literarische Moderne. Kulturwissenschaftliche Facetten einer literarischen Konstante. Aufsätze und Materialien (st 3609), hg. v. Andreas Solbach, FfM 2004, 155-174.
Briefe an Hermann Hesse, von Emmy Ball-Hennings, hg. v. Annemarie Schütt-Hennings, FfM 1985.
Brod, Max, Begegnung mit Hermann Hesse, in: Volker Michels (Hg.), Hermann Hesse in Augenzeugenberichten, FfM 1987, 1991, 146-148.
Brun, Fritz, Eine Umbrienreise mit Hesse und Othmar Schoeck, in: Volker Michels (Hg.), Hermann Hesse in Augenzeugenberichten, FfM 1987, 1991, 63-65.
Bucher, Regina, „Und auch die Tessiner liebe ich sehr..." Hermann Hesse und die Tessiner, in: „Höllenreise durch mich selbst." Hermann Hesse: Siddhartha – Steppenwolf, hg. v. Regina Bucher, Andres Furger und Felix Graf. Eine Publikation des Schweizerischen Landesmuseums Zürich in Zusammenarbeit mit dem Museo Hermann Hesse Montagnola, Zürich 2002, 235-249.

Bucher, Regina, Hermann Hesse und die bildenden Künste seiner Zeit. Ein Überblick, in: `Die Grenzen überfliegen – Der Maler Hermann Hesse´, hg. v. Kunstmuseum Bern, Museum Hermann Hesse Montagnola (Ausstellungskatalog), Bern 2012, 45-65.
Bucher, Regina, Mit Hermann Hesse durchs Tessin. Ein Reisebegleiter (it 3609), Berlin 2010, [5]2017.
Bucher, Regina (Hg.), Hermann Hesse und Theodor Heuss. Eine freundschaftliche Beziehung in wechselhaften Zeiten, Basel 2019.
Bucher, Regina/Schopf, Wolfgang/Michels, Volker/Joelson-Strohbach (Hg.), `Im Dienste der gemeinsamen Sache´ – Hermann Hesse und der Suhrkamp Verlag. Begleitpublikation zur Ausstellung der Fondazione Hermann Hesse und des Archivs der Peter Suhrkamp Stiftung, Montagnola 2005.
Bucher, Regina/Schopf, Wolfgang (Hg.), `Im Dienste der gemeinsamen Sache´ – Hermann Hesse und der Suhrkamp Verlag, FfM 2005.
Bucher, Regina/Zimmermann, Eva, Saint Among the Hippies? Hermann Hesse in the USA (Fondazione Hermann Hesse 2016), Montagnola 2016.
Buddha, Reden (übersetzt von Karl Eugen Neumann), FfM 2008.
Carossa, Hans, Besuch in Montagnola, in: Volker Michels (Hg.), Hermann Hesse in Augenzeugenberichten, FfM 1987, 1991, 180-185.
Carstensen, Thorsten/Schmid, Marcel (Hg.), Die Literatur der Lebensreform. Kulturkritik und Aufbruchstimmung um 1900, Bielefeld 2016.
Cattani, Alfred, Hesse und seine Zürcher Freunde, in: „Höllenreise durch mich selbst." Hermann Hesse: Siddhartha – Steppenwolf, hg. v. Regina Bucher, Andres Furger und Felix Graf. Eine Publikation des Schweizerischen Landesmuseums Zürich in Zusammenarbeit mit dem Museo Hermann Hesse Montagnola, Zürich 2002, 113-138.
Charamsa, Krzystof, Der erste Stein. Als homosexueller Priester gegen die Heuchelei der katholischen Kirche, München 2018.
Chi, Ursula, Die Weisheit Chinas und `Das Glasperlenspiel´, FfM 1976.
Clark, Christopher, Die Schlafwandler. Wie Europa in den Ersten Weltkrieg zog, München 2013.
Clark, Karin, Warum ich Hesses Gedicht `Stufen´ übersetzte, in: Uli Rothfuss (Hg.), Mein Hermann Hesse. Eine Hommage, Berlin 2002, 36-37.
Clauss, Elke-Maria (Hg.), Hermann Hesse. Das Glasperlenspiel (= Erläuterungen und Dokumente, Reclam UB 16056), Stuttgart 2007.

Colli, Giorgio/Montinari, Mazzin (Hg.), Friedrich Nietzsche. Sämtliche Werke. Kritische Studienausgabe, 15 Bde., Berlin-New York 1977.
Cornils, Ingo, Ein Glasperlenspiel im Internet. Hesse lesen im globalen Zeitalter, in: Hermann Hesse und die literarische Moderne. Kulturwissenschaftliche Facetten einer literarischen Konstante. Aufsätze und Materialien (st 3609), hg. v. Andreas Solbach, FfM 2004, 399-413.
Cremerius, Johannes, Hermann Hesse. Schuld und Sühne ohne Ende, in: ders., Freud und die Dichter, Freiburg 1995, 91-129.
Curonici, Giuseppe, „Denn ohne diese Malerei wäre ich schon lange nicht mehr da." Der Maler Hermann Hesse, in: „Höllenreise durch mich selbst." Hermann Hesse: Siddhartha – Steppenwolf, hg. v. Regina Bucher, Andres Furger und Felix Graf. Eine Publikation des Schweizerischen Landesmuseums Zürich in Zusammenarbeit mit dem Museo Hermann Hesse Montagnola, Zürich 2002, 27-42.
`Die Grenzen überfliegen – Der Maler Hermann Hesse´, hg. v. Kunstmuseum Bern, Museum Hermann Hesse, Montagnola (Ausstellungskatalog), Bern 2012.
Damm, Sigrid, Hermann Hesse: Anwalt des Individuums, in: Inspiration Hermann Hesse. Eine Hommage in Geschichten, hg. von Helga Esselborn-Krumbiegel, Berlin 2022, 232-240.
Dahrendorf, Malte, Hermann Hesses `Demian´ und C. G. Jung, in: Materialien zu Hermann Hesses `Demian´. Zweiter Band. Die Wirkungsgeschichte in Rezensionen und Aufsätzen, hg. v. Volker Michels (st 2520), FfM 1997, 129-149.
Das Glasperlenspiel. Versuch einer Lebensbeschreibung des Magister Ludi Josef Knecht samt Knechts hinterlassenen Schriften herausgegeben von Hermann Hesse. Ungekürzte Sonderausgabe, FfM 1983.
Debrunner, Albert M., Hermann Hesse in Basel. Literarische Spaziergänge durch Basel, Mannheim 2011.
Decker, Gunnar, Der Zauber des Anfangs. Das kleine Hesse-Lexikon, Berlin 2007.
Decker, Gunnar, Hermann Hesse. Der Wanderer und sein Schatten. Biographie, München 2012.
Decker, Gunnar, Hesse-ABC (Reclam Bibliothek Leipzig, Bd. 20035), Leipzig 2002.
Delabar, Walter, Von der Radiomusik des Lebens. Hermann Hesses literarische Verarbeitung der gesellschaftlichen Modernisierungsprozesse. Zum Steppenwolf, in: Hermann Hesse und die literarische

Moderne. Kulturwissenschaftliche Facetten einer literarischen Konstante. Aufsätze und Materialien (st 3609), hg. v. Andreas Solbach, FfM 2004, 256-270.
Demian. Text und Kommentar von Heribert Kuhn (SuhrkampBasis-Bibliothek, Bd. 16), FfM 2000.
Der kuriose Dichter Hans Morgenthaler. Briefwechsel mit Ernst Morgenthaler und Hermann Hesse, hg. v. Roger Perret, Basel 1983.
Der Steppenwolf. Text und Kommentar (Suhrkamp BasisBibliothek 12), Frankfurt am Main 1999, 2003.
Der Steppenwolf und unbekannte Texte aus dem Umkreis des `Steppenwolf´, hg. und mit einem Essay von Volker Michels, FfM 1972.
Deschner, Karlheinz, Kitsch, Konvention und Kunst, München 1957.
de Tonnac, Jean-Philippe/Faure, Daniel, Hermann Hesse – Spurensuche im Tessin. Mit Aquarellen von Hermann Hesse, Hildesheim 1997, [2]1999.
Deutsches Literaturarchiv Marbach (Hg.), Denkbilder und Schaustücke. Das Literaturmuseum der Moderne. Begleitkatalog zur Dauerausstellung (Marbacher Katalog 60), Marbach am Neckar 2006.
Die besten deutschen Erzählungen, ausgewählt von Marcel Reich-Ranicki, Berlin 2010, [10]2019.
Die grossen nichtchristlichen Religionen unserer Zeit in Einzeldarstellungen (Körners Taschenausgabe Bd. 228), Stuttgart 1954.
Die Lebensreform. Entwürfe zur Neugestaltung von Leben und Kunst um 1900, hg. v. Kai Buchholz, Bd. 1, Darmstadt 2001.
Die Lieblingsgedichte der Deutschen. Mit einem Nachwort von Lutz Hagestedt und 20 Federzeichnungen von Wolfgang Nickel, Düsseldorf und Zürich 2001, [4]2001.
Die vielen Gesichter Hermann Hesses. Ein Dichter im Urteil seiner Zeitgenossen von damals bis heute (Edition Isele), hg. vom Freundeskreis zur Erhaltung der Hermann Hesse-Stätten, Eggingen 1996.
Dittrich, Lutz (Hg.), Zwischen den Fronten. Der Glasperlenspieler Hermann Hesse (Texte aus dem Literaturhaus Berlin, Band 18), Berlin 2017.
Drewermann, Eugen, Das Individuelle gegen das Normierte verteidigen. Zwei Aufsätze zu Hermann Hesse. Mit einem Nachwort von Volker Michels, FfM 1995.
Drewermann, Eugen, Hermann Hesse: Der lange Weg zu sich selbst, in: ders., Hermann Hesse. Der lange Weg zu sich selbst. Zur Sprengkraft eines literarischen Denkers, hg. und mit einem Vorwort

von Volker Michels. Mit einer Einleitung von Karl-Josef Kuschel, Düsseldorf 2019, 35-110.
Drewermann, Eugen, Hermann Hesse: Die Orientreise – Der lange Weg zu sich selbst. Nachschrift des frei gehaltenen Vortrags, in: ders., Hermann Hesse. Der lange Weg zu sich selbst. Zur Sprengkraft eines literarischen Denkers, hg. und mit einem Vorwort von Volker Michels. Mit einer Einleitung von Karl-Josef Kuschel, Düsseldorf 2019, 136-154.
Drewermann, Eugen, Gedanken über Hermann Hesses `Narziß und Goldmund´. Eine Annäherung aus psychoanalytischer Sicht, in: ders., Hermann Hesse. Der lange Weg zu sich selbst. Zur Sprengkraft eines literarischen Denkers, hg. und mit einem Vorwort von Volker Michels. Mit einer Einleitung von Karl-Josef Kuschel, Düsseldorf 2019, 111-135.
Drewermann, Eugen, Hermann Hesse. Der lange Weg zu sich selbst. Zur Sprengkraft eines literarischen Denkers, hg. und mit einem Vorwort von Volker Michels. Mit einer Einleitung von Karl-Josef Kuschel, Düsseldorf 2021.
Drings, Peter/Thierfelder, Jörg/Weidemann, Bernd/Willig, Friedrich/Ehmann, Michael (Hg.), Albert Fraenkel – Ein Arztleben in Licht und Schatten 1864–1938, Landsberg 2004.
Dudek, Peter, Ein Leben im Schatten. Johannes und Herman Nohl – zwei deutsche Karrieren im Kontrast, Bad Heilbrunn 2004.
Durch die Welt im Auftrag des Herrn. Reisen von Pietisten im 18. Jahrhundert (Kataloge der Franckeschen Stiftungen 35), hg. v. Anne Schröder-Kahnt und Claus Veltmann, Halle 2018.
„Entlaufene Bürger“. Kurt Tucholsky und die Seinen. Eine Ausstellung des Deutschen Literaturarchivs im Schiller-Nationalmuseum Marbach am Neckar (Marbacher Kataloge 45, hg. v. Ulrich Ott und Friedrich Pfäfflin), Marbach am Neckar 1990.
Eberwein, Eva, Das Haus von Mia und Hermann Hesse – Leben im Einklang mit der Natur, München-London-New York 2022.
Eberwein, Eva, Der Garten von Hermann Hesse. Von der Wiederentdeckung einer verlorenen Welt, München 2016.
Eberwein, Eva/Leister, Monika, Lichtwerke. Mia Hesse geborene Bernoulli als Photographin. Versuch einer Nahaufnahme (hg. v. Hegau-Geschichtsverein, Bd. 159), Singen 2013.
Ehlenberger, Jan, Adoleszenz und Suizid in Schulromanen von Emil Strauss, Hermann Hesse, Bruno Wille und Friedrich Torberg (= Bayreuther Beiträge zur Literaturwissenschaft, Band 28), FfM 2006.
Eilenberger, Wolfram, Zeit der Zauberer. Das große Jahrzehnt der Philosophie 1919-1929, Stuttgart 2018, ^{5}2018.

Eke, Norbert Otto/Olasz-Eke, Dagmar, „Sprache, die so tröstlich zu mir kam". Thomas Valentin in Briefen von und an Hermann Hesse (Veröffentlichungen der Literaturkommission für Westfalen, Bd. 46, Reihe Texte Band 19), Bielefeld 2011.

Eppler, Christoph Friedrich, Art. `Gundert, Hermann´, in: Allgemeine Deutsche Biographie (ADB) Bd. 49, Leipzig 1904, 632-634.

Erhart, Walter, Vom Mythos der Identität. „Jugendschriften" und Selbstfindungsromane, in: Hermann Hesse und die literarische Moderne. Kulturwissenschaftliche Facetten einer literarischen Konstante. Aufsätze und Materialien (st 3609), hg. v. Andreas Solbach, FfM 2004, 414-433.

Esche, Albrecht (Hg.), Die Krise als Chance: Hermann Hesse und Bad Boll. Dokumentation des Ferienseminars v. 30.8.-2.9.2001 in der Evangelischen Akademie Bad Boll, Bad Boll 2001.

Esselborn-Krumbiegel, Helga, `Eigensinn´. Hesse, `Der Steppenwolf´, 1927, in: Klaus-Michael Bogdal/Clemens Kammler (Hg.), (K)ein Kanon. 30 Schulklassiker neu gelesen, München 2000, 108-112.

Esselborn-Krumbiegel, Helga, Der Steppenwolf, München 2002.

Esselborn-Krumbiegel, Helga, Hermann Hesse [Literaturwissen für Schule und Studium, Reclam Universalbibliothek Nr. 15208], Stuttgart 1996.

Esselborn-Krumbiegel, Helga, Hermann Hesse: Unterm Rad (= Erläuterungen und Dokumente, Reclam Universalbibliothek Nr. 8200), Stuttgart 1995.

Esselborn-Krumbiegel, Helga, Hermann Hesse: Demian. Erläuterungen und Dokumente (Reclam Universalbibliothek Nr. 8190), Stuttgart 1991, 2000.

Esselborn-Krumbiegel, Helga, Hermann Hesse: Demian/Unterm Rad. Interpretation (= Oldenbourg Interpretationen, Bd. 39), 2. Auflage München 1998.

Esselborn-Krumbiegel, Helga, Inspiration Hermann Hesse, in: Inspiration Hermann Hesse. Eine Hommage in Geschichten, hg. von Helga Esselborn-Krumbiegel, Berlin 2022, 7-14.

Esselborn-Krumbiegel, Helga (Hg.), Hermann Hesse. Demian. Erläuterungen und Dokumente, Stuttgart 2005.

Fässler, Doris, Zwischen den Zeiten – Kunst und Künstler um Hermann Hesse, in: „Höllenreise durch mich selbst." Hermann Hesse: Siddhartha – Steppenwolf, hg. v. Regina Bucher, Andres Furger und Felix Graf. Eine Publikation des Schweizerischen Landesmuseums Zürich in Zusammenarbeit mit dem Museo Hermann Hesse Montagnola, Zürich 2002, 59-96.

Fein, Trude, Als Köchin bei Hermann Hesse, in: Volker Michels (Hg.), Hermann Hesse in Augenzeugenberichten, FfM 1987, 1991, 236-239.
Feitknecht, Thomas, Hermann Hesse in Bern, Zürich 1997.
Feitknecht, Thomas, Hesses Verleger und Freund Wilhelm Stämpfli, Bern 2012.
Fellenberg, Monika, Klett Lektürehilfen: Hermann Hesse, Der Steppenwolf. Interpretationshilfe für Oberstufe und Abitur, Stuttgart 2017, [3]2019.
Fellenberg, Valentine von, Die Natur: Spiegel der Wahrheit. Der Maler Hermann Hesse, in: `Die Grenzen überfliegen – Der Maler Hermann Hesse´, hg. v. Kunstmuseum Bern, Museum Hermann Hesse Montagnola (Ausstellungskatalog), Bern 2012, 25-43.
Field, George Wallis, Hermann Hesse. Kommentar zu sämtlichen Werken (Stuttgarter Arbeiten zur Germanistik, Nr. 24), Stuttgart 1977.
Field, George Wallis, Kanada, in: Hermann Hesses weltweite Wirkung. Internationale Rezeptionsgeschichte, hg. v. Martin Pfeifer (st 386), FfM 1977, 172-190.
Finckh, Ludwig, Gaienhofer Idylle. Erinnerungen an Hermann Hesse, Reutlingen 1981.
Fischer, Gottfried Bermann, Bedroht – Bewahrt. Weg eines Verlegers, FfM 1971, [10]2003.
Flach, Jakob, Ascona – Gestern und heute, Zürich-Stuttgart 1960, 1971.
Flach, Jakob, Früher Aufenthalt im Tessin, in: Volker Michels (Hg.), Hermann Hesse in Augenzeugenberichten, FfM 1987, 1991, 77-79.
Flügge, Manfred, Das flüchtige Paradies. Künstler an der Côte d'Azur, Berlin 2008.
Freedman, Ralph, `Demian´. Hermann Hesses Weg als Pionier der inneren Welt, in: Hermann Hesse und die Moderne. Diskurse zwischen Ästhetik, Ethik und Politik, hg. v. Detlef Haberland und Géza Horváth, Wien 2013, 9-17.
Freedman, Ralph, Hermann Hesse. Autor der Krisis (Pilgrim of Crisis. A Biography, London 1979), FfM 1982, 1999.
Freud, Sigmund, Trauer und Melancholie, in: ders., Studienausgabe, Bd. 3: Psychologie des Unbewußten, FfM 1989, 194-212.
Friedrich, Ernst, Krieg dem Kriege! Guerre à la guerre. War against War! Oorlog aan den Oorlog!, 2 Bände, Berlin 1924 und 1926.
Friedrich, Ernst, Krieg dem Kriege. Neu herausgegeben vom aktuellen Anti-Kriegs-Museum Berlin, mit einer Einführung von Gerd Krumeich, Berlin 2015.

Fritzen, Florentine, Gesünder leben. Die Lebensreformbewegung im 20. Jahrhundert, Stuttgart 2006.
Füssel, Stephan, Hermann Hesse und seine Verleger. Vom Druckkostenzuschuß und Bestsellergeschäft, in: Hermann Hesse und die literarische Moderne. Kulturwissenschaftliche Facetten einer literarischen Konstante. Aufsätze und Materialien (st 3609), hg. v. Andreas Solbach, FfM 2004, 434-453.
Fuld, Werner, Wilhelm Raabe. Eine Biographie, München-Wien 1993.
Gandhi, Mahatma, Mein Leben, hg. v. C. F. Andrews, mit einem Nachwort von Curt Ullerich (Erstausgabe Leipzig 1930), FfM 1983.
Ganeshan, Vridhagiri, Indien, in: Hermann Hesses weltweite Wirkung. Internationale Rezeptionsgeschichte, hg. v. Martin Pfeifer (st 386), FfM 1977, 205-221.
Ganeshan, Vridhagiri, Hermann Hesse und Indien – ein Kapitel der Mißverständnisse, in: Heinz Ludwig Arnold (Hg.), text+kritik. Zeitschrift für Literatur, Bd. 10/11: Hermann Hesse, München 1977, 67-77.
Gansel, Carsten, Von Angst, Unsicherheit und anthropologischen Konstanten – Modernisierung und Adoleszenzdarstellung bei Hermann Hesse, in: Hermann Hesse und die literarische Moderne. Kulturwissenschaftliche Facetten einer literarischen Konstante. Aufsätze und Materialien (st 3609), hg. v. Andreas Solbach, FfM 2004, 224-255.
Gasser, Manuel, „Großer Urlaub" in Montagnola, in: Volker Michels (Hg.), Hermann Hesse in Augenzeugenberichten, FfM 1987, 1991, 128-136.
Gebala, Magdalena, MutterMale. Zur Imagination des Mütterlichen in Hermann Hesses Prosawerk zwischen 1900 und 1930 (Epistemata Literaturwissenschaft), Würzburg 2012.
Geist, Kathrin, Der Nacktkletterer vom Monte Verità. Hermann Hesses `In den Felsen´ als kritische Auseinandersetzung mit der Lebensreform, in: Thorsten Carstensen/Marcel Schmid (Hg.), Die Literatur der Lebensreform. Kulturkritik und Aufbruchstimmung um 1900, Bielefeld 2016, 193-208.
Gellner, Christoph, Hermann Hesse und die Spiritualität des Ostens, Düsseldorf 2005.
Gellner, Christoph, Westöstliche Be(Ver)gegnungen. Von der Indienreise über „Siddhartha" bis zum „Glasperlenspiel". Hesse und die Religionen Asiens, in: Von „Siddhartha" zum „Steppenwolf". Fremdheitserfahrungen und Weltethos bei Hermann Hesse. Tagung der

Evangelischen Akademie Iserlohn im Institut für Kirche und Gesellschaft der EKvW, 28.-30. November 2003 (Tagungsprotokolle), hg. v. Rüdiger Sareika, Iserlohn 2004, 107-124.

Gfrereis, Heike (Hg.), Hermann Hesses erstes Fotoalbum. 406 Fotos auch für geschlossene Augen 1903 bis 1916, Marbach am Neckar 2012.

Gfrereis, Heike/Raulff, Ulrich (Hg.), Die Seele. Die Dauerausstellung im Literaturmuseum der Moderne. Begleitbuch zur neuen Dauerausstellung im Literaturmuseum der Moderne, Marbach am Neckar (Marbacher Katalog 68), Marbach am Neckar 2015.

Giebenrath, Sebastian, Siddhartha aus Gerbersau. Literatur gewordene Indienbilder aus Hermann Hesses Calwer Kindheit, Calw 2002.

Gnekow, Edmund, Hermann Hesse. Biographie, Freiburg/Brsg. 1952.

Göken, Jens, Hermann Hesses Glasperlenspiel – ein platonisches Vermächtnis im 20. Jahrhundert (edition immanente), Berlin 2018.

Goes, Albrecht, Begegnung mit Hermann Hesse, in: Volker Michels (Hg.), Hermann Hesse in Augenzeugenberichten, FfM 1987, 1991, 321-331.

Gommen, Dorothée, Polaritätsstrukturen im Werk Hermann Hesses, München 2006.

Gottschalk, Günther, Dichter und ihre Handschriften. Betrachtungen zu Autographen des jungen Hesse im Marbacher Archiv, Stuttgart 1979.

Graf, Edi, Der Schwarzwald. Täler, Tannen, Traditionen, Messkirch 2011.

Green, Martin, Mountain of Truth. The Counterculture Begins. Ascona, 1900-1920, Hanover/NH and London 1986.

Greiner, Siegfried, Hermann Hesse. Jugend in Calw. Berichte, Bild- und Textdokumente und Kommentar zu Hesses Gerbersau-Erzählungen, Sigmaringen 1981.

Greiner, Siegfried, Hermann Hesse – in Calw daheim. Briefwechsel und Begegnungen mit Calwer Bürgern und Freunden der Schwarzwaldstadt, FfM 2002.

Greiner, Steffen, Die Diktatur der Wahrheit. Eine Zeitreise zu den ersten Querdenkern, Stuttgart 2022.

Grimm, Gunter E., Hermann Hesses Goethe-Lektüren. Stationen einer geistigen Beunruhigung, in: Der Grenzgänger Hermann Hesse. Neue Perspektiven in der Forschung, hg. v. Henriette Herwig/Florian Trabert, Freiburg/Brsg. 2013, 141-154.

Gröner, Carina, Bilder schreiben – Texte sehen. Ekphrasis in \`Klingsors letzter Sommer´, in: „Magischer Einklang“. Dialog der Künste im Werk Hermann Hesses, hg. v. Henriette Herwig und Sikander Singh, Göttingen 2011, 155-164.
Grohmann, Adolf Arthur, Die Vegetarier-Ansiedlung in Ascona und die sogenannten Naturmenschen im Tessin, Halle 1904.
Günther, Georg, Hesse-Vertonungen (Deutsches Literaturarchiv/Deutsche Schillergesellschaft Marbach). Verzeichnisse – Berichte – Informationen. Bestandskatalog der Musikaliensammlung, hg. v. Michael Davidis, Marbach am Neckar 2004.
Gundert, Hermann, Schriften und Berichte aus Malabar mit Meditationen und Studien. Und: Tagebuch aus Malabar 1837-1859, hg. v. Albrecht Frenz, Ulm-Stuttgart 1983.
Gundert, Wilhelm, Der Buddhismus, in: Die grossen nichtchristlichen Religionen unserer Zeit in Einzeldarstellungen (Körners Taschenausgabe, Bd. 228), Stuttgart 1954, 39-55.
Gundert, Adele (Hg.), Marie Hesse. Die Mutter von Hermann Hesse, FfM 2018.
„Höllenreise durch mich selbst.“ Hermann Hesse: Siddhartha – Steppenwolf, hg. v. Regina Bucher, Andres Furger und Felix Graf. Eine Publikation des Schweizerischen Landesmuseums Zürich in Zusammenarbeit mit dem Museo Hermann Hesse Montagnola, Zürich 2002.
Haag, Jan/Köhler, Bernd Michael, „Seien Sie gegrüßt, liebe Freunde in Ulm.“ Hermann Hesse und die schwäbische Donaustadt, Ulm 2018.
Haas, Rüdiger, Über das Wesen des Todes. Eine tiefenphänomenologische Betrachtung konkret dargestellt am dichterischen Werk Hermann Hesses, Baden-Baden 1998.
Haberland, Detlef/Horváth, Géza (Hg.), Hermann Hesse und die Moderne. Diskurse zwischen Ästhetik, Ethik und Politik, Wien 2013.
Haffner, Gotthilf, Hermann Hesse. Werk und Leben, Nürnberg 1970.
Hage, Volker, Die freie Liebe, München 2015.
Hamann, Christof, „Wie der Dampf von rohem Fleisch“. Hohe Kultur und fremde Körper in Hermann Hesses Roman „Der Steppenwolf“, in: Von „Siddhartha“ zum „Steppenwolf“. Fremdheitserfahrungen und Weltethos bei Hermann Hesse. Tagung der Evangelischen Akademie Iserlohn im Institut für Kirche und Gesellschaft der EKvW, 28.-30. November 2003 (Tagungsprotokolle), hg. v. Rüdiger Sareika, Iserlohn 2004, 25-51.

Hanstein, Maria, `Demian´ von Hermann Hesse. Eine tiefenpsychologische Betrachtung: Selbstfindungsprozess von Emil Sinclair, München 2015.

Hardach, Gerd, Parallele Leben. Mathilde Scheinberger und Karl Hofer, Berlin 2016.

Hark, Helmut (Hg.), Lexikon Jungscher Grundbegriffe, Trimbach 1988.

Hartmann, Otto, Zum Hermann-Hesse-Abend, in: Volker Michels (Hg.), Hermann Hesse in Augenzeugenberichten, FfM 1987, 1991, 27-30.

Hasler, Eveline, „Und werde immer Ihr Freund sein." Hermann Hesse, Emmy Hennings und Hugo Ball, Zürich 2010.

Hecht, Werner, Brecht Chronik 1898-1956, FfM 1997, ²1998.

Heidenreich, Elke, Hermann Hesse und die Musik, in: Inspiration Hermann Hesse. Eine Hommage in Geschichten, hg. von Helga Esselborn-Krumbiegel, Berlin 2022, 97-104.

Heimdal, Anne Brith, Hermann Hesse: Der Steppenwolf. Krisis – Entwicklung – Bekenntnis. Eine Interpretation (Schriften des Deutschen Instituts der Universität Bergen, 7), Bergen 1980.

Hepp, Michael, Kurt Tucholsky. Biographische Annäherungen, Reinbek bei Hamburg 1999.

Herforth, Maria-Felicitas, Textanalyse und Interpretation zu Hermann Hesse, Der Steppenwolf (Königs Erläuterungen, Bd. 473), Hollfeld 2011.

Herforth, Maria-Felicitas, Erläuterungen zu Hermann Hesse, Unterm Rad (Königs Erläuterungen und Materialien, Bd. 17), Hollfeld 2011.

Herforth, Maria-Felicitas, Erläuterungen zu Hermann Hesse, Das Glasperlenspiel (Königs Erläuterungen und Materialien, Bd. 316), korr. Auflage Hollfeld 2003.

Herforth, Maria-Felicitas, Erläuterungen zu Hermann Hesse, Demian (Königs Erläuterungen und Materialien, Bd. 464), Hollfeld 2011.

Herforth, Maria-Felicitas, Hermann Hesse. Demian – Siddhartha – Der Steppenwolf (Königs Erläuterungen und Materialien, Bd. 138), 3. Auflage Hollfeld 2004.

Herforth, Maria-Felicitas, Hermann Hesse, Narziß und Goldmund, Hollfeld 2011.

Herforth, Maria-Felicitas, Interpretation zu Hermann Hesse: Siddhartha (= Königs Erläuterungen und Materialien 465), Hollfeld 2008.

Hermann Hesse 1877-1977. Stationen seines Lebens, des Werkes und seiner Wirkung. Gedenkausstellung zum 100. Geburtstag im Schiller-Nationalmuseum, Marbach am Neckar 1977.

Hermann Hesse – 100 Jahre Siddhartha/100 years of Siddhartha: DU 912 – Februar/März 2022, hg. v. Kulturmedien AG, Zürich 2022.

Hermann Hesse – Alfred Kubin. „Außerhalb des Tages und des Schwindels". Briefwechsel 1928-1952, hg. v. Volker Michels, FfM 2008.

Hermann Hesse – Diesseits des `Glasperlenspiels´ (Marbacher Magazin 98). Bearbeitet von Heike Gfrereis, Marbach am Neckar 2002.

Hermann Hesse – Karl Kerényi, Briefwechsel aus der Nähe, hg. v. Magda Kerényi, München-Wien 1972.

Hermann Hesse – Peter Suhrkamp, Briefwechsel 1945-1959, hg. v. Siegfried Unseld, FfM 1969.

Hermann Hesse – Peter Weiss, „Verehrter großer Zauberer". Briefwechsel 1937-1962, hg. v. Beat Mazenauer und Volker Michels, FfM 2009.

Hermann Hesse – Rudolf Jakob Humm, Briefwechsel, hg. v. Ursula und Volker Michels, FfM 1977.

Hermann Hesse – Ruth Wenger, „Liebes Herz!" Briefwechsel mit seiner zweiten Frau Ruth, hg. v. Ursula und Volker Michels, FfM 2005.

Hermann Hesse – Stefan Zweig, Briefwechsel, hg. v. Volker Michels (BS 1407), FfM 2006, 2022.

Hermann Hesse – Thomas Mann, Briefwechsel, hg. v. Anni Carlsson, erweitert von Volker Michels, FfM 1984, 2003.

Hermann Hesse und Stefan Zweig, „Die Tat beginnt immer mit dem Traum" (Hermann-Hesse-Lectures), hg. v. Volker Michels, FfM 2019.

Hermann Hesse. Mit Feder und Farbe. Werke aus dem Nachlass Heiner Hesse, hg. v. Regina Bucher, Ina Hildburg, Sebastian Möllers und Andreas Schäfer, Ostfildern 2014.

Hermann Hesse. Sein Leben in Bildern und Texten. Mit einem Vorwort von Hans Mayer, hg. v. Volker Michels, FfM 1979.

Hermann Hesse und die literarische Moderne. Kulturwissenschaftliche Facetten einer literarischen Konstante. Aufsätze und Materialien (st 3609), hg. v. Andreas Solbach, FfM 2004.

Hermann Hesses Indienreise. Eine Moritat. In Verse und Bilder gebracht von Otto Blümel (it 2430), herausgegeben von Volker Michels, FfM 2002.

Hermann Hesses weltweite Wirkung. Internationale Rezeptionsgeschichte, 3 Bände (st 386, st 506 und st 1927), hg. v. Martin Pfeifer, FfM 1977-1979 und 1991.
Herold, Denis, Biographien der Seele. Lebensentwürfe in Hermann Hesses Romanen „Der Steppenwolf" und „Narziß und Goldmund", Marburg 2008.
Hertl, Michael und Renate, Rainer Maria Rilke, Hermann Hesse, Nikos Kazantzakis: Lebens-Leidens-Jahre mit Leukämie, Würzburg 2004.
Herwig, Henriette, Musikästhetik und Genderkonstruktionen in Hermann Hesses Roman `Gertrud´, in: „Magischer Einklang". Dialog der Künste im Werk Hermann Hesses, hg. v. Henriette Herwig und Sikander Singh, Göttingen 2011, 103-118.
Herwig, Henriette, Vorwort, in: „Magischer Einklang". Dialog der Künste im Werk Hermann Hesses, hg. v. Henriette Herwig und Sikander Singh, Göttingen 2011, 7-13.
Herwig, Henriette/Trabert, Florian (Hg.), Der Grenzgänger Hermann Hesse. Neue Perspektiven der Forschung, Freiburg 2013.
Hess, Barbara, Hermann Hesse und seine Verleger. Die Beziehungen des Autors zu den Verlagen E. Diederichs, S. Fischer, A. Langen und Suhrkamp (Buchwissenschaftliche Beiträge aus dem Deutschen Bucharchiv München, Bd. 65), Wiesbaden 2000.
Hesse – Dank an Goethe. Betrachtungen, Rezensionen, Briefe. Mit einem Essay von Reso Karalaschwili (it 2250), FfM-Leipzig 1999.
Hesse, Bruno, Ein paar Erinnerungen an Vater, in: Volker Michels (Hg.), Hermann Hesse in Augenzeugenberichten, FfM 1987, 1991, 305-312.
Hesse, Heiner, Es ist nicht leicht, der Sohn eines berühmten Vaters zu sein, in: Volker Michels (Hg.), Hermann Hesse in Augenzeugenberichten, FfM 1987, 1991, 313-319.
Hesse, Hermann, „Das Lied des Lebens". Die schönsten Gedichte von Hermann Hesse, hg. v. Volker Michels, FfM 1986.
Hesse, Hermann, „Der Klang der Trommeln". Briefwechsel mit Hermann Hubacher, hg. v. Philipp Gut, Zürich 2011.
Hesse, Hermann, „Die dunkle und wilde Seite der Seele". Briefwechsel mit seinem Psychoanalytiker Josef Bernhard Lang 1916-1944, hg. v. Thomas Feitknecht, FfM 2006.
Hesse, Hermann, „Hier hatte ich mich durchgekämpft...", in: Hermann Hesse, Beschreibung einer Landschaft. Schweizer Miniaturen. Herausgegeben und mit einem Vorwort versehen von Siegfried Unseld (st 1970), FfM 1992, 35-42.

Hesse, Hermann, „Jedem Anfang wohnt ein Zauber inne." Lebensstufen. Ein Hermann Hesse Lesebuch im Suhrkamp Verlag, zusammengestellt von Volker Michels, FfM 1986, [7]1998.
Hesse, Hermann, „Mit dem Erstaunen fängt es an". Herkunft und Heimat, Natur und Kunst, zusammengestellt von Volker Michels, FfM 1986.
Hesse, Hermann, „Mit dem Vertrauen, daß wir einander nicht verloren gehen können." Briefwechsel mit seinen Söhnen Bruno und Heiner, hg. v. Michael Limberg in Zusammenarbeit mit Silver und Simon Hesse, Berlin 2019.
Hesse, Hermann, „Möglichst vorurteilslos nur die Erlebnisse der Seele notieren". Traumtagebuch der Psychoanalyse 1917/1918, in: Hermann Hesse, Traumgeschenk. Betrachtungen, Tagebücher, Erzählungen und Gedichte über das Träumen, hg. v. Volker Michels FfM 1996, 49-223.
Hesse, Hermann, „Sonne und Mond seien freundlich zu Ihnen, liebe Freundin!" Der Briefwechsel mit Anny und Hermann Bodmer, hg. v. Jürgen Below, Hamburg 2013.
Hesse, Hermann, Alemannisches Bekenntnis, in: Hermann Hesse, Beschreibung einer Landschaft. Schweizer Miniaturen. Herausgegeben und mit einem Vorwort versehen von Siegfried Unseld (st 1970), FfM 1992, 29-33.
Hesse, Hermann, Am Weg. Erzählungen, Konstanz 1915.
Hesse, Hermann, Am Weg. Erzählungen. Neuauflage, illustriert von Louis Moilliet, Zürich 1946.
Hesse, Hermann, Am Weg. Frühe Erzählungen, Zürich 1979.
Hesse, Hermann, Ausgewählte Gedichte, Berlin 1921.
Hesse, Hermann, Ausgewählte Briefe. Erweiterte Ausgabe (st 211), hg. v. Ninon Hesse, FfM 1974.
Hesse, Hermann, Aus Indien. Aufzeichnungen von einer indischen Reise, Berlin 1913.
Hesse, Hermann, Aus Indien (1913). Aufzeichnungen, Tagebücher, Gedichte, Betrachtungen und Erzählungen (st 562). Um Texte aus dem Nachlass erweitert von Volker Michels, FfM 1980, 1995, 2002.
Hesse, Hermann, Aus Kinderzeiten. Gesammelte Erzählungen, Bd. 1, 1900-1905 (st 347), FfM 1977, 1999.
Hesse, Hermann, Aus Kinderzeiten, in: ders., Das Nachtpfauenauge. Ausgewählte Erzählungen, Stuttgart 1976, 3-24.
Hesse, Hermann, Autobiographische Schriften. Auswahl von Siegfried Unseld, FfM 1972, Reinbek 1981.
Hesse, Hermann, Bäume. Mit Fotografien von Dagmar Morath und Zeichnungen von Hermann Hesse, hg. und mit einem Nachwort v.

Volker Michels (Insel Bücherei Nr. 1393, Sonderausgabe), Berlin 2014, 2022.
Hesse, Hermann, Bäume. Betrachtungen und Gedichte, hg. v. Volker Michels. Mit Fotografien von Imme Techentin, FfM 1952.
Hesse, Hermann, Bäume. Betrachtungen und Gedichte, hg. v. Volker Michels. Mit Fotografien von Imme Techentin (Taschenbuchausgabe), FfM 1984.
Hesse, Hermann, Basler Erinnerungen, in: Hermann Hesse, Beschreibung einer Landschaft. Schweizer Miniaturen. Herausgegeben und mit einem Vorwort versehen von Siegfried Unseld (st 1970), FfM 1992, 168-172.
Hesse, Hermann, Bericht aus Normalien. Humoristische Erzählungen, Gedichte und Anekdoten, FfM 1986.
Hesse, Hermann, Berthold. Ein Romanfragment, Zürich 1945.
Hesse, Hermann, Berthold. Erzählung, hg. v. Volker Michels, FfM 1985.
Hesse, Hermann, Beschreibung einer Landschaft. Schweizer Miniaturen. Herausgegeben und mit einem Vorwort versehen von Siegfried Unseld (st 1970), FfM 1992, 2020.
Hesse, Hermann, Beschwörungen. Späte Prosa – Neue Folge, Berlin 1955.
Hesse, Hermann, Betrachtungen, Berlin 1928.
Hesse, Hermann, Bilder aus der Toskana. Von Florenz bis Siena. Ausgewählt und mit einem Nachwort versehen von Volker Michels (it 3482), Berlin 2010, ^{2}2019.
Hesse, Hermann, Bilderbuch. Schilderungen, Berlin 1926.
Hesse, Hermann, Biographische Notizen, zit. nach Wilfried Setzler, Hesse in Tübingen, Tübingen 2002, 7-8.
Hesse, Hermann, Blick nach dem Fernen Osten. Erzählungen, Legenden, Gedichte und Betrachtungen, hg. v. Volker Michels, FfM 2002.
Hesse, Hermann, Blick ins Chaos, Bern 1920.
Hesse, Hermann, Boccaccio, Berlin 1904.
Hesse, Hermann, Boccaccio, der Dichter des Dekameron (Insel Bücherei Nr. 1131), FfM 1995.
Hesse, Hermann, Bodensee. Betrachtungen, Erzählungen, Gedichte. Hg. und eingeleitet von Volker Michels, mit einem Nachwort von Lothar Klein, Sigmaringen 1977.
Hesse, Hermann, Brief an einen Kommunisten, in: ders., Politik des Gewissens. Die politischen Schriften. Erster Band: 1914-1932 (st 656), FfM 1981, 466-470.
Hesse, Hermann, Briefe, Berlin 1951.

Hesse, Hermann, Briefe, von Ninon Hesse erweiterte Ausgabe, Berlin 1964.
Hesse, Hermann, Briefe an Freunde. Rundbriefe 1946-1962, zusammengestellt von Volker Michels (st 380), FfM 1977.
Hesse, Hermann, Briefwechsel mit Heinrich Wiegand 1924-1934, Berlin 1978.
Hesse, Hermann, China. Weisheit des Ostens (st 4106), hg. v. Volker Michels, FfM 2009, ^{3}2017.
Hesse, Hermann, Dank an Goethe. Betrachtungen, Rezensionen, Briefe. Mit einem Essay von Reso Karalaschwili, FfM 1999.
Hesse, Hermann, Das erzählerische Werk. Sämtliche Jugendschriften, Romane, Erzählungen, Märchen und Gedichte (10 Bde.), hg. von Volker Michels, Berlin 2017.
Hesse, Hermann, Das essayistische Werk. Autobiographische Schriften, Betrachtungen und Berichte, Die Politischen Schriften (10 Bde.), hg. von Volker Michels, Berlin 2012.
Hesse, Hermann, Das Glasperlenspiel. Versuch einer Lebensbeschreibung des Magister Ludi Josef Knecht samt Knechts hinterlassenen Schriften, herausgegeben von Hermann Hesse, 2 Bände, Zürich 1943.
Hesse, Hermann, Das Glasperlenspiel. Versuch einer Lebensbeschreibung des Magister Ludi Josef Knecht samt Knechts hinterlassenen Schriften, herausgegeben von Hermann Hesse, Berlin 1951.
Hesse, Hermann, Das Glasperlenspiel. Versuch einer Lebensbeschreibung des Magister Ludi Josef Knecht samt Knechts hinterlassenen Schriften, herausgegeben von Heiner Hesse (ungekürzte Sonderausgabe), Küsnacht 1971.
Hesse, Hermann, Das Glasperlenspiel. Versuch einer Lebensbeschreibung des Magister Ludi Josef Knecht samt Knechts hinterlassenen Schriften (st 79), FfM 1972, 1984.
Hesse, Hermann, Das Glasperlenspiel. Versuch einer Lebensbeschreibung des Magister Ludi Josef Knecht samt Knechts hinterlassenen Schriften (zweibändige Taschenbuchausgabe), Berlin (Ost)-Weimar 1987.
Hesse, Hermann, Das Glasperlenspiel. Versuch einer Lebensbeschreibung des Magister Ludi Josef Knecht, Josef Knechts hinterlassene Schriften (st 2572), FfM 1996.
Hesse, Hermann, Das Glasperlenspiel. Versuch einer Lebensbeschreibung des Magister Ludi Josef Knecht. Sonderausgabe zum 125. Geburtstag 2002, FfM 2002.
Hesse, Hermann, Das Glasperlenspiel. Mit einem Anhang zur Aktualität von Hesses Alterswerk (st 4357), FfM 2012.

Hesse, Hermann, Kaminfegerchen, in: ders., Das Nachtpfauenauge. Ausgewählte Erzählungen, Stuttgart 1976, 150-155.
Hesse, Hermann, Das Leben bestehen. Krisis und Wandlung, hg. v. Volker Michels, FfM 1986.
Hesse, Hermann, Das Nachtpfauenauge, in: ders., Das Nachtpfauenauge. Ausgewählte Erzählungen, Stuttgart 1976, 72-80.
Hesse, Hermann, Demian. Die Geschichte von Emil Sinclairs Jugend, Berlin 1920.
Hesse, Hermann, Demian. Die Geschichte von Emil Sinclairs Jugend, FfM 1966 (Bibliothek Suhrkamp, Bd. 95), FfM ^{26}2004.
Hesse, Hermann, Demian. Die Geschichte von Emil Sinclairs Jugend (st 206), FfM 1974, ^{34}1996.
Hesse, Hermann, Demian. Die Geschichte von Emil Sinclairs Jugend. Text und Kommentar (Suhrkamp BasisBibliothek), hg. v. Heribert Kuhn, FfM ^{10}2000.
Hesse, Hermann, Demian. Die Geschichte von Emil Sinclairs Jugend (st 4353). Mit einem Nachwort von Volker Michels, Berlin 2012.
Hesse, Hermann, Der Europäer. Gesammelte Erzählungen, Bd. 3: 1909 bis 1918 (st 384), FfM 1977.
Hesse, Hermann, Der innere Kompaß. Gedanken aus seinen Werken und Briefen, zusammengestellt von Volker Michels (st 3975), FfM 2008.
Hesse, Hermann, Der lahme Knabe, Zürich 1937.
Hesse, Hermann, Der Steppenwolf, Berlin 1927.
Hesse, Hermann, Der Steppenwolf, Zürich 1946.
Hesse, Hermann, Der Steppenwolf. Roman, München 1963.
Hesse, Hermann, Der Steppenwolf (Bibliothek Suhrkamp, Bd. 226), FfM 1969, Neuausgabe 1986 (BS 869).
Hesse, Hermann, Der Steppenwolf. Erzählung (st 175), FfM ^{14}1980.
Hesse, Hermann, Der Steppenwolf und unbekannte Texte aus dem Umkreis des `Steppenwolf´, hg. und mit einem Essay von Volker Michels, FfM 1972.
Hesse, Hermann, Der vierte Lebenslauf Josef Knechts. Zwei Fassungen. Mit einem Nachwort von Theodore Ziolkowski (Bibliothek Suhrkamp, Bd. 181), FfM 1966, 1986, 2000.
Hesse, Hermann, Der Wolf, in: ders., Das Nachtpfauenauge. Ausgewählte Erzählungen, Stuttgart 1976, 25-29.
Hesse, Hermann, Die Antwort bist du selbst. Briefe an junge Menschen (it 2583), hg. v. Volker Michels, FfM 2000.
Hesse, Hermann, Die Briefe (zehn Bände), hg. v. Volker Michels, Berlin 2012ff.

Hesse, Hermann, Die Einheit hinter den Gegensätzen. Religionen und Mythen, FfM 1986.
Hesse, Hermann, Die Fremdenstadt im Süden, in: ders., Das Nachtpfauenauge. Ausgewählte Erzählungen, Stuttgart 1976, 90-104.
Hesse, Hermann, Die Gedichte, Zürich 1942.
Hesse, Hermann, Die Gedichte. Ergänzte Neuausgabe, FfM 1953.
Hesse, Hermann, Die Gedichte. Neuausgabe in einem Band, FfM 1992.
Hesse, Hermann, Die Gedichte (it 2762), FfM 2001.
Hesse, Hermann, Die Gedichte. Neu eingerichtet und um Gedichte aus dem Nachlaß erweitert von Volker Michels, 2 Bde. (st 381), FfM 1977.
Hesse, Hermann, Die Heimkehr, Berlin 2012.
Hesse, Hermann, Die Kunst des Müßiggangs. Kurze Prosa aus dem Nachlaß (st 100). Herausgegeben und mit einem Nachwort von Volker Michels, FfM 1973.
Hesse, Hermann, Die Märchen, zusammengestellt und hg. v. Volker Michels (st 291), FfM 1975, 1979, 2006.
Hesse, Hermann, Die Märchen, Legenden, Übertragungen, Dramatisches, Idyllen, in: Das erzählerische Werk, Bd. 9, hg. v. Volker Michels, Berlin 2017.
Hesse, Hermann, Die Morgenlandfahrt. Eine Erzählung, Berlin 1932.
Hesse, Hermann, Die Morgenlandfahrt (Bibliothek Suhrkamp, Bd. 1), FfM ^{6}1951.
Hesse, Hermann, Die Morgenlandfahrt. Eine Erzählung (st 750), FfM 1982.
Hesse, Hermann, Die Nürnberger Reise, Berlin 1927.
Hesse, Hermann, Die Nürnberger Reise (st 227), FfM 1975.
Hesse, Hermann, Die Nürnberger Reise. Nachwort von Siegfried Unseld. Mit Farbfotografien von Pieter Jos van Limbergen, FfM 1994.
Hesse, Hermann, Die Nürnberger Reise. Nachwort von Siegfried Unseld. Mit Farbfotografien von Pieter Jos van Limbergen (Insel Taschenbuch 4279), Berlin 2013.
Hesse, Hermann, Die schönsten Erzählungen, zusammengestellt von Volker Michels (st 3638), FfM 2002, ^{6}2021.
Hesse, Hermann, Die späten Gedichte (Insel Bücherei Nr. 803), FfM 1963.
Hesse, Hermann, Die Stadt, in: ders., Das Nachtpfauenauge. Ausgewählte Erzählungen, Stuttgart 1976, 30-36.
Hesse, Hermann, Die Verlobung. Gesammelte Erzählungen, Bd. 2, 1906 bis 1908 (st 368), FfM 1977.

Hesse, Hermann, Die Welt im Buch. Leseerfahrungen I: Rezensionen und Aufsätze 1900-1910. In Zusammenarbeit mit Heiner Hesse hg. v. Volker Michels, FfM 1988.
Hesse, Hermann, Die Welt im Buch. Leseerfahrungen II: Rezensionen und Aufsätze 1911-1916. In Zusammenarbeit mit Heiner Hesse hg. v. Volker Michels, FfM 1998.
Hesse, Hermann, Die Welt im Buch. Leseerfahrungen III: Rezensionen und Aufsätze 1917-1925. In Zusammenarbeit mit Heiner Hesse hg. v. Volker Michels, FfM 2002.
Hesse, Hermann, Die Welt im Buch. Leseerfahrungen IV: Rezensionen und Aufsätze 1926-1934. In Zusammenarbeit mit Heiner Hesse hg. v. Volker Michels, FfM 2003.
Hesse, Hermann, Die Welt im Buch. Leseerfahrungen V. Rezensionen und Aufsätze aus den Jahren 1935-1962. Nachlese und Gesamtverzeichnis der in den Bänden I-V besprochenen und empfohlenen Bücher. In Zusammenarbeit mit Heiner Hesse und Marco Schickling hg. v. Volker Michels, FfM 2005.
Hesse, Hermann, Die Welt der Bücher. Betrachtungen und Aufsätze zur Literatur (st 415), FfM 1977.
Hesse, Hermann, Diesseits. Erzählungen, Berlin 1907.
Hesse, Hermann, Diesseits. Erzählungen. Umgearbeitete und ergänzte Neuausgabe, Berlin 1930.
Hesse, Hermann, Diesseits. Kleine Welt. Fabulierbuch, FfM 1954.
Hesse, Hermann, Doktor Knölges Ende, in: Hermann Hesse, Die Kunst des Müßiggangs. Kurze Prosa aus dem Nachlaß. Herausgegeben und mit einem Nachwort von Volker Michels (st 100), FfM 1973, 115-121.
Hesse, Hermann, Eigensinn, in: Hermann Hesse, Politik des Gewissens, Die politischen Schriften. Mit einem Vorwort von Robert Jungk, hg. v. Volker Michels. Erster Band, FfM 1977, 1981, 2021, 229-234.
Hesse, Hermann, Eigensinn, in: Materialien zu Hermann Hesses \`Demian´. Erster Band: Die Entstehungsgeschichte in Selbstzeugnissen und Dokumenten, hg. v. Volker Michels (st 1947), FfM 1993, 315-320.
Hesse, Hermann, Eigensinn macht Spaß. Individuation und Anpassung. Ein Hermann Hesse Lesebuch, FfM 1986.
Hesse, Hermann, Eigensinn macht Spaß. Individuation und Anpassung. Ausgewählt von Volker Michels (it 2856), FfM 2002.
Hesse, Hermann, Eine Bibliothek der Weltliteratur, Leipzig 1929.
Hesse, Hermann, Eine Bibliothek der Weltliteratur, Zürich 1946.

Hesse, Hermann, Eine Bibliothek der Weltliteratur (RUB Nr. 7003), Ditzingen 1986.
Hesse, Hermann, Eine Chronik in Bildern. Bearbeitet und mit einer Einführung versehen von Bernhard Zeller, FfM 1960, erweiterte Auflage 1977.
Hesse, Hermann, Eine Literaturgeschichte in Rezensionen und Aufsätzen (st 252), hg. v. Volker Michels, FfM 1975.
Hesse, Hermann, Einst in Würzburg, in: Volker Michels (Hg.), Hermann Hesse. Die Kunst des Müßiggangs. Kurze Prosa aus dem Nachlaß, FfMm 1973, 418-423.
Hesse, Hermann, Eine Stunde hinter Mitternacht. Neun Prosastudien, Leipzig 1899.
Hesse, Hermann, Eine Stunde hinter Mitternacht, Zürich 1941, Nachdruck 1942.
Hesse, Hermann, Eine Stunde hinter Mitternacht. Frühe Prosa, München 2002, 2019.
Hesse, Hermann, Engadiner Erlebnisse. Erinnerungen, Gedichte, Briefe und Aquarelle (it 4837), hg. v. Volker Michels, Berlin 2020.
Hesse, Hermann, Entdecke dich selbst (Insel Bücherei Nr. 2511), Berlin 2016.
Hesse, Hermann, Erinnerungen an Othmar Schoeck, in: Hermann Hesse, Beschreibung einer Landschaft. Schweizer Miniaturen. Herausgegeben und mit einem Vorwort versehen von Siegfried Unseld (st 1970), FfM 1992, 243-255.
Hesse, Hermann, Erlebnis in der Knabenzeit. Erzählungen (st 3801)), FfM 2006.
Hesse, Hermann, Erzählungen und Märchen, hg. v. Volker Michels, FfM 2009.
Hesse, Hermann, Fabulierbuch. Erzählungen, Berlin 1935.
Hesse, Hermann, Farbe ist Leben. Die schönsten Aquarelle, hg. v. Volker Michels, FfM 2020.
Hesse, Hermann, Franz von Assisi, Berlin 1904.
Hesse, Hermann, Franz von Assisi. Mit Fresken von Giotto und einem Essay von Fritz Wagner, FfM 1988.
Hesse, Hermann, Freude am Garten, hg. von Volker Michels, FfM 1992, 2012.
Hesse, Hermann, Freunde. Erzählung (st 1284), FfM 1986.
Hesse, Hermann, Gedenkblätter, Berlin 1937.
Hesse, Hermann, Gedenkblätter. Erinnerungen an Zeitgenossen, FfM 1984.
Hesse, Hermann, Gedichte, hg. und eingeleitet von Carl Busse, Berlin 1902.

Hesse, Hermann, Gedichte des Malers. Zehn Gedichte mit farbigen Zeichnungen, FfM 1985.
Hesse, Hermann, Gerbersau, Tübingen 1949.
Hesse, Hermann, Gertrud. Roman, München 1910.
Hesse, Hermann, Gertrud. Roman. Geleitwort von Hanns Martin Elster, Berlin 1927.
Hesse, Hermann, Gertrud. Roman, FfM 1955.
Hesse, Hermann, Gertrud. Roman (rororo 1664), Reinbek 1973.
Hesse, Hermann, Gertrud. Roman (st 890), FfM 1983.
Hesse, Hermann, Gesammelte Briefe in vier Bänden (Bd. 1 [1895-1921], FfM 1973; Bd. 2 [1922-1935], FfM 1979]; Bd. 3 [1936-1948], FfM 1982; Bd. 4 [1949-1962], FfM 1986), in Zusammenarbeit mit Heiner Hesse hg. v. Ursula und Volker Michels, FfM 1973-1986, 1990.
Hesse, Hermann, Gesammelte Erzählungen in vier Bänden, zusammengestellt von Volker Michels (Bd. 1: Aus Kinderzeiten [1900-1905, st 347]; Bd. 2: Die Verlobung [1906-1908, st 368]; Bd. 3: Der Europäer [1909-1918, st 384]; Bd. 4: Innen und Außen [1919-1955, st 413]), FfM 1977, 1982.
Hesse, Hermann, Gesammelte Erzählungen in sechs Bänden, zusammengestellt von Volker Michels, FfM 1983, 1990, 1993.
Hesse, Hermann, Gesammelte Schriften in sieben Bänden, FfM 1957 (Neuausgabe FfM 1978).
Hesse, Hermann, Gesammelte Werke (GW) in 12 Bänden (Bd. 1: Gedichte. Frühe Prosa. Peter Camenzind; Bd. 2: Unterm Rad. Diesseits; Bd. 3: Gertrud. Kleine Welt; Bd. 4: Roßhalde. Fabulierbuch. Knulp; Bd. 5: Demian. Klingsor. Siddhartha; Bd. 6: Märchen. Wanderung. Bilderbuch. Traumfährte; Bd. 7: Kurgast. Nürnberger Reise. Der Steppenwolf; Bd. 8: Narziß und Goldmund. Die Morgenlandfahrt. Späte Prosa; Bd. 9: Das Glasperlenspiel; Bd. 10: Gedenkblätter. Betrachtungen; Bd. 11: Schriften zur Literatur 1; Bd. 12: Schriften zur Literatur 2), werkausgabe edition suhrkamp, hg. von Volker Michels, FfM 1970, 1987, 2000.
Hesse, Hermann, Glück. Späte Prosa: Betrachtungen (Bibliothek Suhrkamp, Bd. 344), FfM 2018.
Hesse, Hermann, Hinterlassene Schriften und Gedichte von Hermann Lauscher, Basel 1901.
Hesse, Hermann, Hermann Lauscher, Düsseldorf 1907.
Hesse, Hermann, Hermann Lauscher, München o. J. (= 1911).
Hesse, Hermann, Hermann Lauscher. Mit 25 Zeichnungen von Gunter Böhmer, Berlin 1933.
Hesse, Hermann, Hermann Lauscher. Mit einem Nachwort von Hans Bender (Reclams Universalbibliothek, Bd. 9665), Stuttgart 1974.

Hesse, Hermann, Hermann Lauscher. Mit frühen, teils unveröffentlichten Zeichnungen und einem Nachwort von Gunter Böhmer (it 206), FfM 1976.
Hesse, Hermann, Hermann Lauscher (st 2517), FfM 1996.
Hesse, Hermann, In den Felsen. Notizen eines Naturmenschen, in: ders., Sämtliche Werke, Bd. 11: Autobiographische Schriften I, hg. v. Volker Michels, FfM 2003, 314-322.
Hesse, Hermann, In der Augenklinik, in: Hermann Hesse, Die Kunst des Müßiggangs. Kurze Prosa aus dem Nachlaß. Herausgegeben und mit einem Nachwort von Volker Michels (st 100), FfM 1973, 64-66.
Hesse, Hermann, Innen und Außen. Gesammelte Erzählungen, Bd. 4: 1919 bis 1955 (st 413), FfM 1996.
Hesse, Hermann, In Weihnachtszeiten. Erinnerungen, Betrachtungen, Gedichte. Ausgewählt von Volker Michels (it 2418), FfM und Leipzig 2001.
Hesse, Hermann, In Weihnachtszeiten. Betrachtungen, Gedichte und Aquarelle des Verfassers. Ausgewählt und mit einem Nachwort versehen von Volker Michels (it 4404), Berlin 2015.
Hesse, Hermann, Iris (Bibliothek Suhrkamp, Bd. 369), FfM 1984.
Hesse, Hermann, Italien. Schilderungen, Tagebücher, Gedichte, Aufsätze, Buchbesprechungen und Erzählungen. Herausgegeben und mit einem Nachwort versehen von Volker Michels (st 689), FfM 1983.
Hesse, Hermann, Jahre am Bodensee. Erinnerungen, Betrachtungen, Briefe und Gedichte, hg. v. Volker Michels, FfM 2010.
Hesse, Hermann, Jedem Anfang wohnt ein Zauber inne. Lebensstufen, zusammengestellt von Volker Michels, FfM 1986.
Hesse, Hermann, Josef Knechts Lebensläufe (Bibliothek Suhrkamp, Bd. 541), FfM 1977.
Hesse, Hermann, Jugendland. Erzählungen und Erinnerungen, hg. v. Herbert Schnierle-Lutz (Eine kleine Landesbibliothek, hg. v. Hermann Bausinger, Friedemann Schmoll, Monique Cantré und Werner Witt), Berlin 2011.
Hesse, Hermann, Klein und Wagner. Erzählung (Bibliothek Suhrkamp, Bd. 43), FfM 1958.
Hesse, Hermann, Klein und Wagner. Novelle (st 116), FfM 1973, ^{21}2014.
Hesse, Hermann, Kleine Freuden. Verstreute und kurze Prosa aus dem Nachlaß, hg. und mit einem Nachwort von Volker Michels (st 360), FfM 1977.
Hesse, Hermann, Kleine Welt, Berlin 1933.

Hesse, Hermann, Klingsors letzter Sommer. Erzählungen, Berlin 1920.
Hesse, Hermann, Klingsors letzter Sommer. Erzählung mit farbigen Bildern vom Verfasser (Bibliothek Suhrkamp, Bd. 608), FfM 1985.
Hesse, Hermann, Klingsors letzter Sommer (Insel-Bücherei Nr. 1431), Berlin 2017.
Hesse, Hermann, Klingsors letzter Sommer. Illustriert von Karin Widmer, Großhansdorf 2019.
Hesse, Hermann, Knulp. Drei Geschichten aus dem Leben Knulps (Fischers Bibliothek zeitgenössischer Romane, 6. Reihe, Bd. 10), Berlin 1915.
Hesse, Hermann, Knulp. Drei Geschichten aus dem Leben Knulps. Mit Zeichnungen von Niklaus Stoecklin, Zürich 1944.
Hesse, Hermann, Knulp. Drei Geschichten aus dem Leben Knulps. Mit 16 Steinzeichnungen von Karl Walser (Bibliothek Suhrkamp, Bd. 75), FfM 1963, [21]1988.
Hesse, Hermann, Knulp. Drei Geschichten aus dem Leben Knulps (st 1571), FfM 1988.
Hesse, Hermann, Krieg und Frieden. Betrachtungen zu Krieg und Politik seit dem Jahr 1914, Zürich 1946.
Hesse, Hermann, Krisis. Ein Stück Tagebuch, FfM 1981.
Hesse, Hermann, Kunst des Müßiggangs. Kurze Prosa aus dem Nachlaß, hg. v. Volker Michels, FfM 1973.
Hesse, Hermann, Kurgast. Aufzeichnungen von einer Badener Kur, Berlin 1925, [15]1939.
Hesse, Hermann, Kurgast. Aufzeichnungen von einer Badener Kur (st 383), FfM [4]1979.
Hesse, Hermann, Kurgast. Aufzeichnungen von einer Badener Kur (Insel-Bücherei, Bd. 814), FfM 1964.
Hesse, Hermann, Kurgast. Aufzeichnungen von einer Badener Kur. Nachwort von Volker Michels (st 383), FfM 2008.
Hesse, Hermann, Kurgast. Die Nürnberger Reise. Zwei Erzählungen, Zürich 1946.
Hesse, Hermann, Kurgast. Mit den \`Aufzeichnungen von einer Badener Kur´ (Bibliothek Suhrkamp, Bd. 329), FfM 1972.
Hesse, Hermann, Kurgast. Aufzeichnungen von einer Badener Kur (st 383), FfM 1977.
Hesse, Hermann, Kurgast. Aufzeichnungen von einer Badener Kur. Nachwort von Volker Michels und mit Photographien von Pieter Jos van Limbergen (it 2386) FfM 1999.
Hesse, Hermann, Lagunenzauber. Aufzeichnungen aus Venedig, hg. v. Volker Michels. Mit zahlreichen Abbildungen, Berlin 2016.

Hesse, Hermann, Lebenszeiten. Ein Brevier. Ediert von Siegfried Unseld (it 2343), FfM 1994.
Hesse, Hermann, Legenden, zusammengestellt von Volker Michels (Bibliothek Suhrkamp, Bd. 472), FfM 1983.
Hesse, Hermann, Lektüre für Minuten. Gedanken aus seinen Büchern und Briefen, FfM 1971, 1975, 1977.
Hesse, Hermann, Lektüre für Minuten. Gedanken aus seinen Büchern und Briefen. Auswahl und Nachwort von Volker Michels, FfM 1992.
Hesse, Hermann, Lesebuch (Erzählungen, Betrachtungen und Gedichte), FfM 1992.
Hesse, Hermann, Liebesgeschichten (st 2400), FfM 1995, ^{10}2018.
Hesse, Hermann, Luftreisen (it 1604), hg. v. Volker Michels, FfM 1994.
Hesse, Hermann, Märchen, Berlin 1919.
Hesse, Hermann, Magie des Buches. Betrachtungen (Bibliothek Suhrkamp, Bd. 542), FfM 1992.
Hesse, Hermann, Mein Glaube (Bibliothek Suhrkamp, Bd. 300), FfM 1971.
Hesse, Hermann, Merkwürdige Nachricht von einem andern Stern, in: Märchen deutscher Dichter. Ausgewählt von Elisabeth Borchers (insel taschenbuch 13), FfM 1972, 61979, 62-83.
Hesse, Hermann, Mit der Reife wird man immer jünger. Betrachtungen und Gedichte über das Alter (in großer Schrift). Mit Fotografien von Martin Hesse, hg. von Volker Michels (insel taschenbuch 2311), FfM 1990.
Hesse, Hermann, Mit der Reife wird man immer jünger. Betrachtungen und Gedichte über das Alter. Mit Fotografien von Martin Hesse, hg. von Volker Michels (st 3551), FfM 2003.
Hesse, Hermann, Mit Hesse reisen. Betrachtungen und Gedichte, hg. v. Volker Michels. Erweiterte Neuauflage, FfM 1990.
Hesse, Hermann, Musik des Einsamen, Heilbronn 1915, 1936.
Hesse, Hermann, Musik. Betrachtungen, Gedichte, Rezensionen, Briefe. Mit einem Essay von Hermann Kasack, hg. v. Volker Michels (Bibliothek Suhrkamp, Bd. 483), FfM 1976, erweiterte Auflage ebda. 1986.
Hesse, Hermann, Nachbarn. Erzählungen, Berlin 1908.
Hesse, Hermann, Narziß und Goldmund, Berlin 1930.
Hesse, Hermann, Narziß und Goldmund. Erzählung, Zürich 1945.
Hesse, Hermann, Narziß und Goldmund. Erzählung (Bibliothek Suhrkamp, Bd. 65), FfM 1971.

Hesse, Hermann, Narziß und Goldmund. Erzählung (st 274), FfM 1975.
Hesse, Hermann, Narziß und Goldmund. Erzählung. Mit einem Kommentar von Heribert Kuhn (SuhrkampBasisBibliothek 40), FfM 2003.
Hesse, Hermann, Narziß und Goldmund. Erzählung (st 4356), Berlin 2012.
Hesse, Hermann, Narziß und Goldmund. Erzählung (st 5123), Berlin 2020.
Hesse, Hermann, Neue Gedichte, Berlin 1937.
Hesse, Hermann, Neue Erzählungen und Märchen (Insel Bücherei Nr. 1042), Leipzig 1981.
Hesse, Hermann, Nur wer liebt, ist lebendig. Frühe Liebesgeschichten, FfM 2003.
Hesse, Hermann, Peter Camenzind, Berlin 1904.
Hesse, Hermann, Peter Camenzind, Berlin 1950.
Hesse, Hermann, Peter Camenzind. Erzählung (st 161), FfM 1974.
Hesse, Hermann, Peter Camenzind. Roman (Bibliothek Suhrkamp, Bd. 1345). Mit einem Nachwort von Siegfried Unseld, FfM 2001.
Hesse, Hermann, Peter Camenzind (Suhrkamp Basisbibliothek, Bd. 83). Mit einem Kommentar von Heribert Kuhn, FfM 2007.
Hesse, Hermann, Piktors Verwandlungen, FfM 1981.
Hesse, Hermann, Politik des Gewissens. Die politischen Schriften. Mit einem Vorwort von Robert Jungk, hg. v. Volker Michels. Zwei Bände (Bd. 1: 1914-1932; Bd. 2: 1932-1962), FfM 1977, 1981, 2021.
Hesse, Hermann, Politische Betrachtungen (Bibliothek Suhrkamp, Bd. 244), FfM 1970.
Hesse, Hermann, Prosa aus dem Nachlass, FfM 1965.
Hesse, Hermann, Rede, gehalten am 1. Juli 1962 anläßlich der Verleihung des Ehrenbürgerrechts der Gemeinde Montagnola, in: ders., Beschreibung einer Landschaft. Schweizer Miniaturen. Herausgegeben und mit einem Vorwort versehen von Siegfried Unseld (st 1970), FfM 1992, 228-229.
Hesse, Hermann, Romane. 6 Beiträge (= Interpretationen, Reclam UB 8812), Stuttgart 1994.
Hesse, Hermann, Romantische Lieder, Dresden 1899.
Hesse, Hermann, Roßhalde. Roman, Berlin 1914.
Hesse, Hermann, Sämtliche Erzählungen in sechs Bänden (Bd. 1: \`Erlebnis in der Knabenzeit´ 1899-1902; Bd 2: \`Heumond´, 1903-1905; Bd. 3: \`Das erste Abenteuer´, 1905-1907; Bd. 4: \`Die Heimkehr´, 1908-1910; \`Der Weltverbesserer´, 1910-1918; \`Traumfährte´, 1919-1955), FfM 2006.

Hesse, Hermann, Sämtliche Werke in 20 Bänden und 1 Registerband (Bd. 1: Jugendschriften; Bd. 2: Die Romane: Peter Camenzind. Unterm Rad. Gertrud; Bd. 3: Die Romane: Roßhalde. Knulp. Demian. Siddhartha; Bd. 4: Die Romane: Der Steppenwolf. Narziß und Goldmund. Die Morgenlandfahrt; Bd. 5: Die Romane: Das Glasperlenspiel; Bd. 6: Die Erzählungen 1, 1900-1906; Bd. 7: Die Erzählungen 2, 1907-1910; Bd. 8: Die Erzählungen 3, 1911-1954; Bd. 9: Die Märchen. Legenden. Übertragungen. Dramatisches. Idyllen; Bd. 10: Die Gedichte; Bd. 11: Autobiographische Schriften I; Bd. 12: Autobiographische Schriften II; Bd. 13: Betrachtungen und Berichte I [1899-1926]; Bd. 14: Betrachtungen und Berichte II [1927-1961]; Bd. 15: Die politischen Schriften. Eine Dokumentation; Bd. 16: Die Welt im Buch I. Rezensionen und Aufsätze; Bd. 17: Die Welt im Buch II. Rezensionen und Aufsätze; Bd. 18: Die Welt im Buch III. Rezensionen und Aufsätze; Bd. 19: Die Welt im Buch IV. Rezensionen und Aufsätze; Bd. 20: Die Welt im Buch V. Rezensionen und Aufsätze. Nachlese und Titelverzeichnis der Sämtlichen Werke; Registerband), hg. v. Volker Michels, FfM 2001-2007.

Hesse, Hermann, Schmetterlinge. Betrachtungen, Erzählungen, Gedichte. Mit farbigen Abbildungen. Zusammengestellt und herausgegeben von Volker Michels (it 2424), FfM und Leipzig 2002.

Hesse, Hermann, Schön ist die Jugend. Zwei Erzählungen (Fischers Bibliothek zeitgenössischer Romane, Bd. 9), Berlin 1916, 1942.

Hesse, Hermann, Schön ist die Jugend. Zwei Erzählungen, Zürich 1946, ^{2}1953.

Hesse, Hermann, Schön ist die Jugend. Der Zyklon. Zwei Erzählungen, FfM 1961.

Hesse, Hermann, Schön ist die Jugend. Erzählungen (Fischer Taschenbücher Nr. 1273), FfM 1971.

Hesse, Hermann, Schön ist die Jugend. Erzählung (st 1380), FfM 1988, ^{4}1994.

Hesse, Hermann, Sehnsucht nach Indien. Erzählungen (st 3793), FfM 2006.

Hesse, Hermann, Siddhartha, Berlin 1922.

Hesse, Hermann, Siddhartha. Eine indische Dichtung, Berlin 1950.

Hesse, Hermann, Siddhartha. Eine indische Dichtung (rororo 951), Reinbek 1967.

Hesse, Hermann, Siddhartha. Eine indische Dichtung (BS 227), FfM 1969.

Hesse, Hermann, Siddhartha. Eine indische Dichtung (st 182), FfM 1974.

Hesse, Hermann, Siddhartha. Eine indische Dichtung. Mit einem Kommentar von Heribert Kuhn (sbb 2), FfM 1998.
Hesse, Hermann, Siddhartha. Eine indische Dichtung. Mit einem Nachwort von Volker Michels (st 4354), FfM 2012.
Hesse, Hermann, Späte Prosa, Berlin 1951.
Hesse, Hermann, Spaziergang in Würzburg, hg. v. Franz Xaver Münzel (Privatdruck), St. Gallen 1945.
Hesse, Hermann, Spiel mit Farben. Der Dichter als Maler, hg. v. Volker Michels, FfM 2005.
Hesse, Hermann, Stufen. Ausgewählte Gedichte (Bibliothek Suhrkamp, Bd. 342), FfM 1978,
Hesse, Hermann, Stunden im Garten. Eine Idylle, Wien 1936.
Hesse, Hermann, Stunden im Garten. Der lahme Knabe. Zwei Idyllen. Zeichnungen, Aquarelle. Nachwort von Gunter Böhmer, FfM 1976.
Hesse, Hermann, Tessin. Betrachtungen, Gedichte, Aquarelle, hg. und mit einem Nachwort versehen v. Volker Michels, FfM 1990.
Hesse, Hermann, Traumfährte. Erzählungen und Märchen, FfM 1959.
Hesse, Hermann, Traumfährte. Erzählungen und Märchen, Zürich ²1994.
Hesse, Hermann, Traumfährte. Neue Erzählungen und Märchen, Zürich 1945.
Hesse, Hermann, Traumgeschenk. Betrachtungen, Tagebücher, Erzählungen und Gedichte über das Träumen (st 2462), hg. von Volker Michels, FfM 1996.
Hesse, Hermann, Trost der Nacht. Neue Gedichte, Berlin 1929.
Hesse, Hermann, Umwege. Erzählungen, Berlin 1912.
Hesse, Hermann, Vom Wert des Alters. Mit Fotografien des Dichters von Martin Hesse, hg. v. Volker Michels, FfM 2010.
Hesse, Hermann, Über das Glück. Betrachtungen und Gedichte, zusammengestellt von Volker Michels, FfM 1970, 2000.
Hesse, Hermann, Unerschrocken denken. Gedanken aus seinen Werken und Briefen. Politik, Ratio, Wissen und Bewußtsein, zusammengestellt von Volker Michels (st 3974), FfM 2008.
Hesse, Hermann, Unterbrochene Schulstunde, in: ders., Drei Erzählungen, FfM 1961, 37-49.
Hesse, Hermann, `Unterm Rad´. Entstehungsgeschichte in Selbstzeugnissen des Autors, hg. v. Volker Michels, FfM 2008.
Hesse, Hermann, Unterm Rad. Roman, Berlin 1906.
Hesse, Hermann, Unterm Rad. Roman (Fischers Bibliothek zeitgenössischer Romane, 2. Jg., Bd. 1), Berlin 1909.

Hesse, Hermann, Unterm Rad. Erzählung, Berlin 1951.
Hesse, Hermann, Unterm Rad. Erzählung (Reclams Universal-Bibliothek, Bd. 118), Leipzig 1963, 1986.
Hesse, Hermann, Unterm Rad. Erzählung (st 52), FfM 1972.
Hesse, Hermann, Unterm Rad. Erzählung (st 3851), FfM 2007.
Hesse, Hermann, Unterm Rad. Roman in der Urfassung (Büchergilde Gutenberg), FfM 1977.
Hesse, Hermann, Unterm Rad. Roman in der Urfassung (Bibliothek Suhrkamp, Bd. 981), FfM 1988.
Hesse, Hermann, Unterm Rad. Text und Kommentar, hg. von Heribert Kuhn (Suhrkamp BasisBibliothek, Bd. 34), FfM 2002.
Hesse, Hermann, Unterwegs, München 1915.
Hesse, Hermann, Vom Baum des Lebens. Ausgewählte Gedichte (Insel Bücherei Nr. 454), Leipzig 1942, 1952.
Hesse, Hermann, Vom Baum des Lebens. Ausgewählte Gedichte, Wiesbaden 1951, 1954.
Hesse, Hermann, Vom Baum des Lebens. Ausgewählte Gedichte, FfM 1999.
Hesse, Hermann, Vom Wesen und Herkunft des Glasperlenspiels. Die vier Fassungen der Einleitung des Glasperlenspiels, hg. von Volker Michels, FfM 1977.
Hesse, Hermann, Wahlheimat, in: Hermann Hesse, Beschreibung einer Landschaft. Schweizer Miniaturen. Herausgegeben und mit einem Vorwort versehen von Siegfried Unseld (st 1970), FfM 1992, 166-167.
Hesse, Hermann, Wanderung (Bibliothek Suhrkamp), FfM 1975.
Hesse, Hermann, Wanderung. Aufzeichnungen. Mit farbigen Bildern vom Verfasser, Berlin 1920.
Hesse, Hermann, Wanderung. Aufzeichnungen. Mit farbigen Bildern vom Verfasser, FfM 1996.
Hesse, Hermann, Wanderung. Aufzeichnungen mit 14 farbigen Bildern des Verfassers (Insel-Bücherei Nr. 1403), Berlin 2015.
Hesse, Hermann, Weg nach innen. Vier Erzählungen, Berlin 1931, FfM 1983.
Hesse, Hermann, Weihnachten. Ausgewählt und mit einem Nachwort von Volker Michels, FfM 2007.
Hesse, Hermann, Wenn der Krieg noch zwei Jahre dauert, in: ders., Das Nachtpfauenauge. Ausgewählte Erzählungen, Stuttgart, 1976, 90-98.
Hesse, Hermann, Wer lieben kann, ist glücklich. Über die Liebe, zusammengestellt von Volker Michels, FfM 1986.

Hesse, Hermann, Wir nehmen die Welt nur zu ernst. Heitere Texte und Scherzgedichte, hg. v. Volker Michels, FfM 2019.
Hesse, Hermann, Wolken. Betrachtungen und Gedichte. Mit Fotografien von Pieter Jos van Limbergen (insel taschenbuch), hg. v. Volker Michels, FfM 2008.
Hesse, Hermann, Zarathustras Wiederkehr und andere Denkschriften gegen den Radikalismus von rechts und links, FfM 1993.
Hesse, Hermann, Zum Gedächtnis, in: Materialien zu Hermann Hesses `Demian´, Erster Band: Die Entstehungsgeschichte in Selbstzeugnissen und Dokumenten, hg. von Volker Michels, FfM 1993, 59-68.
Hesse, Hermann/Ball-Hennings, Emmy/Ball, Hugo, Briefwechsel 1921-1927, hg. und kommentiert v. Bärbel Reetz, FfM 2003.
Hesse, Hermann/Gundert, Adele, Zum Gedächtnis unseres Vaters, Tübingen 1930.
Hesse, Hermann/Haußmann, Conrad, Von Poesie und Politik. Briefwechsel 1907-1922, FfM 2011.
Hesse, Hermann/Schmögner, Walter, Die Stadt (it 236), FfM 1977.
Hesse, Hermann (Hg.), Geschichten aus dem Mittelalter. Nachwort von Fritz Wagner, FfM 1976.
Hesse, Johannes, Aus Dr. H. Gunderts Leben. Reprint der Ausgabe von 1894, mit einem Vorwort von Martin Brecht, Stuttgart 1993.
Hesse, Johannes, Die Bibel als Kriegsbuch, Stuttgart 1916.
Hesse, Johannes, `Lao-tsze, ein vorchristlicher Wahrheitszeuge´ (Basler Missionsstudien, Heft 44), Basel 1914.
Hesse, Ninon, Die letzten Monate. Aus zwei Briefen an Siegfried Unseld und Günther Klinge, in: Volker Michels (Hg.), Hermann Hesse in Augenzeugenberichten, FfM 1987, 1991, 477-481.
Hesse, Ninon, Lieber, lieber Vogel. Briefe an Hermann Hesse, ausgewählt, erläutert und mit einem Essay eingeleitet von Gisela Kleine (st 3373), FfM 2000, 2002.
Heuss, Theodor, Erinnerungen 1905-1933, Tübingen 1963.
Heuss, Theodor, Über `Unterm Rad´, in: Die Hilfe, Jg. 1 (1905), Nr. 50, 11-12.
Heuss, Theodor, Von Ort zu Ort. Wanderungen mit Stift und Feder, hg. v. Friedrich Kaufmann und Hermann Leins, Tübingen 1959, ^{4}1959.
Hilbert, Matthias, Hermann Hesse und sein Elternhaus – Zwischen Rebellion und Liebe. Eine biographische Spurensuche, Stuttgart 2005.
Himmel und Hölle zwischen 1918 und 1989. Die verbrannten Dichter, Sammlung Jürgen Serke, Lcihgabe der Else-Lasker-Schüler-

Stiftung. Mit einer Einführung von Hans-Dieter Zimmermann und Nachworten von Hajo Hahn, Jürgen Baumkötter und Jürgen Serke, Berlin 2008.
Hofacker, Ernst, 1967: Als Pop unsere Welt für immer veränderte, Ditzingen 2016, ³2017.
Hofacker, Ernst, Die 70er. Der Sound eines Jahrzehnts, Ditzingen 2020.
Hofmann-Oedenkoven, Ida, Monte Verità. Wahrheit ohne Dichtung, Lorch 1906.
Hofmann-Oedenkoven, Ida, Beiträge zur Frauenfrage. Winnenden 1920.
Hofmann-Oedenkoven, Ida, Vegetabilismus! Vegetarismus! Blätter zur Verbreitung vegetarischer Lebensweise, Ascona 1905.
Hofmann-Oedenkoven, Ida, Wie gelangen wir Frauen zu harmonischen und gesunden Lebensbedingungen?, Ascona 1902.
Hoffmeister, Barbara, S. Fischer, der Verleger. Eine Lebensbeschreibung, Frankfurt am Main 2009.
Hong, Soon-Kil, Ist Hesse Nietzscheaner? Hesse als Anhänger und Überwinder von Nietzsche, in: Hermann-Hesse-Jahrbuch 4, hg. v. Mauro Ponzi, Berlin-New York 2007, 25-39.
Horn, Anette, Südafrika, in: Hermann Hesses weltweite Wirkung. Internationale Rezeptionsgeschichte, hg. v. Martin Pfeifer (st 1927), Dritter Band, FfM 1991, 145-150.
Hornbogen, Helmut, Tübinger Dichter-Häuser, Tübingen ²2000.
Hsia, Adrian, Das Glasperlenspiel, in: Adrian Hsia, Hermann Hesse und China, FfM 2002, 272-311.
Hsia, Adrian, Der chinesische Sprachraum, in: Hermann Hesses weltweite Wirkung. Internationale Rezeptionsgeschichte, hg. v. Martin Pfeifer (st 386), FfM 1977, 234-260.
Hsia, Adrian, Deutsche Denker über China, FfM 1985.
Hsia, Adrian, Goethe, Hesse, Richard Wilhelm und die Weltliteratur, in: Hermann-Hesse-Jahrbuch 4, hg. v. Mauro Ponzi, Berlin-New York 2007, 41-58.
Hsia, Adrian, Hermann Hesse und China. Darstellung, Materialien und Interpretationen, FfM 1974, 1981, erweiterte Ausgabe 2002.
Hsia, Adrian, I Ging und das Glasperlenspiel Hesses, in: Heinz Ludwig Arnold (Hg.), text+kritik. Zeitschrift für Literatur, Bd. 10/11: Hermann Hesse, München 1977, 53-66.
Hsia, Adrian (Hg.), Hermann Hesse heute, Bonn 1980.
Hsia, Adrian (Hg.), Hermann Hesse im Spiegel zeitgenössischer Kritik. Deutschsprachige Rezensionen über Hesses Bücher 1899-1961, Bern-München 1975.

Huber, Hans, Hermann Hesse, Heidelberg 1948.
Huber, Peter, Alte Mythen – neuer Sinn. Zur Codierung von Moderne und Modernisierung im Werk Hermann Hesses, in: Hermann Hesse und die literarische Moderne. Kulturwissenschaftliche Facetten einer literarischen Konstante. Aufsätze und Materialien (st 3609), hg. v. Andreas Solbach, FfM 2004, 175-201.
Huber, Peter, Die `Krisis´-Gedichte und `Der Steppenwolf´, in: „Dem Chaos die Stirn bieten". Hermann Hesses `Der Steppenwolf´, hg. v. Michael Limberg (12. Internationales Hermann-Hesse-Kolloquium in Calw 2004), Stuttgart 2005, 46-64.
Huber, Peter, Hermann Hesse und das Theater, Würzburg 1991.
Huber, Werner, Mit Dichtern auf Reisen, Stuttgart 2011.
Hucke, Karl-Heinz, Der integrierte Außenseiter, FfM-Bern 1983.
Hübner, Jörg, Christoph Blumhardt. Prediger, Politiker, Pazifist. Eine Biographie, Leipzig 2019.
Hübner, Ute/Schmidt, Thomas, Gaienhofener Umwege. Hermann Hesse und sein erstes Haus, Gaienhofen 2021.
Hunnius, Monika, Mein Onkel Hermann Hesse, Heilbronn 1926.
Illies, Florian, 1913. Der Sommer des Jahrhunderts, FfM 2014, ^{6}2019.
Illies, Florian, 1913. Was ich unbedingt noch erzählen wollte, FfM 2020.
Illies, Florian, Liebe in Zeiten des Hasses. Chronik eines Gefühls 1929-1939, FfM 2021, ^{3}2021.
Inspiration Hermann Hesse. Eine Hommage in Geschichten, hg. von Helga Esselborn-Krumbiegel, Berlin 2022.
Jacobs, Angelika, Fragile Idole der Moderne. Die Buddha-Figur bei Victor Segalen, Fritz Mauthner und Hermann Hesse, in: Hermann Hesse und die literarische Moderne. Kulturwissenschaftliche Facetten einer literarischen Konstante. Aufsätze und Materialien (st 3609), hg. v. Andreas Solbach, FfM 2004, 322-354.
Jahnke, Walter, Hermann Hesse Demian. Ein er-lesener Roman (= Modellanalysen Literatur, Bd. 11), Paderborn 1984.
Jaretzky, Reinhold, Bertolt Brecht (rm 50692), Reinbek bei Hamburg 2006.
Jaspers, Karl, Die massgebenden Menschen. Sokrates – Buddha – Konfuzius – Jesus (sp 126), München-Zürich ^{3}1983.
Jens, Walter/Küng, Hans, Anwälte der Humanität: Thomas Mann – Hermann Hesse – Heinrich Böll, München 1989.
Johann, Klaus, Grenze und Halt. Der Einzelne im `Haus der Regeln´. Zur deutschsprachigen Internatsliteratur (Beiträge zur neueren Literaturgeschichte, Bd. 201), Heidelberg 2003 (diss. Münster 2002).

Jonas, Klaus W., Ein Nachmittag bei Hermann Hesse, in: Volker Michels (Hg.), Hermann Hesse in Augenzeugenberichten, FfM 1987, 1991, 406-413.
Jünger, Ernst, In Stahlgewittern. Ein Kriegstagebuch, Berlin [14]1934.
Jürgens, Dirk, Die Krise der bürgerlichen Subjektivität im Roman der dreißiger und vierziger Jahre. Dargestellt am Beispiel von Hermann Hesses \`Glasperlenspiel´, FfM 2004.
Jung, Carl Gustav, Die Archetypen und das kollektive Unbewusste (= GW 9.I), Freiburg 1992.
Jung, Carl Gustav, Der Mensch und seine Symbole, Olten 1968.
Jung, Carl Gustav, Erinnerungen, Träume, Gedanken, hg. v. Aniela Jaffé, Zürich 1961.
Jung-Neugeboren, Hildegard, \`In Hildes Winkelchen´, in: Volker Michels (Hg.), Hermann Hesse in Augenzeugenberichten, FfM 1987, 1991, 73-76.
Kaiser, Thomas O. H., Mammon. Über Geld. Von der Zinskritik des frühen Christentums bis zu ATTAC: theologisch-philosophische, literarische und ethische Reflexionen zu dem, was gilt. Mit einer Chronik des Geldes und einem Glossar ausgewählter finanztheoretischer, ökonomischer, politischer und theologischer Begriffe, Norderstedt 2017.
Kämpken, Nicole/Ladenburger, Michael, Auf den Spuren Beethovens. Hans Conrad Bodmer und seine Sammlung, Bonn 2006.
Karl, Michaela, „Lasst uns tanzen und Champagner trinken – trotz alledem!“ Isadora Duncan. Eine Biografie, München 2021.
Karalaschwili, Reso, Hermann Hesse – Charakter und Weltbild, FfM 1993.
Karalaschwili, Reso, Hermann Hesses Romanwelt, Köln-Wien 1986.
Karalaschwili, Reso, Sowjetunion, in: Hermann Hesses weltweite Wirkung. Internationale Rezeptionsgeschichte, hg. v. Martin Pfeifer (st 386), FfM 1977, 127-154.
Katz, Gabriele, Käthe Kruse, Berlin 2010.
Kauffeldt, Rolf, Erich Mühsam zur Einführung, Hamburg 1989.
Kehlmann, Heinz, So weit nach Westen. Von Czernowitz nach New York (Bukowiner Literaturlandschaft/Texte aus der Bukowina), Aachen 2004.
Kiesel, Helmuth, Ernst Jünger. Die Biografie, München 2007.
Kiesel, Helmuth, Ernst Jünger. In Stahlgewittern. Historisch-kritische Ausgabe der gedruckten Fassungen unter Berücksichtigung der Korrekturbücher, 2 Bände, Stuttgart 2013.
Kiesel, Helmuth, Ernst Jünger. Krieg als inneres Erlebnis: Schriften zum Ersten Weltkrieg, Stuttgart 2016.

Kindheit und Jugend vor Neunzehnhundert. Hermann Hesse in Briefen und Lebenszeugnissen, 2 Bände, hg. v. Ninon Hesse. Fortgesetzt und erweitert von Gerhard Kirchhoff. Erster Band: 1877-1895 (st 1002); Zweiter Band: 1895-1900 (st 1150), FfM 1966, 1978, 1984 und 1985.
Kipphoff, Petra, Hermann Hesse, Der Steppenwolf, in: Fritz J. Raddatz (Hg.), ZEIT-Bibliothek der 100 Bücher (st 645), FfM ²1980, 358-360.
Klee, Ernst, Das Kulturlexikon zum Dritten Reich. Wer war was vor und nach 1945, FfM 2007.
Kleine, Gisela, Die Dinge sind auf den Künstler angewiesen. Begegnungen mit Ninon und Hermann Hesse, in: Volker Michels (Hg.), Hermann Hesse in Augenzeugenberichten, FfM 1987, 1991, 395-402.
Kleine, Gisela, Ninon und Hermann Hesse. Biographie eines Paares, Berlin 2017.
Kleine, Gisela, Ninon und Hermann Hesse. Leben als Dialog, Sigmaringen 1982 (= Zwischen Welt und Zaubergarten. Ninon und Hermann Hesse. Ein Leben im Dialog [st 1384], FfM 1988).
Knopf, Jan, Bertolt Brecht. Lebenskunst in finsteren Zeiten. Biografie, München 2012.
Knöferl, Eva, \`Dies Glasperlenspiel mit schwarzen Perlen´: Musik und Moralität bei Hermann Hesse und Thomas Mann (Literatura. Wissenschaftliche Beiträge zur Moderne und ihrer Geschichte), Würzburg 2012.
Koester, Rudolf, Die Hesse-Rezeption in den USA, in: „Höllenreise durch mich selbst.“ Hermann Hesse: Siddhartha – Steppenwolf, hg. v. Regina Bucher, Andres Furger und Felix Graf. Eine Publikation des Schweizerischen Landesmuseums Zürich in Zusammenarbeit mit dem Museo Hermann Hesse Montagnola, Zürich 2002, 223-233.
Koester, Rudolf, Hermann Hesse (Sammlung Metzler, Bd. 136), Stuttgart ²1975.
Koester, Rudolf, USA, in: Hermann Hesses weltweite Wirkung. Internationale Rezeptionsgeschichte, hg. v. Martin Pfeifer (st 386), FfM 1977, 155-171.
Kory, Beate Petra, Hermann Hesses Beziehung zur Tiefenpsychologie. Traumliterarische Projekte (Univ. Diss. Bukarest), Hamburg 2003.
Kouagou, Noel, Reise als Initiation in Hermann Hesses Romanen Siddhartha und Die Morgenlandfahrt (diss. phil.), Aachen 2010.
Kracht, Christian, Imperium, Köln 2012.
Kramer-Mills, Hartmut, Wilhelminische Moderne und das fremde Christentum. Zur Wirkungsgeschichte von Friedrich Naumanns

„Briefe über Religion“ (NTDH 18), Neukirchen-Vluyn 1997 (diss. theol.).
Kraushaar, Wolfgang, 1968. 100 Seiten, Ditzingen 2018.
Kreuzer, Helmut, Die Boheme. Analyse und Dokumentation der intellektuellen Subkultur vom 19. Jahrhundert bis zur Gegenwart, Stuttgart 2000.
Kuschel, Karl-Josef, „Er sah die verheerenden Folgen des Kolonialismus mit eigenen Augen“, in: Hermann Hesse – 100 Jahre Siddhartha/100 years of Siddhartha (DU 912, hg. v. DU Kulturmedien AG), Zürich 2022, 34-39.
Kuschel, Karl-Josef, 20 Jahre Internationale Hermann Hesse Gesellschaft, in: Hermann Hesse – 100 Jahre Siddhartha/100 years of Siddhartha (DU 912, hg. v. DU Kulturmedien AG), Zürich 2022, 98.
Kuschel, Karl-Josef, Im Fluss der Dinge. Hermann Hesse und Bertolt Brecht im Dialog mit Buddha, Laotse und Zen, Düsseldorf 2018.
Labroisse, Gerd/Knapp, Gerhard P./Eke, Norbert Otto (Hg.), Hermann Hesse Today/Hermann Hesse Heute (Amsterdamer Beiträge zur Neueren Germanistik, edited by Ingo Cornils und Osman Durrani), Amsterdam-New York 2005.
Lafranchi, Claudia/Schwab, Andreas, Sinnsuche und Sonnenbad. Experimente in Kunst und Leben auf dem Monte Verità, Zürich 2001.
Lahann, Birgit, Hermann Hesse. Dichter für die Jugend der Welt. Ein Lebensbild, mit farbigen Fotografien von Ute Mahler (st 3478), FfM 2002.
Landmann, Robert, Ascona – Monte Verità. Auf der Suche nach dem Paradies (Ascona 1934), Frauenfeld-Stuttgart-Wien 2000, 2009.
Lang, Michael, Woodstock. Die wahre Geschichte. Vom Macher des legendären Festivals, Hamburg-Berlin-München 2019.
Lang, Thomas, Immer nach Hause. Roman, München-Berlin 2016.
Laozi, Daodejing. Eine Übertragung von Jan Philipp Reemtsma, München 2017.
Leary, Timothy, Dichter der Reise nach innen, in: Volker Michels (Hg.), Über Hermann Hesse, 2 Bde., FfM 1977, 33-50.
Leppin, Volker, Franziskus von Assisi (Wissenschaftliche Buchgesellschaft), Darmstadt 2018.
Liebendörfer, Helen, Ja und Amen? Hermann Hesses Mutter Marie. Historischer Roman, Basel 2017.
Liebendörfer, Helen, Spaziergang mit Hermann Hesse durch Basel, Basel 2012.

Limberg, Michael, Hermann-Hesse-Bibliographie, in: Hermann-Hesse-Jahrbuch 1-5ff., hg. von Mauro Ponzi, Internationale Hermann Hesse Gesellschaft, Tübingen 2003-2012.
Limberg, Michael, Hermann Hesse. Leben, Werk, Wirkung, FfM 2005.
Limberg, Michael, Hermann Hesse und seine Mutter, in: Hermann Hesse Jahrbuch, Bd. 4, hg. v. Mauro Ponzi, Berlin-New York 2009, 77-96.
Limberg, Michael (Hg.), „Der poetischen Wahrheit nachgehe(n)". Der biografische Aspekt in Hermann Hesses Werk (= Vorträge des 14. Internationalen Hermann Hesse-Kolloquiums in Calw 2013), Hannover 2013.
Limberg, Michael (Hg.), „Die gefährliche Lust, unerschrocken zu denken". Das Menschenbild bei Hermann Hesse (= 13. Internationales Hermann-Hesse-Kolloquium 2008), Calw 2008.
Limberg, Michael (Hg.), „Dem Chaos die Stirn bieten". Hermann Hesses \`Der Steppenwolf´ (12. Internationales Hermann-Hesse-Kolloquium in Calw 2004), Stuttgart 2005.
Limberg, Michael (Hg.), Autorenabende mit Hermann Hesse. Eine Dokumentation (Reihe Kritische Wälder Nr. 4, ediert von Klaus Isele, Bd. 741), Norderstedt 2016.
Limberg, Michael (Hg.), Hermann Hesses Siddhartha, Stuttgart 2002.
Lindenberg, Udo/Schnierle-Lutz, Herbert (Hg.), Mein Hermann Hesse. Ein Lesebuch, FfM 2008.
Lingens, Dominique, Hermann Hesse et la musique, Bern 2001.
Linzner, Felix (Hg.), Gelebte Utopien – Siedlungsprojekte der Lebensreform (Würzburger Studien zur Europäischen Ethnologie, Bd. 10), Würzburg 2021.
Longerich, Peter, Joseph Goebbels, München 2010.
„Magischer Einklang". Dialog der Künste im Werk Hermann Hesses, hg. v. Henriette Herwig/Sikander Singh, Göttingen 2011.
Lonmon, Aylie, Lago Maggiore (Dumont Direkt), Ostfildern ^{3}2022.
Lützeler, Paul Michael, Brochs \`Aussteiger´ im Kontext der Lebensreformer auf dem Monte Verità, in: Barbara Mahlmann/Paul Michael Lützeler (Hg.), Aussteigen um 1900. Imaginationen in der Literatur der Moderne, Göttingen 2021, 25-49.
Luise Rinser und Hermann Hesse. Briefwechsel 1935-1951. Mit einem einführenden Essay von Rüdiger Haas, Augsburg 2015.
Ma, Jian, Stufen des Ich-Seins. Untersuchungen zur „Ich"-Problematik bei Hermann Hesse im europäisch-ostasiatischen Kontext, Berlin 2007.

Märchen deutscher Dichter. Ausgewählt von Elisabeth Borchers (insel taschenbuch 13), FfM 1972, [6]1979.
Mahlmann, Barbara/Lützeler, Paul Michael (Hg.), Aussteigen um 1900. Imaginationen in der Literatur der Moderne, Göttingen 2021.
Maier, Andreas, Hinterm Tor, in: Inspiration Hermann Hesse. Eine Hommage in Geschichten, hg. von Helga Esselborn-Krumbiegel, Berlin 2022, 28-38.
Mann, Erika, Das letzte Jahr. Bericht über meinen Vater, Berlin 1956.
Mann, Heinrich, Der Untertan. Vollständige Neuausgabe (Erstdruck Leipzig 1918), Göttingen 2021.
Mann, Michael, Geschichte Indiens. Vom 18. bis zum 21. Jahrhundert, Stuttgart 2005.
Mann, Thomas, Buddenbrooks. Verfall einer Familie, Roman. In der Fassung der Großen kommentierten Frankfurter Ausgabe (FISCHER TaschenBibliothek), FfM 2002, [3]2021.
Mann, Thomas, Der Zauberberg, in: Thomas Mann, Große kommentierte Frankfurter Ausgabe (hg. und kommentiert von Michael Neumann), Bd. 5/1-2. Teil, FfM 2002.
Mann, Thomas, Der Zauberberg, FfM [18]1991.
Materialien zu Hermann Hesses \`Das Glasperlenspiel´, hg. von Volker Michels, 2 Bände (Erster Band: Die Entstehungsgeschichte in Selbstzeugnissen und Dokumenten [st 80]; Zweiter Band: Die Wirkungsgeschichte in Rezensionen und Aufsätzen (st 108), FfM 1972, 1974, 1977, 1993 und 1998.
Materialien zu Hermann Hesses \`Demian´, 2 Bände (Erster Band: Die Entstehungsgeschichte in Selbstzeugnissen und Dokumenten [st 1947]; Zweiter Band: Die Wirkungsgeschichte in Rezensionen und Aufsätzen [st 2520]), hg. von Volker Michels, FfM 1993 und 1997.
Materialien zu Hermann Hesses \`Siddhartha´, 2 Bände (Erster Band: Die Entstehungsgeschichte [st 129]; Zweiter Band: Die Wirkungsgeschichte [st 282]), hg. von Volker Michels, FfM 1974, 1977 und 1987.
Materialien zu Hermann Hesses \`Der Steppenwolf´ (st 53), hg. v. Volker Michels, FfM 1972, 1974, 1977.
Materialien zur Entstehungs- und Wirkungsgeschichte von Hermann Hesses \`Unterm Rad´ (st 3042), hg. von Volker Michels FfM 2008.
Mayer, Sigrid, Die Hesse-Rezeption in den Vereinigten Staaten, in: Heinz Ludwig Arnold (Hg.), text+kritik. Zeitschrift für Literatur, Bd. 10/11: Hermann Hesse, München 1977, 86-100.

Mechadani, Nadine, Hermann Hesse auf der Couch. Freuds und Jungs Psychoanalyse und ihr Einfluss auf die Romane „Demian", „Siddhartha" und „Der Steppenwolf", Marburg 2008.

Meyer, Jochen (Hg.), Dichterhandschriften. Von Martin Luther bis Sarah Kirsch, Stuttgart 1999, ²2003.

Michalzik, Peter, 1900. Vegetarier, Künstler und Visionäre suchen nach dem neuen Paradies, Köln 2018.

Michels, Volker, „Alle Götter und Teufel sind in uns selbst". Hermann Hesse und die Weltreligionen (Hermann-Hesse-Lectures), FfM 2015.

Michels, Volker, „Der ganze Osten atmet Religion." Siddhartha und Hermann Hesses Beziehung zu Indien und China, in: „Höllenreise durch mich selbst." Hermann Hesse: Siddhartha – Steppenwolf, hg. v. Regina Bucher, Andres Furger und Felix Graf. Eine Publikation des Schweizerischen Landesmuseums Zürich in Zusammenarbeit mit dem Museo Hermann Hesse Montagnola, Zürich 2002, 189-210.

Michels, Volker, „Meine noble Ruine". Hermann Hesse in der Casa Camuzzi, in: Die vielen Gesichter Hermann Hesses. Ein Dichter im Urteil seiner Zeitgenossen von damals bis heute (Edition Isele), hg. vom Freundeskreis zur Erhaltung der Hermann Hesse-Stätten, Eggingen 1996, 76-93.

Michels, Volker, „Spitzbübischer Spötter" und „Treuherzige Nachtigall". Zur Genese der Freundschaft von Hermann Hesse und Thomas Mann (Hermann-Hesse-Lectures), FfM 2014.

Michels, Volker, „Teils ausgelacht, teils angespuckt, teils den sentimentalen Leserkreisen überlassen". Zur Hermann Hesse-Rezeption in Deutschland, in: Hermann Hesse und die literarische Moderne. Kulturwissenschaftliche Facetten einer literarischen Konstante. Aufsätze und Materialien (st 3609), hg. v. Andreas Solbach, FfM 2004, 28-55.

Michels, Volker, Außenseiter wird man nicht freiwillig. Hermann Hesse als Beispiel für viele, in: Von „Siddhartha" zum „Steppenwolf". Fremdheitserfahrungen und Weltethos bei Hermann Hesse. Tagung der Evangelischen Akademie Iserlohn im Institut für Kirche und Gesellschaft der EKvW, 28.-30. November 2003 (Tagungsprotokolle), hg. v. Rüdiger Sareika, Iserlohn 2004, 125-139.

Michels, Volker, Die Stimmen der Seele im Traum. Traumbilder und Traumbewußtsein bei Hermann Hesse, in: Hermann Hesse, Traumgeschenk. Betrachtungen, Tagebücher, Erzählungen und Gedichte über das Träumen, hg. v. Volker Michels, FfM 1996, 333-359.

Michels, Volker, `Demian´ – eine Stimme der Evolution, in: Materialien zu Hermann Hesses `Demian´, Erster Band: Die Entstehungsgeschichte in Selbstzeugnissen und Dokumenten (st 1947), hg. v. Volker Michels, FfM 1993, 9-43.
Michels, Volker, Hermann Hesse und Robert Walser. „Ich halte Genauigkeit für poetisch" (Hermann-Hesse-Lectures), FfM 2016.
Michels, Volker, Hermann Hesse und Stefan Zweig. „Die Tat beginnt immer mit dem Traum", FfM 2019.
Michels, Volker, Hermann Hesses `Lulu´ in Kirchheim/Teck. Vom Überdauern einer abgewiesenen Liebe (Spuren), Marbach am Neckar 2004.
Michels, Volker, Indien und China im Werk von Hermann Hesse, FfM 2015.
Michels, Volker, Nachwort, in: Hermann Hesse, Bilder aus der Toskana. Von Florenz bis Siena. Ausgewählt und mit einem Nachwort versehen von Volker Michels (it 3482), Berlin 2010, ^{2}2019, 133-145.
Michels, Volker, Nachwort (1976), in: Hermann Hesse, Lektüre für Minuten. Gedanken aus seinen Büchern und Briefen. Auswahl und Nachwort von Volker Michels, FfM 1992, 283-290.
Michels, Volker, Vorwort, in: Hermann Hesse, China. Weisheit des Ostens (st 4106), FfM 2009, 9-33.
Michels, Volker, Wege zu Hermann Hesse. Im Widerstand gegen den Zeitgeist. Essays & Reden, Band 1, FfM 2021.
Michels, Volker, Zur Entstehung des `Glasperlenspiels´, in: Heinz Ludwig Arnold (Hg.), text+kritik. Zeitschrift für Literatur, Bd. 10/11: Hermann Hesse, München 1977, 43-52.
Michels, Volker, Zur Hermann Hesse-Rezeption in Deutschland, in: Hermann-Hesse-Jahrbuch 2, Berlin-New York 2008, Bd. 1, 35-56.
Michels, Volker (Hg.), „Aus dem Traurigen etwas Schönes machen." Hermann Hesse: Die Briefe 1905-1915, Berlin 2013.
Michels, Volker (Hg.), „Eine Bresche ins Dunkel der Zeit!" Hermann Hesse: Die Briefe 1916-1923, Berlin 2015.
Michels, Volker (Hg.), „`Große Zeiten´ hinterlassen große Schutthaufen". Hermann Hesse: Die Briefe 1940-1946, Berlin 2020.
Michels, Volker (Hg.), „Ich bin ein Mensch des Werdens und der Wandlungen". Hermann Hesse: Die Briefe 1924-1932, Berlin 2017.
Michels, Volker (Hg.), „Ich gehorche nicht und werde nicht gehorchen!" Hermann Hesse: Die Briefe 1881-1904, Berlin 2012.
Michels, Volker (Hg.), „In den Niederungen des Aktuellen". Hermann Hesse: Die Briefe 1933-1939, Berlin 2018.

Hesse, Hermann, „Narziß und Goldmund“: Eine Dokumentation zur Entstehungs- und Wirkungsgeschichte, hg. v. Volker Michels, FfM 2015.
Michels, Volker (Hg.), Hermann Hesse antwortet... auf Facebook (st 4376), Berlin 2012.
Michels, Volker (Hg.), Hermann Hesse. Das erzählerische Werk, 10 Bde., FfM 2012.
Michels, Volker (Hg.), Hermann Hesse. Die Gedichte 1892-1962, 2 Bde., FfM 1977.
Michels, Volker (Hg.), Hermann Hesse. Die Gedichte 1892-1962. Sämtliche Gedichte in einem Bd., FfM 1992.
Michels, Volker (Hg.), Hermann Hesse. Eine Literaturgeschichte in Rezensionen und Aufsätzen, FfM 1975.
Michels, Volker (Hg.), Hermann Hesse. Gesammelte Erzählungen, 4 Bde., FfM 1982.
Michels, Volker (Hg.), Hermann Hesse. Musik. Betrachtungen, Gedichte, Rezensionen und Briefe, FfM 1986.
Michels, Volker (Hg.), Hermann Hesse. Sein Leben in Bildern und Texten. Mit einem Vorwort von Hans Mayer (it 1111), FfM 1979, 1987.
Michels, Volker (Hg.), Hermann Hesse \`Unterm Rad´. Entstehungsgeschichte in Selbstzeugnissen des Autors, FfM 2008.
Michels, Volker (Hg.), Hermann Hesse in Augenzeugenberichten (st 1865), FfM 1987, 1991.
Michels, Volker (Hg.), Hermann Hesse in Augenzeugenberichten, FfM 2016.
Michels, Volker (Hg.), Hermann Hesses \`Unterm Rad´. Materialien zur Entstehungs- und Wirkungsgeschichte, FfM 2000.
Michels, Volker (Hg.), Hesse. Sein Leben in Bildern und Texten, FfM 1979, 1987.
Michels, Volker (Hg.), Mit Hermann Hesse durch Italien. Ein Reisebegleiter durch Oberitalien. Mit zahlreichen Fotografien (it 4784), Berlin 2020.
Michels, Volker (Hg.), Mit Hermann Hesse reisen. Betrachtungen und Gedichte, hg. und mit einem Nachwort versehen von Volker Michels, FfM 1990.
Michels, Volker (Hg.), Über Hermann Hesse, 2 Bde. (Erster Band: 1904-1962 [st 331]); Zweiter Band: 1963-1977 [st 332]), FfM 1977, 1982.
Michels, Volker (Hg.), Von Wesen und Herkunft des \`Glasperlenspiels´. Die vier Fassungen der Einleitung zum \`Glasperlenspiel´ (st 382), FfM 1977.

Michels-Wenz, Ursula, Ausgesetzt. Ein Nachtbuch. Mit einem Nachwort von Volker Michels, FfM 2020.

Michels, Volker/Rathgeber, Paul/Würzbach, Eugen, Das Hesse-Museum der Stadt Calw (Marbacher Magazin Sonderheft 54), Marbach a. N. 1990.

Middel, Eike, Hermann Hesse, Leipzig 1990.

Mileck, Joseph, Hermann Hesse. Biography and Bibliography, vol 1 and 2, Berkeley-Los Angeles-London 1977.

Mileck, Joseph, Hermann Hesse. Dichter, Sucher, Bekenner. Eine Biographie (= Hermann Hesse, Life and Art, Berkeley-Los Angeles-London 1978). Aus dem Amerikanischen übersetzt von Jutta und Theodor A. Knust (st 1357), München 1978, FfM 1987.

Mixner, Manfred, Hesse lesen. Erfahrungen mit seinen Romanen, in: Heinz Ludwig Arnold (Hg.), text+kritik. Zeitschrift für Literatur, Bd. 10/11: Hermann Hesse, München 1977, 26-32.

Modick, Klaus, Der Fries der Delphine. Eine Morgenlandfahrt, in: Uli Rothfuss (Hg.), Mein Hermann Hesse. Eine Hommage, Berlin 2002, 151-156.

Mörike, Otto, Der junge Hesse. Persönliche Erinnerungen an Schul- und Jugendzeit, in: Volker Michels (Hg.), Hermann Hesse in Augenzeugenberichten, FfM 1987, 1991, 17-26.

Morgenthaler, Ernst, Porträt-Sitzungen in Montagnola, in: Volker Michels (Hg.), Hermann Hesse in Augenzeugenberichten, FfM 1987, 1991, 253-256.

Moskata, Pawel, Facetten der Vergänglichkeit in der Lyrik Hermann Hesses (Krakauer Studien zur germanistischen Literatur- und Kulturwissenschaft), Krakau 2012.

Mueller, Carla/Stober, Karin, Kloster Maulbronn, Petersberg 2017.

Mühsam, Erich, Ascona. Eine Broschüre, Berlin ^{2}1905, Neuauflage 1982.

Mühsam, Erich, Unpolitische Erinnerungen, Leipzig 1949.

Müller, Hermann, Der Dichter und sein Guru. Hermann Hesse – Gusto Gräser. Eine Freundschaft, Werdorf 1979.

Müller, Hermann, Propheten und Dichter auf dem Berg der Wahrheit: Gusto Gräser, Hermann Hesse, Gerhart Hauptmann, in: Die Lebensreform. Entwürfe zur Neugestaltung von Leben und Kunst um 1900, hg. v. Kai Buchholz, Bd. 1, Darmstadt 2001, 321-324.

Müller, Hermann, Gusto Gräser. Aus Leben und Werk. Bruchstücke einer Biographie. Ausstellungskatalog, Knittlingen 1987.

Müller, Hermann, „Nun nahet Erdsternmai!“ Gusto Gräser. Grüner Prophet, Recklinghausen 2012.

Müller, Lothar, Leises Schaudern. Beim Lesen des `Glasperlenspiels´, in: Jahrbuch der Deutschen Schillergesellschaft 46 (2002), 427-437.
Müller, Michael, Unterm Rad, in: Hermann Hesse – Romane (Reclam UB 8812), Stuttgart 1994.
Münkler, Herfried, Der Große Krieg. Die Welt 1914-1918, Reinbek bei Hamburg ³2015.
Münzel, Uli, Erinnerungen an Hermann Hesse, in: Volker Michels (Hg.), Hermann Hesse in Augenzeugenberichten, FfM 1987, 1991, 280-284.
Musil, Robert, Die Verwirrungen des Zöglings Törleß. Textausgabe mit Kommentar und Materialien: Reclam XL – Text und Kontext, hg. v. Mario Leis/Volker Ladenthin, Stuttgart 2016.
Nelles, Jürgen, Kunst und Künstler im Erzählwerk Hermann Hesses, in: Hermann-Hesse-Jahrbuch, Bd. 6, Würzburg 2014, 79-99.
Neske, Günther, Gespräche in Hesses Bibliothek, in: Volker Michels (Hg.), Hermann Hesse in Augenzeugenberichten, FfM 1987, 1991, 198-202.
Neuenschwander, Eva Meret/Schneider, Jürg, Tessin und Lago Maggiore. Handbuch für individuelles Entdecken (Reise Know-How), Bielefeld 2005, ⁴2014.
Nicolai, Ralf R., Hesses `Narziß und Goldmund´. Kommentar und Deutung, Würzburg 1997.
Nietzsche, Friedrich Wilhelm, Also sprach Zarathustra. Ein Buch für Alle und Keinen, FfM 2008.
Nobel, Peter, Von Patti Smith zu Hermann Hesse. Eine Annäherung an Hesse in fünf Punkten, in: Hermann Hesse – 100 Jahre Siddhartha/100 years of Siddhartha (DU 912, hg. v. DU Kulturmedien AG), Zürich 2022, 66-74.
Noob, Joachim, Der Schülerselbstmord in der deutschen Literatur um die Jahrhundertwende (= Beiträge zur neueren Literaturgeschichte, Folge 3, Bd. 158), Heidelberg 1998.
Oberst, Helmut, Hesse kennen lernen. Leben und Werk, Lichtenau 2002, ⁹2009.
Ordnung. Eine unendliche Geschichte (marbacherkatalog 61), hg. v. Deutschen Literaturarchiv Marbach, hg. v. d. Deutschen Schillergesellschaft, Marbach am Neckar 2007.
Orth, Gottfried, Hermann Hesse, Siddharta, in: Deutsches Pfarrerblatt 7/2002, 329-333.
Ostermann, Eberhard, Hermann Hesses `Siddhartha´. Einführung und Analyse, Menden 2012.

Ott, Ulrich (Hg.), Hermann Hesse 1877-1962. Bearbeitet von Volker Michels, Paul Rathgeber, Eugen Würzbach (Sonderheft Marbacher Magazin 54/1990 für die Ausstellung im Hermann-Hesse-Museum der Stadt Calw), Marbach ²1999.
Ott, Ulrich (Hg.), Vom Schreiben 2: Der Gänsekiel oder Womit schreiben? (Marbacher Magazin 69/1994 für die Ausstellung im Schiller-Nationalmuseum zwischen September und Dezember 1994), Marbach am Neckar 1994.
Otten, Anna, Durchbruch und Einordnung, in: Materialien zu Hermann Hesses `Siddhartha´, hg. v. Volker Michels, Bd. 2, FfM 1976, 217-224.
Parker, Stephen, Brecht, Berlin 2018.
Patzer, Georg, Lektüreschlüssel Hermann Hesse `Unterm Rad´ (Reclams Universal-Bibliothek, Bd. 15340), Ditzingen 2004.
Patzer, Georg, Lektüreschlüssel XL Hermann Hesse, `Der Steppenwolf´ (Reclams Universal-Bibliothek, Bd. 15472), Ditzingen 2017.
Pezold, Klaus, Heinrich Wiegand. Leipziger Sozialdemokrat, Publizist und Freund Hermann Hesses, Leipzig 2011.
Penzoldt, Ernst, Es war wie ein Wiedersehen, in: Volker Michels (Hg.), Hermann Hesse in Augenzeugenberichten, FfM 1987, 1991, 332-333.
Pfeifer, Martin, Deutsche Demokratische Republik, in: Hermann Hesses weltweite Wirkung. Internationale Rezeptionsgeschichte, hg. v. Martin Pfeifer (st 386), FfM 1977, 39-60.
Pfeifer, Martin, Freitod in Tübingen. Zu einigen Kompositions- und Gestaltungsmerkmalen in den Dichtungen Hesses, in: Heinz Ludwig Arnold (Hg.), text+kritik. Zeitschrift für Literatur, Bd. 10/11: Hermann Hesse, München 1977, 78-85.
Pfeifer, Martin, Hesse-Kommentar zu sämtlichen Werken (st 1740). Überarbeitete und erweiterte Ausgabe des 1980 im Winkler Verlag/München erschienenen Werkes, FfM 1990.
Pfeifer, Martin, Julie Hellmann. Hermann Hesses Lulu: verzaubert ein Leben lang, Kirchheim 1991.
Pfeifer, Martin, Wie ich zu Hesse kam, in: Volker Michels (Hg.), Hermann Hesse in Augenzeugenberichten, FfM 1987, 1991, 414-422.
Pfeifer, Martin (Hg.), Materialien Hermann Hesse – „Peter Camenzind", Stuttgart 1980.
Philippi, Klaus-Peter, Hesse und die heutige Germanistik in Deutschland (Historisierung – Distanz – Kritik), in: Hermann-Hesse-Jahrbuch 2, hg. v. Mauro Ponzi, Berlin-New York 2007, 19-34.
Pfister, Werner, „Und alle Zeit ward Gegenwart." Hermann Hesses Verhältnis zur Musik, gespiegelt in seinen Zürcher Winterjahren 1925-

1932, in: „Höllenreise durch mich selbst." Hermann Hesse: Siddhartha – Steppenwolf, hg. v. Regina Bucher, Andres Furger und Felix Graf. Eine Publikation des Schweizerischen Landesmuseums Zürich in Zusammenarbeit mit dem Museo Hermann Hesse Montagnola, Zürich 2002, 97-112.

Pick, Siegfried/Franz, Albrecht/Kristudes, P./Pick, Johanna, Überall war Wirklichkeit, überall war Zauber. Hermann Gundert, Hermann Hesse und das Sehnsuchtsland Indien, Heidelberg 2015.

Ponzi, Mauro (Hg.), Hermann-Hesse-Jahrbuch 1-4, Berlin-New York 2004-2009.

Poppe, Reiner, Peter Camenzind. Unterm Rad. Knulp (Königs Erläuterungen und Materialien, Bd. 17), 8., überarbeitete Auflage, Hollfeld 1999.

Poppe, Sandra, Visualität in Literatur und Film. Eine medienkomparatistische Untersuchung moderner Erzähltexte und ihrer Verfilmungen, Göttingen 2007.

Prinz, Alois, „Und jedem Anfang wohnt ein Zauber inne". Die Lebensgeschichte des Hermann Hesse, Weilheim-Basel 2000.

Probst, Rudolf, Zur Entstehung von Hesses *Der Steppenwolf*, in: „Höllenreise durch mich selbst." Hermann Hesse: Siddhartha – Steppenwolf, hg. v. Regina Bucher, Andres Furger und Felix Graf. Eine Publikation des Schweizerischen Landesmuseums Zürich in Zusammenarbeit mit dem Museo Hermann Hesse Montagnola, Zürich 2002, 139-158.

Proebst, Hermann, Heuss. Eine Bildbiographie (Kindlers Klassische Bildbiographien), München 1959.

Raabe, Paul, Die Autoren und Bücher des literarischen Expressionismus. Ein Bibliographisches Handbuch, Stuttgart 1985.

Raddatz, Fritz J. (Hg.), ZEIT-Bibliothek der 100 Bücher (st 645), FfM ²1980.

Rathgeb, Eberhard, Die Entdeckung des Selbst. Wie Schopenhauer, Nietzsche und Kierkegaard die Philosophie revolutionierten, München 2022.

REAKTIONS-BILDER. Künstlerinnen und Künstler reagieren auf zwei Porträts von Hermann Hesse. Ausstellung im Landratsamt Calw 26.6. bis 31.10.2002, hg. von der Stadt Calw, Calw 2002.

Rebmann, Jutta, Julie Gundert. Missionarin in Indien und Großmutter Hermann Hesses, Mühlacker 1993.

Reetz, Bärbel, Das Paradies war für uns. Emmy Ball-Hennings und Hugo Ball, Berlin 2015.

Reetz, Bärbel, Emmy Ball-Hennings. Leben im Vielleicht. Eine Biographie, Berlin 2001.
Reetz, Bärbel, Hesses Frauen, Berlin 2012.
Regnier, Anatol, Jeder schreibt für sich allein. Schriftsteller im Nationalsozialismus, München 2020.
Reich-Ranicki, Marcel, Meine deutsche Literatur seit 1945, München 2015, 2017.
Reich-Ranicki, Marcel, Meine Geschichte der deutschen Literatur: Vom Mittelalter bis zur Gegenwart, hg. von Thomas Anz, München 2014, 2016.
Reich-Ranicki, Marcel (Hg.), \`Der Kanon´. Die deutsche Literatur. Dramen: Acht Bände und ein Begleitband im Schuber (insel taschenbuch), FfM 2004.
Reich-Ranicki, Marcel (Hg.), \`Der Kanon´. Die deutsche Literatur: Erzählungen. 10 Bände und ein Begleitband (insel taschenbuch), FfM 2003.
Reich-Ranicki, Marcel (Hg.), \`Der Kanon´. Die deutsche Literatur: Gedichte (insel taschenbuch), FfM 2005.
Reich-Ranicki, Marcel (Hg.), \`Der Kanon´. Die deutsche Literatur: Romane, FfM 2002.
Reich-Ranicki, Marcel, Sieben Wegbereiter. Schriftsteller des zwanzigsten Jahrhunderts, München 2004.
Reich-Ranicki, Marcel, Über Ruhestörer in der deutschen Literatur. Erweiterte Neuauflage, München 1993.
Remarque, Erich Maria, Im Westen nichts Neues. In der Fassung der Erstausgabe mit Anhang und einem Nachwort herausgegeben von Thomas F. Schneider, Köln 1959, ^{7}2016.
Richter, Hedwig, Aufbruch in die Moderne. Reform und Massenpolitisierung im Kaiserreich, FfM 2021.
Richter, Hedwig, Demokratie, eine deutsche Affäre. Vom 18. Jahrhundert bis zur Gegenwart, München 2021.
Rieger, Jonny, Ein Balkon über dem Lago Maggiore. Tessiner Reise-Verführbuch (Stuttgart 1957), Bern-München-Wien 2000.
Riess, Curt, Ascona. Geschichte des seltsamsten Dorfes der Welt, Zürich 1964, ^{3}1977.
Rose, Inge/Sichtermann, Barbara, Der blaue Vorhang. Isadora Duncan. Ihr Leben. Ihr Tanz, Hamburg 2021.
Rothfuss, Uli, Hermann Hesse privat. In Texten, Bildern und Dokumenten (edition q), Berlin 1992, ^{2}1997.
Rothfuss, Uli, Vorwort des Herausgebers, in: Uli Rothfuss (Hg.), Mein Hermann Hesse. Eine Hommage, Berlin 2002, 7-25.

Rothfuss, Uli (Hg.), Bruno, Heiner und Martin Hesse. Erinnerungen an unseren Vater Hermann Hesse, Calw 2007.
Rothfuss, Uli (Hg.), Erinnerungen der Söhne an ihren Vater Hermann Hesse, Calw 1989.
Rothfuss, Uli (Hg.), Mein Hermann Hesse. Eine Hommage. 35 Autoren der Gegenwart über ihr Verhältnis zum meistgelesenen Dichter deutscher Sprache. Mit 32 Hesse-Studien des Malerfreundes Gunter Böhmer, Berlin 2002.
Schäfer, Frank, 1966. Das Jahr, in dem die Welt ihr Bewusstsein erweiterte, Salzburg-Wien 2016.
Schäfer, Wilhelm, Karl Stauffers Lebensgang. Eine Chronik der Leidenschaft, München und Leipzig 1912.
Scheuffelen, Thomas, Hermann Hesse als Bauherr in Gaienhofen am Bodensee. Mit einer Beilage, Marbach am Neckar ^{3}2002.
Scheuffelen, Thomas, Hermann Hesses Haus in Gaienhofen am Bodensee (Spuren 3), hg. von der Deutschen Schillergesellschaft, Marbach am Neckar 1990.
Schickling, Marco, Hermann Hesse als Literaturkritiker, Heidelberg 2005 (diss. phil.).
Schickling, Marco, Hermann Hesse als Literaturkritiker, in: Hermann Hesse und die literarische Moderne. Kulturwissenschaftliche Facetten einer literarischen Konstante. Aufsätze und Materialien (st 3609), hg. v. Andreas Solbach, FfM 2004, 56-68.
Schirrmacher, Frank, Payback. Warum wir im Informationszeitalter gezwungen sind zu tun, was wir nicht tun wollen, und wie wir die Kontrolle über unser Denken zurückgewinnen, München 2009, 2011.
Schmelzer, Hans-Jürgen, Auf der Fährte des Steppenwolfs. Hermann Hesses Herkunft, Leben und Werk, Stuttgart-Leipzig 2002, 2012.
Schmid, Hans Rudolf, Hermann Hesse, Frauenfeld und Leipzig 1928.
Schmid, Marcus X., Tessin, Erlangen 2014-2020.
Schmidt, Johann-Karl, Hermann Hesse malt, Villingen-Schwenningen 2020.
Schneider, Christian Immo, Hermann Hesse, München 1991.
Schnierle-Lutz, Herbert, Auf den Spuren Hermann Hesses von Calw nach Montagnola, Stuttgart 1991.
Schnierle-Lutz, Herbert, Auf den Spuren von Hermann Hesse. Calw, Maulbronn, Tübingen, Basel, Gaienhofen, Bern und Montagnola, Berlin 2017.

Schnierle-Lutz, Herbert, Hermann Hesse und seine Heimatstadt Calw. Chronologie eines wechselvollen Verhältnisses (Kleine Reihe Archiv der Stadt Calw, Bd. 26), Calw 2011.
Schnierle-Lutz, Herbert, Hermann Hesse. Schauplätze seines Lebens. Mit zahlreichen Fotografien (it 1964), FfM und Leipzig 1997.
Schnürer, Christof/Diedrichs, Christof J., Eine raffiniert humane Kur. Hermann Hesse in Badenweiler, Schliengen 2009.
Schoeck, Georg, Die Welt des jungen Othmar Schoeck, Zürich 1986.
Schulte, Michael/Syr, Peter (Hg.), Karl Valentins Filme. Alle 29 Filme, 12 Fragmente, 342 Bilder, Texte, Filmographie. Mit einem Beitrag von Herbert Achternbusch, München 1978, 1982.
Schulz, Klaus-Peter, Tucholsky in Selbstzeugnissen und Bilddokumenten (rm 31), Hamburg 1959.
Schwab, Andreas, Monte Verità – Sanatorium der Sehnsucht, Zürich 2003 (diss. phil.).
Schwab, Andreas, Zeit der Aussteiger. Eine Reise zu den Künstlerkolonien von Barbizon bis Monte Verità, München 2021.
Schwab, Andreas/Lanfranchi, Claudia (Hg.), Sinnsuche und Sonnenbad. Experimente in Kunst und Leben auf dem Monte Verità, Zürich 2001.
Schwarz, Egon, Hermann Hesses Steppenwolf, Königstein 1980.
Schwarz, Egon, Hermann Hesse und die Zukunft, in: Hermann Hesses weltweite Wirkung. Internationale Rezeptionsgeschichte, hg. v. Martin Pfeifer, Zweiter Band (st 506), FfM 1979, 201-214.
Schwarz, Egon, Hermann Hesse und die Zukunft, in: Heinz Ludwig Arnold (Hg.), text+kritik. Zeitschrift für Literatur, Bd. 10/11: Hermann Hesse, München 1977, 16-25.
Schwilk, Heimo, Hermann Hesse. Das Leben des Glasperlenspielers. Mit 28 Abbildungen auf Tafeln, München 2012.
Sénès, Michael, Frankreich, in: Hermann Hesses weltweite Wirkung. Internationale Rezeptionsgeschichte, hg. v. Martin Pfeifer, Dritter Band (st 1927), FfM 1991, 153-161.
Serke, Jürgen, Die verbrannten Dichter. Lebensgeschichten und Dokumente. Mit einem Nachwort des Autors, Weinheim und Basel 1992.
Setzler, Wilfried, Hesse in Tübingen, Tübingen 2002.
Setzler, Wilfried, Mit Hesse von Ort zu Ort. Lebensstationen des Dichters in Baden-Württemberg, Tübingen 2012.
Shin, Hyeseon, Bildungs- und Kulturkritik und Adoleszenzproblematik in Schulgeschichten um die Jahrhundertwende (diss. phil.), Bonn 2013.

Siegel, Eva-Maria, Bertolt Brecht (Tectum Literatur Kompakt, hg. v. Gunter E. Grimm), Marburg 2016.
Sinclair, Emil, Demian. Die Geschichte einer Jugend, Berlin 1919.
Singh, Sikander, Hermann Hesse: Der Steppenwolf (Schroedel Interpretationen, Bd. 42), Braunschweig 2017.
Singh, Sikander, Hermann Hesse, Stuttgart 2006.
Singh, Sikander, Hermann Hesses kinematographisches Erzählen, in: „Magischer Einklang“. Dialog der Künste im Werk Hermann Hesses, hg. v. Henriette Herwig und Sikander Singh, Göttingen 2011, 181-192.
Solbach, Andreas, Hermann Hesse. Die poetologische Dimension seines Erzählens (Studien zur historischen Poetik, Bd. 11), Heidelberg 2012.
Solbach, Andreas, Hermann Hesse. Ein Schriftsteller auf der Suche nach sich selbst, Darmstadt 2022.
Solbach, Andreas, Kontrolliertes Risiko: Die poetologische Problematik in Hesses Frühwerk, in: Hermann Hesse und die literarische Moderne. Kulturwissenschaftliche Facetten einer literarischen Konstante. Aufsätze und Materialien (st 3609), hg. v. Andreas Solbach, FfM 2004, 134-154.
Solbach, Andreas, Melancholie als Lebensform im \`Steppenwolf´, in: „Die gefährliche Lust unerschrocken zu denken“. Das Menschenbild bei Hermann Hesse, hg. v. Michael Limberg, Calw 2008, 151-180.
Solbach, Andreas (Hg.), Hermann Hesse und die literarische Moderne. Kulturwissenschaftliche Facetten einer literarischen Konstante. Aufsätze und Materialien (st 3609), FfM 2004.
Speitkamp, Winfried, Ohrfeige, Duell und Ehrenmord. Eine Geschichte der Ehre, Stuttgart 2010.
Sprecher, Thomas, Davos im Zauberberg, München 1996.
Sprengel, Peter, Geschichte der deutschsprachigen Literatur 1900-1918. Von der Jahrhundertwende bis zum Ende des Ersten Weltkriegs, München 2004.
Staudenmeyer, Walter, Hermann Hesse, „Die schönste Stadt... aber ist Calw an der Nagold“, in: Marbacher Magazin, Sonderheft 12/1979.
Stefanek-Mónos, Kató, Erinnerungen an Montagnola, in: Volker Michels (Hg.), Hermann Hesse in Augenzeugenberichten, FfM 1987, 1991, 267-279.
Steidl, Nelly, Bei meiner Cousine Ninon und bei Hermann Hesse, in: Volker Michels (Hg.), Hermann Hesse in Augenzeugenberichten, FfM 1987, 1991, 220-221.
Steinert, Hajo, Blumenspiel. Roman, München 2019.

Stephenson, Barry, Veneration and Revolt. Hermann Hesse and Swabian Pietism (Editions SR), Waterloo/ON 2009.
Stiebel, Marie-Anne, Woran ich mich erinnere, in: Volker Michels (Hg.), Hermann Hesse in Augenzeugenberichten, FfM 1987, 1991, 423-430.
Strub, Roger/Spalinger, Matthias, Tessin. Lieblingsplätze zum Entdecken, Meßkirch 2017.
Stuckrad, Kocku von, Was ist Esoterik? Kleine Geschichte des geheimen Wissens, München 2004.
Stuhlfauth, Maria, \`Wünschen Sie Unterricht über den Aufbau der Persönlichkeit?´ Identität und Sexualität in Arthur Schnitzlers Traumnovelle und Hermann Hesses Der Steppenwolf, in: Der Grenzgänger Hermann Hesse. Neue Perspektiven der Forschung, hg. v. Henriette Herwig und Florian Trabert, Freiburg i. Brsg. 2013, 241-260.
Szeemann, Harald (Hg.), Monte Verità. Berg der Wahrheit. Lokale Anthropologie als Beitrag zur Wiederentdeckung einer neuzeitlichen sakralen Topographie, Milano 1978.
Tavenrath, Simone, So wundervoll sonnengebräunt. Kleine Kulturgeschichte des Sonnenbadens, Marburg 2000.
Terzani, Tiziano, Das Ende ist mein Anfang. Ein Vater, ein Sohn und die große Reise des Lebens, München 2007.
Terzani, Tiziano, Meine asiatische Reise. Fotografien und Texte aus einer Welt, die es nicht mehr gibt, München 2011.
text+kritik, hg. von Heinz Ludwig Arnold, Heft 10/11 (1983), Hermann Hesse, München 1983.
Thimann, Susanne, Brasilien, in: Hermann Hesses weltweite Wirkung. Internationale Rezeptionsgeschichte, Dritter Band (st 1927), hg. v. Martin Pfeifer, FfM 1991, 154-169.
Thomä, Dieter, Puer robustus. Eine Philosophie des Störenfrieds. Mit einem neuen Nachwort über Donald Trump und den Populismus (stw 2275), Berlin 2018.
Tietze, Ulrich, „Die Welt ist mir ein Lachen". Betrachtungen zum Thema Glaube und Humor, in: DtPfrBl 10/2019, 544-547.
Traber, Barbara, Eine weiße Wolke, in: Uli Rothfuss (Hg.), Mein Hermann Hesse. Eine Hommage, Berlin 2002, 188-192.
Trabert, Florian, \`Musik des Weltalls´. Zum Verhältnis von Musikästhetik, Kosmologie und Anthropologie in Hermann Hesses \`Das Glasperlenspiel´, in: „Magischer Einklang". Dialog der Künste im Werk Hermann Hesses, hg. v. Henriette Herwig und Sikander Singh, Göttingen 2011, 119-138.

Tucholsky, Kurt, Briefe aus dem Schweigen 1932-1935. Briefe an Nuuna, hg. v. Mary Gerold-Tucholsky und Gustav Huonker, Reinbek bei Hamburg 1984.
Tucholsky, Kurt, Deutschland, Deutschland über alles. Ein Bilderbuch von Kurt Tucholsky und vielen Fotografen, montiert von John Heartfield, Berlin 1929.
Tucholsky, Kurt, Gesammelte Werke in zehn Bänden, Reinbek 1975.
Tusken, Lewis W., Understanding Hermann Hesse: The Man, His Myth, His Metaphor (Understanding Modern European and Latin American Literature), Columbia/South Carolina 1998.
Unabhängige Expertenkommission Schweiz – Zweiter Weltkrieg (Hg.), Die Schweiz und die Flüchtlinge zur Zeit des Nationalsozialismus, Bern 1999.
Unseld, Siegfried, \`Das Glasperlenspiel´. Der Dichter als Bewahrer von \`Maß und Ordnung´, in: Siegfried Unseld, Begegnungen mit Hermann Hesse (st 218), FfM 1975, 50-107.
Unseld, Siegfried, \`Hermann Hesses Anschauung vom Beruf des Dichters´. Inauguraldissertation zur Erlangung des Doktorgrades einer hohen Philosophischen Fakultät der Universität zu Tübingen (Manuskript), Tübingen 1951.
Unseld, Siegfried, Begegnungen mit Hermann Hesse (st 218), FfM 1975.
Unseld, Siegfried, Bericht vom Begräbnis, in: Volker Michels (Hg.), Hermann Hesse in Augenzeugenberichten, FfM 1987, 1991, 482-484.
Unseld, Siegfried, Hermann Hesse: \`Das Glasperlenspiel´. Eine Besprechung, in: Siegfried Unseld, Begegnungen mit Hermann Hesse (st 218), FfM 1975, 28-37.
Unseld, Siegfried, Hermann Hesse – eine Werkgeschichte (st 143), FfM 1973.
Unseld, Siegfried, Hermann Hesse und die Schweiz, in: Hermann Hesse, Beschreibung einer Landschaft. Schweizer Miniaturen. Herausgegeben und mit einem Vorwort versehen von Siegfried Unseld (st 1970), FfM 1992, 9-28.
Unseld, Siegfried, Hermann Hesse – heute, in: Siegfried Unseld, Begegnungen mit Hermann Hesse (st 218), FfM 1975, 231-269.
Unseld, Siegfried, Hermann Hesse. Werk und Wirkungsgeschichte (insel taschenbuch 1112), FfM 1985, 1987.
Unseld, Siegfried, Nachruf auf Ninon Hesse, in: Siegfried Unseld, Begegnungen mit Hermann Hesse (st 218), FfM 1975, 166-168.

Unseld, Siegfried, Persönliche Begegnungen, in: Volker Michels (Hg.), Hermann Hesse in Augenzeugenberichten, FfM 1987, 1991, 351-372.
Unseld, Siegfried, Peter Suhrkamp. Zur Biographie eines Verlegers in Daten, Dokumenten und Bildern, unter Mitwirkung von Helene Ritzerfeld, FfM 1991.
Unseld, Siegfried, Zur Genesis des `Glasperlenspiels´, in: Siegfried Unseld, Begegnungen mit Hermann Hesse (st 218), FfM 1975, 108-114.
Uzulis, André, Hermann Hesse. Biografie, Berlin 2021.
Valentin, Erich, Die goldene Spur. Mozart in der Dichtung Hermann Hesses, München 1998.
Völker, Klaus, Bertolt Brecht. Eine Biographie, München 1978.
Völpel, Christiane, Hermann Hesse und die deutsche Jugendbewegung, Bonn 1977.
Völter, Hans, Ein Tag bei Hermann Hesse, 9.9.1953, in: Volker Michels (Hg.), Hermann Hesse in Augenzeugenberichten, FfM 1987, 1991, 389-394.
Voit, Friedrich, Hermann Hesse: Der Steppenwolf. Erläuterungen und Dokumente, Stuttgart 2005.
Vollmer, Antje, Die Neuwerkbewegung 1919-1935. Ein Beitrag zur Geschichte der Jugendbewegung, des Religiösen Sozialismus und der Arbeiterbildung (diss. theol.), Augsburg 1973.
Vondenhoff, Eleonore, Besuch bei Hermann Hesse. Montagnola, 26. März 1951, aus einem Tagebuch, in: Volker Michels (Hg.), Hermann Hesse in Augenzeugenberichten, FfM 1987, 1991, 342-350.
Von „Siddhartha“ zum „Steppenwolf“. Fremdheitserfahrungen und Weltethos bei Hermann Hesse. Tagung der Evangelischen Akademie Iserlohn im Institut für Kirche und Gesellschaft der EKvW, 28.-30. November 2003 (Tagungsprotokolle), hg. v. Rüdiger Sareika, Iserlohn 2004.
Von Poesie und Politik. Hermann Hesse – Conrad Haußmann. Briefwechsel 1907-1922, herausgegeben und kommentiert von Helga Abret, Berlin 2011.
Voswinckel, Ulrike, Freie Liebe und Anarchie: Schwabing – Monte Verità. Entwürfe gegen das etablierte Leben, München 2009.
Wagenbach, Klaus (Hg.), Vaterland, Muttersprache. Deutsche Schriftsteller und ihr Staat von 1945 bis heute, Berlin 1979.
Wagner, Christian, Gedichte, ausgewählt und eingeleitet von Hermann Hesse (1913). Neuausgabe mit einem Nachwort von Peter Handke, FfM 1980.

Wagner, Christoph, Lichtwärts! Lebensreform, Jugendbewegung und Wandervogel - die ersten Ökos im Südwesten (1880-1940), Ubstadt-Weiher 2022.

Walther, Klaus, Hermann Hesse (= dtv portrait 31062), hg. v. Martin Sulzer-Reichel, München 2002.

Walther, Klaus, Hermann Hesse heute in der DDR, in: Hermann Hesses weltweite Wirkung. Internationale Rezeptionsgeschichte, hg. v. Martin Pfeifer, Zweiter Band (st 506), FfM 1979, 180-189.

Walton, Chris/Germann, Martin (Hg.), Hermann Hesse und Othmar Schoeck. Der Briefwechsel (Schwyzer Hefte, Bd. 105; Kulturkommission Kanton Schwyz), Schwyz 2016.

Wamister, Christof (Hg.), Es ging am Anfang nicht leicht mit uns. Der Briefwechsel Jakob Schaffner – Hermann Hesse 1905-1933, Zürich 2009.

Watanabe, Masaru, Hesse heute in Japan, in: „Höllenreise durch mich selbst." Hermann Hesse: Siddhartha – Steppenwolf, hg. v. Regina Bucher, Andres Furger und Felix Graf. Eine Publikation des Schweizerischen Landesmuseums Zürich in Zusammenarbeit mit dem Museo Hermann Hesse Montagnola, Zürich 2002, 211-222.

Watanabe, Masaru, Japan, in: Hermann Hesses weltweite Wirkung. Internationale Rezeptionsgeschichte, hg. v. Martin Pfeifer (st 386), FfM 1977, 222-233.

Weber, Jürgen, Indien gesucht, China gefunden. Chinesische Spuren in Leben und Werk des Dichters Hermann Hesse, Norderstedt 2013.

Wedekind, Frank, Frühlings Erwachen. Eine Kindertragödie. Textausgabe mit Kommentar und Materialien: Reclam XL – Text und Kontext, hg. v. Thorsten Krause, Ditzingen 2021.

Wedemeyer-Kolwe, Bernd, Aufbruch. Die Lebensreform in Deutschland, Darmstadt 2017.

Wedel, Ezzelino von, Hermann Hesse. Warum der Dichter Glaube, Glück und Eigensinn empfahl, Berlin 2011.

Wege zu Hermann Hesse. 5. Internationales Hermann-Hesse-Kolloquium Calw 1988, hg. v. Friedrich Bran und Martin Pfeifer, Bad Liebenzell 1989.

Wehdeking, Volker, „Hermann Hesse", in: Metzler Lexikon Autoren (MLA), hg. v. Bernd Lutz und Benedikt Jeßing, Stuttgart ^{4}2010, 323-327.

Wehdeking, Volker, „Das Schwarze in der Mitte treffen" – Brüche und Interpretationen in `Das Glasperlenspiel´, in: Der Grenzgänger Hermann Hesse. Neue Perspektiven der Forschung, hg. v. Henriette Herwig und Florian Trabert, Freiburg 2013, 261-278.

Wehdeking, Volker, Hermann Hesse (Literatur kompakt, hg. v. Gunter E. Grimm), Marburg 2014.
Wehdeking, Volker, Hermann Hesse, Carl Gustav Jung und Thomas Mann. Die intertextuellen Bezüge in der Erzählprosa des späteren Werks, in: Hermann Hesse Jahrbuch 2 (2005), 212-148.
Wehdeking, Volker, Hesses \`Steppenwolf´ als Film: Analoge Adaption und postmoderne Vielschichtigkeit, in: Hermann Hesse-Jahrbuch 4, hg. v. Mauro Ponzi, Berlin-New York 2007, 115-136.
Wehdeking, Volker, Licht aus dem Osten? Hermann Hesses transkulturelle Orientbezüge. Eine Berliner Tagung in der Landesvertretung Baden-Württemberg, hg. v. Volker Wehdeking, Marburg 2011,
Wehdeking, Volker, Unsere Handschrift ist von lange her geprägt – Die Entwicklung der Künstlerromanmotive von \`Knulp´ bis \`Narziß und Goldmund´, in: Hermann Hesse und die Moderne. Diskurse zwischen Ästhetik, Ethik und Politik, hg. v. Detlef Haberland und Géza Horváth, Wien 2013, 63-84.
Wehr, Gerhard, C. G. Jung. Leben – Werk – Wirkung. Eine Biographie [1985], Zürich 1988.
Weidermann, Volker, Träumer. Als die Dichter die Macht übernahmen, Köln 2017, ^{2}2018.
Weingarten, Ulrike, Chronik zu Hermann Hesses Leben und Werk, in: Heinz Ludwig Arnold (Hg.), text+kritik. Zeitschrift für Literatur, Bd. 10/11: Hermann Hesse, München 1977, 116-121.
Welti, Francesco, Der Baron, die Kunst und das Nazigold, Zürich 2008.
Wende, Waltraud W., „Die Schule ist die einzige moderne Kulturfrage, die ich ernst nehme“, in: Hermann Hesse und die literarische Moderne. Kulturwissenschaftliche Facetten einer literarischen Konstante. Aufsätze und Materialien (st 3609), hg. v. Andreas Solbach, FfM 2004, 202-223.
Weth, Georg A., Hermann Hesse in der Schweiz. Mit 108 Abbildungen, Freiburg i. Brsg. 1997, ergänzte Auflage 2004.
Wiegand, Heinrich, Am schmalen Rande eines wüsten Abgrunds. Gesammelte Publizistik 1924-1933, hg. v. Klaus Pezold, Leipzig 2020.
Wietschorke, Jens, 1920er Jahre. 100 Seiten, Ditzingen 2020.
Wilhelm, Richard (Hg.), Laotse, Tao te king. Das Buch vom Sinn und Leben [1911], Köln 2010.
Wilpert, Gero von, Lexikon der Weltliteratur. Deutsche Autoren A-Z, Stuttgart ^{4}2004.
Winter, Helmut, Legende und Wirklichkeit. Hermann Hesses indische Dichtung, in: Materialien zu Hermann Hesses \`Siddhartha´, hg. v. Volker Michels, Bd. 2, FfM 1976, 272-294.

Wirtz, Irmgard M., Aus Emmy Hennings' Briefen, in: Barbara Mahlmann/Paul Michael Lützeler (Hg.), Aussteigen um 1900. Imaginationen in der Literatur der Moderne, Göttingen 2021, 309-330.
Wolf, Yvonne, Risikoleben und Textsicherheit in Hermann Hesses `Narziß und Goldmund´, in: Hermann Hesse und die literarische Moderne. Kulturwissenschaftliche Facetten einer literarischen Konstante. Aufsätze und Materialien (st 3609), hg. v. Andreas Solbach, FfM 2004, 285-304.
Wolff, Iris, Das Maß innerer Freiheit, in: Inspiration Hermann Hesse. Eine Hommage in Geschichten, hg. von Helga Esselborn-Krumbiegel, Berlin 2022, 154-163.
Wolff, Uwe, Demian – die Botschaft vom Selbst, FfM 1979.
Woodstock, hg. v. Mike Evans und Paul Kingsbury in Zusammenarbeit mit The Museum at Bethel Woods, München 2009, ³2012.
Yu-Gundert, Irmgard, Hermann Hesses Stufenlehre im `Steppenwolf´, in: „Dem Chaos die Stirn bieten". Hermann Hesses `Der Steppenwolf´, hg. v. Michael Limberg (12. Internationales Hermann Hesse-Kolloquium in Calw 2004), Stuttgart 2005, 115-134.
Zanda, Carlo, Hermann Hesse. Seine Welt im Tessin – Freunde, Zeitgenossen und Weggefährten, Zürich 2014.
Zander, Helmut, Anthroposophie in Deutschland. Theosophische Weltanschauung und gesellschaftliche Praxis 1884–1945, 2 Bände, Göttingen 2007.
Zander, Helmut, Die Anthroposophie. Rudolf Steiners Ideen zwischen Esoterik, Weleda, Demeter und Waldorfpädagogik, Paderborn 2019.
Zander, Helmut, Reinkarnation und Christentum. Rudolf Steiners Theorie der Wiederverkörperung im Dialog mit der Theologie, Paderborn 1995.
Zander, Helmut, Rudolf Steiner. Die Biografie, München und Zürich 2011.
Zeller, Bernhard, Besuch bei Hermann Hesse, in: Volker Michels (Hg.), Hermann Hesse in Augenzeugenberichten, FfM 1987, 1991, 441-451.
Zeller, Bernhard, Hermann Hesse in Selbstzeugnissen und Bilddokumenten (rm 50085), Reinbek 1963, 1990, ³⁴2000.
Zeller, Bernhard, Hermann Hesse. Eine Chronik in Bildern, FfM 1966, erweiterte Auflage 1977.
Zimmermann, Eva, „... auf der Höllenreise durch mich selbst...", in: „Höllenreise durch mich selbst." Hermann Hesse: Siddhartha – Steppenwolf, hg. v. Regina Bucher, Andres Furger und Felix Graf. Eine

Publikation des Schweizerischen Landesmuseums Zürich in Zusammenarbeit mit dem Museo Hermann Hesse Montagnola, Zürich 2002, 9-26.

Zimmermann, Eva, Auf der Suche nach dem inneren Auge, in: Hermann Hesse – 100 Jahre Siddhartha/100 years of Siddhartha (DU 912, hg. v. DU Kulturmedien AG), Zürich 2022, 40-49.

Zimmermann, Eva (Hg.), „Der Dichter sucht Verständnis und Erkanntwerden". Neue Arbeiten zu Hermann Hesse und seinem Roman \`Das Glasperlenspiel´, Bern 2002.

Zimmermann, Eva/Britschgi, Jorrit/Bellentani, Giulia Renata Maria (Hg.), „Ein edler Pantheismus". Hermann Hesse und die hinduistische Götterwelt (= „Un nobile panteismo": Hermann Hesse e il mondo delle divinità induiste), Montagnola 2008.

Zimmermann, Hans Dieter, Hermann Hesses Doppelgänger, in: Heinz Ludwig Arnold (Hg.), text+kritik. Zeitschrift für Literatur, Bd. 10/11: Hermann Hesse, München 1977, 33-42.

Ziolkowski, Theodore, Der Schriftsteller Hermann Hesse. Wertung und Neubewertung, übersetzt von Ursula Michels-Wenz, FfM 1979

Ziolkowski, Theodore, Saint Hesse among the Hippies, in: American-German Review 35, 2 (1969), 19-23.

Ziolkowski, Theodore, Siddhartha – Die Landschaft der Seele, in: Materialien zu Hermann Hesses Siddhartha, hg. v. Volker Michels. Bd. 2, FfM 1976, 133-161.

Ziolkowski, Theodore (Hg.), Hermann Hesse. Der vierte Lebenslauf Josef Knechts. Zwei Fassungen. Mit einem Nachwort [1965], FfM 1986.

Zotz, Volker, Auf den glückseligen Inseln. Buddhismus in der deutschen Kultur, Berlin 2000.

Zotz, Volker, Buddha, Reinbek [6]2001.

Züfle, Manfred, Noch einmal Steppenwolf? Bericht von einer fragmentierten persönlichen Rezeption Hermann Hesses, in: „Höllenreise durch mich selbst." Hermann Hesse: Siddhartha – Steppenwolf, hg. v. Regina Bucher, Andres Furger und Felix Graf. Eine Publikation des Schweizerischen Landesmuseums Zürich in Zusammenarbeit mit dem Museo Hermann Hesse Montagnola, Zürich 2002, 177-188.

Über den Autor

Pfarrer Dr. theol. Thomas O. H. Kaiser, geb. Müller, Dipl. Theol., geboren am 18. März 1963 in Stadtoldendorf, wurde am 16. Juni 1963 in der St. Martin-Kirche in Eschershausen/Weserbergland evangelisch-lutherisch getauft und am 15. Mai 1977 dort konfirmiert. 1982 machte er sein Abitur am Gymnasium an der Liebigstraße in Holzminden.

Elf Semester lang (Wintersemester 1982 bis Sommersemester 1988) studierte er Evangelische Theologie/Hauptfach an der Ruprecht-Karls-Universität in Heidelberg. Er beendete sein Studium mit dem Ersten Kirchlichen Examen der Evangelisch-lutherischen Landeskirche Hannovers (Dipl. Theol. der Universität Göttingen). Daran schloss sich bis 1993 ein Zweitstudium der Philosophie (Hauptfach) in Heidelberg an. 1990 hielt er sich im Rahmen seiner theologischen Dissertation zu einem von der Friedrich-Naumann-Stiftung geförderten Forschungsaufenthalt an der University of The Western Cape und an der University of Cape Town auf. 1993 promovierte er an der Universität Heidelberg bei Bischof Prof. Dr. Dr. h.c. mult. Wolfgang Huber zum Thema `Gerechtigkeit in Versöhnung. Das Konzept der Versöhnung und seine Kritik im Kontext Südafrika´ (`magna cum laude´). Nach der Eheschließung mit Andrea Kaiser im Februar 1993 Änderung des Nachnamens und Wechsel in die Evangelische Landeskirche in Baden: Es folgten das sog. `Lehrvikariat´ in Wertheim (1993-1995), das Zweite Kirchliche Examen in Karlsruhe (1995) und die Ordination durch den badischen Landesbischof Prof. Dr. Klaus Engelhardt in der Waldshuter Versöhnungskirche (1995). Das sog. `Pfarrvikariat´ absolvierte Dr. Kaiser zunächst am Hochrhein-Gymnasium in Waldshut-Tiengen (1995/96), sodann in der Evangelischen Kirchengemeinde Kadelburg (1996-1998). 1998 wurde er zum Gemeindepfarrer berufen und arbeitete zehn Jahre lang im Jobsharing mit Pfarrerin Andrea Kaiser in Kadelburg. 2008 wurde er einstimmig zum Pfarrer der Evangelischen Kirchengemeinde Klettgau gewählt.

Pfarrer Dr. Kaiser ist Vater von vier Kindern: Gabriel, Gloria, Balthasar und Salome.

Über die Künstlerin und ihr Bild

Das Cover des vorliegenden Buches stammt von der Künstlerin Ruth Rüttinger (geb. 1947) aus Dogern. Es handelt sich um eine Zeichnung mit Ölpastellkreide auf Pergamentpapier im Format DINA 5. Sie entstand am 9. Mai 2022 in Dogern und trägt den Titel „Hermann Hesse“ (Archiv-Nr. 6092.2022). Sie wurde rechts unten von der Künstlerin signiert. Die Zeichnung ist auf der nächsten Seite ganz zu sehen. Ruth Rüttinger schrieb dazu (E-Mail v. 30.6.2022):

„Lieber Thomas,

als Konstanzerin war ich oft auf der Halbinsel Höri am Bodensee. Hermann Hesse lebte von 1904 bis 1912 in Gaienhofen. Ich liebe diese Gegend: den Gaienhofener Uferweg, die Wege auf den Schiener Berg, Hesses Haus, seinen Garten, den Untersee, den Blick \`rüber zur nahen rettenden Schweiz.
Die Künstlerlandschaft Höri! Während des sog. \`3. Reiches´ lebten hier viele Künstler, wie Otto Dix, Erich Heckel, Max Ackermann, Curth Georg Becker, Helmuth Macke, Ferdinand Macketanz, Hans Kindermann, Walter Herzger, Jean Paul Schmitz, Hugo Erfurth, Gertraud Herzger von Harlessem. Von hier aus konnten sie im Notfall über den See in die Schweiz fliehen. Hesse ruderte auch zum Einkaufen ins nahe Steckborn gegenüber in der Schweiz.
Das Gebäude, in dem sich heute das Hesse Museum befindet, ist ein ehemaliges Bauernhaus aus dem 17. Jahrhundert, Hesses erstes Wohnhaus. Dort steht die Plastik \`Hermann Hesse´, die mich jedes Mal beeindruckt. Sie nahm ich als Vorlage für die Zeichnung... [...].

Herzliche Grüße
Ruth“

Ruth Rüttinger, „Hermann Hesse“, 2022

Anhang

Programm des Hermann-Hesse-Lektürekreises 2012

„Und jedem Anfang wohnt ein Zauber inne..."
Hermann Hesse - Leben und Werk
(1877-1962)

Anlässlich des **50. Todestages des Dichters, Malers und Literaturnobelpreisträgers Hermann Hesse**, Sohn eines deutsch-baltischen Missionars, widmen wir uns der kursorischen Lektüre seiner literarischen Werke, wobei es u. a. auch um religiöse Aspekte gehen wird. Gelesen werden Hesses Werke in Auszügen, bei jeder Sitzung stellen Teilnehmende ein oder mehrere Bücher vor und tauschen sich darüber gedanklich aus. Die Treffen finden im **Dietrich-Bonhoeffer-Haus in Kadelburg**, Im Spitz 2, 79790 Küssaberg an folgenden Terminen, **jeweils von 19.30 - 21.00 Uhr**, statt:

20. September 2012	Hermann Hesse - Leben und Werk. Eine Einführung
27. September 2012	Unterm Rad
11. Oktober 2012	Narziß und Goldmund
18. Oktober 2012	Peter Camenzind, Demian und Kurgast
7. November 2012	Steppenwolf
14. November 2012	Das Glasperlenspiel

Am Freitag, den **19. Oktober 2012** um 20.00 Uhr werden das Duo **Anselm König** und **Beat Riggenbach** in der Kadelburger Bergkirche ein Konzert zu Hermann Hesse geben: **„Stufen - Gedichtvertonungen"**.

Am Donnerstag, den **25. Oktober 2012** um 19.30 Uhr wird der in Zürich lebende Enkel Hermann Hesses, **Silver Hesse**, biographische Zugänge zur Familie Hesse gewähren, aus dem Leben seines Großvaters erzählen und mit den Anwesenden ins Gespräch treten.

Am Samstag, den **17. November 2012**, wird es für Hesse-Interessierte eine Exkursion zum **Internationalen Hermann-Hesse-Zentrum und -Museum in Calw** geben. Abfahrt um 12.00 Uhr beim Dietrich-Bonhoeffer-Haus in Kadelburg, Ankunft dort wieder gegen 20.00 Uhr. Näheres ist der Tagespresse zu entnehmen, um Anmeldung wird gebeten.

Alle Veranstaltungen sind öffentlich. Der Eintritt ist frei!

Herzliche Einladung!
Dr. **Thomas O. H. Kaiser**, Pfarrer

Ökumenisches Bildungswerk Kadelburg und Evangelische Arbeitsgemeinschaft für Bildung Klettgau, c/o Pfr. Dr. Thomas O. H. Kaiser, Im Spitz 3, 79790 Küssaberg, Tel.: 0171-4224125, Mail: Bergkirche@Web.de

Die beiden Fotos zeigen Silver Hesse im Gespräch mit dem Autor beim öffentlichen Hermann-Hesse-Abend am 25.10.2012 in der Kadelburger Bergkirche.

Diese beiden Fotos zeigen den Autor im jugendlichen Alter (1980 und 1982), als er erstmals Hermann Hesse begegnete: Das eine wurde *vor* der Lektüre der Werke Hesses, das andere *danach* aufgenommen. Das Foto unten zeigt den Autor am 14.8.2022 am Grab Hermann Hesses auf dem Friedhof von Sant' Abbondio/Tessin, eine kleine Murmel niederlegend.